LE CHRIST
HIER, AUJOURD'HUI ET DEMAIN

LE CHRIST
HIER, AUJOURD'HUI
ET DEMAIN

Colloque de christologie tenu à l'Université Laval
(21 et 22 mars 1975)

publié par
Raymond Laflamme et Michel Gervais

LES PRESSES DE L'UNIVERSITÉ LAVAL
QUÉBEC, 1976

PRESENTATION

Le présent ouvrage réunit les diverses communications présentées au colloque sur les "problèmes actuels de christologie" qui s'est tenu à l'Université Laval, les 21 et 22 mars 1975.

C'est la section de dogme de la Faculté de théologie de Laval qui prit l'initiative de cette rencontre. Le thème en fut choisi en raison, d'une part, de son caractère éminemment central, mais surtout parce que la christologie constitue actuellement le plus important chantier en théologie, celui qui requiert et suscite le plus d'efforts d'invention, de réflexion critique, de synthèse, bref d'intelligence de la foi.

Un comité d'organisation fut mis sur pied qui demanda et obtint une subvention du Ministère de l'Education du Québec dans le cadre de son programme de formation de chercheurs et d'action concertée. Grâce à cette aide précieuse, le comité était en mesure de donner plus d'ampleur au projet et d'inviter certains conférenciers de l'extérieur. Des invitations furent aussi lancées aux professeurs des diverses facultés de théologie et départements de sciences religieuses du Québec, et même de l'Ontario. Dans une première étape, le comité limitait la participation à ceux qui présenteraient une communication écrite. La réponse dépassa toutes les espérances.

En effet, près de vingt-cinq participants acceptèrent de préparer un texte en vue du colloque. La plupart de ces communications furent transmises aux participants quelques semaines avant la rencontre, de telle sorte que les deux journées du colloque furent presque entièrement consacrées à la discussion et aux échanges en atelier.

C'est le R.P. Bernard Sesboüé, du Centre d'études et de recherche de la Compagnie de Jésus (Paris), qui prononça la conférence d'ouverture. Pressenti quelques semaines seulement avant le colloque, en raison du désistement du R.P. M.-J. Le Guillou, il avait aimablement accepté la tâche délicate de la mise en marche de nos deux journées d'étude. Il nous guida avec une rare compétence dans le vaste chantier des recherches christologiques contemporaines et l'on ne pouvait souhaiter meilleure introduction

PRESENTATION

aux travaux du colloque que le magnifique panorama qu'il traça devant les quelques soixante participants. Le lecteur sera d'ailleurs à même d'apprécier comme eux la justesse et l'équilibre de son exposé.

Lorsqu'un domaine de recherche fait mouvement de toutes parts, comme la christologie actuelle, il n'est pas de considérations plus pertinentes et mieux avenues que celles touchant la méthode. Il revenait à une autorité mondiale en matière d'épistémologie et au théologien de notre époque à qui nous devons certes les réflexions les plus profondes et les plus complètes sur la méthode théologique, de nous proposer ses réflexions sur la christologie contemporaine. Le R.P. Bernard Lonergan de Regis College (Toronto) a consacré beaucoup de temps et de labeur à la rédaction de sa communication dont la profondeur, l'à-propos et la rigueur scientifique ont suscité l'admiration de tous.

Comme nous le disions plus haut, la majeure partie du colloque fut consacrée au travail en atelier et à la discussion des communications. Au terme de ces assises, la plupart des participants exprimèrent le voeu que soit publié l'ensemble de ces textes. C'est pour donner suite à ce désir que le comité entreprit des démarches en vue de la publication du présent volume. Il reçut à cette fin l'aide financière de l'Université Laval et la collaboration des Presses de l'Université.

Il y a, dirions-nous, un "genre littéraire" propre au colloque, qui se prête à l'exploration, aux pistes de recherche, aux hypothèses et à l'expression d'une pensée inachevée et imparfaite. Le lecteur ne devrait donc pas s'étonner de rencontrer ici ou là des idées peu familières et bien discutables. La recherche intellectuelle ne procède pas autrement et il nous a semblé que, malgré ces imperfections, la publication des actes du colloque "Problèmes actuels de christologie" pouvait constituer une contribution appréciable au progrès de la connaissance de notre Seigneur, "Jésus-Christ, le même hier, aujourd'hui et pour l'éternité" (*Hb* 13,8).

Nous tenons, en dernier lieu, à exprimer notre reconnaissance à tous les participants, aux autres membres du comité d'organisation, les PP. Gilles Langevin et Jean Richard, MM. Hermann Giguère et Michel Roberge, ainsi qu'à M. Clément Giguère qui a assumé le lourd travail de dactylographie et de composition du présent volume, et à tous ceux qui ont participé de près ou de loin à la tenue du colloque et à la publication de ses actes.

Raymond Laflamme

Michel Gervais

SOMMAIRE

ESQUISSE D'UN PANORAMA DE LA RECHERCHE
CHRISTOLOGIQUE CONTEMPORAINE

Bernard Sesboüé

INTRODUCTION[1]

Le sujet que vous m'avez demandé de traiter devant vous comporte un piège innocemment tendu; ou bien c'est une mission impossible. En effet, la christologie fait actuellement mouvement de toute part et il est impossible d'en ressaisir tous les aspects. J'ai conscience des limites de mon information. Et cependant, je suis devant un sujet fleuve que je ne pourrais traiter intégralement devant vous. Je vais en fait vous parler surtout de la christologie européenne ou de la christologie "du marché commun", principalement des auteurs allemands et français. J'avoue donc d'entrée de jeu le lieu d'où je parle. Je reconnais mon provincialisme. Et je suis très heureux de l'honneur que vous me faites aujourd'hui, parce que je vois dans cette rencontre une chance merveilleuse d'écouter tout un milieu de recherche christologique et de participer à des échanges particulièrement enrichissants.

On peut dater le point de départ du renouveau de la christologie, à la suite de Walter Kasper,[2] de 1951, date du quinzième centenaire de Chalcédoine. Cet anniversaire a donné lieu à la parution du gros ouvrage en trois volumes, *Das Konzil von Chalkedon*, dirigé par A. Grillmeier et H. Bacht, dans lequel Karl Rahner avait écrit un article-programme: "Chalcédoine, une fin ou un commencement?"

---

[1] On a gardé à cette conférence son caractère oral et son intention de recenser de manière rapide tout un ensemble de questions sans prétendre analyser chacune de celles-ci.

[2] Walter Kasper, *Jesus der Christus*, Matthias-Grünewald-Verlag, 1974, p. 16.

1

C'est aussi à peu près l'époque où, du côté catholique, on devint attentif aux recherches de Rudolf Bultmann et l'on se vit obligé d'en relever le défi. Dans la suite, l'influence de Bultmann devint ce que vous savez. Du côté protestant, elle provoqua une réaction dans la famille de ses propres élèves. Mais il reste que Bultmann représente un tournant de la recherche christologique actuelle. Tout le monde est obligé de se situer par rapport à lui. C'est pourquoi je le mentionne comme une référence à laquelle je m'adosse, car je n'ai pas l'intention de parler de lui.

Au point de départ des recherches en christologie, il faut aussi signaler la conscience prise devant deux tensions ou deux distances:

1) une distance entre le discours dogmatique sur le
   Christ et les résultats des recherches exégétiques,

2) et une distance entre ce même discours dogmatique
   et l'existence chrétienne personnelle et sociale.

Dans cet horizon, on assiste aussi bien à un réexamen rigoureux, - pour ne pas dire à une remise en cause, - de presque tous les points majeurs de la christologie: résurrection, naissance virginale, préexistence, critique de Chalcédoine, qu'à une modification complète du *mouvement de la christologie*, c'est-à-dire de son point de départ, de sa démarche et de ses tâches prioritaires. Cette modification s'accompagne d'un déplacement des centres d'intérêt. C'est principalement à ce renouvellement du *mouvement* (et aussi du climat) de la christologie que je voudrais m'arrêter aujourd'hui, car ce point me paraît le plus significatif et met dans leur véritable lumière les analyses particulières. Quels seront les auteurs qui nourriront principalement mon propos?

PRINCIPAUX OUVRAGES DE REFERENCE

GRILLMEIER, Aloys et BACHT, Heinrich, *Das Konzil von Chalkedon. Geschichte und Gegenwart*, Echter-Verlag, Würzburg, 3 Vol., 1951-1954.

Du côté catholique

En Suisse:

BALTHASAR, Hans Urs von, *Herrlichkeit. Eine Theologische Aesthetik*, Band III, 2, Teil 2: *Neuer Bund*, Johannes Verlag, Einsiedeln, 1969. (Traduction française sous presse aux éditions Aubier sous le titre *La Gloire et la Croix. Les aspects esthétiques de la Révélation. Nouvelle Alliance*).

_____ *La Foi du Christ*. Cinq approches christologiques, Aubier, Paris, 1968, "Foi Vivante", n. 76.

_____ *Théologie de l'Histoire*, trad. R. Givord, Fayard, Paris, 1970 (Nouvelle édition profondément remaniée).

_____ *De l'intégration. Aspects d'une théologie de l'histoire*, trad. H. Bourboulon, H. Engelmann, R. Givord, DDB, Paris, 1970 (En particulier le dernier chapitre: "Intégration dans le Verbe").

ESQUISSE D'UN PANORAMA DE LA RECHERCHE CHRISTOLOGIQUE CONTEMPORAINE

KUNG, Hans, *Christ sein*, Piper, Munich-Zurich, 1974.

En Allemagne:

Mysterium Salutis. Grundriss heilsgeschichtlicher Dogmatik, herausgegeben von J. Feiner und M. Löhrer, *Das Christus-ereignis*, Band III/ 1-2, Benziger-Verlag, 1969-70. Traduction française: *Mysterium Salutis, Dogmatique de l'histoire du salut*, T. III: *L'événement Jésus-Christ*, Vol. 9-13, Cerf, à partir de 1972 (En particulier Vol. 12, *Le mystère pascal*, de H. Urs von Balthasar).

RAHNER, Karl, THUSING, Wilhelm, *Christologie - Systematisch und Exegetisch. Arbeitsgrundlagen für eine interdisziplinäre Vorlesung*, "Quaestiones disputatae" 55, Herder, 1972.

KASPER, Walter, *Jesus der Christus*, Matthias-Grünewald - Verlag, 1974.

En Hollande:

MICHIELS, Robrecht, *Jésus-Christ, hier, aujourd'hui, demain*, trad. J. Vandenschrick, Casterman, 1971.

SCHOONENBERG, Piet, *Ein Gott der Menschen*, Benziger Verlag, 1969. Trad. française: *Il est le Dieu des hommes*, trad. M. Claes, Cerf, 1973.

En France:

BOUYER, Louis, *Le Fils éternel. Théologie de la parole de Dieu et christologie*, Cerf, 1974.

DUQUOC, Christian, *Christologie, essai dogmatique. I. L'homme Jésus*, Cerf, 1968, *II. Le Messie*, Cerf, 1972.

LAFONT, Ghislain, *Peut-on connaître Dieu en Jésus-Christ ? Problématique*, Cerf, 1969.

2 ouvrages exégétiques à grand intérêt dogmatique:

GUILLET, Jacques, *Jésus devant sa vie et sa mort*, Aubier, 1971.

VANHOYE, Albert, *Situation du Christ. Hébreux 1-2*, Cerf, 1969.

Sur l'histoire des doctrines (anciennes et modernes):

GRILLMEIER, Aloys, *Christ in Christian Tradition*, Sheed and Ward, New-York, 1965. Trad. française: *Le Christ dans la tradition chrétienne. De l'âge apostolique à Chalcédoine (451)*, trad. par soeur Jean-Marie et M. Saint-Wakker, Cerf, 1973.

KUNG, Hans, *Menschwerdung Gottes*, Herder, 1970. Trad. française: *Incarnation de Dieu. Introduction à la pensée théologique de Hegel comme prolégomènes à une christologie future*, trad. E. Galichet et C. Haas-Smets, DDB, 1973.

B. SESBOUE

Du côté protestant

MOLTMANN, Jürgen, *Theologie der Hoffnung. Untersuchungen zur Begründung und zu den Konsequenzen einer christlichen Eschatologie*, Kaiser Verlag, 1964, 8e édition, 1969. Trad. française: *Théologie de l'espérance. Etude sur les fondements et les conséquences d'une eschatologie chrétienne*, trad. F. et J.-P. Thévenaz, Cerf-Mame, 1970.

_____ *Der gekreuzigte Gott. Das Kreuz Christi als Grund und Kritik christlicher-Theologie*, Kaiser Verlag, 1972. Trad. française: *Le Dieu crucifié. La croix du Christ, fondement et critique de la théologie chrétienne*, trad. B. Fraigneau-Julien, Cerf-Mame, 1974.

PANNENBERG, Wolfhart, *Grundzüge der Christologie*, Gütersloh, 1964. Trad. française: *Esquisse d'une Christologie*, trad. A. Liefooghe, Cerf, 1971.

Sur l'histoire des doctrines:

LIENHARD, Marc, *Luther témoin de Jésus-Christ. Les étapes et les thèmes de la Christologie du Réformateur*, Cerf, 1973.

Dans cette bibliographie j'ai distingué à dessein les auteurs catholiques et les auteurs protestants. Mais la disproportion numérique entre les ouvrages catholiques et les ouvrages protestants ne doit pas donner le change. En fait, aujourd'hui, les quelques livres protestants de théologie dogmatique sont ceux qui pour une large part font l'opinion. Il faut reconnaître que les nombreux ouvrages catholiques, dont certains sont des lieux de référence majeurs, ne recueillent pas la même audience.

Je voudrais procéder en trois étapes:

1⁰ Tout d'abord prendre en compte les données les plus marquantes de la problématique nouvelle en christologie.

2⁰ Ensuite référer ces données au mouvement de la christologie attesté dans le Nouveau Testament et voir dans quelle mesure elles constituent un retour à ce mouvement.

3⁰ Enfin aborder avec vous la question disputée actuellement de la critique de Chalcédoine.

I - UNE PROBLEMATIQUE NOUVELLE

1. *LA VERIFICATION DE LA CHRISTOLOGIE*

La vérification de la christologie n'est plus un point connexe à régler au niveau des présupposés ou bien après coup une fois le résultat essentiel obtenu. Elle est devenue une tâche primordiale, centrale et constante de la christologie, qui en un sens reflue tout entière vers le lieu de sa vérification. En d'autres termes, la christologie ne peut plus se contenter de partir de l'annonce apostolique primitive, et de suivre le développement des implications de la parole kérygmatique sur l'identité de Jésus, son lien d'unité à Dieu, et la révélation trinitaire, sans vérifier constamment le bien-fondé, autant *historique* que *rationnel*, de ces affirmations de la foi. La christologie est devenue irrévocablement critique.

Ce souci de la vérification s'est exprimé particulièrement en deux domaines.

a) *La tension entre le fait et le sens.*

La tension entre le fait et le sens, que l'on pourrait appeler également la tension entre le Jésus de l'histoire et le Christ de la foi, est un héritage des recherches exégétiques modernes. Elle est aujourd'hui devenue un problème de théologie dogmatique. S'il est vrai en effet, qu'il n'y a pas, historiquement parlant, de purs *bruta facta*, s'il est vrai également que le fait ne peut être reconnu que dans le contexte de sens qui lui donne sa valeur humaine, - et donc qu'il faut renoncer à une certaine apologétique du fait pur, - la question demeure néanmoins: est-ce que *le sens séparé du fait* est le même que le *sens du fait* reconnu dans sa réalité événementielle? En d'autres termes, le kérygme christologique a-t-il le même sens, s'il engage l'identité concrète entre le Christ et Jésus de Nazareth ou s'il ne l'engage pas?

C'est la question que l'on est en droit de poser à Bultmann dont le souci d'exalter une foi pure, dégagée des soutiens charnels de l'histoire, se console trop aisément d'un désespoir affirmé vis-à-vis de toute connaissance valable de Jésus de Nazareth. Mais, et le paradoxe n'est qu'apparent, la question mérite aussi d'être posée à la christologie catholique "classique", qui tenait bien le fait d'un côté et le sens de l'autre, comme les deux bouts d'une chaîne, mais sans être suffisamment préoccupée de l'unité de la chaîne, c'est-à-dire de la cohérence entre les données du Nouveau Testament et les affirmations spéculatives sur le Christ. Telle est en tout cas la question que se posent aujourd'hui toutes les recherches christologiques, tant protestantes que catholiques. En voici deux expressions significatives:

> Le sens de la recherche christologique, dit Pannenberg,
> ... est de justifier ainsi (=dans l'histoire de Jésus),
> mais en la contrôlant, la manière chrétienne de parler
> de Jésus.[3]

Pour Pannenberg, cette tâche détermine le point de départ de la christologie. La position de Moltmann est concordante:

> La première tâche de la christologie est donc la véri-
> fication critique de la foi chrétienne dans son origine
> en Jésus et en son histoire.[4]

---

[3]Wolfhart Pannenberg, *Esquisse d'une christologie*, op. cit., p. 13.

[4]Jürgen Moltmann, *Le Dieu crucifié*, op. cit., p. 98.

Rahner souligne de son côté, au point III de ses "lignes fondamentales d'une christologie systématique",[5] que la foi au Christ, Sauveur Absolu, ne peut se désintéresser de l'histoire de Jésus et de la compréhension que celui-ci a eue de lui-même. Car cette histoire est nécessaire à l'élaboration d'une christologie qui ne soit pas un "mythologoumène". Le théologien doit donc se préoccuper d'établir avec fermeté le "minimum historique" sur Jésus, afin de rendre compte de la continuité et de l'identité entre le Jésus de l'histoire et le Christ de la foi. Car la compréhension chrétienne de sa personne ne peut contredire les événements de son existence et les attitudes qui furent les siennes. Or en la matière, on reconnaît aujourd'hui qu'il est possible de sortir du tout ou rien: le fait que l'on ne puisse écrire une vie de Jésus ne signifie pas que l'on ne sache historiquement rien sur lui.

Ce faisant, le souci de la vérification reprend à son compte le programme de la démythologisation, mais dans un autre esprit. Car il a conscience que, lorsque celle-ci fait bon marché de l'unicité et de la nouveauté irréductibles de Jésus, selon le mot de Kasper, elle "se retourne dialectiquement en son contraire, et Jésus de Nazareth devient alors un mythe de l'homme".[6] La démythologisation doit donc se critiquer elle-même et s'interroger sur les conditions de sa légitimité. Elle s'aperçoit alors qu'elle ne peut s'exercer à sens unique et qu'elle atteint aussi son plus célèbre protagoniste.

b) *La réintroduction de la considération critique de l'acte de croire dans la christologie. La vérification de la révélation et donc du rapport de Dieu à l'homme.*

La vérification dans l'histoire s'inscrivait déjà dans une exigence épistémologique. Mais avec la réintroduction dans la christologie de la considération critique de l'acte de croire, la question se situe d'emblée au plan de l'épistémologie. Sur quelle base estimer la validité d'un discours qui affirme à propos d'un homme l'intervention de Dieu dans notre histoire, qui prétend que cet homme est ressuscité et qu'il mérite d'être confessé comme Fils de Dieu et Dieu? Toutes ces affirmations dépassent manifestement le champ de la connaissance humaine laissée à elle-même. La christologie n'est donc pas un savoir qui se développe comme un autre sur la base de principes universellement admis ou sur le fondement d'une expérience communément vérifiable. Son discours n'est légitime et même possible que dans la présupposition d'un acte de foi, c'est-à-dire d'un acte de liberté qui engage un homme dans une réponse positive à un appel entendu, appel qui lui est adressé en définitive par la personne même de Jésus. Au coeur de la christologie, il y a donc une relation dialogale et personnelle, elle-même inscrite dans la vie d'une communauté, et qui est de l'ordre de l'existence.

---

[5] Karl Rahner-Wilhelm Thüsing, *Christologie - Systematisch und Exegetisch, op. cit.*, pp. 25-34.

[6] W. Kasper, *op. cit.*, p. 56.

Evidemment cet acte de foi doit être capable de rendre compte raisonnablement de lui-même et de fournir ses lettres de créance épistémologiques. Dans la théologie classique un traité spécial s'y employait, à la fois apologétique et dogmatique: apologétique dans la mesure où il justifiait au regard de la raison la validité humaine de l'acte de croire, dogmatique dans la mesure où il situait dans l'acte de foi le rapport de la grâce de Dieu qui appelle et de la liberté de l'homme qui répond. Le nerf de la question était alors de concilier la certitude de la foi avec la liberté du croyant. Mais ces considérations fonctionnaient trop comme de simples préalables: dans son propre parcours la christologie considérait la question comme posée et résolue. Elle ne revenait pas sur ce qu'elle considérait comme une évidence simple, au risque d'oublier le statut propre de son discours.

Les choses apparaissent aujourd'hui plus complexes. La christologie tout entière repose à chaque instant la question de la foi. Cela n'a rien d'étonnant si l'on réfléchit un instant au fait que le motif premier et décisif de la foi est aussi le point central et décisif de la christologie: la résurrection de Jésus. Qu'on le veuille ou non, l'étude du mystère du Christ met en oeuvre la totalité du cercle herméneutique immanent à l'acte de foi. Aussi la christologie ne peut-elle plus renvoyer cette dimension dans l'implicite. Elle se voit obligée de se constituer en une sorte de traité de la foi, mené sur pièces, un peu comme on prouve le mouvement en marchant.

L'acte de foi est strictement corrélatif de la révélation. Ce qui vient d'être dit engage donc évidemment l'objet même de la foi, c'est-à-dire la révélation que Dieu nous a faite et nous fait de lui-même, d'abord à travers l'histoire d'un peuple, ensuite et surtout dans l'événement de Jésus, que saint Jean présente comme le révélateur du Père et saint Paul comme le révélateur du mystère d'amour et de salut caché depuis les siècles en Dieu. Mais en quel sens doit-on penser que Dieu intervient dans notre histoire pour parler à l'homme? Comment est-il possible à l'homme de reconnaître son intervention? La question est immense, car d'une part elle engage le rapport fondamental de l'homme à Dieu et d'autre part elle est grosse de toute l'articulation entre la révélation et l'histoire.

C'est pour répondre à ce type de questions que Rahner développe sa "christologie transcendantale", c'est-à-dire l'étude des conditions de possibilité et des pierres d'attente dans l'existence de l'homme d'une relation concrète à un homme de notre histoire comme au Sauveur absolu. Il interroge donc la "transcendance" de l'homme, ouverture structurelle à l'être absolu de Dieu, qui s'exprime en particulier par l'audace qu'il a d'*espérer* et de prétendre à la possession d'un sens définitif et d'une unité parfaitement réconciliée. Cette réflexion, qui véhicule toute une anthropologie de l'homme dans son historicité, fonctionne comme un moment de vérification de la christologie. Pannenberg est une autre illustration de ce type de problématique: sa christologie s'inscrit dans une vaste conception - à la fois philosophique et théologique - de l'histoire, comme le lieu de la révélation.[7] Dans un horizon de références assez différent,

---

[7]Conception très "moniste" inscrite dans le monde de références de la théologie protestante qui échappe facilement au lecteur catholique.

plus proche de la théologie de l'histoire de Balthasar, Louis Bouyer insiste lui aussi vigoureusement sur la nécessité de ne pas isoler le Christ:

> Le principe premier de la christologie doit donc être de situer le Christ exactement dans l'histoire humaine totale, qui est avant tout l'histoire, pour l'homme, de sa recherche de Dieu, et dans cette histoire parti-culière qu'est celle du peuple d'Israël où il est né, et qui peut être décrite comme l'histoire de Dieu à la recherche de l'homme.[8]

Il n'est donc pas étonnant que les clivages les plus importants qui existent entre les divers essais christologiques récents ne se situent pas en définitive au niveau des affirmations particulières sur le Christ, mais soient commandés par un ensemble de prises de position concernant la foi, la révélation dans l'histoire et finalement le problème de Dieu lui-même. C'est aussi à ce niveau que resurgissent les différences d'appro-che entre catholiques et protestants.

Cette situation nouvelle faite à la christologie n'est pas facile. Le poids qui pèse sur elle est désormais très lourd. Les cloisons tombent, même à l'intérieur de la théologie. Les catholiques ont à en retenir que la séparation entre un discours apologétique, théoriquement destiné *ad extra*, c'est-à-dire à des incroyants, bien qu'il n'ait jamais pu convaincre que ceux qui l'étaient déjà, et un discours dogmatique, théoriquement réservé *ad intra*, alors qu'il intéresse de plus en plus ceux du dehors, est désor-mais dépassée, mais dans une unité encore à faire.

2. *LE RAPPORT ENTRE LA FOI ET L'HISTOIRE DANS LA DEMARCHE CHRISTOLOGIQUE*

Ce second point marquant de la problématique christologique nouvelle est la conséquence du souci de vérification qui vient d'être brièvement analysé. La vérification, qui porte sur l'histoire et sur la foi, met évi-demment en cause le rapport entre l'histoire et la foi en ce qui concerne le mystère de Jésus. Ce souci moderne s'exerce sur l'héritage de la donnée la plus primitive: d'une part, il appartient au plus ancien kérygme d'être le *récit* de ce qui est arrivé à Jésus de Nazareth. "Vous l'avez livré et supprimé en le faisant crucifier...; mais Dieu l'a ressuscité" (*Ac* 2,23-24). L'affirmation qu'il a été "fait Seigneur et Christ" (*ibid.*, 36) vient en conséquence de cet événement. Mais d'autre part, seuls des *croyants* se portent témoins (*ibid.*, 32) de la résurrection, et après sa mort Jésus ne s'est montré qu'aux siens. Le récit de l'événement est indissociablement un témoignage de foi: de cette difficile implication nulle christologie ne peut sortir; c'est sur elle que s'exerce la vérification critique.

a) *Des oscillations à un point d'équilibre.*

La christologie est en train de sortir des célèbres alternatives protestantes qui ont marqué la recherche depuis le 19e siècle. On sait

---

[8]Louis Bouyer, *Le Fils éternel, op. cit.*, p. 13.

l'intérêt porté alors à la vie de Jésus par la théologie libérale. On prétendait reconstituer à partir des données historiques le véritable visage de Jésus, en deçà des superstructures dogmatiques véhiculées par l'Eglise. Mais ce visage de Jésus devenait le plus souvent la projection arbitraire et assez plate de l'idéal moral d'une société bourgeoise occidentale. Il variait aussi de manière inquiétante en fonction de la *Weltanschauung* des chercheurs. De tous ces travaux le célèbre ouvrage d'Albert Schweitzer[9] fit au début du siècle un bilan tellement sévère qu'il apparaît comme une "oraison funèbre" (Bornkamm).

En fait, cette tendance historicisante et naturalisante avait déjà engendré son contraire. A la fin du siècle dernier, Martin Kähler avait dénoncé le fait que "le Jésus de l'histoire des écrivains modernes nous cache le Christ vivant".[10] Il proposait de substituer à un soi-disant Jésus de l'histoire (historische) le Christ vraiment historique (geschichtliche), c'est-à-dire celui qui, à travers des millions de croyants, a exercé une influence décisive sur l'humanité. Il privilégiait du coup la prédication de la communauté et donc le Christ de la foi. Bultmann peut être considéré comme la postérité extrémiste de cette tendance, lui pour qui l'événement de Jésus passe tout entier dans la parole: "On ne doit donc pas remonter en arrière du kérygme ... Ce n'est pas le Jésus historique (historisch) qui est le Seigneur mais le Jésus-Christ qui est prêché".[11]

Tout le monde est d'accord aujourd'hui sur le fait que l'on ne peut consentir à une séparation entre l'histoire et la foi dans la christologie. Les exégètes protestants post-bultmanniens sont les premiers à rappeler que tout le Nouveau Testament est bâti sur le lien entre le Jésus pré-pascal et le Christ proclamé dans la foi. Il n'est pas inutile d'en retenir ici quelques témoignages:

> Si la chrétienté primitive, dit E. Käsemann, identifie
> le Seigneur dans son abaissement avec le Seigneur dans
> sa gloire, elle manifeste bien sûr par là que, dans sa
> présentation de l'histoire, elle n'est pas capable de
> faire abstraction de sa foi. Mais en même temps elle
> manifeste aussi qu'elle n'est pas disposée à laisser
> s'introduire un mythe à la place de l'histoire, un être
> céleste à la place du Nazaréen... Elle est de toute
> évidence convaincue qu'on ne peut pas comprendre le Jé-
> sus terrestre autrement qu'à partir de Pâques et donc
> dans sa dignité de Seigneur de la communauté, et qu'in-
> versement on ne peut pas comprendre adéquatement Pâques
> si l'on fait abstraction du Jésus terrestre. L'Evangile

---

[9] Albert Schweitzer, *Geschichte der Leben-Jesu-Forschung*, Tübingen, 1913.

[10] Martin Kähler, *Der sogenannte historische Jesus und der geschichtliche, biblische Christus*, Leipzig, 1892; Münster, 1956.

[11] R. Bultmann, "La signification du Jésus historique pour la théologie de Paul", 1929, dans: *Foi et compréhension*. I., trad. A. Malet, Seuil, 1970, p. 234.

est toujours engagé dans un combat sur deux fronts.[12]

> Les évangiles et la tradition qu'ils communiquent,
> écrit également G. Bornkamm, ne sauraient nous interdire
> de poser la question du Jésus historique: non seulement
> ils permettent cette question, mais il l'exigent. ...
> Les évangiles sont le *refus du mythe*. ... Seule s'y
> exprime la confession de foi: Jésus-Christ, celui qui
> unit le Jésus terrestre et le Christ de la foi. Les
> évangiles proclament ainsi que la foi ne commence pas
> avec elle-même, mais qu'elle vit d'une histoire qui la
> précède et dont il ne peut être parlé qu'au passé, comme
> le font tous les évangiles, et ceci au bénéfice du pré-
> sent de la foi.[13]

b) *L'histoire et la foi dans les essais dogmatiques récents:
Pannenberg et Moltmann.*

La même question est désormais au coeur des essais dogmatiques.
Elle est un trait caractéristique de la christologie de Pannenberg qui prétend fonder la foi sur l'histoire; car chez lui la vérification devient
preuve. "La tâche de la christologie, dit-il, est donc de fonder sur l'histoire de Jésus la vraie connaissance de sa signification, qu'on peut résumer par ces mots: Dieu s'est révélé en cet homme".[14] Concrètement son effort sera centré sur la preuve historique de la résurrection, puisque celle-
ci est l'événement qui authentifie la prétention d'autorité exprimée par le
Jésus pré-pascal. L'étude de l'histoire reçoit donc la charge de dire le
sens immanent à l'événement et de porter la preuve qui servira ensuite de
fondement à la foi.

> La vérité du message s'impose à l'intelligence parce que
> ce message n'est rien d'autre que la réalité de l'événe-
> ment historique de Jésus de Nazareth. Cet événement est
> transparent à son propre sens, "pour qui a des yeux pour
> voir". La reconnaissance de la révélation de Dieu en
> Jésus, grâce à la démarche historique, est le préalable
> nécessaire à la foi, si cette foi se veut un acte plei-
> nement humain et libre.[15]

Arrêtons-nous ici un instant: dans sa recherche, Pannenberg exprime un souci très sain de réconcilier histoire et foi et de manifester la
continuité qui va du Jésus pré-pascal au Christ de l'annonce apostolique.

---

[12] E. Käsemann, "Le problème du Jésus historique", 1953, dans: *Essais
exégétiques*, Delachaux et Niestlé, 1972, p. 154 (La trad. retenue est de
R. Marlé).

[13] G. Bornkamm, *Qui est Jésus de Nazareth?*, trad. M. Barth et S. de
Bussy, Seuil, 1973, p. 30.

[14] W. Pannenberg, *op. cit.*, p. 26.

[15] Ignace Berten, *Histoire, révélation et foi. Dialogue avec Wolfhart
Pannenberg*, Cep, 1969, p. 48 (Berten résume ici la pensée de Pannenberg).

Mais une question se pose inévitablement. Dans la démarche herméneutique qu'il propose, Pannenberg ne donne-t-il pas trop à l'histoire? Il lui fait assumer la charge de donner la preuve de la foi, ce qui suppose que la conclusion de l'enquête historique s'impose de manière nécessaire et universelle à tout esprit droit:

> Si j'utilise une méthode historique appropriée et suffisamment affinée, - la seule véritable méthode historique, - si je ne procède pas à priori et si je ne suis pas aveuglé (par exemple par des déformations imposées par le milieu sociologique, ou plus profondément par le péché), il me suffit de connaître l'événement pour en lire le sens.[16]

Mais alors comment se fait-il qu'une telle "preuve" n'ait en fait de valeur que pour le croyant? Sa prétention indue ne va-t-elle pas la faire tomber dans ce que saint Thomas appelait la "moquerie des infidèles"? Ne doit-on pas reconnaître plutôt qu'un élément indispensable échappe ici à l'analyse: la liberté existentielle qui est inévitablement mise en cause dans un jugement de portée religieuse engageant le sens que je donne à mon existence? L'acte par lequel je rassemble en un faisceau convaincant la multitude des indices historiques, avec leur corrélation et leur éclairage mutuels, n'est pas de l'ordre du constat inéluctable. Il est une décision dans laquelle je m'engage pour affirmer le fait dans l'hypothèse de son sens et pour faire de ce sens articulé sur le fait le sens de ma vie. Or la décision en question ici est une décision *de foi*.

> W. Pannenberg, écrit Ch. Duquoc, a pleinement raison d'insister sur le lien entre le fait et le sens, il ne semble pas avoir souligné aussi heureusement que le fait ne peut être reconnu sans la décision "existentielle" en faveur de son sens. Le fait n'est pas démontré, il est attesté par conviction personnelle: inséparable de son sens, il n'est saisi que dans l'acte même de la conversion. La probabilité historique demeure pour le croyant probabilité historique; sa cohérence ne change pas de degré.[17]

La foi ne fait pas fi des indices historiques, elle les interroge et les critique, mais elle n'en sort pas de manière nécessaire. Entre l'ensemble des traces de la résurrection et mon acte de foi, il y a un "plus", celui de la décision par laquelle je communie au témoignage de ceux qui ont dit les premiers: Jésus est ressuscité. Sans doute Pannenberg est-il trop au fait de l'herméneutique historique pour oublier la part de la précompréhension dans l'interprétation des témoignages. Il donne à celle-ci une place importante, au niveau de l'histoire de la tradition apocalyptique, c'est-à-dire du monde de précompréhension qui habitait le milieu religieux

---

[16] I. Berten, *op. cit.*, p. 49.

[17] Christian Duquoc, *Christologie. II. Le Messie*, Cerf, 1972, pp. 153-154.

de ceux parmi lesquels le Christ est ressuscité. Mais ce qu'il ne prend pas en compte, du moins dans ses affirmations explicites, c'est la "complicité" de sa propre foi chrétienne aujourd'hui avec la foi juive vivant de la promesse de la résurrection des morts. Cette complicité est déjà un engagement.

Dans la même logique, Pannenberg, qui avoue ne rien concevoir en dehors d'un savoir naturel, ne tient pas compte de la dimension de la grâce par laquelle Dieu invite la liberté de l'homme à répondre à l'appel qu'il lui adresse. Ce "moment" de la grâce est abondamment souligné dans l'évangile de Jean. Aussi cette absence provoque-t-elle cette réflexion brutale d'E. Schweizer: "Chez Pannenberg, la distinction fondamentale entre la connaissance scientifique et la foi comme don de Dieu est abolie".[18] En fait, Pannenberg distingue deux temps, un peu à la manière d'une certaine apologétique catholique du début du siècle: celui de la "foi historique" qui est "le fondement de la foi, mais n'est pas la foi elle-même",[19] c'est-à-dire le jugement intellectuel venant conclure un acte de connaissance; et celui de l'engagement libre et "grâcié" de l'homme: la foi est formellement la confiance existentielle faite à Dieu sur le fondement de la connaissance. Cet écart est psychologiquement abstrait et théologiquement plus que contestable. C'est pour le réduire qu'au début du siècle Pierre Rousselot avait écrit ses articles célèbres sur "les yeux de la foi".[20]

Il semble qu'il y ait une tension irréconciliée dans la démarche de Pannenberg: il met entre parenthèses, au plan de la méthode, ce qu'il avoue constituer la motivation fondamentale de son travail, faire un discours de foi. En fait, c'est dans la foi qu'il mène sa démarche de vérification dans l'histoire. Il fait autre chose que ce qu'il prétend faire. Ma critique de fond porte donc plus sur ce qu'il prétend faire que sur ce qu'il fait, quoi qu'il en soit de la réalisation concrète.

Dans le dernier livre de J. Moltmann, la circularité entre foi et histoire semble présentée de manière plus heureuse. Il y est bien rendu compte de l'implication de la tâche historique et de la tâche théologique:

> La compréhension de la mort de Jésus à la lumière de sa vie semble n'être qu'une tâche historique. L'interprétation de la foi pascale chrétienne semble être une tâche purement théologique. Dans ce qui suit, nous essaierons au contraire de saisir *la tâche historique* de la présentation de la mort de Jésus dans le cadre de sa vie *comme tâche théologique*, car sa vie, sa prédication et son action, comme sa mort, ont intrinsèquement une signification théologique. Puis, nous essaierons de saisir *la tâche théologique* de présentation et d'interprétation de la foi pascale *comme tâche historique*,

---

[18]Edouard Schweizer cité par I. Berten, *op. cit.*, p. 50, note 68.

[19]I. Berten, *ibid.*

[20]Pierre Rousselot, "Les yeux de la foi", *RechScRel.*, 1 (1910) pp. 241-259 et 444-475. Pannenberg dit en un tout autre sens: "pour qui a des yeux pour voir".

> dans la mesure où tous les énoncés de la foi sur la
> résurrection et l'exaltation de Jésus par Dieu... se
> rapportent à sa vie et à sa mort.[21]

Ce projet accepte donc "une corrélation de la méthode historique et de la méthode eschatologique", c'est-à-dire en l'occurrence de la méthode de foi. Dans le même esprit Moltmann refuse la séparation entre "jésus-logie" et "christologie":

> La "Parole de la croix" ... ou bien rend impossible
> toute "jésuslogie" et toute christologie, ou bien,
> liée à la résurrection, rend possible la "jésuslogie"
> comme christologie et la christologie comme "jésus-
> logie".[22]

c) *L'histoire et la foi du côté catholique: W. Kasper.*

Du côté catholique la circularité entre la foi et l'histoire est couramment admise. Mais, si le principe en est réfléchi avec clarté, la mise en oeuvre de leur rapport n'est pas simple et elle vient aujourd'hui au premier plan de la préoccupation. Car on est convaincu que cette circularité ne peut pas être pour nous, *mutatis mutandis*, autre chose que ce qu'elle fut pour les premiers témoins du ressuscité. *"L'expérience pascale de la foi des premiers disciples montre la structure fondamentale de la foi"*[23] pour tout croyant en général. La référence à l'histoire est intérieure au kérygme et "il est caractéristique pour les évangiles, que message et récit soient liés ensemble".[24]

Le dernier ouvrage de Walter Kasper est sur ce point tout à fait remarquable. Le titre *Jésus le Christ*, repris d'un livre ancien de J. Geiselmann, est lui-même un programme: il exprime le parti pris de situer le centre de gravité de la christologie au niveau du rapport sans cesse confronté entre le Jésus des évangiles et de l'histoire, et le Christ annoncé dans un discours de foi toujours plus complexe et développé. En effet, la christologie nouvelle se doit de prendre également au sérieux les deux éléments de la confession chrétienne dans leur unité originelle: Jésus, le Christ, sans jamais oublier que les formules sur le Christ ont en Jésus leur critère réel. Kasper peut ainsi articuler une double thèse qui exprime l'horizon de sa recherche:

> *Le point de départ de la christologie est la phénoméno-*
> *logie de la foi au Christ comprenant la manière dont il*
> *est concrètement cru, vécu, annoncé et pratiqué dans les*
> *Eglises chrétiennes. Ce n'est que par la rencontre avec*
> *des chrétiens croyants que l'on vient à la foi en Jésus-*
> *Christ.*

---

[21]J. Moltmann, *op. cit*, pp. 130-131.

[22]*Ibid.*, pp. 144-145.

[23]W. Kasper, *op. cit*, p. 167.

[24]*Ibid.*, p. 39.

> *Le contenu propre et le dernier critère de la christo-*
> *logie est cependant Jésus-Christ lui-même, sa vie, son*
> *destin, sa parole et son oeuvre. En ce sens on peut*
> *aussi bien dire: Jésus-Christ est le critère premier,*
> *la foi de l'Eglise est le critère secondaire de la*
> *christologie. Les deux critères ne peuvent être joués*
> *l'un contre l'autre.*[25]

On voit bien la réciprocité de ces affirmations. D'une part, la porte d'entrée de la christologie est la foi ecclésiale au Christ. L'Eglise est le lieu de la christologie. Cette prise de position rejoint très exactement le point de départ de la christologie récemment proposé par K. Rahner. Ce point se trouve dans la phénoménologie de notre relation ecclésiale à Jésus-Christ, relation vécue dans la foi au Sauveur absolu et eschatologique.[26] Mais d'autre part, la christologie ne peut se réduire au discours de l'Eglise, car elle serait alors ramenée à n'être qu'un aspect de l'ecclésiologie. Ce discours a un contenu extérieur à lui-même et qui est sa norme, c'est la vie même de Jésus. L'esquisse de Rahner vérifie ici encore la thèse de Kasper. Ces deux critères, tour à tour premier et second, sont donc dans une relation de dépendance mutuelle et il serait faux de les opposer.

La recherche de Kasper s'inscrit dans ce qu'il est convenu d'appeler aujourd'hui le "cercle herméneutique":

> La nouvelle question sur le Jésus historique respecte
> le cercle herméneutique qui vaut pour toute compré-
> hension. Elle part de la précompréhension, de la foi
> présente, et la mesure à son contenu, à Jésus-Christ.
> Elle comprend Jésus à la lumière de la foi ecclésiale,
> et interprète réciproquement la foi ecclésiale à par-
> tir de Jésus.[27]

Ce faisant, Kasper cherche à réconcilier l'objet de la foi (*fides quae creditur*) et l'acte de foi (*fides qua creditur*) qui sont aujourd'hui trop souvent dans une situation aliénée l'une par rapport à l'autre.

Cette visée inclut une conception nuancée de la portée (*Relevanz*) théologique de l'histoire. A la différence de Pannenberg, Kasper reconnaît que "l'histoire ne peut servir à la légitimation du Kérygme. L'histoire sert cependant de critère du kérygme et de la foi".[28] C'est pourquoi la théologie catholique présente cherche une solution au problème de l'histoire et de la foi à l'aide de la catégorie de *signe*, ce qui vaut en particulier de la résurrection:

---

[25] W. Kasper, *op. cit.*, p. 30.

[26] K. Rahner - W. Thüsing, *op. cit.*, p. 18.

[27] W. Kasper, *op. cit.*, p. 40.

[28] *Ibid.*, p. 39.

> *Les événements historiques sont de soi ou bien muets ou*
> *bien ambigus; ils deviennent parlants et clairs dans un*
> *contexte plus grand de signification. Inversement les*
> *mots qui les interprètent demeurent aussi creux et vi-*
> *des, s'ils n'interprètent pas un événement réel et*
> *s'ils ne sont pas par là confirmés. C'est pourquoi on*
> *ne devrait pas parler de preuve historique, mais de si-*
> *gne. Le tombeau vide est en ce sens un signe qui doit*
> *exclure tout ce qui ressemble à du docétisme.*[29]

Si je me suis arrêté un peu longuement sur le rapport entre la foi et l'histoire, c'est parce que leur lien dépasse de beaucoup le cadre de la vérification dans la tâche christologique actuelle; il représente son nouveau *centre de gravité*. Centre qui a un effet correcteur important sur l'interprétation doctrinale de l'identité de Jésus et contribue à donner de lui un visage plus proche et plus parlant à la foi. La christologie se doit en effet de mettre dans un relief de plus en plus lumineux le fait qu'en Jésus Dieu a fait de son Fils un *homme*.[30] C'est ce qui explique le succès actuel des christologies "d'en bas".

3. CHRISTOLOGIE "D'EN BAS" ET CHRISTOLOGIE "D'EN HAUT"

Christologie "d'en bas" et christologie "d'en haut", christologie ascendante et christologie descendante, impossible d'éviter désormais ces expressions devenues de véritables slogans de la théologie. Vulgarisées par l'usage qu'en a fait W. Pannenberg, elles sont maintenant reprises par tous, exégètes et théologiens. Il est manifeste que la christologie d'en bas est l'objet d'une faveur assez générale. Essayons de voir les diverses intentions qu'elle recouvre, les principales raisons qui lui mettent le vent en poupe, sans oublier les conditions nécessaires à sa pleine légitimité.

a) *Une démarche d'initiation au mystère de Jésus*

La christologie d'en bas désigne d'abord le plus communément une démarche d'initiation au mystère de Jésus qui entend rester fidèle au mouve-

---

[29]W. Kasper, *op. cit.*, p. 160.

[30]Dans son petit essai *Jésus homme libre*, Cerf, 1973, Ch. Duquoc critique la cassure culturelle, constatée en certains milieux, du trait d'union entre *Jésus* et *Christ*. Le nom de Christ semble banni des mouvements de retour à Jésus, car il désigne le Seigneur lointain et puissant et non le frère humain qui lutte contre les oppresseurs. Ainsi à la tentation ancienne résumée dans la formule: "Pâques efface la vie terrestre de Jésus", répond la tentation moderne antagoniste "retour contemporain à Jésus, Pâques oublié" (p. 18). Duquoc opte pour une christologie qui fasse pleinement droit à l'humanité de Jésus, sans pour autant se réduire à une "jésuslogie". Il exprime ailleurs le principe fondamental de son interprétation christologique: "La résurrection n'est pas un coup de force, elle est le sens de l'histoire de Jésus" (*Christologie*, T. 2, p. 16).

ment même de la manifestation de Dieu en un homme. Elle prétend *commencer* sa recherche et son exposition en partant de ce qui est *premier* dans la révélation: l'itinéraire de l'homme Jésus. Avec des variantes propres à chaque thématisation, les essais récents partent donc de l'unité globale de la vie de Jésus aboutissant à sa mort violente. Ils scrutent les différents éléments de christologie "indirecte" inscrits dans les récits évangéliques et critiquent leur historicité. Ils s'interrogent sur la conscience de Jésus, ils analysent la portée de ce qu'il est convenu d'appeler "sa prétention d'autorité", c'est-à-dire les attitudes, les gestes et les paroles par lesquels Jésus revendique pour lui-même une autorité qui ne peut être que celle de Dieu, comme par exemple les antithèses entre lui et Moïse dans le Sermon sur la montagne ou sa conduite vis-à-vis des pécheurs.[31]

Mais l'itinéraire de l'homme Jésus ne s'arrête pas à sa mort. Son existence reçoit dans l'événement de la résurrection la sanction divine de son authenticité. La "prétention d'autorité" de Jésus s'y trouve confirmée de manière éclatante. La christologie se doit alors d'analyser le sens et la portée de la résurrection et de l'"élévation" de Jésus "fait Seigneur et Christ" et appelé à siéger à la droite du Père. C'est dans cet horizon qu'elle scrute le lien d'unité de Jésus au Père. Le mystère pascal, mort et résurrection, dans son lien à la totalité de l'existence de Jésus, est au premier plan de la préoccupation. On peut dire qu'il s'agit d'une christologie de la *fin*, puisque c'est à la fin de son itinéraire que Jésus est définitivement reconnu comme Fils de Dieu et Dieu. De même, son mouvement, qui cherche à reproduire quelque chose de la genèse de la foi des apôtres, va en Jésus de l'*homme* à *Dieu*.[32]

On saisit la différence avec la démarche classique de la christologie "scolaire" qui était par excellence une christologie du *début*. Elle s'intéressait avant tout au moment de l'incarnation et allait de Dieu à l'homme. Il est caractéristique que le traité de christologie se soit appelé longtemps le "De Verbo incarnato". Or l'incarnation apparaît de plus en plus comme une région de la christologie, ce qui ne veut nullement dire que sa considération doit être évacuée ou tenue pour secondaire, mais qu'elle doit être située et intervenir en un temps second. Un déplacement s'est donc opéré, ou plutôt il s'agit d'un recentrement: "Là où la croix et la résurrection deviennent le point central du contenu, cela signifie aussi une correction par rapport à une christologie orientée unilatéralement sur l'incarnation".[33]

b) *Un effort d'interprétation de l'identité de Jésus.*

Mais la christologie d'en bas désigne aussi un effort d'interprétation de l'identité humano-divine du Christ à partir du rapport vécu par

---

[31] Le livre de Jacques Guillet, *Jésus devant sa vie et sa mort*, *op. cit.*, donne un excellent exemple de cette démarche. Du même auteur, *Jésus-Christ dans notre monde*, D.D.B., 1974, où se trouve clairement thématisé le rapport de ce mouvement ascendant au mouvement descendant d'incarnation.

[32] Sur ce point, cf. en particulier l'*Esquisse d'une christologie*, *op. cit.*, de W. Pannenberg.

[33] W. Kasper, *op. cit.*, p. 44.

l'homme Jésus avec son Père. Il s'agit bien d'une visée *ontologique*. Cette relation au Père s'exerce à travers toute l'existence de Jésus, elle prend une densité décisive dans l'acte d'obéissance qui le mène à la mort, elle reçoit son dévoilement complet et manifeste son fondement dans la résurrection, car la fin révèle l'origine. Ce n'est que par un *détour* que cette relation de Jésus au Père permet d'affirmer l'unité de Jésus avec le Verbe.[34]

Cette investigation de l'identité du Christ ne se fait donc pas à partir de Dieu, comme dans les théologies classiques, mais à partir de l'homme et sa référence épistémologique n'est plus la "théologie naturelle", mais l'anthropologie. En particulier, elle met en oeuvre les développements les plus récents de la philosophie de la personne. Ce même mouvement ascendant s'étend à la théologie de la Trinité, considérée aujourd'hui par prédilection dans sa manifestation historique et à partir de la relation de Jésus au Père. Cette attitude traduit une hantise de toute "plus-value" dogmatique d'un discours construisant trop facilement les données du mystère à partir de Dieu.

Dans toute cette démarche, le souci de Jésus "vrai homme" est premier par rapport au souci de Jésus "vrai Dieu". Il y a là une inversion de la problématique classique, à laquelle on fait volontiers le reproche d'un "monophysisme" de fait, c'est-à-dire d'une prise en compte insuffisante de l'humanité concrète de Jésus. Cette nouvelle problématique ne comporte-t-elle pas le risque d'une réduction anthropologique du mystère du Christ? Sans doute, et l'on ne peut oublier que le propre du mouvement du pendule est d'aller d'un extrême à l'autre. Mais en l'occurrence chaque essai doit être jugé sur pièces et les différences ne sont pas minces à l'intérieur d'une orientation commune.

c) *Les raisons du succès de la christologie d'en bas.*

Les principales raisons de la vogue actuelle pour la christologie d'en bas correspondent aux critiques adressées à la christologie d'en haut. Celle-ci, dit par exemple Pannenberg,[35] présuppose ce qu'il faut prouver: la divinité de Jésus. Elle échappe ainsi à la tâche nécessaire de la vérification. Elle parvient aussi "difficilement à reconnaître l'importance capitale qui s'attache aux traits particuliers de l'homme historique réel Jésus de Nazareth". La singularité de Jésus n'y est pas prise en compte, dès lors que se trouve acquise l'union de son humanité avec le Verbe. Il s'agit toujours d'une humanité en général. Enfin la christologie d'en haut nous est interdite, selon Pannenberg, parce "qu'on devrait se placer au point de vue de Dieu même pour suivre le chemin du Fils de Dieu dans le monde".

La tendance naturelle de la christologie d'en haut est aussi de ramener l'essentiel de l'enjeu christologique sur le moment de l'incarnation. Elle considère que tout est tellement joué dans l'identité du Christ au moment de sa venue au monde (du fait de l'"union hypostatique") que sa vie, son témoignage, ses souffrances, sa mort et même sa résurrection n'en sont

---

[34]Sur ce point W. Kasper reprend à son compte une des thèses de W. Pannenberg. Cf. infra, IIIe partie, la critique de Chalcédoine.

[35]W. Pannenberg, *op. cit.*, pp. 31-35.

plus que des conséquences sans valeur décisive. Du coup la condition humaine de Jésus apparaît délestée de son poids nécessaire et son visage devient quelque peu irréel: Dieu sans doute, Dieu même avant tout, prématurément glorifié, alors que le témoignage biblique insiste sur la condition de serviteur qu'il a partagée avec nous dans "les jours de sa chair".

Enfin ces reproches se grossissent de ceux qu'il est devenu courant d'adresser à la formule de Chalcédoine et sur lesquels je reviendrai.

d) *Les limites de validité d'une christologie d'en bas.*

A première vue la plupart des requêtes de la christologie d'en bas apparaissent justifiées. Elles sont animées par le désir légitime de proposer à notre monde culturel un visage signifiant de Jésus. Elles ont aussi pour elles un ancrage solide dans le Nouveau Testament. On doit cependant se demander "si une christologie 'd'en bas' radicale est possible, si elle ne recèle pas une faille irrémédiable, en définitive plus funeste que les perplexités d'une christologie descendante".[36]

En fait, la christologie d'en bas tombe dans l'erreur dès qu'elle se veut exclusive. Sa dénomination elle-même indique un mouvement dont elle ne peut renier le terme: "d'en bas" veut manifestement dire "de bas en haut", sinon, pour garder le même ordre de représentations, il faudrait parler de christologie "horizontale", ce qui serait soit une contradiction dans les termes, soit le retour à une problématique de "jésuslogie". La christologie d'en bas ne peut donc se défaire - sous peine de se détruire - du lien dialectique qui la met en solidarité avec "l'en haut". Mais s'il y a mouvement de bas en haut, il y a aussi fatalement mouvement de haut en bas. S'il y a relation de Jésus au Père, il y a aussi relation du Père à Jésus. Cette circularité est parfaitement exprimée par l'épître *aux Ephésiens*: "*Il est monté*! Qu'est-ce à dire, sinon qu'il est aussi descendu jusqu'en bas de la terre? Celui qui est descendu, est aussi celui qui est monté plus haut que tous les cieux, afin de remplir l'univers" (*Ep* 4,9-10). Un mouvement renvoie à l'autre: mieux, la montée, qui est la première dans la manifestation, se révèle la seconde dans l'ordre complet de la réalisation. C'est pourquoi le Nouveau Testament enchaîne le plus souvent la séquence en posant d'abord la descente et ensuite la montée. En fait c'est la *fin* qui a renvoyé au *commencement*. Les affirmations eschatologiques sur Jésus ressuscité et glorifié renvoient dialectiquement et de manière nécessaire à des affirmations sur son origine. Jésus est glorifié auprès du Père de la gloire qu'il avait auprès de lui avant que le monde fût (cf. *Jn* 17,5).

Il ne saurait donc y avoir de christologie de préférence. Une christologie qui se voudrait exclusivement d'en bas donnerait en définitive à penser qu'en Jésus Dieu s'est donné un Fils et non qu'il nous a donné son Fils, et que Jésus est un homme fait Dieu et non pas Dieu fait homme. Le problème ne peut donc être de choisir entre deux types de christologie qui seraient opposées, mais de savoir les articuler l'une à l'autre. Sur ce point, deux choses demeurent acquises: dans l'ordre de la recherche et de

---

[36]Xavier Tilliette, *Le Christ des philosophes I. De Malebranche à Feuerbach*, Cours ronéotypé, Inst. Cath. de Paris, 1974, p. 12.

l'exposé, la christologie d'en bas doit précéder la christologie d'en haut, car elle représente un temps premier de la révélation; mais la christologie d'en haut doit exercer ensuite une relecture nécessaire de ce premier mouvement, afin d'en dévoiler pleinement toutes les implications. Les deux mouvements s'établissent alors dans une solidarité circulaire qui leur permet de s'éclairer et au besoin de se corriger mutuellement.

Cette articulation est pratiquée avec une grande lucidité par K. Rahner et W. Thüsing dans l'ouvrage qui est le fruit de leur enseignement commun à Münster en 1971.[37] Elle est comprise à la fois dans sa portée chronologique ou pédagogique et dans sa dimension logique et ontologique. La même articulation constitue aux yeux de W. Kasper "le problème de fond" de la christologie:

> {Il} consiste en ceci: comment la christologie qui s'exprime en termes de montée et de glorification se rapporte à la christologie descendante qui s'exprime dans la pensée de l'incarnation. Les deux sont bibliquement fondées; c'est pourquoi les deux ne doivent pas être jouées l'une contre l'autre. Leur relation n'est assurément pas facile à déterminer. Dans la christologie descendante, l'être humano-divin de Jésus fonde son histoire; dans la christologie ascendante, son être se constitue dans et par son histoire.[38]

Du côté protestant s'exprime aussi avec le temps une relativisation critique des oppositions proclamées de manière trop simple entre la christologie d'en bas et la christologie d'en haut. Voici par exemple une réflexion fort juste de Moltmann:

> Si Jésus peut être connu comme Fils de Dieu à partir de la fin que constituent la croix et la résurrection, dans l'ordre de l'être sa filiation divine précède son histoire. Toute connaissance commence inductivement "par en bas" et est a posteriori, et toute connaissance historique est *post factum*. Mais la réalité à connaître et connue la précède. L'opposition entre une "christologie d'en haut" et une "christologie d'en bas" n'est qu'apparente. Il n'y a pas plus d'alternative ici que dans la question célèbre: "Jésus m'aide-t-il parce

---

[37] K. Rahner - W. Thüsing, *op. cit.*, pp. 25-69 et 234-273.

[38] W. Kasper, *op. cit.*, p. 44. Hans Urs von Balthasar, dont la christologie donne une place privilégiée au mouvement de kénose et donc à la christologie d'en haut, fait également droit aux légitimes requêtes de la christologie d'en bas. Cf. *La foi du Christ*, *op. cit.* Par contre l'ouvrage de Piet Schoonenberg, *Il est le Dieu des hommes*, *op. cit.*, développe une christologie d'en bas pour le moins ambigüe par son refus de déboucher sur un mouvement descendant et de prendre en compte la préexistence du Fils. Cf. infra.

qu'Il est Fils de Dieu ou est-il Fils de Dieu parce
qu'il m'aide?"[39]

Pannenberg lui aussi vient de reconnaître, en traitant du rapport
entre christologie et doctrine de Dieu, les limites de l'option "d'en bas"
proposée dans son *Esquisse d'une christologie*. Il propose de dépasser le
défaut commun des deux méthodes christologiques par une démarche qui engage
leur présupposition mutuelle et articule une "compréhension chrétienne de
Dieu" originale. "De cette manière, la christologie 'à partir d'en bas' purifiée d'une concentration exclusive sur l'homme Jésus en tant que distingué
de Dieu pourrait se présenter comme accomplissement de la vraie christologie
'à partir d'en haut'...".[40]

En définitive, le lieu de vérification de ces problématiques est
la totalité du message du Nouveau Testament, considéré à la fois dans son
mouvement et dans son contenu. Mais je reviendrai tout à l'heure sur le
rapport entre christologie contemporaine et christologie du Nouveau Testament.

4. *UNE CHRISTOLOGIE SITUEE DANS L'HORIZON CONTEMPORAIN*

J'ai évoqué en commençant le malaise créé par la distance qui s'était
installée entre la christologie et l'existence chrétienne. Il est clair que
la christologie ne peut plus se taire sur ce qui constitue les besoins, les
angoisses et les espérances des hommes de notre monde. Il ne lui est donc
plus possible de considérer de manière isolée la personne de Jésus. Mais
honorer la prétention universelle du Christ et du salut qu'il apporte devient une tâche étonnamment concrète et risquée. Dans la situation de crise
de la société moderne, toute parole de foi sur le Christ est attendue comme
un témoignage de vérité libérante engageant la vie. Aussi souligne-t-on
que les affirmations christologiques ne sont pas "innocentes", "anodines"
ou "neutres". On s'interroge sur la manière dont elles "fonctionnent" dans
l'Eglise et la société: sont-elles "conservatrices", ou "progressistes" et
même "subversives" par rapport à un ordre établi injuste?[41] On dénonce
aussi la faiblesse d'une christologie qui n'a pas réussi à induire une éthique typiquement chrétienne au plan social:

Le thème fondamental des évangiles synoptiques: "suivre
le Christ", a été fort peu thématisé et traduit en attitudes concrètes. L'orthodoxie, c'est-à-dire la justesse de la pensée sur le Christ avait le primat sur

---

[39] J. Moltmann, *op. cit.*, pp. 107-108. La "question célèbre" est évidemment de Bultmann.

[40] W. Pannenberg, "Christologie et théologie", trad. C. Baumgartner,
Les Quatre Fleuves, 4, Seuil, 1975, p. 99 (cf. pp. 85-99).

[41] Ce vocabulaire est fréquemment employé par Ch. Duquoc dans sa
Christologie, *op. cit.*

l'orthopraxie, c'est-à-dire la justesse de l'agir à la lumière du Christ.[42]

La christologie est invitée à intervenir sur le terrain de la théologie politique. On sait le développement actuel des "théologies de la libération" qui pratiquent une relecture appliquée de la sotériologie traditionnelle, et le succès du thème "libération des hommes et salut en Jésus-Christ". Au souci de la vérification originelle de la foi, Moltmann en ajoute un second: celui de "la vérification de la foi chrétienne dans ses conséquences pour le présent et pour l'avenir".[43] Si l'on peut s'interroger sur la pertinence réelle de tel ou tel essai, l'orientation de fond ne saurait être refusée.

Recueillons seulement ici un exemple de cet effort, qui rencontre déjà un vif écho. Dans son dernier ouvrage, *le Dieu crucifié*, Moltmann exprime longuement le dilemme entre *l'identité* et la *signification* auquel les Eglises chrétiennes semblent actuellement acculées. En effet, le souci de maintenir l'identité doctrinale de la foi aboutit trop souvent à une perte de signification de l'Eglise dans le monde: il est le fruit de la tendance "conservatrice". Réciproquement, le souci d'augmenter la signification et la crédibilité de la foi risque d'aboutir à une perte de l'identité chrétienne, par une assimilation immédiate et ambiguë aux valeurs ambiantes: on a reconnu là la tendance "progressiste". Moltmann refuse ce dilemme et les alternatives qui en découlent "entre évangélisation et humanisation", "entre conversion intérieure et changement des relations et des conditions de vie" et "entre la dimension soi-disant verticale de la foi et de la prière et la dimension soi-disant horizontale de l'amour du prochain et du changement politique".[44] Ce refus est du même ordre que le refus entre "'jésus-logie' et christologie, entre l'humanité et la divinité de Jésus. Toutes deux coïncident dans sa mort en croix".[45] C'est pourquoi Moltmann entend échapper à ces alternatives par une théologie de la croix qui révèle, dans le paradoxe de la mort du Christ, l'unité de Dieu et de l'homme.

A cette théologie de la croix l'angoisse de notre temps est sans cesse présente et Moltmann en parle avec un accent impressionnant:

> La théologie ne peut pas se mettre devant les vociférations de son propre temps et hurler avec les loups qui commandent. Mais elle doit se mettre devant le cri des malheureux vers Dieu et la liberté, à partir de la profondeur des souffrances de ce temps. C'est tant qu'elle est contemporaine des souffrances de ce temps que la théologie chrétienne est vraiment contemporaine.[46]

---

[42]Leonardo Boff, *Jésus-Christ libérateur*, Cerf, 1974, p. 54.

[43]J. Moltmann, *op. cit.*, p. 98.

[44]*Ibid.*, pp. 30-31.

[45]*Ibid.*

[46]*Ibid.*, p. 179.

La conviction de l'auteur est que "en son fond, la question de l'histoire du monde est la question de la justice".[47] Aussi la manifestation de Dieu dans le crucifié est-elle une question de *théodicée*, au sens étymologique de "justification de Dieu":

> Si la question de la théodicée est comprise comme question de la justice de Dieu dans l'histoire des souffrances du monde, alors toute compréhension et toute représentation de "l'histoire du monde" se situe dans l'horizon de la théodicée.[48]

Le dilemme est le suivant: la victoire restera-t-elle au bourreau? *"Le cercle infernal de l'absurdité et de la déréliction par Dieu"*[49] est-il sans issue? Ou au contraire le Christ crucifié et ressuscité révèle-t-il la justice souveraine de Dieu? Telle est la préoccupation qui porte en particulier l'analyse de Moltmann sur le procès historique de Jésus. Celui-ci a été condamné en effet comme blasphémateur par le pouvoir religieux de la loi et comme séditieux par le pouvoir politique romain. Sur la croix il a fait l'expérience de l'abandon de Dieu.[50] D'où l'enjeu décisif de la résurrection:

> L'enjeu du débat sur la résurrection de Jésus est la question de la justice dans l'histoire. Relève-t-elle de la Loi qui finalement donne à chacun son dû, ou du droit de la grâce, tel qu'il a été révélé par Jésus et dans la résurrection du crucifié?[51]

La compréhension de la résurrection ne peut dès lors qu'engager à une existence chrétienne en solidarité avec les opprimés. La fin de l'ouvrage en tire les conséquences pour une politique de la libération.[52]

Sans cacher les réels problèmes que pose la christologie de Moltmann - en particulier son option trinitaire - je reconnais volontiers que cette théologie de la croix, où l'on retrouve une influence de Balthasar, est traversée par un souffle profondément chrétien.

---

[47] J. Moltmann, *op. cit.*, p. 199.

[48] *Ibid.*

[49] *Ibid.*, p. 373.

[50] Ch. Duquoc et L. Boff développent les mêmes analyses sur le procès de Jésus.

[51] J. Moltmann, *op. cit.*, p. 203.

[52] Ce qui ne veut pas dire que la théologie politique de Moltmann soit vraiment à la hauteur de sa christologie. Cf. la critique de M. Sales, "La théologie politique de Jürgen Moltmann", *Axes*, 61, oct.-nov. 1973, pp. 9-26.

ESQUISSE D'UN PANORAMA DE LA RECHERCHE CHRISTOLOGIQUE CONTEMPORAINE

II - LE MOUVEMENT COMPLET DE LA CHRISTOLOGIE

1. *LE MOUVEMENT DE LA CHRISTOLOGIE DU NOUVEAU TESTAMENT, LIEU DE VERIFI-CATION DE TOUTE CHRISTOLOGIE*

Nous ne pouvons plus considérer, comme les anciens, la christologie du Nouveau Testament comme une unité simple. La manière de dire appartient au dit; le mouvement des affirmations appartient à leur juste compréhension.

Il est évident que le Nouveau Testament contient une diversité de christologies, c'est-à-dire de thématisations et de langages différents pour parler du Christ, à l'intérieur de la confession unique de Jésus-Seigneur. Mais plus significatif encore est le fait que la succession des livres du Nouveau Testament manifeste un développement de la christologie en fonction de questions nouvelles. A l'intérieur même de la génération apostolique, la confession de foi a été l'objet d'une interrogation et d'un approfondissement.

L'exégèse actuelle (par exemple Thüsing, Schnackenburg...) est unanime pour reconnaître en particulier une distinction entre christologie primitive (Frühchristologie) ou "archaïque" et christologie tardive (Spätchristologie) à l'intérieur du même Nouveau Testament. La première est avant tout une christologie ascendante et la seconde une christologie descendante. De l'une à l'autre - sans que la césure soit toujours très claire - se trace un mouvement global de la réflexion que l'on peut appeler *d'avant en arrière*. C'est l'étude de ce mouvement dans le Nouveau Testament lui-même (à l'aide de l'exégèse récente), puis dans la Tradition ancienne, et enfin dans les recherches contemporaines, qui va constituer maintenant l'axe de ma réflexion.

a) *La christologie primitive: christologie d'en bas.*

On entend surtout par là la christologie incluse dans les discours kérygmatiques des *Actes* et les premières confessions de foi, brèves ou plus développées, que l'on trouve en saint Paul. Ces discours ont la forme du *récit*: la proclamation de Jésus-Seigneur et du don de l'Esprit apparaît comme la conclusion de l'événement qui est arrivé à Jésus de Nazareth. Le point de départ est donc cet homme Jésus, que certains peuvent encore avoir connu, dont le passage parmi le peuple ne fait de doute pour personne, et qui a été un signe de contradiction. De cet homme bien concret, la foi des témoins proclame que Dieu l'a ressuscité des morts et élevé dans sa gloire: il siège à la droite, ce qui veut dire que Dieu le traite comme son égal. Il est donc établi Fils de Dieu avec puissance et le nom de Seigneur lui est donné, qui est un nom proprement divin. D'autre part, cette résurrection a une portée eschatologique: la fin des temps est arrivée. L'Eglise vit désormais dans l'attente de la parousie. Ainsi la reconnaissance de la divinité de Jésus se fait selon un mouvement ascendant: de cet homme, on dit qu'il est Fils de Dieu et le mouvement du regard suit son élévation. Il s'agit bien là d'une "christologie narrative" selon la requête de Jean-Baptiste Metz.

b) *Cette visée comporte une grande attention au Jésus pré-pascal et à l'avant du kérygme.*

Les discours kérygmatiques des *Actes* présentent le plan des futures rédactions évangéliques. Les évangiles développent, en effet, ce récit primitif en opérant une lecture pascale du ministère de Jésus. Ils opèrent déjà en ce sens un premier *mouvement vers l'arrière*: ils veulent souligner l'identité du Jésus qui a vécu et de celui qui est passé par le mystère de mort et de résurrection. En montrant aussi l'opposition qui existe entre sa manifestation dans l'humilité de la chair (kénose) et sa manifestation glorieuse, ils développent une christologie à deux degrés: il y eut d'abord une manifestation "selon la chair" et ensuite une manifestation "selon l'esprit". En même temps, les évangélistes mettent en relief les anticipations de la gloire (théophanies) ou de la puissance (miracles) en Jésus, pour montrer que tel Jésus sera manifesté, tel il était déjà fondamentalement. Ils sont enfin attentifs à la compréhension que Jésus manifeste de lui-même.

Ce faisant, les évangélistes mettent en relief la pédagogie de la foi exercée par Jésus, tant vis-à-vis des disciples que vis-à-vis des foules. C'est dans le cadre d'une vie partagée avec lui que Jésus se fait progressivement reconnaître dans sa véritable identité. La révélation est toujours strictement corrélative de la foi. Vous connaissez les analyses du P. Guillet sur la scène de Césarée:[53] c'est la confession de Pierre qui est authentifiée par Jésus comme parole de révélation venant du Père. Cette foi inchoative passe à son tour par l'épreuve de la mort et de la résurrection de Jésus, pour devenir une confession kérygmatique désormais complète. Le kérygme est donc déjà le terme d'un lent devenir, d'une relation contractée entre Jésus et ses disciples, qui leur a fait comprendre la relation de celui-ci au Père.

c) *Vers la christologie développée: la considération de l'origine de Jésus.*

Mais presque aussitôt, une question nouvelle surgit. Le regard se déplace vers la considération de l'origine de Jésus. Cet homme que la résurrection a établi dans un statut manifestement divin, cet homme sur la vie duquel la résurrection jette une lumière extrêmement révélatrice, que veut-on dire de lui quand on l'affirme Fils de Dieu? En définitive, est-ce qu'il est devenu Dieu, est-ce qu'il a été fait Dieu, ou bien a-t-il été manifesté avec puissance tel qu'il était toujours auprès de Dieu par origine?

Au sens strict, en effet, on ne devient pas Dieu, on ne peut être Dieu que par origine. Ceux qui deviennent "Dieu" sont des fils de Dieu adoptés, et la foi nous dit bien que c'est ce qui arrive à chacun de nous par le baptême, grâce au Christ. Mais la condition de celui-ci serait-elle fondamentalement la même que la nôtre? Cette question - qui témoigne d'une certaine tension entre le côté humain et le côté divin de Jésus - demande une réponse qui situe clairement le rapport de Jésus à Dieu du côté de son origine: D'où vient-il?

---

[53] Cf. J. Guillet, *Jésus devant sa vie et sa mort*, op. cit., pp. 117-135.

ESQUISSE D'UN PANORAMA DE LA RECHERCHE CHRISTOLOGIQUE CONTEMPORAINE

La réponse du Nouveau Testament consiste à dire: il existait en Dieu avant sa manifestation parmi nous, il préexiste à sa naissance selon la chair. Il a été envoyé: c'est son Fils que Dieu envoie "factum ex muliere" (*Ga* 4,4). En Dieu donc, il préexiste dès avant la fondation du monde, il est au commencement, il est Créateur, Sagesse créatrice. Finalement, il est le Logos divin qui s'est incarné: le Verbe fait chair. Ainsi le mouvement d'avant en arrière achève un anneau circulaire: il part de Jésus, le suit dans sa montée glorieuse vers Dieu. Là il s'interroge tant sur le rapport à Dieu du Jésus pré-pascal, que sur le lien d'unité originelle entre le Fils et le Père. Parvenu ainsi au commencement de toutes choses, le regard de la foi contemple l'activité créatrice de la Sagesse toujours présente auprès de Dieu, puis redescend vers l'origine humaine de Jésus: il le voit envoyé par Dieu, né de la Vierge Marie, descendu, Verbe fait chair.

Telle est l'évolution de la préoccupation de Paul déjà soulignée naguère par l'étude de Mgr Cerfaux.[54] Au cours de ses épîtres, le regard de l'apôtre passe de la parousie et de la résurrection à la considération de la croix; il passe aussi des formules primitives à leur complément qui les font basculer de la perspective ascendante à la perspective descendante (*Ro* 1,3-4 et 8,3; *Ph* 2; *Ga* 4,4). Puis avec les grandes hymnes de *Colossiens* et d'*Ephésiens*, il remonte vers la considération du dessein divin qu'il considère du point de vue de l'avant.

La rédaction des Synoptiques évolue elle aussi vers l'origine avec la considération de l'enfance de Jésus. On peut considérer que les récits de l'enfance en Matthieu et en Luc sont plus tardifs. Ils expriment la double origine du Christ manifestée dans sa naissance humaine.

Tel est encore le leitmotiv de la christologie de l'Epître aux *Hébreux*. Le beau livre de A. Vanhoye, *Situation du Christ*, résume ainsi le ressort de la christologie de l'épître: "La glorification du Christ a révélé qui il était".[55] A. Vanhoye souligne enfin que l'évangile de Jean est traversé par la question de l'origine.[56] Trois questions se renvoient sans cesse l'une à l'autre: Qui es-tu? D'où viens-tu? Où vas-tu? Mais pour savoir d'où Jésus vient, il faut être capable de le suivre là où il va auprès du Père. Tel est le sens des formules comme celle-ci: "Et si vous voyiez le Fils de l'Homme monter là où il était auparavant" (*Jn* 6,62); ou encore: "Et maintenant, Père, glorifie-moi auprès de toi de cette gloire que j'avais auprès de toi avant que le monde fût" (*Jn* 17,5). Le prologue du même évangile apparaît comme le dernier mot de la révélation: "le Verbe s'est fait chair". Ce résultat ultime de la christologie du Nouveau Testament sera le point de départ de la christologie patristique. D'autre part, le schème fréquemment utilisé dans le Nouveau Testament de la descente et de la remontée doit être considéré, lui aussi, comme le résultat d'un mouvement qui a d'abord considéré la montée et ensuite la descente.

---

[54] L. Cerfaux, *Le Christ dans la théologie de saint Paul*, Cerf, 1951.

[55] A. Vanhoye, *Situation du Christ*, op. cit., p. 144.

[56] *Ibid.*, pp. 107-108.

Pour conclure, disons que c'est ce mouvement complet de la christologie du Nouveau Testament achevé en cercle, partant de Jésus et revenant
à Jésus, qui doit être retenu comme tel. Il appartient à la foi. Chaque
affirmation christologique doit toujours y prendre place et y trouver sa vérification. Cela est nécessaire à sa juste compréhension. Car il n'est pas
possible de s'en tenir à un versant au détriment de l'autre: oublier la
christologie ascendante, c'est risquer de faire tomber la christologie dans
une superstructure mythologique; oublier le second versant de christologie
descendante, c'est risquer de maintenir une ambiguïté adoptianiste sur l'i-
dentité divine de Jésus. C'est le risque inverse de celui de la "plus-value" que j'ai évoqué tout à l'heure. Si, en effet, on ne doit rien dire de
plus, selon le mouvement descendant, que ce que l'on a découvert dans le
mouvement ascendant, on ne doit pas non plus avoir peur de *dégager* ainsi
tout ce qu'*engage* effectivement les affirmations ascendantes, c'est-à-dire
ce qui constitue leur présupposition et ce qui leur donne poids et sens.

2. *LA REPRISE ET LA TRANSFORMATION DE CE MOUVEMENT DANS LA CHRISTOLOGIE ANCIENNE*

Ce mouvement a commandé dans l'histoire et commande peu ou prou toute
construction d'une christologie systématique.

Il est ainsi remarquable que les Pères des deux premiers siècles
l'ont épousé en le reproduisant comme spontanément, de Clément à Ignace et
d'Ignace à Justin. On voit ainsi leurs considérations évoquer d'abord la
titulature du Christ glorifié, puis la naissance virginale et l'origine divine de Jésus, pour revenir aux grands textes concernant le premier né de
toutes les créatures, le Créateur, et finalement le Logos et la Sagesse de
Dieu. Avec un instinct très sûr, ces premiers Pères enfilent comme des per-
les, dans l'ordre logique qui est le leur, les textes du Nouveau Testament
et ils retrouvent à leur exemple les *références vétéro-testamentaires* sur
lesquelles les rédacteurs du Nouveau Testament s'appuyaient déjà.

Si l'on arrive à la patristique du IIIe et du IVe siècle, on doit
reconnaître que le point de vue ascendant qui s'est développé dans le cadre
de la théologie trinitaire (rapport de Jésus à Dieu) est antérieur au point
de vue descendant qui s'est développé dans le cadre de la christologie proprement dite (rapport de Dieu à Jésus). Le paradoxe n'est qu'apparent:
si la théologie trinitaire a été chronologiquement privilégiée, c'est parce
qu'elle représente avant tout une théologie d'en bas.

Ce serait, d'autre part, faire injure aux grands débats christologiques du Ve siècle que d'oublier leur motivation sotériologique fondamentale.
Cette motivation des argumentations est évidemment ascendante. Elle se pose
toujours la question: Qui doit être le Christ pour que nous soyons vraiment
sauvés? Cette donnée vient d'être formellement reconnue par Pannenberg:
"... dans le christianisme primitif,... les affirmations qui présentent la
marche de Jésus 'venant d'en haut' reposent sur un ensemble de motivations
'd'en bas', c'est-à-dire orientées dans la direction opposée à leur signification apparente".[57] Autrement dit, une juste compréhension des résultats

---

[57] W. Pannenberg, *op. cit.*, p. 159.

des grands conciles christologiques ne doit jamais séparer ces derniers des débats antérieurs et des argumentations scripturaires sur lesquelles ils reposent. C'est malheureusement ce qui a été oublié dans la scolastique et dans la théologie moderne. Loin de considérer les affirmations conciliaires comme des résultats, et comme des actes d'interprétation de l'Ecriture, la théologie les a fait fonctionner de plus en plus comme des majeures de raisonnement, et elle a développé à partir d'elles une métaphysique de l'incarnation désormais coupée de son enracinement scripturaire. Un tel jugement demanderait sans doute des nuances, mais il demeure globalement valable.

3. *LE RETOUR A CE MOUVEMENT DANS LA CHRISTOLOGIE RECENTE*

Nous avons vu qu'aujourd'hui les essais de christologie systématique remettent en honneur le mouvement ascendant comme mouvement premier de la christologie. Nous avons vu aussi que la plupart d'entre eux articulent à sa suite le mouvement de la christologie d'en haut. Il me reste à montrer que cette articulation épouse en fait consciemment le mouvement qui va d'avant en arrière et qui souligne la correspondance fondamentale existant entre la fin et le commencement de l'événement de Jésus: les affirmations "protologiques" viennent répondre aux affirmations "eschatologiques". Ici, comme dans l'évangile, les premiers sont les derniers et les derniers les premiers: c'est la nature de la fin qui éclaire la nature du commencement. Je signale quelques exemples plus significatifs.

La maquette d'une christologie proposée il y a quelques années par Ghislain Lafont développe une esquisse en trois temps:[58]

> 1) De l'Economie à la Théologie (les termes sont à
>   prendre au sens patristique).
>
> 2) La Théologie.
>
> 3) De la Théologie à l'Economie.

Ces trois étapes ne font que thématiser ce qui est logiquement inscrit dans la structure du Nouveau Testament et qui s'est développé à l'époque patristique. L'auteur prétend renouer dans une unité vivante ce que certains phénomènes de dérive ont contribué à scinder au cours de l'histoire de la pensée chrétienne. Cette maquette s'inscrit donc dans la circularité qui va de l'avant à l'arrière.

L'exemple le plus remarquable et le plus célèbre est certainement celui de Pannenberg, dont la christologie formalise spéculativement le rapport qui va de la fin au commencement. Toute sa recherche est construite sur l'effet "rétroactif" de la résurrection de Jésus:

> L'idée qu'un événement a un effet rétroactif nous est
> familière grâce à la terminologie juridique. On peut

---

[58] G. Lafont, *Peut-on connaître Dieu en Jésus-Christ ?*, op. cit., pp. 229-322.

dire de décrets et de lois qu'ils ont un effet rétroactif. Mais d'ordinaire, une telle conception est
étrangère à la pensée ontologique. Pourtant, dans ce
qu'on a dit plus haut, il ne s'agit pas d'une particularité ontologiquement incompréhensible de l'événement
du Christ, réduite ainsi à une affirmation vaine, il
s'agit d'une donnée de valeur ontologique universelle.
... c'est toujours l'avenir qui décide de ce qu'est
une chose. L'être d'un homme ou d'une situation, ou
même celui du monde en général, ne peut pas encore se
reconnaître d'après ce qu'on en peut voir maintenant.
C'est seulement l'avenir qui en décidera. ... Il n'y
a donc rien de singulier à ce que l'être de Jésus soit
établi rétrospectivement à partir de sa résurrection,
de la fin de sa carrière, et cela non seulement pour
notre connaissance, mais ontologiquement: si Jésus
n'était pas ressuscité, il serait acquis que même auparavant il ne faisait pas un avec Dieu. Par sa résurrection au contraire, *non seulement pour notre
connaissance mais aussi selon la réalité*, il est déterminé que Jésus est, que, rétroactivement, il était
déjà auparavant, un avec Dieu.[59]

Dans le domaine christologique ce principe rétroactif répond à la
"prolepse", c'est-à-dire à l'anticipation de la prétention d'autorité du
Jésus pré-pascal. C'est aussi à l'aide de ce principe que Pannenberg essaie
de rendre compte "en arrière" de l'unité de Jésus avec Dieu, "puisque ce qui
vaut de la fin doit aussi déterminer le commencement". C'est ainsi qu'il rejoint l'idée de la préexistence: "L'unité de nature du Ressuscité avec Dieu
conduit en réalité par sa logique interne à l'idée de préexistence".[60]

Le principe rétroactif est pour Pannenberg un principe à valeur ontologique qui ne se réduit pas au mouvement de notre connaissance. Cette particularité de sa position lui permet d'éviter l'adoptianisme et de rejoindre l'idée même d'incarnation à partir de la totalité de la carrière de Jésus et dans la perspective de sa résurrection, c'est-à-dire de traiter de
l'origine dans un mouvement qui reste ascendant.[61] Dans le débat actuel
Pannenberg occupe donc une place tout à fait originale.

Moltmann se réfère au même mouvement d'avant en arrière, sans pour
autant faire jouer le principe rétroactif de Pannenberg. La notion de prolepse qui "depuis J. Weiss ... est devenue le bien commun de la théologie
néo-testamentaire"[62] s'appuie sur la tradition du christianisme primitif.
Il est aussi important de voir que, pour cette même tradition "après la théologie pascale et l'enthousiasme spirituel, il y eut réorientation de l'inté-

---

[59] W. Pannenberg, *op. cit.*, pp. 164-165. L'italique est de l'auteur.

[60] *Ibid.*, p. 187.

[61] *Ibid.*, pp. 391-392.

[62] J. Moltmann, *op. cit.*, p. 152, note 44.

rêt et retour de la foi au Jésus de Nazareth terrestre et crucifié. Les spécialistes de Paul ont signalé avec insistance ce fait étonnant et sa signification. Ceci a été à l'origine d'un nouveau genre d'évangile, celui des synoptiques".[63] Si la communauté a regardé d'abord en avant, si "le poids de l'avenir du Seigneur l'emportait sur son passé", cependant:

> à partir de la réalité elle-même, la question devait s'imposer: si dans l'Esprit Jésus est maintenant le Seigneur, qui était-il dans sa vie terrestre, sa passion et sa mort en croix? Cette interrogation rétrospective, de nouveau, n'est pas seulement une question historique, mais en même temps une question systématique posée à toute christologie.[64]

C'est à partir de cette question que Moltmann reparcourt le mouvement des affirmations néo-testamentaires, mais en respectant "l'inversion de l'ordre noétique dans l'ordre ontique" (ce qui inclut une critique de Pannenberg):

> Nous devons tenter encore une fois de lire l'histoire eschatologiquement en "inversant le sens du temps" et revenir ainsi de l'avenir du Christ à son passé. ... Au sens eschatologique du temps, la réalité dernière devient la réalité première: c'est comme ressuscité qu'il est mort et c'est en tant qu'il est Celui qui vient, qu'il s'est fait chair. Selon le sens qui est celui de l'histoire, le Christ peut être appelé l'*anticipation* du Dieu qui vient, en vertu de sa résurrection des morts. Mais, au sens eschatologique du temps, il doit être appelé l'*incarnation* du Dieu qui vient dans notre chair et dans la mort en croix.[65]

C'est pourquoi Moltmann propose de suivre deux voies pour "saisir Jésus dans la vérité qui est la sienne":

> Nous devons lire son histoire à partir de son commencement et à partir de sa fin, unir l'une à l'autre ces deux lectures, la lecture ontique-historique et la lecture noétique-eschatologique, et identifier leurs résultats en les confrontant.[66]

Kasper prend lui aussi position sur la question. "Selon l'Ecriture, écrit-il, la christologie a son centre dans la croix et la résurrection. De ce centre elle s'étend en avant jusqu'à la Parousie et en arrière jusqu'à

---

[63] J. Moltmann, *op. cit.*, pp. 92-93.

[64] *Ibid.*, p. 204.

[65] *Ibid.*, p. 210. Il renvoie en note à sa critique de Pannenberg.

[66] *Ibid.*, p. 183.

la préexistence et l'incarnation".[67]   Il reconnaît que le "Sitz im Leben"
des affirmations sur la préexistence dans le Nouveau Testament est le caractère eschatologique de l'événement de Jésus.   Il refuse cependant une interprétation trop "chronologique" du retour en arrière et lui donne avant tout
la valeur d'une corrélation ontologique, en soulignant le caractère très
précoce des premières expressions d'une christologie descendante:

> La confession du caractère eschatologique de l'événe-
> ment du Christ devait nécessairement conduire de l'inté-
> rieur à la question de l'être protologique de Jésus et
> à la question de sa préexistence.   Les expressions de
> la préexistence ne sont cependant pas d'abord, contre
> une conception souvent défendue, le dernier résultat
> d'un retour en arrière de la filiation divine de Jésus,
> effectué pas à pas à partir de sa résurrection, à tra-
> vers son baptême et sa conception, jusqu'à sa préexis-
> tence.
>
> ... les expressions de la descente du Christ ne se
> trouvent pas seulement à la fin du processus de tradi-
> tion du Nouveau Testament, comme le produit d'une telle
> projection en arrière, mais déjà relativement tôt, pra-
> tiquement en même temps que la formation de la christo-
> logie d'élévation.[68]

D'entrée de jeu, la corrélation de la fin à l'origine joue donc de manière absolue et ne s'inscrit pas dans la conception d'un "allongement du
temps"; elle entend simplement fonder l'histoire du salut dans l'éternité de
Dieu.   Le caractère eschatologique de l'événement du Christ engage que Jésus
est Dieu de toute éternité, et que de toute éternité Dieu est le Père de No-
tre-Seigneur Jésus-Christ.   L'histoire et le destin de Jésus sont fondée
dans l'être de Dieu.[69]

Le dialogue entre Rahner et Thüsing avait fait jaillir des nuances
analogues.   Thüsing voit dans les expressions protologiques du Nouveau Testament (préexistence, médiation créatrice, incarnation) des *projections*
(mais pas au sens psychologique du terme) qui sont à comprendre à partir des
affirmations eschatologiques et qui ont un rôle de garantie de la portée de
la confession primitive.   Par projection, il faut entendre le transport de la
fin au commencement, ou une conclusion tirée sur le commencement à partir de
la fin.   Thüsing cite à ce propos le principe de Pannenberg: "Ce qui vaut
de la fin doit aussi déterminer déjà le commencement".[70]

Mais Rahner et Thüsing ne donnent pas la même interprétation de la
christologie développée du Nouveau Testament.   Il est habituel, en effet, de

---

[67]W. Kasper, *op. cit.*, p. 44.

[68]*Ibid.*, pp. 203-204.

[69]*Ibid.*, p. 207.

[70]K. Rahner - W. Thüsing, *op. cit.*, p. 254.

marquer un seuil important entre la christologie du Nouveau Testament et la
christologie des Pères. Mais Rahner remarque que le seuil le plus décisif
ne se situe pas entre la christologie développée, récente et explicite, du
Nouveau Testament et celle des Pères: leur traduction mutuelle ne pose pas
de problèmes particuliers, puisque la thématisation descendante du Verbe
fait chair est déjà acquise. Par contre, dit-il, il est plus difficile de
montrer la continuité entre christologie primitive du Nouveau Testament et
christologie développée: c'est là que l'effort doit être porté.

Thüsing conteste cette vue des choses: il refuse que l'on puisse
simplement subsumer la christologie développée du Nouveau Testament sous le
modèle de la christologie classique ou patristique. Il attire l'attention,
au contraire, sur le lien étroit et le glissement parfois insensible qui
existent entre les deux christologies du Nouveau Testament. Mais surtout,
la christologie tardive du Nouveau Testament est infiniment plus riche que
la christologie patristique. Elle peut donc exercer un rôle médiateur et
vérificateur entre la christologie la plus primitive et la christologie dite classique. Vis-à-vis de la christologie primitive son rôle est plus particulièrement "heuristique". Thüsing soutient également que l'affirmation
scripturaire de la préexistence est plus fine que sa thématisation ontologique, ou plutôt ontique, dans la patristique. Elle comporte un "plus".

Ces remarques nous montrent que les données dogmatiques de la patristique doivent sans cesse être confrontées au Nouveau Testament: elles en
sont à la fois un résultat et une règle de lecture. Elles doivent donc toujours être rapportées à l'événement de Jésus. A ce prix, nous dit Thüsing,
elles pourront recevoir une confirmation de la part du Nouveau Testament.
Et l'exégète n'hésite pas à dire: "Les interprétations néo-testamentaires,
et à vrai dire les primitives avec les tardives, peuvent du reste non seulement légitimer, mais aussi intensifier l'aboutissement radical de la pensée que constitue l'enseignement sur l'union hypostatique".[71]

Il est donc manifeste que la christologie récente, à la fois dans ses
recherches scripturaires et dogmatiques, retrouve comme d'instinct, le chemin tracé par la christologie du Nouveau Testament et la logique qui sous-
tendait les grandes recherches patristiques. Ce fut une erreur de la théologie "classique" de s'en être écartée. Cette convergence dans la démarche
représente une des grandes chances de la christologie actuelle. Je n'ignore pas qu'elle recouvre bien des divergences et même des clivages entre les
auteurs. Mais n'est-ce pas la totalité du parcours du Nouveau Testament qui
doit alors servir à un authentique discernement herméneutique? Totalité
d'un parcours dont les dernières affirmations n'occultent pas les premières,
mais dont les premières sont positivement ouvertes à l'explicitation rapportée par les secondes.

---

[71] K. Rahner - W. Thüsing, *op. cit.*, p. 121.

B. SESBOUE

III - LA CRITIQUE DE CHALCEDOINE

Le vaste mouvement que je viens d'esquisser permet de mettre en place les grands points d'application de la recherche christologique actuelle. Je n'aborderai ici qu'une question, parce qu'elle est décisive: celle de la critique de la formule de Chalcédoine. Cette critique est un point commun de la recherche tant chez les protestants, de Tillich à Pannenberg, que désormais chez les catholiques, avec l'hypothèse très personnelle de Schoonenberg et l'étude toute récente de Kasper.

1. *LES GRANDS REPROCHES FAITS A CHALCEDOINE*

Recueillons tout d'abord les reproches couramment exprimés vis-à-vis de la formule de Chalcédoine.[72]

Il y a d'abord un reproche proprement métaphysique. Chalcédoine emploie de manière univoque le concept de nature pour le divin et pour l'humain, alors que ce sont deux réalités incommensurables (Kasper, Schoonenberg). Son schème est un schème à deux compartiments: il suggère la division du Christ en deux sphères ou en deux domaines. Enfin, Chalcédoine propose un Jésus "dépersonnalisé", en tant qu'homme. Nous aurons à voir dans quelle mesure cette dernière critique est justifiée.

Il y a aussi le reproche d'une christologie essentialiste. Chalcédoine oublie que Jésus n'a pas pris une nature humaine en général, mais une existence individuelle assumant une histoire. Dans sa logique, tout semble joué dès le moment de l'incarnation et le mystère pascal n'apparaît plus que comme un complément extrinsèque. La christologie est interprétée en pure référence à l'origine et sans aucune référence à la fin. "Admet-on en effet, écrit Kasper, que la personne humano-divine de Jésus est constituée une fois pour toutes par l'incarnation, alors la vie et le destin de Jésus, et surtout la croix et la résurrection, n'ont plus aucune signification constitutive. La mort de Jésus n'est plus alors que l'achèvement de l'incarnation; la résurrection n'est plus que la confirmation de la nature divine. Ainsi se trouve raccourci le témoignage global de la Bible".[73]

De même, Chalcédoine oublie les "états" de Jésus et la distinction entre sa vie terrestre et la vie glorifiée du Seigneur. La christologie des deux natures interprète la christologie des deux degrés, concrète et historique,[74] de l'Ecriture et de l'Eglise primitive, c'est-à-dire la christologie selon la chair et selon l'esprit. Mais la première traduit la seconde sous une forme abstraite.

Finalement, malgré le vocabulaire employé par Chalcédoine, il s'agit, dit-on, d'une christologie à tendance "monophysite". Certains auteurs y

---

[72]Cf. P. Schoonenberg, *op. cit.*, pp. 28-34.

[73]W. Kasper, *op. cit.*, p. 44.

[74]*Ibid.*, p. 42.

discernent le danger de ne voir l'humanité de notre Seigneur que comme un instrument ou un vêtement d'une personne conçue comme exclusivement divine. Cette critique est souvent adressée au schème alexandrin "Logos - sarx". En fait, le concile lui-même de Chalcédoine s'inscrit dans une intention plutôt contraire. Mais les auteurs récents estiment que le reproche vaut toujours pour le néo-chalcédonisme et pour la postérité classique de Chalcédoine. Le Christ qui est au coeur de cette doctrine n'est pas vraiment un homme. Il est privé de tout principe de décision, de liberté et de conscience de soi. Ces critiques massives demanderaient évidemment des nuances. On retrouve ces divers reproches de manière très vulgarisée et grossie sous la plume de J.A.T. Robinson.[75] Pour lui, le Jésus de la christologique classique n'est qu'un Dieu travesti.

Christologie statique et abstraite, christologie d'en haut et christologie du commencement, tels sont les grands reproches adressés au concile de Chalcédoine.

2. *LE MODELE CHRISTOLOGIQUE DE PIET SCHOONENBERG*

L'esquisse christologique de Schoonenberg s'inscrit dans l'épure d'une christologie d'en bas. On en connaît l'articulation:

1° Jésus est une personne unique, telle est la donnée essentielle du Nouveau Testament.

2° Jésus est un homme, pleinement homme.

3° Jésus est donc une personne humaine.

Peut-il être alors une personne divine? Mais Schoonenberg remet en question l'idée de la préexistence du Verbe comme personne divine éternelle. Il doute que l'on puisse parler d'une Trinité immanente en dehors de la référence à l'économie du salut. Car nous ne savons rien de Dieu dans la mesure où il transcende son oeuvre de salut. Dieu est-il Trinité préexistante? A cette question, il ne peut y avoir de réponse certaine, ni positive, ni négative.

A la question posée, Schoonenberg répond donc ainsi: En Jésus, le Verbe "est personne par le fait qu'il est homme et il est personne divine par le fait qu'il est personne humaine".[76] Autrement dit, il propose une *inversion du modèle chalcédonien*:

S'il fallait donner un nom à notre théorie, nous dirions volontiers qu'elle est une théorie de l'enhypos-

---

[75] J.A.T. Robinson, *Dieu sans Dieu*, trad. L. Salleron, Nouvelles éditions latines, 1964, pp. 86-110. Y. Congar rapporte le mot que lui avait dit avec humour Karl Barth au sujet de Robinson: "C'est de la pornographie théologique", *Témoignage chrétien*, 24 oct. 1968, p. 24.

[76] P. Schoonenberg, *op. cit.*, p. 63.

tasie du Verbe ou encore de la présence du Verbe de Dieu,
ou de Dieu par son Verbe en Jésus-Christ, telle que ce
Verbe passe entièrement en lui, qu'il devient une personne historique, qu'il devient chair. La seconde partie de cette définition est indispensable, car là se
trouve explicité ce qui est propre à la présence du Verbe en Jésus.[77]

Une telle christologie est donc libre de toute dualité. C'est une *"christologie de l'accomplissement final de l'humain"*.[78]

3. *L'UNITE PERSONNELLE DE JESUS AVEC LE PERE SELON PANNENBERG*

Pannenberg, nous l'avons vu, applique à l'explication de l'ontologie
du Christ, Fils de Dieu, le principe de rétroactivité. Il critique évidemment la christologie de Chalcédoine et celle de la communication des idiômes, parce qu'elles prétendent interpréter l'ontologie du Christ à partir de
son origine: "Si l'incarnation coïncide avec la conception de Jésus en Marie, si elle est achevée avec ce commencement de sa carrière terrestre,
alors depuis le premier instant de son existence, Jésus ne fut jamais homme
dans le même sens que les autres hommes".[79]

Pannenberg fait donc grande attention au progrès de l'unité divino-
humaine de Jésus, mais il cherche à éviter tout adoptianisme grâce au sens
rétroactif de la résurrection qui "permet de considérer comme vrai depuis le
commencement, pour la totalité de la personne de Jésus, ce qui est vrai à
partir de la résurrection. Le sens rétroactif de la résurrection de Jésus
ainsi comprise permet de dépasser le dilemme entre une unité avec Dieu *ou
bien* achevée dès le commencement *ou bien* réalisée seulement par un événement postérieur de la carrière de Jésus".[80] Ainsi, la réalité de l'incarnation ne se décide que rétrospectivement à partir de la résurrection. Mais
en raison de la résurrection, elle est vraie de tout éternité, car du point
de vue de Dieu, la résurrection est toujours présente à son éternité: "Dieu,
à partir de son éternité et par la résurrection de Jésus, toujours présente
à son éternité, est entré en unité avec cet homme particulier, unité d'abord
cachée au genre humain qui, par anticipation, a projeté sa lumière sur la
vie de Jésus, mais dont le fondement et la réalité n'ont été manifestés que
par la résurrection".[81]

---

[77]P. Schoonenberg, *op. cit.*, p. 66.

[78]*Ibid.*, p. 80. Pour le jugement critique, je me permets de renvoyer
à la recension que j'ai donnée de l'ouvrage de Schoonenberg dans *Rech. de
Sc. Rel.*, 61 (1973), pp. 447-454.

[79]W. Pannenberg, *op. cit.*, p. 384.

[80]*Ibid.*, p. 391.

[81]*Ibid.*, p. 411.

A l'intérieur de cette visée globale, Pannenberg se doit donc de répondre à la question: "Comment l'unité de Jésus avec Dieu fondée sur la résurrection a-t-elle par anticipation exercé son action dans l'existence terrestre de Jésus et constitue-t-elle déjà réellement l'unité de sa vie terrestre?".[82] La réponse consiste à montrer que c'est à partir de la relation personnelle de Jésus avec le Père que ce dernier est manifesté comme
Fils de Dieu. C'est avec le Père que Jésus se savait un. Pannenberg interroge donc la conscience de soi de Jésus, à propos de laquelle il cite le débat catholique Galtier-Parente des années 1950, et reprend à son compte certaines idées de Rahner. Il constate que cette conscience de soi situe toujours Jésus en relation avec le Père et jamais avec le Logos. C'est donc
indirectement que la question de l'unité de l'homme-Jésus avec Dieu peut
être résolue, par un détour. L'erreur commune à toutes les théologies est
d'avoir voulu traiter ce problème à partir de l'idée de l'incarnation du
Logos. Une telle expression demeure objective et indispensable, mais elle
ne permet pas de comprendre l'origine et la structure des affirmations christologiques.

Jésus est donc un avec le Père par le don absolu de lui-même, par la
communion absolue réalisée dans le destin de la croix. Cette unité est pro-
clamée par le Père dans la résurrection. "C'est en réalisant ce don que
Jésus est le Fils".[83] Ou encore "c'est par la relation particulière avec
le Père dans l'aspect historique et humain de l'existence de Jésus qu'est
assurée son identité par rapport à l'autre aspect, en vertu duquel il est
le Fils éternel du Père éternel".[84] (Ici Pannenberg reconnaît tout de même
l'ordre inverse du point de vue noétique et du point de vue ontologique).

L'homme-Jésus vivait donc de sa relation avec le Père et non pas
d'une relation avec le Fils. C'est en cela qu'il s'est montré un avec le
Fils. "Il faut donc distinguer l'*acte* où Jésus se donne et qui (confirmé
par sa résurrection) médiatise son unité avec Dieu et se rapporte au Père,
et le fait (du reste prouvé par là) que l'humanité de Jésus possède sa sub-
sistence en la personne du Fils, du Logos".[85] Pannenberg retient donc quelque chose de l'enhypostasie de Jésus dans le Logos selon la doctrine de
Léonce de Byzance, mais il évite ce qui en elle méconnaît l'existence humaine de Jésus.

Recueillons encore cette formule finale et synthétique qui résume
bien la position de Pannenberg:

> C'est dans le don au Père que Jésus vit sa personnalité
> de Fils. Si cette proposition est vraie, la divinité
> de Jésus n'est pas une deuxième "substance" en l'homme
> Jésus à côté de son humanité, mais Jésus est précisément
> en tant que cet homme le Fils de Dieu et donc Dieu lui-
> même.

---

[82] W. Pannenberg, *op. cit.*, p. 417.

[83] *Ibid.*, p. 431.

[84] *Ibid.*, p. 433.

[85] *Ibid.*, p. 436.

> ...C'est au contraire *dans* son humanité particulière
> que Jésus est le Fils de Dieu. De plus, il faut af-
> firmer non seulement que c'est sa filiation divine qui
> *constitue* la particularité de cet homme, mais aussi *et*
> *d'abord* que c'est à l'inverse la particularité de sa
> façon d'être homme dans le don concret au Père qui...
> a *fondé* la reconnaissance de Jésus comme Fils de Dieu,
> et qui la *fonde* encore aujourd'hui.[86]

Cependant Pannenberg reconnaît également: "L'existence de Jésus, par l'histoire même de sa vie terrestre en référence au Père, est intégrée dans la
personne du Fils éternel de Dieu".[87]

La doctrine de Pannenberg se veut très respectueuse de "la vérité
inaliénable" de Chalcédoine, dont les délimitations donnent des "critères
qui doivent être absolument respectés par toute théorie christologique".[88]
On peut seulement noter une certaine tension non complètement surmontée entre certaines de ces formules: les unes reconnaissent clairement la divinité de Jésus du côté de son origine, à partir du principe de rétroactivité;
les autres semblent hésiter à se prononcer sur le lien d'unité à Dieu de
Jésus considéré dans sa vie mortelle. Mais son intention manifeste est de
donner une christologie qui refuse de s'enfermer dans les limites de l'adoptianisme.

Appendice:

*La théologie de la croix, lieu de l'accomplissement trinitaire
chez Moltmann.*

Moltmann critique la christologie classique des deux natures,
parce qu'elle vide en fait la croix de la divinité, grâce au jeu subtil de
la communication des idiômes. Ce n'est pas Dieu qui souffre et meurt en définitive, malgré la formule célèbre: "Unus de Trinitate passus est morte".
Il y a donc là un docétisme de la mort. La mort de Jésus n'est pas à comprendre comme un événement théandrique, qui se passe entre deux natures,
mais comme l'événement des rapports personnels dans la Trinité. C'est dans
cet événement "que ces personnes se constituent elles-mêmes, les unes envers
les autres, dans leur relation même". Ce n'est pas "comme si la Trinité
existait préalablement comme telle dans la nature divine". La mort de Jésus
est "un événement trinitaire entre le Fils et le Père".[89]

Moltmann va donc ici infiniment plus loin que Pannenberg. Et il
a parfaitement conscience qu'il propose une révision radicale de la doctrine

---

[86] W. Pannenberg, *op. cit.*, p. 439. L'italique est de l'auteur.

[87] *Ibid.*, p. 442.

[88] *Ibid.*, p. 371. Il est certainement beaucoup plus respectueux de
l'intention de Chalcédoine que Schoonenberg.

[89] J. Moltmann, *op. cit.*, p. 283.

trinitaire classique. Ce qu'il remet en cause dans son interprétation de la croix, c'est la distinction entre Trinité immanente et Trinité économique.

> Nous ne pouvons pas dire de Dieu qui il est pour lui-même et en lui-même, mais seulement qui il est pour nous dans l'histoire du Christ, qui nous atteint dans notre histoire. ...On devrait alors abandonner la distinction traditionnelle de l'Eglise ancienne entre le "Dieu en soi" et le "Dieu pour nous" ou entre "Dieu dans sa majesté" et "Dieu sous le voile de la chair de Christ", ...et on devrait trouver et penser la relation de Dieu à Dieu dans la réalité de l'événement de la croix et donc dans notre réalité. Cela équivaudrait, en fait, à une "formulation totalement nouvelle de la doctrine de la trinité", parce qu'alors ce n'est pas une nature divine séparée des hommes, mais l'histoire humaine de Christ qui doit devenir "l'être" de Dieu.[90]

Selon la même logique, Moltmann affirme que l'Esprit procède de la mort du Fils et de la douleur du Père.[91] Ce point de sa doctrine se réfère manifestement à Hegel, qu'il cite en présentant la trinité comme un événement dialectique, histoire de Dieu assumant le négatif en lui-même.[92]

4. *UNE INTERPRÉTATION EXISTENTIELLE DE L'UNION HYPOSTATIQUE*: Walter Kasper.

Concernant Chalcédoine, le jugement de Kasper s'inscrit dans le cadre d'une critique positive. Pour lui, ce concile ne constitue pas une hellénisation du dogme, mais plutôt une déshellénisation. Ce n'est pas une théorie métaphysique du Christ, c'est une christologie négative gardant son secret.

Voici l'essentiel de son jugement positif:

> *Le dogme christologique du concile de Chalcédoine est, dans la langue et la position du problème de son temps, un décalque extrêmement précis de ce qui vient à nous, selon le témoignage du Nouveau Testament, dans l'histoire et le destin de Jésus, c'est-à-dire qu'en Jésus-Christ, Dieu lui-même, est entré dans l'histoire humaine et dans cette histoire nous rencontre d'une manière pleinement humaine. La confession dogmatique que Jésus-Christ est vrai Dieu et vrai homme en une personne, doit*

---

[90] J. Moltmann, *op. cit.*, pp. 275-276.

[91] *Ibid.*, p. 291.

[92] *Ibid.*, p. 294.

*compter comme une interprétation de l'Ecriture valable
et qui demeure contraignante.*[93]

Voici maintenant l'élément critique de son jugement:

*Le dogme christologique de Chalcédoine signifie aussi
par contre un rétrécissement par rapport au témoignage
christologique global de l'Ecriture. Le dogme s'intéresse exclusivement à la constitution interne du sujet
humano-divin. Il résout cette question à partir du contexte global de l'histoire et du destin de Jésus, à partir de la relation dans laquelle Jésus ne se rapporte
pas seulement au Logos mais à "son Père", et il fait
regretter l'absence de l'horizon d'ensemble eschatologique de la christologie biblique. Autant donc le dogme christologique de Chalcédoine demeure une interprétation contraignante de l'Ecriture, autant il doit être
intégré aussi dans le témoignage global de la Bible et
interprété à partir de celui-ci.*[94]

Comme Pannenberg, Kasper reconnaît que "*l'unité de l'homme-Jésus avec
le Logos ne vient à s'exprimer dans le Nouveau Testament que de manière indirecte comme le fondement intérieur de l'unité entre le Père et Jésus*".[95]
Il progresse alors en deux pas:

1⁰ Comment l'expression de la foi concernant Jésus est-
elle compréhensible d'en bas à partir de l'homme?
Christologie d'en bas.

2⁰ Comment est-elle compréhensible d'en haut à partir
de Dieu?

Le premier pas consiste en une analyse de la notion de personne.
Kasper passe du concept ancien et abstrait de personne au concept concret et
moderne (dans la ligne du personnalisme de Buber et de Rosenzweig). Il s'inspire également de la christologie transcendantale de Rahner. La personne est
ouverture illimitée aux autres et à Dieu. La personne de l'homme ne peut
donc se définir qu'à partir de Dieu et vis-à-vis de Dieu, et Dieu appartient
à sa définition.

L'élargissement moderne du concept de personne montre encore mieux
que sa conception traditionnelle combien la personne est essentiellement médiation (Vermittlung). L'homme est l'être du milieu, en tension caractérisée entre la grandeur et la misère dont a parlé Pascal. Mais la distance
infinie entre Dieu et l'homme, le Créateur et la créature, dont la médiation
(Vermittlung) se signifie dans la personne de l'homme comme question et es-

---

[93]W. Kasper, *op. cit.*, p. 280.

[94]*Ibid.*, pp. 280-281.

[95]*Ibid.*, p. 274.

pérance, ne peut pas être franchie par l'homme. Cette médiation ne peut pas réussir à partir de l'homme, mais seulement à partir de Dieu. L'homme dans sa personnalité n'est que la puissance obédientielle purement passive de cette médiation. Nous ne pouvons pas déduire sa réalisation, mais nous pouvons en comprendre l'événement, après que celui-ci s'est produit. Et ce que nous pouvons en dire est purement négatif: la médiation, telle qu'elle s'est accomplie en Jésus-Christ, ne pose aucune contradiction à l'être de l'homme. L'homme est dans sa personnalité la médiation indéterminée entre Dieu et l'homme; en Jésus-Christ celle-ci reçoit de Dieu sa détermination et sa plénitude. C'est pourquoi Jésus-Christ est en personne le salut de l'homme.

Au terme de cette analyse dense, ici brièvement résumée, Kasper reconnaît la nécessité d'un changement décisif de point de vue: "Une pure christologie 'd'en bas' est, d'après ce qui a été dit, condamnée à l'échec. Jésus lui-même se comprend dans toute son existence humaine 'd'en haut'".[96]

Dans un deuxième pas, Kasper montre que l'expérience et l'annonce de Dieu dans la vie de Jésus est double: Jésus annonce le Royaume de Dieu auquel il obéit dans la foi; et il manifeste que le Royaume de Dieu consiste dans l'amour. Dieu se révèle en lui comme un Dieu des hommes, un Dieu qui se communique lui-même, un Dieu qui est amour. Les deux aspects s'interprètent mutuellement et trouvent dans la personne de Jésus leur unité. Dans son obéissance, Jésus est la figure personnelle du Royaume de Dieu. Cette obéissance montre aussi l'unité radicale de Jésus avec le Père: il est ainsi l'amour incarné du Père. C'est dans cette obéissance qu'il devient la communication de soi du Père. Mais l'amour de Dieu qui se communique le laisse libre dans son autonomie humaine et n'empêche pas l'humanité de Jésus d'être "personne humaine":

> L'humanité de Jésus est d'une manière humaine, c'est-à-dire d'une manière qui inclut la liberté humaine et la conscience de soi humaine, liée hypostatiquement au Logos. Dans la mesure où Jésus n'est personne d'autre que le Logos, il est aussi, dans et par le Logos, une personne humaine. On peut formuler inversement: la personne du Logos est la personne humaine. Thomas d'Aquin a fermement établi cette dialectique: "In Christo humana natura assumpta est ad hoc quod sit persona Filii Dei".[97]

Non seulement Jésus ne manque de rien parce qu'il est personne humaine par la personne du Logos, mais encore l'ouverture qui appartient à la personne humaine comme telle, reçoit en lui son achèvement dans son unité personnelle avec le Logos. Tel est le concept de l'union hypostatique, ici manifestée comme union médiatrice. Dans la mesure où Jésus se savait tout à fait un avec le Père, il avait une conscience *complètement humaine*.

---

[96]W. Kasper, *op. cit.*, p. 293.

[97]*Ibid.*, p. 294.

Kasper peut alors conclure, en se référant à Balthasar:

> *En définitive, la médiation entre Dieu et l'homme en Jésus-Christ ne peut être comprise que dans le cadre de la théologie trinitaire. Jésus-Christ est comme vrai Dieu et vrai homme en une seule personne, l'exégèse (Jn 1,18 ἐξηγήσατο) historique de la trinité, comme celle-ci représente la possibilité théologiquement transcendantale de l'incarnation.*[98]

5. *REFLEXION: DE LA CHRISTOLOGIE A LA THEOLOGIE TRINITAIRE ET AU PROBLEME DE DIEU*

a) *Justice pour Chalcédoine.*

La critique de Chalcédoine est devenue aujourd'hui un lieu commun. Elle charrie le meilleur et le pire. Je voudrais dire tout d'abord à quelles conditions la critique de Chalcédoine peut être fondée et féconde. Ce sera une manière de rendre justice au vieux concile. Tout d'abord, il importe de faire fonctionner une définition dogmatique pour ce qu'elle est: ni un point de départ, ni un point d'arrivée, et jamais une majeure de raisonnement. Elle est toujours un acte d'interprétation: interprétation qui est à la fois une traduction et une invention, un "c'est-à-dire" dans un contexte culturel donné. C'est un acte autorisé d'interprétation de l'Ecriture par l'Eglise. Elle a un rôle régulateur de la réflexion théologique (Thüsing). Cet acte précis, partiel, limité, ne prétend pas être une construction christologique complète. Il intervient dans un débat polémiquement orienté. Il faut donc en rechercher la pointe. Enfin cet acte d'interprétation est à son tour à interpréter, dans la mesure même où il devient un écrit et s'inscrit dans une histoire. Cette interprétation doit tenir compte de la particularité du moment qui l'a fait naître. Elle ne doit pas oublier non plus que la définition dogmatique est strictement relative aux textes de l'Ecriture: si, d'une part, elle se présente comme une règle de lecture du texte biblique, elle ne peut, d'autre part, être comprise qu'à partir de ce même texte.

Il importe ensuite d'éviter les mauvaises querelles et les faux problèmes. Il ne suffit pas de dire que la définition de Chalcédoine se résume dans l'expression "une personne, deux natures"; il est particulièrement important de resituer ces termes dans la totalité d'une rédaction construite, dont le mouvement est à la fois complexe et conscient. Il faut aussi replacer la définition dans le débat et les argumentations scripturaires qui l'ont provoqué. Un résultat n'est jamais séparable de sa genèse. Il n'est pas juste enfin de faire porter sur elle certains développements de la scolastique. Mais on doit tenir compte de l'interprétation authentique de Chalcédoine donnée par Constantinople II, en particulier avec le concept de "personne composée".

---

[98] W. Kasper, *op. cit.*, p. 296.

En fait, Chalcédoine fait droit à l'une des requêtes principales de Schoonenberg: il permet de dire que Jésus est "personne humaine", puisqu'il est la personne humanisée du Logos. C'est donc en tant qu'homme que Jésus est Fils de Dieu. Ces affirmations sont parfaitement compatibles avec le concile qui dit seulement que Jésus n'a pas de personne humaine distincte de la personne du Verbe. N'oublions pas non plus que nature, hypostase et personne n'avaient pas le même sens à Chalcédoine et aujourd'hui. Nous mettons spontanément sous le concept de personne et de personnalité ce que les anciens mettaient normalement sous le concept de nature. Il me semble que Schoonenberg n'a pas fait suffisamment attention à cela. Thüsing et Kasper au contraire en tiennent rigoureusement compte.

b) *La critique moderne vaut par contre vis-à-vis d'un type de christologie exclusivement référé au moment de l'incarnation.*

Dans la mesure où Chalcédoine interprète l'identité humano-divine de Jésus exclusivement du côté de son origine, il mérite le reproche de rétrécissement et demande à être intégré dans une perspective plus large. La vérité d'un concile est toujours partielle et le progrès du langage de la foi se fait par intégrations successives. Il est donc nécessaire, non seulement parce que ce sont les requêtes d'aujourd'hui, mais parce qu'il s'agit du mystère de l'humanisation de Dieu en Jésus-Christ, de rendre compte de l'unité de Jésus avec Dieu de manière existentielle, à partir de l'ensemble de son histoire. En assumant une nature humaine, le Verbe de Dieu a assumé la totalité de la condition humaine dans le temps, et c'est la totalité de son existence, de sa naissance à sa mort, qui constitue son union hypostatique. Pour en rendre raison exactement, il nous faut donc tenir compte, et au niveau de la révélation et au niveau de l'être, du rapport entre eschatologie et protologie. Si, d'une part, la fin manifeste le début, la fin présuppose aussi le début. Jésus manifeste et réalise humainement sa filiation dans l'obéissance jusqu'à la mort de la croix, filiation authentifiée et confirmée par l'événement de la résurrection. Mais l'absolu de son obéissance et de son amour pour le Père et pour les hommes vient de Dieu; il présuppose donc l'unité de Jésus avec Dieu, qui fonde dès l'origine son existence. Seulement la plénitude du moment de l'incarnation ne peut être comprise que rétroactivement, à la lumière de la totalité de l'événement. Ce moment ne peut d'ailleurs se suffire à lui-même, car devenir chair, c'est, par définition, assumer une condition temporelle. Chacun d'entre nous est homme dès son berceau, cependant nous ne devenons pleinement hommes qu'au cours de notre existence, et notre destin est scellé dans la mort. Jésus avait aussi à se réaliser sur la base de la donnée originelle qui faisait de lui un Dieu fait homme, c'est-à-dire à réaliser humainement sa relation filiale au Père, et à réaliser sa "personne humaine" dans une perfection unique au monde, puisque cette personne vivait d'un échange absolument divin. L'effort de Pannenberg va déjà largement dans ce sens. L'essai de Kasper pousse à son terme la même démarche.

c) *La critique moderne doit être aussi critiquée à son tour dans ses présupposés et certaines de ses ambiguïtés.*

Nous avons vu déjà qu'une christologie qui se voudrait exclusivement d'en bas est impossible. Toute christologie doit donc accepter le retournement, déjà marqué par le Nouveau Testament, qui achève la christologie d'en bas par une christologie d'en haut et relit le rapport de Jésus au Père comme un rapport du Père à Jésus. D'autre part, si la "représentation" scripturaire de la préexistence demande à être critiquée (Thüsing fait pour sa part cette critique d'une manière magistrale), l'allergie de certains théologiens contemporains devant toute idée de préexistence demande aussi à être critiquée. Pour ma part, je ne saurais consentir à l'agnosticisme trinitaire proposé par Schoonenberg, ni à l'identification immédiate de la Trinité immanente et de la Trinité économique proposée par Moltmann.

Walter Kasper a déjà adressé cette dernière critique à l'ouvrage de son collègue de Tübingen. Il y a une manière de parler de l'histoire de Dieu sur le plan humain, comme un procès, comme "l'histoire de l'amour et de la libération", qui ne maintient pas la distinction fondamentale entre Dieu et le monde, au nom du refus de l'analogie. Cette manière constitue un refus de la liberté transcendante de Dieu et de son amour de grâce, et risque de faire fonctionner la croix comme un nouveau "moteur de la dialectique".[99] Sans doute est-il nécessaire de reprendre aujourd'hui la question du changement, de la souffrance et même de la mort en Dieu. Tous les auteurs y reviennent. Car le Dieu de Jésus-Christ transcende absolument les limites que pourraient imposer à Dieu une théologie naturelle. Néanmoins, ceci ne peut être fait qu'à la condition de maintenir *dialectiquement* les grandes affirmations de cette théologie dite naturelle, dont beaucoup d'éléments appartiennent explicitement à la révélation de l'Ancien Testament. C'est le Dieu qui "ne change pas" (*Ma* 3,6), qui assume en lui librement le changement, par l'humanisation de son Fils. Cet acte ne serait pas possible si Dieu n'était en lui-même plénitude de vie, infiniment au-delà de l'opposition simple que nous mettons entre le changement et l'immutabilité.[100]

C'est peut-être pour n'avoir pas tenu compte de ces exigences rigoureuses que les affirmations les plus bouleversantes de Moltmann sur la mort en Dieu et l'abandon qui se joue entre le Fils et le Père, risquent de se vulgariser en expressions mythologiques de l'idéal de l'homme. De même, toute l'attention que l'auteur donne à la théologie trinitaire risque de retomber sous l'ambiguïté d'une conception hégélienne où la croix n'est plus qu'un vendredi saint spéculatif déjà réconcilié.

Le souci catholique de maintenir la Trinité immanente dans sa transcendance n'est pas un vain combat d'arrière-garde destiné à maintenir Dieu à l'abri du drame des hommes. Il traduit le souci de donner toute sa force au scandale et à la folie du Dieu crucifié, qui révèle l'absolu de sa puissance amoureuse dans l'absolu de la kénose amoureuse réalisée dans la croix. C'est sans doute la théologie de la kénose de Hans Urs von Balthasar qui a le mieux rendu justice à l'entrée compromettante de Dieu dans le drame souffrant des hommes, parce qu'elle voit dans la kénose de Jésus crucifié l'acte de l'amour tout-puissant de Dieu, la transparence de l'amour et de la mort étant à son tour le sommet de la manifestation aux hommes de la gloire divine.

---

[99] René Marlé, qui rend compte de cette critique dans *Rech. de Sc. Rel.* 62 (1974), p. 359.

[100] Cf. sur ce point les réflexions de Claude Bruaire, *Le droit de Dieu*, Aubier, 1974, pp. 16-22.

IV - CONCLUSION

Au terme de ce panorama, à la fois trop long et trop bref, de la recherche christologique actuelle, il est bien difficile de conclure. A tort ou à raison, toute la théologie se concentre aujourd'hui dans la christologie. Cette concentration ne sera féconde que si à son tour la christologie devient coextensive à toute la théologie. Peut-être avons-nous besoin désormais d'une nouvelle théologie de la *récapitulation*, analogue à celle qu'Irénée avait magistralement esquissée à la fin du IIe siècle. Irénée avait bien vu que la mort et la résurrection du Christ anticipent la fin des temps et de l'histoire, et la consommation de toutes choses lors de la seconde venue du Seigneur "dans la gloire du Père pour récapituler l'univers et ressusciter toute la chair du genre humain".[101] Il avait aussi enseigné que la naissance de Jésus est la récapitulation de la formation du premier Adam, c'est-à-dire une recréation de l'homme. Ainsi, l'itinéraire de la vie de Jésus coïncide en raccourci avec toute l'histoire des hommes. Cette correspondance de la fin et du commencement, nous l'avons découverte au coeur de la christologie contemporaine. Puisse celle-ci développer encore ses découvertes au service de l'Eglise, et donner une nouvelle fois la preuve que "cette foi, que nous avons reçue de l'Eglise, nous la gardons avec soin, car sans cesse, sous l'action de l'Esprit de Dieu, tel un dépôt de grand prix renfermé dans un vase excellent, elle rajeunit et fait rajeunir le vase même qui la contient".[102]

Bernard Sesboüé, S.J.
Centre d'études et de recherche de la Compagnie de Jésus
Paris

---

[101]Irénée de Lyon, *Contre les hérésies*, I, 10, 1, P.G. 7, 549.

[102]*Ibid.*, III, 24, 1, trad. A. Rousseau et L. Doutreleau, S.C. 211, Cerf, 1974, p. 473.

CHRISTOLOGY TODAY :
METHODOLOGICAL REFLECTIONS

Bernard Lonergan

Jesus of Nazareth, known as a man, confessed as Son of God, Christ, Lord, Savior, has been the focus and the basis of Christian faith from its origins down to the present time. But as Claude Geffré has put it, we are living in a new age of theology.[1] If our faith has been ever the same, still it has also regularly put forth different expressions to meet the exigences of different times. A new age of theology brings with it new expressions no less in christology than in other areas of belief. It is with what is new in christology that my methodological reflections will be concerned.

In an age of novelty method has a twofold function. It can select and define what was inadequate in former procedures and, at the same time, indicate the better procedures that have become available. But it may have also have to discern the exaggerations or deficiencies to which the new age itself is exposed. Indeed, inasmuch as theological development is dialectical, contemporary risks and dangers are apt to provide, if not the highest motive, at least the most efficacious incentive towards a renewal of theological method.

It is with such an incentive in mind that occasionally throughout this paper I shall refer to Piet Schoonenberg who in 1969 published a book that originally appeared in Dutch, that immediately was translated into German, that two years later came out in English and, after a further lapse of two years, was issued in French.[2]

---

[1]Claude Geffré, *Un nouvel âge de la théologie*, Paris, Cerf 1972.

[2]Piet Schoonenberg, *Hij is een God van Mensen*, 's-Hertogenbosch: Malmberg, 1969; *Ein Gott der Menschen*, Zürich/Einsiedeln/Köln, Benziger 1969; *The Christ*, New York, Herder and Herder 1971; *Il est le Dieu des hommes*, Paris, Cerf 1973.

It was in between the English and the French translations on February 21, 1972, that the Sacred Congregation for the Doctrine of the Faith decided to oppose certain recent errors and issued an explicit reaffirmation of the doctrines of the council of Chalcedon and of the third council of Constantinople.[3] Nor would it be altogether rash to surmise whose errors the Congregation had in mind, for Fr Schoonenberg had favored replacing the doctrinal pattern of these councils with "...that of God's complete presence in the human person Jesus Christ with his own human will and actions."[4]

More in sympathy with Fr Schoonenberg than with the Roman Congregation Klaus Reinhardt in the *Internazionale katholische Zeitschrift* for May/June 1973 published an extensively documented article. In it he contrasted the old christology, which believed Jesus Christ to be the Son of God made man, with an incipient new christology, which thought of Jesus more simply as the true, the exemplary, the new man.[5] Moreover, in the same month in *Orientierung* Fr Schoonenberg adumbrated the contents of a book on which he was working by enumerating thirty-six propositions. One is led to expect a tome that will try to do away with the trinitarian and christological doctrine that has been taught by the church for over fifteen hundred years.[6]

My purpose however is not controversial and negative but positive and didactic. I shall be concerned with seven related topics. Three regard prolegomena in psychology, history, philosophy. Two more deal with christological method in its religious and its theological aspects. A sixth deals with the meaning of Chalcedon, and the seventh will try to meet the main issue, namely: Can one be truly a man without being a human person? It is an issue that is all the more grave now that we have set Scholasticism aside without as yet putting in its place any commonly accepted doctrine.

---

[3] *AAS* 64 (1972), pp. 237-241.

[4] *The Christ*, p. 136; *Ein Gott*, p. 146. I had best note that the concern of this paper is not with Fr Schoonenberg as world-famous catechist but simply and solely with Fr Schoonenberg as theologian. In catechetics, and more generally in communications (see my *Method in Theology*, chapter 14) the rule is pluralism, for one has to express the Christian message in the language and style appropriate to a given class of people in a given culture. Still such pluralism does not imply that there are many, diverse Christian messages; and it is the task of the theologian to ascertain just what is the one message that the many communicators present to the many different audiences.

[5] Klaus Reinhardt, "Die Einzigartigkeit der Person Jesu Christi," *Internazionale Kath. Zschr.* 3 (1973), pp. 206-224; "In What Way is Jesus Christ Unique," *International Catholic Review*, 3 (1973), pp. 131-142.

[6] Piet Schoonenberg, "Trinität – Der Vollendete Bund: Thesen zur Lehre vom dreipersönlichen Gott," *Orientierung* 37 (1973), pp. 115-117.

I - THE FIRST PROLEGOMENON: Psychology

Scholastic psychology was a metaphysical psychology. It was a doctrine of the essence of the soul, of its potencies, of their informing habits and acts, and of the objects of the acts. So little did consciousness enter into this psychology that Aristotle treated in the same work the psychology of men, of animals, and of plants.

Traditionally it has been this psychology that has underpinned theological accounts of the person of Christ, of his human perfections, and of the grace given all men but superabundantly to him.

The basically metaphysical approach in this traditional psychology and theology stems from the Aristotelian view that other sciences were subalternate to metaphysics, that the basic terms and principles of metaphysics held *mutatis mutandis* for all beings, and consequently that these terms and laws formed the nucleus around which particular sciences constructed their further determinations.

There is no need on the present occasion to discuss the validity of Aristotelian architectonics. Suffice to say that, if the contemporary challenge to traditional christology is to be met, then one must go beyond a metaphysical view of the person, a metaphysical account of human perfection, a metaphysical account of the life of grace. One must do so, for the essence of the challenge is an assumption:

1) that a person is the psychological subject of interpersonal relations,

2) that human development is entry into a symbolic world, a world mediated by meaning,

3) that one cannot be truly a human being without being a human person.

By such "going beyond" I mean not a rejection of metaphysics but its inclusion within the dynamic unity of a foundational methodology. Within that unity all cognitional procedures would be recognized, each would retain its proper autonomy, and all would be related within the critical architectonic of transcendental method. And the term, transcendental, would refer not only to objects (one, true, real, good) and not only to the *a priori* of the subject but to both together, to the *a priori* of the subjects's questions and to the range of objects disclosed in answers.[7]

Now when psychology is conceived not as subalternate to metaphysics but as a science in its own right, then it proceeds from the data of cons-

---

[7]Basic presentation in Bernard Lonergan, *Insight*, London and New York 1957; *Method in Theology*, London and New York 1972; the transition from Aquinas in *Verbum: Word and Idea in Aquinas*, Notre Dame 1967 and London 1968; *Grace and Freedom*, London and New York 1971.

ciousness. Its basic terms name conscious operations. Its basic relations name conscious processes. Its account of truly human development is of conscious subjects moving cumulatively through their operations to the self-transcendence of truth and love.

On this view of human development ordinarily advance is from below upwards. It is from experiencing through inquiry to understanding; from intelligent formulations through reflection to judgement; from apprehended reality through deliberation to evaluation, decision, action.

Still the ordinary process is not the exclusive process. Man's insertion in community and history includes an invitation for him to accept the transformation of falling in love: the transformation of domestic love between husband and wife; the transformation of human love for one's neighbor; the transformation of divine love that comes when God's love floods our inmost heart through the Holy Spirit he has given us (*Rom* 5,5).

Such transforming love has its occasions, its conditions, its causes. But once it comes and as long as it lasts, it takes over. One no longer is one's own. Moreover, in the measure that this transformation is effective, development becomes not merely from below upwards but more fundamentally from above downwards. There has begun a life in which the heart has reasons which reason does not know. There has been opened up a new world in which the old adage, *nihil amatum nisi prius cognitum*, yields to a new truth, *nihil vere cognitum nisi prius amatum*.

It was such transforming love that enabled Paul to say: "...the life I now live is not my life, but the life which Christ lives in me" (*Gal* 2, 20). It is on the analogy of such transforming love that perhaps we can gain some imperfect understanding of the mystery that the life lived by Jesus of Nazareth really was the fully human life of the second person of the Blessed Trinity.

II - THE SECOND PROLEGOMENON: Philosophy

Contemporary Catholic theology deprecates any intrusion from philosophy. The result inevitably is, not no philosophy, but unconscious philosophy, and only too easily bad philosophy.

So Fr Schoonenberg explains that he contends for a christology of presence.[8] Very plausibly this makes for a pastoral christology, for everyone knows what is meant by presence, but only philosophers talk about being. Still before we go along with Fr Schoonenberg's rejection of Chalcedon and of the third council of Constantinople, it may be well for us to pause for an instant in an effort to grasp just what one means by presence. Quickly one finds more than one meaning.

---

[8]*The Christ*, p. 93; *Ein Gott*, p. 98. See my "The Dehellenization of Dogma," *Theol. Stud.*, 28 (1967), pp. 336-351, reprinted in Bernard Lonergan, *A Second Collection*, London 1974 and Philadelphia 1975.

For all of us have lived from infancy in a world of immediacy, a world of sights and sounds, of tastes and smells, of touching and feeling, of joys and sorrows. It was from within that world (as described by Jean Piaget) that we first developed operationally by assimilating new objects to objects already dealt with, by adjusting old operations to new occasions, by combining differentiated operations into groups, and by grouping groups in an ascending hierarchy.

But also within that operational development we came to listen, endeavored to repeat, managed to understand, began to speak, to converse, to learn from others. Thereby we gradually moved out of our original world of immediacy into a world mediated by meaning. It was quite a new world that included the past and the future as well as the present, the possible and probable as well as the actual, rights and duties as well as facts. It was an incredibly rich and varied world, and it was extended by literature and history, by philosophy and science, by religion and theology.

Not only do the two worlds differ vastly in their content. They differ no less in their cognitional procedures and in the criteria governing valid procedure. The world of immediacy is a world of data, of what is given to sense and given to consciousness. It is a world as yet without names or concepts, without truth or falsity, without right or wrong. Its criteria lie quite simply in the presence or absence of successful functioning.

In contrast the world mediated by meaning goes beyond experiencing through inquiry to ever fuller understanding, beyond mere understanding through reflection to truth and reality, beyond mere knowing through deliberation to evaluated and freely chosen courses of action. Now mere experiencing has to be enhanced by deliberate attention. Chance insights have to submit to the discipline of the schoolroom and to the prescriptions of method. Sound judgement has to release us from the seduction of myth and magic, alchemy and astrology, legend and folk-tale; and it has to move us to the comprehensive reasonableness named wisdom. Most of all we have to enter the existential sphere, where consciousness becomes conscience, where the cognitional yields to the moral and the moral to the religious, where we discern between right and wrong and head for holiness or sin.

No one is simply ignorant of these two worlds, of their different procedures, of the differences between their respective criteria. But commonly this advertence is not thematic; it is only lived. As the Scholastics put it, men possess it not *signate* but only *exercite*. And because the possession is only latent and implicit, confusions easily arise. Besides the presence of parents to their infant child, there also is the presence of the parents to one another. No one would fail to notice the difference between these two instances of presence. But when a theologian gets along with a minimal philosophy, he can tell us without further ado that he argues for a christology of presence. When the absence of philosophy is taken as proof of sincere pastoral concern, many will be entranced by his proposal.

But the fact is that the presence of Christ to us is not presence in the world of immediacy: "Happy are they who never saw me and yet have found faith" (*Jn* 20,29). The fact is that divine revelation comes to us through the mediation of meaning. It comes through meaning transmitted by tradition, meaning translated from ancient to modern tongues, meaning here clarified

49

and there distorted by human understanding, meaning reaffirmed and crystal-
lized in dogmas, meaning ever coming to life in God's grace and God's love.

So little can Fr Schoonenberg get away from the mediation of meaning
that the first ten of his thirty-six propositions published in *Orientierung*
lay down laws for theological thought and expression. We are told that we
can proceed from this world up to God but not in the opposite direction. We
can learn about the trinity from revelation, but we are not to begin from
the trinity and proceed to think about Christ. In brief theological thought
is to observe the traffic laws of a one-way street and, it is claimed, by
such obedience trinitarian doctrine will becomes concrete, related to human
life, and relevant to preaching.[9]

But this claim, I feel, would be more attractive if it were not involved in vast over-simplifications. However much the one-way traffic law
may suit a christology of presence, it runs counter to the structure and procedures of the world mediated by meaning. Human development more commonly
is from below upwards but more importantly, as we have urged, it is from
above downwards. Logic would have us argue from the *causa essendi* no less
than from the *causa cognoscendi*, from the sphericity of the moon to its phases as well as from the phases to the moon's sphericity. In a contemporary
transcendental method one clarifies the subject from objects and one clarifies the objects from the operations by which they are known. In each of
the empirical sciences one proceeds not only from the data of observation
and experiment to the formulation of laws, but also from the ranges of theor-
etical possibility explored by mathematicians to physical systems that include empirical laws as particular cases. In theology, finally, one proceeds
not only from the data of revelation to more comprehensive statements but
also from an imperfect, analogous yet most fruitful understanding of mystery to the syntheses that complement a *via inventionis* with a *via doctrinae*.[10]

III - THE THIRD PROLEGOMENON: History

There is the history that is written and the history that is written
about. Today the history that is written is the work of an ongoing community of professional specialists, developing their proper skills and techniques, setting their own standards, and making their standards effective
through a long and exacting apprenticeship of graduate studies. History in
this contemporary sense largely was the creation of the nineteenth century,
and its acceptance in the Catholic church has occurred only slowly and

---

[9] "Diese Begrenzung macht die Trinitätslehre konkret, auf die Menschen
bezogen und für die Verkündigung dienstbar." *Op. cit.*, p. 115, thesis 9.

[10] Aquinas composed his *Summa theologiae* in the *via doctrinae*, see the
Prologus. It corresponds to the functional specialty, *Systematics*, of my
Method in Theology. The *via inventionis* would cover the first four or per-
haps five previous specialties.

gradually in the present century. It found its way first into church history, then into patristic and medieval studies, and finally in recent decades
into biblical studies.

Where earlier history was a matter of believing testimony, contemporary history is a matter of understanding evidence. Any relic or trace of
the past may be evidence, but what it might be evidence for emerges only
from the accumulated expertise of the history-writing community, and what
it actually does establish results only from a consensus based on investigations that have been carried out by competent researchers and submitted to
the scrutiny of competent reviewers.

This contrast between precritical belief in testimony and critical
understanding of evidence is of the greatest theological significance. When
the New Testament is viewed as testimony to be believed because it is credible, then the greatest emphasis will be placed on the words of Jesus Christ
himself, for they are supremely credible, while a fundamentalist adherence
will spread indiscriminately over every aspect of every word and sentence
because all are divinely inspired. Then the theologian has only to open his
bible to find convincing proof for whatever preconceived ideas he may happen
to entertain. But when the New Testament is viewed as evidence, then one
need hardly believe what the synoptic gospels affirm if one is concerned to
differentiate stylistic features, discern successive strata, and compose a
history of the synoptic tradition. Then what Jesus really said and did belongs to a stratum still earlier than any to be verified in the successive
contributions to the synoptic tradition, and the Jesus of history becomes
either Bultmann's itinerant rabbi who eventually was crucified or, more re-
cently, the hopefully fuller figure that is the objective of the new quest
of the historical Jesus.

In the light of this shift from history as belief to history as
science, one is to find in the New Testament in the first instance evidence
on the language and the beliefs that were current in the territory and at
the time of the writing and diffusion of the various books that make up the
New Testament. At a second instance evidence is provided for earlier times
and places in so far as earlier strata may be found in later writing and
their provenance may be established. In a third instance what antedates established strata and origins is a matter not so much for historical science
as for historical inference.

From a theological viewpoint this means that scripture as inspired
is mainly evidence on the faith of the early church. In the first instance
it reveals what was believed at the time a given book was written, diffused,
accepted. At a second instance it reveals what was believed at the time and
place of earlier strata found in later writings. At a third instance it
provides premisses for inferences on still earlier knowledge or belief.

So at the present time, according to Fr Raymond Brown, New Testament
scholars that may be named moderate conservatives distinguish between an
implicit and an explicit christology in the Jesus of history. An implicit
christology does not attribute to Jesus himself any of the titles the New
Testament ascribes to him but does find christological doctrine implicit in
his preaching the kingdom of God and in the authority and power he displayed.
An explicit christology would attribute to Jesus himself some of his New
Testament titles and these the less significant ones. Between these two

views Fr Brown expects moderate conservatives to be divided for the rest of this century.[11]

To specific implications of scholarly history for christological thought we shall presently return. But it has a presupposition to which we may advert at once. Medieval and later theology conceived the psychology of Christ as man not merely in ontological terms but also on the basis of the perfections that on a priori grounds were considered befitting a divine person. Today we have to attend more to the words of scripture (*Heb* 4,15) as cited by the council of Chalcedon (DS 301): "similar to us in all things save sin." If we are to think of Jesus as truly a man, we have to think of him as a historical being, as growing in wisdom, age, and grace in a determinate social and cultural milieu, as developing from below as other human beings and from above on the analogy of religious development.

IV - CHRISTOLOGY: A Religious Question

The extension of modern historical methods into the biblical field constrains theologians to drop some of their former procedures and to develop new ones. Such is a basic feature of the problem of method in contemporary theology. Concretely it means that theologians may not just read a passage of scripture and at once discover in it the verification of traditional ideas. More gravely it means that the interpretation of scripture is not a static pool of information but a moving stream of cumulative and progressive investigation. The problem of method, then, is to find the approach that can select what is valid in current views without becoming involved in positions open to radical change. Some delineation of that approach, as it concerns christology, I must now attempt.

A first step is a simple reflection that embraces in their complementarity *both* man as attentive, as intelligent, as reasonable, as responsible *and* the human world as given and as structured by intelligence, by reasonable judgement, by decision and action. In this first step there is merely recalled what I may refer to as a post-Kantian transcendental method.

The second step notes that while all fully human behavior involves attention, intelligence, reasonableness, and responsibility, still different inquiries have different emphases and so different goals and different presuppositions. So it is that the textual critic, the exegete, and the historian proceed from the same data to quite different conclusions. So too it is that historians may start from the same data to reach three quite different types of historical affirmation or negation. There is the goal of history conceived by von Ranke as ascertaining the facts, telling how it really happened, *wie es eigentlich gewesen*. There is the goal of history conceived by Lord Acton as passing moral judgement on the deeds of societies and their leaders. There is the goal of religious history, of *Heilsgeschichte*,

---

[11]Raymond E. Brown, "Who do men say that I am? Modern Scholarship on Gospel Christology," *Horizons*, 1 (1974), pp. 47 ff.

that would discern in facts and moral actions what pertained to the salvation of mankind.

I have distinguished five different genera of inquiry. All five can be applied to the New Testament. The textual critic can specialize in the manuscript tradition. The exegete can master all related literatures and bring them to bear on an understanding of this or that section of the text. The factual historian can assemble the factual statements in the New Testament, submit them to his critical scrutiny, and seek to fit them in the context of other known contemporary events. The ethically oriented historian can compare the moral attitudes of New Testament personages with those of other human communities or he can subsume them under some moral code to praise them or blame them. But while all of these approaches have their significance and value, none of them deals with what manifestly is the principal concern of the New Testament. For first and last, the New Testament is a book with a message; the message is presented in a great variety of manners, in narratives and parables, in precepts and counsels, in exhortations and warnings. The message is depicted as emanating from the man, Jesus, who suffered, died, was quickened from the dead, and now sits at the right hand of the Father in heaven. The message announces the imminent coming of the kingdom of God, and, as it challenged Jew and Greek two millennia ago, so too today it challenges us with a last word about last things. As Saul on the way to Damascus heard a voice saying: "Saul, Saul, why do you persecute me?"[12] so each of us is to hear from the same voice either of two verdicts. That verdict may be: "...anything you did for one of my brothers here, however humble, you did for me." But again it may be: "...anything you did not do for one of these, however humble, you did not do for me."[13]

Our third step continues the second. We began from the exigence of a post-Kantian transcendental method that attends not just to the object, not just to the subject, but to each in itself and in its dependence on the other. We proceeded from that generality to the currently common view that the New Testament pertains to the genus, *Heilsgeschichte*, that it centers on a *kerygma* addressed to *Existenz*. We have now to note that the message is at once simple, radical, and intensely personal, that it stands in correlation with the response it elicits, that in that response there emerges the message as message-for-us.

The message then is simple, as simple as the "Follow me" addressed to Simon and Andrew, to James and John, to Levi the publican.[14] It is as radical as the counsel to leave father and mother and all one possesses, to renounce wealth and honors, to put up with every indignity, day after day to take up one's cross.[15] Simple and radical, the message is intensely personal. It is "Follow *me*," "for my sake and for the Gospel," "for the sake of my name,"

---

[12]*Acts* 9,4.

[13]*Mt* 25,40.45.

[14]*Mk* 1,17.20; 2,14; *Mt* 4,19.22; 9,9; *Lk* 5,11.27.

[15]*Mk* 10,17-31; *Mt* 19,16-30; 10,34-39; 8,20.22; *Lk* 18,18-30; 14,25-33.

"for the sake of the kingdom of God,"[16] that is, for the kingdom for which Jesus himself lived and died.

To such a message the essential answer is action. The critical issue is not just the data, not just their interpretation, not just the question of fact, but deliberation, decision, deed. So the relevant answer is action as recounted in the acts of the apostles, in their joy in being found worthy to "...suffer indignity for the sake of the Name."[17] It is action as in the journeys and preaching, the stripes and prisons, as well as the letters of St. Paul.

Answer by action begets further answering action. It comes in the words of those touched by Peter's first sermon, "Friends, what are we to do?"[18] as earlier it had come, according to John, in Peter's own words, "Lord, to whom shall we go? Your words are words of eternal life."[19] It comes, as Heinrich Schlier has effectively set forth, with acclamations acknowledging Jesus as Lord, with confessions that God has quickened him from the dead, with gradually developing and expanding formulas of belief.[20] Finally, as Franz Mussner has added, it was to provide a context for such acclamations, such confessions, such formulas, to clarify their meaning and preclude misinterpretations, that memories of Jesus' earthly ministry were recalled and gospels were written.[21]

Such, then, is our third step, and plainly it leads to a fourth. The third step placed the New Testament in the genre of salvation history, and it placed our response to it on the existential level of confrontation, deliberation, evaluation, decision, deed. But the New Testament not only is a religious document calling for religious living; it also is a personal invitation and the appropriate response to it is a personal commitment. So ineluctably there arises the question, Who is this Jesus? It is the question asked by the storm-tossed disciples when the winds and seas obeyed him.[22] It is the question he himself raised at Caesarea Philippi.[23] It is the question recurrent in the gospel of John, when Jesus spoke to the Samaritan woman at Jacob's well,[24] when the Jews questioned the man cured at the

---

[16] *Mk* 10,29; *Mt* 19,29; *Lk* 18,29.

[17] *Acts* 4,41.

[18] *Acts* 2,37.

[19] *Jn* 6,68.

[20] Heinrich Schlier, "Die Anfänge des christologischen Credo," in *Zur Frühgeschichte der Christologie*, hrsg. V. Bernhard Welte, *Quaestiones disputatae* 51, Freiburg, Herder 1970, pp. 13-58.

[21] Franz Mussner, "Christologische Homologese und evangelische Vita Jesu," *ibid.*, pp. 59-73.

[22] *Mk* 4,41.

[23] *Mk* 8,27.

[24] *Jn* 4,10.

Sheep-Pool in Jerusalem,[25] when Jesus contrasted those that belong to the world below with those belonging to the world above,[26] when Jesus revealed himself to the man born blind,[27] what the people asked who is this son of man that is to be lifted up.[28]

V - CHRISTOLOGY: The Theological Question

As a religious and personal question, the question of christology antedates New Testament times. But in our time it also is a theological question, and it has to deal with certain prior issues. There is the contrast between the Jesus of history and the Christ of faith. There is the suggested option between a functional and an ontological christology. There is the problem of uniting the concern of the inquiring subject with the objective wealth of scriptural scholarship. On each of these topics something must be said.

The contrast between the Jesus of history and the Christ of faith may be approached from the distinction already drawn of three kinds of historical writing, namely, writing that deals mainly:

1) with questions of fact, or

2) with moral issues, or

3) with matters pertaining to salvation.

Now different writing supposes difference in competence. A historian trained to deal with questions of fact also is competent to deal with factual issues that serve to introduce matters pertaining to the second and third style of historical writing. But this does not necessarily imply that he will possess the moral sensibility or the religious concern that will fit him for an open and adequate treatment of matters proper to these further fields. In brief, he can treat certain aspects of the Jesus of history, but he may be unequal to discerning the Christ of faith or to determining the factual presuppositions of the Christ of faith.

Similarly, a religious person will readily discern the Christ of faith but, unless he has been trained in the techniques of scientific history, he will be prone to a fundamentalist interpretation of the New Testament. For him any question of the Jesus of history, as understood by scientific history, will be a matter not of science but of unbelief and infidelty. None the less, there are not only possible but also actually existing

---

[25]*Jn* 5,12.

[26]*Jn* 8,25.

[27]*Jn* 9,26.

[28]*Jn* 12,34.

religious persons, committed to the Christ of faith, yet also fully cogni-
zant of the nature and procedures of scientific history. They are aware
that the New Testament was written by men of faith and addressed to men of
faith; they are aware that the authors of the books in the New Testament
expressed themselves far more in the vocabulary of their own later day than
in the less evolved vocabulary possible in the time of the Jesus of history.
And so they not only present the Christ of faith but also join in the new
quest for the historical Jesus.[29]

For the secularist, then, the Jesus of history easily becomes a sha-
dowy figure, since so much in the New Testament only excites his incredulity.
For the fundamentalist, on the other hand, the Christ of faith is so suf-
ficient that efforts to reconstruct the thought and language of the Jesus
of history are regarded as mistaken and superfluous. But this radical opposition tends to vanish when:

1) religious people correct their precritical views of
   history and;

2) learned people come to recognize in the New Testament
   contemporary and so first-hand evidence on the beliefs
   of the early church.

It is in this coincidence that there is to be found the clue to
christological method. This we have characterized as selecting what is valid in current views without becoming involved in positions open to radical
change. Now what is open to radical change, is the incipient and still
tentative reconstruction of the though and language of the Jesus of history.
What can be valid in current views is based on the contemporary and so first-
hand evidence we possess on the beliefs of the early church. By discerning
Christian tradition in that evidence, by coming to grasp its immanent structure and intelligibility, by leaving open the questions still to be settled
by the reconstruction of the Jesus of history, the theologian, I submit,
will find a first and basic component in a methodically developing christology.

A second determination of christological method comes from asking
whether New Testament christology is ontological or functional. Our answer
will be that it is neither merely functional nor yet strictly ontological.

A merely functional christology adknowledges no more than a series
of religious events. There is factual evidence that people in New Testament and later times believed Jesus to have risen from the dead. Such acts
of believing are historically established. They constitute the set of events
referred to as christology.[30]

---

[29]Karl Kertelge, *Ruckfrage nach Jesus, Quaestiones disputatae* 63,
Freiburg, Herder 1974. For general background, cf. Reginald Fuller, *The
Foundations of New Testament Christology*, New York, Scribner's 1965.

[30]See Josef Ernst, "Personale oder funktionale Christologie," *Mün-
chener theologische Zeitschrift*, 23 (1972), pp. 217-240.

Now this is all true enough but it ignores the notion of salvation history. It is not a factual history of acts of believing. It is history of what happened on the evidence believers discern in the light of faith. But there was no question for the New Testament writers that the Jesus who was condemned and crucified, who died and was buried, also rose from the dead. One may agree with them or one may disagree; but if one disagrees, one will not attempt Christian salvation history; one will limit oneself to factual history.[31]

At the same time New Testament christology is not strictly ontological. It purports to deal with persons that really existed and with events that really occurred. But it does not go into the hermeneutics of its message and, least of all, does it go into that recondite department of hermeneutics that involves one in cognitional theory, epistemology, and metaphysics.

A third determination of christological method is reached from a consideration of its heuristic structure. But let me begin by an example. Down the ages there have been accepted quite different views on the nature of fire. For Aristotelians it was one of the four elements. For chemists prior to Lavoisier it was attributed to phlogiston. Subsequently to Lavoisier it has been explained as a process of oxydization. The answers differed greatly from one another, but none the less they were answers to the same question. What then was that question?

It involved two elements. There were on the side of the object the data on fire, the sensible flames, their sensible effects. But there also was on the side of the subject inquiring intelligence:

1) wanting to know what would be known when the data were understood,

2) entertaining answers as long as they seemed to cover all the data, and

3) rejecting answers that eventually were found wanting and entertaining different answers that subsequently seemed to cover all the data.

A heuristic structure, then, is a conjunction both of data on the side of the object and of an operative criterion on the side of the subject. Accordingly, a christological heuristic structure will be a similar conjunction giving rise to the succession of christologies set forth in New Testament writings and further developed in the formulations of individuals and of communities down the ages. On the side of the data one discerns three points:

---

[31]Note however Alan Richardson, *History Sacred and Profane*, London, SCM 1964, chapter six, where the argument for the resurrection of Christ is basically an extrapolation from factual history.

1) that Jesus is named time and again from different viewpoints and in different contexts the Son of God;[32]

2) that we through faith are sons of God and by baptism are one in Christ (*Gal* 3,26-28), that God sent his only Son that we might acquire the status of sons as is proved to us by the sending of the Spirit of Christ crying in our hearts "Abba! Father!" (*Gal* 4,3-7; *Rom* 8,14-17); and

3) that the Spirit we have received from God knows all and has been given us that we may know all that God of his own grace gives us (*1 Cor* 2,10-16; *Jn* 14,16. 17.26).

In correspondence with such data there arises in the Christian subject his or her heuristic structure. In many contexts and from many viewpoints Jesus was named the Son of God, and that gives rise to the multiple question: How are we in our own minds to understand Jesus as Son of God? Are we to suppose it is a mythic or merely honorific title such as was given to kings? Or does it simply denote the mission of the Messiah? Or does it point to an inner reality such as is our own divine sonship through Christ and in the Spirit, so that as God in us is the Spirit, so God in Jesus is the Word? Or does the sonship of Jesus mean, as the Church for centuries has understood it, that Jesus was truly a man leading a truly human life but his identity was the identity of the eternal Son of God consubstantial with the Father?

The heuristic structure then presents a multiple question. Still there is not only question but also criterion. Our own experience of our own sonship provides a first criterion, for if the Spirit in us is God, surely God was in Jesus too. Further the Spirit of God in us enables us to discern what the spirit of the world cannot discern. It is in the progressive clarification of Christian experience and in the continuous exercise of spiritual discernment in the Christian community that christological doctrine developed.

For christologies have been many. They have conformed to the diverse strata represented in New Testament writing. They endeavored to meet the needs of Gentiles that had reached a philosophic monotheism. They reacted against Gnostics and Marcionites by defending the Old Testament's creator God and by allegorizing anthropomorphic accounts of his doings. They suffered from involvement in the world-of-immediacy of Stoic naivete and in the seductive half-way house of Middle Platonism. For over fifteen centuries they found a static equilibrium in the definitions of Nicea, Ephesus, Chalcedon, and the third council of Constantinople. But in our time of hermeneutics and history, of psychology and critical philosophy, there is

---

[32]See the series of articles on "Jesus Christus - Gottessohn" in *Theologische Quartalschrift*, 154 (1974), pp. 203-278. On the successive meanings of Son of God in the New Testament, see Fuller referred to above, note 29.

an exigence for further development. There are windows to be opened and fresh air to be let in. It will not, I am convinced, dissolve the solid achievement of the past. It will, I hope, put that achievement on a securer base and enrich it with a fuller content.

VI - THE MEANING OF CHALCEDON

The meaning of Chalcedon is not obscure. It teaches, in its opening paragraph, one and the same Son our Lord Jesus Christ: the same perfect in divinity and the same perfect in humanity: truly God and the same truly man...: consubstantial with the Father according to his divinity, and the same consubstantial with us according to his humanity,...: before all ages begotten of the Father according to his divinity, and in the last days, for our sake and for our salvation, the same according to his humanity born of the virgin Mary mother of God (DS 301).

It remains that the clarity of Chalcedon has an essential condition, for it can be clear only if it has a meaning, and it can have a meaning only if dogmas have a meaning. But today there is no lack of people that consider dogmas meaningless. In principle they reject all dogmas from Nicea and the rest of the Greek councils through the medieval councils to Trent and the Vatican. Others would distinguish: the dogmas represent a thought form that in its day was meaningful; but now that day is over. Such perhaps is the opinion of Bernhard Welte who has associated with Nicea the beginning of a type of metaphysics that conforms to the aberration denounced by Heidegger as a forgetfulness of being.[33] Others finally do not seem to advert to the very notion of dogma, to the notion that propositions can be true or false and as true or false refer or do not refer to reality.

---

[33] Bernhard Welte, "Die Lehrformel von Nikaia und die abendländische Metaphysik," *Zur Frühgeschichte der Christologie, Quaestiones disputatae* 51, Freiburg, Herder 1970, pp. 100-117. Far more substantial is the preceding paper by Friedo Ricken, "Das Homousios von Nikaia als Krisis des altchristlichen Platonismus," *ibid.*, pp. 74-99. I should say that there is, not explicit systematic thought, but an implicit dialectic in antenicene and Nicene theology. Without being technically Stoics the apologists were involved in Stoic naivete, much as Fr Schoonenberg is involved in the world of immediacy. To correct this naivete Origen turned to middle Platonism and reached a thorough-going trinitarian subordinationism. Nicea took its stand on preaching the word of God, and its homousios meant, as Athanasius put it: "What is true of the Father, also is true of the Son, except that the Son is not Father" (*Orat. 3 c. Ar.*, 4; MG 26, 329). The formula became liturgical in the Roman Preface for Trinity Sunday: "Quod enim de tua gloria, revelante te, credimus, hoc de Filio tuo, hoc de Spiritu sancto sine differentia discretionis sentimus." See my *De Deo Trino*, I, pp. 40-112, Rome 1964).

Fr Schoonenberg seems to belong to this last group. He discusses not the dogma of Chalcedon but what in the English translation is called the pattern of Chalcedon and in the German *das Modell*.[34]

Now I have no doubt of the significance of patterns or models or schemas in exegetical and historical study. They serve admirably to direct attention to resemblances and to bring together texts that share a common feature despite differences of expression and of context. So in patristic study Aloys Grillmeier made excellent use of the patterns, God-Man and *Logos-Sarx*. So in New Testament studies one can classify christologies by the perspective they represent: there are texts that begin from Jesus' earthly ministry and look forward to his passion, death, and resurrection or to his future coming; there are texts that begin with the now risen Lord seated at the right hand of the Father; there are texts that begin from heavenly origins, recount his earthly mission, and terminate with his reign from heaven.

However, the significance of patterns is no more than preliminary. Further evidence is needed before one can conclude that different patterns mean more than different occasions or different contexts. When more is established, one still has to ask whether there is being corrected a defect in language, or in conception, or in understanding; and if the defect is in understanding, then whether it was the nature of man that was misunderstood, or some revealed teaching that was overlooked, or adherence to Christ that was at fault.

So from the nature of the case a discussion of patterns has to face deeper issues. The deeper issue at Chalcedon is that its decree is dogmatic and that its pattern results from earlier dogmatic decrees. It results from the affirmation of Nicea that the Son is consubstantial with the Father, that he is not made but begotten (DS 125). It results from the rejection by Nicea of those that claimed there was a time when the Son did not exist or that he did not exist before he was begotten (DS 126). It results from Ephesus[35] and from the *Formula unionis* on which Alexandrines and Antiochenes agreed in the spring of 433 that Jesus Christ the only Son of God was consubstantial with the Father according to his divinity and consubstantial with us according to his humanity (DS 272).

---

[34]In *The Christ*, pp. 50-66, are concerned with "The Chalcedonian Pattern and the Objections against it." On that basis Fr Schoonenberg proceeds to develop a hermeneutic that ensures a human person in Christ by bracketing God's eternal Son.

[35]The decisive session of Ephesus is found in E. Schwartz, *Acta conciliorum oecumenicorum* (Berolini et Lipsiae 1914 ff.), tom. I, vol. I, pars 2, pp. 12-35. The condemnation of Nestorius resulted from the conformity of Cyril's letter with the decree of Nicea and the opposition of Nestorius' letter to the same decree. The letters are in *ACO* I, I, 1, pp. 25-28 and 29-32; also in *MG* 77, 44 ss. and 49 ss. From the letters it is clear that it is not classical christology but Nestorian christology that starts from two distinct natures and endeavors to join them in one individual. The contrary view was expressed by Klaus Reinhardt, *op. cit.*, (at note 5) on p. 210 in *IkZ* and p. 135 f. in *ICR*.

VII - PERSON TODAY

I do not believe that Fr Schoonenberg does justice to the dogmas of the church. I do not believe that he does justice to the very conditions of possibility of man's living in a world mediated by meaning. But I have no doubt that he raises an issue - very real in systematic theology and very urgent in pastoral theology - when he asks whether one can lead a truly human life without being a human person.

The dogmas in fact teach one person in two natures. All along they imply that the one person is divine, and in the third council of Constantinople - not to mention the second - this is explicitly affirmed (DS 554). If in earlier ages it was enough to adore the mystery, if from the medieval period some metaphysical account of person and nature were all that was sought, it remains that in our age of psychology and critical philosophy, of hermeneutics and history, something both different and more exacting is required. We have to be able to say what it means for a divine person to live a fully human life.

To this end I shall attempt to offer some explanation of the statement: the person of Christ is an identity that eternally is subject of divine consciousness and in time became subject of a human consciousness. I shall speak:

1) of identity,

2) of human consciousness,

3) of human subjectivity,

4) of divine subjectivity, and

5) of the compatibility of one identity with the two subjectivities.

By *identity* I understand the third of the three meanings of *one*. There is *one* in the sense of instance: a first instance is one; a second makes two; still another and there are three; and so on to infinity.

There next is one in the sense of intelligible unity. There are many phases of the moon, for its appearance changes night by night. But there is only one moon, for the many appearances have a single explanation: the moon is spherical.

Thirdly, there is one in the sense of one and the same. It is the one that presupposes the intelligible unity already mentioned but adds to it an application of the principles of identity and contradiction. So it is one in the sense of the old definition: *indivisum in se et divisum a quolibet alio*. Such is the "one and the same" of the Chalcedonian decree.

Next consciousness. Man's sensitive, intellectual, rational, and moral operations have two distinct but related characteristics. They are both intentional and conscious. In so far as they are intentional, they make objects present to us. In so far as they are conscious, they make us present to ourselves. However, if I have used the same word, present, twice, I also have used it in two different senses. Intentionality effects

61

the presence of an object to the subject, of a spectacle to a spectator. Consciousness is a far subtler matter: it makes the spectator present to himself, not by putting him into the spectacle, not by making him an object, but while he is spectator and as subject.

For adult consciousness subject and object are already distinct. But the distinction is not primordial. For Aristotle coincidence preceded distinction: sense in act is the sensible in act; and intelligence in act is the intelligible in act. Today detailed cognitional theory complements this Aristotelian opinion by conceiving human knowledge as a process of objectification. More radically, educators and moralists have ever urged people to become their true selves, and their contention finds more than an echo in Jungian thought. It can depict a genesis of the *ego* under the guidance of the archetypes;[36] it views complexes on the analogy of the *ego* and so has an explanation of multiple personality;[37] it describes an individuation process from a life centered on the *ego* to a life centered on the self.[38] Here analytic psychology is complemented by social psychology, by personalist reflection, and by post-Hegelian and post-Marxist thought, which concur in teaching that one becomes a person in one's dealings with other persons.[39] Nor can theologians resist such various testimonies, since Jesus himself is credited with the saying: "...a grain of wheat remains a solitary grain unless it falls into the ground and dies; but if it dies it bears a rich harvest" (*Jn* 12,24).

In brief, we cannot conceive subject and object as fixed and immutable things. The world mediated by meaning is not just reality but reality as known, where the knowing is ever in process. The subject that mediates his world by meaning similarly is in a process of self-realization through self-transcendence. So in man we have to distinguish and verify all three meanings of *one*: a man is one as an instance of the human species; he is one as an intelligible unity in an ongoing process; finally, he is one as one and the same, as identity, as himself and nobody else. Further, as we distinguish three meanings of *one* in man, so too we need a distinction between subject and subjectivity. For man's self-realization is by self-transcendence. Without difference there is no self-transcendence. Without identity it is not one's own but some other self that is realized. So we shall reserve the term, subject, to denote the identity. We shall employ the term, subjectivity, to denote the intelligible unity that already is

---

[36] Erich Neumann, *The Origins and History of Consciousness*, Princeton, Bollingen Paperback 1970. Originally *Ursprungsgeschichte des Bewusstseins*, Zürich, Rascher 1949.

[37] Iolande Jacobi, *Complex / Archetype / Symbol in the Psychology of C.G. Jung*, London, Routledge & Kegan Paul, 1959, pp. 6-19.

[38] Gerhard Adler, *The Living Symbol: A Case Study in the Process of Individuation*, New York, Pantheon 1961, (Bollingen 63).

[39] David Rasmussen, "Between Autonomy and Sociality," *Cultural Hermeneutics*, 1 (1973), pp. 3-25.

teleologically what it eventually is to become.[40]

We have treated three of our five topics: identity, human consciousness, and human subjectivity. Before going further, we may note that part of our objective has already been attained. For in a truly human life there is identity. I am no longer an infant, a child, a boy, a young man, but however great the differences in my truly human living, I am still the same I that I was from the beginning. Nor is this identity diminished by the fact that the differences are not confined to differences in abilities and skills and habits, that they involve the becoming and the stability of my *ego*, my personality, what I can call myself. For such differences regard not the identity of the subject but his subjectivity.[41] He remains himself though he truly transcends himself.

But we must now turn to the main component in the hypostatic union. Can one speak intelligibly of three distinct and conscious subjects of divine consciousness? I believe that one can, but to do so one must take the psychological analogy of the trinitarian processions seriously, one must be able to follow the reasoning from processions to relations and from relations to persons, and one has to think analogously of consciousness.

The psychological analogy, then, has its starting point in that higher synthesis of intellectual, rational, and moral consciousness that is the dynamic state of being in love. Such love manifests itself in its judgements of value. And the judgements are carried out in decisions that are acts of loving. Such is the analogy found in the creature.

Now in God the origin is the Father, in the New Testament named Theos,[42] who is identified with agape (1 *Jn* 4,8.16). Such love expresses itself in its Word, its Logos, its *verbum spirans amorem*,[43] which is a jud-

---

[40]As the moon is the intelligible unity in the four-dimensional manifold of positions and phases, so human subjectivity is the intelligible unity in the multi-dimensional manifold of the conscious events of a life-time.

[41]Those with a metaphysical bent may ask whether in one and the same identity there are or are not many subjectivities. The simplest answer is to revert to an earlier controversy. In one and the same man are there three substantial forms, one biological, a second sensitive, and the third intellectual? Or is there just one, which is intellectual, but capable of fulfilling the functions of the other two as well as its own? Now just as the councils (*DS* 902, 1440) affirm that the intellective soul is the one form of the body in man, so we acknowledge in one man only one subjectivity which, however, manifests itself in time and by degrees in accord with the norms of human development. In Christ, however, who is both divine and human, there is both a divine and a human subjectivity, though but a single identity, and a single human subjectivity.

[42]Karl Rahner, "Theos in the New Testament," *Theological Investigations*, I, pp. 79-148. London, Darton, Longman & Todd 1961.

[43]Aquinas, *Sum. Theol.*, Ia, q. 43, a. 5, ad 2m. *In I Sent.*, d. 27, q. 2, a. 1 sol.

gement of value. The judgement of value is sincere, and so it grounds the Proceeding Love that is identified with the Holy Spirit.

There are then two processions that may be conceived in God: they are not unconscious processes but intellectually, rationally, morally conscious, as are judgements of value based on the evidence perceived by a lover, and the acts of loving grounded on judgements of value. The two processions ground four real relations of which three are really distinct from one another; and these three are not just relations as relations, and so modes of being,[44] but also subsistent,[45] and so not just paternity and filiation but also Father and Son. Finally, Father and Son and Spirit are eternal; their consciousness is not in time but timeless; their subjectivity is not becoming but ever itself; and each in his own distinct manner is subject of the infinite act that God is, the Father as originating love, the Son as judgement of value expressing that love, and the Spirit as originated loving.

Perhaps now we can begin to discern, however imperfectly, the possibility of a single divine identity being at once subject of divine consciousness and also subject of a human consciousness.

For though this implies that a man lived a truly human life without being a human person, still the paradox of this implication is removed by the distinction between identity and subjectivity. Though his identity was divine, still Jesus had a truly human subjectivity that grew in wisdom and age and grace before God and men (*Lk* 2,52) and that was similar to our own in all things save sin (*DS* 301). Nor is the timeless and unchanging subjectivity proper to the divine identity in conflict with the developing subjectivity of a human life. For as Chalcedon would put it, though the identity is without distinction or separation, still the subjectivities are without modification or confusion (*DS* 302).

Moreover, the human subjectivity of Christ conforms to the divine. For the eternal Word is Son, and it is that very Son that introduced into human language prayer to God not simply as Father but as a child's Father, as Abba; and as the Son as man prayed to Abba, so we in the Spirit of the Son also cry, Abba! Father! Again, as the eternal Word is the eternally true expression of the value that God as agape is, so the Word as man by obedience unto death again expressed that value by revealing how much God loved the world (*Jn* 3,16). Finally, in his resurrection and exaltation he beckons us to the splendour of the children of God for which up to now the whole created universe groans in all its parts as if in the pangs of childbirth (*Rom* 8,22). In that beckoning we discern not only the ground of our

---

[44] On the historical and systematic aspects of this see my *De Deo Trino*, I, 198 and II, 193 f.

[45] The three really distinct real relations in God are identical with the divine essence (DS 804) and so subsistent. Hence the real relation as relation is a mode of being; but the relation as subsistent is a person. Cf. *Sum. Theol.*, I, q. 33, a. 2, ad 1m. Fr Schoonenberg would have it that there are three modes of the divine being that in the economy of salvation are related to one another and to us as three persons. "Trinität," *Orientierung*, 37 (1973), p. 116, thesis 28.

hope but also the cosmic dimension in the new creation of all things in Christ Jesus our Lord.

VIII - CONCLUSION

To give an account of the meaning of person today, I have had to attempt what never can be more than some analogous and so imperfect understanding of the mysteries of the trinity and the incarnation (*DS* 3016). From the nature of the case, however, such high matters awaken perplexity as much as satisfaction. For this reason it will be well to conclude with a brief and clear-cut statement of the root difference between Fr Schoonenberg's position and my own.

I would grant that Fr Schoonenberg began from impeccable premisses: Jesus was a man; Jesus was a person. From these premisses Fr Schoonenberg concluded that Jesus was a human person. So certain was he of this conclusion that he felt it could overrule any apparently conflicting doctrine, be it scriptural, traditional, or conciliar. Specifically he insisted: "What is said of the pre-existent divine person can never nullify this one and human person."[46] On this basis he proceded to his mystifying exegesis of scripture, tradition, and the councils.

While I grant Fr Schoonenberg's two premisses, I maintain that his conclusion presupposes not two but three premisses. For his assertion that Jesus was a human person means not simply that Jesus was a person and a man but effectively that Jesus was a person and a man and only a man. If it does not mean 'only a man', then there is no conflict with faith in the pre-existent divine person who became a man. And if it does mean 'only a man', then its source is not Christian preaching but Ebionite heresy. Such is the dilemma in which I find Fr Schoonenberg's position; and I do not find that he has confronted it fairly and squarely.

Bernard Lonergan, S.J.
Regis College

---

[46]*The Christ*, p. 82; *Ein Gott*, p. 87.

L'OBEISSANCE DE JESUS,
REVELATION DE LA PERSONNE DU FILS

Jean-Marie Archambault

1. *L'obéissance de Jésus, révélation de la personne du Fils.*

"Although the divine Sonship carries with it the power of the Holy
Spirit, it also implies obedience".[1] "The concept of the unique Son is
qualified by the thought of the relationship of obedience to the Father".[2]
Ces affirmations peuvent surprendre lorsque l'on sait que sur les 83 usages
du mot "obéissance" et de ses dérivés, dans le Nouveau Testament, aucun ne
se trouve sur les lèvres de Jésus.[3] Il est vrai, cependant, que l'on ne
peut s'en tenir à cette seule statistique. Dans la mesure où la notion
d'obéissance implique une relation positive à la volonté d'un autre, les
expressions néotestamentaires qui soulignent cette relation sont nombreuses
et il s'en trouve plusieurs sur les lèvres de Jésus: v.g. *Mt* 6,10; 7,21-23
12,50; 26,39. Bien qu'il n'emploie pas le terme "obéissance",[4] le quatrième évangile est, nous semble-t-il, celui qui porte le plus d'intérêt à
la relation d'obéissance de Jésus de Nazareth envers le Père. L'évangéliste recourt à de nombreuses expressions pour parler de cette acceptation des
exigences de la volonté du Père dans la vie de Jésus: "faire la volonté"
(4,34), "chercher la volonté" (5,30), "l'ordre reçu" (10,18), "garder les
commandements" (15,10), "accomplir les oeuvres données" (5,36), "venir au

---

[1]Réflexion de F. Hann citée dans E. Pinto, "Son of God in the Gospels",
BibTB, IV (1974), p. 81.

[2]E. Pinto, *art. cit.*, p. 93.

[3]L. Boff, *Jésus-Christ libérateur*, Paris, Cerf, 1974, p. 98.

[4]Le quatrième évangile emploie ἀπειθέω en 3,36, que certains traduisent par "désobéir".

nom du Père" (5,43), "agir comme le Père l'a ordonné" (14,31).

L'absence du terme "obéissance", ou de ses dérivés, sur les lèvres de Jésus ne peut donc pas faire obstacle à l'affirmation de la présence de l'obéissance dans sa vie. Quels liens, cependant, y a-t-il entre Incarnation et obéissance pour que certaines études christologiques récentes insistent sur ce point, à la suite surtout du quatrième évangéliste, souvent considéré comme le théologien de l'Incarnation?

Pour éclairer cette question et fournir des éléments de solution, nous allons étudier une présentation johannique du thème de l'obéissance en examinant le motif de l'"heure" dans le quatrième évangile. Puis nous chercherons à situer l'obéissance de Jésus dans son "devenir humain" et nous soulignerons les modalités de cette vie d'obéissance. L'ensemble de cette démarche devrait permettre de mieux percevoir le lien entre obéissance et Incarnation.

2. *L'heure de Jésus.*

La recherche du sens de l'"heure" johannique a occasionné plusieurs débats, surtout en ce qui a trait à 2,4, que nous interprétons dans le sens de l'heure de la mort-glorification. Le sens du mot "heure" à 2,4, il est vrai, ne touche que huit des vingt-six emplois de ce mot dans l'évangile johannique. L'ensemble de ces emplois se révélera intéressant pour une compréhension plus détaillée de l'obéissance du Christ.

Lorsqu'il s'agit d'effectuer un classement des emplois du mot "heure", on trouve des variantes, parfois importantes chez les auteurs.[5] L'entente semble cependant acquise pour grouper les versets: 2,4; 7,30; 8,20; 12,23; 12,27 (2 fois); 13,1; 17,1.[6] Cette série se caractérise par les traits suivants:

1) le mot ὥρα est accompagné d'un article, d'un possessif ou d'un démonstratif;

2) il est sujet du verbe ἔρχομαι à un temps passé, ordinairement le parfait;[7]

---

[5] A titre d'exemple, que l'on compare: J.-P. Michaud, "Le signe de Cana dans son contexte johannique", *Laval Théol. et Phil.*, 18 (1962, pp. 270-271 et C.-K. Barrett, *The Gospel according to John*, London, S.P.C.K., 1965, pp. 159, 194, 198-199.

[6] A cette liste on ajoute parfois 19,27. Nous préférons classer ce verset avec un autre groupe, car le pronom démonstratif qui accompagne ὥρα désigne manifestement un moment précis qui vient juste de se passer: le temps où Jésus, de sa croix, confia sa Mère au disciple. Pour cette raison, nous préférons inclure ce verset dans le groupe des versets qui désignent des moments précis du temps.

[7] Il n'y a que 2,4 à faire exception et à présenter un présent de l'indicatif de ἥκω.

3) le contexte attribue vraiment cette "heure" à Jésus
seul et fait de ce moment le centre de toute sa vie.

Jusqu'en 12,23 elle n'est pas encore arrivée, puis à partir de 12,23 elle est venue. Voilà l'"heure" de Jésus.

Mais quelle est précisément cette "heure"? Telle que Jésus la connaît (13,1), c'est d'abord l'"heure" du passage à l'amour extrême qui s'accomplit dans l'union la plus complète à la volonté du Père (14,31). Cette manifestation de l'amour mutuel de Jésus pour le Père et du Père pour Jésus se réalisera dans la mort de Jésus (3,16; 10,17-18; 14,31). Par l'"heure" de la mort, il faut entendre, cependant, tout le mystère de la mort johannique. L'"heure" de Jésus désigne le moment suprême de l'histoire: celui de sa glorification par sa passion ET sa résurrection. Dans la théologie johannique, en effet, la passion, la mort et la glorification constituent un seul mouvement où Jésus offre librement sa vie, pour le salut du monde, en réponse au mandat qu'il a reçu du Père. Cette "heure" est à la fois une heure humaine, inscrite dans le temps et l'espace, car il s'agit d'une action divine qui se passe à un moment donné de l'histoire; elle est aussi, en un sens, soustraite à notre temps, puisqu'elle est la passage de Jésus à la gloire qu'il avait auprès du Père "avant que le monde fût" (17, 5).

3. *"Mon heure"* et *"mon temps"*.

Aux versets qui traitent explicitement de "l'heure" de Jésus, nous voulons ajouter 7,6.8; nous croyons qu'ils se rattachent à la même ligne de pensée johannique et complètent l'enseignement du quatrième évangile sur la soumission de Jésus à son "heure". Ils contribuent à mieux nous faire comprendre la responsabilité active de Jésus à l'intérieur de son obéissance.

C'est le seul endroit où Jean emploie, dans son texte, le mot χαιρός.[8] Le contexte éclaire le sens à donner à cette expression. Jésus refuse de "monter" à Jérusalem, car, dit-il, son "temps n'est pas encore venu" (7,6) ou "n'est pas encore accompli" (7,8). On aura remarqué la parenté de pensée et d'expression de 7,6 avec 2,4: "Mon heure n'est pas encore venue".[9] Quant à πεπλήρωται de 7,8, il rejoint l'usage que Jean fait de πληρόω dans son évangile; il souligne la plénitude d'une réalité.[10] On rejoint ici le

---

[8] Nous considérons, en effet, que *Jn* 5,4 pourrait être une glose marginale.

[9] Nous disons parenté de pensée et non similitude, puisque, outre la différence dans le substantif, il y a aussi différence dans les verbes: ἥχει et πάρ-εστιν.

[10] Ce verbe revient 15 fois en Jean: 3,29; 7.8; 12,3.38; 13,18; 15, 11.25; 16,6.24; 17,12.13; 18,9.32; 19,24.36. On le remarquera, la plupart des emplois (12 sur 15) viennent après l'identification de l'heure en 12,23. Alors que 'τελέω' souligne le fait de "mener à bonne fin" la tâche confiée, 'πληρόω' insiste sur l'aspect plénitude de l'accomplissement.

courant de pensée qui parle de mission (17,2; 18,9) ou d'Ecriture à accomplir (19,24.36). Il y a également un rapprochement à faire entre ἀναζαίνειν et ὑφοῦν.[11] Jésus réserve la montée triomphale et publique à Jérusalem pour l'"heure" où, étant élevé (12,32), il passera de ce monde à son Père (13,1). 'Αναζαίνειν - c'est un de ses emplois -, décrit en Jean cette montée de Jésus vers le Père (v.g. 6,62; 20,17). Ce verbe, ajouté aux éléments déjà énumérés, nous situe donc dans le contexte de mort glorieuse. L'ensemble des traits relevés justifie, nous semble-t-il, le classement des versets 7,6.8 avec le groupe des versets parlant de l'heure du Christ.[12]

Le thème de l'"heure" marque donc un moment d'importance capitale; le temps de l'accomplissement des Ecritures, c'est-à-dire du projet salvifique du Père. Voilà pourquoi, dira Cullmann, "elle ne peut arriver une minute plus tôt que Dieu ne l'a décidé".[13] Cette affirmation paraîtra sans doute insister beaucoup sur la matérialité de la soumission de Jésus à la volonté du Père. Les versets 19,28.30, cependant, semblent bien donner raison à Cullmann: Jésus remet sa vie seulement lorsqu'il juge avoir tout accompli. Peut-être vaudrait-il mieux, avec Schnackenburg,[14] accepter que le mot "heure" signifie "moins un temps déterminé, un temps précis, qu'un décret promulgué par le Père". Ce décret prévoyait peut-être jusqu'à la minute précise du dernier souffle; il semble bien qu'il contenait plus que le simple ordre de donner librement sa vie. D'ailleurs "l'heure" de Jésus est présente depuis 12,23 jusqu'à 19,30, soit pendant un tiers du texte de l'évangile; elle est présente à la rencontre avec les Grecs, au lavement des pieds, à la Cène, au procès et durant la crucifixion. Cette longue période de vie invite à ne pas considérer l'"heure" comme la désignation d'un temps limité et bref comme dans l'expression "la troisième heure". Faudrait-il parler d'un décret comprenant plusieurs étapes à vivre? Ce

---

[11]C.K. Barrett, op. cit., p. 258; B. Hoskyns, The Fourth Gospel, London, Faber, 1940, I, pp. 312-313; R.H. Lightfoot, St. John's Gospel, London, Oxford, U.P., pp. 175-176; B.F. Westcott, The Gospel according to St. John, London, J. Clarke, 1958, p. 117.

[12]Temple, Readings in St. John's Gospel, London, Macmillan, 1945, p. 125; Westcott, op. cit., p. 117; R. Bernard, "La Révélation de l'Homme-Dieu", ViSpir, 89 (1953), p. 126 et E.K. Lee, "The Drama of the Fourth Gospel", ExpTim, 65 (1953s), p. 175, ne voient pas en 7,6-8 d'allusion à l'heure de Jésus, mais plutôt à un "opportuneness with regard to human affairs" ou à un "psychological moment". Ce que nous avons dit nous semble montrer qu'il y a vraiment plus ici que le choix du moment opportun, mais qu'il s'agit vraiment de l'"heure de Jésus". Parmi les auteurs qui accordent à 'χαιρός' la même portée qu'à 'ὥρα', mentionnons: C.K. Barrett, op. cit., p. 257; R.H. Lightfoot, op. cit., pp. 174-175; A. Richardson, The Gospel according to John, London, SCM, p. 109; R.E. Brown, The Gospel according to John, New York, The Anchor Bible, 1966, Part I, pp. 100, 306, 518.

[13]O. Cullmann, "L'évangile johannique et l'histoire du salut", NTS, 11 (1964), pp. 114-115.

[14]R. Schnackenburg, Das Johannes-evangelium, Freiburg, Herder, 1965, I Teil, p. 334.

"décret" ne serait cependant pas à vivre à n'importe quelle période de la vie de Jésus. Il faut donc parler d'un temps prévu par le Père pour l'obéissance de Jésus quant à l'acte central de sa vie. Cet acte central sera à vivre selon une certaine séquence quand le temps sera arrivé. L'"heure" désigne donc ce temps de la vie de Jésus et ce décret paternel à vivre selon le rythme des événements voulus par le Père.

C'est ainsi que Jésus l'a compris. D'une part, il a manifesté sa ferme volonté de ne donner sa vie qu'au temps voulu par le Père (2,4; 7,6. 8; 8,59; 10,39); d'autre part, il a fermement écarté toute tentation ou occasion d'établir un royaume de Dieu, de vivre un messianisme autre que celui choisi par le Père (2,24-25; 6,15; 18,11). Fuir afin de ne pas avoir à donner sa vie avant le moment prévu (11,54), ou vouloir n'établir que le Royaume voulu par le Père sont deux aspects d'une même disposition intérieure: l'obéissance plénière au projet du Père. A strictement parler Jésus ne fuit pas: il s'insère dans le plan rédempteur. La sagesse humaine et la bravoure seraient, ici, recherche personnelle et gloire humaine. Patienter, attendre l'"heure" sans la devancer, manifeste le courage de Jésus. Il est d'ailleurs très conscient que c'est pour avoir été fidèle au projet du Père et ne pas avoir partagé le point de vue du monde qu'il soulève contre lui la haine du monde (15,18-20).[15] Le Père fait sienne l'attitude de Jésus, puisque les adversaires du nazaréen ne peuvent le saisir avant le moment prévu (7,30.44; 8,20). Comment, en effet, attribuer à un autre qu'au Père cette impuissance à laquelle sont réduits ceux qui "veulent arrêter Jésus"? En raison même de cette "heure", la dernière de sa "journée" de travail, toute la vie de Jésus fut obéissance non seulement en ce qu'il a écarté toute tentation d'avancer l'"heure" ou de la vivre d'une autre manière que ne le voulait le Père, mais surtout en ce que son service fut actif, énergique, positif. Il ne lui suffisait pas de faire la volonté du Père, mais - comme le note finalement Hoyskyns -, de mener à bonne fin cette volonté rédemptrice.[16] Dans son activité de tous les instants, il s'est donc uni à la volonté salvifique du Père (5,17-19), étant venu en ce monde

---

[15]A propos de cette fidélité du Seigneur à sa mission, H. Urs von Balthasar, (*La théologie de l'histoire*, Plon, 1954), écrit: "'Je suis descendu du ciel pour faire, non ma volonté, mais la volonté de celui qui m'a envoyé' (*Jn* 6,38). Cette déclaration de Jésus sur lui-même peut être regardée comme le principe de son existence. Une foule de textes, surtout johanniques, l'explicitent. Le sens de cette incarnation et de cette humanité du Christ nous apparaît d'abord comme un 'ne pas faire', 'ne pas accomplir', 'ne pas exécuter' sa volonté propre. Cette négation initiale et tout d'abord surprenante est au service d'une affirmation plus profonde qui la remplit sans jamais la dépasser dans l'une quelconque de ses phases, même la plus haute: l'accomplissement de la volonté du Père. Et cette affirmation elle-même a son fondement suprême, celui qui soutient tout, dans la mission, qui est ainsi la clé de toute l'existence de Jésus" (p. 31).

[16]Hoskyns, *op. cit.*, p. 246; cf. aussi Westcott, *op. cit.*, p. 132; E.F. Scott, *The Fourth Gospel, its Purpose and Theology*, Edimbourgh, T. and T. Clark, repr. 1951, p. 170; Blich, "Jesus in Samaria (*Jn* 4)", *HeythJ*, 3 (1962), p. 342.

non pas pour faire sa propre volonté, mais celle de son Père (5,30; 6,38; 7,16-17).

Cette obéissance constante, à cause de l'"heure", laisse à penser que ce thème, tout en désignant nettement le temps du don de la vie dans la mort et tout en structurant, pour ainsi dire, la vie de Jésus dans cette voie, serait apte aussi, parce qu'expression du décret salvifique du Père, à désigner tous ses faits et gestes dans leur fidélité au projet salvifique. Nous croyons que telle est la manière de comprendre dix-huit des emplois du mot "heure" dans l'évangile.

4. *Les autres heures.*

Les autres cas où le mot ὥρα est employé se distinguent de ceux que nous venons d'étudier sur trois points: ils ne portent pas ordinairement d'article ou d'adjectif démonstratif ou possessif, laissant ainsi au mot ὥρα un sens très général;[17] ces heures ne se rapportent directement ni à la personne de Jésus lui-même ni au temps de sa mort; elles concernent toutes un événement qui est en relation avec une action de Jésus. Ce rapport à Jésus peut être direct: c'est à sa voix, par exemple, que les morts se "réveilleront" ou que les malades ont été guéris; ou indirect: viendra un temps où le monde rejettera ceux qui auront choisi le Christ. Nous avons alors le groupe suivant: 1,39; 4,6.21.23.52a.b.53; 5,25.28.35; 11,9; 16, 2.4.21.25.32; 19,14.27.[18]

Dans ces dix-huit emplois, il semble qu'on puisse procéder à deux groupements. Nous classons ensemble les versets suivants: 4,21.23; 5,25. 28; 16,2.4.21.25.32. En effet, ils ont tous le même verbe ἔρχομαι la plupart du temps à la troisième personne de l'indicatif présent, sauf en 16, 4.21 où nous trouvons l'aoriste; ils présentent (sauf 16,32) un événement eschatologique ou un événement relié à la préparation du second avènement de Jésus. Ils diffèrent des versets 1,39; 4,6.52a.b.53; 11,9; 19,14.27 qui concernent tous un événement passé et qui n'ont pas de verbe unique, bien que l'on trouve 4 fois εἰμί.

---

[17] De fait 4 des 18 emplois envisagés ont un déterminatif: 4,52; 4, 53; 16,4 et 19,27, tous quatre exigés par le contexte, car le mot 'ὥρα' est en rapport avec un moment bien précis qui n'est cependant pas, au moins directement, celui de la mort de Jésus et qui ne se rapporte pas non plus à Jésus. Il y a aussi 16,21 où le mot 'ὥρα' est accompagné d'un article: nous considérons ce cas comme une expression technique servant à désigner le moment de l'accouchement.

[18] Dans ce groupe, nous n'avons pas inséré *Jn* 5,35. Ce verset présente une expression technique pour désigner un court espace de temps, emploi qui n'a aucune signification théologique pour notre recherche.

5. L'"heure" et les heures subséquentes.

Cullmann[19] a montré l'importance, pour la compréhension du Nouveau Testament, de la tension entre le "déjà" et le "pas encore". C'est précisément cette tension que contient le premier groupement de versets que nous avons dressé: 4,21.23; 5,25.28; 16,2.4.21.25.32. UNE heure vient, qui n'est pas celle de la mort de Jésus, où on n'adorera le Père ni à Jérusalem ni au Garizim (4,21) mais "en esprit et en vérité" (4,23). A cette "heure", les morts retrouveront la vie à la voix du Fils de l'Homme (5,25.28), la persécution frappera ceux qui auront cru au Fils justement à cause de leur foi en son message et en sa personne (16,2.4). Cette heure de persécution, qui remplira de tristesse les fidèles, précèdera le deuxième Avènement du Fils (16,21). UNE heure vient enfin où l'Esprit sera donné, ce qui permettra de comprendre les paroles de Jésus (16,25; cf. 7,39). Donner la lumière, la vie et l'Esprit, montrer le Père, ce sont des biens messianiques qui dépendent, dans la perspective johannique, de l'accomplissement de la mission qui vise à procurer la vie et à manifester le Père. Les heures qui vont suivre "l'heure de Jésus" incarneront donc les effets de cette heure, effets voulus par le Père. Ainsi, ces heures subséquentes sont comprises dans le projet du Père et elles sont liées, quant à leur existence, à l'obéissance de Jésus. Elles se greffent sur l'"heure" et elles y trouvent leur sens.

Sous un autre aspect, c'est "maintenant" que commence à se faire sentir l'obéissance de Jésus. L'heure est arrivée, en effet, où on adorera le Père "en Esprit et en vérité" (4,23), où les morts ressusciteront (5,28) et cela, parce que le jugement du monde qui aura lieu[20] lorsque Jésus sera élevé (3,14; 8,28; 12,31-32) s'effectue déjà (3,18) selon qu'on accepte ou non Jésus (1,11-12). Cette décision procure la vie ou la mort (3,36), parce que le Père a remis entre les mains de Jésus toute son autorité et toute sa puissance (3,35; 10,28-29; 13,3; 17,2).

Loin d'être mises en veilleuse par l'"heure" centrale de la vie du Christ, les heures subséquentes à la mort lui sont intimement unies dans une relation d'effets à cause. Jésus glorifié ne donnera (et ne commence déjà à donner) ses biens messianiques que dans une fidélité d'amour au projet salvifique du Père. Parfaitement obéissant jusqu'à sa mort inclusivement, Jésus glorifié le demeurera en continuant à accomplir "l'oeuvre du Père".

---

[19] O. Cullmann, *Le salut dans l'histoire*, Neuchâtel, Delachaux et Niestlé, 1966, pp. 168, 173, 177 surtout.

[20] Cf. H.M. Dion, "La conception johannique du Fils de l'Homme", *SciEccl*, 19 (1967), pp. 51-52. Il y a lieu de rappeler ici la position de R. Bultmann, (*Theology of the New Testament*, London, SCM-cheap edition, 1965): "The historizing of eschatology already introduced by Paul is radically carried through by John in his understanding of 'χρίσις' and 'χρίμα' as both having the double sense "judgment" and "sunderance". The judgement takes place in just the fact that upon the encounter with Jesus the sunderance between faith and unfaith, between the sighted and the blind, is accomplished (3,19; 9,39)" (II, p. 38).

6. *L'"heure" et les heures antécédentes.*

Tout au long de son évangile, Jean nous présente un Jésus glorieux, ayant déjà accompli la mission de salut. A tout le moins l'accent porte sur cet aspect. Ce salut déjà accompli commence à agir dans le temps: 4,23; 5,28. Cette insistance sur la réalité actuelle du salut n'écarte cependant pas la tension vers l'avenir. C'est comme s'il y avait un double plan pour la présentation johannique de Jésus. Le plan de gloire où Jésus ressuscité confronte les hommes à un jugement et le plan du déroulement historique de la vie de Jésus, le premier étant dégagé du second grâce à la réflexion faite à la lumière de l'Esprit, après la Résurrection: 2,21-22; 7,39; 12,16; 13,7; 14,26; 20,9. Ce déroulement du plan historique contient, comme un des éléments de sa structure, cette attente de la venue de l'"heure" de Jésus. Quand il dit: "Mon heure n'est pas encore venue", Jésus exprime la conscience qu'il a de vivre le projet du Père et sa décision de le vivre dans la fidélité. Pour que l'offrande de sa vie, en effet, ne soit pas un suicide, elle doit être accomplie dans l'amour, à l'"heure" choisie par le Père. Cette démarche possède donc deux aspects: celui des événements extérieurs et celui de l'offrande intérieure de la vie, offrande qui existe dès la venue de Jésus en ce monde (6,38; 7,28-29; 8,42; 10,18). Même s'il doit attendre le moment venu pour donner sa vie, Jésus exprimera cette disposition d'offrande absolue par ses paroles (4,34; 5,30.36; 6,38; 7,16; 8, 26-29.38.42; 10,17-18, etc.) ou par ses actes (2,3-8.14-16; etc.). Ces actes sont à la fois SIGNES et *effets de son "heure"*. Il serait surprenant que ces σημεῖα de son don total aient été accomplis en dehors de toute référence au projet du Père, et qu'ils soient étrangers à la mission de Jésus.[21]

En commentant la formule: "L'heure vient et est déjà là" (4,29), Théo Preiss notait que c'est un de ces glissements insaisissables "qui ne suppriment aucunement, mais au contraire soulignent, le caractère décisif de ces jours et de ces heures qui scandent si solennellement le déroulement du drame de la fin des temps. En étant plus explicitement temporel que les synoptiques, Jean dégage aussi plus nettement la totale soumission du Fils au Père: ces heures, il n'en est pas le maître".[22] Cette réflexion nous paraît très juste. Ce qui vaut pour les heures subséquentes qui déjà influencent le présent, vaut aussi pour les heures du présent historique de Jésus. Plongée dans l'histoire de tous les hommes, sa vie est cependant animée par un autre rythme que celui du monde: le rythme du Père (3,6-8). Les miracles faits par Jésus se rattachent donc à sa mission et par là à la volonté de son Père. En accomplissant ces signes, Jésus ne faisait qu'obéir à son Père. Que ce soit pour guérir un malade (4,6.52), pour entreprendre une conversation apostolique (1,39; 3,2; 4,6), ou pour poser un geste

---

[21]"L'heure en effet domine toute la vie de Jésus et lui donne vraiment sa signification. (...) Tous les événements racontés par Jean, tous les signes (σημεῖα) et toutes les oeuvres (ἔργα) de la vie publique tendent vers cette heure unique. La vie de Jésus telle que Jean l'a conçue prend ainsi une allure dramatique" (Michaud, *art. cit.*, (18), p. 271).

[22]Théo Preiss, dans *Hommage et reconnaissance à Karl Barth*, Neuchâtel, 1946, article: "La justification dans la pensée johannique", p. 114.

important (13,30; 19,14.27), Jésus attend que le moment prévu dans l'évolution du projet paternel soit arrivé.[23] Cela est patent pour la résurrection de Lazare. Pourquoi, à la nouvelle de la maladie de son ami (11,3), Jésus attend-il deux jours avant de se mettre en route pour Béthanie (11,6)? Parce qu'aucune suggestion humaine ne peut l'amener à agir (cf. 2,3; 7,3-9); seule la volonté du Père est la norme de son action (11,4). Cette volonté désirait glorifier Jésus par la résurrection de Lazare, signe de la gloire plénière qu'il recevra à sa propre résurrection (17,1). Il est également clair, d'après 9,3, que si tel homme est né aveugle, c'est pour permettre à l'action de Jésus de manifester en cet homme "les oeuvres de Dieu". Le plan du Père semble donc avoir prévu les temps et les circonstances de l'action de Jésus, couvrant ainsi toute sa vie.

Dans cette perspective, la mention du mot *heure*, lorsqu'il s'agit d'actions ou de paroles antécédentes à l'"heure" de la mort, ne nous semble pas accidentelle, mais elle constitue un des éléments de la pensée johannique qui sert à souligner la présence en tout de la volonté du Père et de l'obéissance de Jésus à cette volonté, puisqu'en tout le Père et lui sont unis dans la même oeuvre commune (5,17-20). Il semble que cette union des volontés dans la même oeuvre soit, en effet, la raison fondamentale du souci de Jésus de respecter en tout l'heure prévue par le Père.[24] Cullmann aurait

---

[23] Il y aurait lieu d'étudier plus avant, mais cela dépasserait le cadre de notre travail, la dimension temporelle dans saint Jean. Une lecture attentive note la fréquence des mots tels que: "jour" - "nuit" - "lendemain" - "heure" - "maintenant" - "déjà" - "fête" - "veille" - etc., liste certes non exhaustive mais qui laisse voir combien profondément la perception johannique s'inscrit dans la trame de l'histoire. Rappelons rapidement, à ce propos, ce qu'écrit Urs von Balthasar (*op. cit.*): "Cette réceptivité pour tout ce qui vient de Dieu le Père, est précisément ce qu'est le temps et ce qui fonde la temporalité pour lui, dans sa forme d'existence créée. Elle est cette structure foncière de son être, dans laquelle il est à chaque instant ouvert pour l'accueil de la mission donnée par le Père. Cette structure est donc si peu en contradiction avec son être éternel comme Fils qu'elle en est plutôt la révélation directe et adéquate" (p. 34). "Que Jésus ait du temps à sa disposition signifie avant tout: qu'il n'anticipe pas la volonté du Père. Il ne fait pas la seule chose que nous, hommes plongés dans le péché, voulons toujours faire: sauter par-dessus le temps et par-dessus les desseins divins qui s'expriment en lui pour nous procurer dans une sorte d'éternité usurpée des 'vues d'ensemble' et des 'assurances' pour l'avenir" (pp. 35-36). Enfin: "Il faut le (i.e. le Christ) comparer ici à un acteur qui reçoit, soufflé à chaque instant, scène par scène, mot par mot, le rôle qu'il joue. Le morceau n'existe pas par avance, il est simultanément inventé, porté sur la scène et exécuté. L'incarnation n'est pas la Nième représentation d'une tragédie depuis longtemps toute prête quelque part dans l'éternité. Elle est l'événement le plus originel qui soit, aussi unique, aussi neuf que la naissance éternelle, qui s'accomplit à chaque instant pour la première fois, du Fils engendré par le Père" (p. 39).

[24] A. Vanhoye, "Témoignage et vie en Dieu", *Christus*, 1955, p. 158; J.P. Michaud, *art. cit.*, (18), p. 271.

donc vu juste lorsqu'il écrit: "L'Evangile de Jean cite à plusieurs reprises la mention inattendue et à première vue inutile: 'C'était environ la
dixième, la sixième heure'. Le détail n'est pourtant pas fortuit. Une intention préside à l'information: l'auteur nous rappelle que le salut s'opère au niveau du temps dont Dieu est le maître et à l'intérieur duquel il
choisit les heures salvatrices."[25] Donc, parler de l'obéissance parfaite
de Jésus, c'est d'abord comprendre qu'à chacune des étapes de sa mission
il a accompli exactement ce que le Père lui demandait. Cette perspective
ne saurait exclure le fait que plus le projet salvifique se développait,
grâce à l'obéissance de Jésus, plus cette obéissance menait à bonne fin la
mission qui lui avait été confiée. Elle atteindra ainsi un plus grand degré de plénitude, en progressant d'une perfection qu'on pourrait appeler
relative à une perfection absolue quand Jésus aura tout accompli (19,28.30).

Tout comme les heures subséquentes étaient mises en lumière par
l'"heure" de la glorification de Jésus, ainsi en est-il des heures antécédentes, signes de l'"heure" de la glorification, qui met en évidence tous
les instants de la mission terrestre de Jésus. Ces heures antécédentes appliquent à ceux qui croient, si faible soit leur foi, les effets de l'"heure" de Jésus: vie, paix, lumière.

7. *La connaissance de l'"heure" et des heures.*

Les passages où le Jésus johannique parle de l'"heure" de sa mort
(2,4; 12,23.27; 17,1) ou des heures subséquentes (4,21.23; 5,25.28; 16,2.4.
21.25.32) montrent la connaissance qu'il possède de son "heure". Il est en
mesure de qualifier le moment présent par rapport à cette "heure" (comparer
7,6.7.8 avec 12,23.27). La même remarque vaut pour les heures antécédentes:
le sens très net que Jésus donne aux gestes qu'il pose en est un indice valable (2,7.16; 4,48; 5,14; 6,26-27; 9,4-5; 11,4).

Cette connaissance, d'où et comment Jésus la tenait-il? L'histoire
du salut est-elle devant lui comme un grand livre ouvert? Serait-il un genre de robot programmé pour réagir au moment venu aux stimuli prévus? Ou
bien encore, partant de son intimité ontologique avec le Père doit-il exprimer dans son humanité et s'exprimer à lui-même cette connaissance éternelle qu'il a du projet du Père, étant son Verbe depuis toujours, mais son
Fils *incarné* depuis seulement telle heure? Nous optons pour cette dernière
position.[26] Cette solution permet d'affirmer que dans la christologie

---

[25] O. Cullmann, *op. cit.*, p. 272.

[26] Dans son article "Considérations dogmatiques sur la psychologie du
Christ" publié dans *Exégèse et dogmatique*, (DDB, 1966), K. Rahner écrit:
"Il faut même affirmer que l'historicité, l'avènement à partir de commence-
ments, dans lesquels tout n'était pas encore donné de ce qui - parce qu'historique - devait advenir, est un attribut nécessaire de Jésus. Sans cela
la doctrine d'une humanité véritable, authentique, homogène se dégrade en
un mythe d'un Dieu déguisé en apparences humaines. (...) Nous sommes donc
parfaitement autorisés à penser que dans cette 'disposition ontologique'
fondamentale de la filiation divine et de l'intimité au Verbe, globale,.../

johannique il y a une relation entre connaissance et obéissance d'une part, et entre obéissance et progrès d'autre part.

Le rôle essentiel de la connaissance par rapport à l'obéissance authentique se situe à l'intérieur de toute la tradition d'Israël pour qui la condition de base, pour connaître Dieu, est de lui obéir.[27] Dans le quatrième évangile, tout le déroulement des actions de Jésus est mis en étroite relation avec la connaissance.[28] Ainsi, au lavement des pieds,

---

/...a-thématique, tout ce qui relève de la mission et de la tâche sotériologique du Seigneur est déjà, a-thématiquement, conjointement connu. On satisfait par là également aux déclarations indirectes du Magistère qui vont en ce sens, tout en se gardant de supposer en Jésus un savoir permanent, réfléchi et systématiquement détaillé, à la manière d'une Encyclopédie ou d'une monstrueuse histoire universelle actualisée" (pp. 208-209). Voir aussi Westcott, *op. cit.*, pp. 199-200.

[27]"Knowledge has to be variously translated as 'mind', 'interest', 'obedience', 'attention'" (dans le judaïsme tardif d'après Sidebottom, *The Christ of the Fourth Gospel*, London, SPCK, 1961, pp. 154-155). Pour le mouvement biblique, cf. Richardson, *op. cit.*, p. 110; Hoskyns, *op. cit.*, p. 377; Westcott, *op. cit.*, p. 190. Howard-Barrett, *The Fourth Gospel in Recent Criticism*, London, Epworth, 1955: "We have already seen that, in this Gospel, to believe is much more that to exercise the intellect in the acceptance of abstract truth. It connotes also moral choice and the obedience of faith. In the same way, knowledge is set forth as progress in learning the divine will, and it is conditionned by submission to that will" (p. 239).

[28]Théo Preiss, *art. cit.*, p. 114; O. Prunet, *La morale chrétienne d'après les écrits johanniques*, Paris, PUF, 1957, écrit: "L'ἐντολή entraîne ainsi Jésus, au rythme du "χαίρος" et de l'ὥρα' à saisir les occasions du service de Dieu selon un plan qui lui est révélé de jour en jour et qui fraye la route à sa vocation" (p. 24). A condition d'entendre cette révélation "au jour le jour" de l'expérience humaine du plan du Père, cette expression peut s'admettre; elle nous semble bien traduire le mouvement qui conduit l'humanité de Jésus à la glorification, glorification que de toute éternité le Fils possédait et qui, dans la christologie johannique occupe le premier plan. De son côté J. Guillet, *Jésus-Christ hier et aujourd'hui*, Paris, DDB, 1963, note: "En Jésus, l'obéissance de l'homme, avec tout ce qu'elle comporte d'obscurité et de soumission extérieure est ce qui traduit et révèle en plénitude la dépendance immédiate du Fils vivant au Père et recevant de lui tout ce qu'il est" (p. 122). Strachan a écrit: "The delay owing to refusal to act on a merely human initiative, means that Jesus must wait until the will of the Father is made known to Him by some mysterious inward intimation" (*The Fourth Gospel*, 3rd ed., London, SCM, 1941, pp. 231-232). Urs von Balthasar, (*op. cit.*), écrit: "Lorsque l'heure viendra, lorsque le Père la lui donnera comme achèvement et glorification suprême de son amour, le Fils ne voudra pas dire au Père qu'il a toujours connu cette heure, qu'il a toujours su ce qu'elle serait, qu'elle n'est pour lui rien de nouveau, qu'elle ne lui apporte que ce qui est pour lui ancien, familier, savouré depuis longtemps en pensée, analysé de tous les côtés, déjà longuement tâté et usé. Le Fils veut au contraire la recevoir du Père si neuve,.../

l'opposition principale entre Jésus et Pierre ne tient pas en ce que l'un est humble et l'autre fier, mais en ce que l'un sait que le projet du Père passe par ce geste du serviteur (13,3), tandis que l'autre l'ignore.

Sans doute, l'affirmation d'une certaine évolution chez le Jésus johannique peut paraître périlleuse, car il est manifeste que Jean, dès le début de son texte, nous présente un Christ glorieux.[29] Pour répondre à cette difficulté, il faut définir l'expression "Christ glorieux". Par cette expression, certains entendent la divinité de Jésus. Ainsi comprise, cette expression n'épuise pas la présentation johannique de Jésus. Jean nous parle aussi de la figure humaine de Jésus, engagé dans une histoire spatio-temporelle. Autrement, comment pourrait-il être question d'une véritable Incarnation (1,14)? Par "Christ glorieux", d'autres veulent entendre la glorification de l'humanité du Christ acquise par le mystère mort-résurrection. Faut-il conclure que l'aspect d'une évolution dans l'espace et dans le temps est absent de la présentation johannique, parce que dès le début de son évangile Jean nous introduit au Jésus glorifié? Nous ne le pensons pas. Il nous semble que la glorification du Jésus johannique est anticipée dans le présent (v.g. 2,11), parce que la personne qui sera glorifiée est déjà là. De plus, nous interprétons les indices de la glorification du Christ, donnés tout au cours de l'évangile, comme un moyen choisi par l'auteur pour unifier toute la carrière de Jésus dont le but est la glorification. Il faut enfin y voir la conviction que ce Jésus est toujours vivant, puisque glorifié par sa résurrection.

La présentation d'une évolution dans la vie de Jésus ne s'oppose donc pas à la présentation concourante du Jésus glorieux. La tension, inscrite dans la facture littéraire elle-même, vers l'"heure", qui d'abord n'est pas encore venue, puis ensuite qui est arrivée, nous invite à affirmer une telle évolution. L'histoire est en marche vers cette "heure" et l'humanité de Jésus avec elle (12,27). La distinction que le P. de la Potterie[30] a fait ressortir entre οἶδα et γινώσκω, le premier marquant

---

/...naissant si immédiatement de l'amour et de l'éternité paternelle qu'elle ne porte d'autre trace que celle de la volonté du Père. (...) 'Son heure' n'est pas seulement un moyen de protection contre ses ennemis (Jean 7,30; 8,20), le rendant intangible, elle est elle-même l'intangible, que lui aussi, lui avant tout, ne veut pas toucher. Même la connaissance qu'il en a - et il possède naturellement cette connaissance - a sa mesure dans ce que le Père lui en manifeste. On peut donc (car 'son heure' est l'essence de sa mission) dire d'une manière générale: son savoir divino-humain a sa mesure dans sa mission. Ce savoir n'est pas lui-même mesure, mais chose mesurée, tandis que la mission est la mesure et le mesurant. La perfection du Fils est son obéissance qui n'anticipe pas" (pp. 37-38).

[29] Parmi les traits qui dénotent, dès le début, que Jean nous présente le Christ glorieux, on peut relever: l'introduction de Jésus par Jean-Baptiste (1,29); le dialogue avec Nathanaël (1,47-51); la purification du Temple, qui de la fin de la vie publique chez les Synoptiques, est placée au début de cette période chez Jean (2,14-20) et mise en relation avec la résurrection (2,21-22).

[30] I. de la Potterie, "Les deux modes de connaissance dans le 4e évangile", *Bib* 40 (1959), pp. 714-715.

"une connaissance absolue, non acquise" (7,29; 8,55; 13,1.3; 18,4; 19,28) et le deuxième, "une connaissance naturelle que Jésus a acquise par les moyens humains ordinaires" (2,24-25; 4,1; 5,6; 6,15; 16,19; 17,25), nous semble être un indice valable de ce double plan dans la présentation johannique. La nuance, soulignée cette fois-ci par Radermakers, entre πέμπω et ἀποστέλλω fournit un autre élément à la distinction possible entre le niveau de la gloire et celui de l'histoire dans la christologie johannique.[31] Πέμπω soulignerait "l'aspect intérieur", ou, si l'on veut, intemporel, transcendant de l'envoi de Jésus puisqu'il nous fait remonter jusqu'à son origine éternelle, le Père, tandis qu'ἀποστέλλω soulignerait la "réalisation progressive et historique" de la mission de l'envoyé.

8. *L'"heure", les heures et le Jour.*

L'"heure" est un thème qui désigne:

1) le temps de la passion-mort-résurrection, temps de glorification;

2) l'eschatologie déjà commencée mais non encore complétée et qui, pour être menée à terme, connaîtra plusieurs étapes;

3) les différents moments de la vie de Jésus où celui-ci, agissant toujours en conformité avec la volonté du Père, a posé des gestes signifiant son don total ou les effets de son don total.

Cette heure couvre toute la vie de Jésus.[32]

C'est une expression désignant toute la période de la vie terrestre de Jésus qui nous permettra à la fois de mieux comprendre 11,9 et de faire la synthèse de l'heure johannique par rapport à l'obéissance.

Le verset 11,9 dit: "N'y a-t-il pas douze heures dans le jour? Quand on marche le jour, on ne trébuche pas, parce qu'on voit la lumière de ce monde". Cette pensée se retrouve en 9,4, mais de façon plus personnalisée: "Tant qu'il fait jour, il me faut travailler aux oeuvres de celui qui m'a envoyé; la nuit vient où nul ne peut travailler". 9,5 nous apprend

---

[31] J. Radermakers, "Mission et apostolat dans l'évangile johannique", *StuEv* 2 (1964), surtout aux pages 108, 110, 111, 112.

[32] "L'heure désigne tout ensemble, chez Jean, la Passion et la Mort, la Résurrection et l'Ascension, l'Effusion de l'Esprit. D'une part, elle comporte une série d'évènements inscrits dans notre temps, liés au rythme des fêtes juives, remplis de précisions factuelles, topographiques et chronologiques, - bref elle est profondément enracinée dans notre histoire, elle y est fixée par le Père, et le Christ ne l'anticipe jamais. D'autre part, cette "Heure" est un "événement indivisible" (van den Bussche), un mystère englobant le temps, parce qu'il est situé au point éternisé de la conscience du Christ" (J. Mouroux, "La conscience du Christ et le temps", *Problèmes actuels de Christologie*, DDB, 1965, p. 192).

que Jésus est lui-même la lumière du monde. En 9,4 l'expression "jour" désigne d'abord le temps de la vie de Jésus et ensuite la lumière qu'il apporte en accomplissant la volonté de son Père.[33] Or 11,9 enseigne que le jour de Jésus a douze heures.

Tout comme l'expression "jour" désigne ici beaucoup plus que la simple période de clarté au cours d'une journée, ainsi l'expression "douze heures" désigne-t-elle plus que les divisions du temps de clarté.[34] Ces "douze heures" couvrent toute la vie du Christ, désignant les différentes étapes de cette vie, les différents actes importants posés et rappelant surtout, selon le thème de l'"heure", que toute cette vie accomplit la volonté du Père, seul maître des heures. Lorsque le tout de la mission confiée à Jésus aura été mené à terme (19,28.30), lorsque les "douze heures" se seront écoulées (9,4; 11,9), alors ce sera la fin de cette vie terrestre vécue dans l'obéissance absolue. Mais si apparemment la nuit vient, à la réflexion on découvrira qu'on est en fait entré dans la dernière étape du projet du Père. Cette mort nous a tous plongés dans le dernier jour, le Jour du Seigneur. Les heures qui sont à venir dans l'attente du retour de Jésus (14, 3), lui appartiennent comme effets de son temps de travail et de son don d'amour.

L'expression "jour", apte à désigner la vie du Christ, peut-elle porter cette nuance d'eschatologie commencée (4,23; 5,28)? Quand Jésus affirme en 8,56; "Abraham, votre père, exulta à la pensée de voir mon Jour; il l'a vu et il s'est réjoui", quel que soit l'événement auquel il est fait allusion; il est bien certain qu'il donne au mot Jour un sens eschatologique[35] qui le rapproche au point de l'identifier au Jour-du-Seigneur. Voir le Jour de Jésus, c'est voir l'ensemble du projet salvifique depuis le choix du père de la race jusqu'au dernier jour où le salut sera accompli. En dehors de toute action salvifique de Dieu, il n'y a que nuit et perdition (13,30); la lumière et le salut viennent de l'oeuvre de Dieu seulement. Jésus devient alors vraiment "l'explication par excellence" de Dieu. Par son oeuvre, se révèle peu à peu, à qui sait voir, l'amour du Père engagé pour le monde (3,16).

Les "douze heures" du Jour nous rappellent donc que le Père seul est le maître du temps de Jésus et qu'une fois les "douze heures" bien remplies, le Jour-du-Seigneur est en totalité parmi nous sinon encore en totalité en chacun de nous. Toutes les heures de ce jour tendent ou partent du point

---

[33]Cf. C.K. Barrett, *op. cit.*, p. 295; B.F. Westcott, *op. cit.*, p. 144; B. Hoskyns, *op. cit.*, p. 353; W. Temple, *op. cit.*, pp. 154-155.

[34]C.K. Barrett nous oriente en ce sens lorsqu'il écrit: "Jesus' ministry is of limited duration, and he must therefore use such time as he has in doing God's will regardless of the consequences. Thus Jesus in this verse gives a clear and positive answer to the question of v. 8. The words used, however, especially 'hour' and 'light', suggest that more than a simple answer on these lines may be intended" (C.K. Barrett, *op. cit.*, p. 325).

[35]C.K. Barrett, *op. cit.*, pp. 291-292; R.E. Brown, *op. cit.*, pp. 559-560.

central: l'"heure" de la mort-glorification, à la douzième heure de l'existence de Jésus, terme où tout est mené à bonne fin.

9. *L'obéissance d'un être en devenir.*

L'examen de l'"heure johannique" a fait ressortir jusqu'à quel point la vie de Jésus a été "obéissance". Il y a un lien fondamental entre Incarnation et obéissance, l'Incarnation ne pouvant exister sans obéissance. Par cette disposition, Jésus de Nazareth montre aux hommes qui est le Fils et qui est le Père. Ces dernières affirmations, bien que découlant de l'étude de l'"heure johannique", méritent cependant d'être élaborées. Nous le ferons en nous demandant d'abord pourquoi il existe un tel lien essentiel entre Incarnation et obéissance. Puis nous chercherons à comprendre comment l'obéissance rend possible la manifestation de la nature du Fils et du Père.

Il nous semble que pour comprendre un peu pourquoi il existe un lien si fondamental entre Incarnation et obéissance il faut nous interroger sur les "conditions concrètes" qui ont rendu possible l'Incarnation telle que le Père la voulait et telle que Jésus l'a vécue. Notre interrogation sur ces conditions ne sera pas exhaustive. Nous la poserons dans la mesure nécessaire à la compréhension du rôle de l'obéissance. L'hymne aux Philippiens sera ici notre point de départ.

On s'entend, généralement, pour considérer que l'hymne, sans doute pré-paulinienne, de l'Epître aux Philippiens (2,6-11) donne les conditions de l'Incarnation. Si le Verbe voulait s'incarner et vivre le devenir humain de tout homme, il devait renoncer à la manifestation de ses attributs divins. C'est la kénose. Certes, il reste Dieu, mais en venant parmi nous le Verbe se dépouille de la "gloire et de la majesté dont il aurait pu s'entourer".[36] Il choisit une "humilité existentielle" grâce à laquelle il partage la vie ordinaire de monsieur-tout-le-monde. Or l'une des caractéristiques de l'homme ordinaire, c'est le devenir. L'hymne souligne cette caractéristique. Non seulement le Verbe "devient semblable aux hommes",[37] mais il "devient obéissant jusqu'à la mort" de la croix, c'est pourquoi il devient le "nom qui est au-dessus de tout nom".

Pour être en devenir, il faut être ouvert à l'avenir et consentir à recevoir de l'extérieur. Cela, Jésus l'a vécu. Il a accepté de vivre une structure ouverte et d'accueillir sa mission telle que le Père la lui don-

---

[36] P. Lamarche, *Christ vivant.* ("Lectio divina", 43), Paris, Cerf, 1966, p. 31. Voir aussi A. Feuillet, "L'Homme-Dieu considéré dans sa condition terrestre de Serviteur et de Rédempteur", *RB* 51 (1942), pp. 58-79; J. Dupont, "Jésus-Christ dans son abaissement et son exaltation", *RSR* 37 (1950), pp. 500-514; K. Rahner, *Ecrits théologiques*, III, Paris, DDB, 1963, p. 95.

[37] Voir la traduction de la *TOB* à Phil 2,7.8.

nait.[38] En cela même la vie de Jésus manifestait la personne éternelle du
Fils qui est tout ouverture au Père (*Jn* 1,18): le Fils est Fils parce
qu'il reçoit tout du Père et qu'il retourne tout au Père. Il importait à
l'Incarnation que Jésus vive un "devenir", une ouverture au monde extérieur, capable de manifester la nature du Fils, car avant d'être rachat,
l'Incarnation est manifestation de Dieu aux hommes, visibilisation de qui
est Dieu dans le monde créé, dernier acte du projet créateur lui-même.[39]
Sans doute la création matérielle manifeste-t-elle le Créateur, mais elle
ne saurait manifester un peu l'intimité de ce Créateur à moins qu'Il n'y
vienne lui-même s'y exprimer. Il y est venu et s'est exprimé par son Fils,
venu dans l'espace et le temps non sous des apparences humaines mais en vivant l'aventure humaine dans toute sa vérité, en devenant qui il devait
être. Cette mission qu'il achève (*Jn* 19,30), mission qu'il ne cesse de recevoir et à laquelle il ne cesse de répondre pleinement (*Héb* 10,7; *Lc* 12,
50 et 22,42; *Jn* 17,4) révèle qui est le Fils.

Cette révélation de la personne du Fils nécessite donc un premier
"devenir", un premier dépouillement, celui de l'Incarnation. Mais cette
Incarnation, afin d'être en mesure de révéler infailliblement le Fils, a
besoin d'une forme précise de dépouillement: l'obéissance, qui constitue
comme un second aspect de la kénose,[40] un second temps dans le devenir.
En effet, il ne s'agit pas d'une quelconque forme d'abaissement. L'abaissement que le Fils vivra devra pouvoir révéler qu'en tout il dépend du
Père. La condition humaine capable en Jésus de porter une telle révélation
était l'obéissance.[41]

L'hymne aux Philippiens nous indique donc une des conditions de l'Incarnation: l'obéissance (*Ph* 2,8). Cette condition n'est pas exigée seulement à cause de la couleur rédemptrice que l'Incarnation a prise en raison
du péché de l'homme. La révélation même de la personne du Fils, par et
dans l'Incarnation, exigeait l'obéissance. C'est par elle en effet, que
Jésus de Nazareth manifeste vraiment que toute sa vie ne dépend que du Père

---

[38]Voir F. Varillon, "Un Dieu homme?", in *Qui est Jésus-Christ?* Semaine des Intellectuels catholiques, 1968, Paris, DDB, 1968, p. 196; K.
Rahner, *Ecrits théologiques*, VIII, Paris, DDB, 1967, p. 125.

[39]Le motif de l'Incarnation a suscité un large débat. Nous tenons
les positions présentées par G. Martelet, "Sur le problème du motif de l'incarnation", in *Problèmes actuels de christologie*. Symposium de l'Arbresle,
1961, Paris, DDB, 1965, pp. 35-80. Voir aussi K. Rahner, *Ecrits théologiques*, I, Paris, DDB, 1959, pp. 135-136.

[40]Cf. *TOB*, *Phil* 2,8, note s.

[41]L'obéissance est actuellement lourde d'une telle charge négative
que nous pouvons hésiter à l'admettre comme l'une des conditions de l'Incarnation. Il nous faut, cependant, être capables de surmonter cette répugnan-
ce affective, en nous rappelant qu'une véritable obéissance est aux antipodes de tout caporalisme. Nous pourrons ainsi nous laisser instruire par
Jésus de Nazareth.

de qui il reçoit tout et à qui il remet tout. Si, par hypothèse, Jésus avait fait quelque chose contre la volonté du Père, il y aurait eu en lui quelque chose qui n'aurait pas tiré son origine du Père et que Jésus n'aurait pas pu remettre au Père. Dans cette hypothèse, à la vérité possible puisque Jésus était réellement libre, ou bien Jésus n'était pas vraiment la personne incarnée du Fils, ou bien il l'était, mais alors le Fils cessait d'être Fils, puisqu'il y aurait eu en lui quelque chose qui ne venait pas du Père. L'obéissance n'était donc pas pour Jésus une belle et louable disposition de l'être, ou encore la disposition salvifique fondamentale. Elle était la condition humaine qui permettait à Jésus de Nazareth d'être vraiment l'Incarnation de la Personne du Fils et qui permettait au Fils de rester lui-même tout en vivant une expérience humaine semblable à la nôtre en tout, sauf pour le péché (*Héb* 4,15).

10. *Participer à l'autre en se donnant soi-même.*

En plus de révéler la Personne du Fils, Jésus rend visible la divinité. C'est Dieu qui s'incarne. L'obéissance de Jésus joue ici un rôle essentiel que Wolfhart Pannenberg a très bien souligné dans son esquisse christologique.[42] Sa démonstration prend appui dans une perception hégélienne de la personne, qui "supprime son isolement, sa séparation" en se donnant. "Dans l'amitié, dans l'amour, j'abandonne ma personnalité abstraite et c'est ainsi que j'acquiers la personnalité concrète. La vérité de la personnalité est donc de l'acquérir en se plongeant, en étant plongé dans l'Autre".[43] Etre plongé dans l'Autre "signifie en même temps que l'on participe à son être". C'est par le chemin de l'obéissance, de cette "soumission allant jusqu'à l'abandon de soi",[44] que Jésus a participé à l'être du Père, qu'il s'est divinement filialisé. Cette obéissance a été, en effet, "communion personnelle de l'homme Jésus avec le Dieu de son message, le Père céleste".[45] Nous rejoignons, ici, l'aspect "offrande de soi". Jésus s'est offert entièrement au Père et cette démarche a été rédemptrice (*Gal* 2,20). Le Père a manifesté son acceptation de l'Offrande de Jésus en le ressuscitant (*Phil* 2,9). La dimension sotériologique de cette offrande n'épuise pas, nous semble-t-il, la richesse du geste de Jésus. En s'offrant, Jésus retourne au Père tout ce qu'il a reçu; dans et par cette remise complète son humanité se divinise: l'homme-Jésus "devient" Fils de Dieu, participant à la nature même du Père. Plus il progresse "en sagesse et en taille et en faveur auprès de Dieu et auprès des hommes" (*Lc* 2,52), dans le temps et l'espace des hommes, plus Jésus se donne à son Père, communiant davantage à la nature de ce Père et la visibilisant (*Jn* 14,9).

---

[42]W. Pannenberg, *Esquisse d'une christologie*, ("Cogitatio fidei", 62), Paris, Cerf, 1971, pp. 428-433 surtout.

[43]G.W.F. Hegel, *Vorlesungen über die Philosophie des Religions*, III, Jub.-Ausg., t. XVI, p. 239, cité dans W. Pannenberg, *op. cit.*, p. 431.

[44]W. Pannenberg, *op. cit.*, p. 430.

[45]*Ibid.*

On le comprend, le don capable de déclencher ce mouvement de divinisation et d'Incarnation totale doit être absolu. Jésus doit remettre au Père TOUT ce qu'il a reçu pour communier totalement à un Père qui est DON ABSO-LU. L'obéissance à toute la volonté amoureuse du Père aura été, en Jésus de Nazareth, la condition indispensable pour que se vive l'Incarnation telle que le Père la désirait.

11. *Les modalités de cette obéissance.*

Bien qu'elle ait été vécue dans l'obéissance, la vie de Jésus ne semble pas avoir été grisâtre ou ennuyeuse. Ce serait trahir les textes néo-testamentaires que d'affirmer que l'obéissance n'a pas aliéné Jésus. Ces perspectives n'étaient pas les leurs. Ils nous présentent, cependant, un homme profondément engagé dans sa mission, sûr de lui, libre vis-à-vis les coutumes, la Loi et les hommes; Jésus connaît le terme qu'il veut attein-dre et il fait les efforts nécessaires pour l'atteindre. Non pas un sur-homme ou un robot. Jésus demeure sensible, sujet à la fatigue, à la faim, à la soif, à la solitude, à l'abandon, à l'amitié, etc. Un homme comme nous, mais ayant un caractère, une personnalité bien à lui, si ces termes peuvent être employés sans trahir la mentalité sémitique. Ce contexte de l'obéissance de Jésus nous permet, nous semble-t-il, de dégager certaines modalités d'exercice de cette obéissance. La liberté, la connaissance et la communion au projet du Père semblent être trois des modalités essentiel-les de cette vie d'obéissance.

Non seulement Jésus avait la possibilité théorique d'accepter ou de refuser le projet du Père en lui (*Jn* 10,17-18), mais il a eu des occasions concrètes pour vivre cette acceptation (*Lc* 4,31; *Mt* 16,23; *Jn* 18,11). Li-bre, il l'a été envers ceux qui le rejetaient (*Lc* 13,32; *Mt* 22,18; *Jn* 19, 11), comme envers ceux qui lui demandaient des faveurs (*Jn* 2,4; 11,6; *Mt* 8, 10-13). Sans doute, cette liberté n'exclut pas, à l'occasion, la tristesse ou l'angoisse, mais elle exclut la contrainte, l'esclavage. Jésus n'est pas traqué ou condamné; il choisit de se donner. On ne peut parler de la liberté de Jésus, dans le respect des évangiles et de l'époque de Jésus, sans se placer au niveau religieux. On ne voit guère les évangélistes abor-der le plan psychologique ou socio-politique. En réfléchissant à cet as-pect de la liberté, J.B. Metz note:

> L'homme n'entre en possession de son être personnel, de
> son "autonomie", de sa liberté fondamentale que dans la
> mesure où il s'ouvre et se soumet à cette divine inter-
> pellation qui le revendique. (...) La liberté a une
> structure toujours et partout double. Elle n'est jamais
> la simple possession et réserve de soi-même. L'acquisi-
> tion de la propre autonomie est plutôt en même temps
> l'ouverture à la transcendance qu'on ne discute pas
> (celle-ci pouvant éventuellement n'apparaître à l'homme
> que d'une manière anonyme: comme un "devoir", comme un
> jugement inconditionné de la conscience, etc). L'homme
> ne se possède et n'a pouvoir sur soi-même qu'en s'en re-
> mettant au mystère de Dieu qui le dépasse infiniment

et qui pourtant le réclame toujours.[46]

L'obéissance de Jésus aura été justement le moyen par lequel Jésus se sera "possédé" pour être capable de mieux s'offrir et de s'ouvrir ainsi à la transcendance. Or n'est-ce pas cette ouverture constante au Père qui constitue la source de l'aisance, de l'autonomie et de la liberté de Jésus?

Cette liberté s'accompagne, cependant, de la connaissance du projet du Père. Cette connaissance est indispensable à l'obéissance: elle empêche d'être un robot entre les mains du maître. Sans doute, Jésus ne sait-il pas tout (*Mc* 13,32), mais il possède toute la connaissance nécessaire à sa mission (*Jn* 5,19-20; 7,16.29). Rien n'exige que cette connaissance soit donnée en bloc, dès l'arrivée du Verbe dans le monde des hommes. Jésus a pu progresser, découvrir, avec le temps, le contenu du projet du Père. L'important est de constater que le Père n'a rien gardé pour Lui. Il a tout remis au Fils (*Jn* 3,36). Parce que Jésus participe à la connaissance essentielle du projet du Père, il ne craint pas que sa soumission au Père l'infériorise. Il peut travailler au projet du Père dans le plein respect de lui-même (*Jn* 5,17.20.30.36-38).

Cette obéissance libre et avertie ne peut que conduire à l'engagement personnel et actif de Jésus dans l'oeuvre du Père. Jésus s'y compromet volontiers et entièrement (*Mt* 11,25-27; *Jn* 6,37-39). En conséquence, il ne se laisse pas conduire par les hommes (*Jn* 7,3-9); s'il les contrôle, et parfois même s'oppose à eux, c'est afin de pouvoir vivre correctement le plan du Père. Lorsque se présente le temps d'agir, Jésus s'y donne totalement, provoquant même les hommes ou les évènements s'il le faut (*Jn* 12,26), afin que soit respectée la volonté du Père. Le projet du Père est aussi le projet de Jésus: il l'a épousé complètement. Cette obéissance engagée et responsable trouvait son point d'appui dans l'amour de Jésus pour le Père (*Jn* 14,31), amour qui explique à la fois pourquoi Jésus recherche en tout la volonté du Père et pourquoi le Père remet tout entre les mains de Jésus, son Fils.

L'obéissance libre, avertie et responsable vécue par Jésus a été, pour lui, un chemin de filiation totale de son être humain et l'expression visible de l'amour que le Père et Jésus avaient l'un pour l'autre. Pour nous, elle aura été la disposition essentielle de l'expérience humaine de Jésus qui nous permet de connaître un peu mieux la personne éternelle du Fils dans sa relation de remise complète de lui-même au Père, et la nature de ce Père "qui aime" son Fils "tout orienté vers lui" (*Jn* 1,18).

Jean-Marie Archambault, S.J.
Université du Québec à Trois-Rivières

---

[46] J.B. Metz, "Liberté" (III-Etude théologique), in *Encyclopédie de la foi*, II, Paris, Cerf, 1967, pp. 469-470.

L'ESPERANCE MESSIANIQUE

Son contenu essentiellement humain
Sa réalisation chrétienne

Evode Beaucamp

De Jean Baptiste à saint Paul, en passant par Jésus lui-même, les hérauts du "Règne de Dieu" ne nous disent pas ce qu'ils entendaient par "Règne": leurs auditeurs connaissaient suffisamment la réalité à laquelle ils faisaient allusion.

Souhaiter la venue de ce Règne, c'était, de l'antiquité la plus reculée jusqu'à l'aube du christianisme, désirer le temps où le Créateur rétablirait l'ordre dans le monde. La Bible, à ce propos, insiste tout particulièrement sur l'idée de justice qui, pendant le millénaire de sa tragique histoire, incluait tout son espoir de salut et de paix, de lumière et de vie. La justice est la meilleure définition du Règne: par elle Yahvé déploiera son autorité pour juger les oppresseurs; par elle, il accomplira les promesses de son Alliance; par elle, le monde goûtera la paix véritable.

I - L'ATTENTE DU JUGEMENT

Le mot de "jugement" doit être d'abord débarrassé de l'acception terrifiante où le Moyen Age l'a pris, et dont bien des chrétiens se ressentent encore.

Le jugement (*spt*) est l'acte par lequel la justice (*sdq*) s'exerce. Celle-ci étant salvifique, celui-là vise principalement à rétablir la victime dans ses droits, ce qui entraîne nécessairement la répression du coupable.

Les littératures anciennes abondent de protestations de justice. Les détenteurs du pouvoir affirmaient bien haut leur mission et se targuaient de n'y point manquer: ils "sauvaient le faible du plus puissant et faisaient sortir la justice pour le juste"; ils étaient "le père de l'orphelin, le mari de la veuve, le protecteur des humbles". Mais le malheureux s'y fût probablement inscrit en faux, s'il lui avait été loisible de s'exprimer librement. Certains textes, peu nombreux il est vrai, nous montrent l'interminable et vaine attente des plaignants à la porte des juges, viziris ou rois.

Quel qu'eût été le comportement de magistrats et malgré tous les dénis de justice, le monde antique a persisté à croire à une justice. Contre son expérience, le plaignant s'obstine à penser qu'il trouvera enfin la justicier fidèle à la mission dont les dieux l'ont investi.

Aucun peuple n'a cru plus fermement à la justice qu'Israël. Non qu'il se leurrât comme les autres sur les justices établies, ou se résignât à l'iniquité de leurs verdicts. Il sait que de justice il n'en a à attendre que de Yahvé, que Dieu fidèle ne manquera pas de se lever un jour pour sa défense et d'étendre son bras pour briser celui du mauvais; que nulle puissance jamais ne l'empêchera de "juger le monde avec droiture" (*Ps* 96, 10).

Sur terre il ne reconnaîtra pour juge qu'un personnage suscité par Yahvé et qui en prendra la taille de héros: celle que les pauvres d'Israël attribuent au Messie, le roi de leurs rêves:

> Il ne juge pas sur l'apparence,
> ne se prononce pas d'après ce qu'il entend dire,
> mais il fait droit aux malheureux en toute justice
> et rend une sentence équitable en faveur des pauvres du Pays.
> Sa parole est le bâton qui frappe le violent;
> le souffle de ses lèvres fait mourir le méchant (*Is* 11,3-4).

Dès qu'il regarde le monde, Israël est pessimiste. Quels que puissent être les progrès de la justice sociale, l'homme jusqu'à la fin des temps attendra qu'un authentique jugement mette fin aux violences et aux iniquités. Sinon, il lui faudrait conclure que tout est absurde en cet univers.

Tout homme est en droit de crier comme Job à la violence (*Jb* 19,7) et d'en appeler au jugement de Dieu; mais quelle victime peut arguer de sa totale innocence? quelle cause humaine, de sa pleine justice? Il n'est pas de justes, pas un seul: "Il n'est pas de justes; pas un seul. (...) Tous ils sont dévoyés, ensemble pervertis. Il n'en est pas qui fasse le bien: (...) agiles sont leurs pieds pour verser le sang!" (*Rm* 3,10s).

Le Christ Jésus, lui seul, aura subi des outrages absolument immérités; à lui seul la justice du Père sera due: "Vous avez chargé le Saint et le Juste. Vous avez réclamé la grâce d'un assassin, tandis que vous faisiez mourir le Prince de la Vie. Dieu l'a ressuscité des morts: nous en sommes témoins" (*Act* 3,14-15). Mais par la résurrection, le Père a cassé l'abominable jugement des hommes et ouvert le procès du monde.

Le "prince de ce monde" est désormais condamné; les hommes, non: en ce qui les concerne, le jugement est différé jusqu'à la Parousie du Seigneur. Tant qu'ils vivent sur la terre, ils se meuvent dans le temps de la patience du Dieu qui fait également tomber la pluie sur les bons et les méchants

(*Mt* 5,45), et ne séparera l'ivraie du bon grain qu'à la moisson (*Mt* 13,29-30). Jésus n'a point pris pied sur terre pour condamner mais pour sauver (*Jn* 3,17), sauver précisément tous ceux qu'Israël tenait pour irrévocablement réprouvés: adultères, publicains, pécheurs (*Mt* 9,13). Injustes par nature, nous pouvons donc devenir justes par grâce (*Lc* 18,14; *Rm* 4,5). C'est dire qu'un choix s'impose: ou refuser de se détacher d'un monde condamné ou se laisser incorporer au Christ vainqueur.

La certitude du chrétien dans le jugement de Dieu, manifesté par la résurrection de son Fils, est une certitude actuelle certes, mais aussi une certitude conditionnelle: pour y avoir part personnellement, il faut, après s'être "converti", revêtir la perfection du Christ: "C'est Lui qui vous affermira jusqu'au bout, pour que vous soyez irréprochables au jour de notre Seigneur Jésus-Christ. Il est fidèle, le Dieu par qui vous avez été appelés à la communion de son Fils Jésus-Christ" (*1 Cor* 9,25-27).

Loin de paralyser son énergie (saint Paul reprochait à l'Eglise de Thessalonique de se le figurer), la perspective du jugement ne peut que stimuler le disciple du Christ: "tendu de tout son être, il va droit de l'avant" (*Ph* 3,13) et se soumet à l'ascèse de l'athlète tenu en haleine par la crainte d'être "disqualifié" (*1 Cor* 9,25-27). Dans l'attente du jour tout proche (*Rom* 13,12), un "fruit de justice" mûrit pour l'éternelle Gloire de Dieu (*Ph* 1,10-11).

Au peuple ancien ou nouveau de Dieu, le jugement apportera enfin la réparation de toutes les injustices dont il est soit la victime, soit l'auteur, et la destruction définitive de tout mal. Et c'est pourquoi jusqu'à la Parousie le chrétien ne cessera pas de crier: "Maranatha: Seigneur viens!"

II - LA SOIF DE JUSTICE

La justice est très souvent rapprochée du jugement dans l'Ancien Testament; elle ne se confond nullement avec lui.

Le jugement est un acte concret; la justice, la norme qui l'inspire. L'un intéresse également l'innocent et le coupable; l'autre ne s'exerce qu'au profit du juste. Le jugement sollicité par ce dernier est redouté par l'homme inique; la justice ne peut faire l'objet que d'une prière ou d'une action de grâce. On menace du jugement, jamais de la justice. La remarque vaut pour toutes les juridictions: celle des hommes, celle de Yahvé.

Quand le jugement est rendu, le méchant éliminé, le mal vaincu, la justice n'a pas encore produit son fruit.

Qu'espère donc le monde antique de la justice de ses dieux? Israël, de celle de Yahvé? Le chrétien, de celle du Père?

Le païen qui s'estime violenté dans son droit en appelle à des puissances responsables d'un ordre qui régit à la fois les sociétés humaines et le cosmos. La justice qui lui est rendue contribue donc - pour sa petite part - au maintien de cet ordre.

Justice et harmonie de l'univers sont si étroitement liées en Egypte qu'un seul vocable les désigne: "Maat". En Mésopotamie, les deux concepts sont distincts, mais constamment associés: tous les dieux (sauf Nergal, celui des enfers) reçoivent l'épithète de "justes", parce que leur action bienfaisante sur la nature est tenue pour oeuvre de justice.

Les dispensateurs de la justice, quels qu'ils soient, font régner dans le pays vie, paix et prospérité. Lipit Ishtar, le grand législateur sumérien, a "établi la justice en Sumer et Akkad": aussi "fait-il du bien au peuple" qui jouit "d'une abondance de céréales". Le roi Assarhabdon souhaite faire paître son peuple "dans la justice", afin que sa royauté "garde en bon état la chair de son peuple, comme une plante de vie".

Le juste (ou celui que les Egyptiens appelaient le "Justifié de bouche") appartient de droit à cet ordre. Quand un conflit l'oppose au perturbateur de l'harmonie (celle de la société ou même de la nature), il espère de l'autorité compétente la reconnaissance de sa "justice", élément de celle qui tient en équilibre la création: l'Egyptien fait valoir qu'il possède Maat et le juge sanctionne sa prétention en faisant "sortir sa justice pour le juste". L'expression se retrouve dans la Bible (*Ps* 37,6) à côté d'autres plus fréquentes, telles que: "rendre à quelqu'un selon sa justice" (*1 S* 26,23; *Ps* 18,21).

Il en résulte que celui qui fait justice est moins au service de la veuve, de l'orphelin ou de l'abandonné, dont il s'affirme le mari, le père ou le frère que du droit qui en eux est lésé.

Les dieux en somme ne créent pas plus la justice qu'ils n'en fixent les normes: ils ne font que la maintenir ou la rétablir. Autrement dit: ils la servent.

Plus encore que les autres nations, Israël aspire à voir la justice s'établir sur toute la création et, pour sa part, à en obtenir des avantages de première importance: le salut:

> Mes yeux languissent après ton salut
> Selon la promesse de ta justice (*Ps* 119,123);

la paix:

> La justice produira la paix
> et le droit, une sécurité perpétuelle.
> Mon peuple habitera un séjour de paix,
> des habitations sûres (*Is* 32,17-18);

la lumière:

> La justice s'écarte de nous:
> nous attendions la lumière et ce sont les ténèbres
> (*Is* 59,9);

la vie:

> Par ta justice fais-moi vivre! (*Ps* 119,40).

Espérances communes à tous les hommes? Oui, mais transfigurées par l'esprit de l'Alliance.

Lorsque Dieu se constitue un peuple, il fait beaucoup plus que de s'engager à maintenir l'équilibre initial pour lui assurer la paisible jouissance de sa terre. En lui faisant conquérir un pays sur lequel il n'avait aucun droit, il crée dans sa justice un ordre à lui. Sa justice n'est serve d'aucune loi cyclique et ne réfère à aucun idéal auquel il dût remonter. Il se forge ce "monde nouveau" évoqué par le grand Prophète inconnu de l'Exil, et qu'aucun des dieux censés fixer chaque année les destins n'eût imaginé (*Is* 41,22).

Tandis que le vieux monde "tombe en lambeaux comme dévoré par la teigne" (*Is* 50,9), la justice de Yahvé "se lève comme l'aurore", éblouissant les rois et les peuples (*Is* 62,1-2), et entraîne sur ses pas Israël qu'elle va promouvoir: ce sera une nouvelle Création, un nouvel Exode, une nouvelle Jérusalem. Elle germe de la terre entr'ouverte pour en devenir le fruit merveilleux (*Is* 45,8). Elle ne s'enlise pas dans le créé: elle le domine, le vivifie et couronne.

Puisque cet ordre est nouveau, nul ne détient par nature un titre quelconque à en bénéficier. La qualité de pauvre qu'on moleste ou de faible qu'on opprime ne suffit plus pour prétendre à la justice. Ce droit, le serf qu'Israël a longtemps été n'en a aucun: pas même celui de vivre qu'il n'a reçu qu'au Sinaï.

Israël ne "possède" donc pas la justice, comme l'Egyptien Maat. Il l'acquiert en s'intégrant au dessein de Yahvé. Le "juste" (ainsi la Bible appelle-t-elle celui qui a obtenu justice ou à qui elle est destinée) n'est plus un ayant-droit, mais le "fidèle" qui, inséré dans une histoire qui le dépasse, communie par la foi à l'ordre dont Yahvé possède seul le secret: "Le juste vivra par sa foi" (*Ha* 2,4).

Yahvé accorde si gratuitement sa justice, qu'il l'offre même au pécheur qui y a moins de titres; il démontre par là qu'il s'intéresse plus à l'homme qu'au droit qu'il représente: de "son bras de justice" (*Is* 41,10), il soutient non pas celui qui arguerait de sa juste cause, mais celui qu'il se choisit, que dans sa justice il a appelé et pris par la main (*Is* 42,6).

La justice de l'A.T. conduisait Israël vers un "monde nouveau" relativement imaginable; celle de l'Evangile introduit l'Israël nouveau dans un monde imprévisible: le royaume dont le Fils de Dieu serait lui-même le roi, lui, l'héritier véritable qui ferait de tout homme entré à sa suite un cohéritier; le royaume où vivre serait, grâce au souffle de l'Esprit, communier à la vie même de Dieu.

Seuls les "justifiés" ici encore franchiront la "Porte de Justice" (*Ps* 118,20), mais tous peuvent être rendus justes par Dieu: même le publicain ou la femme adultère de l'évangile, qu'Israël condamnait inexorablement: "Dieu a enfermé tous les hommes dans la désobéissance, pour faire miséricorde à tous" (*Rm* 11,32).

Il n'y a partant plus de "race juste" vis-à-vis de laquelle Dieu s'engagerait: il n'y a désormais que des hommes à qui, après les avoir justifiés, il ouvre les trésors de sa justice.

Celle-ci s'élève ainsi au suprême degré de la gratuité: elle se mue en amour. "Agapè" est un mot nouveau correspondant à un concept nouveau. Le vocabulaire biblique l'ignorait; saint Jean y voit le résumé de la Révélation entière.

N'est-ce pas le propre de l'amour que de rendre aimable l'objet de ses prévenances? C'est ce que fait le Christ en justifiant le coupable. De quel amour aime-t-il donc? Il donne sa vie pour que vivent ceux qui étaient voués à la mort: "A peine voudrait-on mourir pour un homme juste. Pour un homme de bien, oui: peut-être osera-t-on mourir. Mais la preuve que Dieu nous aime, c'est que le Christ, alors que nous étions encore pécheurs, est mort pour nous" (*Rm* 5,7-8).

Plus encore que la justice de l'Ancien Testament, l'amour divin porte sur l'homme lui-même et non sur la bonté de sa cause. Ce que Dieu aime en nous, ce n'est pas notre vertu, mais nous. "Il nous a aimés le premier" (*Jn* 4,19).

L'homme n'a peut-être pas de besoin plus essentiel que celui de la justice. Il l'a cherchée autour de lui et ne l'a point trouvée. Pour tromper sa faim, il a créé les plus beaux de ses mythes, où son imagination projetait ses désirs; pendant des millénaires il en a endormi ses déceptions, ses souffrances, ses rancoeurs, comme d'un rêve apaisant.

D'un buisson une Voix crie: "Moïse!" Et voilà le rêve devenu espérance: un petit peuple grandit grâce à une Alliance dont une clause oblige pour ainsi dire Dieu à lui apporter cette justice inaccessible.

Dans une crèche, un Enfant s'anime. Et voilà que Dieu, qui jusqu'alors ne faisait qu'appeler, va maintenant se donner lui-même en la Personne de son Fils, "pour nous arracher à l'empire des ténèbres et nous transférer dans son Royaume" (*Col* 1,13). L'homme ne demandait que la Justice: Dieu lui donne l'Amour.

III - L'ESPOIR D'UNE ERE DE JUSTICE ET DE PAIX

Quand il attend du jugement qu'il instaure l'ordre social et cosmique, l'homme espère une ère de justice et de paix. Les deux mots sont inséparables; l'un des termes se subordonne pourtant à l'autre: ce n'est pas la paix qui fera régner la justice, mais la justice qui aura pour fruit la paix: La justice produira la paix et le jugement une sécurité perpétuelle (*Is* 32,17).

Une paix, en effet, qui ne se fonderait pas sur la justice ne serait rien de plus qu'un compromis arrangé à force de concessions et toujours plus ou moins précaire: une simple suspension de l'état de belligérance. La paix que la Bible promet est une situation définitive: aucune rancoeur cachée ne la menacera plus, la vie s'épanouira librement sans qu'on ait à se garder d'aucun danger - ce qui ne se peut sans la justice.

Rêve obstiné de l'humanité qui a causé la plupart de ses révolutions et stimulé son désir de progrès, cette ère merveilleuse a été annoncée par tous les textes messianiques de l'Ancien Testament, qui sur la foi des promesses de l'Alliance en chantent d'avance l'avènement. L'inaugurer sera donné à l'Eglise du Christ, l'achever à la Jérusalem céleste.

Les peuples anciens avaient la nostalgie d'un Age d'or. L'espoir d'un retour de cet Age idéal se ravivait au renouvellement de l'année, à chaque changement de dynastie ou de règne.

Au cours de leur règne, les rois se targuent d'ailleurs volontiers d'avoir réalisé ces riantes prophéties: mais peuples et rois ont beau affirmer qu'il n'y a plus de place pour l'angoisse, la réalité ne tarde pas à leur infliger son démenti, puisque chaque nouveau règne dénonce l'insuffisance du précédent.

Israël aussi est hanté par la pensée d'un monde meilleur; mais celui qu'il envisage présente des caractéristiques parfaitement originales.

Les textes païens qui se réfèrent à une résurgence de l'Age d'or sont relativement peu nombreux; l'attente des peuples ne s'y exprime guère que dans des voeux et louanges adressés au monarque. L'Ancien Testament dépeint au contraire de manière obsédante le monde à venir.

Jamais Israël ne s'en exalte plus qu'aux jours les plus désolés où sa vie semble le plus irrémédiablement condamnée: lors des invasions assyriennes, pendant l'Exil ou aux périodes de découragement qui ont suivi le retour. Plus les événements annoncent la catastrophe, plus l'évocation accuse son audace, sa démesure et, semble-t-il, sa démence.

Cette hantise, qui fait si étrangement fi du réel, tient évidemment à ce que le "rêve" était inspiré, entretenu et développé par les Promesses de l'Alliance. Nous parlons donc improprement de "rêve" d'Israël. Ce sont les nations qui rêvent: Israël espère. On s'endort dans un rêve, non dans une espérance.

L'avenir, d'autre part, ne lui apparaît plus comme un recommencement quelconque: on s'avance vers l'inconnu. Non plus le souvenir des temps originels: l'intuition de temps à naître.

Non qu'Israël n'ait idéalisé lui aussi le passé, mais il ne confond nullement ce monde primordial, si parfait qu'il se le représente, avec celui qu'il attend. Le "nouveau" promis non seulement effacera le présent dont Israël est impatient d'être délivré, mais fera même oublier tout ce qui fut: "Je vais créer des cieux nouveaux et une terre nouvelle; et l'on ne se souviendra plus du passé, qui ne remontera plus au coeur" (*Is* 65,17). Dans les "anticipations" post-exiliques, le caractère de "jamais vu" et d'inouï s'accentuera de plus en plus.

L'ère de justice et de paix enfin ne sera pas temporaire. On n'en retombera pas dans le désordre: sur les ruines du vieux monde malsain et tourmenté, elle s'installera pour toujours; plus jamais l'"adversaire" ne relèvera la tête. Aussi le roi messianique est-il figuré comme un guerrier qui frappe dur et ne déposera les armes qu'après avoir vu devant lui les peuples et leurs chefs prosternés et demandant merci.

Hors d'Israël, le rêve d'un monde parfait était infirmé par l'évidence des alternatives de vie et de mort, de guerre et de paix, dont tout infligeait le spectacle indéfiniment répété. Israël, au contraire, à mesure que se précise le dessein divin où son destin s'inscrit, comprend de mieux en mieux que la paix véritable ne s'établira pas sans une rupture avec ce qui est. De manière plus nette, l'évangile parlera d'une parturition douloureuse (*Mt* 24,8; *Jn* 16,22): le jour ne naît que du déchirement de la nuit. Israël guette l'aurore avec l'impatience du veilleur (*Ps* 130,6), car l'espérance fera alors place à la joie: "Le peuple qui marchait dans les ténèbres a vu une grande Lumière" (*Is* 9,1).

Le roi triomphant, le nouveau David prestigieux qui s'avance au milieu du cliquetis des armes, ce vainqueur qu'Israël a tant hâte d'acclamer, est-il bien Jésus? L'évangile de la nativité répond par l'affirmation (*Lc* 2,11).

Comment pourtant, dans le Maître qui apparaît jusqu'au terme de sa carrière humaine si désarmé et si pacifique, reconnaître le Roi rude et le Dominateur impérieux des Psalmistes et des Prophètes?

Le Roi-Messie régnera et son empire sera universel. Le Nouveau Testament lui appliquera les versets les plus brutaux des psaumes 8 et 110; mais cet empire que les Juifs concevaient fondé par une contrainte extérieure, le Christ l'établit intérieur. Loin de s'en trouver affaibli, il n'en sera que plus effectif et plus universel.

Aucune souveraineté imposée du dehors ne peut être ni totale ni durable, pas plus que la paix qu'elle prétendrait faire régner. La force réduit les corps et non les coeurs; le vaincu s'incline, mais ne se soumet pas; il obéit sans abdiquer aucune de ses prétentions; les maîtres des peuples subjuguent des hommes, mais ne gagnent pas l'homme.

Le Christ suit la conduite contraire. Son règne exclut toute violence. Il n'affirme pas son autorité par une contrainte: pas même celle de l'éclat de sa majesté. Pour conquérir sa royauté il n'a d'autre arme que sa kénose qui, le ravalant au rang des plus infirmes, lui fait assumer en plénitude la condition humaine: "objet de mépris et de rebut de l'humanité" (*Is* 53,3), il s'abaisse jusqu'à la mort la plus ignominieuse. Il ne règne donc pas en dirigeant de haut comme un potentat, mais en descendant si bas qu'il pénètre et vivifie tout de sa présence. Il ne se laisse point porter par le monde: Il le porte... "Un enfant nous est né: (...) Il a reçu l'empire sur les épaules" (*Is* 9,5).

Sargon l'Ancien, Hammourabi, Sennachérib, Cyrus, Alexandre, César et bien d'autres ont été de grands rassembleurs de peuples. Aucun n'est parvenu à créer cette unité: outre qu'ils voulaient l'imposer par la force, ils n'étaient que des hommes d'une race ou d'une époque, et leur oeuvre devait être balayée par leurs successeurs. Les uns après les autres, les empires les plus prestigieux se sont ainsi écroulés. Au Calvaire, au contraire, le Christ se dépouille du Juif de Palestine qui vécut sous Tibère, pour ne laisser subsister de lui que l'homme nouveau et quasi intemporel ressuscité par le Père: type parfait proposé à l'imitation de tout homme, à quelque race ou époque ou condition qu'il appartienne.

Si le visage du Christ, imparfaitement entrevu par les Prophètes, domine l'histoire que Dieu récrit, le christianisme fondé par lui ouvre-t-il réellement l'ère de justice attendue par tous?

Le Nouveau Testament donne la réponse la plus péremptoire, lorsqu'il démontre que le besoin de justice est comblé au-delà de ce qu'Israël espérait: il l'est par la charité dont le Christ a allumé la flamme. Le Règne de Dieu est "justice, paix et joie" dans l'Esprit saint (*Rm* 14,17), parce qu'on s'y meut "dans la charité" (*Rm* 14,15), qui relaye la justice. "Ayez même sentiment; vivez en paix et le Dieu d'amour et de paix sera avec vous" (*2 Cor* 13,11).

La charité, tout en sauvegardant la liberté des individus, est l'unique principe d'unité et de paix des sociétés. Chacun trouvera "la joie du Christ en plénitude" (*Jn* 17,13), s'il aime ses frères "comme le Christ nous a aimés" (*Jn* 13,24): alors "tous seront un, comme le Père et le Fils sont un" (*Jn* 17,11). L'accomplissement de chacun, loin d'empiéter sur la liberté des autres, les aide à s'accomplir eux aussi.

La charité ne s'instaure pas comme l'aurait été la justice qu'Israël concevait. Elle ne résulte d'aucune organisation externe où l'individu devrait être inséré. Il revient à chaque chrétien de se prêter à l'action de l'Esprit qui remodèle son coeur et de redécouvrir dans le milieu où il vit les exigences de l'amour.

Il n'y a pas "un monde de la charité" où l'on puisse entrer: il n'y a qu'un seul monde, que la charité travaille perpétuellement à conquérir. Elle y sème le grain - qui lèvera ou non.

Notre vie d'enfants de Dieu a toujours un caractère inchoatif, et partant incomplet. L'Eglise elle-même ne se confond pas avec les images qu'elle laisse d'elle à travers les siècles: aucune de ses formes historiques, même les plus belles, qui ne soit autre chose qu'une ébauche. Son vrai visage ne se dévoilera qu'à la conclusion des temps, à la Parousie, lorsqu'elle se fondra dans la Jérusalem céleste qui récapitulera tous nos efforts en les sublimant:

> Voici la demeure de Dieu avec les hommes. Il aura sa demeure avec eux; ils seront son peuple et Lui, "Dieu-avec-eux", sera leur Dieu. Il essuiera toute larme de leurs yeux. De mort il n'y en aura plus, car l'ancien monde s'en est allé. (*Ap* 21,3-4).

Evode Beaucamp
Université Laval

REFLEXION SUR TROIS IMAGES ACTUELLES
DE JESUS-CHRIST

Rodrigue Bélanger

Ce bref essai veut reprendre en écho lointain la question fondamentale que Jésus fait surgir au coeur de son message: "Qui suis-je, au dire des gens?"[1] On sait la réponse déjà fort diversifiée que Jésus obtint en son temps. Nous reconnaissons également à la lecture du Nouveau Testament que la communauté post-pascale a porté et réfléchi l'image du Christ sous des éclairages différents. Et tributaires des courants de tradition issus de cette communauté, les évangélistes nous ont finalement laissé des portraits qui se correspondent dans l'ensemble mais qui caractérisent différemment le même Jésus.[2]

Vingt siècles ont passé et il faut avouer que nous n'avons guère gagné en unanimité sur cette question. En un sens, on peut dire que chaque croyant, avec ses convictions et ses engagements personnels, avec sa lecture d'évangile et son mode concret d'adhésion au Christ, se fabrique une image particulière de lui. Mais cette image que chacun compose à sa mesure est elle-même dépendante d'une image ou d'images plus globales et plus com-

---

[1] *Mc* 8,27; *Mt* 16,13; *Lc* 9,18.

[2] "...il est évident que le Fils de Dieu présenté par le IVe évangile se distingue nettement de celui des Synoptiques et porte profondément l'empreinte de la théologie johannique. Entre le Rénovateur de la Loi et le Réalisateur de toutes les prophéties de l'évangile selon Matthieu, d'une part, et le Juste au grand coeur dont Luc fait le centre de l'histoire du salut, de l'autre, il y a certes bien des ressemblances, mais les divergences sont sérieuses... Pour sa part, le Jésus de Marc, tout voué au service des foules auxquelles il apporte l'Evangile, reflète l'enthousiasme missionnaire des cercles où cet Evangile est né" (Etienne Trocmé, "Main basse sur Jésus?" dans Dossier *Parole et Mission* no 5, Paris, Cerf, 1972, p. 15).

plexes, produites par des courants de prédication, par des présupposés doctrinaux, par des références culturelles et par des expériences de vie qui marquent la vision de foi.

Compte tenu de cette variété de facteurs qui déterminent la représentation du Christ, le présent essai tentera de mettre en lumière trois de ces images globales qui semblent avoir cours actuellement: *le Christ des affirmations doctrinales; le Christ de la recherche et des aspirations contemporaines; le Christ des courants spirituels nouveaux.* Limitons-nous à ces catégories, sachant que l'on pourrait présenter d'autres images et les nommer autrement; libre à chacun de compléter la mosaïque.

Egalement, ce travail n'a pas la prétention d'analyser avec rigueur toutes les composantes qui en viennent à produire une image du Christ ni d'inventorier dans le détail les courants multiples qui sous-tendent la recherche christologique actuelle.[3] L'objectif à atteindre ici est plus modeste: poser un cadre commode pour étudier nos représentations de Jésus-Christ. On peut s'attendre à ce que les travaux et les discussions du colloque contribuent à élargir ce cadre et à en éclairer le contenu.

I - LE CHRIST DES AFFIRMATIONS DOCTRINALES

Cette première image ressortit aux vues de la christologie dite "classique" qui tient toute sa consistance des énoncés doctrinaux consacrés par le concile de Chalcédoine. C'est la perspective selon laquelle on s'approche du mystère à travers le schéma abstrait des natures et de la personne et qui nous amène à confesser "un seul et même Christ, Fils, Seigneur, Fils unique, que nous reconnaissons être en deux natures, sans confusion ni changement, sans division ni séparation".[4] Il est évident qu'une formule comme celle-là gagne à être toujours bien située dans son contexte. En insistant sur le principe de la dualité des natures "sans confusion et sans changement", le concile a voulu faire échec à la tendance monophysite; de la même façon, il limitait les spéculations du nestorianisme en écartant d'emblée l'idée de séparation et de division dans l'unique personne de Jésus.

En somme, l'intention de cette affirmation était de maintenir fermement l'unité nécessaire dans la personne du Christ, tout en mettant l'accent sur la double dimension, divine et humaine, qui fonde à la fois la relation

---

[3] Des projets d'une telle envergure ont donné leurs résultats dans des ouvrages collectifs beaucoup plus développés, parmi lesquels nous relevons quelques titres significatifs: *Problèmes actuels de christologie*, Paris, DDB, 1965; *Concilium* no 11 (1966); *Qui est Jésus-Christ ?* Coll. "Recherches et Débats" no 62, Paris, DDB, 1968; *Que dites-vous du Christ ?* Paris, Cerf, 1969. Ajoutons, dans une perspective de théologie biblique, riche et renouvelée, *Jésus ? de l'histoire à la foi*, Coll. "Héritage et projet" no 9, Montréal, Fides, 1974.

[4] P.Th. Camelot, *Ephèse et Chalcédoine*, Coll. "Histoire des conciles oecuméniques" no 2, Paris, éd. de l'Orante, 1961, p. 227.

unique de Jésus à son Père comme Fils et sa relation aux autres hommes comme homme réel et solidaire avec eux. "De cette façon, Chalcédoine est et demeure le point de référence qui indique la direction à suivre: à partir de ce point de référence tout le développement christologique tant actuel qu'ultérieur est tendu vers l'expression de la foi en l'unique relation à Dieu de l'homme Jésus et ceci aussi bien contre l'évacuation de son être-homme que contre la négation de son être de Fils de Dieu".[5]

Nous savons comment la formule christologique de Chalcédoine a traversé les siècles et a trouvé place dans les Credos, dans les catéchismes et dans la prière liturgique. Elle a été étudiée dans des thèses classiques qui, à quelques nuances d'écoles près, ont rallié la grande majorité des théologiens jusqu'à une époque récente.

Si nous reconnaissons à cette vision christologique le mérite d'avoir présenté le mystère du Christ à l'intérieur d'une structure métaphysique solide et nette, nous sommes de plus en plus convaincus qu'elle a contribué à mettre en veilleuse des dimensions importantes du même mystère. Reprenant en substance les propos de K. Rahner, A. Grillmeier résume ainsi les critiques majeures dont fait actuellement l'objet la christologie traditionnelle:

> Ce qu'on lui reproche, c'est de dissocier le salut réalisé par le Christ de la "christologie", entendue comme réflexion sur le Christ, sa Personne et sa nature. A trop s'en tenir aux formules familières des anciens conciles, les théologiens, nous dit-on, n'ont pu exploiter toute la richesse de la figure du Christ dans La Sainte Ecriture, ou même ont été incapables d'en discerner les grandes lignes. En outre, la sotériologie catholique se contenterait d'une considération formelle de l'oeuvre de salut du Christ (comme "satisfaction", comme "mérite", comme "sacrifice", comme "rançon", etc.), sans égard à la réalisation concrète de la rédemption dans le "mystère de Jésus". Le Christ devrait être beaucoup plus central dans la théologie catholique; c'est lui qui devrait être le contenu et l'articulation de toutes les parties de la doctrine sacrée.[6]

---

[5] R. Michiels, *Jésus-Christ, hier, aujourd'hui, demain*, Coll. "L'actualité religieuse" no 31, Paris, Castermann, 1971, p. 49.

[6] *Questions théologiques aujourd'hui*, Paris, DDB, 1965, t. 11, p. 92. Les limites de la christologie classique sont particulièrement bien soulignées dans le bilan rapide que M. Tavernier signe à l'intérieur de l'ouvrage collectif *Que dites-vous du Christ ?*, pp. 71-81. Pour un examen plus approfondi, il faut se référer à l'étude magistrale de W. Pannenberg, *Esquisse d'une christologie*. Coll. "Cogitatio fidei" no 62, Paris, Cerf, 1971. L'auteur s'interdit lui-même d'élaborer une christologie qui part "d'en haut" (pp. 30-35), et plus loin, il met en nette évidence les impasses auxquelles aboutit une christologie dualiste (pp. 359-413).

On admettra facilement le bien-fondé de ces remarques. En d'autres termes, on s'élèvera contre une christologie trop exclusivement "descendante", exagérément ontologique, sans référence à l'expérience humaine historique de Jésus; on dira également de cette christologie que pour avoir su mettre le Christ "en formules", elle a négligé de présenter son intervention comme événement de salut et qu'elle a laissé dans l'ombre la dimension relationnelle de sa personnalité. On a constaté enfin que la prédication comme l'enseignement ont insisté davantage sur les subtilités métaphysiques de l'Incarnation que sur une présentation vivante de Jésus-Christ; que la dynamique du message et de l'oeuvre de Jésus a été sacrifiée à des considérations arides sur les épousailles philosophiques de Dieu et de l'homme.

Il est certain que ces critiques ne tiennent pas toujours compte des contextes historiques et scientifiques à l'intérieur desquels s'est développé tel ou tel point de la doctrine christologique. Il faut ajouter aussi que dans un retour positif et fécond sur la Tradition, des théologiens d'envergure comme Chenu, De Lubac, Rahner et Congar[7] ont su inspirer à la christologie traditionnelle une orientation beaucoup plus "économique", l'enrichissant des apports inestimables d'une théologie de l'histoire du salut.

Cela n'empêche que c'est sur ce fond doctrinal généralement abstrait que se dégage l'image dominante du Christ dans la communauté des croyants. Comme on peut s'y attendre, cette image présente des déformations assez sérieuses. L'étude menée par Richard Bergeron sur ce point nous en convaincra facilement.[8] Les titres qui ordonnent sa réflexion donnent déjà beaucoup à entendre sur les perceptions courantes de Jésus: *"un être tout divin"*; *"un drôle de sauveur"*; *"le grand absent"*; *"un personnage épisodique"*.

Tout compte fait, on se retrouve en présence d'un Christ icône ou ostensoir, fortement objectivé, que la liturgie porte à la vue mais qui ne trouve pas toujours sa place dans le projet humain. Une image donc, bien garnie doctrinalement et liturgiquement, mais délavée dans ses traits évangéliques et privée du "concret" humain de Jésus de Nazareth. Dans la pratique, ou bien on admet un Jésus de caractère docétiste, ou bien on monnaie les attributs de son humanité dans la dévotion au Sacré-Coeur - pour certains chrétiens, c'est une quatrième personne de la Trinité - ou dans la piété mariale.

Cette image un peu sombre n'est sans doute pas étrangère au constat singulier mais significatif du rapport Dumont: "Il est symptomatique que les références explicites à Jésus-Christ ne fourmillent pas dans les mémoires qui nous ont été soumis".[9]

---

[7] Mentionnons spécialement la contribution exceptionnelle de Congar dans son petit ouvrage *Jésus-Christ*, Coll. "Foi vivante", no 1, Paris, Cerf, 1965 et dans son article intitulé: "Le Christ dans l'économie salutaire et dans nos traités dogmatiques", dans *Concilium* 11 (1966), pp. 11-26.

[8] "L'image de Jésus dans la conscience du peuple chrétien" dans *Communauté chrétienne*, 38-39 (1968), pp. 85-96. Ce double fascicule de la revue est entièrement consacré à la réflexion sur Jésus.

[9] *L'Eglise du Québec: un héritage, un projet*, Montréal, Fides, 1971, p. 153.

II - LE CHRIST DE LA RECHERCHE ET DES ASPIRATIONS CONTEMPORAINES

Une deuxième image du Christ est en voie de se profiler à partir de l'immense courant de recherches exégétiques et christologiques inaugurées il y a près d'un siècle. Le développement des sciences humaines, telles que l'archéologie, l'histoire, l'anthropologie et la philosophie, a largement contribué à promouvoir ces recherches et à leur assurer de meilleures assises scientifiques.

Du côté de l'exégèse, les efforts les plus marquants visent à s'approcher au mieux de la réalité humaine et historique de Jésus. Voyons rapidement les étapes majeures de cette entreprise.

Au début du siècle, l'intervention historique d'Albert Schweitzer dans son *Histoire des recherches relatives à la vie de Jésus* a ralenti considérablement la production des auteurs qui s'acharnaient à composer des biographies de Jésus. A partir de ce moment, s'est atténuée progressivement la tendance qui consistait à considérer les évangiles et leurs sources comme des documents à caractère historique.

Parallèlement, se développait un autre courant plus prometteur qui s'efforçait de rejoindre Jésus par-delà la double couche de la rédaction et de la tradition qui recouvre dans les évangiles les données premières de l'événement original. On sait comment les travaux de R. Bultmann ont éclairé les voies en ce sens; on sait aussi les limites auxquelles se sont butées ses recherches, jusqu'au point de conclure à l'impossibilité de dépasser le kérygme apostolique pour parvenir au Jésus historique. Conclusion qui a engendré le dilemme complexe du "Jésus de l'histoire ou du Christ de la foi".

Plus récemment, les disciples les plus connus de Bultmann, tels E. Käsemann, H. Conzelmann, E. Fuchs et G. Bornkamm, en sont venus à dépasser le scepticisme historique de leur maître et à rejeter l'alternative "Jésus de l'histoire ou Christ de la foi". Convaincus que la foi n'est pas indépendante de l'histoire, ils se sont employés et s'emploient encore à établir des critères rigoureux qui permettent d'identifier les données de la tradition porteuses des meilleures garanties historiques. Ils refusent au départ de tenir le vraisemblable pour le vrai et affirment la continuité fondamentale qui se laisse percevoir entre l'événement historique de Jésus et l'interprétation que la communauté post-pascale nous livre de cet événement.

Cette ligne de recherches exégétiques a déjà donné des résultats positifs et généralement bien accueillis par la critique. Retenons pour exemple l'ouvrage réduit mais particulièrement éclairant de G. Bornkamm qui vient de nous parvenir dans sa traduction française.[10] Cette étude montre avec clarté comment on peut, à partir de résultats historiques bien établis, mettre en valeur le sens profond des textes évangéliques et faire apparaître

---

[10]*Qui est Jésus de Nazareth ?* Coll. "Parole de Dieu" no 9, Paris, Seuil, 1973.

en marge de ces textes le visage vivant de Jésus de Nazareth. Bornkamm a sans contredit le mérite de nous faire passer d'un texte à une Parole vivante et du personnage à la Personne même de Jésus.[11]

La recherche christologique n'a pas manqué d'être stimulée et de faire son profit de ces acquis nouveaux que lui offre l'exégèse. Des efforts sont actuellement tentés pour libérer la réflexion du cadre traditionnel des représentations de Jésus.[12] Le courant hollandais, vigoureux et parfois radical, a trouvé ses meilleurs témoins avec E. Schillebeeckx, P. Schoonenberg et A. Hulsbosch.[13] On croit "probable qu'une toute nouvelle approche de l'ensemble du problème soit nécessaire" et on se demande ouvertement "si un Christ partagé en deux couches a encore quelque chose à dire à l'homme d'aujourd'hui".[14] Pour être problématique, la démarche de ces théologiens n'en démontre pas moins la nécessité de réduire le coefficient d'absolu qui cautionne encore le vocabulaire statique de Chalcédoine. Avec eux, nous sommes en voie de découvrir des éléments riches et nouveaux pour exprimer dans un langage plus adapté la vérité du rapport Dieu-homme inauguré dans la personne et dans l'expérience de Jésus.

Dans le même contexte de renouveau exégétique et théologique, des ouvrages systématiques, parus dans la dernière décennie, viennent rendre compte plus largement de l'état actuel des recherches. Nous pensons par exemple, du côté français, à la synthèse de C. Duquoc[15] et du côté allemand, à l'étude de W. Pannenberg.[16] Ce n'est pas le lieu de résumer ou de critiquer ici ces deux ouvrages. Nous les mentionnons seulement comme pièces particulièrement significatives du dossier christologique actuel.

---

[11] En ce sens, le lecteur sera particulièrement frappé par la description de la figure historique de "Jésus de Nazareth" aux pp. 63-74.

[12] Nous tenons des comptes rendus intéressants de ces nouvelles approches de la part de: A. Grillmeier, dans *op. cit.*, pp. 89-137; R. Lachenschmid, dans *Bilan de la théologie du XXe siècle*, Paris, Casterman, 1970, t. 2, pp. 309-344; J. Sperna Weiland, *La nouvelle théologie*, Paris, DDB, 1969, pp. 226-252.

[13] J. Galot nous présente une synthèse critique de leur point de vue dans: *Vers une nouvelle christologie*, Coll. "Théologie et vie", Duculot-Lethielleux, 1971. Dans un autre esprit, R. Michiels semble intégrer mieux leurs intuitions en leur conférant une portée plus positive; c'est l'impression qui nous gagne à la lecture de sa publication brève mais remarquable que nous citons plus haut (p. 99)

[14] Voir J. Galot, *op. cit.*, pp. 5-6.

[15] *Christologie.* L'Homme Jésus, Coll. "Cogitatio fidei" no 29, Paris, Cerf, 1968. *Christologie.* Le Messie, Coll. "Cogitatio fidei" no 67, Paris, Cerf, 1972.

[16] *Esquisse d'une christologie*, Coll. "Cogitatio fidei" no 62, Paris, Cerf, 1971.

Si l'on observe cet horizon doctrinal nouveau, on commence à y entrevoir une image du Christ passablement différente de nos visions classiques. Nous essayerons donc d'esquisser rapidement cette image en faisant
ressortir les traits qui y apparaissent avec un relief plus marqué.

Au premier plan, se manifeste *un Jésus qui retrouve son humanité à
l'intérieur d'une histoire*. Les recherches actuelles nous rapprochent de
Jésus homme parmi les hommes, né à un point précis de l'histoire particulière d'une famille, de l'histoire politique d'un peuple, de l'histoire religieuse d'une communauté. Un homme donc, qui est forcé de tenir compte d'un
passé, de prendre place dans un présent et d'annoncer un futur lié à sa
mission. L'étude de l'action et du message de Jésus est de plus en plus
attentive à cette dimension humaine et historique qui conditionne son projet.

Apparaît ensuite en *Jésus l'homme qui aménage son projet à partir
d'options claires et bien définies*. En ce sens, le récit des tentations,
extensible à tout l'évangile, dépasse de beaucoup le sens moral qu'on a eu
tendance à lui prêter. Ecartant les messianismes matérialistes et politiques de son époque, Jésus dépasse les ambitions trompeuses de l'homme -
avoir, pouvoir, valoir - et situe résolument son action du côté de l'être
intérieur de l'homme et de l'être-avec-Dieu. A l'appétit insatiable des besoins matériels chez l'homme, Jésus substitue le désir spirituel d'être, de
vivre, de survivre.

Troisièmement, Jésus apparaît aussi comme *le prophète qui appelle et
qui libère*. Tout l'effort déployé par Jésus vise à entraîner l'homme au-
delà d'une religion d'autorité pour l'initier à une religion d'appel, dans
un contexte de choix personnel et de libre proposition. On reconnaît ici
la portée du "si tu veux" évangélique qui laisse toujours une marge sacrée
à la liberté. Cette religion d'appel ouvre déjà les voies à la libération:
les *croyances* de l'Ancien Testament deviennent caduques pour faire place à
la *foi* au Dieu-Père indéfectible dans son amour; également, ce n'est plus
l'*observance* formelle de la loi qui domine mais plutôt la *fidélité* dynamique qui s'appuie sur l'amour.[17]

Jésus se présente comme celui qui vit pleinement son projet comme
homme-avec-Dieu et *Dieu-avec-nous*. En lui, se trouve exprimée de façon totale et décisive la richesse du rapport réciproque de l'homme et de Dieu.

---

[17]On sait l'importance que prend aujourd'hui l'idée de libération en
Jésus-Christ. Que ce soit à travers l'analyse existentialiste d'un F. Jean-
son ou à travers la grille marxiste d'un R. Garaudy, on aura toujours intérêt à étudier cette idée de libération à partir du texte et du contexte
évangéliques, de façon à éviter la généralisation rapide et superficielle de
traits particuliers de la vie de Jésus. Il n'est pas rare en effet que
l'on confère à Jésus des intentions sociales et politiques avec un à-propos
douteux. Sur les limites de ce genre d'"adaptation" de l'évangile, voir
J.Y. Thériault, "Les dimensions sociales, économiques et politiques dans
l'oeuvre de Luc", dans *Science et Esprit*, 26 (1974), pp. 205-231.

L'image de l'homme s'éclaire en lui de façon unique et exceptionnelle, comme notre foi en Dieu commence véritablement auprès de lui. Il est Dieu qui parmi nous vit et interpelle, il est l'homme qui avec nous et pour nous donne l'ultime réponse d'alliance et d'amour à Dieu.[18]

Autre trait qui ressort de cette image globale de Jésus: il est le *Nouvel Homme en qui l'histoire trouve sens et dynamisme*. Après lui, l'histoire ne peut plus être considérée comme la somme des destinées individuelles ou des événements séquentiels qui ponctuent le cours des siècles. L'édification du Royaume inaugurée par son message et son action devient une tâche collective qui interpelle les hommes siècles après siècles, dans leurs exigences de création, de solidarité et de fraternité. L'absurdité du destin perd de son poids pour ouvrir l'avenir à l'espérance qui incite les hommes à préparer avec conviction la phase de l'accomplissement final.[19]

Enfin, Jésus se révèle à nous comme *celui qui a réalisé son projet au-delà de tout obstacle et de toute limite*. Il a connu les servitudes de la condition terrestre, il s'est trouvé en butte aux tensions multiples suscitées par son message, il a affronté sa fin dans le rejet et la trahison. Et finalement, la mort qu'il a connue a semblé devoir ruiner définitivement sa cause. Mais cet échec apparent s'est transformé en victoire éclatante sur la limite jusque-là infranchissable de la mort. Il est devenu pour toujours le Vivant en qui tout avenir est possible et instauré.

Voilà quelques-uns des traits saillants qui marquent l'image de Jésus produite à l'intérieur de la recherche exégétique et christologique actuelle. Cette image, bien entendu, ne va pas sans le risque d'un certain subjectivisme intellectuel et d'une mise en veilleuse du caractère unique et définitif de la venue de Dieu en Jésus-Christ. En ce sens, elle a besoin d'être maintenue dans un lien vivant et rigoureux avec le donné biblique et d'être solidement articulée sur les éléments les plus riches que deux millénaires de Tradition mettent à notre portée.

Par surcroît, il n'est pas certain que cette image naissante du Christ ait suffisamment pénétré la prédication et l'enseignement catéchétique pour marquer la vision courante des croyants. Dès lors, le phénomène suivant semble en voie de se faire jour depuis quelques années: l'image classique du Christ des affirmations doctrinales perdant progressivement de sa force et cette deuxième image n'étant pas encore suffisamment monnayée dans toutes les couches de la communauté, on a le sentiment que c'est la culture qui prend le relais pour combler l'attente et produire ses propres images: ou bien on met de l'avant un Jésus fortement politisé, révolutionnaire, ou bien on retrouve en scène le Jésus de l'exubérance hippie mis en

[18] Pour une réflexion plus ample sur ce point, voir: R. Michiels, *op. cit.*, pp. 61-93; W. Pannenberg, *op. cit.*, pp. 137-266; C. Duquoc, *op. cit.*, t. 1, pp. 127 ss.

[19] Cf. J.P. Coutagne, *Que dites-vous du Christ ?* Paris, Cerf, 1969, pp. 135-180. K. Rahner, *Science, Evolution et Pensée chrétienne*, Paris, DDB, 1968, pp. 139-170. P. Schellenbaum, *Le Christ dans l'énergétique teilhardienne*, Coll. "Cogitatio fidei" no 58, Paris, Cerf, 1971.

marché par le "Star System".[20]

III - LE CHRIST DES COURANTS SPIRITUELS NOUVEAUX

Il n'est pas facile de situer justement cette image et de la projeter dans tous ses reflets. Qu'on essaie de la relier à la spiritualité de
Charles de Foucauld à travers les écrits d'un R. Voillaume, qu'on veuille
l'éclairer à la lumière du mouvement spirituel de Taizé, ou qu'on se tourne
du côté du renouveau communautaire chrétien, on achoppe finalement aux mêmes
difficultés d'analyse. Car on conviendra que cette image déborde largement
la littérature ou les intuitions qui lui servent de toile de fond. Elle se
précise davantage dans la vie, dans la contemplation, dans le dialogue intime du croyant avec Jésus. L'étudier avec précision exigerait une autre
approche et une autre méthode que celles qui président à ce travail. Ce
n'est donc pas sans réserve que sont proposés ici quelques-uns des traits
les plus apparents de cette image.

On peut d'abord remarquer dans cette image globale le visage nettement tracé d'un *Christ pauvre*. Le Christ y apparaît en effet comme celui
qui a vécu dans une souveraine liberté à l'égard de tout bien: il s'est
soustrait sans reprise à l'idée même de possession et de domination, écartant ainsi de son projet le souci de toute garantie humaine. Finalement,
sa vie vagabonde et son abandon total au dessein du Père l'ont conduit au
dépouillement absolu de la Croix.

Ce trait dominant trouve son prolongement dans la vision d'un *Christ
pour les autres*. Intervient ici le propos du Christ "venu pour servir et
non pour être servi". Le rassemblement des hommes projeté par Jésus est
étroitement lié à cette idée de présence et de service au profit des plus
démunis, voués au rejet et à la solitude par le fait même de leur misère.
Jésus les rejoint dans leur condition de pauvres, de malades, de pécheurs
et leur propose l'idéal d'un Royaume où tous les hommes sont égaux dans le
partage fraternel et dans une même espérance.

Une troisième dimension importante vient s'ajouter à cette image:
celle d'un *Christ dans les autres*. Sous ce jour, Jésus devient "l'étranger
reconnu" à travers la multitude de nos rencontres humaines et les richesses
de la communauté rassemblée.[21] Il interpelle à travers les besoins de

---

[20] Les études suivantes peuvent permettre de vérifier ou de corriger
cette hypothèse: J. Duchesne, "Jesus Revolution made in USA", dans *Etudes*
336 (1972), pp. 803-821; B. Ribes, "Jésus français", *id. loc.*, pp. 823-834;
D. Donnelly, "Jesus and the Star System", dans *America* 125 (1971), pp. 350-
353; S.P. Harrel, "An exchange of views: Jesus as Superstar", dans *Common-
weal* 96 (1972), pp. 168-169.

[21] Cf. G. Paiement, "Jésus-Christ ou l'étranger reconnu", dans *Le renouveau communautaire chrétien au Québec*, Coll. "Héritage et projet" no 12,
Montréal, Fides, 1974, pp. 63-71.

l'autre et invite à répudier tout sentiment de discrimination et d'ostracisme; par-delà la violence subie aux mains des autres, il convie le croyant à lier son destin à la condition de serviteur qui fut la sienne. Dans la communauté, il exige du chrétien la rupture radicale avec soi-même et la pleine communion à sa présence qui rassemble et suscite la prière.

Là encore, il faut convenir que cette image des courants spirituels nouveaux comporte ses ombres et ses limites. A l'intérieur de certaines manifestations liées à ces courants, on ne se préoccupe pas toujours suffisamment de donner au Christ une identité bien définie. Il y apparaît souvent comme une sorte de fantôme divin qui enveloppe de sa présence la prière et l'action, quand il n'est pas dévalué au rang du prochain idéal, de l'âme consolante et pis encore, du "gars ben ordinaire". On aura deviné que le droit d'accès à cette image est souvent vendu sous l'étiquette de plus en plus répandue: "Souriez, Dieu vous aime".

Dans une autre tendance, on en viendra souvent à consigner le Christ entre parenthèses pour se lancer à la poursuite du super-règne de l'Esprit, comme si l'Esprit avait pour mission d'entraîner le chrétien dans une sorte d'au-delà de Jésus-Christ. C'est là un risque non tout à fait exagéré ou imaginaire de certaines assemblées dites charismatiques.

Voilà quelques réflexions qui viennent à l'esprit en regard de ces trois images du Christ issues du contexte actuel. Il serait faux de penser que ces images s'offrent à la vue séparément ou dans des cadres cloisonnés. Pour bon nombre de croyants, elles sont fondues dans un même tableau où les couleurs et les traits particuliers de chaque image se répondent et se complètent.

Enfin, ce travail, préparé à des fins de discussion en vue du colloque, se situe à mi-chemin entre l'enseignement théologique et les préoccupations pastorales. Il a été mené dans la conviction que "nous ne pouvons attendre de personne qu'il se rattache au Christ, s'il n'est à même de saisir ce rattachement comme plein de sens et s'intégrant dans la vie réelle".[22]

Rodrigue Bélanger
Université du Québec à Rimouski

---

[22] H. Volk, *Problèmes actuels de christologie*, DDB, Paris, 1965, p. 267.

POUR UNE CHRISTOLOGIE PRIANTE, OPERATOIRE ET RELATIONNELLE

Raymond Bourgault

L'emploi de la préposition "pour" est une manière d'exprimer à la fois l'idée que ces notes sont fragmentaires et exploratoires, et la confiance que cet essai, qui a été utile à son auteur, le soit à quelques autres. Le mot "christologie" figure dans le titre parce qu'il est courant et encore commode, mais il sera ici contesté. "Priante" suggère que la recherche concernant Jésus nous apparaît comme inséparable de la "science des saints", que son objet ne se manifeste qu'à ceux qui sont courageusement engagés dans une voie semblable à celle de leur Maître, et que sa thématisation conceptuelle n'est savoureuse et engageante que dans la mesure où elle est un fruit de la contemplation. "Opératoire" voudrait caractériser un type de recherche qui convient à la situation d'éclatement où nous sommes placés et mette sur la voie d'une nouvelle unanimité en deçà de la diversité luxuriante des interprétations de Jésus. "Relationnel" s'oppose à substantiel et explore la possibilité que ce concept-clé de la méthodologie moderne soit converti. Les paragraphes qui suivent sont des variations sur le substantif et les adjectifs de notre titre.

1.1 Les réponses aux questions du type: "Qui est Jésus? qui est cet homme? qui dit-on que je suis? qui dites-vous que je suis?" n'ont jamais été simples ni unanimes mais toujours multiples et controversées. Il semble être dans leur nature qu'on y réponde diversement, et même que les réponses soient contradictoires (Lc 2,24). Le principe d'identité est inopérant: "Jésus est Jésus" est, pour les croyants, une tautologie vaine, car ce qu'il est n'est pas évident. "Jésus" est un anthroponyme théophore, mais beaucoup de Juifs du premier siècle l'ont porté; le patronyme "fils de Joseph" ne suffit pas à le qualifier, ni le toponyme "de Nazareth" à le situer. Il existe une longue file d'individus et de groupes pour qui aucune de ces désignations n'est le nom véritable de celui qu'un certain nombre de Juifs ont connu et que le procurateur romain a envoyé au gibet.

"Jésus" est quelqu'un dont les fidèles pensent qu'il faut le nommer autrement que ses parents n'ont fait huit jours après sa naissance. Les communautés primitives lui ont donné une vingtaine de noms ou de titres, les Pères et les conciles en ont créé d'autres, les théologiens, les mystiques et les dévots du Moyen Age ou des temps modernes ont ajouté à la liste, qui n'est pas close. Il y a donc des christologies néotestamentaires: la christologie proprement dite, la sotériologie, la sophiologie, la kyriologie, la prophétologie, la paidologie, la logologie. Des christologies patristiques et conciliaires, pour lesquelles il est possible de proposer des termes techniques comme angélologie, homoousiologie, prosopologie, théandrologie. Il y a aussi des christologies médiévales et scolastiques: charitologie, somatologie, sacramentologie, céphalologie, et des christologies modernes, pieuses ou savantes: cardiologie, kénologie, omégologie. Et d'autres.

1.2 Les définitions conciliaires sont ordonnées à favoriser la familiarité avec l'Ecriture et, par elle, avec la règle vivante de la foi, la Parole de Dieu qui parle toujours et ne cesse d'interpeller. La définition de Chalcédoine ne doit pas être considérée comme une fin mais comme un moyen jadis et encore utile mais non pas absolument nécessaire. Elle fait partie d'un symbole de foi qui fut voulu comme un signe de reconnaissance et de ralliement en un temps où il fallait autant maintenir l'unité de l'empire contre les Barbares que préserver la communion chrétienne, et où le couple conceptuel Dieu-Homme régissait pour une grande part tant la pratique politique que la doctrine ecclésiale. Mais il est devenu patent que ces deux mots-clés n'ont plus aujourd'hui le sens, ou, en tout cas, la portée qu'ils avaient aux grands siècles de l'époque patristique du Bas Empire. Le constat de la mort de Dieu date d'un siècle environ, celui de la mort de l'homme d'environ vingt-cinq ans. Si Dieu est mort, c'est d'abord aux yeux des théoriciens des sciences de la nature, sans doute parce qu'il était devenu trop naturel et que les sciences de la nature n'ont que faire de cette hypothèse. Si l'homme est mort, c'est en premier lieu aux yeux des praticiens les plus hardis des actuelles sciences de l'homme, parce que l'humanisme leur paraît bavard et que la rhétorique n'explique rien. Mais, comme Nietzsche l'avait déjà vu, les hommes de science eux aussi sont pieux: seulement, leur piété n'est pas celle des théologiens et des humanistes, leur sagesse est un scandale pour les Juifs et une folie pour les Grecs. On sait que les premiers "theologoi" étaient des diseurs de dieux et des conteurs de mythes concernant des "theoi", et on sait qu'après le crépuscule des dieux, les humanistes ont jeté leur dévolu sur l'homme mesure de toutes choses, rééditant ainsi le virage qu'avaient pris en Grèce les sophistes. Mais Pascal savait déjà que l'homme est perdu dans un canton détourné de la nature, et les protagonistes les plus écoutés de la nouvelle science ne voient plus le roseau pensant que comme une partie de cette Nature qu'ils appellent Culture et que le progrès de la connaissance réduira en Nature. Il est donc difficile, avec les concepts substantialistes de divinité et d'humanité, d'obtenir l'audience de ceux des hommes d'aujourd'hui qui sont le plus influencés par la mentalité occidentale contemporaine.

1.3 Si la "théandrologie" chalcédonienne nous apparaît aujourd'hui comme un langage situé qui doit être relativisé, c'est-à-dire mis en rapport avec d'autres quantités de l'espace-temps de l'esprit, qu'en est-il de la "logologie", du traité du Logos? Au lieu des concepts grecs "Dieu" et "Homme", la pensée procède à partir des symboles johanniques du Logos et de la Sarx, du Verbe et de la Chair. Mais ce point de départ est vite relayé par le concept grec de personne ou le concept, plus moderne, de personnification. La pensée décolle des images concrètes et même crues pour manipuler des abstractions. C'est son droit et c'est souvent son devoir. Mais quelle science se fait ainsi? La science qui importe consiste-t-elle à affiner les concepts? Ou à baliser l'itinéraire qui, par les images, renvoie à l'Image?

1.4 A s'en tenir au sens du nom qui la désigne, la christologie pourrait être un traité du christ ou de l'oint, dont le développement qui concerne Jésus ne serait que l'un des chapitres. On y étudierait la structure et l'histoire du symbole de l'onction, les personnages et les milieux concernés par ceux qui sont, ont été ou dont on espère qu'ils seront oints et sacrés. La christologie ferait partie d'une phénoménologie et d'une histoire des religions, et c'est par une sorte de morphologie du sacré qu'elle accéderait au statut de science, où elle voisinerait des études sur les rois sacrés du Proche Orient ancien et sur les messianismes contemporains. Et le chapitre qui aurait pour objet Jésus ne l'envisagerait qu'en tant que christ, messie, oint et roi. Chacun sait qu'en réalité, ce qu'on appelle christologie prend aujourd'hui la relève des anciens traités "De Verbo Incarnato", et scrute tout le mystère de celui que les chrétiens confessent comme Christ. Mais une grande partie du débat est entravée par la question préjudicielle de déterminer s'il faut partir d'en haut ou d'en bas, "from above" avec le prologue johannique et les textes deutéro-pauliniens sur le Christ préexistant, ou "from below", avec l'approche moderne de l'histoire des traditions.

1.5 Mais peut-être notre accès au mystère de Jésus ne sera-t-il pas une "logie": ni un traité scientifique, qui chercherait à rivaliser avec les sciences formalisées, ni un discours humaniste, mais une "agogie", la détermination autorisée des voies droites qui conduisent à la fin que nous poursuivons. Le dynamisme spirituel chrétiennement spécifié a une structure intentionnelle polymorphe qui le pousse à s'exprimer de manières diverses selon les personnes et les communautés, les lieux et les temps de l'histoire. Employant une catégorie linguistique chère à la recherche contemporaine, on dira donc qu'il y a une "langue" commune sous tant de "paroles" différentes, et que l'une des tâches urgentes de la rationalité chrétienne consiste, - maintenant que les thématisations orthodoxes et hétérodoxes de la foi sont suffisamment recensées et situées -, à dégager des faits la grammaire "générative-transformationnelle" qui expliquera comment tous ces discours s'engendrent et se transforment, et comment il est possible d'en engendrer de nouveaux qui exploiteront des virtualités inédites de la Parole originelle. Cette grammaire, c'est la règle de foi, le canon, la Parole mesurante, qui préside aussi bien aux toutes premières formulations, dont certaines sont devenues scripturaires, qu'aux définitions des conciles et aux tentatives des spirituels et des scientifiques. C'est avec l'idée d'une telle "agogie" et d'une telle grammaire que nous poursuivons nos réflexions en proposant quelques pistes de recherche.

2.1 Quoi qu'il en soit pour le moment de la christologie qui sous-tend la foi du peuple chrétien, et quoi qu'il en soit de la sorte de science qu'est la christologie, il devrait y avoir dans la réflexion chrétienne un moyen de récapituler méthodiquement la prière de Jésus et des saints, d'exprimer une prière personnelle et d'inciter à prier. C'est dans la souffrance et l'oraison qu'ont pris forme les grandes traditions d'Israël, les gestes exemplaires et signifiants de Jésus, les textes canoniques des premières communautés, et aussi que sont toujours prises les décisions d'imiter Jésus. Là est l'esprit qui anime la lettre, et sans qui la lettre tue. Et peut-être faut-il d'autant plus de prière formelle que le fidèle a connaissance de plus de lettres et qu'il se pose plus de problèmes sur les rapports des lettres les unes avec les autres et avec l'unique esprit qui vivifie. Le scribe instruit du royaume de Dieu ne tire de son trésor le nouveau qui nous est si nécessaire aujourd'hui que s'il connaît l'ancien, certes, mais surtout que s'il prie avec ardeur et persévérance pour que le nouveau lui soit révélé comme à un petit qui apprend de Jésus à n'être pas sage de la sagesse des habiles mais doux et humble de coeur. Nous parlerons donc, suivant en cela le langage courant, de christologie priante, entendant par là que la vraie science du Christ émane de la prière et y mène. C'est une science bien particulière: l'activité que le nom et l'adjectif désignent est à la fois science et prière, science de priant et prière de savant.

2.2 La théandrologie avait pour base les définitions dogmatiques des 4e et 5e siècles; la logologie s'appuyait sur le "récit d'origine" qu'est le Prologue de l'Evangile de Jean, où l'acteur principal est le Logos et la péripétie, l'événement où il est devenu Chair en Jésus de Nazareth; la christologie s'articule autour de la confession de foi que Jésus est le Messie promis à Israël. Les traités qui s'élaborent ainsi à partir de genres littéraires différents, - définition dogmatique, récit exemplaire, confession de foi -, sont eux-mêmes différemment structurés et orientés. Autrement structurée et orientée aussi devrait être la "kyriologie", dont la base peut être le genre littéraire de l'invocation. L'Eglise primitive ne semble pas s'être adressée à Jésus comme Christ, ou Fils de Dieu, ou Fils de l'Homme, ou Logos, ou Prêtre. Elle ne l'a prié que comme Seigneur. Cette thématisation de la relation des fidèles à Jésus est peut-être la seule, elle est en tout cas la plus importante, qui soit originellement et constitutivement priante. Il devait donc y avoir dans le mot "Seigneur" quelque chose qui lui donnait, avant même de devenir un titre, de pouvoir être une invocation, et une invocation qui rendait possible de prier non seulement Yahvé mais aussi Jésus en tant qu'il était de quelque manière assimilé et égalé à Yahvé. Nous allons nous efforcer au paragraphe suivant de faire saillir les conditions de possibilité de cette dimension "seigneuriale" en analysant le chapitre 21 de l'Evangile de saint Jean.

2.3 L'argumentation se déroule en cinq temps. Premièrement, le narrateur dit régulièrement "Jésus" quand il raconte un événement, et il met le mot "Seigneur" toujours dans la bouche des disciples, soit au vocatif soit au nominatif-attributif. Son discours distingue donc le Jésus de l'histoire positive du Seigneur de l'histoire du salut. Mais, comme on va le voir, c'est sans doute pour faire voir que la vie de Jésus et de son Eglise est une manifestation d'un mystère dont Jésus est le révélateur révélé. Deuxièmement, le mot "Seigneur" a trois connotations différentes selon qu'il apparaît au début, au milieu ou à la fin du chapitre. Dans l'épisode de la pêche (vv. 1-14), il recouvre un emploi de *Kyrios* au sens de rabbi, de maître qui a des disciples; dans la première partie du dialogue avec Simon Pierre (vv. 15-19), il désigne un pasteur qui possède un troupeau et le confie à un chargé de pouvoir; dans la dernière partie (vv. 20-23), il implique la notion de dispensateur de vie et de mort. Jésus est donc successivement présenté comme maître-rabbi, maître-propriétaire, maître-dispensateur. Ces trois acceptions continuent des possibilités de la langue grecque du premier siècle où le mot *kyrios* était utilisé pour désigner un enseignant, un souverain, un grand dieu. Troisièmement, nous avons tenté, dans une étude que nous espérons faire paraître bientôt, de montrer que le premier épisode de *Jn* 21 reflète la courbe de la vie publique de Jésus, que le second reflète la courbe de la vie publique de Simon Pierre dans l'Eglise, et que le troisième reflète la situation de l'Eglise après la mort de Simon et du disciple bien-aimé. La séquence littéraire (1-14, 15-19, 20-23) illustre une séquence historique (années 27-30, 30-70, 70-90). Ainsi peut être fondée l'hypothèse qui voit un développement dans la signification du mot *kyrios*: au début, il désignait le rabbi, ensuite le propriétaire souverain, enfin le dispensateur de vie égal à Yahvé. Le troisième sens s'est appuyé sur le deuxième, et le deuxième sur le premier. Quatrièmement, le récit de *Jn* 21, dont la composition n'a dû être achevée qu'après 70 alors que Jésus était invoqué comme Seigneur-Yahvé-Kyrios, évoque cependant Jésus comme le rabbi de la vie publique (vv. 1-14) sans lui conférer les pouvoirs du dispensateur suprême: Jésus agit comme un rabbi astucieux qui se dissimule un moment pour mieux se laisser librement reconnaître ensuite pour ce qu'il est vraiment. On dirait donc que la réflexion priante des premières communautés est allée, en un premier temps, du seigneur-rabbi au seigneur-souverain puis au seigneur-dieu, et en un deuxième temps de ce dernier au premier. Cinquièmement, ce doit être après qu'ils eurent compris qu'ils pouvaient désormais demander quelque chose en son Nom de Seigneur et qu'ils l'eurent effectivement prié et qu'ils eurent éprouvé les bienfaits de leur oraison, que les disciples ont compris qu'ils devraient l'annoncer au monde comme Seigneur de tous. Avant d'être un attribut (*kyrios estin*), le Nom a dû être une invocation (*Kyrie*). Le kérygme de la Seigneurie fut le fruit des longues veillées de prière où ils avaient ensemble acquis la conviction que celui qu'ils persistaient à interroger et à prier répondait à leurs questions et à leurs demandes. Jésus-Rabbi avait ouvert un horizon et un champ de possibilités qu'il était seul - avec le Père - à vraiment connaître, et c'est en devenant disciples de Jésus et en même temps "docibles de Dieu" (*Jn* 6,45) qu'ils pouvaient annoncer sa maîtrise, sa souveraineté et sa dispensation. Leur pensée ne s'était élevée et éloignée du Jésus de l'histoire positive vers le Seigneur de l'histoire du salut, que pour mieux s'approcher et s'abaisser près du maître dont toute la maîtrise fut et continue à être celle du Serviteur qui obéit à une parole qu'il ne cesse d'écouter et de proférer, et qu'il est seul à pouvoir faire entendre pour éclairer le sens des événements et hâter les décisions d'obéissants qui font avancer le royaume. C'est à un Seigneur-Serviteur (*Jn* 13,12ss) toujours engagé dans le drame de l'histoire que les chrétiens s'adressent dans leurs prières. Là est leur originalité parmi toutes les traditions spirituelles de la terre; il leur a été donné de choisir la meilleure part, qui ne leur sera point ôtée. D'autres ont d'autres seigneurs, mais notre Seigneur est quelqu'un dont nous savons qu'il est avec nous en agonie jusqu'à la fin du monde, et en même temps en continuelle surrection en son Esprit de sainteté, dans le redressement même qu'il opère en consentant par nous à l'acte qui le fait passer de ce monde au Père, et que le langage courant appelle la mort.

2.4 Du théorème de la christologie priante et de son illustration, il suit un important corollaire. Jésus s'est manifesté comme Seigneur à ceux à qui il avait donné de le chercher par la foi (*Jn* 21,1-14), la charité (vv. 15-19) et l'espérance (vv. 20-23), et de décider de se souvenir activement de son passage sur terre où il avait été puissant en oeuvres et en paroles. Si, comme nous le croyons, le chapitre 21 de l'Evangile de Jean est l'expression narrative d'une longue et patiente prière, ne doit-on pas penser que sa contemplation, qui peut être savoureuse par le même mouvement qu'elle est rigoureuse, est un moyen puissant d'encourager les chrétiens à être des chercheurs? Car c'est celui qui cherche (sans complément déterminé) qui trouve, et le Seigneur se laisse trouver par ceux qui le cherchent. Toute recherche est ainsi et par soi virtuellement théologale: le chercheur fait confiance à des connaissances et à des méthodes acquises par d'autres, il collabore au progrès des techniques qui rassemblent les hommes, il entretient l'espérance qu'un jour la lumière expulsera toutes ténèbres. De même que nos premiers pères dans la foi ont canonisé les Ecritures juives, et que les Pères des premiers siècles ont exprimé leurs canons conciliaires en se servant des écritures grecques, ainsi les pères de l'Eglise de la société planétaire en difficile gestation pourraient être ceux qui auront reconnu et pratiqué les canons de la science empirique. Il ne faut donc pas opposer la science à la foi comme une gnose qui enfle à une charité qui édifie, mais composer le dynamisme spirituel de la foi, de la charité et de l'espérance avec celui de la recherche scientifique, qui est peut-être la spiritualité la plus neuve de notre époque, et dont la conversion apparaîtra peut-être un jour comme la riposte admirable au défi que les temps modernes posaient à l'Eglise. S'ils n'oublient pas que le passage du maître-rabbi au maître-dispensateur s'opère par la croix de Jésus, et que la puissance du Seigneur exalté oeuvrant par les disciples passe par la croix qu'ils doivent porter à la suite de leur Maître, les savants chrétiens pourront être parmi les plus éloquents témoins de Jésus dans le monde qui vient.

3.1 Sous sa forme la plus moderne, la science ne se voit plus tant comme une méthode de connaissance objective que comme une certaine pratique de relations répétables entre des éléments choisis, et entre les objets et les sujets qui les interrogent. Nos définitions ne sont plus essentielles mais opératoires, nous connaissons ce que nous cherchons, nous déterminons les structures heuristiques qui permettent de vérifier les corrélations dont nous entrevoyons qu'elles sont possibles ou probables, et les objets sont les corrélats des questions que les sujets posent au monde. La science n'est ni objective, ni subjective, mais transjective ou surjective. Le réel n'est ni le monde ni l'homme, mais une activité de parole sur le monde qui passe par l'homme et qui passe l'homme. Les maîtres du soupçon ont ravi au Cogito son privilège. Ni le réalisme naïf ni l'idéalisme critique ne sont des points de départ, car nous nous découvrons partie prenante dans un discours toujours déjà commencé qui se subjecte dans des hommes qui cherchent et s'objecte dans des jetés-là qui les interrogent. Une christologie opératoire serait donc une façon de relever le défi que notre temps pose à l'Eglise, qui est celui de l'existence d'un ensemble buissonnant de discours en qui le Christ n'est pas encore nommé et confessé. Dans ces nouveaux discours, Jésus ne serait pas d'emblée posé comme objet ni comme sujet: Il serait défini comme le corrélat des structures de recherche que nous choisissons d'utiliser pour répondre aux questions que son existence dans la culture humaine nous pose. Le but de ce discours serait de parvenir à affirmer de façon recevable scientifiquement la possibilité qu'il y ait quelqu'un qui soit le principe du Discours de l'Histoire Universelle, et à rendre responsable la décision de déclarer que Jésus de Nazareth est cet homme que nous cherchons.

3.2 Il est possible de préciser quelque peu dès maintenant un aspect ou l'autre de l'opérationnalité de cette christologie dont on a d'abord montré qu'elle est essentiellement priante. Si on a eu raison de penser qu'il n'y a rien dans l'eschatologie qui ne soit dans la christologie, peut-être a-t-on aussi le droit d'avancer la thèse qu'il n'y a rien dans la "trinologie" qui ne doive être dans la christologie. En particulier, nous voulons insinuer plus loin que la notion de relation subsistante qui est élaborée dans le traité de la trinité en soi pourrait être rapatriée dans le discours qui dispose à connaître vitalement ce qu'est la trinité pour nous. Mais c'est le schème ternaire lui-même qui mérite d'être invoqué pour éclairer la christologie et la rendre opératoire. On peut donc poser axiomatiquement que la structure intentionnelle et heuristique de la connaissance suréminente de Jésus est un ternaire d'opérations qui peut être abstrait de groupes comme foi-charité-espérance, père-esprit-fils, passé-présent-futur, et d'autres qui leur sont assimilables. Ce serait alors le rôle de la recherche opérationnelle en christologie de déplier la panoplie des schèmes ternaires déjà canonisés par l'Ecriture et d'ouvrir l'espace où d'autres ensembles d'opérations seraient susceptibles de donner à la Parole l'occasion de se déployer. La recherche opérationnelle serait ainsi capable autant de prospective que de rétrospective, de prévision que de recension, de mission que de remémoration, de canonisation que de canonicité. Elle rendrait les chercheurs conscients de la langue qui opère sous les paroles, et les disposerait à utiliser cette langue pour proférer d'autres paroles pertinentes ou reconnaître la véracité des discours qui s'efforcent de référer toutes choses à Jésus. Peut-être tous les discours humains, - scientifiques, techniques, économiques, politiques, culturels -, ne sont-ils que des balbutiements qui s'appliquent à dire la Parole et à faire la vérité. Tout ce qui existe et agit dans l'humanité est virtuellement christique, et le rôle propre des fidèles doit être de porter au langage et à la louange la christité gémissante et parturiente de tous les discours, délivrant ainsi la vérité qui est retenue captive dans l'injustice.

3.3 Ainsi comprise comme grammaire générative-transformationnelle, il pourrait sembler que la pensée chrétienne sur Jésus serait évanescente, le Christ se trouvant si bien partout qu'il ne serait plus possible de le voir éminemment quelque part. On pourrait répondre que le péril des derniers temps sera peut-être de prêter une oreille trop obséquieuse aux faux prophètes qui disent à tout venant que le Christ est ici ou là, alors qu'il n'est pas localisable. Mais on peut répondre aussi que, de même que les premières communautés continuaient en les reprenant et les dépassant les traditions juives, ainsi les chrétiens de ce temps doivent longtemps ruminer les formulations traditionnelles avant de pouvoir signaler avec exactitude les figures nouvelles de la présence du Seigneur. On peut encore répondre qu'une telle manière de viser le mystère de Jésus serait un stimulant pour les fidèles à tirer de leur trésor du nouveau autant que de l'ancien, et qu'il incomberait toujours aux pasteurs gardiens de l'unité de veiller à ce que les mauvais bergers n'égarent pas le troupeau qui leur est confié.

3.4 Le Seigneur accordera peut-être aux hommes de ce temps le don d'un mystique qui aura fait son apprentissage de l'existence dans un monde marqué par la spiritualité dominante et qui est la recherche scientifique, et qui aura compris la détresse des masses qui n'ont pas le moyen de coïncider par elles-mêmes et au prix de longs itinéraires intellectuels, à un esprit qui est de plus en plus submergé sous des lettres de plus en plus opaques. Un tel homme pourrait bien, avec ses disciples, inventer une façon d'entrer en relation avec Jésus qui soit l'équivalent de ce que fut pour les chrétiens des deux derniers siècles la dévotion au Sacré-Coeur. Il est probable qu'il exigera qu'on ne représente plus le coeur plastiquement, qu'on ne le qualifie plus de sacré, et qu'on n'en fasse pas l'objet d'une dévotion. Il montrera ce que pourrait être un "choeur" d'hommes consacrés et dévoués à la cause du Royaume, transposant dans le registre de l'esthétique et de la praxis communautaire libératrice, des valeurs qui avaient fini par s'aliéner dans le registre du sentiment, de l'introspection doloriste, et de la recherche anxieuse du salut individuel. Cette spiritualité exigera un approfondissement encore inouï de la notion de symbole, - que notre temps redécouvre, mais avec le danger d'en simplement répéter les formes archaïques et désuètes et en oubliant que les figures sont accomplies dans le Seigneur. Il faudra faire comprendre que, non seulement l'homme est un "animal symbolicum", mais que la quintessence du symbole se trouve en Jésus en tant que concentration hyperdense de la Parole qui préside au Discours de l'Histoire Universelle.

4.1 Voici un beau texte d'un thomiste scientifique.

> Pour articuler le mystère des personnes divines, la théologie chrétienne se met à élaborer le concept de relation subsistante, dans lequel elle voit se faire le renversement de l'ordre rationnel aristotélicien entre le substantiel et le relatif. Sans doute la théologie scolastique dira volontiers que ce renversement rationnel, qui passe de la relation présupposant le sujet, à la relation faisant position de sujet, est caractéristique de l'être divin. Mais ce qui importe en fait à l'intelligence, c'est ce qu'elle réussit ainsi conceptuellement. Car ce que l'esprit est en mesure de concevoir à propos d'une réalité, quelle qu'elle soit, il est du même coup en mesure de le concevoir universellement à propos de n'importe quoi, s'il en est besoin. A partir de la théologie trinitaire, il ne paraîtra plus impensable à l'esprit

occidental de faire état de relations et de leur actualité sans faire état préalable de leur sujet. Sans toujours en avoir conscience, l'attitude de l'esprit scientifique des temps modernes mettra largement à profit
cette leçon dans la promotion de la réalité bien plus
indéfiniment relationnelle qu'organisée en système d'individus substantiels.[1]

Mais si la Parole de Dieu, par le biais de la théologie trinitaire, a réellement eu une telle influence sur la constitution des fondements mêmes de
la recherche scientifique moderne, il semble qu'il nous est demandé, loin
d'opposer la science à la foi, de convertir la science à son essence, qui
est théologale, et de faire servir la notion de relation à l'interprétation
du mystère de Jésus.

4.2 Un chrétien peut penser que les discours traditionnels, théologique et métaphysique, existent toujours et pour toujours, *ktêma es aei*.
Mais il peut en même temps être sensible au fait que, dans le discours qui
est en train de se constituer, pour toute une catégorie peut-être prophétique de penseurs, seule est intelligible la relation. "Dieu" et "Homme" ne
sont plus pour eux les données à partir desquelles l'esprit réfléchit, mais
ils sont plutôt désormais objectivés comme des masses inertes dans le champ
de nos discours éperdus, ils ont cessé d'être par eux-mêmes pensables, ils
n'ont pas de sens, ils ne peuvent plus figurer comme des sujets de phrases.
Dans ce nouveau discours, il n'est plus possible de soutenir sans plus que
Jésus est à la fois Dieu et Homme, un discours préalable est requis qui rende ce langage pertinent. On ne doit pas pour autant désespérer de l'esprit.
Il y eut l'Etre, il y avait la Substance, il peut y avoir la Relation, qui
serait la chance de notre pensée. De même que les mathématiciens savent
que, s'il est vrai que 2 + 2 = 4, c'est en vertu du principe de la décima-
lité, et que le même résultat peut être exprimé en système binaire par
l'opération 10 ÷ 10 = 100, ainsi les christologiens modernes devraient pouvoir exprimer avec d'autres termes que "Dieu" et "Homme" la relation que
les grands conciles ont rendue par le binaire théandrique.

4.3 La Relation devra récupérer les notions d'être et de subsistance, mais surtout, sous les concepts, les représentations qui donnent à la
relation de relationner. La "re-lat-io" devra être pensée comme acte au
sein duquel il y a re-port, ré-férence, trans-lation, passage. Les extrémités de la relation pourront rester innommées ("id est transitus Domini"),
ou être désignées par des adverbes de lieu ("je sais d'où je viens et où
je vais"), ou encore par des noms ("l'heure de passer de ce monde au Père"),
mais l'attention ne sera plus braquée sur un être (un étant) ni sur une
substance (un sujet): elle sera imaginativement et affectivement portée
vers une réalité subconceptuelle et anté-prédicative, qui n'est ni l'être
parménidien ni le devenir héraclitéen, mais une qualité pure, un acte qui
ne peut être ni objectivé ni subjectivé.

---

[1] D. Dubarle, dans *Saint Thomas aujourd'hui*.

4.4 La figure du langage qui est privilégiée dans ce nouveau discours n'est plus le verbe comme dans les récits des conteurs ou "theologoi" archaïques, ni le nom comme dans les traités de *theologia* classiques ou d'ontothéologie, mais les déictiques, - adverbes, pronoms -, les prépositions, le morphème zéro. La phrase-type est la pronominale: "Là!", "Lui!" qui sont des mots-phrases, doublures linguistiques de gestes indicatifs du Silence d'où sourd la Parole. En descendant aux enfers du langage, la parole reprendra sa capacité d'indiquer le ciel.

4.5 La Relation subsistante ne sera donc pensée que pour être imaginée, elle ne sera imaginée que pour être éprouvée et affectionnée, elle ne sera éprouvée que pour être crue, aimée, espérée. Elle sera dramatique, et dans le réseau de relations au moyen duquel nous chercherons à coïncider avec elle et à entrer dans sa communion, il y aura l'Adversaire. Car, dans le Nouveau Testament, la connaissance de ce qu'est vraiment Jésus - le Seigneur - est inséparable de sa confrontation avec les démons, le diable, le tentateur, le satan, le dragon, le lion dévorant, la puissance des ténèbres, le prince de ce monde, le dieu de ce siècle. On a peut-être le droit aujourd'hui de refuser que le problème du diable soit posé en termes d'existence ou d'inexistence, mais on a certainement le devoir de reconnaître qu'il exite culturellement et intentionnellement dans le canon des Ecritures chrétiennes, et que la logique de la foi exige que la pensée n'en fasse pas abstraction. A trop démythiser, on démystérise et on dédramatise, et la fonction de celui que les chrétiens appellent Christ et Seigneur est, sans plus, comparable à celle que d'autres fidèles reconnaissent à d'autres puissances. Mais on ne peut être chrétien sans être, en même temps qu'aussi humble que possible, convaincu que le Discours de l'Histoire Universelle a pour principe la Parole qui s'est incarnée en Jésus et qui continue à parler par ceux qui croient en lui. La réfléxion chrétienne des prochaines générations aura sans doute beaucoup à apprendre de la sémiotique et de l'analyse des récits populaires des "peuples-enfants". Le "schéma actantiel" des histoires que se racontent les prémodernes implique que le code qui engendre les récits comprend essentiellement, à côté du Destinateur, de l'Objet, du Destinataire, du Sujet et de l'Adjuvant, un Opposant. Il nous semble qu'à mesure que la réflexion chrétienne sur Jésus apprendra à revenir du Seigneur exalté au Jésus de l'histoire en qui déjà parlait la Parole, qui est une Lumière qui luit dans les Ténèbres, elle aimera se représenter une Relation dont la subsistance est constamment menacée par un Adversaire qui cherche à dévorer les autres enfants de la Femme que le grand aigle a portée au désert.

On voit ainsi que, selon nous, il pourrait exister une "christologie" qui serait notablement nouvelle et qui coexisterait dynamiquement et dialectiquement avec les christologies traditionnelles ou actuelles. Elle n'aurait pas l'allure ni l'unité géométrique d'un traité qui peine à enfermer son objet dans un ensemble cohérent et clos de concepts. Elle ressemblerait plutôt à la fois aux Exercices spirituels d'Ignace de Loyola et aux études de G. Fessard sur les Exercices. Elle ne défendrait pas le dogme, elle ne ferait pas de théologie biblique ni d'exégèse, elle n'enseignerait pas ce qu'il faut croire. Supposant ces choses connues et admises, elle donnerait aux christologiens et aux directeurs de conscience un moyen plus précis de reconnaître quelles techniques spirituelles sont chrétiennes, de quelles façons celles qui prétendent l'être peuvent être redressées ou améliorées, comment celles qui ne le sont pas sont christianisables. Elle lèverait peut-être le scandale de la multiplicité centrifuge des interprétations de Jésus: en tout cas, par la vertu de ce qu'il y a en elle de génératif et de transformationnel, elle encourageait chaque interprétation à s'interroger sur la fidélité et la conformité de son style propre à la "grammaire de l'assentiment" qui l'engendre et la corrige. Ce que le discours sur Jésus perdrait en cohérence et en unanimité au plan des concepts, il le gagnerait, dans le registre de l'imaginaire social, en puissance d'intégration progressive, de compréhension mutuelle et de créativité missionnaire. Et il y aurait beaucoup de travail pour beaucoup de penseurs de toutes nations, tribus, peuples et langues.

Raymond Bourgault
Université du Québec à Montréal

L'ANALOGIE DANS LE DISCOURS THEOLOGIQUE ET LE MOUVEMENT PASCAL DE LA FOI

Un problème christologique

François Bousquet

I - INTRODUCTION

Le croyant ne peut hésiter à obéir à la double exigence de rigueur intellectuelle que lui rappellent simultanément *Jn* 3,11 et la proposition 7 du *Tractatus* de Wittgenstein: "Ce dont on ne peut parler, il faut le taire." - "En vérité, en vérité, je te dis que nous parlons de ce que nous savons et nous témoignons de ce que nous avons vu..." Car on ne saurait trop prendre au sérieux l'effort d'une pensée qui vise à élucider son propre sens en centrant son analyse sur le langage, et qui veut se rendre consciente des pièges qu'elle-même s'y tend, se saisissant par là comme activité et non comme miroir. Le croyant ne saurait non plus renoncer à la positivité de ce qu'il rencontre et reconnaît comme Révélation. Les difficultés commencent quand méthodiquement et dans le détail il faut satisfaire à ce double impératif. Il nous a semblé fructueux de mettre en oeuvre cette tentative sans cesse reprise de synthèse à propos de l'analogie.

Ce faisant, deux idées se sont imposées à nous:

1) le rapport est très étroit entre le mouvement de l'intelligence qu'implique l'analogie, et ce que l'on pourrait appeler le mouvement pascal de la foi.

2) ce problème, qui est au fond un problème du langage de la Révélation, renvoie en dernier ressort au mystère du Christ, Révélation ultime.

Il fallait en un premier temps, poser le problème, sans être trop long. Pour pallier certains inconvénients d'un exposé trop elliptique, nous avons utilisé ici et là l'excellent ouvrage de F. Ferré: "Le langage reli-

119

gieux a-t-il un sens ? Logique moderne et Foi" (trad. française, Paris, Cerf, 1970).

Nous n'avons fait qu'esquisser, comme pour un projet de travail ultérieur, les trois phases principales du développement qui suit:

1) une analyse du discours théologique,

2) une étude des corrélations entre Révélation, Foi et Parole de Dieu,

3) la récapitulation dans le mystère du Christ du mouvement même de la Foi.

II - L'ANALOGIE DANS LE DISCOURS THEOLOGIQUE

A - *POSITION DE L'ANALOGIE*

1. *Problème de langage.*

L'analogie est un problème de langage. Bien évidemment la solution qu'on lui donne nécessite ou implique toute une vision du monde. Pour bien peser l'enjeu, il faut partir de cette vision du monde déjà très élaborée qu'est l'ontologie aristotélico-thomiste. Le point de départ est celui-ci: comment signifier l'être dans le langage? Tout est être - mais celui qui parle ne *dit* pas *tout* à la fois. Car les êtres sont multiples et en devenir; il faut en conséquence les désigner successivement et comme par "fragments", si la première opération de l'esprit est bien l'abstraction et son produit le concept. Abstraire, c'est considérer en esprit comme séparé ce qui dans la réalité ne l'est pas. Alors dire est essentiellement attribuer au moyen de la copule "est" un prédicat à un sujet, en synthétisant dans le jugement ce que l'on a analysé par l'abstraction.

A partir de là se manifestent des propriétés intéressantes du langage, car, dit Aristote, si "το ὄν πολλαχῶς λέγεται", si l'être est dit multiplement, ...c'est toujours relativement à un terme unique, à une seule nature déterminée" (*Métaph.*, Γ, 2, 1003 a 32-34). En effet, il arrive qu'on puisse attribuer le même prédicat à plusieurs sujets. En y regardant de plus près, cette attribution peut être équivoque, univoque, ou analogue.[1] Elle est équivoque quand dans le langage un même terme a plusieurs sens en fonction de réalités différentes: "livre" peut désigner un volume à lire, un poids, une monnaie, etc. Le remède serait d'employer des termes différents pour désigner les réalités différentes auxquelles renvoyait le terme

---

[1] Il faut ici employer le langage scolastique, qui est au terme d'une évolution vers plus de précision, mais aussi porte la marque de corrections nécessitées par l'adaptation de l'aristotélisme à la synthèse théologique médiévale, corrections qui ne laissent pas d'être significatives, Aristote faisant pencher l'analogie vers l'équivocité.

primitif. Ainsi est obtenue l'univocité sémantique, reprise comme règle fondamentale par la logique moderne dans sa recherche d'une formalisation exacte. Mais entre les deux semble se présenter une voie moyenne où l'attribution, ni équivoque, ni univoque, se fait en raison d'une certaine similitude des rapports entre les significations d'un même terme et les différents aspects des réalités qu'ils désignent.

2. *Distinguons avec les médiévaux trois grands types d'analogie.*

L'analogie de proportionnalité impropre est d'une vaste extension, mais il ne lui est reconnu qu'une valeur cognitive restreinte; elle recouvre pratiquement tout ce qui est métaphore: ainsi parler de la vieillesse comme du soir de la vie, c'est dire que la vieillesse est à la vie ce que le soir est au jour. D'ordinaire on n'entend par analogie proprement dite que les deux autres types, qui ne sont pas sans lien entre eux.

Selon le premier, l'unité de signification des termes se vérifie à des degrés divers, de telle sorte qu'on puisse établir une similitude de rapports entre ces termes avant même de posséder la définition de chacun. L'exemple biologique suivant en donne une idée: ce que la patte est au mammifère, la nageoire l'est au poisson, et l'aile à l'oiseau, et nous l'appelons un organe moteur.[2] Ou encore, dans une perspective bien précise, ce que son organisation relativement autonome est à la plante, sa liberté auto-constituante à partir de ses déterminations propres l'est à l'homme, et les relations subsistantes constitutives de la Trinité le sont à Dieu, et ceci, nous l'appelons vie. Ces deux exemples, commun et théologique, font saisir immédiatement la portée et les ambiguïtés de la théorie de l'analogie. Un fait à noter ici: on a appelé en première approximation, analogie de proportionnalité (ou de proportion, *proportionalitatis*) la propriété du *terme* qui se vérifie intrinsèquement en tous les sujets, propriété qui se vérifie seulement en raison de la similitude de rapport que tous entretiennent avec sa réalisation en eux.

Saint Thomas distinguait enfin une analogie d'attribution (ou de rapport, *proportionis*), appelant ainsi la propriété du *terme* qui ne se vérifie intrinsèquement qu'en un seul sujet (le premier analogué), et n'est attribué aux analogués secondaires qu'extrinsèquement et en raison d'un certain rapport au premier sujet. Chacun connaît l'exemple de la santé: l'homme est dit sain quand telle est sa qualité, le climat quand il la favorise, le teint, l'allure ou tout autre effet quand il en résulte.

Il faut à présent corriger cette définition vulgarisée de l'analogie qui y voit une propriété du terme ou du concept. Car en fait la connaissance par analogie ne relève pas d'abord des concepts, mais des jugements. Précisons: elle présuppose l'existence d'une qualité ou d'un rapport identique en deux êtres, au niveau de la première opération de l'esprit, l'abstraction des concepts: mais elle distingue les modes d'existence de cette qualité ou relation dans les sujets concrets. Elle nie que le con-

---

[2] Cf. Paul Grenet, *Ontologie, Cours de philosophie thomiste*, Paris, Beauchesne, 1959, pp. 158-159.

cept attribué soit lié à tel mode d'existence concret pour affirmer qu'il peut en posséder un autre. Bien évidemment, seul le jugement, et non le concept, peut avoir cette structure dialectique.

3. *L'usage dans le discours théologique.*

Avant d'expliciter un peu plus les présupposés ontologiques de l'analogie, il convient de donner quelque idée de son usage dans le discours théologique.

Cet usage est fondamental. Nous laisserons de côté pour l'instant l'infinité de métaphores dont se servent la Bible, la Tradition, la Liturgie; le contenu de certaines est pourtant trop riche pour que le débat ne nous y ramène pas: du Dieu-Rocher au Dieu-Père, chacun sent bien qu'il y a eu franchissement d'un seuil au plan de la signification, la difficulté étant de le situer.

Le point qui nous occupe est celui-ci: le langage, traitant d'ordinaire d'objets finis, prétend dans la théologie scolastique parler de Dieu sans équivoque, et sans que l'univocité soit possible. D'ailleurs il le faut: s'il n'y avait pas d'objection à ce que le langage théologique soit équivoque, on pourrait dire que Dieu est inoxydable, gazeux ou vert pomme. Mais s'il était univoque, nous ne pourrions parler que de nous-mêmes et de notre sphère d'expérience, et Dieu ne serait rien autre que la projection de nous-mêmes. Seulement il n'y a pas de genre capable de subsumer le fini et l'infini - et l'être n'est pas un genre. L'analogie serait-elle le remède?

L'analogie de proportionnalité, - dit Frédérick Ferré -, est immédiatement applicable au discours théologique:

> un terme attribué à Dieu appartient à sa nature proportionnellement à sa nature, de même manière qu'un terme attribué à une créature appartient à sa nature proportionnellement à sa nature. L'homme est "bon" d'une manière strictement appropriée à la nature finie de l'homme. Ainsi, conclut la doctrine traditionnelle, la bonté de Dieu n'est pas sans relation à la bonté de l'homme, sans être pour autant identique à elle. On découvrirait qu'une analogie similaire existe pour chacune des qualités qui sont attribuées à Dieu.[3]

L'analogie d'attribution est comme plus "dynamique". Le rapport mis en valeur quand le discours théologique l'emploie est celui de dépendance causale: celui de la créature à l'égard du créateur par lequel elle a l'être. Pour reprendre le même exemple de la bonté, on n'affirmera pas seulement que Dieu est bon conformément à sa nature comme l'homme conformément à la sienne, mais on ajoutera: c'est parce que Dieu est bon que l'homme, et toute autre créature, peut être dit bon, en vertu de sa relation de

---

[3] F. Ferré, *Le langage religieux a-t-il un sens ? Logique moderne et foi*, Paris, Cerf, 1970, "Cogitatio Fidei" no 47, p. 87.

dépendance de la cause première de toute bonté. Et ainsi de suite pour toutes les qualités attribuables à Dieu - car joue là une distinction significative entre perfections pures et perfections mixtes sur laquelle il faudra
revenir.

4. *L'ontologie sous-jacente.*

Il faut faire apparaître l'ontologie sous-jacente à toute cette
théorie de l'analogie.

Le plus positif, le plus susceptible de développements, semble
être la structure dialectique du mode de jugement qu'elle suppose, et qui
synthétise d'une manière tout à fait originale les puissances d'affirmation
et de négation de l'esprit. Pour un scolastique, quand je dis: "Dieu est
Père", j'affirme en Dieu ce mode d'être, je nie qu'il soit le même qu'en
l'homme, j'en réaffirme la "suréminente" existence en Dieu.

Il est du plus haut intérêt d'analyser cela de plus près.[4]

Par contre, le point crucial est la "suréminence", (comme l'a bien
senti d'ailleurs toute la critique dérivée de Feuerbach, soupçonnant le
christianisme de "projeter" l'homme à l'infini, et de l'aliéner ainsi en appelant Dieu cette projection). Dire qu'existe dans le fini comme l'infini
une qualité analogue, mais qui existe dans un cas selon un mode "suréminent",
présuppose une ontologie unitaire où tout est être, y compris l'infini, mais
avec des degrés. Et cela avec deux caractéristiques qui paraissent être à
l'origine de la distinction entre deux types d'analogie: que les êtres
soient en *hiérarchie* fonde - statiquement - l'analogie de proportionnalité;
que tous reçoivent ce qu'ils sont de la *participation* au premier terme de
la série, justifie l'analogie d'attribution - plus dynamique. Dieu, l'homme, le monde: tout est une seule série d'être - même si l'être premier
étant infini, acte pur, etc... est à part; et toutes les causes secondes
participent de l'énergie (ἐνεργεία) de la cause première.

Il est tout à fait remarquable que se nouent avec l'analogie le
noétique et l'ontologique, d'une part, l'ontologie et la théodicée, d'autre
part. C'est ce double lien que s'efforce de dénouer la critique.

B - *REJET DE L'ANALOGIE*

1. *Deux niveaux de critique.*

Ce n'est pas le lieu de revenir ici sur les difficultés de l'ontologie aristotélicienne, par ailleurs mises à jour de façon magistrale par

---

[4]Sur la structure dialectique du jugement dans l'analogie, voir: Y.
Congar, *La Foi et la Théologie*, Paris, Desclée, 1962, p. 36 no 30; Henri
Bouillard, *Karl Barth*, tome III, Paris, Aubier-Montaigne, 1957, pp. 198-200,
(ce qui est repris partiellement dans: Henri Bouillard, *Connaissance de
Dieu - Foi chrétienne et Théologie naturelle*, Paris, Aubier-Montaigne, 1967,
chap. 3).

M. Aubenque dans son ouvrage sur Aristote.[5] Nous distinguerons plutôt deux niveaux de critique: il y a le problème de l'être et de son principe, et il y a le problème de la connaissance de l'être.

Le problème de l'être et de son principe d'abord: pour le néo-platonisme - mais il serait relativement facile d'établir que la même attitude est celle de toute une lignée de mystiques à qui on ne peut refuser le titre de chrétiens, et dont les plus éminents sont les rhéno-flamands - Dieu ou l'Un est ἐπέκεινα τῆς οὐσίας, au delà de l'être. Il n'est pas moins que l'être, il est Autre que l'être. Autrement dit, le fondement ne redouble pas ce qu'il fonde - ce qui n'interdit pas d'en parler, mais en sachant qu'il n'y a d'analogie que métaphorique. Autrement dit encore, Dieu ou l'infini, le Principe, n'est pas le premier de la série des êtres, et la cause n'est rien de ce qu'elle produit.[6]

Le problème de la connaissance de l'être ensuite: on le voit, on est à l'opposé de l'ontologie aristotélico-thomiste, dont l'axiome central sur ce point nous est fourni par saint Thomas:[7] "voces sunt signa intellectuum, et intellectus sunt rerum similitudines": les termes sont les signes des concepts, et les concepts sont les ressemblances des choses. Et voilà le point: la connaissance, finalement, est reflet; connaître, c'est avant tout abstraire, puis juger en affirmant l'identité de l'être et de son reflet.

C'est ici que nous rejoignons, et ce n'est pas surprenant, toute la destruction de l'ontologie classique entreprise par l'épistémologie post-kantienne. Pour faire bref, disons que pour les modernes, la connaissance est une activité du sujet, mais non pas "objectivante". Disons ici notre conviction: si métaphysique il y a, dont le coeur est en effet l'affirmation de l'infini, sa première condition de validité est le respect de cette découverte de la nature de la connaissance.

Ecoutons Kant: "Dans la philosophie (...) l'analogie n'est pas l'égalité de deux rapports quantitatifs, mais bien de deux rapports qualitatifs, dans lesquels trois membres étant donnés, je ne puis connaître et donner a priori que le rapport à un quatrième, mais non ce quatrième membre lui-même. J'ai cependant une règle pour le chercher dans l'expérience et un signe pour l'y découvrir."[8] Ceci nous aide à saisir comment le lien très fort entre le noétique et l'ontologique resserrait celui qui tenait ensemble ontologie et théodicée. Car, "abstraction faite du point de vue particulier de Kant, cela signifie ceci: (...) pour ainsi dire un pré-concept

---

[5]Pierre Aubenque, *Le problème de l'être chez Aristote*, Paris, P.U.F., 1962.

[6]Cf. G. Sohngen, article "Analogie", dans l'*Encyclopédie de la Foi*, tome I, Paris, Cerf, 1965, p. 80.

[7]*Somme théologique*, Ia, q. 13, a. 1, citant d'ailleurs le chap. 1 du *Peri Hermeneias*.

[8]*Critique de la Raison Pure*, Traduction Tremesaygues et Pacaud, Paris, Alcan, 1905, p. 202.

(une pré-compréhension de Dieu), doivent nécessairement être donnés d'abord (...), s'il faut que la grandeur "Dieu" puisse prendre place dans cette équation de rapports ou *proportionalitas* d'une manière qui ait un sens."[9] Quand on sait combien la logique contemporaine est la reprise, pour une part, mais avec un outil infiniment plus précis, de l'analyse kantienne, il est frappant de constater cette convergence des critiques faites à l'analogie.

  2. *Convergence des critiques en théologie.*

        Cette convergence est nette en ce qui concerne le langage théologique.

        On pourrait croire, dit en substance F. Ferré,[10] que la proportionnalité affirmée des analogués est réelle; mais n'en faut-il pas douter? Ne s'agit-il pas en fait d'une pseudo-proportion, puisqu'elle comporte deux inconnues? Si l'on peut se faire une certaine idée de ce qu'est l'homme et son monde humain, et de ce qui lui est proportionné, comment prétendre avoir une idée de la nature de Dieu et de ce qui lui est proportionné? Nous voilà au rouet: pour que l'analogie de proportionnalité nous parle de Dieu, il faut savoir déjà quelque vérité sur la nature de Dieu.

        Quant à l'analogie d'attribution, elle nous permet certes de rester dans l'ignorance de la nature formelle d'un des analogués. Mais de nouveau elle "ne nous dit rien que nous ne sachions déjà: elle nous dit seulement que tout ce qui est capable de produire un effet peut se voir attribuer (virtuellement) le terme signifiant cet effet, en raison de sa capacité à produire cet effet. En d'autres termes, tout ce qui peut produire un effet ... peut produire un effet!"[11] Nous voici revenus à la nécessité, pour donner quelque contenu à la similitude de rapports qui fonde l'analogie, d'une "pré-compréhension" de *ce qu*'est Dieu.

        S'il fallait une confirmation supplémentaire de tout ceci, nous la trouverions dans la distinction qu'opérait la théorie classique entre perfections pures et perfections mixtes, comme par un artifice de dernier moment. Une perfection est dite pure quand elle n'implique pas nécessairement le mode propre selon lequel la créature la possède; toute autre est dite mixte. Mais comment justifier une telle distinction sinon en partant d'une certaine idée que l'on se fait déjà de *ce que* Dieu est?

  3. *La transformation en système de règles linguistiques.*
      Parenté avec l'analogia fidei.

        Pourtant, pour F. Ferré, il reste une possibilité de conserver à l'analogie un rôle valable dans le discours théologique, en la considérant plutôt "comme un moyen d'établir l'emploi du langage ordinaire en contexte théologique."[12] Elle se transforme alors en système de règles linguistiques.

_____

[9]Sohngen, *art. cit.*, p. 74.

[10]*Ibid.*, pp. 88-92.

[11]*Ibid.*, p. 89.

[12]*Ibid.*, p. 92.

En effet, "l'analogie d'attribution servira à établir la règle suivante: un mot, extrait d'un contexte séculier, peut être employé théologiquement là où cet usage a déjà une base dans l'univers du discours théologique (doctrine de l'autorité, dogme, confession de foi, etc.), qui fasse retenir que la qualité désignée par cette parole appartienne à une action typique de Dieu". (...) "L'analogie de proportionnalité se transforme en une seconde règle: on ne peut emprunter un terme à la langue de tous les jours, pour en user dans le discours théologique, qu'à la condition de conserver constamment présent à l'esprit que le terme peut être appliqué à Dieu de la seule manière (inimaginable pour nous) permise par les axiomes fondamentaux et par les règles qui gouvernent l'ensemble du discours théiste[13] sur Dieu."[14]

Cette transformation est tout à fait intéressante, car elle nous fait rejoindre ce que l'on entend d'ordinaire par l'*analogia fidei*. "L'expression est empruntée à saint Paul, chez lequel elle désigne l'harmonie qui doit exister entre le charisme de prophétie et le contenu de la foi (*Rom* 12,6). Pères de l'Eglise, théologiens catholiques et protestants l'ont employée d'ordinaire pour définir une règle d'herméneutique: un texte obscur de la Bible doit être interprété en harmonie avec le contenu global de la foi chrétienne."[15] Nos deux règles ici formalisent un peu ce principe herméneutique en supposant une "base d'usage" ou des "axiomes fondamentaux" du discours théologique.

Cela n'est-il qu'un sauvetage in extremis, ou encore, le discours théologique ne s'est-il pas fourvoyé là dans une impasse?[16] Que reste-t-il en effet si le seul usage possible de l'analogie reste immanent au discours, si sa vérité reste à ce plan l'exigence de cohérence, tandis que l'appel à un "ailleurs" transcendant l'éliminerait du langage valide?

En effet, la critique du langage sur Dieu, appuyée sur le refus de l'onto-théologie, n'est pas apparue seulement comme un vaste "procès de l'objectivité de Dieu".[17] Le Cercle de Vienne par exemple est allé beaucoup plus loin que l'agnosticisme qui, lui, se refuse à rien affirmer ou nier de Dieu, réservant en quelque sorte la question. Il a déclaré "dépourvue de sens" *toute* proposition théologique et religieuse.[18]

---

[13] Il faut entendre: théologique.

[14] Dario Antiseri, *Foi sans métaphysique ni théologie*, Paris, Cerf, 1970, pp. 139-140.

[15] Bouillard, *Karl Barth*, III, *op. cit.*, p. 213.

[16] Cf. les remarques désabusées d'Antiseri, *op. cit.*, p. 133, note 1 et p. 140.

[17] Cf. Claude Geffré, *Un nouvel âge de la Théologie*, Paris, Cerf, 1972, chap. 3; et J. Colette, C. Geffré, D. Dubarle, etc. *Procès de l'objectivité de Dieu*, Paris, Cerf, 1969.

[18] Antiseri, *op. cit.*, chap. 1-3.

C - *L'ANALOGIE PERDUE ET RETROUVEE*

1. *Principe de vérification et nouveau point de départ.*

Le principe étant donc: n'ont de sens que les propositions qui peuvent être vérifiées par des faits, on a vu les théologiens rechercher quantité de nouveaux points de départ.

Pourquoi ne pas s'orienter, a-t-on dit, vers une "théologie de la réalité",[19] où il faudra considérer celle-ci dans sa totalité historique ouverte à un avenir. Le discours théologique n'a pas toujours su échapper au subjectivisme, ni à son malheur propre de discours de réifier l'objet dont il traitait... La raison dernière n'en était-elle pas qu'il cherchait à expliquer le mystère de Dieu à partir d'un fondement exclusif, tantôt Dieu comme être absolu, tantôt l'homme dans la compréhension qu'il a de lui-même?[20] Ainsi, un bon point de départ pour une théologie spéculative réfléchissant sur ses données, et qu'on ne veut plus ni subjective, ni "objectivante",[21] ne serait-il pas l'expérience du langage, lieu privilégié de la corrélation première entre objectivité et subjectivité, et du dépassement même de ces catégories?

Mais à la seule expression de "totalité historique ouverte à l'avenir" le logicien normalement constitué se cabre. Et en effet, il faut d'abord s'entendre sur ce qu'on appelle *fait* et *vérification*. La philosophie d'Oxford, notamment le Wittgenstein des "Investigations philosophiques", sans rien retrancher de ses exigences, ne fut pas sans manifester un peu plus de souplesse: le langage notamment n'était plus considéré comme un phénomène unique et homogène, mais bien plutôt comme un nom de classe pour désigner un nombre indéfini de "jeux de langage". Le critère de vérification - et la notion de fait surtout, en sont devenus moins étroits.[22]

C'est alors qu'on a tenté de pratiquer en domaine théologique d'autres logiques que celles de l'analogie: "logique de l'obéissance", "logique de la rencontre", ou "du témoignage".[23] Certaines ne sont pas sans indiquer des chemins dans lesquels il serait très intéressant de s'engager: par exemple celui qu'ouvre l'idée de "vérification eschatologique".

Nous allons retenir celui que l'on peut tracer dans l'axe nouveau d'une théologie de l'Incarnation (que la Christologie soit "d'en haut" ou "d'en bas"), et qui ferait au moins que les anomalies logiques du discours de foi pourraient servir à fixer "l'horizon de référence", quand bien même ne serait pas résolu en sa totalité le problème du discernement des analo-

---

[19] C. Geffré, *Un nouvel âge...*, *op. cit.*, p. 81.

[20] C. Geffré, article "Théologie", dans le vol. 15 de l'*Encyclopaedia Universalis*, Paris, 1973. § *Théologie chrétienne et ontothéologie.*

[21] C. Geffré, *Un nouvel âge...*, *op. cit.*, p. 79.

[22] Antiseri, *op. cit.*, chap. 4-6.

[23] F. Ferré, *op. cit.*, chap. 7 et 8; Antiseri, *op. cit.*, chap. 9.

gies se rapportant proprement à Dieu. S'il y a moyen d'échapper aux conclusions théologiques d'Altizer, Hamilton, Vahanian, van Buren et quelques autres, c'est assurément dans cette direction.[24] Toutes ces logiques en tout
cas, et c'est frappant, font surgir à un moment ou à un autre des particularités typiques du discours de foi, dans l'exacte mesure où celui-ci implique celui qui le tient.

Voilà qui nous impose de distinguer soigneusement les divers niveaux du discours théologique, sa logique complexe de fonctions, distinctions qui seules donnent toute leur amplitude aux notions de fait et de vérification.

2. *Une analyse du langage.*

Mais il faut partir d'une analyse du "langage" au sens large,
avant de voir ce que cela donne appliqué au discours théologique, à partir
du cas particulier mais exemplaire qu'est l'analogie. C'est encore F. Ferré
qui est le plus clair, au terme de ce qui exigerait une infinité d'analyses
et de commentaires.[25]

Toute "situation de signification", dit-il, c'est-à-dire toute situation où le langage prétend signifier un fait ou un état de choses, comprend trois éléments:

1) le langage lui-même, ou les signes et sons qui servent à signifier;

2) l'agent qui emploie le langage ou l'interprète pour
   qui le langage signifie quelque chose;

3) le contenu signifié, ce à quoi il est fait référence.

On ne peut éviter ainsi trois points de vue sur le langage:

- la recherche syntaxique sur les relations entre signes verbaux, à laquelle est liée la logique formelle;

- la recherche herméneutique sur les activités humaines
  associées à l'emploi du langage (motivations, effets,
  etc...);

- la recherche sémantique, sur la relation du langage
  avec ce à quoi il se réfère.

Il est indispensable, non seulement de distinguer ces trois aspects dans
l'analyse du discours théologique, mais de les mettre en relation.

Nous tenons là une articulation majeure... Car la valeur ou l'essence du langage consiste en ce passage ou en cette dialectique, dont la

---

[24]Antiseri, *op. cit.*, chap. 7.

[25]F. Ferré, *op. cit.*, chap. 12. - Utilisé aussi pour la majeure partie de nos développements en C, 3.

triangulation des termes ne doit pas masquer justement qu'il s'agit d'un processus. Il n'est pas de "langage" - comme nous le dirons bientôt du jugement - sans une certaine positivité du système de signes *objectifs* qui l'énonce. Mais ce langage ne saurait être produit et expression de l'esprit, s'il n'était comme l'"autre" du *sujet* qui l'énonce ou l'interprète - sans être jamais sa représentation totale quand il l'énonce, ni sa totale actuation quand il l'interprète. Mais alors, de même qu'il n'y a pas position de l'esprit "ailleurs" que dans cette dualité, de même il faut nier la négation en quoi elle consiste (la "dépasser - conserver") pour y voir l'état de relation tout à fait neuf qui s'établit dans ce processus entre l'agent-dans-son-langage et le contenu signifié, relation qui relance à nouveau la démarche...

Voilà en abrégé l'idée simple qui nous meut ici: tout comme ce mouvement est la structure fondamentale de l'esprit qui se manifeste dans le langage, semblablement on pourra percevoir toute la profondeur du discours de foi dans la structure dialectique manifestée par l'analogie: il y a une énergie de la foi qui lui fait nier la limitation inévitable du discours qui l'exprime.

3. *Application au discours théologique, en ce cas typique qu'est l'analogie.*

Voyons cela donc d'un peu plus près pour l'analogie. L'exposé pourtant n'est pas des plus simples, car chacun des pôles de la triangulation, ou plutôt chacun des moments de la dialectique à la fois résume et renvoie à la totalité du processus.

Nous avons retenu de l'analogie - typique du discours de foi comme discours -:

- l'*analogia fidei* comme système de règles linguistiques au niveau syntaxique;

- la structure dialectique du jugement (du jugement de foi comme de tout jugement) au niveau herméneutique;

- enfin le contenu signifié qui ne peut être que Dieu se révélant ou révélé au niveau sémantique.

Reprenons l'analyse détaillée.

a) Syntaxe de l'analogie.

Etudiant l'*analogia fidei*, il convient de distinguer le langage de la foi vivante, dont la correction syntaxique a pour normes linguistiques l'Ecriture et la Tradition, gouvernées essentiellement par la relation d'équivalence; et le langage de la théologie systématique, qui y ajoute des règles d'implication.[26] Mais l'important est que dès ce niveau le langage

---

[26] Une belle illustration de cela serait le "c'est-à-dire" du Symbole de Nicée: τουτέστιν εκ τῆς οὐσίας τοῦ πατρος   (*Dz* 54).

de foi se comporte avec des anomalies pleines d'enseignements: *la syntaxe elle-même n'est pas sans relation au contenu de référence*. Ceci apparaît dès qu'une logique informelle *doit* venir compléter la logique formelle.

Un exemple trivial serait celui-ci: "il pleut sans pleuvoir", proposition qui formellement est une contradiction, mais à laquelle le contenu de référence donne un sens dans une logique informelle. L'exemple théologique suivant[27] fait apparaître une triangulation correspondante de première importance entre Dieu, nous-dans-le-monde, et le salut. Formalisons les deux propositions suivantes: "Si le salut est possible, Dieu ne peut être ni un élément conditionné de l'univers, ni un être soumis au changement" et "Si le salut est possible, Dieu ne peut être totalement séparé du monde ni sans rapport au changement". Soit S = le salut est possible, et C = Dieu est impliqué dans le changement (ou bien: Dieu est un élément conditionné de l'univers; ou bien: Dieu n'est pas totalement séparé du monde); on obtient: S implique C et non - C. Est-ce à dire que le jugement sur la possibilité du salut, réunissant Dieu-dans-le-monde (allons plus loin: Dieu-et-homme) soit une contradiction ou un non-sens? Tout est suspendu à la vérification dans les faits.

En tout cas, on le voit, le jugement intervient dès la détermination des capacités syntaxiques de tout concept théologique important. Si la logique informelle de ces concepts majeurs de la théologie systématique était au départ évidente, il n'y aurait pas besoin du recours à la logique formelle; mais ce n'est pas le cas. Ainsi, peut-on déjà apprécier l'*analogia fidei*: alors que la théologie biblique n'est pas gênée par le paradoxe (et une certaine "logique de l'obéissance" y cherche même sa justification), la théologie systématique veut conserver toute sa cohérence rationnelle, et respecte les règles fondamentales d'implication et d'équivalence qui distinguent son langage de tous les autres.

Il reste à tirer la conclusion très claire des anomalies logiques de la théologie systématique au niveau syntaxique: au travers des exigences de cohérence, on est renvoyé au langage de la foi[28] dans ses deux autres dimensions: herméneutique et sémantique.

b) Herméneutique de l'analogie.

Il nous faut ici procéder en deux temps, où les correspondances se multiplient. L'analogie est un jugement de foi. La structure dialectique de tout jugement renvoie à ce que nous appellerons une certaine "transcendance" - tout comme l'on pourrait dire que l'analogie purement métaphorique, par les rapports qu'elle suggère entre les êtres, renvoie à l'investigation infinie de la diversité inépuisable du monde. Kant tenait bien que l'activité du sujet connaissant fait intervenir d'une façon générale ce qu'il appelait les trois "idées transcendantales", qui ne sont précisément pas des "objets", mais le triple et unique horizon de la pensée: le monde, moi-même (ou l'âme, ou l'homme), et Dieu. Toute une part de la pensée

---

[27]Emprunté à F. Ferré, *op. cit.*, p. 176.

[28]Même si à son tour parfois, dans la tradition, il intègre des énoncés systématiques.

moderne est une tentative pour ramener la transcendance du troisième pôle à celle de l'un des deux autres, ou à celle qui paraît naître du rapport de l'un à l'autre.[29] Le jugement de foi affirme l'existence de ce Dieu comme infini autre que l'infini découvert dans le rapport du moi au monde ou de la pensée à l'être. Il n'est pas suffisant, mais au moins nécessaire, pour valider un tel jugement de foi, de voir comment s'articulent sa propre structure dialectique et celle de tout jugement.

Tout jugement, nous l'avons dit, est d'abord position d'un objet, en référence à une totalité donnée (*omnis determinatio negatio*): c'est l'affirmation d'une réalité donnée[30] et la négation de tout ce qu'elle n'est pas. Une négation ultérieure de ce couple fondamental intervient du fait de l'engagement de celui qui affirme, qui le distingue comme *sujet* de son affirmation, si bien que l'affirmation première est *devenue* un mouvement qui relance la vie de l'esprit à un essai de détermination de ce nouvel état commun du sujet et de l'objet dans un processus indéfini de connaissance.

A partir de là comment caractériser le jugement de foi utilisant l'analogie? très exactement par la "qualité" de la seconde négation. Quand je dis par exemple: Dieu est, je ne pose pas un "objet" à proprement parler, un élément de l'ensemble des objets. Autrement dit, ma négation du couple premier, de la dualité entre le sujet que je suis et l'objet que j'affirme, ne m'indique pas seulement un mouvement qui me renvoie à l'indéfini de l'ensemble des êtres dont Dieu serait un élément comme je le suis. Ma seconde négation dans cette analogie me renvoie à un mouvement originaire: elle signifie à la fois que l'infini ne saurait m'être extérieur bien qu'il soit tout autre.

Il y a une énergie propre à l'esprit qui fait que je puis dire: "il pleut sans pleuvoir", en y vérifiant un sens derrière la contradiction formelle: ma propre dialectique de puissance finie renvoie à la présence motrice de l'infini au moindre de mes jugements de ce type. A un autre degré, il y a une énergie propre au discours de foi, qui réaffirme au terme d'une double négation que je puis et qu'il me faut traverser toutes les figures de mon discours pour indiquer au-delà la présence de l'Infini antérieure à la dualité de la pensée et de l'être en moi-même.

On n'en est là, dira-t-on, qu'à la foi en Dieu. Mais que va-t-on affirmer de lui valablement, toujours par l'analogie, en ajoutant quelque prédicat à notre jugement premier: Dieu est? On ne peut répondre à ceci qu'en s'interrogeant: comment est *possible* un tel jugement de foi? Comment puis-je reconnaître ce que je nomme Dieu? C'est poser là tout le problème de l'Infini manifesté et rencontré dans le fini, c'est-à-dire en définitive tout le problème de la Révélation.

------

[29]Et de "diviniser" en quelque sorte tantôt l'homme comme sujet absolu d'une liberté sans détermination, tantôt la matière comme auto-suffisante; ou de se satisfaire du rapport de l'homme au monde comme une totalité suffisante. Stanislas Breton tentait naguère une typologie des idéologies à partir de cette idée des combinaisons possibles d'intégration de ces trois pôles.

[30]Même s'il s'agit d'un être de raison.

A ce niveau de recherche herméneutique (c'est-à-dire sur les activités humaines associées à l'emploi du discours de la foi), nous en avons désigné la motivation unique à travers la structure dialectique propre au jugement d'analogie: la reconnaissance de Dieu (ou de l'Infini manifesté par sa révélation dans le fini). Ceci nous renvoie une fois encore à la dimension sémantique du discours de foi.

En étendant la recherche aux manières dont ce même discours affecte aussi bien celui qui le tient, que celui qui le reçoit et l'interprète (dans la prédication, la catéchèse, l'étude théologique - ou le culte, et l'adoration), on aura déployé les diverses activités, mais la référence au contenu signifié demeure première.

c) Sémantique de l'analogie.

Tout converge donc à ce centre: le contenu signifié par l'analogie dans le discours théologique: Dieu se révélant et révélé. Nous voilà au coeur du sujet, à même d'entreprendre la dernière étape de notre enquête en partant d'une base assurée, la principale difficulté étant de demeurer concis en un sujet aussi vaste.

Voici donc notre thèse 1: l'analogie dans le discours théologique est le corrélat du mouvement pascal de la foi.

III - LE MOUVEMENT PASCAL DE LA FOI

A - *REVELATION ET FOI*

1. *La révélation, auto-manifestation de Dieu dans l'histoire du salut.*

Il faut partir de l'évolution récente des recherches sur le concept de *Révélation*, notamment depuis Vatican II. Adoptons et commentons brièvement la définition qu'en donne H. Bouillard:[31] la Révélation est "l'auto-manifestation de Dieu dans l'histoire du salut, dont le Christ constitue le sommet".

C'est l'auto-manifestation de Dieu. Autrement dit, c'est lui-même qui se fait connaître. Tous les théologiens se rencontrent ici - et non pas seulement les tenants de la théologie négative: de Dieu nous savons qu'il est, mais non pas *ce qu*'il est (cf. par exemple, saint Thomas, *Somme Théologique*, Ia, q. 3 - et même Latran IV: *Dz* 432). Il faut le répéter: Il n'a pas de nature déterminée comme la nôtre. Bien plus, la première trace de Dieu, que nous avons dégagée dans notre recherche sur la structure dialectique de l'analogie, semble bien être la correspondance qu'il y a entre ce que nous pourrions appeler une "anthropologie" négative et la théo-

---

[31] In: J. Audinet, H. Bouillard, L. Desrousseaux, C. Geffré, I. de la Potterie, *Révélation de Dieu et langage des hommes*, Paris, Cerf, 1972, p. 43.

logie négative.[32] L'homme n'a pas une "nature" de type physique, mais est auto-créateur en traversant toutes les médiations qu'il se donne; et il est au-delà de toutes les déterminations (compréhensibles par couple d'opposés) sans lesquelles pourtant il n'est pas. De même Celui que nous appelons Dieu, non seulement est au-delà, bien sûr, de cette manière-là d'être tendu vers l'à-venir de sa nature qui est propre à l'homme, mais il est au-delà de toute nature. Mais alors, s'il y a un discours positif sur l'homme, (une multitude de discours, plus exactement, de type et de validité à évaluer à chaque fois), à propos de Dieu il n'y a que le silence de l'adoration dans une théologie négative, silence qui est le contraire d'un arrêt de la tension ou de la recherche. Si bien qu'il faut que ce soit Dieu lui-même qui se fasse connaître en positif si je veux tenir un discours valable sur lui-même, ma théologie n'étant que la compréhension toujours plus approfondie de sa propre Parole, le mouvement d'accueil sans cesse repris de Lui-même qui me permet de parler de Lui.

De la thèse que la Révélation est l'auto-manifestation de Dieu, il faut encore tirer deux conséquences, comme l'ont fait par exemple Karl Barth et W. Pannenberg:[33] d'une part, Dieu pour nous est identique à sa Révélation: il ne peut révéler autre chose que lui-même et il n'est pas *pour nous* autre que celui qui se manifeste dans cette révélation; d'autre part, celle-ci en conséquence ne peut être qu'unique, même si elle est progressive et doit être considérée en sa totalité historique.

Cette auto-manifestation de Dieu a lieu dans l'histoire du salut. Chacun de ces deux termes appellerait d'amples réflexions que nous résumerons ainsi. La Révélation étant une manière d'être de Dieu *pour l'homme*, elle prend donc la forme - et la dimension historique constitutive - de l'homme.[34] Il faut insister tout de suite - même si ce n'est pas le lieu pour le justifier - sur le lien entre l'histoire et la praxis: c'est-à-dire sur le fait que c'est la pratique historique de l'homme qui transforme le monde, lien qui oblige à briser le cadre des ontologies traditionnelles.[35] S'il y a révélation, ce sera une action de Dieu,[36] entraînant ou non une réaction, une réponse active de l'homme. La conséquence immédiate de ceci est que la foi est un comportement total, et non une simple adhésion à des

---

[32]Sur l'homme "nature ouverte" et en cela à l'image de Dieu, voir Hans Urs von Balthasar, *Dieu et l'homme d'aujourd'hui*, Paris, DDB, 1966, pp. 180-181.

[33]Voir: Wolfhart Pannenberg, *Esquisse d'une christologie*, traduction française, Paris, Cerf, 1971, pp. 153 s, pp. 157 s.

[34]Ainsi parle Vatican II, en "Dei Verbum": "Dans la Sainte Ecriture, Dieu a parlé par des hommes à la manière des hommes" (no 12, citant saint Augustin, *De Civ. Dei*, XVII, 6, 2; P.L. 4, 537). Cf. aussi le no 13. Ce qui vaut de l'Ecriture vaut bien sûr de toute Révélation, de toute forme de Parole de Dieu. (La loi est universelle qu'on énonçait ainsi chez les scolastiques: "quidquid recipitur ad modum recipientis recipitur").

[35]Statiques, hiérarchiques, dualistes, etc... Cf. supra: rejet de l'analogie.

[36]Une "théo-praxie" pour risquer un néologisme.

vérités abstraites. Il s'agit de faire la vérité, pour qu'elle nous rende libres (*Jn* 3,21; 8,32).

Que cette histoire soit histoire du salut est un développement de la définition, si le salut est conçu comme une synergie totale de l'homme et de Dieu. Il n'est pas sans intérêt que "le contenu de référence" (Dieu), interférant avec l'homme dans son monde, soit apparu dans notre recherche comme un troisième pôle (le sotériologique) générateur d'anomalies logiques significatives.[37] Le salut est ainsi désigné comme le ressort ultime, l'enjeu de tout ce que proclame le discours théologique. Il faut encore ajouter de ce salut, sans qu'il soit question ici d'en pousser plus avant l'exposé, qu'il renvoie à la totalité de ce qu'est l'homme, et donc du cosmos à partir duquel l'homme fait son monde humain. Rien n'est étranger à ce mouvement unique et totalisant dans lequel se rencontrent Dieu qui se révèle et la réponse active de la foi de l'homme.

Nous avons ajouté que le Christ constitue le sommet de cette révélation: c'est non seulement reconnaître dans ce mouvement des degrés, mais un terme ultime (et donc: originaire): l'alpha et l'omega de la Parole de Dieu comme de tout être. C'est ce dernier point que nous allons développer bientôt.

Insistons pourtant une dernière fois sur ce fait "qu'une libre ouverture de lui-même doit se produire, de la part de Dieu, pour qu'un autre esprit puisse s'enhardir à vouloir le connaître". De ce fait dérive toute la prudence du théologien à parler d'*analogia entis*:

> il nous oblige à garder toujours présente à l'esprit
> l'idée que, de même que l'esprit humain est l'a priori
> de la connaissance du monde, ainsi Dieu et Dieu s'ou-
> vrant lui-même, est et demeure toujours l'a priori de
> la possibilité pour l'homme de le connaître. L'expé-
> rience de la rencontre des personnes dans le monde fera
> comprendre à l'homme moderne qu'il doit par avance for-
> muler le rapport de l'esprit fini à l'infini plus reli-
> gieusement que philosophiquement, et en adoptant une
> attitude d'engagement total plus qu'une attitude théo-
> rique. Il doit savoir que même s'il se livre à ses cal-
> culs avec l'objectivité et l'exactitude les plus par-
> faites, il doit toujours assumer la responsabilité de
> ses interventions dans la nature en partant d'une idée
> totale de l'homme. Et de même, il doit savoir qu'il
> lui faut garantir chaque formule théorique de son rap-
> port avec Dieu (et serait-ce la formule abstraite de
> l'analogia entis) par la valeur réelle de son rapport
> religieux avec Dieu, et que les deux rapports doivent
> former une unité. Faire naître la vérité est une acti-
> vité dont il faut assumer la responsabilité devant Dieu,

---

[37] Supra, C, 3, a.

et ceci reste vrai, qu'il s'agisse d'un individu, d'une
équipe, d'une nation ou de l'humanité dans son ensemble.[38]

2. *Parole de Dieu et Foi: corrélations d'une Praxis en synergie.*

Au point où nous en sommes, il n'est pas inutile de faire valoir
quelque peu l'équivalence à établir entre Révélation et Parole de Dieu: en
une seconde approche donc, il faut placer comme corrélatif de la Foi la Parole de Dieu - parce que ce qui est désigné là recouvre, intègre, un très
grand nombre de données chrétiennes.[39]

Qui met en corrélation Parole de Dieu et Foi, distingue d'abord
Dieu, et l'homme *capax Dei*: il n'est pas d'autre point de départ - et s'il
n'est pas mis au clair, tout le reste s'avère insignifiant. Une fois de
plus, ce n'est pas le lieu de développer ici une anthropologie; on se
bornera à renvoyer à quelques textes significatifs du P. de Lubac.

> Tout acte humain, écrit-il, connaissance ou vouloir, sup-
> posant au réel sur lequel il s'exerce une solidité et un
> sens, prend appui secrètement sur Dieu. Car Dieu est
> l'Absolu, et l'on ne peut rien penser sans poser l'Abso-
> lu, en le rattachant à cet Absolu; on ne peut rien vou-
> loir sans tendre à l'Absolu, ni rien estimer sans le
> peser au poids de l'Absolu.[40]

> C'est que, préalable à tous nos concepts, quoique objec-
> tivement insaisissable en dehors d'eux, et antérieure à
> tous nos raisonnements, quoique logiquement injustifia-
> ble sans eux, inspiratrice, motrice et justificatrice
> des uns et des autres, l'idée de Dieu est en nous, mys-
> térieusement, dès l'origine. Omnia cognoscentia cognos-
> cunt impliciter Deum in quolibet cognito.[41]

> Point de sujet unique. Point de personnalité sans al-
> térité. Point de conscience repliée sur soi. Point
> d'être réel sans inter-subjectivité. Point de connais-
> sance réelle ni de densité ontologique sans mystère.
> - Et point d'homme sans Dieu.[42]

En second lieu, qui dit: Dieu parle et je puis croire à sa Parole, énonce une double relation: de Dieu à nous, avec son efficace propre

---

[38] Hans Urs von Balthasar, *Dieu et l'homme d'aujourd'hui*, op. cit.,
pp. 111-112.

[39] Ce qui n'interdit pas de chercher d'autres centres de perspective,
s'il s'en peut trouver de plus intégrateurs.

[40] Henri de Lubac, *Sur les chemins de Dieu*, Paris, Aubier-Montaigne,
1966, p. 46. (Inutile de souligner ici l'inspiration blondélienne...).

[41] *Ibid.*, p. 50.

[42] *Ibid.*, p. 120.

qui respecte la liberté - et de nous à Dieu, induisant une praxis. Inutile d'insister encore sur le caractère *théandrique* de *toute* Parole de Dieu, quelle que soit sa forme: l'Ecriture, l'Eglise corps du Christ avec le mystère de ses sacrements, ou le Christ lui-même, Logos incarné. Il faut rappeler simplement que cet aspect n'est pas sans lien avec cette "précompréhension" de Dieu dont nous venons de traiter; en effet, que celle-ci soit nécessaire, écrit H. Söhngen,

> métaphysiquement parlant, cela veut dire: la voie de l'analogie (comme proportionnalité) implique la voie (de l'attribution) par la causalité. Et pour la théologie de la révélation, cela signifie: l'analogie n'est pas une voie humaine pour entrer dans la révélation; mais, au contraire, la révélation est la voie divine, théandrique, conduisant à cette analogie de l'homme et de Dieu qui est apparue dans le Logos fait homme.[43]

Il faut plutôt insister sur le corrélatif de l'efficacité de la Parole de Dieu (dont en passant, on trouverait maintes attestations dans l'Ecriture[44]): la réponse de foi de l'homme comme pratique totale. Ce n'est pas la moindre originalité du christianisme que la doctrine vienne en second, et en premier l'agir de Dieu, et son drame avec l'humanité. C'est ici qu'intervient au coeur de la praxis la réalité de l'agapè: seul l'amour se révèle comme cela, seul "l'amour est digne de foi". La Parole est d'abord don, et passion, aux sens actif et passif du mot; et la foi aussi est alors don, et passion.

> Ce que Dieu veut dire à l'homme dans le Christ ne saurait avoir pour norme ni le monde dans son ensemble, ni l'homme en particulier: sa révélation est absolument théo-logique, ou plus exactement théo-pragmatique: action de Dieu dirigée vers l'homme, action qui se manifeste en présence de l'homme et pour lui (et par là seulement sur lui et en lui). C'est de cette action que nous allons dire maintenant: elle n'est digne de foi qu'au titre de l'amour; nous voulons parler du propre amour de Dieu dont la manifestation est celle de la gloire divine.[45] - gloire manifestée dans le Fils (*2 Co* 4,6; *He* 1,3).

Il reste un dernier groupe de notions à mettre en place: qui dit Parole de Dieu et Foi dit enfin, sous diverses formes, mémoire, histoire ou tradition vivante (en commun, et avec un souci de cohérence dans l'inter-

---

[43] *Art. cit.*, p. 74, in fine.

[44] Nombreuses citations par exemple dans le V.T.B., article "Parole de Dieu".

[45] Hans Urs von Balthasar, *L'Amour seul est digne de foi*, Paris, Aubier-Montaigne, 1966, pp. 8-9.

prétation de ce qui est reçu et transmis). Il ne s'agit pas seulement ici de ce que nous disions plus haut de l'*analogia fidei*; il faut remonter à la source de la vie de la foi, qui, parce qu'elle est vie, a un certain nombre d'exigences organiques - et il faut en même temps redonner son épaisseur historique à la corrélation entre foi et révélation comme manifestation de Dieu lui-même. Il faut voir que se correspondent en un même mouvement la *fidelitas* d'un Dieu qui se révèle identique (et efficace) dans sa "philanthropie" (au sens grec)[46] - et la *fiducia* du croyant qui y reconnaît la source et le terme de sa praxis réfléchie, et ultimement de son adoration.

Ceci mériterait de plus amples développements qui tendraient tous à souligner pour chacune des précédentes mises en corrélation le caractère de *praxis* de la Révélation comme de la Foi. Le type de relations entre ces deux termes est très probablement le fondement et la garantie de validité de l'analogie qu'implique le discours théologique du fait des particularités qu'il assume dans ces conditions. Mais pour s'en assurer, il faut aller un peu plus loin.

B - *FOI DU CHRIST ET FOI AU CHRIST*

Il convient ici - pour être bref - de faire de larges emprunts au P. von Balthasar.

1. *Le lien entre les deux.*

La Foi *du* Christ a longtemps été quelque chose d'inaperçu par les théologiens; une double tendance théologique les en écartait: une christologie "d'en haut" n'hésitant pas à attribuer à l'homme-Jésus l'omniscience - et une conception de la foi comme savoir ou adhésion à des vérités.

> Le point capital est d'avoir vu que la foi chrétienne
> ne peut se concevoir autrement que comme ce qui nous in-
> troduit dans l'attitude la plus profonde de Jésus. Là
> est l'impérissable vérité de l'exégèse libérale, et
> elle doit être maintenue. Mais ce qui justifie la foi,
> ajoute von Balthasar - ce n'est pas seulement que quel-
> qu'un ait eu cette audace devant Dieu, et l'ait eue pour
> les hommes et non pour lui, mais que Dieu ait répondu
> à cette audace par la résurrection, désignant ainsi
> dans cet audacieux quelque chose de plus qu'un simple
> homme.[47]

Ainsi notre Foi au Christ se fonde-t-elle dans la Foi du Christ. Voilà ce qu'il faut expliciter un peu.

---

[46] Là-dessus en particulier voir les admirables développements de Jürgen Moltmann, dans sa *Théologie de l'Espérance*, Paris, Cerf-Mame, 1970, pp. 125 s.

[47] Hans Urs von Balthasar, *La Foi du Christ, cinq approches christologiques*, Paris, Aubier-Montaigne, 1968, pp. 48-49.

2. *L'amour pascal.*

Nous signalions comme fondamental le couple *fidelitas-fiducia*.
Il faut ajouter que:

> l'hellénisme comme tel n'est aucunement responsable
> d'une édulcoration du concept de la foi venu de l'An-
> cien Testament. En latin *fides* a la même ampleur de
> sens et surtout, - d'une façon plus nette qu'en grec
> et plus proche de l'hébreu, - il s'applique autant à
> Dieu qu'à l'homme. La *fides* et la *fidelitas* d'un Dieu
> qui tient parole, - parce qu'il tient ce qu'il est,
> - fonde la forme spécifiquement humaine de la *fides*,
> cette fidélité qui repose sur la reconnaissance de Dieu
> comme Dieu, et sur un parfait abandon de soi à Dieu.[48]

On retrouve avec Jésus les mêmes éléments qui caractérisaient la foi dans
l'Ancien Testament, mais portés à leur suprême perfection humaine et divine:

> Nous y retrouvons tout: la fidélité du Fils de l'homme
> à son Père, donnée une fois pour toutes et renouvelée à
> chaque instant du temps. La préférence inconditionnelle
> du Père, de son être, de son amour, de sa volonté et de
> son commandement, par-dessus tous les désirs et les in-
> clinations propres. La persévérance inébranlable dans
> cette volonté, quoi qu'il advienne. Et par-dessus tout,
> la disponibilité entre les mains du Père, le refus de
> vouloir connaître l'heure à l'avance et de la devancer.[49]

Un tel comportement, une telle ouverture de tout l'être conduit à
la mort, et par la résurrection Dieu confirme qu'il est bien lui-même celui
qui se comporte ainsi, qu'il est tel.

> Cette offre de Jésus, proposant aux hommes la force de
> Dieu dans son élan, sa disponibilité ouverte à tous,
> Jean plus tard a découvert et nommé son secret: l'amour.
> Cet homme qui se dépouille de lui-même jusqu'à la mort
> pour être à la disposition de tous, il aime, mais
> l'amour qui l'emporte est ici l'amour même de Dieu:
> croire en Jésus-Christ, c'est aimer Jésus comme l'amour
> même. Là se trouve également, du fait que la parole
> de Dieu s'est faite chair, la seule explication défini-
> tive de la foi chargée d'amour et de fidélité pour Dieu
> et sa parole de salut (...).[50]

---

[48] Hans Urs von Balthasar, *op. cit.*, pp. 26-27.

[49] *Ibid.*, pp. 29-30.

[50] *Ibid.*, pp. 34-35.

L'ANALOGIE DANS LE DISCOURS THEOLOGIQUE ET LE MOUVEMENT PASCAL DE LA FOI

Ici devrait prendre place, à cette étape de notre cheminement, une étude sur la révélation du mystère trinitaire à l'intérieur même de ce passage de la mort à la résurrection, de cette dialectique non seulement passée, mais toujours présente, et ouvrant un avenir, entre la gloire et la croix.

C - *LE MOUVEMENT PASCAL DE LA FOI*

Comment reconnaissons-nous en la mort et en la résurrection du Christ le mouvement même, la vie même de Dieu? "Cela tient essentiellement à ce que l'évènement de la croix et de la résurrection du Christ apparaît marqué d'un trait paradoxal: quelque chose qui demeure en soi-même et à jamais incompréhensible et qui cependant, dans cette incompréhensibilité même, se manifeste comme dépassant (*a priori*) toutes les représentations possibles de Dieu."[51]

1. *Le Christ, seule "analogia entis" concrète.*

Par là, le Christ se présente comme la seule "*analogia entis*" concrète, "puisqu'il constitue en lui-même, dans l'unité de sa nature divine et humaine, l'unité de mesure pour toute distance entre Dieu et l'homme. Et cette unité est sa personne en deux natures."[52] Par quoi Jésus, vrai homme et vrai Dieu, révèle à la fois qui est Dieu et quel est l'homme, à son image.[53]

En quel sens l'homme est image de Dieu mériterait d'amples développements, non pas tant pour exorciser les représentations restrictives qu'on en a donné, que pour en faire valoir toutes les dimensions et le dynamisme propre.

2. *Rapport de l'analogie ainsi comprise au mouvement commun de la foi et de la raison.*

Si le Christ est bien la seule "*analogia entis*" concrète, à partir de laquelle le discours théologique retrouve un usage valable de l'analogie - et les règles de cet usage - il faut en tirer, quant à l'aspect de la foi qui nous intéresse, une double conclusion. D'une part, dans la logique de ce que nous avons dit, la foi ne s'accomplit pas en savoir absolu - comme si le Christ était "objet" de ce savoir.

Car,

Là intervient le tournant proprement chrétien qui se distingue de toute spéculation abstraite sur Dieu et les

---

[51] Hans Urs von Balthasar, *op. cit.*, pp. 105-106.

[52] Hans Urs von Balthasar, *Théologie de l'histoire*, Paris, Plon, 1954, p. 67, note 1.

[53] Voir par exemple sur ce dernier point Pannenberg, *op. cit.*, p. 256.

représentations de Dieu, par la révélation personnelle de
Dieu dans le Christ. Ce tournant consiste en ce que l'incompréhensibilité "philosophique" de l'être de Dieu, exprimée dans les formules de la "théologie négative" se
transforme en une incompréhensibilité "théologique" de
l'amour de Dieu, - car le chrétien sait ce que le philosophe ne sait pas, que Dieu est amour. Il est radicalement incompréhensible que l'amour absolu, comblé dans
la plénitude de la vie trinitaire, puisse à cause du pécheur - que je suis - se dépouiller de ses traits divins
pour aller mourir dans les plus profondes ténèbres.
En face de cette absurdité dérisoire, toute théologie
négative n'est qu'une innocente naïveté. Mais c'est
précisément cette absurdité dérisoire qui, dans la figure que Dieu me propose de sa révélation, se jette sur moi
avec une force irrésistible et littéralement mortelle.[54]

Que le Christ, par toute son attitude d'obéissance, ne
se présente par lui-même comme la source suprême de l'amour,
qu'il ne fasse pas de son existence humaine la révélation
de son propre amour éternel, mais la transparence de
l'amour du Père, cela rend le paradoxe à la fois définitivement impossible à concevoir et susceptible pourtant
de se laisser comprendre existentiellement: d'un côté
la personne qui obéit se trouve emportée en Dieu et devient le Fils trinitaire et le Verbe du Père, mais d'un
autre côté cette forme d'existence dans l'obéissance donne au disciple qui croit un point d'insertion qui lui
permet de prendre la suite, elle lui ouvre une porte
d'accès. Ce suprême transfert du mystère du Christ dans
la sphère du pur objet de foi vérifie encore une fois et
très exactement que l'Alliance de l'Ancien Testament
trouve ici, dans la distance qui sépare Dieu et l'homme
et dans la rencontre qui les unit, son accomplissement
au-delà de toute mesure.[55]

Mais, s'il faut ainsi voir combien l'incompréhensibilité "théologique" de l'être de Dieu mène infiniment plus loin que son incompréhensibilité "philosophique" - il faut pourtant d'autre part - et ce que nous venons de dire le laissait déjà entendre - tenir que:

la révélation de Dieu dans la chair met un point final
à la théologie principalement négative dans le sens où
l'homme naturel devait nécessairement le comprendre. A
présent Dieu est tout d'abord et avant tout celui qui est
connu. Celui qui s'est révélé, qui a dit et manifesté

---

[54]Hans Urs von Balthasar, *La Foi du Christ, op. cit.*, pp. 107-108.
[55]*Ibid.*, pp. 110-111.

objectivement quel Dieu il était, et qui subjectivement a mis en nous son Esprit, cet Esprit qui scrute les profondeurs de la divinité et nous les découvre.[56]

Ainsi, avec, dans, par le Christ, unique et définitive "*analogia entis*" concrète, la Foi est et reste totalement Foi - et la Révélation révèle vraiment et en plénitude Dieu lui-même.

Telle serait donc notre thèse 2: le problème de l'analogie dans le discours théologique, qui demande d'élucider en quoi consiste la Révélation, renvoie en dernier ressort au mystère du Christ, mystère qui s'accomplit dans sa Passion et sa Résurrection.

IV - CONCLUSION

Ce dont nous persuade notre étude de l'analogie dans le discours théologique, mise en rapport avec le mouvement pascal de la foi, c'est en définitive que la foi s'avère être une extraordinaire *libération de l'intelligence* à long terme.[57] Au fond, l'Exode s'accomplit avec les dépouilles des Egyptiens. La raison ne renonce qu'à ce qui l'empêche de se réaliser, d'être vraiment elle-même.

Il ne faut pas raisonner d'abord quand il s'agit de Révélation en termes de contenus de connaissance, au sens que le mot a pris depuis la critique kantienne, mais en termes de mouvement, dans une vection dont le Christ est l'origine, le milieu et le terme. Une véritable théologie sera à la fois et du même élan spirituelle et critique, car le foyer d'où procèdent les exigences de l'intelligence et celles de la sainteté est identique. Il n'est de mystique réelle qu'à travers la critique, et si l'on consent à passer par le désert, tout peut être restitué, et en une savoureuse plénitude, dans la rencontre du Christ Total.

Nous voilà tentés dès lors de travailler dans plusieurs directions:

1) voir comment "fonctionnent" les langages bibliques et les langages théologiques, et reprendre une analyse plus serrée de leurs rapports mutuels.

2) en particulier, voir comment la Révélation est la Parole qui *nous* fait *parler*, avant de raisonner en termes de "contenus", car

---

[56]Hans Urs von Balthasar, *Trois signes distinctifs du christianisme*, appendice à la *Théologie de l'histoire, op. cit.*, p. 192.

[57]Il faudrait s'inspirer dans cette conclusion, pour une large part, de la très belle étude de Jean Mouroux, parue dans la 2e partie de son livre *A travers le monde de la foi*, Paris, Cerf, 1968.

- la force de l'analogie est dans le jugement,
- la force du jugement est dans le rapport du
  fini à l'infini,
- le rapport du fini et de l'infini trouve sa
  réalisation ultime dans le mystère du Christ,
- le mystère du Christ s'accomplit dans sa Passion et sa Résurrection,
- ce mouvement pascal tire sa puissance de la foi
  du Christ au Père,
- la foi du Christ rend possible et opératoire la
  foi au Christ.

S'il y a une réponse à notre question initiale, elle est rendue possible par cet événement, et le type d'intelligibilité qu'il libère: "Personne n'a jamais vu Dieu; le Fils unique, qui est dans le sein du Père,
nous l'a dévoilé..." (*Jn* 1,18; cf. *Jn* 6,46 et 14,7-9).

François Bousquet

THE MIND OF JESUS*

Frederick E. Crowe

The title says "mind" instead of "intellect" and "Jesus" instead of "Christ"; I hope that in both cases the change from the usage of the manuals will help me be a little more concrete and historical than theology often was in scholastic times; it will be clear also that I am speaking of the human Jesus. I regret that in the space allowed me I could not manage an article on "The Mind and Heart of Jesus," for it is artificial to divide his unitary consciousness. Of course, the division is inevitable; if I were to write on the mind and heart I would have to do it in two parts. But I could then relate them better to one another, whereas all I can do here is ask readers to keep the unnatural division in mind and make allowance for it.

The problem of the mind of Jesus is very old, one of the oldest in Christology. If we take Luke's gospel as a basis, we will say it began when Jesus was twelve "and all who heard him were amazed at his intelligence and the answers he gave" (*Lk* 2,47). But the problem did not stand still; it changed form many times in the last nineteen centuries, according to the particular questions studied and the context in which they were raised. I cannot write the history of the changes but I do have to state the problem as I see it today, and show how it differs from previous forms.

In a sense the problem is the same today as it was in the past; it is the problem of the compatibility of the data which give a high view of the knowledge Jesus had with the data which give a more ordinary view. But that is an abstract formulation of the problem; when we come to the concrete thrust of theological thinking, we find there has been almost an about-face from earlier times. That is, once we began with the high doctrine of Jesus'

---

*Ce texte a d'abord été publié dans *Communio: International Catholic Review*, 1 (1974), pp. 365-384.

knowledge which was stressed in church tradition and founded on John's gospel; there Jesus is presented as one who did not need information from anyone (2,25), as one who knew everything (16,30), as one who brought his message from another world: "He who comes from heaven bears witness to what he has seen and heard" (3,32). Taking our stand on this we tried to explain or explain away the elements of low doctrine we find in a gospel like Mark's; there Jesus is presented as asking what seem to be real questions (5,30), being surprised at what he observed (6,6), and openly declaring that the Son did not know when the last day would come (13,32). Today, however, the tendency is the opposite; we incline to take our stand on the low doctrine and ask whether the high doctrine is compatible with our position. Briefly, and much too simply, once we stressed the divinity and the special gifts of Jesus, and then elements in Mark's gospel were an embarrassment; now we stress the normal cognitional process in Jesus and the limitations of his humanity, and then elements in John's gospel are an embarrassment.

We can easily say, and I think it is true enough, that the Nicene definition of the divinity of the Son had an inhibiting effect on attention to the humanity. We know what a struggle the church went through after Nicea to get as far as Chalcedon and the doctrine that the Son is man in the same sense in which we are men. With that definition the principle was made safe for the future, and later councils would even draw the obvious conclusion and affirm a human will in Jesus. But popular piety was rarely able to incorporate this doctrine into its thinking; instead we have had an almost incurable tendency to monophysite thinking.[1] Theologians were more cautious, as they ought to be, but they didn't really have their hearts in the study of Jesus' humanity. Thus, the scholastics, guided by Chalcedon, attributed both divine and human knowledge to Christ, and divided the human into immediate knowledge of God (beatific vision), infused knowledge of creation and revelation, and experiential knowledge such as the rest of us may gain in the normal way. But this experiential knowledge did not really interest them; St. Thomas himself had trouble admitting it at first; when he did come round the change was due to a priori grounds more than to a posteriori: a faculty should not be without its exercise; Christ had the faculty of agent intellect with the function of providing experiential knowledge; therefore...[2]

We can also say, and again I think it is true enough, that the present reversal should not be put down to mere rationalism. On the contrary it meets a real need arising out of the theological sciences and religious practice. On one side there is our new understanding of the scriptures: when we recognize that the words and deeds attributed to Jesus by the evangelists are not necessarily historical in our sense of the word, that a great deal of interpretation has been added to historical experience, then we have to inquire what the original historical experience of the disciples was, how Jesus appeared to them originally in all that he "did and taught

---

[1] See Yves Congar's examples and comments in his *Christ, Our Lady and the Church* (Translated by Henry St. John), Westminster, Newman Press, 1957, pp. 43-54.

[2] St. Thomas, *Summa theologiae*, IIIa, q. 9, a. 4.

from the beginning until the day when... he was taken up to heaven" (*Acts* 1,1-2). On the other side there is the need arising out of faith in Jesus as our model in our struggle with the human condition: what kind of model is a man who already knows today everything that will happen tomorrow, who doesn't have to think things out or make difficult decisions without the facts at hand? He is bound to appear like an actor going through the motions. And so we begin to find an alien element in John's gospel and scholastic theology; we turn with a feeling of greater kinship to Mark, who surely has his own exalted view of Jesus and Jesus' knowledge, but does seem closer to the original historical experience of the disciples.

We can, I say, readily admit both these points. However, they do not eliminate the problem; they merely show how it arose. The problem remains, and it grows acute, to the very point of putting in question the truth of some traditional doctrines and of John's gospel. We cannot forever evade that problem, and I do not mean to try. But I wish to approach it in my own way and in my own order. So let me begin on the level of ideas, and postpone the question of truth. Let us suppose a normal cognitional process in Jesus and draw out its implications a little; we will then consider the traditional doctrines that seem most pertinent, ask what they mean, and see to what extent may be really in conflict with our supposition. Then we can more profitably take up the question of truth.

We begin with the supposition of a normal cognitional process, namely, that the infant Jesus learned to coordinate eye and hand and mouth the way psychologists observe infants to do today (apply Piaget to the limit here), that the child Jesus learned the meaning of "Mama" and "Papa" or whatever words Mary and Joseph taught him to say, that as his vocabulary grew he was taught also to say the household prayers of the family, that in due course he came to a sense of what the word "God" and other words in religious use meant, that he discovered the Hebrew scriptures bit by bit and thrilled to their message, that as he grew older he began to ponder the meaning of life, that there may well have been a religious crisis when he reached the age of puberty and that he may have felt drawn to serve God in the temple the way he had read the boy Samuel served at Shiloh, etc., etc.

At this point a new factor has entered: responsibility to a call, the exercise of rational self-consciousness. On our supposition the child Jesus would have learned at about the age of four to use the word "I" (I understand the normal age for this is four), but he would no more reflect on who and what he was than other children do at four, or at fourteen for that matter. When he read the scriptures he would not think of them as prophecies of his life and death, but he would regard them as the word of God with a meaning for him as for all the people of Israel. His religious vocation would give him a sense of mission, but it would clarify from whatever intimations he may have had at twelve, through the experiences he had at baptism and in the desert, through the information he received on the fate of John the Baptist, through his failures as well as through his successes in teaching and preaching, etc., etc. Finally, death would be to him as he faced it the same dark exit it is for us, the impossibility of possibility, as the existentialists say; it may be that its terrors would be even greater for him, insofar as he lived a life of greater fulness than we do.

F.E. CROWE

There is no point in my drawing this picture in detail. It would hurt my case, first of all, for in my ignorance of conditions in Jesus' time and country I would err badly in details, and my supposition would lose even the status it has as hypothesis. In any case it is the principle I am interested in: if one is going to take up the question of a normal cognitional process in Jesus, he should do a thorough job of construction. He will not limit himself, therefore, to the data he finds in Mark or the other scriptures, but will add whatever is suggested to him by studies of daily life in Palestine at that time. Not only that; he will add also whatever is suggested to him by modern studies in linguistics, psychology, sociology, culture, religion, and the like. To illustrate by just one example out of dozens: he would ask how the theory of transactional analysis applies to Jesus; would Jesus show the response ("I'm OK, you're OK") of the mature adult at peace with himself and others? would there be any element in him at any time of the less mature ("I'm not OK, you're OK")? There might or might not be material to justify a hypothesis on such questions, but I think that in principle we have to be open on the matter and allow the questions to occur.

Turn now to the traditional doctrines on Jesus. The first of them which we have to take into account is that of the divinity of Jesus and his divine knowledge. Though we will never finish explaining it, its meaning is clear enough for present purposes, so we proceed at once to ask: does the doctrine of his divinity conflict with the supposition of a normal cognitional process in Jesus? My answer to this question would be that his divinity has nothing directly to do with it, one way or the other. The definition of Chalcedon declares that there is no mixture of natures in Christ, that the divine and the human remain with the properties of each intact. That is, just as Jesus is not a million years old because the divinity is eternal, just as he is not infinitely tall because of the divine immensity, neither does he know the date of the last day just because the divinity is omniscient.

True, age and size are quite different from knowledge, and so these three conclusions are not going to seem to many to be equally valid. After all, to be six feet tall and thirty years old belongs to the material conditions of human life, but to know is a spiritual activity. The divinity cannot be six feet tall or thirty years old, but if Jesus knows something as God, what sense does it make to say he does not know it as man? It is "his" knowledge, and how can "he" divide himself and his consciousness of his own activity? There are elements of cognitional theory in this objection, which may be clarified after my next question, but the basic oversight in the objection seems to me to pertain to metaphysics, and that makes discussion really futile at present. The oversight is metaphysical: activity belongs to a person but is exercised through what he is, through a nature; and exploration of these ideas pertains to metaphysics. But just there discussion becomes futile and you lose your audience, for metaphysics is in the attic nowadays, with other lumber from the ages.

There is a very real problem here. I think the definition of Chalcedon is magnificent in its simplicity, its clarity, and its implications.

But the popular view is that Chalcedon is intellectually bankrupt.[3] My explanation of this difference is that to discuss Chalcedon you must go beyond it, to go beyond it you need metaphysics, and to store metaphysics in the attic is to discard the very means needed to bring clarity to the discussion; so what is bankrupt is not Chalcedon but the metaphysics of those who write Chalcedon off. What can we do in this situation, when the very conditions of possibility for conversation do not exist? The only possible course seems to be to set the question aside for the time being, and move to other ground in the hope of finding a common basis. I hope we will eventually find a common ground for metaphysics in the cognitional theory of Lonergan's *Insight*, and a common approach to the being and consciousness and knowledge of Jesus in his Christological writings; but that will be a long story.

My next question regards the immediate knowledge of God that Jesus had according to the doctrine traditional in the church since the middle ages:[4] does it conflict with the supposition we made of a normal cognitional process in Jesus? It does if we conceive that vision as an ocular vision, or on the analogy of ocular vision, and suppose that the field of vision includes not only God but also the universe in its four-dimensional totality. Then, plainly, vision and real learning are incompatible. Jesus had everything spread out already before "the eyes of his mind": his betrayal by Judas, his treatment at the hands of the Jews, his resurrection on the third day, and so on.

But is the vision of God anything like ocular vision? I see no reason for saying it is; we have the biblical phrase, to see God face to face, but this is obviously metaphorical, like the arm of God, and the throne of God. In fact, there is reason, even in scholastic thinking, for saying that immediate knowledge of God is analogous not to seeing but to understanding; that this understanding is more characterized by the power and range of activity it gives the subject than by the list of objects on which it bears; that, when it does extend beyond God to find an object in creation, this understanding of creation is more global than detailed; that from such global understanding there remains a real process to empirical understanding of the created universe and of the course of human history.

This does not seem to be the place for a full exposition of the scholastic doctrine and its modern development, but I believe that the natural light of intellect described by St. Thomas, and the notion of being

---

[3]I first noticed this expression attributed to Wm. Temple, in his contribution to the symposium, *Foundations*, published in 1912; it has often been repeated.

[4]I am leaving out the question of infused knowledge in Jesus, not knowing how to determine its extent; it is hard to reconcile real cognitional process with the extent allowed by St. Thomas (*op. cit.*, q. 11), but I do not think we can agree with Thomas on this point.

described by Bernard Lonergan,[5] do provide an analogy for understanding how Jesus could live with the inexpressible vision of God and still find the world as new and strange as it is to us in childhood, for understanding how his growing up could be an experience in novelty, his becoming acquainted with the scriptures an introduction to new religious ideas, etc., etc.

Furthermore, I think this theological explanation of the matter is borne out by what the mystics tell us of their experience. It seems possible to interpret their visions too as something analogous to understanding; but we are told that there is a high degree of indistinctness in their knowledge - it is what we would call global - and that it is possible for them to lead a normal life and otherwise share our human condition despite their special favors from God. If mystical experience, then, is any guide to the experience of Jesus, he may have had a knowledge of the ALL without a distinct knowledge of any particular items in the created universe, and may have lived a normal life with the normal exercise of cognitional operations.

A third source of possible conflict is the doctrine, maturing in our own time, of the consciousness of Jesus. If we say that Jesus had a human consciousness, that an element in consciousness is consciousness of self, and that the only Self in Jesus is divine, what becomes of our hypothesis of a normal cognitional process in his mind? On this difficul+ matter one is almost necessarily either extremely brief or extremely prolix; happily I am compelled to be brief. I will merely call on Lonergan again and say that, if you take his view of consciousness and apply it to Jesus, as is done in his *De constitutione Christi ontologica et psychologica*,[6] there is no conflict with normal cognitional process. Consciousness is an experience, it includes experience of the subject, but it is not knowledge, and still less knowledge of the subject. Take an analogy from the field of objects: the birds and beasts of the Holy Land saw the Lord Jesus; they had experience of seeing him, but in what sense could they be said to know him? They did not know him in faith as God, or in understanding as man, or in any way that can be called human knowledge. But human experience, whether of object or subject, is not much different fundamentally from the experience we presume animals to have. The infant has experience of seeing its mother, but hardly knows its mother. We all likewise have inner experience of the self from the first wail we uttered as infants (and, I suppose, even before that); but we are far from thinking about the self, forming views on the self, and judging what the self is. Similarly, the experience Jesus had of the Self he was, is quite compatible with normal cognitional process.

---

[5] I gave a longer account in my article, "Eschaton and Worldly Mission in the Mind and Heart of Jesus," in *The Eschaton: A Community of Love* (The Villanova University Symposium of 1972, Edited by Joseph Papin, Villanova University Press); see especially pp. 114-116. The same article deals with the analogy from mystical experience; see pp. 117-118.

[6] First published in 1956, Gregorian University Press, Rome, and reissued several times. There is a later treatment in the 3rd edition of Lonergan's *De Verbo incarnato*, Gregorian University Press, 1964; but that volume is out of print. See also "Christ as Subject: A Reply," ch. 11 of *Collection*. Papers by Bernard Lonergan, Herder and Herder, New York, 1967.

I have been speaking hypothetically about reconciling normal cognitional process in Jesus with the special knowledge and experience traditional doctrine attributes to him, and have concluded that reconciliation is
possible. However, that does not settle any question of fact, and so we
still have to investigate the truth of the matter. Abstractly, the question of truth can arise from either side: on one, is it true that there is
a normal cognitional process in the mind of Jesus? On the other, are the
traditional doctrines about his knowledge true? Of the three traditional
doctrines considered, the first pertains to the faith established by Nicea,
Ephesus, and Chalcedon; it is settled for all who accept those councils:
as God, Jesus enjoys divine knowledge. The third, his human consciousness,
is an obvious conclusion of such a statement as, "I am thirsty," and I
shall simply assume the truth of it here. But the question of his immediate knowledge of God is real, and must be considered. Secondly, we will ask
whether in fact he went through the normal cognitional process in his mental activity. And, supposing an affirmative answer to that, two more questions become so urgent that we should not separate them from this article,
however radical they may seem. The first: is John's gospel reliable on
this question? is his account of Jesus' knowledge true? The second: did
Jesus himself make mistakes? was everything he said true?

First, then, there is the question of Jesus' immediate knowledge of
God. On this matter we have no article of faith, though we have a theology
that formed dialectically in the late patristic period and became firm in
the middle ages.[7] It was challenged by Liberal Protestants and Catholic
Modernists, and early in this century we had some declarations from Rome
reaffirming it. There is certainly a need now to reexamine the basis of
this doctrine. For one thing we cannot now suppose that the words attributed to Jesus by the evangelists were spoken by him in that form, or in many
cases that they were spoken by him at all. For another, the theology of
John's gospel, which seems to give such an exalted view of the human knowledge Jesus had, was not written in the context in which we read it, and
it may not mean exactly what we have taken it to mean; that will be my
conclusion, at any rate, when we come to a later item in our multiple question of truth. So I think we have to take up again the foundations of this
doctrine, though it means doing so at the very time when the question of
foundations in general is being worked out in a new way, and we will therefore be able to take only tentative steps.

I would say in general that what we hold about Jesus now we base not
so much on particular texts as on a global apprehension. It is global in
two ways: on the side of the subject, in that his knowledge, his conclusions, his values, his fellowship with others, the light and grace given
him by God, all operate in his unitary consciousness to bring him to a
religious conviction; and global on the side of the object in that we do
not analyze our beliefs and articulate them in separate items, and so are
readier to notice the mistakes of others than to give a positive account

---

[7]Those to whom Lonergan's *De Verbo incarnato*, 1964, is available,
will find in that work, pp. 359-382, a collection of excerpts from Ireneus
to Peter Lombard, illustrating the history of the question.

ourselves. I think we see this kind of global apprehension operative in the history of the church. At the time of Arius, for example, the exegesis of many texts of scripture was quite inadequate, but the bishops assembled at Nicea knew with a consensus approaching unanimity that Arius was wrong. There was a global apprehension of their faith in Jesus that they had not been able to articulate properly before, and could articulate only in confrontation with Arius. And even then they could not give a good account of their reasons; that was worked out only a number of years later by Athanasius, and it is not at all clear that he was reflectively aware of the extent and importance of his achievement.[8]

Coming now with the same mentality to our own problem of the human knowledge of Jesus, I think we will find already in the attitude of the scriptures towards his human role in the everyday world, setting aside therefore the theology that emphasizes his divinity or his cosmic role, I think we find already in this attitude a kind of global apprehension of Jesus as one who knows and is our authoritative teacher. We can go back beyond John and find it in Mark's descriptions of the way Jesus taught and the effect his teaching had on the crowd (v.g. 1,27; 4,33; 6,2; 11,18; etc.). We can go beyond Mark and find it in Paul's absolute respect for the "word of the Lord" (*1 Cor* 7,10; 12,25) and the "authority of the Lord" (*1 Cor* 14,37). We can find it in the practices investigated by form-criticism, which maybe take us beyond Paul; for the words of Jesus were adapted to new meanings for new situations, and why were they adapted if not because they were recognized to have an authority and an import extending beyond their original application?

But if I am asked to formulate this global apprehension of Jesus' authoritative knowledge, in other words, to do for this question what Athanasius did for the church's faith in the divinity of Christ, I can only hazard something like the following: The "heresy" in this case, corresponding to Arianism in the other, would be that Jesus is a prophet, and a very great prophet, but no more than a prophet as far as his knowledge goes. And the refutation of that heresy would be that the word of the Lord comes to the prophets but it does not come to Jesus; on the contrary, he has in his permanent possession an inner resource that enables him, in those matters in which he is our teacher, to speak on his own authority without waiting for a word to come to him, without appealing to Moses, without consulting the scriptures, without depending on any external source. Is there any other basis for speaking in this way and with this authority, than immediate knowledge of the ultimate, a knowledge that is independent of

---

[8] I am thinking of the argument: In the scriptures whatever is said of the Father is also said of the Son, with the exception of the title, Father (see Lonergan's use of it in *De Deo trino*, Vol. I, Gregorian University Press, Rome, 1964, pp. 23, 48, 54, 85, 131, 140-141, 142-143, 202). The argument has a simplifying and unifying effect on our apprehension of the scriptures; I would say it shows the thrust of the scriptures, whatever may be said of instances given by Athanasius in support of it. He uses it around 348 in his *Oratio III contra Arianos*, # 4, and again in 359, in his *De synodis*, # 49, this time with a greater wealth of material adduced in support.

images, ideas, truths, received in limited mediations of the ultimate? I do not see any other basis; but then I see no infallibility in my own seeing; so, if someone has another theory to account for the faith we have in the authority of Jesus, I would be willing to hear him.

Turn to our second question of truth: Did Jesus in fact go through the normal process of learning? did he wonder, ask real questions, come to understand, form judgments on some matters and not on others, etc., etc.? The *prima facie* case is that of course he did: he was born of a woman as we are, matured through childhood and youth as we do, grew in wisdom, received information and acted on it, learned obedience, etc., etc. All this implies that his mind worked as our minds do; it implies it so simply and obviously that we would never suppose otherwise, or even consider it a real question, had not the situation been complicated by the doctrines developed in the church on his divine and special human knowledge. But if, as we have concluded, those doctrines are quite compatible with normal cognitional process, then we have no further reason to doubt the *prima facie* case: If at the age of twelve he asked questions in the temple it was because he wanted answers. When he went to be baptized by John he went as others went, with a mind and heart struck by John's religious fervor, with a sense that God was working in John. When he began his own public life he formulated his message in continuity with John's. When he chose his followers he did not know that Judas would betray him. When he asked how many loaves his followers had, or who had touched his clothes, it was because he didn't know.

All this is to be taken for granted till disproved and, if I have understood correctly what the vision of God is, it is not disproved by that doctrine. Further, this general principle founded on the data in the synoptic gospels can be applied to all the areas in which Christian piety has attributed quite fantastic knowledge to Jesus: for example, he did not know all the secrets of the universe; he did not, in his agony in Gethsemane, see all the sins of all the world from Adam to me. To put the matter a little sharply: the apocryphal gospels loved to meditate on the wonders the infant Jesus performed on the flight into Egypt; our interest is more likely to be in the question whether such a flight would be a traumatic experience for Mary and whether, if so, she would communicate any of her anxiety to her infant Son.

I would approach the question of his knowledge of himself in basically the same way. If experience of self is quite distinct from knowledge of self, then the mere fact of self-consciousness gives us no reason for supposing self-knowledge. In us, self-knowledge is achieved under the influence of ascetical training and education; even then, it is only knowledge of character and the like that we reach; it is left to philosophers to spend time delving into the deeper questions of who and what the self is. But Jesus did not have our particular ascetical training and education, much less our philosophy. Is it likely that he spent much time reflecting on his own Person and nature? Even in regard to his role in Israel and in God's dealings with the people of Israel, it does not seem to me that such topics would have high priority in his thinking. If, therefore, the specialists in the gospels tell me the indications are that he never referred to himself as Messiah or Son of God, I see no reason to challenge them.

My own view, put forward with all caution and reverence, for we are treading on the holiest of ground, is that his mind and his speech were dominated by God, and that by implication his followers were later able to discover the special relationship he had to God.

Now to the further questions that my position requires me to face. And, first, about John's gospel: do I consider John's account of Jesus' knowledge true? For I took my stand on Mark rather than on John, and did not even make special use of the latter to base the doctrine of Jesus' immediate knowledge of God. I will not dodge this question, but let me make two preliminary remarks.

One remark: it will seem strange that I raise the question of truth in regard to John and not in regard to Nicea, Ephesus, and Chalcedon. But on my suppositions this is legitimate. A great deal of human expression is not on the level of truth (more on this when we come to our final question). Thus, when we read "A man was on his way from Jerusalem down to Jericho..." (*Lk* 10,30), we do not ask whether this is true; the question would be irrelevant; what is true or false is the message this narrative taught. And so, while I believe that each evangelist has a message on the level of truth, and believe profoundly that that message is true, it is by no means easy to determine just what the message is, or what elements in his expression are part of the truth he wishes to express and what elements are, as it were, mere scaffolding for the truth. That is not the case with the definitions of the councils; the question (almost always) is explicitly one of truth: Yes or No to a particular question.

My other remark: I am still learning to respect the exigences of collaboration, to give credence to specialists in their own field, to keep in mind my own severely limited competence. In taking up the question of truth in John's account of Jesus' knowledge, I feel a special need to recall my limitations, and to try to make a contribution only from a theologian's viewpoint without settling matters beyond my competence. So I am not going to be so foolhardy as to comment on the historical experience and the tradition that lie behind John's gospel. I will venture the remark that the general attitude of John towards Jesus as authoritative teacher and source of saving doctrine does not seem to differ so very much from the attitude of Mark and other earlier writers in the New Testament. Where the difference does arise is in their specific accounts of the knowledge Jesus had; John seems to attribute knowledge of all particular details to Jesus, Mark does not. The consensus today is swinging towards Mark, and we have found Mark's position consistent with the highest knowledge in Jesus, the immediate knowledge of God; so we have the task of explaining John.

There may be a useful analogy for this question in the "subordinationism," as it is called, of the pre-Nicene Fathers. They were working on a complex question in which development was bound to be dialectical. At the end of the process you could put the question precisely: Is the Son in his pre-existent state the equal of the Father? Is he God in the same sense as the Father is God? To this question the answer is simply Yes or No; and if the question is not put precisely enough, you can answer with distinctions. But it is expecting too much to ask the pre-Nicene Fathers to put the question precisely or to answer with the needed distinctions. They are immersed in the process; the question, Yes or No, does not apply;

and the distinctions are lacking to answer properly the questions that do arise. To call them subordinationist is to overlook the dialectical nature of doctrinal development; it is to attribute to these men conclusions which surely follow logically from statements they make, but almost as surely would not be drawn by them once they saw the implications of those statements.[9]

The New Testament is a collection of writings which show their own extraordinary development; I see no reason why we may not term that development dialectical, and no reason to affirm that it has come to a halt with John. In other words, John too is involved in the dialectical process; he represents a moment in the working out of a doctrine, and questions that apply at the end do not apply yet. It happens that he is on the opposite trend of the dialectic from the "subordinationist" Fathers, but the same principle applies.

More specifically: The early believers first know a man, Jesus, who lived the kind of life we live. Then they come to know this man is Son of God, but they have not given much thought to his eternal status with the Father. John has given thought to that; he begins there, and then writes of Jesus as of the only-begotten Son, one with the Father, doing what he sees the Father doing, knowing all the Father knows. But John himself has not given thought to the distinction of natures; how could he so long before Chalcedon? My suggested solution then to the problem, offered tentatively from outside the circle of Johannine scholarship: When John says that Jesus knows all things, he has made a true statement, but the statement is made and has its truth in a context, which context does not include reflection on the question whether Jesus knows all things in his divinity or in his humanity. When we come along later and argue, "When Jesus speaks, he speaks in his humanity; therefore the knowledge from which he speaks pertains to his humanity; but that knowledge is knowledge of all things; therefore...," we are doing the same thing as those who call the pre-Nicene Fathers subordinationist, and we risk pitting John against Chalcedon the way those Fathers are sometimes pitted against Nicea. In brief, John's statement is true, but not very helpful for our present question.

Finally, there is the question of truth and error in the mind of Jesus: did he make mistakes? As usual the question arises about a particular item of knowledge. To quote Pannenberg:

> ...it is scarcely possible to ignore the fact that the imminence of God's reign, even in the sense of temporal nearness, was constitutive for Jesus' expectation and for his ministry as a whole. After a lapse of two thousand years no one can claim Jesus as authoritative without wrestling with this problem.[10]

---

[9] See Bernard Lonergan, *De Deo trino*, I, pp. 43-45, 108-112, 137-154.

[10] Wolfhart Pannenberg, in his paper, "The Revelation of God in Jesus of Nazareth," *Theology as History* (Vol. III of *New Frontiers in Theology*, Edited by James M. Robinson and John B. Cobb, Jr.), Harper & Row, New York, 1967, p. 113.

When you hold that Jesus had immediate knowledge of God you will not put the problem exactly as Pannenberg does; you will speak of the immediacy and presence of God rather than of the imminence of God's reign, using maybe Dodd's realized eschatology and Lonergan's fulfilment of conscious intentionality. But this does not remove the problem of Jesus' expectation; it only makes it more urgent. Did he expect the great day, the end of ordinary history, to come soon? If so, was he, as Albert Schweitzer says, simply mistaken in his hopes?[11]

Again, I will not pretend to a competence I do not possess or engage with the experts in a discussion of what Jesus actually said and expected. But, if we take it on their word that Jesus very likely did speak in terms of the imminent end of the world, then I agree that there is a problem, and that theologians too must wrestle with it and contribute their input. Honesty requires it, our theological and pastoral responsibilities require it. But we shall surely wish to do so in loyalty to our faith in our Lord Jesus Christ as well as to the theological vocation we received from him, and be neither ostriches with our heads in the reverent sands of tradition nor insensitive bulls in the china shop of mystery.

We might begin by going back to the mystics; if there is some guidance to Jesus' mind in their experience, we can profitably consult St. Teresa of Avila on the difficulty she had in expressing what she received from God. My favorite example is the four ways of watering a garden which she used to illustrate the four ways God grants grace in prayer. She struggled to express what cannot be expressed in human language, though she attributes the difficulty to her lack of learning: "I shall have to make use of a comparison; I should like to avoid it... But this language of spirituality is so difficult of utterance for those who are not learned..."[12] Her point, I think, is similar to that made by Lonergan in his theology of Christ's knowledge: there is the immediate knowledge Jesus had of God and it is ineffable in the root sense of the word; and there is the knowledge he could live by and communicate in human terms. From one to the other there is a difficult process.[13]

Next, Jesus did not objectify that process. Teresa did, or tried to; she knew there was a difference between what she learned by experience or from books and people in the normal way and what she learned by God's gift; she knew that human language was proportionate to one and not to the other, and that she could express the mystical only through comparisons. But Teresa had the benefit of several centuries of effort to articulate the mystical experience. To expect Jesus to have mental and linguistic equipment at hand for reflecting as Teresa did on what goes on in the mind of

---

[11]*The Quest of the Historical Jesus. A Critical Study of Its Progress from Reimarus to Wrede* (Translated by W. Montgomery), Adam and Charles Black, London, 1910, pp. 368-369.

[12]*The Life of St. Teresa of Jesus... Written by Herself* (Translated by David Lewis), Thomas Baker, London, 1904, p. 78 (ch. XI, #9).

[13]Bernard Lonergan, *De Verbo incarnato*, Rome, 1964, pp. 332-416.

the mystic, is equivalent to expecting him to know the physics and astronomy of Teresa's era. He would not objectify the process or even be clearly aware of the process; he would be aware only of being burdened with a terrible need to tell what he knew and felt, and he would search for images to convey what occupied his mind and heart so fully.

Thirdly, as Jesus did not objectify the process, neither did he make an inventory of the contents of his mind. We have to do so, however, if we are going to talk about it; thus, if we adopt Lonergan's intentionality structure, we will say that in Jesus too there were the four levels of consciousness: the empirical, the intellectual, the reasonable, the responsible, with all their sub-divisions and all their interaction. He would operate on all four levels and do so within the unity of his human consciousness, but without differentiating the levels. As the operations were not differentiated, neither were the products, except maybe on an ad hoc basis, as when he distinguished hearing the word from doing it. In other words, the mind of Jesus, like our own minds, was a container whose contents had a conglomerate character: dreams, images, memories, ideas, convictions, things heard or read, lights received in prayer, conclusions of thought, assumptions conveyed in his cultural heritage, and half a hundred other categories - all existed together in an undifferentiated totality.

To come now to the point: Elements in this totality would be truth in our western sense of the word, but they would not be filed under that heading. What we call Denzinger theology now undertakes this task, but how little it burdens the minds of most of us! An expert in the mentality of Jesus' time could give us hints on the degree to which truth might have been differentiated in his mind from images, ideas, assumptions, and the like. Meanwhile my guess is that he would experience his truth as a terrible conviction, an overpowering need to teach the people, to respond to the needs of the hungry flock that looked up and were not fed. Likewise, there would be unexamined assumptions - the famous three-storey universe, for one - but he would be aware of them, not as assumptions, rather just as part of the furniture of his mind which he could draw on for his teaching.

On this basis I would modify Pannenberg's presentation and say that what was constitutive for Jesus' life and for his ministry as a whole was the awful immediacy of God, his awful presence and holiness, and the awful responsibility of God's people to hear and obey their Maker. Bearing the burden of this knowledge, not in these words but in the ineffable wordless way that the mystics describe, he would cast about for some way of communicating it to his people; the apocalyptic imagery was at hand; it would serve him in the way the four means of watering a garden served Teresa; he used it. And he did not have to evaluate it any more than I did the ostrich figure I used a while back.

Can we go further and speak of his "expectation" as Pannenberg does? Can we determine to what extent he distinguished cataclysmic events in our space-time universe from mere use of this imagery to describe cataclysmic possibilities in the world of man's encounter with God? I have no special light on this question, but it would not bother my faith to learn that he made little distinction; as I keep saying, he did not live in Teresa's era of introspection and reflective assessment.

In all this we are so far from knowing the facts, not only the facts on what Jesus said but the less palpable facts on the adequacy with which he was understood or with which he expressed himself. It is certainly arguable that his first "reporters," lacking his understanding, translated his message into forms that missed nuances in the original; even Mark tells us: "With many such parables he would give them his message, so far as they were able to receive it" (4,33). But it is likewise arguable that his own expression was inadequate to his message, not only in the mystics' sense that human language is always inadequate but in the simple sense that he went on thinking throughout life and surely kept on discovering better ways of expressing himself.

But once we get hold of the core of his message, the rest becomes secondary. And the core consists of two items of knowledge which he had in a way no man before or since has enjoyed, things he knew not just in a quantitatively better way but with a next to infinite qualitative difference: what God is, which he knew with the immediacy of vision, and what man is to be, which he knew through the fulness of God's gift to him. After that, things fall away in importance: the secrets of the universe, the course of history, the institutions, including the religious institutions, by which men organize their lives, even the very language he used to tell us about God and human destiny - they are all secondary. The only fully adequate expression of his mind and heart - can we say, the perfect expression? - is the cross.

I have to wind down this article, and will do so with a series of desiderata. A real religious need now in this very time of emphasis on the Lord's humanity, is to recognize that Jesus even as man has more than we have; I am sure the author of Hebrews could defend his use of the proposition that Jesus is like us in all things except sin, but I doubt that we can defend the varied use we make of it; Jesus is different, we have to face that and take account of it. Secondly, a real theological need is a study of interiority as it applies to people of biblical times; there is no area in which I feel a greater lack for my work; the biblical scholars have provided information in so many areas and in such abundance and with such a degree of accessibility to the non-specialist that I can never be sufficiently grateful, but they have provided little in the field of interiority. Thirdly, to return to where I started, the immediate need any study of the mind of Jesus has is for a complementary study of the values of Jesus; if our own orientation to God begins with his gift of love flooding our hearts, with an apprehension of values immediately consequent, and expression of beliefs only in third place, then we have through our own values a more immediate entry to the heart of Jesus than we have to his mind.

Frederick E. Crowe
Regis College

LA MÉTHODE EN CHRISTOLOGIE

Jacques Doyon

I - INTRODUCTION

La théologie systématique vise à expliquer un sujet, soit en allant dans la direction du pourquoi et de la raison d'être, soit en cherchant les conséquences et les applications pratiques et actuelles. Elle a pour fonction de mettre ensemble des connaissances dans un ordre logique et naturel, de telle sorte que l'une éclaire l'autre ou soit éclairée par elle. Elle met en lumière la cohérence rationnelle "qui relie les mystères entre eux et avec la fin dernière de l'homme"[1] selon l'expression de Vatican I.

Cependant, il ne peut s'agir d'une pure recherche théorique qui a pour but unique le plaisir de l'esprit. La théologie, et la christologie en particulier, doivent *être au service de l'Eglise et de l'homme d'aujourd'- hui*, en dialogue continuel avec sa pensée et son agir, en vue d'une pensée et d'un agir plus conformes au projet de Dieu qui les concernent. Tel était le voeu des participants au congrès de Bruxelles de 1970, en particulier dans les résolutions 1,2,3.[2]

Dans cette même veine, les théologiens de la libération définissent leur travail comme une réflexion qui a son point de départ dans "la praxis" et qui doit y retourner, en la critiquant en vue d'une "praxis" plus conforme au projet évangélique.[3] Cette critique, bien entendu, doit être aussi rigoureuse que possible, et donc avoir recours aux principaux instruments de la Tradition: l'Ecriture inspirée, les Pères, les conciles et le magistère actuel de l'Eglise, le sens de la foi des fidèles, etc.

---

[1] Vatican I, dans Dumeige, *La foi catholique*, no 98 (*Dz* 1796).

[2] *Concilium*, supplément au no 60, pp. 159-160.

[3] *Ibid* ., no 96, p. 122.

Cette importance primordiale donnée à la "praxis" nous semble criticable sur un point. Elle peut privilégier exclusivement certains aspects du message et laisser complètement dans l'ombre d'autres aspects, qui peuvent être même plus fondamentaux. Heureux si la critique de la praxis est faite de façon assez désintéressée, pour que l'on réfère toujours à ce qu'il y a de central dans le message chrétien, et si, par conséquent, on garde à la Révélation son droit absolu d'interpeller l'homme et de lui proposer plus qu'il ne peut souhaiter et attendre. Saint Paul, par exemple, est un modèle du genre, lui qui, partant des situations existentielles les plus simples et les plus quotidiennes: divisions dans l'Eglise, idolotythes, incestes, etc, élargit les perspectives et ramène toujours ses fidèles au coeur du message chrétien.

Dans sa recherche de cohérence se pose à la théologie systématique le problème du principe explicatif, du point de départ. A partir de quoi, de quels présupposés peut-on essayer de comprendre et d'expliquer Jésus-Christ de telle sorte qu'il ait du sens pour nous, et que la Révélation de Dieu qui nous est adressée en Lui ait des chances d'être entendue et d'influencer notre vie?

Plan de notre exposé:

1° Nous examinerons d'abord quelques points de départ discutables.

2° Puis nous exposerons brièvement ce que nous appelons: la "Révolution christologique".

3° Enfin nous montrerons en détail ce que pourrait être, selon nous, une bonne méthode en christologie, qui tienne compte des documents dont nous disposons, et de la nature du sujet traité.

II - POINTS DE DEPART DISCUTABLES

Peut-on expliquer Jésus-Christ à partir d'autre chose qui lui soit présupposé? On pense à différents points de départ possibles pris en dehors de lui: soit dans une certaine conception de Dieu, ou de l'homme, ou de l'histoire, ou du cosmos en général. Ces points de départ peuvent être pris isolément, ou en conjonction entre eux, de diverses façons. Donnons des exemples.

a) Le "Cur Deus Homo" de saint Anselme, qui est un classique, explique Jésus-Christ à partir de Dieu, En simplifiant, on peut le résumer ainsi: l'Incarnation et la mort douloureuse et rédemptrice étaient nécessaires au salut de l'homme pécheur, pour que à la fois, la Justice et la Bonté de Dieu soient satisfaites. En fonction de ce principe explicatif, on insiste sur certains points et certains aspects de la vie et de la mort de Jésus, qui sont dans la logique du principe explicatif privilégié.

b) Un autre classique, la *Somme théologique* de saint
Thomas d'Aquin, nous propose une christologie qui
s'éclaire à partir de la Bonté de Dieu et du besoin
de salut de l'homme pécheur. Le système qui en est
déduit, d'une logique à la foi simple, solide, et proche de la christologie des Pères grecs et des conciles du IVe et Ve siècles, insiste presque exclusivement sur le fait que Jésus est l'*homme-Dieu* qui nous
sauve par sa mort et sa résurrection.

c) Nicolas de Cues, au début de la Renaissance, présente
une christologie qui fait de Jésus celui qui réalise
dans sa personne la coïncidence des opposés, clé du
système cusanien. Dieu est l'infini de "complication", dont le monde est "l'explication" indéfinie et
jamais épuisée. L'homme, comme microcosme, est pour
ainsi dire "l'explication" concentrée; et Jésus,
l'homme maximum réclamé par le système, est dans
l'unité de sa personne et de son être, à la fois la
"complication" originelle et "l'explication" qui la
manifeste parfaitement, et par conséquent lui est
égale et subsiste avec Dieu et en Dieu.[4]

d) Tel autre a privilégié l'intériorité de Jésus, dans
la ligne du subjectivisme philosophique moderne, et a
vu en lui l'homme de foi par excellence (Luther) ou
encore le religieux par excellence, i.e. celui chez
qui la conscience d'être en présence de Dieu et en relation intime avec Lui a été poussée au maximum
(Schleiermacher).

e) Plus tard, quand on s'est éveillé au problème social,
on a vu en Jésus le révolutionnaire social par excellence; et l'on a, bien sûr, valorisé cette fois en
Jésus le prophète qui a pris parti pour les pauvres,
contre les riches et les maîtres du temps, aussi bien
religieux que politiques, et qui finalement a été rejeté et mis à mort à cause de sa nouvelle conception
de l'homme et de la liberté.

f) La prise de conscience du devenir historique a amené
les penseurs chrétiens à percevoir en Jésus le prophète eschatologique par excellence.[5]

---

[4]Nicolas de Cues, *De la Docte Ignorance*, traduction L. Moulinier,
librairie Felix Alcan, 1930; aussi *De Pace Fidei de N. de Cues*. Là-dessus,
voir en particulier: St-Simon, *Le nouveau Christianisme*; L. Feuerbach,
Essence du Christianisme; et même F. Engels, *Contribution à l'histoire du
Christianisme primitif*, dans K. Marx et F. Engels, *Sur la religion*, pp. 311-
339.

[5]Voir l'étude magistrale d'A. Schweitzer, *The Quest of the Historical Jesus*.

g) Chez tel autre moderne, Bultmann par exemple, une
certaine notion de l'existence humaine, menacée,
soucieuse, emmurée dans toutes sortes de nécessités
et de fatalités, permet de voir en Jésus celui qui
invite à vivre d'une existence libérée, grâce à la
foi en Dieu, qui libère l'avenir et redonne à l'homme
confiance et espérance.[6]

h) Teilhard de Chardin propose un système très unifié
de l'Univers en évolution, où cosmogénèse, anthropogé-
nèse, noogénèse, équivalent à la "christogénèse",
pour peu que l'on voie la création se faire en Jésus-
Christ selon les grandes affirmations de Paul et de
Jean.[7]

On pourrait multiplier les exemples. Chaque époque a eu ses maîtres-
mots, ses valeurs, ses idéologies et a cherché à donner à ces choix et à
ces options de base une valeur absolue et sacrée, en faisant de Jésus celui qui les a incarnés à la perfection.

On soupçonne ces christologies de n'être que des constructions idéo-
logiques. On se demande en effet si le Christ n'y est pas mis au service
d'autre chose, et si la vérité historique n'y est pas négligée au profit
de certaines thèses qu'on veut prôner. Dans ce cas, ces christologies ne
nous apprendraient rien de neuf, mais se contenteraient de répéter, à un
autre niveau de symbolisme, ce que le penseur idéologique veut prôner. On
pourrait donc faire l'économie de ces discours sur le Christ sans rien perdre d'essentiel. Ces points de départ explicatifs pour comprendre Jésus-
Christ ne nous semblent donc pas pleinement valables.

Cette critique rapide ne rend pas inutiles ces recherches. Nous notons seulement que la démarche suivie, qui part d'ailleurs pour essayer
d'expliquer Jésus-Christ, risque fort de ne pas nous faire saisir vraiment
ce qu'a été Jésus. Quand on aborde son sujet, les jeux sont déjà faits, et
on s'est déjà fait une idée. Dans l'introduction à son "Jésus", R. Bultmann nous semble avoir frappé juste quand il critique ainsi les christologies qui seraient faites à partir d'un système de vérités idéal et présupposé: "ce système idéal ne serait pas obtenu à partir de l'histoire, mais
décrirait plutôt un au-delà vis-à-vis de l'histoire, d'après lequel seraient mesurés les phénomènes historiques isolés. L'observation de l'histoire consisterait alors, en mettant les choses au mieux, à nous amener à
prendre conscience, en présence de cas concrets, de ce système idéal préexistant... Une telle observation de l'histoire serait en fait rationaliste; l'histoire comme événement temporel serait supprimée".[8] Or la révélation de Dieu est historique. Elle s'inscrit dans des événements qu'il
nous faut d'abord observer et bien lire. Nous devons laisser ces événements nous parler et nous transmettre la libre révélation de Dieu.

---

[6]R. Bultmann, *Jésus*, Seuil, 1968.

[7]T. de Chardin, *Oeuvres*, Seuil, tomes IX, X, XI.

[8]R. Bultmann, *op. cit.*, pp. 36-37.

III - REVOLUTION CHRISTOLOGIQUE

Nous pensons au contraire qu'avec Jésus s'est opérée une révolution théologique, anthropologique, historique, cosmique, etc... Au lieu d'essayer d'expliquer Jésus par Dieu, l'homme, l'histoire, le cosmos, ou à partir d'un système idéologique présupposé, c'est plutôt l'inverse qu'il faut tenter de faire: ne pas chercher de principe explicatif à Jésus en dehors de lui, mais partir de lui pour réinterpréter Dieu, l'homme, l'histoire, le cosmos. Avec Jésus en effet, c'est une nouvelle image de *Dieu* qui s'impose: le Dieu, Père de Jésus-Christ, qui envoie son Esprit et ressuscite les morts.[9] De même *l'homme* est réinterprété comme appelé à la maison du Père et au Royaume, dans l'amour de ses frères en Jésus-Christ. L'*histoire* aussi est ouverte sur l'avenir de Dieu, imprévisible, et merveilleux, bien au-delà de tous les plans que nous fabriquons et avec lesquels nous peuplons notre futur et nos espoirs. De même tout le *cosmos*, créé en Jésus-Christ, "attend dans les gémissements",[10] la manifestation de la gloire de Dieu.

En écrivant cela, nous avons bien conscience du poids de nos affirmations qui auront à être manifestées, à partir des sources dont nous disposons. Nous prétendons seulement que, dans la foi, la place qu'occupe Jésus-Christ est centrale et primordiale, et que le théologien doit par conséquent en tenir compte dans la méthode même selon laquelle il effectue son travail, s'il est vrai que son travail consiste, comme nous le disions au début: "à manifester la cohérence rationnelle qui relie les mystères entre eux, et avec la fin dernière de l'homme", et à "critiquer la praxis en vue d'une praxis plus évangélique". On ne peut choisir le point de départ. Il faut partir de celui qui est révélé comme le centre véritable et unique à partir duquel se fait la "récapitulation" de la totalité,[11] c'est-à-dire celui qui permet de comprendre le mieux tout le reste de la meilleure façon.

Evidemment Jésus est apparu dans un contexte culturel donné, celui du peuple juif, et nous est présenté à travers des catégories propres à cette culture. Ainsi, parler du *Messie*, du *Fils de l'homme*, du *Fils de Dieu*, du *Seigneur* à propos de Jésus n'a pas de sens pour nous si nous ne recherchons pas le sens de ces mots dans la tradition juive. Il en va de même pour la *résurrection*, le *logos*, *l'image du Dieu invisible*, la *tête* et le *corps* de *l'Eglise*, etc. Une enquête sur ces catégories est donc indispensable pour saisir ce qu'a été et ce qu'a signifié Jésus pour l'Eglise primitive, en dépendance de sa culture, et par conséquent ce qu'il peut signifier pour nous. De plus, ces catégories, propres à la culture hébraïque, ont leur correspondant dans les autres cultures, et dans l'anthropologie en général. Aussi est-il utile, quand on peut le faire, de montrer ces cor-

---

[9] Pour cette partie, nous nous inspirons de G. Bornkamm, *Qui est Jésus de Nazareth?*, Seuil, 1973.

[10] *Rom* 8,19.

[11] *Eph* 1,10.

respondances, afin de favoriser la rencontre véritable de Jésus, et pour ne pas en rester aux seuls mots. Si un discours ne réfère à aucune expérience existentielle de la part de celui qui l'écoute, ce discours n'est pas compris, ce sont des paroles vides de sens. Allez parler, par exemple, de la lumière à un aveugle, ou du langage à un sourd. Si Dieu veut en Jésus-Christ le salut de l'homme, c'est bien de l'homme qu'il s'agit, de l'homme qui perçoit son besoin de salut dans l'expérience de ses limites, même si cette proposition a été d'abord faite au peuple juif, à travers son expérience historique, et même si le salut proposé n'est pas réductible à ce que l'homme peut imaginer ou concevoir à partir de son expérience, mais dépasse tout ce qu'on peut concevoir et projeter à son sujet. On peut donc interpréter cette attente du salut expérimentée par le peuple juif dans son histoire, et consignée dans les Ecritures, comme un cas particulier et typique de l'attente universelle; et, en conséquence, on peut considérer aussi l'insertion de Jésus dans le prolongement de cette attente du peuple juif, en dépendance du vocabulaire et de la culture hébraïques, comme une façon de rejoindre l'attente universelle. C'est pourquoi Jésus-Christ, tout juif qu'il était, tend à faire éclater ce particularisme dans lequel on veut l'enfermer, aussi bien pendant son périple historique que plus tard dans l'Eglise primitive.

Dans tous ces cas, on assiste à une réinterprétation du sens des mots, à partir de Jésus. Pour parler techniquement, il s'agit ici d'une analogie au sens classique du terme, c'est-à-dire le sens que prennent les expressions appliquées à Jésus (Messie, Sauveur, Logos) est en grande partie différent de celui qu'elles ont ou avaient dans l'Ancien Testament. Ce sont des termes qui réfèrent à des institutions, destinées à être dépassées. Ce qui arrive au terme de l'espérance dépasse largement l'attente, tout en conservant une continuité et une analogie avec elle. C'est pourquoi, même si les catégories utilisées sont empruntées à une culture particulière, elles sont profondément reconditionnées quand elles sont appliquées à Jésus, et le principe de la réinterprétation est Jésus lui-même, ce qu'il a dit, ce qu'il a fait, ce qu'il a été, et ce qu'il est pour nous.

Pour résumer disons simplement que Jésus-Christ est *le point de départ d'une réinterprétation de Dieu, de l'homme, de l'histoire, du cosmos, qui doit être mis en relation avec l'attente du salut du peuple juif et de l'homme en général.* Cette réinterprétation a sa répercussion évidente sur le vocabulaire utilisé pour percevoir Jésus-Christ et tout le reste qui est récapitulé en Lui, vocabulaire qui ne peut venir d'ailleurs que de l'expérience du peuple juif, comme cas privilégié de l'expérience universelle, du fait que l'attente vétéro-testamentaire était divinement inspirée.[12]

---

[12]*Mysterium Salutis*, tome I, article de Darlapp.

IV - LA METHODE EN CHRISTOLOGIE

Les deux parties précédentes nous ont permis de déblayer le terrain et de préciser le point de départ de notre recherche et la marche qu'elle pourra suivre. Or, notre point de départ obligatoire, c'est Jésus lui-même, dans sa réalité historique et dans le kérygme originel. Nous n'avons pas d'autre alternative que celle de tâcher de saisir, par les moyens appropriés:

a) Ce qu'il a été, ce qu'il a dit et fait, à partir des actualisations néo-testamentaires;

b) quelle a été et demeure la clé explicative de cette existence: le sens de sa mission, son option fondamentale;

c) qu'est-ce qui lui donne une actualité et une valeur permanentes, qui justifie les actualisations qu'on peut et doit en faire, pour peu qu'on croie en lui;

d) enfin, comment ces actualisations doivent être faites pour les hommes d'aujourd'hui.

Ces parties sont interliées, comme on peut le voir, en commençant par exemple par la dernière. (d) Le but dernier de notre recherche sur le Christ, c'est de pouvoir en vivre aujourd'hui. C'est pourquoi le théologien doit venir en aide au croyant pour l'aider à actualiser sa foi. (c) Cela présuppose évidemment que le Christ a une valeur permanente, et qu'on a raison de se référer encore aujourd'hui, non seulement à ses enseignements, mais bien à sa propre personne. Pour cela il faut, au minimum, qu'il soit vivant, qu'il ait une portée universelle, et qu'il ait une importance absolue pour tout homme, ce qui postule qu'il soit l'égal de Dieu. (b) Sa résurrection est la sanction de Dieu à son enseignement et à sa vie. "Dieu l'a déclaré juste, et Messie et Seigneur". C'est en lui que Dieu se révèle parfaitement. Il nous faut donc nous pencher de façon patiente et approfondie sur son existence, pour y lire la parfaite révélation de Dieu. Or une existence humaine se définit à partir d'une option fondamentale, qu'il nous faut donc chercher à connaître en Jésus. (a) Enfin, on n'a pas de prise immédiate sur l'intériorité de Jésus, si ce n'est en explorant ses choix particuliers, ses actions, ses paroles, ses engagements concrets, dans lesquels son option fondamentale s'est lentement approfondie jusque dans sa libre mort.

A - *LE JESUS DE L'HISTOIRE*

L'intérêt pour le Jésus de l'histoire n'est pas simplement celui de l'historien des religions. Il s'agit de donner un contenu à sa foi en Jésus-Christ ressuscité et vivant. Les dires et les faires de Jésus tirent de la résurrection et de la Seigneurie universelle de Jésus leur valeur permanente et leur sanction définitive;[13] de même que, inversement, la résurrection et la Seigneurie universelle de Jésus reçoivent des dires et faires de Jésus leur contenu et leur signification. Ce sont les dires et faires de Jésus que Dieu a sanctionnés et élevés, comme il a élevé Jésus au-dessus de tout en le ressuscitant des morts.

Or ces paroles et ces gestes de Jésus nous parviennent à travers un genre littéraire particulier: l'évangile. Ce genre littéraire est fondé sur la foi en Jésus-Christ vivant et en train de s'adresser actuellement à son Eglise, pour lui répéter en les actualisant ses paroles et gestes passés. C'est là la découverte essentielle de la "Formgeschichte Schule", qui montre comment les écrivains sacrés ont été conditionnés non seulement par le souvenir de Jésus, mais aussi par leur milieu, les situations existentielles de la communauté primitive, destinataire de leurs écrits et dépositaire de la tradition qui a été consignée dans les livres sacrés.[14]

La christologie doit donc essayer de saisir, à travers les actualisations néotestamentaires, le propre enseignement de Jésus dans ses lignes essentielles, de même que celui de l'Eglise primitive sur Jésus. (Ici se posera nécessairement le problème de la relation entre l'enseignement *de* Jésus, le prophète, et l'enseignement de l'Eglise primitive *sur* Jésus, le Seigneur).[15]

C'est à partir de ce message *de* Jésus et *sur* Jésus que s'est opérée, dans la foi, la révolution théologique, anthropologique, historique, cosmologique dont nous avons parlé. Le développement de ces conséquences devra être fait plus tard, cependant, quand il sera davantage justifié.

Enfin il appartient aussi au christologue de manifester comment cette doctrine et cette foi ont été maintenues et précisées à travers la Tradition, malgré les contestations de toutes sortes, dans la patrologie, les conciles, la prière et le sens de la foi du peuple fidèle, de même que dans le magistère constant de l'Eglise. En particulier, on devra se demander si l'hellénisation de la foi s'est faite au détriment de cette dernière, c'est-à-dire si la nécessité de l'adaptation et de la transmission du message chrétien au monde cultivé de la méditerranée orientale a été faite au prix de la foi chrétienne elle-même, en orientant la pensée vers une réflexion métaphysique sur les natures de Jésus-Christ, plutôt que sur son oeuvre et sa fonction dans l'histoire du salut.[16]

---

[13] *1 Cor* 15,14; *Act* 2,22-36.

[14] G. Bornkamm, *op. cit.*, pp. 19-33.

[15] R. Bultmann, *Theology of the New Testament*, pp. 33 etc.

[16] O. Cullmann, *Christologie du Nouveau Testament*, pp. 11-12.

B - *OPTION FONDAMENTALE*

De cette existence humaine et historique de Jésus, nous devons rechercher, au-delà des options particulières qui expliquent son discours et ses engagements, l'option fondamentale, prise au début et sans cesse confirmée et réaffirmée dans son attitude envers sa famille, son clan, sa relation avec les pharisiens, les pauvres, les pécheurs, ceux qui le suivaient et ceux qui s'opposaient à lui.

Le choix est en effet le lieu où l'homme se définit et atteint sa perfection. Et parmi les choix, celui qui est le plus englobant, qui définit le plus l'homme, et qui est aussi le plus parfait, c'est celui qu'on qualifie d'option fondamentale, parce que les autres choix sont faits sous sa dépendance, et comme des cas particuliers et des applications de ce choix premier et universel.

Toute la vie de Jésus est donc comme la manifestation du choix fondamental qui définit son existence. Ce choix fondamental, constamment maintenu, à travers toutes ses options particulières, au milieu de ses hésitations, ses recherches, ses tentations, ses prières, choix qu'il a lui-même sanctionné dans sa libre mort et que Dieu lui-même a sanctionné en le ressuscitant des morts, est la meilleure clé explicative de Jésus.

Il sera donc important de préciser son contenu: l'obéissance aimante à la volonté du Père, qui coïncide avec son amour des hommes, surtout des plus petits: les pauvres et les pécheurs. Les évangiles, qui sont de piètres documents historiques pour nous relater avec précision les paroles et les actions de Jésus, deviennent très éclairants pour nous faire ainsi entrer dans l'intériorité de Jésus. Les auteurs sacrés ont en effet bénéficié de son intimité et ont partagé son esprit. Leurs récits deviennent des anecdotes[17] dont le but essentiel est de nous faire entrer nous aussi dans cette intimité de Jésus et de nous communiquer son Esprit.

A partir de cet amour de Dieu et des hommes, qui définit le mieux Jésus, comme mission reçue du Père et option fondamentale dans laquelle toute son existence est engagée, on parvient à comprendre à la fois son devenir historique, sa mort, sa résurrection, sa filiation divine. Il a maintenu cette volonté de remplir sa mission de salut, alors que tout voulait l'en faire dévier: parents, amis, autorités juives et romaines, menace de mort et finalement procès et mort elle-même. Mais "l'amour étant plus fort que la mort", le Père en qui il avait mis toute sa confiance et "entre les mains duquel il avait remis son âme", l'a ressuscité des morts. Bien plus, cet amour à partir duquel se définit son existence, est aussi ce en quoi il est l'égal et le Fils de Dieu[18] et par conséquent ce qui encore aujourd'hui lui donne de vivre avec Dieu pour le salut de tous et de tout.

Le théologien systématique qui cherche la clé explicative de Jésus, peut donc la trouver en Jésus lui-même, à savoir dans cette option fonda-

---

[17]G. Bornkamm, *op. cit.*, p. 32.

[18]W. Pannenberg, *Esquisse d'une christologie*, pp. 221 à 226 et 428 à 448.

mentale d'amour, où se manifeste le fond de l'âme de Jésus, amour qui "en lui, prend toute la place".[19] C'est à partir de cet amour que se développe non seulement l'existence concrète de Jésus, mais une nouvelle idée de Dieu, un nouvel idéal humain, une conception de l'histoire, etc... en un mot ce que nous avons appelé la "révolution christologique". Le lieu propre pour faire ce développement n'est cependant pas encore venu: il faut, au préalable, montrer la portée universelle de Jésus-Christ.

C - LA PORTEE UNIVERSELLE DU JESUS DE L'HISTOIRE

Le théologien systématique doit aussi montrer comment le Jésus historique et son message ont une portée universelle et par conséquent actuelle, et quelle différence il y a entre ce message et celui des autres sages de l'antiquité ou d'une époque plus récente, lesquels sont morts, mais dont le message a gardé, à cause de sa valeur intrinsèque, une valeur permanente.

Cette différence apparaît, pourvu que trois points soient manifestés:

1) Jésus-Christ est vivant, en train de nous redire son message passé. Une relation interpersonnelle est possible avec lui aujourd'hui. Nous pouvons croire en lui parce qu'il est vivant. "Si le Christ n'est pas ressuscité, notre foi est vaine"[20] parce que sans objet.

2) Non seulement il est vivant aujourd'hui et pour toujours, mais il est devenu *l'homme universel*, celui en qui toute l'humanité se retrouve, celui avec qui chacun peut entrer pleinement en relation sans que personne d'autre n'en soit privé. Il n'est plus en butte aux limites de notre nature, mais c'est "en Lui, par Lui et pour Lui"[21] que nous sommes en train d'être créés et amenés à notre pleine stature. Cela mérite explication.

3) Enfin, "Jésus est Seigneur", il est l'"Egal de Dieu", il est "Dieu" lui-même. C'est pourquoi il prend pour nous une importance absolue et infinie, il mérite notre confiance, notre espérance, notre amour sans limite.

De ces trois points, le deuxième mérite surtout un approfondissement, parce qu'il s'agit de voir comment Jésus ressuscité et vivant est en train de réaliser concrètement en lui le "plérôme", ce qui fait l'objet de notre dernière partie.

---

[19]J.A.T. Robinson, *Dieu sans Dieu*, pp. 86 à 109.

[20]*1 Cor* 15,14.

[21]*Col* 1,17.

D - *ACTUALISATION DE JESUS-CHRIST*

Il ne s'agit pas ici de réduire Jésus-Christ aux questions étroites des hommes d'aujourd'hui et de risquer ainsi d'appauvrir la libre révélation de Dieu, mais bien d'actualiser Jésus-Christ, en le faisant réagir aux questions nouvelles de notre temps. La nouveauté de ces questions n'est pas telle que la révélation accomplie en Jésus-Christ soit prise totalement au dépourvu. Car les hommes se ressemblent; les différences culturelles et d'époques ne font pas que l'humanité soit substantiellement changée dans ses dimensions fondamentales. Aussi le message de Jésus n'a pas à être repris de fond en comble pour prendre une signification actuelle. Il s'agit plutôt d'adaptation, de nouvelle compréhension, provoquée par la nouvelle expérience qu'est la nôtre.

De plus, l'actualité à confronter avec le message chrétien n'est pas totalement vide du Christ, comme si on devait lui proclamer Jésus-Christ de l'extérieur. Au contraire, elle est déjà sous l'influence de l'Esprit du Christ, s'il est vrai que "tout est créé en Lui, par Lui et pour Lui". L'actualité est donc prégnante d'une exégèse christologique qu'il s'agira de faire.[22]

Cette actualisation nous semble comporter deux parties également importantes et interliées:

1) L'Eglise.

2) Le monde.

1. *L'Eglise.*

Jésus-Christ doit avoir son lieu dans le monde, lieu où le Christ vivant est explicitement reconnu et proclamé par une communauté, non seulement pour elle-même, mais pour le monde. Le temps intermédiaire, qui va de la résurrection à la parousie, est celui de la mission et de l'Eglise. C'est l'Eglise en effet qui permet à Jésus-Christ "d'occuper un espace où l'on atteste et annonce la Seigneurie de Jésus-Christ sur le monde entier".[23] On doit ici se demander comment l'Eglise, comme parole, sacrement, assemblée, s'acquitte de sa fonction qui consiste non pas à être simplement "une association cultuelle qui aurait à défendre son existence dans le monde, mais bien plutôt le lieu ou l'on témoigne du fondement de toute réalité en Jésus-Christ".[24] Donc, la critique de la pensée et de la praxis ecclésiales, en vue d'une pensée et d'un agir plus conformes au voeu originel de son fondateur et de celui qui la fait encore vivre de son esprit, est une partie essentielle de la Christologie, s'il est vrai que celle-ci ne porte pas uniquement sur le Christ historique (geschichtlich), mais sur le Christ vivant aujourd'hui.

---

[22]K. Rahner, *Science, Evolution et pensée chrétienne*, pp. 121-168, surtout p. 143 etc.

[23]D. Bonhoeffer, *Ethique*, p. 163.

[24]*Ibidem.*

2. *Le monde.*

Le pôle de l'actualité, à réinterpréter critiquement à partir de Jésus-Christ, peut s'intituler: la critique des idéologies et des valeurs. Il constitue la question posée à Jésus-Christ. Or c'est "pour un jugement qu'il est venu en ce monde".[25] Dans cette confrontation, ne sont valables ni la solution du *compromis* "qui justifie et consacre toutes les réalités avant-dernières", ni celle du *radicalisme*, "où Christ devient ennemi et destructeur de toute réalité avant-dernière, qui de son côté lui est hostile". "Ces deux attitudes sont également hostiles au Christ; le conflit qu'elles créent se trouve être sans objet en lui... En lui seul l'opposition des réalités dernières et des réalités avant-dernières se trouve surmontée... *Dans son incarnation, nous discernons l'amour de Dieu envers sa créature; dans la crucifixion, le jugement qu'il prononce sur toute chair; dans la résurrection, sa volonté de créer un monde nouveau...*".[26] Cette profonde vision de Bonhoeffer sur la relation "Jésus-Christ-monde", nous la partageons entièrement parce qu'elle nous semble appuyée à la fois sur le Nouveau Testament et sur la Tradition de l'Eglise. En schématisant, en langage plus technique et plus maniable, nous pouvons la traduire par la triade dialectique: *implication, critique, dépassement.* L'implication correspond à l'incarnation; la critique à la crucifixion; et le dépassement à la résurrection.

Implication: parce que "tout ce qu'il y a de bon, de juste, d'honnête",[27] il faut le recevoir en Jésus-Christ et s'y engager dans la foi. *Critique*: parce que Jésus ne se contente pas de répéter, il permet un discernement entre les idéologies disponibles pour retenir celles qui sont conciliables avec l'Evangile et rejeter les autres et, à l'intérieur de chacune d'elles, ce qu'elle peut avoir d'absolu et d'excessif. Enfin *dépassement*: parce que le salut proposé en Jésus-Christ se situe au-delà de tout ce que peut imaginer et concevoir l'homme. "L'oeil n'a point vu, l'oreille n'a point entendu, le coeur ne peut soupçonner ce que Dieu prépare pour ceux qu'il aime".[28]

V - CONCLUSION

Une approche de la christologie à partir de l'ouverture de l'homme sur l'absolu dans son histoire, qui utilise les données de la philosophie existentielle sur les limites de l'homme et sa recherche du salut, à la façon de Tillich,[29] ou encore la métaphysique transcendentale à la façon de

---

[25] *Jn* 9,39.

[26] D. Bonhoeffer, *op. cit.*, pp. 99-102.

[27] *Phil* 4,8-9.

[28] *1 Cor* 2,9.

[29] P. Tillich, *Systematic Theology*, tome II.

de Rahner[30], comporte l'inconvénient signalé plus haut de ne pas partir de l'histoire concrète de Jésus, et par conséquent risque d'emprisonner cette histoire dans une systématique pré-établie et de ne pas écouter suffisamment la libre révélation de Dieu.

Au contraire, celui qui part du Jésus de l'histoire peut retrouver, en temps et lieu, ces réflexions très riches et éclairantes sur l'homme en quête du salut, mais pas avant d'avoir saisi ce qu'a été la révélation de Dieu incarné en Jésus-Christ.   Ainsi, en simplifiant, le développement que nous suggérons:

1) part du Jésus de l'histoire;

2) dont on cherche l'option fondamentale;

3) confirmée par lui dans sa libre mort, et par Dieu dans sa résurrection.

4) Sa cause et son option ayant été assumée par Dieu dont il est le Fils,

5) devient le sens même de l'histoire et de l'humanité en quête de son salut, de même que de tout le cosmos qui gémit dans l'attente de son accomplissement.

6) Ainsi l'Eglise, comme lieu de la présence de Jésus-Christ et de son action dans le monde, doit continuer sa mission,

7) en dialectique avec le monde et ses idéologies.

Jacques Doyon
Université de Sherbrooke

---

[30] K. Rahner, *E.T.*, III, pp. 80 à 101; *L'homme à l'écoute du Verbe.*

LA CHRISTOLOGIE DE NICOLAS DE CUES

Jacques Doyon

Présentation de l'auteur.

Nicolas Krebbs a vécu au tout début du XVe siècle, de 1401 à 1464. Il est né à Cues, sur la Moselle, d'un simple batelier. Le comte de Maderscheid qui avait remarqué sa vive intelligence lui permit de poursuivre des études à Deventer (1413 à 1416), chez les Frères de la vie commune, remarquables pour leur mysticisme, dans la tradition des mystiques rhénans (Ekhart, Ruysbroek, Tauler), leur attachement à l'Evangile et leur esprit de tolérance. Il fréquenta ensuite l'Université de Heidelbert (1416) ou l'occamisme était à l'honneur grâce à l'enseignement de Marsil d'Inghen. Il se rendit ensuite à Padoue (1417), pour des études en droit, qui se poursuivirent jusqu'en 1423, année où il devint docteur en droit. De retour chez lui, il fit des études théologiques à Cologne en 1425. On le retrouve ensuite au concile de Bâle en 1431, comme prêtre et doyen de St-Florin à Coblence, pour défendre les prétentions d'Ulric de Mendescheid au siège épiscopal de Coblence. C'est pour appuyer les pères conciliaires qui défendent la thèse conciliariste, qu'il écrit en 1433-34 la *Concordance Catholique*. Suivent des oeuvres de moindre importance, puis la *Docte Ignorance*, et les *Conjectures* en 1440, qui constituent ses écrits fondamentaux qui donnent la clé de toute son oeuvre.

Viennent ensuite des oeuvres philosophico-théologiques, ou mystiques: le *Dieu caché* (1444), la *Recherche de Dieu*, la *Filiation divine*, le *Don du père des lumières* (1445), l'*Annonciation* (1446), le *Profane* (1450), la *Vision de Dieu* (1453), la *Paix de la foi* (1453), le *Beryl* (1458), le *Possest* (1460), la *Chasse de la sagesse* (1463), le *Sommet de la contemplation* (1463). A cela s'ajoutent des recherches mathématiques sur les problèmes courants de l'époque, comme celui de la quadrature du cercle, etc. Les traités qui nous intéressent le plus concernant la christologie et auxquels nous référerons principalement, sont: la *Docte ignorance* (1440); la *Concordance catholique* (1433); le *Profane* (1450); la *Paix de la foi* (1453).

Nous avons consulté aussi, en plus des textes mêmes, les ouvrages de M. de Gandillac,[1] de Ed. Vansteemberghe,[2] du professeur R. Haubst,[3] et nous avons aussi largement profité du travail de l'équipe multidisciplinaire du centre de la Renaissance de l'Université de Sherbrooke, qui a consacré deux semestres à l'étude de la *Concordance catholique* et de la *Paix de la foi* de Nicolas de Cues. Nous remercions en particulier les professeurs Joseph Tchao et J.M. de Bujanda pour leur précieuse collaboration à cette recherche.

Plan de l'exposé.

Dans la première partie, nous présenterons la christologie de Nicolas de Cues, à l'intérieur de son système, en particulier avec l'éclairage du principe de la *Docte Ignorance*.

Une brève réflexion suivra sur la méthode suivie par Nicolas et sur l'actualité de cette méthode et de ses conclusions.

Nous espérons rendre ainsi service surtout aux christologues actuels, plutôt qu'aux spécialistes sur Nicolas de Cues, qui connaissent déjà à fond ce sujet. Je réfère en particulier aux études de la Cusanus-Gesellschaft de Mainz, surtout à l'ouvrage du professeur Haubst sur la christologie de Nicolas de Cues.

I - LA CHRISTOLOGIE DE NICOLAS DE CUES

Pour bien comprendre la christologie de Nicolas de Cues, il est indispensable de réfléchir 1) d'abord sur le principe de la docte ignorance, de même que sur 2) Dieu et sur 3) l'Univers dont 4) le Christ fait la synthèse. Tel sera le plan de cette première partie, qui suivra d'ailleurs celui du *De Docta Ignorantia*.

---

[1] De Maurice de Gandillac, surtout les écrits suivants: *La philosophie de Nicolas de Cues*, Paris, Aubier, 1941 (ouvrage traduit en allemand en 1954). Introduction au volume *Oeuvres choisies de Nicolas de Cues*, Paris, Aubier, 1942. *Nicolas de Cues, précurseur de la méthode*, Actes du Congrès Descartes, Paris, 1937.

[2] E. Vansteemberghe, *Autour de la Docte Ignorance*. Une controverse sur la théologie mystique au XVe siècle, Münster, 1914; *Le cardinal Nicolas de Cues*, Paris, 1920.

[3] Rudolf Haubst, en particulier, ses articles dans les publications de la Cusanus Gesellschaft...

A - *PRINCIPE DE LA DOCTE IGNORANCE*

Le principe de la docte ignorance, qui est longuement exposé dans la première partie de cette oeuvre, et sans cesse appliqué ensuite à la connaissance de Dieu, de l'Univers, du Christ, dans l'ensemble des oeuvres de Nicolas, est emprunté au néoplatonisme, en particulier à Proclus,[4] dans son commentaire du Parménide de Platon, plus encore qu'au pseudo-Denys, auquel Nicolas vouait quand même une grande admiration. Il s'agit de la coïncidence dans l'unité absolue de l'unité-racine et de la diversité unifiée, du repos et du mouvement, de l'acte et de la puissance, et en général de la coïncidence des opposés dans l'Absolu.

LE MAXIMUM ABSOLU EST COMPRIS SANS ETRE SAISI; AVEC LUI COINCIDE LE MINIMUM[5]

Le maximum simple et absolu qui est ce qu'il peut y avoir de plus grand, parce qu'il est trop grand pour pouvoir être saisi par nous puisqu'il est la vérité infinie, est atteint par nous sans que nous puissions le saisir. En effet, comme il n'est pas de nature à admettre un excédent et un excès, il est au-dessus de tout ce qui peut être conçu par nous; car tous les objets qui sont appréhendés par les sens, la raison ou l'intelligence, diffèrent tellement entre eux, et de l'un à l'autre, qu'il n'y a pas entre eux d'égalité précise. Donc l'égalité maxima, celle qui n'a de diversité et de différence avec rien, dépasse toute intelligence; c'est pourquoi le maximum absolu, puisqu'il est tout ce qui peut être est tout entier en acte, et, comme il est ce qu'il peut y avoir de plus grand, pour la même raison il est ce qu'il peut y avoir de plus petit; n'est-il pas tout ce qui peut être? Or, le minimum est une chose telle qu'il ne puisse y en avoir de plus petite. Et, comme le maximum est ainsi, il est évident que le minimum coïncide avec le maximum. Pour que cela soit plus clair, que l'on restreigne le maximum et le minimum à la quantité: la quantité maxima est grande au maximum; la quantité minima est petite au maximum. Que l'on purifie de la quantité le maximum et le minimum en enlevant par l'intelligence le grand et le petit, et l'on voit clairement que le maximum et le minimum coïncident. Ainsi en effet le maximum est un superlatif, comme le minimum au superlatif. Donc, la quantité absolue n'est pas maxima plutôt que minima, puisqu'en elle le minimum et le maximum coïncident. Donc, les oppositions n'existent que pour les objets qui admettent un excédent et un excès, elles leur conviennent avec des différences, mais en aucune façon elles ne conviennent au maximum absolu, car il est au-dessus de toute opposition. Par suite, comme le maximum absolu est absolument en acte toutes les choses qui peuvent être, tellement en dehors de n'importe quelle opposition que le minimum coïncide dans le maximum, il est, de la même manière, au-dessus de toute affirmation et de toute négation. Et tout ce dont on conçoit l'existence est et n'est pas, tout aussi bien. Et tout ce dont on

---

[4]M. de Gandillac, *Oeuvres choisies de Nicolas de Cues*, Paris, Aubier, p. 22.

[5]Nicolas de Cues, *La Docte Ignorance*, Traduction Mouliner, librairie Alcan, 1930, livre I, chap. IV, pp. 42-44.

conçoit l'inexistence n'est pas et est aussi bien. Mais alors tel objet particulier se trouve être toutes les choses réunies; toutes les choses réunies se trouvent n'être rien du tout, et ce qui est au maximum est en même temps au minimum. En effet, il n'y a aucune différence entre l'affirmation: "Dieu qui est la maximité absolue elle-même, est la lumière" et l'affirmation: "Dieu est au maximum la lumière, lui qui est au minimum la lumière". En effet, la maximité absolue ne serait pas tout le possible en acte, si elle n'était pas infinie, si elle ne bornait pas toutes les choses, si elle pouvait être dans les pages suivantes, grâce à la bonté de Dieu lui-même.

Or cela dépasse toute notre intelligence, car elle ne peut pas, dans son principe, combiner les contradictoires par la voie de la raison, parce que nous cheminons parmi les objets que nous manifeste la nature elle-même; et notre intelligence, trébuchant parce qu'elle est loin de cette force infinie, ne peut pas lier des contradictoires, séparés par un infini. Donc, au-dessus de toute démarche de la raison, nous voyons, d'une façon incompréhensible, que la maximité absolue est infinie, que rien ne lui est opposé, et qu'avec elle coïncide le minimum. Mais le maximum et le minimum, tels qu'ils sont employés dans cet ouvrage, sont des termes d'une valeur transcendante, d'une signification absolue, de telle sorte que toutes les choses sont embrassées dans leur simplicité absolue, au-dessus de toute restriction à une quantité de masse ou de force.

Retenons de ce chapitre les points suivants:

1° Le maximum absolu n'est pas susceptible de comparaison. Il n'est ni grand ni petit: ni plus puissant, ni plus sage, ni plus grand que quiconque, parce qu'il est au-delà de toute quantité et de toute qualité qui comporte du plus et du moins, comme le triangle infini n'est plus triangle ni ligne, ni rien de mesurable, mais n'est plus que la maximité et l'infinité.

2° Même s'il est au-delà, il est à la racine de tout ce qui est compris entre les extrêmes. Ce qui est plus grand que la plus grande sagesse, et plus petit que la plus petite sagesse, et qui est au-delà de toute sagesse, est ce dont émane toute sagesse, etc... L'unité première est donc aussi l'unité-racine de la diversité qui caractérise l'univers.

3° Ce maximum absolu est impossible à comprendre par notre esprit qui saisit les choses au moyen de comparaisons, à la façon d'une mesure.

Selon Nicolas, cette fonction mesurante (*mensura*) de l'esprit humain est la raison pour laquelle on appelle "*mens*" l'intelligence humaine.[6] Et c'est

---

[6]Nicolas de Cues, "Idiota", dans M. de Gandillac, *Oeuvres choisies de Nicolas de Cues*.

ainsi que l'on doit procéder pour connaître dans tout le domaine du fini: au moyen de comparaisons, en appliquant aux objets des mesures de plus en plus précises, la connaissance exacte de l'individu étant toujours impossible. Le modèle de toute connaissance est donc la mathématique, où Nicolas puise constamment ses comparaisons. En appliquant aux objets une mesure de plus en plus précise, on les connaît de mieux en mieux, à travers cette mesure. L'esprit humain ressemble au banquier qui évalue les choses en leur donnant un prix en argent. Quelque précise que soit cette évaluation, elle ne doit jamais remplacer la chose, qui est insaisissable dans sa précision par un esprit qui ne sait que mesurer. Seul le créateur de l'oeuvre la connaît parfaitement, l'artiste pour l'oeuvre d'art, Dieu pour la nature. C'est pourquoi Nicolas appelle Dieu l'intelligence entificatrice, visant ainsi la prérogative de Dieu de connaître avec précision toutes choses parce qu'il en est l'auteur.

Le mieux que puisse faire notre esprit mesurant, à propos de l'absolu et du maximum, qui est en acte tout le possible, la négation de toute limite, l'infini non de privation mais de négation,[7] c'est de l'atteindre au moyen d'une activité de transsomption. Il ne s'agit pas de l'analogie, qui procède par comparaison et pointe les ressemblances; il ne s'agit pas de la "voie négative" du pseudo-Denys, qui consiste à nier en Dieu tout ce qui est fini, au nom de sa Transcendance. Il s'agit d'une activité positive de l'esprit, qui poussant à l'absolu sa réflexion sur le fini, saisit en acte que, à l'infini, l'opposition n'a plus de place, le plus et le moins n'ont plus de sens, toutes les figures coïncident, comme le mouvement et le repos, les qualités diverses, etc. Cette opération de l'esprit est interprétée par Maurice de Gandillac, comme une *"Aufhebung"* hégélienne,[8] une négation de la négation, qui s'exerce au-delà de la raison, mais par l'intelligence et dans une sorte d'intuition mystique que l'esprit humain a la possibilité de se donner à lui-même.

Ainsi le processus de la raison, poussé à bout, aboutit à sa négation. Tout le fonctionnement de l'esprit humain est régi par le principe de non-contradiction. Or à l'infini, il n'y a plus d'opposition: le polygone est un cercle, le triangle est une ligne, la sagesse est la folie, le mouvement est le repos. Aristote en concluait que dans la quantité et dans l'univers, l'infini est impossible: "Il est clair qu'un corps infini est impossible"[9] pour préserver les lois de la raison concernant les grandeurs et le mouvement. Nicolas de Cues en conclut que l'infini, qui existe nécessairement, n'est pas de l'ordre des choses et des qualités saisies par notre raison mesurante.

---

[7] Nicolas de Cues, *Docte Ignorance*, livre II, chap. 8, p. 134.

[8] M. de Gandillac, *Oeuvres choisies*, p. 29.

[9] Aristote, *De Coelo*, I, 6; *Physique*, III, 4 à 6.

B - *DIEU*

Ce principe de la docte ignorance, appliqué à Dieu, permet de lui donner des noms qui, pour notre raison, sont contradictoires. Il est le "Possest", "l'Unitrinité", etc.[10] Et quand il étudie en particulier ce titre de l'Unitrinité, Nicolas utilise un raisonnement pythagoricien, repris par Platon, sur l'un qui est égal à lui-même, et en parfaite union (*nexus*) avec cet égal, et est ainsi à la racine du multiple, de l'inégal et du lien qui se trouvent dans tous les êtres finis, par participation de l'unité-racine.[11]

Ce raisonnement et d'autres qu'il fait sur les réalités révélées nous laissent soupçonner que, pour lui, le néo-platonisme est plus qu'une ressource utilisée par le croyant pour mieux intelliger sa foi; mais c'est plutôt la révélation qui vient confirmer, comme un "a posteriori", les raisonnements "a priori" du philosophe. Nicolas de Cues, systématicien, est donc fortement marqué par l'idéalisme néo-platonicien, au point que les constructions abstraites de son esprit semblent lui importer davantage que les faits de la révélation dans leur positivité historique.

C - *L'UNIVERS*

En conformité avec la doctrine néo-platonicienne, l'univers ressemble à Dieu, tout en lui étant inférieur. De l'unité procède, par dégradation, le multiple; de l'égal, l'inégal; et du lien qui tient ensemble l'un et son égal dans la Trinité, provient le lien qui tient ensemble les êtres multiples et inégaux de l'univers.[12] D'ailleurs, la multiplicité explique aussi l'inégalité et le lien. Comment des êtres peuvent-ils être multiples sans être inégaux et sans être liés entre eux dans un ensemble qui permet à l'univers d'être la réunion de ces êtres multiples?[13] Tout s'explique donc fort bien à partir de l'unité, dans cette vision très simple proposée par le néo-platonisme.

Cet univers, image dégradée et réduite de l'infini qu'est Dieu, est lui aussi infini à sa façon. C'est un infini en puissance, infini parce que sans limite.[14]

S'il est sans limite et sans bord, il n'a jamais fini de déployer ses possibilités, non seulement en étendue, mais dans la perfection graduée de ses individus et de ses parties. On ne rencontre pas chez Nicolas l'idée de l'évolution des espèces. Mais à partir de celle de la possibilité illi-

---

[10] Nicolas de Cues, *De Pace Fidei*, VIII à X, no 23 à 27.

[11] Nicolas de Cues, *Docte Ignorance*, livre I, chap. 8-9-10; *La Paix de la Foi*, VIII à X.

[12] Nicolas de Cues, *La Paix de la Foi*, VIII à X.

[13] Nicolas de Cues, *Docte Ignorance*, livre III, chap. 1er.

[14] *Ibid.*, livre II, chap. 8.

mitée de l'univers, qui n'a pour limite que l'infinité de Dieu, cette idée de l'évolution était toute proche et aurait été bienvenue. Deux autres conceptions assez modernes y sont par contre très clairement exprimées:

1° chaque élément du monde exerce une influence sur la totalité de l'univers et subit en retour une action de la part de tout le cosmos. L'univers à trois dimensions, et même à quatre dimensions, si on tient compte du mouvement et de la génération des êtres, est conçu comme une sphère dont "le centre est partout et la circonférence nulle part". C'est sa façon d'interpréter la sentence d'Anaxagore qu'il aime à citer: "Tout est dans tout".[15]

2° De cette vision, encore statique, mais très proche de la conception moderne du monde, il tire la conclusion de la relativité de la connaissance, qui dépend de la situation de l'observateur. Chacun se croit le centre du monde; et si je me trouvais sur la lune plutôt que sur la terre, c'est la terre qui me semblerait tourner autour de la lune. Il n'y a nulle part de point fixe et absolument central de l'univers[16] ou plutôt, ce centre, dans sa précision, est occupé par Dieu qui, par son infinité, embrasse tous les temps et tous les lieux.

D - LE CHRIST

Il était utile de réfléchir sur la docte ignorance, appliquée à Dieu et à l'univers, pour comprendre l'application que fait Nicolas de ce même principe de la docte ignorance à la christologie.

1. L'homme Dieu.

L'individu qui dans une espèce donnée réalise au maximum les possibilités de cette espèce appartient à la fois à cette espèce et est le maximum absolu, à savoir Dieu lui-même, comme le triangle infini se confond avec la ligne et la sphère et avec l'infinité absolue, le mouvement circulaire infini en vitesse équivaut au repos, etc.[17] On en voit un signe dans le fait que les plantes les plus parfaites débordent leur espèce et sont à la fois plantes et animaux; et les animaux les plus parfaits, à savoir les hommes, sont à la fois sensibilité, raison et intelligence. Quand la sensibilité va au bout de ses possibilités, comme capacité de connaître, elle se

---

[15] Nicolas de Cues, *Docte Ignorance*, livre II, chap. 5.

[16] *Ibid.*, livre II, chap. 12.

[17] *Ibid.*, livre III, chap. 1 et 2.

nie elle-même et devient raison, laquelle a dans l'ordre de la connaissance, un mode de procéder qui est supérieur à la sensibilité, parce qu'elle saisit l'universel et les causes. De même, la raison se dépasse elle-même, par la docte ignorance, dans l'intelligence, qui perçoit l'absolu sans le saisir, au moyen de la transsomption, grâce à laquelle notre esprit transcende les oppositions qui sont le propre du fini et du multiple.[18] L'homme est ainsi dans l'univers à la frontière du fini et de l'infini. Il est le microcosme, en qui l'univers manifeste pour ainsi dire toutes ses possibilités, à l'état réduit et dans une espèce particulière. Fini dans sa nature, il est le résumé de l'univers qui est l'infini réduit, image multiple de l'infinité absolue. Et comme image de l'infinité absolue, il va plus loin que tous les autres êtres, parce qu'il est capable de l'infini, par son intelligence, ouverte sur l'absolu.[19] C'est donc seulement dans la nature humaine que le maximum restreint et le maximum absolu peuvent coïncider.

Supposons un individu humain chez qui l'espèce réalise toutes ses possibilités, en particulier comme intelligence, puisque c'est là surtout que réside la perfection de l'homme, sommet de la perfection de l'univers; cet individu sera non seulement un homme, mais sera Dieu lui-même, que Nicolas ne peut concevoir autrement que comme un entendement infini. "L'humanité à son plus haut degré et dans toute sa plénitude ne peut se réaliser autrement que dans la divine personne du Fils",[20] parce que lui seul est l'égal de Dieu. Et comme cet individu sera en même temps, en tant que microcosme, limite absolue de toutes les perfections de l'univers, tout sera "en Lui, par Lui et pour Lui" de la même façon que toutes les perfections finies qui sont dans l'univers sont contenues à l'intérieur de leur limite infinie réalisée dans le Christ, et participent d'elle, dans le sens très fort que prend ce mot de "participation" chez les néo-platoniciens.

Il convient donc grandement que ce soit à l'intérieur de l'espèce humaine que la jonction du fini et de l'infini s'opère, parce que l'homme est microcosme, abrégé de l'univers et capable de l'infini. Ainsi, en se faisant homme, Dieu actualise infiniment la possibilité de l'homme, et par lui de l'Univers, et donne libre cours à sa Bonté généreuse qui le pousse à faire le plus de bien et de perfection possible.[21] Cela est si clair pour Nicolas que les passages où il parle de l'incarnation présentent cette dernière pratiquement comme une nécessité. Nous vivons dans le meilleur des mondes possibles. Ce qui arrive est ce qui pouvait arriver de mieux dans les circonstances. Ces formules optimistes, qui reviendront plus tard chez Leibniz en particulier, et qui avaient déjà cours chez un Duns Scot

---

[18]*Ibid.*, livre I, chap. 4.

[19]*Ibid.*, livre III, chap. 3.

[20]*Ibid.*, livre III, chap. 4, p. 183.

[21]*Ibid.*, livre III, chap. 3, p. 180.

par exemple, reviennent sous la plume de Nicolas à quelques reprises.[22]

Cet homme maximum, qui est aussi Dieu lui-même, est le Fils de Dieu, parce qu'il est son égal. Nicolas a ici recours à la Trinité pythagoricienne, où l'un engendre l'égal, avec lequel il vit dans un lien d'amour infini. Puisque l'homme maximum se compare à Dieu et lui est réuni, c'est comme son égal qu'il lui est réuni. C'est pourquoi il est appelé Fils de Dieu, réuni au Père par le lien de l'Esprit. D'ailleurs, cette cause de l'union au Père, l'Esprit, est aussi cause de l'union des natures divine et humaine dans l'homme-Dieu, et de l'union des hommes au Christ dans l'Eglise. La vérité générale de la possibilité et même de la probabilité et de l'existence en fait de l'homme maximum, est admise plus ou moins explicitement par toutes les religions qui espèrent pour l'homme l'immortalité.[23] Comment fonder cette espérance en l'immortalité, c'est-à-dire en la participation par l'homme à la vie éternelle et bienheureuse de Dieu, sinon par le moyen d'un homme qui ouvre aux autres cette possibilité par le lien qu'il entretient lui-même à la fois avec la divinité, comme son égal, et avec les autres hommes, comme membre éminent de leur espèce, qui les inclut tous comme maximum? Nicolas trouve illogique la prétention des musulmans à l'immortalité et à la vie bienheureuse, et la négation de la divinité de Jésus, par lequel cette vie bienheureuse nous est procurée.

L'union hypostatique elle-même, il l'explique au moyen du même principe, auquel il réduit le vocabulaire utilisé par la scolastique. Voici un passage du *De Pace Fidei* où il s'explique assez clairement à ce propos:

> Si l'union de la nature inférieure à la divine était la
> plus grande qui se pût, la première serait alors unie à
> la seconde, même dans l'unité personnelle. Aussi long-
> temps en effet que la nature inférieure ne serait pas
> élevée à l'unité personnelle et hypostatique avec la su-
> périeure, elle pourrait être plus grande. Si donc on
> assume que cette nature inférieure est la plus grande
> qui soit, elle subsiste tout en étant attachée à la su-
> périeure (ou mieux: tout en étant étroitement unie à
> la nature supérieure?); et cela n'est pas l'effet de
> la nature, mais celui de la grâce. Or cette grâce la
> plus grande possible n'est pas différente de la nature,

_____

[22]*Ibid.*, p. 180, par exemple cette formule: "Et comme cela ne répugne pas au Dieu de toute Bonté et de toute perfection parce qu'il peut faire cela sans varier, sans être diminué ou amoindri, mais que cela convient plutôt à son immense Bonté, parce que l'univers a été créé par Lui et pour Lui dans l'ordre convenable, de la façon la meilleure et la plus parfaite; comme *d'autre part, hors de cette voie, les choses ne pourraient pas être plus parfaites*, personne ne pourra sans nier Dieu ou sa Bonté infinie, ne pas reconnaître en raison toutes ces choses..." La suite de ce chapitre détaille cette même idée.

[23]Nicolas de Cues, *La paix de la Foi*, XIV.

> mais lui est unie. Par conséquent, même si c'est par
> l'effet de la grâce que la nature humaine est unie à la
> nature divine, cette grâce-là cependant, puisqu'elle ne
> saurait être plus grande, se termine dans la nature, de
> la façon la plus immédiate.[24]

Ainsi donc, l'union hypostatique sauvegarde la distinction des natures, mais de telle sorte que l'intelligence humaine devient le siège de la "Sagesse éternelle et de l'art Tout-Puissant" et obtient "une vertu divine", en vertu d'une union qui est la plus grande qui puisse être et que l'on ne peut comprendre, mais seulement conjecturer en appliquant le principe de la docte ignorance. Plus l'intelligence humaine est sage, plus elle est unie à la sagesse, au point que la Sagesse infinie exige que l'intelligence qui lui est unie soit la Sagesse elle-même, de façon réelle, mais ineffable. Cela n'amène pas la confusion des natures, ni leur négation mutuelle, mais leur union selon un mode qu'on ne peut décrire. L'homme-Dieu est à la fois l'unité absolue, et la multiplicité qui l'explique; l'égal de l'un et l'inégalité qui se manifeste dans les êtres multiples de l'univers; il est parfaitement uni au Père comme son égal, et uni au monde comme sa somme encyclopédique, le microcosme; il est à la fois la totalité contractée et de complication qui définit Dieu, et la totalité étalée, "explication" de la "complication" originelle. "Tout est en Lui". Cela apparaîtra encore plus clairement dans notre critique à la fin.

2. *Jésus-Christ*.

L'homme-Dieu est réalisé en Jésus-Christ. Cela, Nicolas l'établit de la façon la plus traditionnelle, à partir des paroles et des actions du Christ et de ses disciples. "Car, d'après les oeuvres qu'il a lui-même accomplies pendant son existence terrestre avec un pouvoir plus qu'humain et proprement divin; d'après les affirmations qu'il a données lui-même sur son propre compte, et qui ont été reconnues exactes en tous points, d'après le témoignage, maintenu jusqu'au martyre, de ceux qui l'ont approché, nous pouvons, avec une confiance inébranlable, appuyée depuis longtemps de preuves en nombre inexprimable, affirmer avec fondement qu'il est celui que toute créature a, dès le commencement, attendu dans l'avenir, et qui, par la voix des prophètes, avait annoncé au monde sa venue".[25] Nicolas développe ensuite comment Jésus accomplit les prophéties, maîtrise les éléments, et surtout est la réalisation personnelle du maximum de l'espèce humaine, comme l'affirme saint Paul: "Il est l'image du Dieu invisible, le premier-né de toute la création, car c'est en Lui qu'ont été créées toutes choses dans les cieux et sur la terre... Il est avant toutes choses, et toutes choses subsistent en Lui..."[26]

---

[24]*Ibid.*, chap. 12, p. 31.

[25]Nicolas de Cues, *Docte Ignorance*, livre III, chap. 4, p. 182.

[26]*Col* 1,15, etc.

3. *Explication de certains mystères.*

Puisque Jésus est l'homme maximum et le Fils de Dieu, le principe de la coïncidence des opposés dans l'absolu nous aide à comprendre certains mystères de la vie de Jésus, en particulier: sa conception virginale, sa sagesse humano-divine, sa mort, sa résurrection et son exaltation, la résurrection universelle, le jugement des vivants et des morts. Voyons-les brièvement l'un après l'autre.

a) Conception virginale.[27]

Celui qui était l'homme-Dieu devait naître d'une femme, comme tous les hommes, mais d'une naissance virginale pour que soit préservée la parfaite pureté de cette génération. (N'oublions pas l'influence constante du platonisme sur les thèses de Nicolas...). Il devait ainsi avoir Dieu seul pour Père, pour manifester sa génération éternelle comme Fils de Dieu dont il est l'égal. Cette naissance, où s'unissaient la nature humaine et la nature divine, devait être l'oeuvre de l'Esprit-Saint, qui est l'union maximum, qui explique toute union dans les créatures et "a fortiori" cette union maximum qui se réalise en Jésus des natures divine et humaine dans l'unique personne du Verbe de Dieu.

b) Sagesse maximum.[28]

L'homme se définit par l'intelligence, la raison et la sensibilité; l'intelligence est le sommet de la raison, et la raison, le sommet de la sensibilité. Le corps siège de la sensibilité est au service de la raison et de l'intelligence. Ainsi l'homme réalise d'autant plus sa nature qu'il est davantage intelligence.[29] L'homme maximum est tellement uni à la sagesse, par son intelligence, sommet de sa nature, qu'il peut être appelé la Sagesse incarnée,[30] le Verbe fait chair. Jésus, l'homme-Dieu, devait pendant sa vie temporelle, et même avant sa résurrection, posséder cette Sagesse infinie pour être à la fois l'homme maximum et l'égal de Dieu. Telle a donc été la prérogative de Jésus, comme le confirment les Ecritures.

c) La mort de Jésus.[31]

Puisque l'homme est intelligence, raison et sensibilité, et que c'est la raison qui doit imposer ses lois à la sensibilité, il convenait que l'homme maximum manifeste au plus haut point dans sa façon de vivre et de mourir sa souveraine maîtrise sur les désirs de la chair. Ainsi, par le moyen de la raison, la sensibilité elle-même participe elle aussi,

---

[27] Nicolas de Cues, *Docte Ignorance*, livre III, chap. 5.

[28] *Ibid.*, livre III, chap. 4.

[29] *Ibid.*, livre III, chap. 6.

[30] Nicolas de Cues, *De Pace Fidei*, XI, XII.

[31] Nicolas de Cues, *Docte Ignorance*, livre III, chap. 6.

selon le mode qui lui convient, à la vie de l'entendement. Laissons Nicolas s'exprimer lui-même: "La raison qui possède de sa nature un pouvoir éminent par sa participation à la nature de l'entendement, enferme en elle certaines lois grâce auxquelles elle règle en directrice les passions mêmes du désir et les ramène à la mesure, de crainte que l'homme, plaçant sa fin dans les choses sensibles, ne se prive ainsi du désir spirituel de l'entendement".[32] Voilà une première raison de la vie douloureuse et de la mort du Christ dans les souffrances de la crucifixion, à savoir: manifester la souveraine maîtrise de sa raison sur sa sensibilité, et indiquer que la fin de l'homme ne se trouve pas dans le sensible, mais le spirituel, objet de l'entendement.

Mais l'homme, né de la semence d'Adam, "et dans un acte où l'animalité l'emporte sur la spiritualité,"... "demeure radicalement impuissant à transcender les choses temporelles, pour embrasser le spirituel".[33] C'est pourquoi la mort de Jésus a aussi une autre fin: vaincre en un homme la mortalité et l'attrait sensible inscrit dans la condition humaine des fils d'Adam, et faire accéder l'homme nouveau à sa pleine stature, à savoir celle où la sensibilité est pleinement soumise à la raison et par le moyen de cette dernière, à l'entendement. Ainsi, par un homme, à savoir l'homme maximum, seraient vaincus, au bénéfice de toute l'espèce, non seulement le péché, la tendance innée au mal, l'attrait pour le sensible en lui-même, mais aussi la mortalité elle-même, qui provient du fait que le corps en nous n'est pas pleinement dominé par l'esprit et ne partage pas encore la condition de ce dernier. Cela arrivera à ceux qui, par la foi et la charité, seront unis au Christ d'un lien qui ne peut venir que de l'Esprit-Saint, cause et racine de tout lien.

d) La résurrection.[34]

Le mystère de la résurrection avait pour but la victoire de la nature humaine sur la mort, et le partage pour cette dernière de la vie immortelle propre à la divinité. "Aussi a-t-il subi la mort afin qu'avec lui ressuscitât à la vie éternelle la nature humaine, et que son corps d'animal et d'être mortel devint spirituel et impérissable... Si le Christ était toujours demeuré mortel, même sans jamais mourir, comment eût-il, lui, l'homme mortel, conféré à la nature humaine l'immortalité? Et si lui-même n'était pas mort, il fût resté seul mortel sans mourir. Il fallait donc qu'il se libérât par la mort de la possibilité où il était de mourir... afin qu'ainsi élevé, il entraînât tout à soi".[35]

Ainsi le Christ ressuscité ne cesse pas d'être homme, avec son corps, mais selon une condition nouvelle, où les privilèges de l'esprit sont partagés par le corps, au point que "le périssable devient impérissable, l'animal, être spirituel, et que l'homme tout entier est entendement

---

[32]*Ibid.*, p. 191.

[33]*Ibid.*

[34]*Ibid.*, livre III, chap. 7.

[35]*Ibid.*, p. 195.

personnel, et que le corps est véritablement dans l'esprit... Là-haut, le corps est absorbé dans l'esprit, comme ici-bas l'esprit dans le corps. Tandis qu'ici-bas l'âme est alourdie par le corps, là-haut le corps est allégé par l'esprit".[36]

Tel est l'état de la résurrection qui redonne à l'homme sa stature vraie, "l'image trouble de l'homme véritable s'étant dissipée".[37]

e) Résurrection universelle.[38]

Que tous ressuscitent comme conséquence de la résurrection de Jésus est explicable, selon Nicolas, par le fait que le Christ est la réalisation parfaite de l'espèce humaine et son maximum, dont tous participent. Ce qui arrive au Christ arrive donc, nécessairement, selon Nicolas, à tous les individus de l'espèce. En effet, "il n'y a qu'une humanité invisible, une essence spécifique de tous les hommes, grâce à laquelle tous les hommes particuliers sont des hommes qui ne se distinguent que par le nombre, au point que le Christ et tous les hommes possèdent la même humanité, bien qu'il subsiste une différence numérale entre les individus particuliers. D'où il est clair que l'humanité de tous les hommes, qui dans l'ordre du temps ont vécu avant ou après le Christ, ou vivront demain, a revêtu dans le Christ l'immortalité".[39] Donc le Christ constitue pour l'espèce humaine, et par conséquent pour tous les individus de l'espèce, le médiateur qui les conduit à l'immortalité.

Il devient donc illogique d'espérer l'immortalité, tout en refusant la médiation du Christ et sa divinité, comme le font les Saracéniens et les Syriens du dialogue sur la *Paix de la Foi*.[40] La place éminente qu'occupe le Christ dans l'espèce humaine, comme homme maximum, entraîne aussi sa place dans l'histoire. Il est situé au sommet du temps, si bien que tout ce qui vient avant lui a été providentiellement ordonné pour préparer sa venue, par le Verbe de Dieu lui-même, qui est aussi le créateur des êtres, le modèle parfait de toute créature, à titre de Sagesse infinie, ou d'égal de Dieu. De même, tout ce qui vient après lui n'a d'autre but que de le faire connaître et aimer par tous les hommes, qui par la foi et la charité lui sont et seront réunis. Le moment de sa venue est celui où le temps et l'éternité coïncident dans sa personne humano-divine.[41]

De même, la religion chrétienne est implicite dans toutes les religions qui n'ont d'autre but que de conduire l'homme au bonheur et au partage de la vie divine. Nicolas s'attarde à le montrer dans le *De Pace fidei*, pour les Musulmans et pour toutes les religions qui admettent la

---

[36]*Ibid.*, p. 209.

[37]*Ibid.*, p. 197.

[38]*Ibid.*, livre III, chap. 7 et 8.

[39]*Ibid.*, p. 199.

[40]*Ibid.*, p. 200; *La Paix de la Foi*, chap. 13.

[41]Nicolas de Cues, *Concordance Catholique*, chap. 3.

divinité et poursuivent le bonheur de l'homme.[42] La présence implicite des vérités chrétiennes fondamentales: Trinité, Incarnation, salut, dans toutes les autres religions, et l'ineffabilité de ces mystères dans leur précision entraîne pour conséquence évidente une grande tolérance mutuelle entre les religions et un respect des traditions, des rites, des formules propres à chacune. Il suffit de s'entendre sur certains dogmes fondamentaux acceptables par tous. Dieu équivaut au maximum qui est évident pour tous, s'ils veulent bien raisonner, c'est-à-dire en platoniciens. Cet absolu est trine, parce qu'il est l'un, parfaitement égal à lui-même et par conséquent dans un lien parfait avec lui-même, ce qui équivaut à la Trinité des chrétiens. L'homme désire le bonheur qui ne peut consister que dans la réalisation parfaite et au maximum des possibilités de sa nature, en particulier dans la vie de l'intelligence et dans l'immortalité. Les autres discours sur le bonheur sont de l'ordre du symbole. Comment espérer parvenir à la pleine réalisation de sa nature, sinon par la médiation d'un individu qui étant homme est aussi le maximum absolu et Dieu lui-même? Cet homme, c'est Jésus-Christ, qui le réalise le mieux, pour peu qu'on le connaisse et qu'on réfléchisse sur ses actions et ses dires. Pour le reste, chacun a droit à ses traditions propres.

On peut se demander si, dans son effort de réduction de l'autre à ses thèses propres, Nicolas dialogue vraiment et écoute suffisamment autrui. Il est à la recherche d'une base commune acceptable aux deux, et cette base, il la cherche dans la rationalité qui selon lui ne saurait être que platonicienne. La recherche de la "*Ur-Religio*" et de la "*Ur-Glaube*", reprise ensuite par les phénoménologues religieux allemands, de Kant à Schleiermacher et à Otto, trouve facilement chez Nicolas son ancêtre, même si les résultats de la recherche ont varié et sont devenus moins ambitieux chez ces derniers, dû sans doute au fait que le préjugé chrétien devenait, avec le temps et le pluralisme, de moins en moins évident en Europe.

f) Jugement dernier.

Jésus est la raison maximum puisqu'il est la Sagesse elle-même. Tandis que ce que nous mangeons devient ce que nous sommes, "de son côté, l'esprit doué d'entendement, qui s'exerce par-dessus le temps, comme à l'horizon de l'éternité, lorsqu'il se tourne vers des choses éternelles, ne peut pas se les incorporer, parce qu'elles sont éternelles et incorruptibles; mais lui non plus étant incorruptible, ne peut s'incorporer à elles au point de cesser d'être une substance intellectuelle; mais il s'incorpore à elles au point d'être formé à l'image de l'éternité".[43] Et comme il y a des degrés dans cette mutuelle incorporation, le degré maximum, qui définit l'homme-Dieu, est la raison d'être de tous les autres degrés, qui participent du maximum de façon limitée et finie.

---

[42] Nicolas de Cues, *La Paix de la Foi*, passim.

[43] Nicolas de Cues, *Docte Ignorance*, livre III, chap. 9, p. 205.

Ainsi s'explique le fait que le jugement appartient en propre à Jésus-Christ, comme à celui qui possède au plus haut point la sagesse, et le fait que tous les autres jugements sont participés de celui de Jésus-Christ, comme toute intelligence et toute raison participent de l'intelligence et de la sagesse maximum.

En résumé, voici donc les idées fondamentales du système cusanien. A l'origine, il y a l'un. Vient ensuite l'altérité; puis la multiplicité; puis la totalité. A l'un sans altérité correspond l'égalité avec lui-même, dans un dédoublement au moins de la raison. Avec son égal l'un est uni de la façon la plus intime qui soit. Telle est la trinité originelle conçue par la raison, et projetée en Dieu qui se saisit tel qu'il est, à la fois pensée pensante et pensée pensée. Il s'agit ici d'une mathématique universelle qui ne concerne pas uniquement la quantité des êtres, mais s'applique aussi bien à toutes les substances et à tous les êtres. L'unité dont il est question, c'est l'unité métaphysique, dont l'unité de quantité n'est qu'un cas particulier et analogique.

Par la médiation de l'altérité, qui signifie aussi inégalité, sans laquelle il n'y a pas d'altérité, intervient le multiple. Ce multiple, par sa diversité, essaie de reproduire la perfection simple et concentrée de l'unité originelle. Le multiple indéfini et illimité constitue une totalité imparfaite, qui ressemble à l'un qui était à l'origine, tout en lui étant inférieur. Cette multiplicité ne fait pas nombre avec l'unité-racine, comme la ligne ne fait pas nombre avec le point qui l'engendre et n'épuise ses virtualités dans aucune ligne particulière.

Que la totalité de l'univers soit concentrée en un point, chez un individu, et que cet individu soit l'égal de Dieu, sans cesser d'être la totalité de l'univers en lui ramassée, nous aurons celui qui est à la fois l'infini de complication et l'infini d'explication, l'absolu et le relatif réunis, l'homme-Dieu. Et si cela est postulé par la Bonté de Dieu, ça existe ou existera nécessairement dans l'histoire universelle, pour lui donner un sens et un centre, de sorte que tout trouve en lui sa raison d'être dernière. Voilà en peu de mots la pensée de Nicolas.

II - REFLEXION SUR LA METHODE

Nicolas bâtit sa christologie avec les instruments conceptuels fournis par le néoplatonisme courant à son époque. Son originalité consiste surtout à avoir peut-être poussé plus loin que d'autres sa réflexion dans la logique de ce système. Notons d'abord quelques points discutables.

A - *POINTS DISCUTABLES*

1. La thèse platonicienne de l'exigence d'un maximum dans une espèce, de la participation de tous les individus à ce maximum, qui n'est pas une idée abstraite, mais un individu bien réel, qui hypostatise cette espè-

ce, thèse que l'on a appelée le "réalisme exagéré", semble bien une des clés de la christologie de Nicolas.

2. L'autre thèse, de la coïncidence des opposés dans l'absolu, parce que les maximum ne peuvent plus s'exclure, semble claire quand on prend les exemples mathématiques qu'affectionne Nicolas. Mais elle devient discutable si on la généralise. La raison est autre chose qu'une sensibilité maximum, et l'aveugle le plus intelligent demeure privé de la vue.

L'homme, de par sa nature, est ouvert infiniment, et plus il actualise cette possibilité indéfinie qui le caractérise, plus il s'approche de l'homme maximum. C'est un cas privilégié pour appliquer le principe de la coïncidence des opposés, en parlant de l'homme-Dieu. Mais cela advient par une assomption de la nature humaine, et non par une simple portée au maximum des possibilités de cette nature. Dans ce dernier cas, n'y a-t-il pas une ambiguïté possible? S'agit-il vraiment du Dieu fait homme ou de l'homme qui est divinisé en lui-même, dans sa nature humaine? Nicolas ne tombe pas dans ce travers, qu'il rejette explicitement. Mais la logique de son système ne peut-elle pas conduire à cette conclusion?

3. Voici un troisième reproche: le système est si logique que l'on peut se demander si la liberté de Dieu et la gratuité du salut en Jésus-Christ y sont préservées. C'est ainsi par exemple que dans la logique du système, "il faut" que Jésus soit né d'une mère vierge, qu'il soit mort dans les souffrances, qu'il ressuscite, qu'il soit le juge universel et le médiateur du salut de tous. Ce "il faut" dispense de rechercher par des preuves positives s'il en a été ainsi dans les faits; ou si les faits nous intéressent, c'est uniquement comme confirmation "a posteriori" d'un raisonnement "a priorique". Donc, pas d'enquête préalable nécessaire sur l'exégèse scripturaire, sur la tradition patristique. Nicolas se sent en terrain sûr, parce qu'il s'attache uniquement à des articles du symbole des apôtres. Mais sa méthode est suffisante par elle-même et ne privilégie ces articles de foi que parce qu'ils entrent dans la logique de son système. N'y a-t-il pas là un danger: celui de donner dans la foi une plus grande importance à la systématique, et à la logique humaine, qu'à la tradition et à la Parole de Dieu? Cela entraîne en particulier une insensibilité à l'histoire, aussi bien au passé historique des faits de la révélation dans leur teneur concrète, qu'à l'actualité et aux signes des temps. On obtient ainsi une théologie intemporelle, abstraite, entièrement conditionnée par le système philosophique auquel on se rattache.

4. Enfin, quatrième critique négative: les lacunes de son anthropologie se répercutent évidemment sur sa christologie. L'homme de Nicolas est bâti selon le schéma platonicien et augustinien: entendement, raison, sensibilité. Cet homme atteint le sommet de ses possibilités dans la sagesse qui comble son entendement, et assure la parfaite subordination de la raison à l'entendement et de la sensibilité à la raison. C'est même cette sagesse infinie, possédée par Jésus, qui sert d'argument habituel à Nicolas pour établir la divinité du Christ. Etant la Sagesse infinie, il est donc aussi l'égal de Dieu, et son Fils. Cette christologie néo-platonicienne a l'inconvénient évident de négliger quasi complètement le Jésus prophète et homme public, qui prend parti pour le pauvre, le faible et l'exploité, au

nom d'un royaume de justice et d'amour, dans la tradition des prophètes d'Israël.

Nietzsche a accusé le christianisme d'être du "platonisme pour le peuple". Ce reproche ne peut porter contre l'Evangile lui-même, ni contre la christologie élaborée aujourd'hui, depuis que la critique marxiste du christianisme nous a aidé à redécouvrir l'impact socio-politique du message chrétien. Mais la christologie de Nicolas peut sembler une traduction en symboles de vérités platoniciennes, ce dont Nicolas ne se défend nullement. Pour lui, il est plus proche de la vérité d'expliquer la Trinité par l'un, l'égal et la synthèse que par le Père, le Fils et l'Esprit. De même, il vaut mieux présenter Jésus comme l'homme maximum, la Sagesse infinie, etc., que de tirer les enseignements des paroles et des gestes du Fils de Dieu. Sa christologie toute théorique se bâtit sur la coïncidence entre l'homme maximum postulé par la nature humaine, la maximité absolue, et de rares citations de saint Paul où il emploie un langage voisin de celui des néo-platoniciens.[44] D'ailleurs, était-il concevable et possible au début du XVe siècle, à une époque où le conservatisme social allait de soi et était incontesté, de présenter la figure d'un Jésus prophète, qui est finalement mis à mort comme contestataire de l'ordre social et religieux existant et que Dieu ressuscite pour montrer aux yeux de tous, comme juste, celui qui avait été jugé et condamné comme injuste?

Ce sont des reproches. La méthode de Nicolas a aussi des avantages.

B - AVANTAGES

1. Elle respecte le mystère sans le réduire. Elle donne une place à l'intuition intellectuelle au-delà de la raison et en conséquence elle invite à la tolérance envers ceux qui ont des opinions différentes sur ces mystères, au niveau des conjectures. Ainsi le Christ peut servir de médiateur et de pacificateur pour réunir les hommes religieux.

2. Sa conception de l'homme comme microcosme, et du Christ comme homme maximum, est de nature à clarifier le problème des relations entre le temporel et le spirituel, l'Eglise et l'Etat. Tout est dans le Christ: comme le dit Paul, "tout subsiste en Lui". Ainsi le temporel, l'Etat et son gouvernement participent du Christ par eux-mêmes[45] et non par la médiation du spirituel, comme on l'affirmait généralement à l'époque (cf. la Bulle Unam Sanctam). Ce principe est à la base de la séparation des pouvoirs et du respect des juridictions mutuelles qui est devenue la thèse commune, surtout depuis Vatican II.

3. De même l'Eglise-mystère, où tous sont unis au Christ par les liens spirituels de la foi et de la charité, sera plus fondamentale que

---

[44] *Ibid.*, livre III, chap. 4, p. 182.
[45] Nicolas de Cues, *Concordance Catholique*, livre III, chap. 5, etc.

l'Eglise-institution et organisation, en conséquence de ce même fait que le Christ est l'homme maximum, auquel toute l'espèce est mystérieusement réunie.[46] On est réuni par le lien, et le lien par excellence c'est l'Esprit de Dieu, raison d'être dernière de tous les liens.

4. Cela entraîne aussi une autre conséquence importante en ecclésiologie, à savoir la primauté de la communauté qui est le corps mystique du Christ, sur ceux qui la représentent, à savoir le collège des évêques, lui-même représenté par les cinq patriarches et par le pape.[47] L'infaillibilité maximum est celle de la communauté des fidèles et l'unité de l'Eglise en est une de concordance dans le respect mutuel des coutumes légitimes de chaque Eglise particulière.[48] Telle est la thèse de la *Concordance catholique*. Si plus tard Nicolas est devenu papaliste, c'est uniquement parce que le parti d'Eugène IV était davantage ouvert à l'union avec les Orientaux que ne l'étaient les pères de Bâle, et par conséquent la concordance catholique lui semblait mieux préservée et assurée par les Eugéniens que par les conciliaristes de Bâle.

5. Enfin, comme on l'a noté dans le texte, toutes les religions sont vues par Nicolas comme des "préparations évangéliques" qui, à leur façon, acceptent implicitement les thèses fondamentales du christianisme. Encore ici, une invitation à la tolérance et au respect des traditions religieuses diverses.[49] Nicolas va jusqu'à proposer un concile universel à Jérusalem, destiné à faire la paix dans la foi entre chrétiens, musulmans, tartares, etc...

Le principe de la docte ignorance appliqué à la christologie, et par son moyen à toute la théologie, est donc singulièrement fécond en conséquences positives et utiles. Nicolas nous apparaît ainsi très actuel et en avance sur son temps.

CONCLUSION

On ne dispose pas aujourd'hui d'un système de pensée qui permette de construire une grande synthèse théologique qui reprenne et intègre toutes les recherches particulières dans un ensemble unique et pleinement compréhensif. Il faut renoncer à cette voie. Nous devons partir du seul point de départ possible, Jésus-Christ, reçu dans la foi de l'Eglise, et tâcher de trouver dans ce fait et dans cette réalité la réponse aux questions actuelles. En effet, la démarche ne peut partir de Dieu, puisque, avec Jésus, l'image de Dieu a été changée. C'est de Jésus que nous apprenons ce qu'est

---

[46]*Ibid.*, livre I, chap. 1-2-3-4.

[47]*Ibid.*, livre II, chap. 8-9-10 etc., surtout chap. 18.

[48]*Ibid.*

[49]Nicolas de Cues, *La Paix de la Foi*, surtout la fin, no 67 et 68.

Dieu pour nous. Jésus opère une révolution théologique. La démarche ne peut non plus partir d'une anthropologie. L'image de l'homme a aussi été changée par Jésus. C'est de lui que nous apprenons ce qu'est l'homme et son avenir. C'est la révolution anthropologique. Partir de principes abstraits, d'une idéologie quelconque, c'est courir le risque de ne jamais sortir de cette idéologie et de rationaliser à l'intérieur du système qui utilise Jésus pour s'autojustifier. Ainsi on n'apprendra rien de neuf, mais on se répétera à un autre niveau de symbolisme.

Non, le seul point de départ, c'est Jésus, qui nous éclairera sur Dieu, sur l'homme, sur l'histoire, sur le cosmos.

Ce que Nicolas nous dit vaut pour autant que, même en faisant abstraction du système qu'il élabore, ses affirmations sur Jésus-Christ sont valables parce que conformes à l'Evangile et à la grande Tradition de l'Eglise. Je ne crois pas qu'il soit possible de procéder autrement. Selon moi, la théologie ne se définit pas comme une systématisation du savoir sur la révélation à l'aide d'une philosophie donnée, mais comme une réflexion critique sur la pensée et l'agir de l'Eglise et du monde, à la lumière de l'Evangile, en utilisant, à cette fin, tous les instruments conceptuels disponibles aujourd'hui, qu'ils soient d'ordre philosophique, psychologique, sociologique, etc. Et le résultat qu'on peut en attendre ne peut plus être une synthèse intégrale, mais une certaine cohérence, qui n'est pas exclusive d'une autre cohérence possible.

Nicolas était bien conscient des limites de notre connaissance, lui qui propose sa synthèse comme une approche conjecturale de la réalité, et qui maintient que la connaissance précise est impossible. Mais il n'est peut-être pas logique quand il veut imposer comme allant de soi, pour tous, ses dogmes néo-platoniciens. Il nous montre, en tout cas, jusqu'à quel point, malgré ses profondes intuitions, il est lui-même étroitement dépendant de son temps et de son école philosophique.

Nous proposons dans un autre texte une méthode en christologie qui part davantage de Jésus lui-même, plutôt que d'"a priori" philosophiques, et qui développe ce que nous avons appelé la révolution théologique et anthropologique inaugurée en Lui, s'il est vrai qu'il a plu à Dieu de tout récapituler en Jésus-Christ.

Jacques Doyon
Université de Sherbrooke

COMPOSSIBILITE DE LA VISION DE DIEU
ET DU DEVELOPPEMENT PSYCHOLOGIQUE
DANS L'INTELLIGENCE HUMAINE DU CHRIST

Jacques Gervais

Cette communication se propose un objectif très précis, tel qu'énoncé par le titre. Depuis qu'on se pose la question de la vision immédiate de Dieu par le Christ en son intelligence humaine dès cette vie, l'une des principales difficultés a toujours consisté à maintenir en même temps la possibilité d'une véritable condition humaine. Comment le Christ pouvait-il être établi dans l'état de communion achevée avec Dieu, et en même temps avoir à passer par les phases d'un réel développement somatique, psychologique et mental? Etait-il tellement en possession de l'intégralité de sa perfection dès son entrée en ce monde, qu'il n'ait pu que faire semblant de progresser et de souffrir? L'éternelle tentation du docétisme et du monophysisme. Pour éviter d'y succomber, il faudrait plutôt renoncer à attribuer au Christ terrestre la vision immédiate de Dieu, que de diminuer l'authenticité de la condition de celui qui s'est fait en tout semblable à nous et a connu l'anéantissement du serviteur. Les deux sont-ils incompatibles: voilà justement la question. Il est trop clair que la réponse exige un certain recours à des élaborations qui dépassent le niveau proprement exégétique. Même s'il faut interroger les exégètes, est-ce d'eux qu'il faut attendre toutes les réponses?

La question peut apparaître si controuvée à certains esprits, qu'elle ne mériterait même plus d'être posée. C'est pourquoi elle est précédée d'un rappel, dont on a bien conscience qu'il n'est rien d'autre, de quelques orientations scripturaires et des positions vers lesquelles elles ont acheminé si longtemps l'ensemble des théologiens. Même aujourd'hui la question n'est pas vaine fantaisie.

J. GERVAIS

ORIENTATIONS SCRIPTURAIRES ET QUESTIONS THEOLOGIQUES

Il est banal de répéter qu'il faut prendre au sérieux l'humanité du Christ, telle que nous la montrent les Synoptiques: une humanité vraie, et par conséquent susceptible de traverser les développements que connaît normalement l'être humain, des développements qui affectent l'intelligence et la prise de conscience de soi. A quoi correspond le portrait du Christ tracé par les Synoptiques.

Faut-il du même pied passer à la conclusion qu'ils nous ont dévoilé ce qui se passe au fond de la conscience de Jésus? N'allons pas trop vite, au nom des Synoptiques, réclamer que la conscience de Jésus soit exclusivement ajustée sur le modèle de la nôtre. Lui accorder tout ce qu'il faut pour qu'elle soit vraiment humaine; pour qu'il y ait en elle développement provoqué et entretenu par l'expérience, soit. Mais cet accord laisse intactes bien des possibilités et bien des questions. Justement le Jésus des Synoptiques laisse apercevoir des échappées d'une intelligence qui paraît chez elle dans le domaine de Dieu, et cela à la différence des plus grands prophètes, apôtres et mystiques. Mentionnons:

a) l'absence d'incertitudes et d'hésitations, ainsi que de toute référence à ce qui ferait de lui un "croyant";[1]

b) l'autorité souveraine et absolue de ses affirmations, plus fortes que celle de n'importe quel prophète, et qui ne se réclame que de la mission du Père;[2]

c) le commerce unique et exclusif de connaissance qu'il entretient avec le Père; commerce qui lui est propre et naturel, alors que les autres n'y sont admis que par révélation gratuite (*Mt* 11,27; *Lc* 10,22).

---

[1] "Jamais l'Ecriture ne parle du Christ comme d'un croyant", C. Spicq, *L'épître aux Hébreux*, t. II, p. 386. En quoi Jésus diffère radicalement de tous les autres, y compris la Vierge Marie, dont parle l'Ecriture: ils sont tous caractérisés et loués pour leur foi; plus ils sont fermes dans leur adhésion à la parole de Dieu, plus ils se posent des questions, même Marie et Paul, pour ne mentionner que ces deux grands types de croyants. Il ne semble pas qu'il y ait de milieu entre la foi proprement dite et la vision immédiate de Dieu: si on n'est pas dans l'une, il faut être dans l'autre. A quoi ne s'oppose pas l'article de L. Malevez, "Le Christ et la foi", *Nouv. Revue théol.*, 1966, pp. 1009-43, reproduit dans le livre *Pour une théologie de la foi*, Museum Lessianum, sect. théol. 63, 1969, puisque la foi y est prise au sens large de confiance.

[2] "Jamais les évangélistes ne disent de Jésus, comme il est dit si souvent des prophètes que la parole de Dieu leur fut adressée. Bien plus, mise à part peut-être la parabole du semeur (*Mc* 4,15 ss/par.), jamais Jésus n'appelle son message la parole de Dieu. Ces deux faits s'expliquent au fond de façon identique: c'est la personne même de Jésus qui est le message (ou la parole) adressée aux hommes", A. Feuillet, "Le baptême de Jésus", *Revue Biblique*, 1964, p. 350.

Ces derniers textes appelés "l'hymne de jubilation" rendent déjà un son johannique.[3]

Il ne faut pas moins prendre au sérieux les avancés plus théologiques de Jean. Ils n'ont rien, bien au contraire, pour nier ou diminuer quoi que ce soit de la *katabasis* (3,13) du Verbe fait chair. Mais Jean aperçoit mieux que dès sa vie terrestre Jésus recelait une plénitude qui est allée en se manifestant. Le Jésus de Jean progresse, lui aussi, et d'un progrès qu'on n'a pas le droit de qualifier de factice. Mais à travers ce progrès se fait jour un processus de manifestation d'une plénitude intérieure. Jean nous oriente nettement dans le sens d'une plénitude de vision, la plénitude d'une conscience baignée de lumière divine. Cette conscience s'exprime comme étant consciente d'elle-même dans le Père. Elle se voit dans la vision même qu'elle a du Père. Elle puise à la même lumière et l'affirmation du Père et l'affirmation de son propre je (*ego eimi*) ainsi que de sa mission. Aussi son témoignage est-il celui du témoin oculaire, celui qui voit et sait ce dont il parle (v.g. *Jn* 1,18; 3,11-12.32; 6,46, etc.).[4]

---

[3]"Deux constatations de la plus grande importance s'imposent à l'attention de l'exégète: l'hymne de jubilation fait partie intégrante des Synoptiques; son apparentement doctrinal au quatrième évangile est néanmoins incontestable et très profond", A. Feuillet, *Le mystère de l'amour divin dans la théologie johannique*, 1972, pp. 165-166. Voir tout le chapitre IV de ce livre pour l'étude des rapports entre les synoptiques et l'évangile de Jean, et en particulier à propos de l'hymne de jubilation.

[4]En explication de *Jn* 1,18, A. Feuillet, dans son livre *Le Prologue du quatrième évangile*, 1968, pp. 131-134, cite en l'approuvant ce commentaire doctrinal de Lagrange, qui conclut: "La thèse théologique (de la vision béatifique dans le Christ) nous semble avoir ici un appui solide" (*Evangile de saint Jean*, p. 28). Le même Feuillet complète l'explication en citant de plus longs développements tirés de J. Maritain, *De la grâce de l'humanité du Christ*, 1967, p. 114. Rudolf Schnackenburg, *The Gospel According to St. John*, vol. I, pp. 383-384, écrit en commentaire sur *Jn* 3,32: "The true revealer from heaven draws on direct knowledge and experience, described by analogy of human 'seeing' and 'hearing', expressions used elsewhere by Jesus of the knowledge which he has gained with the Father and from the Father, though the terms only occur together here (cf. 1,18; 6,46; 8,26.40; 15,15); the conjunction in 5,27 only refers indirectly to Jesus' knowledge. The words also indicate that Jesus is the recipient of revelation, though the Son's knowledge is not thereby restricted or his dignity lessenned... The Johannine Jesus is conscious of his direct access to revelation. He knows that by virtue of his sonship he is in primordial and assured possession of the truth which he proclaims... Since his revelation comes from immediate 'perception', it takes the form of an act of testifying". De même F.M. Braun, *Jean le théologien*, vol. III: *Le mystère de Jésus-Christ*, 1966, pp. 119-120, écrit au sujet du témoignage de Jésus: "Ce qui fait la valeur d'un témoignage est l'exacte information du témoin. De ce fait, quand il est question des réalités divines, Jésus se trouve dans une condition sans pareille: seul d'entre les hommes, il est en mesure d'en témoigner; en dehors de lui, nul ne les connaît. La chose est.../

Deux christologies, avouons-le à notre tour, à la suite de tous ceux qui ont lu le Nouveau Testament depuis vingt siècles. Deux christologies qui évoluent en différentes directions. Faudrait-il y avouer des divergences contradictoires? Divergences léguées par les plus autorisés des premiers croyants. D'où on serait tenté de conclure que l'adhésion ou la foi au même Christ est susceptible de formulations ou interprétations de théologies si diverses qu'elles seraient exclusives? Il faudrait choisir: c'est l'une ou l'autre.

Solution désespérée, à laquelle l'Eglise ne s'est jamais résignée.[5] Elle rassemble dans le même Christ tout ce que les témoins lui ont transmis. Elle réunit en l'unique personne du Verbe incarné toute l'infinité de la divinité et toute la vérité de l'humanité. Dans un même geste de conciliation, ne faudrait-il pas attribuer à la même nature assumée par le Verbe développement et plénitude; un développement psychologique qui soit acquisition, évolution graduelle, prise de conscience; plénitude qui soit dès le principe pleine possession de soi et qui se laisse transparaître au fur et à mesure de son développement.

La théologie, au moins occidentale, affirme les deux explicitement et fermement, depuis le Moyen-Age, c'est-à-dire depuis que la constitution d'une anthropologie théologique a permis d'explorer plus systématiquement les structures de l'agir. L'affirmation était à ce point unanime que l'encyclique "Mystici Corporis" pouvait s'y référer comme allant de soi, sans qu'on songe à la vérifier.[6]

Affirmation peu réfléchie et peu critiquée, dira-t-on. Peut-être pas tant qu'on soupçonne. Pour s'en tenir à un seul exemple, qu'il suffise de rappeler non seulement les discussions abondantes et serrées que saint Thomas consacre à cette question, mais aussi ce fait, rare dans son oeuvre, d'un aveu explicite de renversement de position. Au sujet du savoir expérimental dans le Christ, Thomas note expressément (IIIa, q. 12, art. 2)

/...dite clairement à la fin de l'entretien avec Nicodème (III, 11s.)... A noter tout d'abord, le parallélisme entre le témoignage et la Parole. Parce que la Parole du Christ est un témoignage et qu'elle a pour objet le dessein secret de Dieu, elle suppose une expérience directe de Dieu et de la mission de son Fils, envoyé en ce monde pour le sauver (III, 16s). A cette fin, il faut être *ek toû ouranoû* (III, 13)". Certes ces exégètes ne parlent pas de façon explicite et déclarée de la vision appelée béatifique. Mais il est clair que pour eux c'est au Fils en tant qu'incarné que Jean attribue cette "perception" immédiate ou cette "expérience directe" de Dieu et de la mission du Fils. C'est donc bien dans l'intelligence humaine du Christ que se fait l'accès à Dieu.

[5] Bien loin d'abonder dans le sens de la divergence, l'exégèse la plus sérieuse n'a pas de peine à découvrir plus d'un lien de parenté entre les deux christologies, synoptique et johannique. Voir, par exemple, référence à la note 3.

[6] Nos 48 et 75 dans les éditions manuelles. La façon de procéder de l'encyclique prouve à tout le moins qu'en 1943, ce point de doctrine paraissait si assuré qu'on pouvait l'affirmer sans éprouver le moindre besoin de le justifier.

qu'il corrige ce qu'il en a écrit ailleurs (*In III Sent.*, dist. 14, art. 3, qla 5, ad 3; dist. 18, art. 3, ad 5) avec d'autres grands noms. Ce savoir, le Christ ne l'a pas reçu par infusion miraculeuse, mais acquis par sa propre expérience et selon les lois normales du développement humain. Thomas est donc devenu, par la critique de sa position antérieure, plus attentif à la nécessité d'affirmer dans le Christ un progrès authentique du connaître, pour assurer la parfaite vérité et intégrité de la vie humaine du Christ. Le même théologien va-t-il éprouver désormais quelque hésitation à maintenir dans le Christ la vision directe de l'essence divine? Pas le moins du monde. Il maintient et s'emploie à justifier ses plus fortes affirmations sur ce qu'il appelle la "scientia beata" qu'il attribue au Christ en son intelligence humaine, dès le premier instant de son existence terrestre.

Aurait-il été inconscient des objections graves que soulève pareille position? On ne peut guère le penser quand on le voit accumuler instances sur instances, tirées de tous côtés, contre la coexistence dans la même psychologie humaine de deux régimes si écartés l'un de l'autre. Il ne sourcille jamais. On dirait qu'ayant une fois accepté qu'une nature humaine peut être assumée en subsistance divine, il n'y a plus à s'étonner de découvrir dans l'âme des dimensions inouïes, des espaces quasi illimités, susceptibles d'être occupés simultanément par la grandiose vision de l'essence divine et par l'humble acquisition d'un savoir qui déchiffre à force d'expérience et de réflexions l'énigme du monde.

Encore faut-il que l'être humain livre quelques indices de pareille compossibilité. De quoi formuler quelque hypothèse vraisemblable, pour écarter les obstacles et offrir des explications intelligibles.[7] C'est à quoi nous allons maintenant nous appliquer.

---

[7] Un mot ici de méthode théologique. Devant les affirmations de la foi (car la foi ne va pas sans l'adhésion à des affirmations énonciatives) ou d'une réflexion qui en explore le contenu, on ne doit pas toujours attendre des démonstrations d'évidence. Il est suffisant, pour que ces affirmations soient acceptables à l'esprit humain, d'être garanties par Dieu et d'apparaître à la raison comme vraisemblables. Or, pour produire cette vraisemblance, on ne peut exiger plus que des hypothèses raisonnables: il suffit, en effet, d'une hypothèse vraisemblable pour n'être plus forcé de rejeter telle ou telle proposition. C'est de quoi notre raison doit se contenter devant les mystères de la foi. Cf. IIa IIae, q. 1, art. 5, ad 2; q. 2, art. 10, ad 2. D'autre part, la formulation de telles hypothèses exige, - comme, par exemple, dans cette question de la vision béatifique -, une théologie poussée aussi loin que possible. En quoi il ne faut pas moins d'audace à explorer l'intérieur des mystères de la foi que d'autres en mettent à rabaisser leur transcendance à des niveaux humains.

DOUBLE ACTUATION SIMULTANEE DE L'INTELLIGENCE

La première question à envisager, c'est celle d'une même intelligence exerçant simultanément deux actes de connaître aussi différents qu'il est possible: l'acte de vision proprement dit et l'acte de savoir d'expérience. A vrai dire, la question ne se pose pas seulement à propos du Christ terrestre, mais de toute créature admise en l'état de béatitude: à moins qu'on ne la prive de la possibilité d'exercer les actes qui lui sont spécifiquement connaturels, il faudra dire qu'elle exerce simultanément deux actes de connaissance (Ia, q. 12, art. 9). Puisque la question est de portée générale, il n'y aura pas lieu de s'attarder à la réponse. Elle revient à ceci: la vision est tellement transcendante et hors de toute proportion avec l'esprit créé, que même actué immédiatement par l'essence divine, il reste encore disponible aux formes particulières des créatures (IIIa, q. 9, art. 3, ad 3): "Quae quidem essentia divina est forma superexcedens proportionem cujuslibet creaturae. Unde nihil prohibet quin cum hac forma superexcedente, simul insint rationali menti species intelligibiles proportionatae suae naturae".[8]

Si la chose paraît acceptable dans la condition de la béatitude, elle l'est moins facilement dans la condition terrestre, où l'être humain jusqu'en son intérieur spirituel est dépendant des sens et soumis à l'envahissement de la souffrance.

L'AME HUMAINE: LIGNE D'HORIZON DE DEUX MONDES

Pour faire place, à la fois, à la vision glorieuse et à l'humble développement, on pourrait être tenté de cette première explication: dans le corps, développement et passivité; dans l'âme, gloire et vision. Réponse trop rapide et superficielle, fausse même. D'une part, âme et corps, s'ils sont distincts, n'en composent pas moins un seul et même être. De plus, si le développement du Christ n'eût été que corporel et sensible, il lui eût manqué la dimension principale de la vie humaine, celle qui se passe dans

---

[8] On n'ose pas ici entrer en des explications plus poussées, sinon on aboutirait à un texte interminable. Rappelons très simplement que dans la vision l'essence divine, grâce même à sa transcendance, peut être l'actuation directe de l'intelligence créée, sans, cependant, en devenir forme composante, sans entrer en composition proprement dite avec le sujet créé (cf. Ia, q. 3, art. 8). Ce qui laisse, pour ainsi dire, place libre à une "*species*" créée qui, elle, est forme particulière "informante" de l'intelligence. Ce qui semble totalement impossible, c'est que l'intelligence soit "informée" simultanément par deux "*species*" particulières, étrangères et non reliées entre elles dans une certaine unité (cf. Ia, q. 85, art. 4).

la zone spirituelle. C'est jusque dans l'intérieur de son esprit qu'il faut s'enquérir de la compossibilité de la béatitude et de la souffrance, de la vision divine et de l'évolution expérimentale.

L'âme humaine est le principe premier et fondamental d'animation et d'énergie vitale; à ce titre elle est une et simple. Cependant son unité n'est pas si pure qu'elle ne compte des "parties". Celles-ci ne sont autres que les énergies vitales elles-mêmes. Bien qu'émanant de la même âme, elles n'y sont pas totalement identiques; elles peuvent jusqu'à un certain point se diversifier comme pôles d'activités spécialisées. Elles qualifient toujours le même être fondamental dans lequel elles s'enracinent et de ce fait elles sont vitalement interdépendantes. Il n'en reste pas moins que ces énergies vitales ont chacune leur consistance et leur orientation spécifiques. A cause de cette diversification spécifique affectant la même âme, le même être vivant pourra être le sujet, l'auteur et le théâtre d'activités très différentes. Déjà on conçoit que le même être humain puisse en même temps être très différent d'un champ d'activité à l'autre, être très diversement affecté selon qu'il est attiré par un pôle ou l'autre. De quoi nous faisons abondamment l'expérience.

Tout cela, on le perçoit assez bien tant qu'il s'agit de cartographier le champ des énergies d'ordre sensitif (sens internes et émotions) et celui des énergies d'ordre supérieur, plus dégagé des sens et spirituel. Mais à l'intérieur même de l'esprit, il y a lieu d'opérer une démarcation plus raffinée, non plus entre deux champs d'activité qu'entre deux orientations de la même énergie spirituelle. Une très longue tradition d'expérience spirituelle comme d'analyse systématique a décelé dans l'esprit humain une double possibilité d'application, selon qu'on se tourne vers deux mondes situés aux antipodes. La scolastique en a souvent emprunté la terminologie à saint Augustin: *ratio inferior, ratio superior* (cf. Ia, q. 79, art. 9; Augustin, *De Trinit.*, L. XII, cap. 4 et 7, PL, 42, 1000 et 1005). La *ratio superior*, c'est l'esprit tourné vers le monde transcendant; la *ratio inferior*, c'est le même esprit, mais tourné vers son monde connaturel et approprié, celui dans lequel l'homme vit et duquel il tire son expérience.

Aucune scission anormale dans le fonctionnement de l'intelligence: elle reste une seule et unique énergie spirituelle, unifiée, intégrée, en ordre. Cependant sa capacité d'application pourra se diversifier selon que l'attention se tourne vers la transcendance ou vers le monde qui est le sien. La vieille comparaison de l'horizon pourrait peut-être servir (III *Cont. Gent.*, cap 68): l'âme spirituelle est comparable à l'horizon, "confinium corporeorum et incorporeorum". L'horizon est constitué d'une seule ligne circulaire, d'où partent et où se rejoignent deux séries de lignes, celles qui montent et dirigent le regard vers le firmament, celles qui, rasant le sol, s'en viennent vers le spectateur. Ainsi de l'âme et de l'intelligence humaines: aux confins de deux mondes, elles sont capables, tout en restant unes, d'une double orientation. Sans trop subtiliser, poussons la comparaison plus loin. Il arrive que l'horizon soit enveloppé de brume. Au niveau du sol, le regard du spectateur en est brouillé ou obscurci. Mais s'il regarde en haut, le même horizon est dégagé et monte vers la pleine lumière du soleil dans un ciel pur. Il pourrait bien arriver à l'intelligence humaine qu'au niveau terrestre son regard soit embrouillé, tandis qu'en direction de la région céleste il soit tout illuminé, et cela simultanément. On soupçonne que dans la même personne et au même temps la même intelligence puisse voir sa capacité occupée et remplie très diversement par des objets très divers, et cela sans dérangement mental ou psychique.

L'expérience des mystiques en suggère quelque chose. Pensons à une Marie de l'Incarnation capable d'allier sans effort ou contention l'attention voulue pour diriger sur place les opérations de déchargement des barges aux quais de Tours, et l'oraison très intérieure et très appliquée à Dieu.[9] Jusqu'où peut s'étendre cette capacité de circuler et d'habiter simultanément en ces deux mondes? Sauf ce qui serait directement contradictoire, avons-nous le droit de fixer a priori des impossibilités et de tout réduire au barème de l'expérience ordinaire? Non pas, bien sûr, qu'une telle occupation si diversifiée de l'espace intérieur soit possible sans intervention divine, mais celle-ci ne fait qu'actualiser, au-delà des contours ordinaires, des capacités ou virtualités de l'esprit humain. Si donc ces capacités sont poussées au bout, faut-il exclure a priori que le même esprit humain soit baigné de la lumière béatifique selon son regard de transcendance, cependant qu'il est noyé dans la brume de l'expérience sensible selon son regard connaturel vers le monde terrestre des hommes?

COMMUNICATIONS ENTRE CES DEUX "PARTIES"

Mais il ne suffit pas d'admettre une certaine possibilité générale de coexistence entre ces deux regards. Il faut examiner de plus près leur interférence et leur intercommunication. Il faut, en effet, envisager la difficulté suivante: en raison même de l'unité d'être et d'énergie vitale fondamentale du composé humain, lorsqu'une partie est vivement affectée, elle concentre et absorbe l'énergie au point d'empêcher l'activité des autres parties. L'expérience la plus courante rencontre ici des données les plus justifiées de l'anthropologie de l'unité de l'être humain. Comment alors le même être pourrait-il être submergé dans la nuit et la tristesse sans que s'éteigne pour lui la lumière divine? D'autre part, comment la lumière béatifique en l'inondant ne va-t-elle pas ruisseler de part en part de tout l'être pour l'élever tout entier en sa jouissance? Si, par ailleurs, on introduit entre les deux parties une sorte de barrière empêchant l'interférence de l'une sur l'autre, toute communication est alors coupée. Nous voilà en présence d'une psychologie complètement coupée en deux, en deux vies parallèles, étrangères l'une à l'autre, ignorantes l'une de l'autre.

---

[9]Voir la *Relation de 1633* de la plume même de Marie de l'Incarnation, dans l'édition de Dom Jamet, *Marie de l'Incarnation. Ecrits spirituels et historiques*, t. I, 1928, p. 162. Voir d'autres textes dans André Thiry, *Marie de l'Incarnation*, 1973, pp. 115-137. Jean Mouroux fait aussi appel aux expériences et aux textes de la même mystique pour expliquer, au même propos de la vision de Dieu par le Christ terrestre, "cette mystérieuse coexistence, qui implique séparation entre les divers niveaux de l'âme..." *Le Christ et le temps*, p. 133.

Est-ce conciliable? Il faut respecter l'impératif de l'unité de vie et d'esprit à l'intérieur de la psychologie ou de la conscience du Christ; c'est pourquoi il faut admettre une véritable communication entre les deux grands versants de sa connaissance. Mais d'autre part, cette communication, si elle est consciente, doit être sous contrôle, si on peut se permettre l'expression. Il s'agit d'une communication volontaire, soumise au contrôle de la volonté humaine du Christ, et ne laissant donc passer que ce qu'il veut, et cela selon le plan éternel de l'économie divine.[10]

La volonté humaine du Christ serait ainsi dotée d'une maîtrise supérieure.[11] Il en transparaît quelque chose dans le portrait que les Evangiles dessinent. Jean semble l'énoncer: "Personne ne me l'enlève (ma vie); mais je la donne de moi-même. J'ai le pouvoir de la donner et j'ai le pouvoir de la reprendre; tel est le commandement que j'ai reçu de mon Père" (10,18).[12] Cette maîtrise n'a rien de mécanique et ne rend pas le Christ

---

[10] Avec l'intention de ne pas s'éloigner de l'exégèse, F.M. Braun, *Jean le théologien, III: Le mystère de Jésus-Christ*, p. 221, ne peut s'empêcher, pour expliquer les limites et obscurcissements auxquels est soumise la gloire du Christ, de recourir à la conception que s'en fait saint Thomas, dont est cité ce qu'il dit de la transfiguration (IIIa, q. 45, art. 2): "...claritas illa quam Christus in transfiguratione assumpsit, fuit claritas gloriae quantum ad essentiam, non autem quantum ad modum essendi. Claritas enim corporis gloriosi derivatur ab animae claritate, sicut Augustinus dicit in epistola *ad Diosc.* (PL 33,459). Et similiter claritas corporis Christi in transfiguratione derivata est et a divinitate ipsius, ut Damascenus dicit (Hom. I in transf., PG 96,564), et a gloria animae ejus. Quod enim a principio conceptionis Christi gloria animae ejus non redundaret ad corpus, ex quadam dispensatione divina factum est, ut in corpore passibili nostrae redemptionis expleret mysteria... Non tamen per hoc adempta est Christo potestas derivandi gloriam animae ad corpus". A remarquer la dernière phrase: elle semble affirmer nettement la maîtrise que le Christ pouvait exercer sur l'extension des effets possibles de la vision sur son être humain. Ici nous appliquons le principe dans l'ordre du connaître: sa vision peut volontairement se traduire en concepts reliés à l'expérience humaine.

[11] Encore ici il faudrait d'amples développements qui dépassent largement l'objet précis de cette communication. Renvoyons à IIIa, q. 13, art. 4.

[12] F.M. Braun, *Jean le théologien, III: Le mystère de Jésus-Christ*, p. 154, écrit ceci: "Mais comment la (sa vie) donne-t-il? Non simplement parce que la nécessité l'y oblige, mais de lui-même..., spontanément, selon l'ordre reçu du Père..., en usant du pouvoir dont il dispose de déposer sa vie et de la reprendre... Faute de son assentiment, ni les Juifs ni les Romains n'auraient réussi à mettre la main sur lui (cf. XVIII, 4-11). Si le Père l'aime, c'est que loin de faire intervenir sa toute-puissance contre ses adversaires, il accepte la mort à laquelle ils veulent le mener... Le don que Jésus fait de sa vie pour son troupeau est, non point la pure acceptation du risque inhérent à sa mission; sa mort est volontaire, elle ne dépend que de lui: de même qu'il dépose sa vie, de même il la repren-...⁄

moins humain. Bien au contraire, en prévenant l'absorption d'une partie par l'autre, elle permet à toutes et chacune des parties de produire et de subir tout ce qui leur est propre.

Hypothèse, dira-t-on. Soit, pourvu qu'elle offre quelque vraisemblance. Elle suffit à lever l'obstacle. Elle vaut d'autres hypothèses autrement plus ruineuses. Elle a rencontré l'assentiment d'intelligences aussi exigeantes que les nôtres et remonte, par delà toute la scolastique, à des esprits comme ceux d'Augustin en Occident et de Jean Damascène en Orient, pour se contenter de ces noms. En plus du texte allégué à la fin de la note 12, Augustin explique dans un autre *tractatus* comment entendre le "trouble" dont Jean (13,21) dit que Jésus fut saisi. Il s'agit bien d'un émoi aussi authentiquement humain que possible, en réaction à des situations bien propres à le susciter, mais en même temps d'un émoi qui a ceci de particulier au Christ, de répondre à la maîtrise parfaite qu'il exerce sur tout son être. La dernière phrase du texte le résume assez bien: "Le sentiment humain, c'est de par son pouvoir qu'il le suscita en lui-même au moment jugé opportun, comme c'est par son pouvoir qu'il avait assumé l'homme entier".[13] Quant au Damascène, on peut se référer à cette sorte d'axiôme qu'il énonce plusieurs fois: le Christ a en son pouvoir de laisser chaque partie de son être humain agir et subir ce qui est propre à chacune. Alors que l'emprise de la divinité devrait normalement absorber toutes ses facultés, il possède le pouvoir d'inhiber cette absorption pour laisser ses facultés au jeu propre de leurs lois et des situations externes. Certes, en dernière analyse, tout dépend du plan et du vouloir divins, mais, en vertu même de l'axiôme, il faut bien que Jésus ait, en son vouloir humain, la capacité de se conformer librement et efficacement à "l'économie" qui lui était tracée.[14]

A l'intérieur de cette hypothèse, il nous est maintenant possible d'entrevoir une communication du savoir de vision au savoir d'expérience.[15] D'abord, et d'une façon générale, il faudrait bien reconnaître que les secrets divins ne sont pas totalement intraduisibles en langage humain, sinon le parler que Dieu nous adresse serait totalement vain et l'incarnation du Verbe absolument vide.

/...dra". *Ibid.*, p. 151, où au même sujet est cité Augustin, *Tract. in Joh.*, CXIX, 6, PL 35, 1952.

[13]"Affectum quippe humanum, quando oportuisse judicavit, in seipso commovit, qui hominem totum potestate suscepit," *Tract. in Joh.*, LX, PL 35, 1707-1799.

[14]*De fide orthodoxa* III, c. 19 (PG 94, 1080); c. 14 (PG 94, 1037); c. 15 (PG 94, 1045). En ce dernier endroit: "le corps du Christ (entendons son être humain) selon les conditions de sa nature, obéissait au mouvement du Verbe selon l'économie d'après laquelle le corps devait pâtir et agir ce qui lui était propre, pour que s'affermît la vérité de la foi". Voir aussi *Hom.* I in transf. (PG 96, 564).

[15]Impossible de prolonger les explications. On les trouve avec précision chez saint Thomas, *De Veritate*, q. 8, art. 5 (à propos des anges), q. 13, art. 3, ad 4 (au sujet de Paul); q. 20, art. 3, ad 4 (au sujet du Christ, avec renvoi à q. 8, art. 5).

De plus, il paraît normal que cette traduction puisse s'opérer à l'intérieur du même esprit créé. Il doit se passer quelque chose de ce genre dans l'esprit des bienheureux. Après tout, même admis en la vision éternelle du Verbe, ils ne perdent pas l'usage du langage humain; ils doivent donc être capables d'opérer une sorte de liaison et de transposition entre ce qu'ils voient de vision et ce qu'ils disent en langage humain et donc conceptuel.

Est-ce possible en séjour terrestre? Il est intéressant de reprendre des explications aux théologiens qui penchaient vers l'hypothèse d'une élévation transitoire de saint Paul à la vision béatifique. Ils ne craignaient pas de conclure qu'au sortir de sa vision, Paul pouvait en avoir gardé certaines marques ou impressions conceptuelles. Reliquat infiniment pâle et d'un tout autre ordre, et cependant non dépourvu totalement de similitude par rapport à l'ineffable qu'il avait entrevu en sa vision. Ces similitudes étaient par là aptes à représenter, aussi inadéquatement que ce fût, les secrets divins et à les exprimer en langage humain. Il suffisait pour cela de les relier aux représentations tirées de l'expérience sensible.

Bien sûr, le cas de Paul reste plus qu'hypothétique, mais il permet de se former quelque idée de ce qui pouvait se produire dans l'intelligence humaine du Christ. Mais alors la question à se poser me paraît celleci: de quoi et de qui dépend l'impression, en l'intelligence humaine du Christ, de ces similitudes représentatives de l'essence divine (toujours, bien entendu, dans la mesure où l'ineffabilité divine est représentable en concepts)? De l'action proprement divine, sans aucun doute. Mais aussi, c'est la question, par l'instrumentalité du libre vouloir humain du Christ? La réponse affirmative paraît possible et vraisemblable. Possible, parce que le Christ avait en sa volonté libre le pouvoir instrumental (au sens le plus strict du mot) de disposer de toute sa nature et de toute son activité humaine.[16] Vraisemblable, parce qu'elle permet d'attribuer au Christ la plus totale maîtrise de sa psychologie et d'en apercevoir l'unité merveilleuse.

Maîtrise, faut-il l'ajouter, qui est celle d'une volonté humaine, et donc totalement subordonnée et conforme aux dispositions les plus secrètes de l'économie divine du salut. De ce plan, Jésus en avait la vue pleine et entière dans sa vision immédiate de l'essence divine.[17] Mais il faisait partie de ce plan qu'il ne fût pas tout entier dévoilé en termes de langage humain. De ce qui n'en devait pas être dévoilé, aucune marque ou similitude ou représentation n'en devait être imprimée en aucune intelligence

---

[16]IIIa, q. 13, art. 3 et 4.

[17]C'est bien ainsi que le comprend Jean Mouroux, pour qui le Christ embrasse en sa vision immédiate de Dieu et en tant même que contenus dans l'essence divine tout le déroulement personnel de sa vie et de sa mission, ainsi que toutes les dimensions du Royaume. Cf. *Le Christ et le temps*, p. 116. Du même auteur aussi *La conscience du Christ et le temps*, dans *Problèmes actuels de Christologie*, 1965. La présente communication se reconnaît en profond accord avec les exposés théologiques de Mouroux sur le sujet qui nous occupe.

de créature. En conséquence le Christ ne devait pas et ne voulait pas l'imprimer en sa propre intelligence. Il ne s'en forme et il n'en a littéralement aucune idée. Du point de vue du langage conceptuel, il l'ignore complètement. Non seulement il refuse de le communiquer, mais il n'en a pas l'idée lui-même. Ainsi s'expliquerait au mieux sa mystérieuse ignorance du jour de la parousie: bien que le voyant dans l'intelligence de la vision, il ne s'en donne et il n'en peut donner à personne aucune idée.

CONCLUSIONS FINALES

Si les explications précédentes ont quelque sens, elles autoriseraient deux conclusions finales, parfaitement conformes à l'Ecriture et à l'idée du Christ révélateur de Dieu.

1. Il serait légitime de dire que le Christ s'est graduellement formulé à lui-même la conscience de ce qu'il était. Cette conscience, il l'avait et même, semble-t-il, il ne pouvait l'avoir que dans la lumière de vision de l'essence divine. Mais cette lumière, on l'a répété déjà assez, ne se traduisait pas nécessairement et tout d'un coup en formulations conceptuelles. Il est donc normal que sa conscience visionnelle ne se soit traduite en conscience conceptuelle et formulable qu'au rythme de son développement psychologique et humain. Voilà qui rejoint non seulement ce que les Evangiles disent de lui, mais la nécessité qu'il y a de lui reconnaître un développement humain en vérité et en profondeur.[18]

2. On expliquerait qu'il soit le prophète par excellence (comme il est le prêtre par excellence).[19] Dieu veut se révéler par l'instrumentalité

---

[18]Voilà, semble-t-il, l'un des points que Jacques Maritain a voulu élucider dans son livre *De la grâce et de l'humanité de Jésus*, 1967. Il écrit: "Il est insensé d'imaginer que lui-même (le Christ) aurait pu se faire de sa mission une idée qui aurait changé avec le temps et dépendu des accidents auxquels tout altier dessein humain est exposé, comme s'il n'avait été qu'un pauvre grand illuminé cherchant sa voie à travers l'hostilité des gens établis et les préjugés de la masse, et au milieu des écoeurantes amertumes de l'existence terrestre. Il a connu tous les aspects de sa mission d'une manière divinement vraie, dont la perfection c'est-à-dire la richesse en contenu objectif n'a cessé de croître jusqu'à la fin" (p. 114).

[19]Il ne s'agit pas de fabriquer une définition a priori du prophète. Mais il faut tout de même reconnaître en lui l'homme qui ayant fait l'expérience plus vive et profonde de Dieu, cherche à la traduire et à la communiquer à la communauté humaine. D'où provient cette expérience? Si on l'attribue à une illumination d'en haut, à un charisme d'inspiration divine, il faut bien alors admettre que la parole du prophète a valeur de message autorisé. Le prophète est alors porte-parole de Dieu. Or tous, sauf Jésus, avouent n'avoir pas en eux-mêmes la lumière finale et décisive de.../

des prophètes. Il y a certes bien des prophètes de l'Ancien comme du Nouveau Testaments. Mais tous ont cette caractéristique de référer au Prophète par excellence. Qu'est-il donc requis d'un homme pour qu'il soit prophète, le Prophète, celui qui ne s'appuie pas sur le témoignage d'un autre, mais est, par lui-même, par sa constitution interne, le porte-parole de la révélation de Dieu? C'est celui qui opère en son propre esprit la liaison entre la Parole de Dieu interne (Verbum ad intra) en laquelle Dieu se voit et se dit, et la même parole de Dieu, mais adressée et accessible aux hommes. Cette liaison doit s'opérer dans un esprit humain, si vraiment le prophète doit être le porte-voix humain de la révélation. Le prophète doit donc, *d'une part*, être voyant, témoin oculaire de ce qu'il atteste, sans avoir besoin de s'en remettre à un autre, mais capable de plonger immédiatement son regard dans les profondeurs de Dieu. *D'autre part*, il doit être habilité, de par le fonctionnement interne de son esprit, à traduire le message divin en mots humains. Le Christ dispose de cette qualification.

Alors l'acte prophétique par excellence et en toute sa précision consisterait en ceci: en vertu du pouvoir instrumental dont Jésus dispose sur tout lui-même, il imprime en son intelligence humaine quelque similitude conceptuelle de ce qu'il voit dans le Verbe infini de Dieu. C'est là que s'opère en pleine lumière et en pleine maîtrise la révélation prophétique. C'est ainsi que Jésus est révélateur du Père: celui qui dit, qui parle. Il n'y a pas de révélation, tant qu'il n'y a pas un "dire", un "parler"; or dire ou parler sont proprement acte d'intelligence.

Pour parler et témoigner de Dieu lui-même aux hommes, il faut un esprit humain où s'introduisent en communication intelligible la lumière divine et, d'autre part, l'expérience graduelle d'un développement humain normal.[20]

Jacques Gervais, O.M.I.
Université Saint-Paul

/...ce dont ils témoignent. Ils renvoient au Prophète par excellence, celui qu'ils attendent ou celui qu'ils ont confessé en Jésus. Celui-ci, au contraire, affirme hautement (mais avec quel sens d'humble obéissance !) que cette lumière, il la possède, venant du Père et cependant entièrement en lui-même.

[20] Cette conclusion rejoint de très près l'argumentation de Frederick Crowe, "The Mind of Jesus", in *Communio*, 1974, pp. 375-376: "...the word of the Lord comes to the prophets but it does not come to Jesus; on the contrary, he has in his permanent possession an inner resource that enables him, in those matters in which he is our teacher, to speak on his own authority without waiting for a word to come to him, without appealing to.../

J. GERVAIS

/...Moses, without consulting the scriptures, without depending on any external source. Is there any other basis for speaking in this way and with
this authority, than immediate knowledge of the ultimate, a knowledge that
is independent of images, ideas, truths, received in limited mediations of
the ultimate? I do not see any other basis".

Il ne sera peut-être pas inutile d'attirer, en fin de compte, l'attention sur la raison principale que saint Thomas fait valoir pour attribuer la vision de Dieu au Christ terrestre: elle est tirée de la fonction
même du Christ, celle de sauveur. Il faut que dès le commencement de sa
mission de salut il soit déjà par le fond de son être humain en possession
du salut. Il semble aller de soi que pour être au sens fort et plein du
mot *auteur du salut*, il faille soi-même être en possession de Dieu et non
en marche vers lui. Dans la mesure où on est en marche vers Dieu, on a
besoin d'être sauvé, on n'est pas sauveur (IIIa, q. 9, art. 2).

INCARNATION ET IMMUABILITE DIVINE*

Michel Gervais

I - LE PROBLEME

A la différence des dieux vénérés chez les peuples qui entourent Israël, Yahvé n'est nullement inclus dans le devenir cosmique, ni mesuré par le temps dont il est l'auteur. Il n'a ni commencement, ni fin. Il est le premier et le dernier (*Is* 44,6; 41,4). Avant lui, aucun dieu ne fut formé et il n'y en aura pas après lui (*Is* 43,10). Antérieur à tout ce qui est, il subsiste de toute éternité: "Avant que les montagnes fussent nées, enfantés la terre et le monde, de toujours à toujours tu es Dieu" (*Ps* 90,2). L'existence humaine est fragile; Dieu, lui, est éternel. Ce monde est périssable; Dieu, lui, ne change pas: "Depuis longtemps tu as fondé la terre, et les cieux sont l'ouvrage de tes mains; eux périssent, toi tu restes, tous comme un vêtement ils s'usent, comme un habit qu'on change, tu les changes; mais toi, le même sans fin sont tes années" (*Ps* 102,26-28).

Le Nouveau Testament a repris à son compte l'enseignement vétérotestamentaire sur la transcendance de Dieu par rapport au temps. Dieu y apparaît encore comme celui qui vit "avant tous les siècles". Il est "le Père des lumières chez qui n'existe aucun changement ni l'ombre d'une variation" (*Jc* 1,17). Aussi bien, lorsque Jésus déclare: "En vérité, en vérité, je vous le dis: avant qu'Abraham fût, je suis" (*Jn* 8,58), l'affirmation est claire et les Juifs ne s'y trompent pas: en prétendant à la préexistence, Jésus revendique une prérogative divine.

Les concepts d'éternité et d'invariabilité de Dieu ne sont donc pas d'abord le résultat d'influences helléniques sur la théologie chrétienne, mais bien au contraire des idées profondément enracinées dans le message biblique et qui lui sont d'ailleurs originales. L'enseignement de l'Eglise sur l'immuabilité de Dieu peut donc être interprété en un sens qui soit en parfaite continuité avec l'Ecriture: "Unus solus est verus Deus, aeternus,

---

* A paraître dans la *Revue des Sciences religieuses* (Strasbourg).

immensus et incommutabilis" (IVe conc. du Latran, *DzS* 800); "simplex omnino et incommutabilis substantia spiritualis" (Vatican I, *DzS* 3001).[1]

Toutefois, le Dieu de la Bible est aussi le "Dieu vivant", le Dieu qui agit sans cesse dans la création et dans l'histoire sans se fatiguer ni se lasser (*Is* 40,28). Si Yahvé transcende le temps, il n'en intervient pas moins dans le temps qui devient, de ce fait, le lieu de rencontre entre l'homme et son Créateur. C'est d'ailleurs une autre caractéristique de la religion judéo-chrétienne que cette valorisation de l'histoire, devenue histoire de salut à raison des interventions successives de l'amour entièrement libre de Dieu dans son cours. Yahvé n'apparaît pas dans la Bible comme un Dieu immobile, mais au contraire comme un Dieu engagé dans une histoire, l'histoire de l'alliance avec le peuple d'Israël. Or cette alliance et son accomplissement n'ont rien de mécanique: le salut n'est pas acquis d'avance et nécessairement, mais conditionné par l'accueil ou le refus de l'homme. Yahvé fait mourir ou fait vivre (*Dt* 32,39; *I Sam* 2,6) selon que l'homme refuse ou accueille son offre de grâce. Le Dieu de l'Ancien Testament est certes un Dieu qui réagit aux conduites humaines. Et si la Bible nous présente Yahvé comme celui qui ne varie pas (*Mal* 3,6), ne se repent pas (*I Sam* 15,29), ne se rétracte pas (*Nb* 23,19), elle nous le représente par ailleurs comme un Dieu qui intervient dans l'histoire de son peuple, qui s'émeut à la vue de ses misères (*Jér* 31,20; cf. *Is* 49,14ss.; 54,7), qui "ne garde pas rancune éternelle" (*Jér* 3,12), mais qui revient de sa colère, se réjouit (*Dt* 28,63; 30,9), s'attriste (*Gn* 6,6) et se repent (*Gn* 6,6; *I Sam* 15,11). Yahvé demeure éternellement le même, il ne varie pas, mais pourtant il est personnellement engagé, impliqué dans une histoire qui se déroule dans le temps. Le problème de la conciliation entre immuabilité divine et agir souverainement libre de Dieu dans l'histoire se trouve donc posé par la Bible elle-même.

Ce problème se pose avec une particulière acuité dans le Nouveau Testament qui proclame la naissance temporelle du Fils de Dieu lui-même. Le même Verbe qui était au commencement avec Dieu et qui était Dieu (*Jn* 1, 1) *est devenu* chair (*Jn* 1,14). "Lui, de condition divine, ne retint pas jalousement le rang qui l'égalait à Dieu. Mais il *s'anéantit* lui-même, prenant condition d'esclave, et devenant semblable aux hommes" (*Phil* 2, 6-7).

Qu'est-ce à dire? Dieu serait-il immuable en un sens et pourtant susceptible d'un certain changement? Le Dieu qui ne varie pas renoncerait-il, dans l'Incarnation, à son immuabilité? Et sous peine de minimiser le réalisme et la portée de l'enseignement scripturaire sur le Dieu vivant, ne doit-on pas reconnaître que, tout en demeurant éternellement le même, Dieu s'ajuste sans cesse aux situations nouvelles créées par la liberté de l'homme et donc qu'il change d'une certaine façon?

---

[1]Cf. aussi: *DzS* 285, 294, 297, 501, 569, 800, 853, 1330, 2901, 3001.

II - LA SOLUTION TRADITIONNELLE

La solution de la théologie traditionnelle à cet épineux problème va, on le sait, dans un tout autre sens. Rappelons-la brièvement. Dieu est absolument et parfaitement immuable. Cet attribut lui est d'ailleurs exclusif. Aucun changement réel en Dieu, car tout changement implique potentialité et donc imperfection. Si l'on parle de mouvement à propos de Dieu, ce ne peut être que de façon métaphorique, dans la mesure où l'action immanente (connaître, aimer) est dite "mouvement" par similitude.[2]

Pourtant, certains noms divins sont temporels: Dieu n'a pas toujours été Créateur, Seigneur, Sauveur; Il l'est devenu. "Il *s'est fait* notre refuge". "Il *s'est fait* mon aide et mon protecteur". La chose devient encore plus évidente lorsqu'on pense aux *"acta et passa Christi"* qui sont proprement les *"acta et passa"* du Verbe de Dieu lui-même. C'est parler en stricte rigueur, en effet, que d'affirmer: le Verbe de Dieu est né d'une femme, a grandi, a eu faim, a eu soif, a souffert et est mort sous Ponce-Pilate. Tout cela ne conduit-il pas à reconnaître une réelle muabilité de Dieu? Nullement, répond la théologie traditionnelle.

D'une part, en effet, les noms divins relatifs à la créature (v.g. Sauveur, Seigneur, etc.) sont dits de Dieu "ex tempore", parce que la relation sur laquelle ils sont fondés commence à exister dans le temps: c'est la relation de dépendance de la créature à Dieu. Cette relation n'est toutefois réelle que du côté de la créature: en Dieu, elle ne pose rien de nouveau.[3] Car, de Dieu à la créature, il ne peut y avoir d'ordre ou de relation réelle: Dieu transcende, en effet, tout l'ordre du créé et si les créatures se réfèrent nécessairement à lui comme à leur cause et à leur fin, lui ne se réfère pas réellement aux créatures.[4] Si l'on désigne Dieu par certains noms relatifs, c'est seulement parce que la raison, s'appuyant sur la relation réelle qui va de la créature à Dieu, conçoit en

---

[2] Saint Thomas d'Aquin, Ia, q. 9, a. 1 et 2; *In I Sent.*, dist. 8, q. 3, a. 1 et 2; *C. Gtes*, L. I, c. 13; *Comp. Theol.*, c. 4; *In Boet. De Trin.*, q. 5, a. 4, ad 2.

[3] Ia, q. 13, a. 7; *In I Sent.*, dist. 30, q. 1, a. 1; *De Pot.*, q. 7, a. 8-11.

[4] "Quandoque vero relatio in una extremorum est res naturae, et in altero est res rationis tantum. Et hoc contingit quandocumque duo extrema non sunt unius ordinis... Cum igitur Deus sit extra totum ordinem creaturae, et omnes creaturae ordinentur ad ipsum et non e converso, manifestum est quod creaturae realiter referentur ad ipsum Deum; sed in Deo non est aliqua realis relatio ejus ad creaturas, sed secundum rationem tantum, inquantum creaturae referuntur ad ipsum" (Ia, q. 13, a. 7). "Cum relatio consistat in ordine unius rei ad rem aliam... in illis tantum mutua realis relatio invenitur in quibus ex utraque parte est eadem ratio ordinis unius ad alterum... Quidquid autem in ea {divina substantia} est, est omnino extra genus esse creati, per quod creatura refertur ad Deum" (*De Pot.*, q. 7, a. 10).

contre-partie une relation correspondante allant de Dieu à la créature; mais cette relation-ci n'est pas réelle: elle est consécutive à notre mode de connaître. Aussi bien, le fait que certains noms divins relatifs soient temporels n'implique-t-il aucun changement réel en Dieu:

> Et sic nihil prohibet hujusmodi nomina importantia relationem ad creaturam, praedicari de Deo ex tempore: non propter aliquam mutationem ipsius, sed propter creaturae mutationem; sicut columna fit dextera animali, nulla mutatione circa ipsam existente, sed animali translato.[5]

D'autre part, pour ce qui est des *"acta et passa Christi"*, s'il est vrai qu'ils doivent tous être attribués à l'unique personne divine du Verbe, il faut bien voir cependant que la divinité elle-même reste inchangée et qu'elle n'est en aucune façon sujette au mouvement et au devenir impliqués dans les activités et passivités qui ont fait la trame de la vie du Christ.

Ainsi, la théologie traditionnelle résolvait le problème de la conciliation entre l'immuabilité de Dieu et son engagement dans l'histoire en renvoyant du côté de la créature tout ce qui s'appelle mouvement, changement et devenir.

III - REMISE EN CAUSE

Cette solution se voit aujourd'hui contestée et mise en doute par plusieurs.[6] Maints théologiens contemporains prétendent, en effet, que si

---

[5] Ia, q. 13, a. 7.

[6] Ainsi: K. Rahner, "Réflexions théologiques sur l'Incarnation", dans *Ecrits théologiques*, T. III, Paris, Desclée, 1963, pp. 79-101 (publié aussi sous le titre "Considérations générales sur la christologie", dans *Problèmes actuels de christologie*, éd. par H. Bouëssé et J.J. Latour, Paris, Desclée, 1965, pp. 15-33. Cet ouvrage offre l'avantage de contenir un débat sur le texte du P. Rahner aux pp. 401-409); P. Schoonenberg, *Il est le Dieu des hommes*, (Cogitatio fidei, 71), Paris, Cerf, 1973, pp. 226-232 (paru en néerlandais en 1959 sous le titre *Hij is een God van Mensen*); H. Küng, *Incarnation de Dieu*, Paris, Desclée, 1973, pp. 482-516; 539-573; 640-649; 655-663 (paru en allemand en 1970 sous le titre *Menschwerdung Gottes. Eine Einführung in Hegels theologisches Denken als Prolegomena zu einer künftigen Christologie*); H. Mühlen, *Die Veränderlichkeit Gottes als Horizont einer zukünftigen Christologie*. Auf dem Wege zu einer Kreuzestheologie in Auseinandersetzung mit der altkirchlichen Christologie, Münster, Aschendorff, 1969; J. Galot, *Vers une nouvelle christologie*, Paris, Duculot-Lethielleux, 1971, pp. 67-94; B. Vawter, *This man Jesus*, Doubleday, 1973, spécialement pp. 168 ss.; les représentants de ce qu'on a appelé "the process theology", et alii.

nous voulons rester pleinement fidèles à la conception de Dieu que nous livre la Bible, il nous faut abandonner cette "conception trop simpliste de l'immuabilité divine"[7] qui ne laisse pas de place au dynamisme de la liberté divine et compromet le réalisme de l'alliance de Dieu avec les hommes, spécialement dans sa plus haute manifestation: l'Incarnation du Verbe.

Sans doute, aucun de ces auteurs ne veut nier sans plus l'immuabilité de Dieu. Car "la reconnaissance d'un Dieu immuable, sans devenir, éternelle et parfaite plénitude, est... autre chose qu'un simple postulat philosophique: elle est un dogme de foi".[8] "En Dieu, écrit l'un d'eux, il n'y a aucun mouvement dans le sens où l'entend Aristote: pas d'accomplissement d'un jusqu'alors inaccompli, d'un étant 'in potentia', pas d'actuation comme passage de la pure possibilité à la réalité. Ce résultat peut-il se perdre? On ne peut guère arriver à approfondir cette problématique en mettant en cause la plénitude de perfection de Dieu, soit avant, soit après son incarnation. Dieu serait-il vraiment Dieu s'il y avait en lui une imperfection aspirant à un accomplissement, une potentialité aspirant à une actuation?"[9]

Soit! mais il reste que la solution de la théologie traditionnelle - changement du côté de la création, relation simplement rationnelle de Dieu à l'homme - ne satisfait pas ces théologiens. Ils en contestent la valeur pour plusieurs raisons que nous allons tenter ici de colliger.

1. *Le concept biblique d'immuabilité.*

En premier lieu, il appert, selon ces auteurs, que le concept d'immuabilité impliqué dans la solution traditionnelle ne provient pas de la Bible, mais est directement issu de la philosophie grecque. Le théologien Hans Küng a particulièrement développé ce point. A la suite de Pannenberg et contre Ritschl et Harnack, il fait remarquer que, dans la théologie chrétienne primitive, la "référence à la philosophie grecque ne se produisit pas sans discernement critique... En principe du moins, la métaphysique grecque fut subordonnée à la foi chrétienne".[10] "Cependant, continue-t-il, Pannenberg précisément, fait aussi remarquer que l'analyse critique et la refonte du concept philosophique de Dieu ne furent pas toujours exécutées avec suffisamment de profondeur".[11] C'est le cas en particulier pour l'attribut d'immuabilité. L'histoire de la christologie des cinq premiers siècles "révèle clairement que, directement ou indirectement, c'est le Dieu absolument transcendant et rigidement immuable de la métaphysique

---

[7] J. Galot, *op. cit.*, p. 79.

[8] K. Rahner, *op. cit.*, p. 91.

[9] H. Küng, *op. cit.*, p. 657.

[10] *Ibid.*, p. 550.

[11] *Ibid.*

grecque qui occupe l'arrière-plan".[12] En gros, la théologie chrétienne,
spécialement dans l'élaboration du dogme christologique, a emprunté sa conception de l'immuabilité divine à tout un courant de pensée qui, issu de
Parménide, en passant par les "antiqui naturales", par Platon, Aristote
et Plotin, atteindra la scolastique du Moyen Age. Or ce courant de pensée
se caractérise par son opposition à une philosophie radicale du devenir
(Héraclite) et par son affirmation de la primauté de l'être sur le mouvement. Pour le cas d'Aristote, Küng va même jusqu'à parler d'une "peur du
devenir"[13] car, pour le Stagirite, bien que pure actualité, le νοῦς divin
serait tellement figé dans l'immuabilité et il exclurait tout mouvement de
façon si radicale qu'il ne connaîtrait que lui-même et ne tolérerait ni
πραττεῖν ni ποιεῖν appliqué à un autre.[14]

La Bible, quant à elle, ne connaîtrait pas ce premier moteur immobile des Grecs. Elle proclame la présence agissante d'un "Dieu vivant"
qui "perdure à jamais... qui sauve et délivre, qui opère signes et merveilles aux cieux et sur la terre" (Dn 6,27-28). Et lorsqu'elle parle de l'invariabilité divine, c'est la fidélité du rocher d'Israël qu'elle vise.
"Lorsque l'Ecriture parle de l'immuabilité de Dieu, écrit Küng, ce n'est
pas au sens métaphysique d'une rigide immobilité naturelle du fondement du
monde, mais au sens historique d'une fidélité essentielle à soi-même et à
ses promesses, fidélité qui garantit à son agir constance et continuité".[15]
Heribert Mühlen estime également que l'immuabilité attribuée au Verbe dans
le dogme christologique ne saurait être identifiée à "celle du 'visage
tout-puissant, mais sans douleur du Dieu platonicien', ou du moteur immobile d'Aristote. En fait, cette immuabilité consiste selon l'Ecriture
dans la fidélité absolue de Dieu à son alliance, sans que cette fidélité
empêche Dieu de réagir d'une manière souveraine au comportement de l'homme".[16]

Bref, la solution traditionnelle se trouverait infirmée par le fait
qu'elle implique un concept d'immuabilité totalement étranger au concept
biblique d'immuabilité et qui serait même opposé, comme nous le verrons, à
la "notion" de Dieu que nous livrent l'Ancien et le Nouveau Testaments.
Très significative à ce point de vue est la distance qui sépare l'interprétation du Nom divin (Ex 3,14: "Je suis celui qui suis") que nous propose
la théologie traditionnelle et celle vers laquelle penche l'exégèse contemporaine: plutôt qu'un énoncé d'ordre ontologique, il faudrait y voir
l'affirmation de la présence souveraine et libre de Dieu. De même, il est
intéressant de remarquer le texte qui revient constamment sous la plume
d'un saint Thomas d'Aquin lorsqu'il veut appuyer sur l'Ecriture la thèse

---

[12]*Ibid.*, p. 554.

[13]*Ibid.*, p. 546.

[14]*Ibid.*

[15]*Ibid.*, p. 659.

[16]J. Galot, *op. cit.*, p. 77 (référant à H. Mühlen, *op. cit.*). Cf.
aussi B. Vawter, *op. cit.*, pp. 168-169.

de l'immuabilité divine. Il s'agit de *Mal* 3,6: "Ego Deus, et non mutor", qu'il faut certainement interpréter dans le sens d'une constance et d'une fidélité, plutôt que dans le sens d'une immobilité métaphysique.

2. *Engagement de Dieu dans l'histoire et réalisme de l'Incarnation.*

Les théologiens qui mettent en cause la solution traditionnelle s'appuient sur un autre argument, plus fort encore. S'il est vrai que Dieu ne change en aucune façon, c'est dire, selon eux, que dans toutes les étapes de l'histoire du salut et jusque dans l'Incarnation du Verbe et dans la croix du Christ, Dieu n'est pas vraiment engagé: il reste en quelque sorte *en-dehors* d'un drame qui se joue uniquement du côté de la créature et dans lequel il n'est pas véritablement impliqué. "Dieu se tiendrait à l'écart de tout, il ne s'engagerait pas dans cette sombre histoire, il ne souffrirait pas, mais il resterait supérieur à tout dans sa transcendance divine intacte".[17] Or "pour le salut de l'homme, tout dépend de ce que Dieu lui-même ne se tient pas à l'écart de cette histoire, que ce n'est pas seulement l'homme, mais Dieu lui-même qui est en lice".[18]

C'est Karl Rahner qui a le mieux développé ce point à propos de l'Incarnation dans un texte fort connu.[19] Pour le célèbre théologien d'Innsbruck, la solution traditionnelle au problème de la conciliation entre l'immuabilité divine et le fait de l'Incarnation est marquée d'extrinsécisme et n'est pas une véritable solution. Dieu est immuable en soi, certes, mais "le Verbe s'est fait chair".

> Il faut, pour être vraiment chrétien, avoir réussi à
> opérer sur ce point une conciliation. On ne peut nier
> que, parvenues à ce point, la théologie et la philoso-
> phie traditionnelles de l'Ecole commencent à cligner
> les yeux et à bredouiller. Elles expliquent que le
> devenir et le changement sont du côté de la réalité
> créée qui a été assumée, et non du côté du Logos.
> Tout doit ainsi s'éclairer: le Logos assume sans
> changement ce qui, comme réalité *créée*, et jusqu'en
> son assomption même, possède un devenir. Ainsi tout
> le devenir, toute l'histoire avec ses fatigues, res-
> tent de ce côté-ci de l'abîme absolu qui sépare, sans
> confusion, le Dieu immuable et nécessaire du monde
> muable et contingent. Et pourtant, il reste vrai que
> le *Logos est devenu* homme, que le devenir historique
> de cette réalité humaine est devenu *son* histoire pro-
> pre, notre temps, le temps de l'éternel, notre mort,

---

[17]H. Küng, *op. cit.*, p. 557.

[18]*Ibid.*, p. 560.

[19]K. Rahner, *op. cit.*

la mort du Dieu immortel; si bien que si l'on départage
sur deux réalités, à savoir le Logos divin et la nature
créée, ces prédicats apparemment contradictoires et dont
une partie ne peut pas convenir à Dieu, on ne doit pas
oublier pour autant qu'une de ces réalités, à savoir
la réalité créée, est celle du Verbe de Dieu lui-même.
Ainsi, après avoir opéré ce partage qui devait être une
solution, on est à nouveau acculé à la question tout
entière. Car, l'affirmation de l'immuabilité de Dieu
ne doit pas nous faire oublier que ce qui s'est produit parmi nous en Jésus, est précisément l'histoire
du Verbe de Dieu lui-même, *son* devenir propre.[20]

A la limite, ne voit-on pas qu'en prenant comme point de départ unique le concept d'immuabilité divine, concept emprunté de surcroît à la philosophie, on en viendrait à nier le mystère même de l'Incarnation?

L'ontologie doit ici s'orienter vers le message de foi,
et non pas le "scolariser". De même que, en théologie
trinitaire, l'énoncé formel de l'unité de Dieu n'est
pas nié, bien que cette unité, telle que nous pouvons
la saisir (et telle aussi qu'elle constitue un dogme)
ne nous permet pas à elle seule de déterminer ce que
peut être la Trinité; ainsi, bien qu'il faille ici,
méthodologiquement, sauvegarder l'immutabilité de Dieu,
vouloir déterminer par elle seule ce que doit être
l'Incarnation serait au fond la négation même de ce
mystère.[21]

Car ce mystère réside précisément en ceci que "le Verbe *est devenu*
chair" et que c'est lui, seconde personne de la Trinité, qui est "né d'une
femme" (*Gal* 4,4), qui "a grandi en sagesse, en taille et en grâce" (*Lc* 5,
2), qui a eu faim (*Lc* 4,2) et soif (*Jn* 4,7; 19,28), qui a souffert et qui
est mort sur la croix. L'aspect mystérieux de l'Incarnation ne consiste-
t-il pas justement en ce que l'histoire de l'homme-Jésus est l'histoire du
Verbe de Dieu lui-même? Or cela n'implique-t-il pas qu'il faille à tout
prix nuancer l'affirmation de l'immuabilité divine, si du moins l'on veut
sauvegarder l'Evangile en ce qu'il a d'essentiel? En somme, la doctrine
traditionnelle s'avérerait encore ici déficiente et inadéquate. Elle ne
rendrait pas compte, en effet, de l'engagement réel de Dieu dans l'histoire des hommes et compromettrait même l'affirmation centrale de la foi
chrétienne: l'Incarnation du Verbe. Tout ceci, dit-on, parce qu'au lieu
de prendre comme point de départ la révélation concrète de Dieu en Jésus-
Christ, la théologie a posé abstraitement le principe de l'immobilité divine qu'elle avait emprunté à la philosophie grecque. De là vient cette
substitution de l'idée d'"assomption d'une nature humaine" à celle d'"inhumanisation de Dieu".

---

[20]*Ibid.*, pp. 91-92.

[21]*Ibid.*, p. 92, note 1.

> La théologie, écrit le P. Galot, n'avait pas assez re-
> couru au Christ de l'Evangile pour y puiser sa repré-
> sentation de Dieu... Pour déterminer ce qu'est Dieu,
> il faut scruter ce qu'est le Christ. On ne peut se
> faire a priori, philosophiquement, une conception de
> Dieu que l'on s'efforce ensuite d'adapter tant bien
> que mal au donné révélé.[22]

> Après le Nouveau Testament, écrit de son côté H. Küng,
> personne ne devrait chercher derrière Jésus ou sans
> lui un autre Dieu, plus sublime, plus transcendant.
> Celui qui voit Jésus, voit le Père, voit le vrai Dieu
> (*Jn* 14,9s; *Jn* 8,19)... Si nous voulons permettre au
> Dieu de la Bible d'exprimer le caractère qui lui est
> propre, il faut empêcher la spéculation philosophique
> de superposer à l'image biblique de Dieu des repré-
> sentations qui lui sont étrangères.[23]

3. *Liberté de Dieu.*

Ce mauvais point de départ aurait aussi conduit la théologie à mettre en veilleuse un autre aspect majeur de la conception biblique de Dieu.
C'est, en effet, la souveraine liberté de Dieu qui se trouverait compromise
par ce fameux concept philosophique d'immuabilité. Or c'est là un point
capital.

Les essais modernes de théologie de l'Ancien Testament sont unanimes
à souligner le caractère tout à fait central de l'idée d'alliance dans la
révélation biblique. Quand on s'interroge sur l'existence d'un point fo-
cal dans l'Ancien Testament, c'est toujours cette idée qui ressort. On
insiste avec raison sur le fait que l'histoire du salut est l'histoire de
deux libertés: la liberté de Dieu qui prend librement l'initiative de se
révéler à un peuple afin d'entrer en alliance avec lui et de lui offrir salut et libération; et la liberté de l'homme qui peut accepter ou refuser
cette offre de grâce. Or, selon que l'homme rejette ou accueille l'invitation de Dieu, celui-ci "réagit" de telle ou telle façon: il fait mourir
ou fait vivre, appauvrit ou enrichit, abaisse ou élève (*I Sam* 2,6-7).

L'histoire du salut ne paraît pas écrite d'avance, toute faite, simple déroulement temporel d'un plan tracé de toute éternité et jusque dans
les moindres détails. Elle demeure, au contraire, essentiellement ouverte
et imprévisible, dépendante qu'elle est de la réponse libre de l'homme à
l'offre divine du salut. Sans doute, Dieu est-il fidèle: il n'oublie pas
ses promesses. "L'herbe sèche, la fleur se fane, mais la parole de Dieu
demeure toujours" (*Is* 40,4). Ce serait toutefois mal comprendre la fidélité de Dieu que de l'interpréter dans le sens d'une prédestination figée

---

[22] J. Galot, *op. cit.*, p. 87. "If the unchangeableness of God is
supposed to conflict with such a view of revelation, we must reconsider
what we mean by the unchangeableness of God" (B. Vawter, *op. cit.*, p. 168).

[23] H. Küng, *op. cit.*, pp. 559; 660-661.

qui procurerait le salut de façon certaine et quasi-mécanique. Le peuple d'Israël a été souventes fois tenté de concevoir l'alliance en ces termes, mais les prophètes ont réagi violemment contre une telle vision des choses: l'alliance n'est pas une prime d'assurance, un mécanisme: on ne contrôle pas Dieu, on n'a pas de prise sur lui; le culte n'a pas une efficacité magique comme dans la religion cananéenne: l'alliance comporte des exigences morales et Yahvé n'est pas enchaîné par ses promesses: il demeure le Dieu souverainement libre et le déroulement de l'histoire reste ouvert et soumis à sa maîtrise.

Quoi qu'on dise, cette représentation de Dieu et cette conception de l'histoire du salut ne sont-elles pas gravement compromises dans la théologie traditionnelle? Comment, en effet, les concilier avec la conception d'un Dieu immobile, qui n'a pas d'avenir, puisqu'il voit tout le déroulement de l'histoire dans un éternel présent et qu'il veut toutes choses de façon absolument immuable et de toute éternité? L'idée de prédestination ne vient-elle pas, par exemple, en contradiction manifeste avec la conception de Dieu qui apparaît dans l'Ancien Testament?

4. *Un Dieu compatissant.*

La Bible nous révèle en outre un Dieu sensible aux attitudes de l'homme, un Dieu qui se laisse émouvoir par le repentir, qui pardonne, qui répond à la prière et aux cris de détresse, qui revient de l'ardeur de sa colère. "J'ai vu, j'ai vu la misère de mon peuple qui réside en Egypte. J'ai prêté l'oreille à la clameur que lui arrachent ses surveillants. Je suis résolu à le délivrer de la main des Egyptiens" (*Ex* 3,7). Et plus tard, devant l'infidélité d'Israël: "Comment t'abandonnerais-je, Israël?... Mon coeur en moi se retourne, toutes mes entrailles frémissent. Je ne donnerai pas cours à ma colère, je ne détruirai plus Ephraïm, car je suis Dieu, et non pas homme" (*Os* 11,8-9). Ces textes ne sont pas isolés: la Bible en compte d'innombrables qui attestent, comme ceux-ci, la "sensibilité" d'un Dieu qui se laisse *émouvoir*. Cette image est-elle conciliable avec le concept grec d'immuabilité divine? Le P. Galot ne le croit pas:

> Les réactions de Dieu à la conduite du peuple et de
> ses chefs, dans l'Ancien Testament, dévoilent un Dieu
> qui n'est nullement insensible aux attitudes humaines,
> qui y répond, et qui tout en demeurant le même dans
> sa toute-puissance, s'adapte sans cesse, avec sa li-
> berté divine, aux situations créées par la liberté
> humaine. C'est un Dieu qui est vraiment engagé dans
> des relations avec les hommes, et qui se montre af-
> fecté par les dispositions intimes de ceux-ci. Dans
> le Nouveau Testament, il suffit d'évoquer le visage
> du Père tel qu'il est présenté par Jésus dans la pa-
> rabole de l'enfant prodigue, pour comprendre à quel
> point le Père réagit à la conduite humaine.
>
> On ne peut appliquer à ce Dieu de la Révélation la
> notion d'immutabilité qui pouvait convenir au moteur
> immobile d'Aristote. Nous l'avons souligné, il y a

une véritable immutabilité de l'être divin; mais elle
doit être comprise selon ce que Dieu nous a révélé de
lui-même. Or l'Ecriture nous atteste que cette immutabilité n'exclut pas une certaine mutabilité ou variabilité. On n'a pas le droit de supprimer celle-ci
comme si elle portait atteinte à celle-là.[24]

Et l'on nous prévient qu'il ne faut pas se réfugier trop vite dans
cette prétendue solution qui consisterait à voir dans ces textes des anthropomorphismes et des métaphores, et donc un langage exprimant improprement le mystère de Dieu. Certes, il s'agit là d'anthropomorphismes, concède H. Küng, "et on en trouve facilement des parallèles dans l'histoire
des religions. Cependant, il serait superficiel de *ne* voir *que* ceci, comme
si les parties de l'Ancien Testament qui contiennent ces anthropomorphismes
appartenaient à des couches d'un niveau particulièrement bas... Il faut
se garder de considérer le Dieu de l'Ancien Testament comme s'il n'était
pas un Dieu vivant, comme s'il n'était qu'une force muette et une puissance anonyme, comme si le vrai Dieu n'était pas finalement le Dieu d'Abraham,
d'Isaac et de Jacob, mais plutôt la divinité apathique de Platon".[25] "Il
faut... rapporter l'anthropomorphisme à l'historicité du Dieu de l'Ancien
Testament".[26]

Il est clair que cette objection contre le concept traditionnel d'immuabilité divine met en cause du même coup la solution traditionnelle au
problème de la conciliation entre immuabilité de Dieu et Incarnation. Car,
c'est le Nouveau Testament surtout qui oblige à écarter l'image d'un Dieu
apathique. "Là encore, écrit Küng, le Nouveau Testament accomplit et dépasse l'Ancien, et la christologie classique aurait tout lieu de poursuivre ici logiquement sa réflexion. Se basant sur ses propres présupposi-
tions, elle devrait se dire: dans la révélation de Dieu dans le Christ,
il s'agit tout à fait de la propre cause de Dieu, de son propre Fils. Et
'celui qui n'a pas épargné son propre Fils, mais l'a livré pour nous' (*Rm*
8,32; cf. *Jn* 3,16) ne peut pas rester impassible".[27] C'est pourtant bien
une telle impassibilité de Dieu que prône la christologie classique.
Celle-ci se verrait ainsi réfutée d'avance par l'Ecriture elle-même.

5. *Un Dieu en relation avec l'homme.*

Nous avons souligné le caractère central et premier de l'idée d'alliance dans l'Ancien Testament. Cette alliance de Dieu avec l'homme atteint un sommet ineffable dans le Nouveau Testament: la nouvelle alliance
est scellée dans le sang du Christ, en qui la nature humaine est unie à la
divinité même. Or qui dit alliance, dit relation. N'est-il pas, dès lors,

---

[24]J. Galot, *op. cit.*, p. 82. Cf. aussi H. Küng, *op. cit.*

[25]H. Küng, *op. cit.*, p. 558. Cf. aussi pp. 658 ss.

[26]*Ibid.*, p. 661.

[27]*Ibid.*, pp. 558-559.

absolument inconvenant de parler ici de relation "rationis tantum", comme le fait la théologie médiévale? Ne met-on pas radicalement en cause le réalisme de la κοινωνία entre Dieu et l'homme en prétendant que Dieu n'a pas de relations réelles avec nous? Dans une discussion à propos de son texte déjà cité, le P. Rahner insiste sur cette difficulté.

> Nous, scolastiques, nous disons souvent que Dieu n'a pas de relations réelles ad extra. Cette formule exprime quelque chose de vrai, mais qu'est-ce que ce Dieu qui n'a pas de relation réelle avec moi? C'est absurde; Dieu m'aime réellement, s'est fait chair réellement; et c'est réellement que ce qui se passe sur la terre, non seulement est sous son regard, mais aussi est quelque chose de Dieu lui-même.[28]

Le théologien hollandais Piet Schoonenberg abonde dans le même sens:

> Si l'on peut déclarer réelles les relations de Dieu à la créature, on *doit* les déclarer telles, car autrement on ne respecterait pas dans son intégrité le message de salut de Dieu qui nous crée et nous sauve, proclamant qu'il veut être notre Dieu à nous, et on diminuerait indûment, au point de la vider de sa substance, la Bonne Nouvelle qui nous apprend que Dieu est notre créateur, qu'il nous aime et conclut une alliance avec nous, que le Fils de Dieu est notre frère en humanité, qu'il souffre pour nous et par nous: tout cela est réduit à néant, si la relation qui s'y trouve impliquée est réelle de notre côté seulement et non du côté de Dieu.[29]

L'auteur estime donc "que nous pouvons et devons nous représenter comme réelles... les relations de Dieu à la créature".[30] Il va plus loin et parle même à leur sujet de "relations substantielles" en Dieu, de "relations qui coïncident avec sa substance, avec son être tout entier", de relations "subsistantes, coïncidant avec le fait que Dieu existe en lui-même".[31] Il faut reconnaître cela, pense-t-il, sous peine de nier la réalité même de l'amour de Dieu pour nous. "Dieu est amour", nous dit saint Jean (*I Jn* 4,8.16). "Pourrait-on soutenir que cet amour est, de Dieu à nous, *rationis tantum*?"[32]

---

[28] K. Rahner, dans *Problèmes actuels de christologie*, éd. par H. Bouëssé et J.J. Latour, Paris, Desclée, 1965, p. 407.

[29] P. Schoonenberg, *op. cit.*, pp. 227-228.

[30] *Ibid.*, p. 226. L'auteur réfère ici à E. Schillebeeckx, "De zin van het mens-zijn van Jesu, de Christus" (La signification de l'être-homme pour Jésus, le Christ), *Tijdschrift voor Theologie*, 2 (1962), pp. 127-172, surtout p. 130.

[31] *Ibid.*, p. 230.

[32] *Ibid.*, p. 228.

L'on conçoit cependant, estime Schoonenberg, que la scolastique ait refusé de poser en Dieu des relations réelles à la créature et qu'elle se soit crue tenue de parler uniquement de relations de raison. C'est d'abord parce qu'elle partait du "présupposé erroné selon lequel toute relation inclut une dépendance".[33] Il faut donc, selon lui, écarter ce faux principe que la scolastique elle-même enfreint dans sa doctrine trinitaire.

Ainsi faudrait-il reconnaître le caractère réel des relations de Dieu à nous. Or cela "entraîne la nécessité de reconnaître aussi en Dieu un changement, un jaillissement, un devenir".[34] Le concept d'immuabilité divine se trouve donc à nouveau mis en cause et, du même coup, la solution traditionnelle au problème qu'il pose en regard de l'agir de Dieu dans le monde et de l'Incarnation du Verbe.

IV - REFLEXIONS CRITIQUES

Le dossier est assez accablant et il convient de se demander honnêtement si la théologie ne devrait pas subir sur ce point une révision profonde. Il y va, semble-t-il, du respect intégral de la révélation biblique elle-même. Car, on l'aura remarqué, toutes les objections formulées contre la conception traditionnelle de l'immuabilité divine se rencontrent en un dénominateur commun: elles s'appuient toutes sur la conception biblique de Dieu dont la théologie n'aurait pas suffisamment tenu compte, influencée qu'elle était par des présupposés philosophiques totalement étrangers à la Bible.

Toutefois, cela ne va pas sans poser de graves questions. Il faut se demander, en premier lieu, dans quelle mesure l'on peut mettre en cause le dogme de l'immuabilité divine et la façon dont on l'a traditionnellement compris dans l'Eglise. Certes, cette question en soulève à son tour une foule d'autres, d'ordre herméneutique, et il ne s'agit pas pour nous ici d'éluder un problème réel. Il serait cependant tout aussi inconvenant de balayer du revers de la main une tradition séculaire qui peut, elle aussi, se réclamer de l'Ecriture.[35]

Par ailleurs, ce que prétendent la plupart des théologiens qui rejettent la conception traditionnelle de l'immuabilité divine, c'est finalement que la doctrine des Pères de l'Eglise et des représentants les plus éminents de la scolastique n'a pas respecté sur ce point l'enseignement scripturaire et qu'elle compromet ainsi la conception biblique de Dieu, la consistance de l'histoire du salut et le réalisme de l'engagement de Dieu dans l'histoire, principalement dans l'Incarnation du Verbe. A ce sujet, nous poserons simplement la question suivante: peut-on admettre cela

---

[33]*Ibid.*, pp. 227-228.

[34]*Ibid.*, p. 228.

[35]Nous y reviendrons plus loin.

facilement? Sous peine d'encourir le reproche de légèreté et de précipita-
tion, ne devrait-on pas au contraire consentir à un examen très approfondi
avant de porter des accusations aussi graves? N'est-il pas permis, en effet, d'affirmer que, jusqu'ici, les meilleures études faites sur les représentants de la grande tradition théologique font ressortir une harmonie
fondamentale plutôt qu'une opposition entre la Bible et la théologie et ceci ne devrait-il pas constituer une invitation à la prudence et à la cir-
conspection? On l'a vu assez récemment à propos d'un des points qui sont
ici en cause: le sens de l'histoire et de sa consistance.[36] Voilà ce qui
nous paraît exiger qu'on examine très attentivement la doctrine traditionnelle et qu'on passe au crible les arguments de ceux qui prônent une révision de son concept d'immuabilité divine.

Nous voudrions apporter ici une modeste contribution à cette "critique de la critique", en nous situant plutôt dans la perspective de la
discussion à laquelle pourra donner lieu cet exposé. On ne doit donc pas
s'attendre ici à une étude exhaustive, mais à un exposé sommaire et incomplet "modo tentativo": nous visons simplement à indiquer certains points
faibles, à soulever des questions, à faire ressortir tel ou tel aspect mé-
connu de la doctrine traditionnelle, bref, à fournir certaines pistes en
vue de la discussion.[37]

1. *Un problème de langage.*

Une première remarque nous paraît s'imposer. Elle tient au fait
que le problème qui nous occupe en implique un autre: celui du langage
théologique. A preuve le fait que Thomas d'Aquin, dont on connaît la doctrine sur l'absolue immuabilité de Dieu, n'hésite pas à s'accorder avec
ceux qui, tels Platon et saint Augustin, affirment que Dieu se meut lui-
même.[38] Il s'agit de s'entendre sur le sens du mot "mouvement". Il s'agit

---

[36]Cf. par exemple: Y. Congar, "Le sens de l''économie' salutaire
dans la 'théologie' de saint Thomas d'Aquin (*Somme théologique*)", dans
Glaube und Geschichte, Festgabe Lortz, Baden-Baden, 1958, T. II, pp. 76-85;
M. Seckler, *Le salut et l'histoire*. La pensée de saint Thomas d'Aquin sur
la théologie de l'histoire, (Cogitatio Fidei, 21), Paris, Cerf, 1967. Une
remarque de ce dernier vaut la peine d'être citée: "Un coup d'oeil jeté
sur l'oeuvre de saint Thomas qui devait, dans notre idée, servir à mettre
en opposition la pensée 'anti-historique' de la théologie médiévale et la
pensée 'historique' moderne nous a permis de découvrir d'abord certains détails intéressants, et nous a conduit par la suite à des résultats tellement surprenants que nous avons abandonné notre projet primitif limité,
pour porter notre effort principal sur saint Thomas" (p. 10).

[37]Un exposé complet devrait d'ailleurs comporter une évaluation des
arguments philosophiques appuyant le concept "grec" d'immuabilité. A notre
connaissance, aucun des auteurs mentionnés ici n'a fait état d'une telle
analyse qu'il aurait faite. C'est là une lacune sérieuse, à notre avis.
Car il ne suffit pas de dire qu'un concept ou une conclusion se retrouve
chez Parménide ou Aristote pour l'invalider du même coup!

[38]Cf. Ia, q. 9, a. 1, obj. 1 et ad 1; q. 18, a. 3, obj. 1 et ad 1.

de savoir également si l'on se situe au plan d'une façon propre ou métaphorique de parler de Dieu. De même, s'il refuse de parler à propos de Dieu de mouvement, de changement ou de devenir, il n'en reconnaît pas moins que la vie est, par excellence, un attribut divin: "vita maxime proprie in Deo est";[39] ce en quoi il rejoignait Aristote pour qui Dieu, immobile par essence, devait néanmoins être appelé le "vivant éternel parfait".[40] Qu'est-ce à dire sinon qu'il importe ici au plus haut point de préciser le sens des termes? Il faut opérer ce que Valéry appelait "le nettoyage de la situation verbale".[41] C'est la une tâche préalable qui s'impose particulièrement lorsqu'on veut parler de Dieu et l'on n'en peut faire l'économie.

Les lignes suivantes, tirées de l'ouvrage déjà cité du P. J. Galot, nous paraissent assez typiques du point de vue où nous nous plaçons ici.

> Il importe, dès lors, écrit-il, de bien distinguer deux
> ordres de mutabilité. Il y a la mutabilité caractéris-
> tique de l'être humain. Elle comporte une imperfection
> et on ne peut l'attribuer à Dieu. Il y a une autre mu-
> tabilité, celle qui résulte de l'être infiniment riche
> de Dieu et des personnes divines, et qui n'implique
> aucune imperfection, car elle ne rend pas cet être moins
> riche... Elle est l'expression d'une liberté suprême...
> Elle est pour Dieu lui-même surabondance gratuite de
> vitalité.[42]

Mais toute la question est ici de savoir si l'imperfection que comporte la "mutabilité caractéristique de l'être humain" - et de tout être mobile - fait partie de sa définition même. Or tel paraît bien être le cas, le mouvement étant passage pour le sujet d'un état à un autre qui n'était pas le sien en acte, mais seulement en puissance. Si cela est vrai, il ne peut être question d'attribuer proprement à Dieu la muabilité. Le terme inclut, renferme *dans sa signification même* de l'imperfection et se trouve, de ce fait, inapte à se dire proprement de Dieu. Il fait partie de ces mots qui réfèrent davantage à ce qui différencie la créature du Créateur qu'à ce en quoi elle lui est semblable. Il n'en va pas ainsi d'attributs comme la vie, la connaissance, l'amour, qui n'incluent, dans leur défini-

---

[39] Ia, q. 18, a. 3.

[40] Aristote, *Métaphysique*, 1072 b 29.

[41] "Quant à moi, j'ai la manie étrange et dangereuse de vouloir, en toute matière, commencer par le commencement... En toute question et avant tout examen sur le fond, je regarde au langage; j'ai coutume de procéder à la mode des chirurgiens qui purifient d'abord leurs mains et préparent leur champ opératoire. C'est ce que j'appelle le *nettoyage de la situation ver-bale*" (P. Valéry, "Poésie et pensée abstraite", dans *Oeuvres*, La Pléiade, Paris, N.R.F., 1957, T. II, p. 1316).

[42] J. Galot, *op. cit.*, pp. 82-83.

tion, aucune imperfection et qui peuvent, dès lors, être assumés pour exprimer la perfection divine (encore que, du point de vue du "*modus signi-
ficandi*", ils sont déficients et peuvent donc être niés de Dieu). Il convient de citer à ce propos deux textes majeurs de saint Thomas sur le langage théologique.

> Sunt in creaturis quaedam secundum quae Deo similantur,
> quae quantum ad rem significatam, nullam imperfectionem
> important, sicut esse, vivere et intelligere et hujus-
> modi; et ista proprie dicuntur de Deo, immo per prius
> de ipso et eminentius quam de creaturis. Quaedam vero
> sunt secundum quae creatura differt a Deo, consequentia
> ipsam prout est ex nihilo, sicut potentialitas, priva-
> tio, motus et alia hujusmodi: et ista sunt falsa de
> Deo. Et quaecumque nomina in sui intellectu conditio-
> nes hujusmodi claudunt, de Deo dici non possunt nisi
> metaphorice...[43]

> Quaedam nomina significant hujusmodi perfectiones a
> Deo procedentes in res creatas, hoc modo quod ipse mo-
> dus imperfectus quo a creatura participatur divina
> perfectio, in ipso nominis significato includitur, si-
> cut *lapis* significat aliquid materialiter ens: et hu-
> jusmodi nomina non possunt attribui Deo nisi metapho-
> rice. Quaedam vero nomina significant ipsas perfec-
> tiones absolute, absque hoc quod aliquis modus partici-
> pandi claudatur in eorum significatione, ut *ens*, *bonum*,
> *vivens* et hujusmodi: et talia proprie dicuntur de
> Deo.[44]

Si l'on s'accorde avec ces principes, l'on ne peut accepter la distinction proposée entre une muabilité "caractéristique de l'être humain"
et une autre "qui résulte de l'être infiniment riche de Dieu et des personnes divines, et qui n'implique aucune imperfection". Car une telle distinction présuppose une attribution dont le bien-fondé n'est pas évident,
c'est le moins qu'on puisse dire! Quoi qu'il en soit, et même si l'on met-
tait en doute la règle proposée par Thomas d'Aquin dans les textes précités,
l'on devrait, nous semble-t-il, reconnaître l'existence ici d'un problème
de langage et la nécessité d'opérer à ce niveau une indispensable clarification. Et si l'on voulait commencer par le commencement, ne devrait-on
pas placer ce travail de réflexion sur le langage et sur les mots au principe même de l'étude du problème de l'immuabilité divine?

---

[43]*De Pot.*, q. 7, a. 5, ad 8.

[44]Ia, q. 13, a. 5, ad 1. Cf. aussi: *In I Sent.*, d. 4, q. 1, a. 1;
d. 22, q. 1, a. 2; d. 35, q. 1, a. 1, ad 2.

2. *Concept biblique et concept grec d'immuabilité.*

Nous avons vu l'importance accordée par ceux qui contestent la thèse traditionnelle à l'opposition qu'ils croient déceler entre le concept grec et le concept biblique d'immuabilité. Le premier réfèrerait à une immobilité "métaphysique"; le second, du moins pour certains, devrait être interprété uniquement dans la ligne d'une fidélité historique. Cette opposition est-elle si claire?

Certes, quand la Bible parle de l'invariabilité de Dieu, elle l'entend la plupart du temps de son immuable fidélité à ses promesses. La Bible se situe d'ailleurs presque toujours au plan existentiel et historique. Toutefois, est-il permis d'en conclure que l'Ecriture *ne* vise *que* ce type d'immuabilité? L'on voit mal, en tout cas, comment certains textes pourraient être interprétés autrement que dans le sens d'une négation du changement et du devenir propres aux créatures. Des textes comme *Ps* 102,26-28, *Ps* 90,2 ou *Jc* 1,17 semblent bien vouloir qualifier un existant éternellement identique à lui-même: ils ne visent pas simplement une continuité d'action ou une fidélité historique. De même, peut-on légitimement contester la portée métaphysique du prologue de *Jean* ou de certains passages du *Deutéro-Isaïe*? Pour respecter intégralement l'enseignement biblique, il serait donc plus juste de parler "d'un Dieu qui reste le même *et dans son être et dans sa promesse*"[45]: "l'immutabilité ontologique sert de fondement à l'immutabilité d'une volonté qui s'est librement fixée dans son dessein".[46] Nous nous accordons entièrement sur ce point avec le P. Galot qui nous invite à ne pas restreindre indûment la portée du concept biblique d'immuabilité.

> Faut-il pour autant repousser l'idée métaphysique d'une immutabilité de l'être divin et n'admettre que la fidélité de Dieu à l'alliance ou à lui-même? Que cette fidélité soit vivement soulignée dans les expressions de la continuité de l'agir divin, c'est indéniable. Mais il semble aussi que cette fidélité se fonde sur la continuité dans l'être. La promesse faite à Moïse "je serai avec toi" s'appuie sur la révélation du nom divin "je suis" (*Ex* 3,12-14). La signification existentielle du "je suis", livrée dans l'assurance d'une présence indéfectible, ne lui enlève pas toute valeur métaphysique. Lorsque le psalmiste dit à Dieu: "toi tu demeures", il pense à une persévérance dans l'être, opposée à la condition de la terre et des cieux qui s'usent et périssent (*Ps* 102,26-28).
>
> Dans le Nouveau Testament, on pourrait difficilement contester la valeur métaphysique de l'affirmation johannique: "Au commencement était le Verbe". Et c'est

---

[45] F.M. Genuyt, *Le mystère de Dieu*, (Le mystère chrétien, 2), Tournai, Desclée, 1963, p. 73. L'italique est de nous.

[46] *Ibid.*

identiquement ce Verbe éternel, nous l'avons remarqué,
qui entre dans le devenir sans cesser d'être ce qu'il
est. Il y a ici une immutabilité qui ne pourrait se
ramener à une fidélité; c'est une persistance dans
l'ordre de l'être.[47]

Venons-en maintenant au concept grec d'immuabilité qui aurait si
profondément marqué la théologie chrétienne. Nous ne contesterons pas la
description qu'on nous en donne, "*dato non concesso*". A propos d'Aristote,
Küng écrit, par exemple, que "cette νόησις νοήσεως ne pense rien d'autre
qu'elle-même. Ce Dieu ne connaît pas le monde et ne l'aime pas. Rien ne
remonte à lui: ni action causale, ni providence, ni organisation, ni loi
morale. Et tout cela parce qu'Aristote croit que cela convient à l'abso-
luité de son Dieu".[48] Quelques rapides coups de sonde jetés dans le texte
de la *Métaphysique* nous inclinent à penser que cette description est assez
fidèle.

Quoi qu'il en soit, - et c'est le point sur lequel nous voulons insister - ou bien ce tableau comporte une part de caricature, auquel cas la
contestation de la théorie traditionnelle se trouverait elle-même mise en
cause sur un point fondamental; ou bien ce tableau est exact. Retenons
cette dernière hypothèse: à notre avis, elle mène au même résultat que la
première. Car si le concept grec d'immuabilité est tel qu'on nous le décrit, l'on est forcé de reconnaître qu'en l'assumant, la théologie chrétienne lui a fait subir de si profonds remaniements et l'a complété d'une
façon telle qu'on n'est plus en présence du même concept. Il faut lire à
ce sujet le commentaire de saint Thomas à la *Métaphysique* d'Aristote.
L'on sera frappé de constater la liberté et l'assurance avec lesquelles le
commentateur, en se plaçant au strict point de vue philosophique et en ar-
gumentant sur cette seule base, complète, nuance et même corrige tel ou
tel point de l'enseignement du maître, principalement en ce qui concerne
la conception de Dieu. Sur l'universelle influence de la cause première,[49]
sur l'existence de la providence,[50] sur la connaissance par Dieu de tout
ce qui n'est pas lui,[51] sur la dépendance de tout mouvement en regard de
la volonté divine,[52] sur la conciliation entre l'immuabilité divine et la
non-éternité du monde,[53] il n'hésite pas à prendre ses distances à l'égard
d'une doctrine qui lui paraît incomplète, voire même fautive, du point de
vue même de la philosophie.

---

[47] J. Galot, *op. cit.*, p. 79.

[48] H. Küng, *op. cit.*, p. 547.

[49] Cf. *In VI Met.*, 1.3, n. 1204-1222.

[50] *Ibid.*

[51] Cf. *In XII Met.*, 1.11, n. 2614-2616.

[52] Cf. *In XII Met.*, 1.7, n. 2535.

[53] Cf. *In XII Met.*, 1.5, n. 2496-2499; *In VIII Phys.*, 1.2.

Il n'en faut pas plus pour conclure qu'on ne peut accepter sans examen l'affirmation selon laquelle la théologie traditionnelle se serait laissée corrompre par la philosophie grecque en lui empruntant un concept d'immuabilité divine qui n'aurait aucun appui dans la révélation biblique.

3. *Immuabilité divine et réalité de l'Incarnation.*

Peut-on parler d'un réel engagement dans l'histoire à propos d'un Dieu dont on affirme qu'il est absolument et parfaitement immuable, éternellement identique à lui-même, et qu'en lui "n'existe aucun changement ni l'ombre d'une variation" (*Jc* 1,17)? Et surtout de tels présupposés ne conduisent-ils pas forcément à la négation du mystère même de l'Incarnation? Nous avons déjà exposé cette objection majeure et point n'est besoin d'y revenir ici. Nous voudrions toutefois faire à son sujet certaines remarques, en nous situant toujours dans la perspective indiquée plus haut.

Dans le but de résoudre les apories contenues dans les formulations traditionnelles, le P. Rahner propose une nouvelle façon d'exprimer le dogme de l'immuabilité divine qui permettrait de le concilier avec l'affirmation du devenir-homme du Verbe de Dieu.

> Si nous considérons sans prévention et avec des yeux
> clairs le fait de l'Incarnation, dont la foi nous at-
> teste qu'il est le dogme fondamental du christianisme,
> il nous faut dire tout uniment: Dieu peut devenir quel-
> que chose, l'immuable en soi peut *lui-même* être muable
> *en l'autre* (selber *am andern* veränderlich sein).[54]

Que penser de cette nouvelle formulation? Nous nous accorderons avec plusieurs autres pour y voir "une formule remarquable de conciliation".[55] Mais est-elle si différente de ce que nous proposait la scolastique?

Il est indéniable que, si elle veut être fidèle à la foi néo-testamentaire, la théologie se voit contrainte de trouver une façon acceptable d'attribuer à Dieu la muabilité. Ceci doit être posé clairement au principe de toute recherche sur le problème qui nous occupe. Faute de le reconnaître, la réflexion théologique en viendrait à énerver complètement les affirmations scripturaires et à compromettre finalement le coeur du mystère chrétien, à savoir que l'histoire de cet homme, Jésus, et à travers lui celle de tous les hommes, est devenue l'histoire de Dieu lui-même. "Ce que nous avons entendu, ce que nous avons vu de nos yeux, ce que nous avons contemplé, ce que nos mains ont touché du *Verbe de vie*... nous vous l'annonçons" (*I Jn* 1,1.3). Voilà ce qui doit être clairement reconnu: le Verbe de Dieu, par l'Incarnation, peut devenir quelque chose; lui, l'éternel, l'immuable, peut être sujet du changement et du devenir: *"exinanivit*

---

[54]K. Rahner, "Réflexions...", p. 92.

[55]J. Galot, *op. cit.*, p. 76.

semetipsum". Pour exprimer cela, le P. Rahner propose la formule: Dieu peut être "muable en l'autre". La scolastique aurait dit - équivalemment, à notre avis -: Dieu est muable "secundum humanam naturam".

Il nous semble assez évident, en effet, que la scolastique n'a pas hésité à reconnaître cette muabilité de Dieu qui fait corps avec le dogme de l'Incarnation. Elle a clairement accepté et tenté d'appuyer rationnellement le fait que, par l'Incarnation, le Verbe de Dieu lui-même devient muable, si bien qu'on peut dire en toute vérité et rigueur: Marie est la mère de Dieu, Dieu a eu faim, a eu soif, a subi la fatigue, la souffrance, la tristesse, a été crucifié sous Ponce-Pilate, etc. Car, si la communication des idiomes est d'abord une question d'attribution, de dénomination et donc un problème d'ordre logique (comme l'analogie des noms), elle n'en repose pas moins sur un fondement ontologique et métaphysique. H. Küng l'a fort bien vu: "Cette communication des idiomes ne veut pas seulement régler une formulation logiquement impeccable, elle entend aussi exprimer la réalité elle-même: ce n'est donc pas une simple règle de formulation, mais une règle de formulation *cum fundamento in re*".[56]

La scolastique ne s'est donc pas contentée de "départager sur deux réalités, à savoir le Logos divin et la nature créée", les attributs du Christ. Ce serait la caricaturer que de la présenter de cette façon. A vrai dire, c'est peut-être au contraire l'effort d'intégration et d'unité qui la caractérise, d'où cette insistance sur l'unité du Christ en qui se rencontrent des "prédicats contradictoires": passible et impassible, mortel et éternel, muable et immuable.

> Quantum ad id de quo utraque praedicantur, non est distinctio facienda, sed invenitur unitas.[57]

Car il ne s'agit pas uniquement de sauvegarder "l'abîme absolu qui sépare, sans confusion, le Dieu immuable et nécessaire, du monde muable et contingent".[58] Il s'agit d'abord et avant tout de respecter la révélation du mystère en sa nouveauté et de saisir comment l'histoire de l'homme est devenue l'histoire personnelle de Dieu. Or, dans le Christ, il y a unité de la personne, unité du sujet[59] et c'est là le point crucial. Cet unique sujet, c'est bel et bien lui qui est né, a grandi, a souffert et est mort. Le drame ne se déroule pas uniquement de ce côté-ci d'un abîme absolu qui nous séparerait de Dieu: c'est un drame que le Verbe de Dieu a vécu dans sa propre chair.

Mais cette unique personne, c'est elle aussi qui "était au commencement", qui "était avec Dieu" et qui "était Dieu" (*Jn* 1,1). L'on compromet-

---

[56] H. Küng, *op. cit.*, p. 555. Cf. aussi: p. 654.

[57] *C. Gtes*, L. IV, c. 39.

[58] K. Rahner, "Réflexions...", p. 91.

[59] Cette unité est la plus grande qui se puisse concevoir. "Nam unitas personae divinae, in qua uniuntur duae naturae, est maxima" (IIIa, q. 2, a. 9). "Est unitas per se subsistens" (ad 1).

trait certes le mystère de l'Incarnation en refusant de reconnaître que Dieu a véritablement assumé la muabilité caractéristique de l'être humain. L'on ne le mettrait pas moins en cause cependant en concevant la kénose du Fils de Dieu comme l'abandon de la nature divine. Pour reprendre les termes du P. Galot, "*le Verbe est devenu chair* n'efface pas *au commencement était le Verbe... et le Verbe était Dieu*; au contraire, il le présuppose, et il perdrait sa valeur si jamais le Verbe cessait d'être ce qu'il est de toute éternité. Le devenir prend toute sa force par le fait de l'immutabilité préalablement affirmée".[60] C'est ce que le P. Rahner veut sauvegarder en maintenant que, dans l'Incarnation, Dieu demeure "immuable en soi". La scolastique avait une visée identique lorsqu'elle tenait que les ἀνθρώπινα étaient attribuables à l'unique personne du Verbe, certes, mais non pas "secundum divinam naturam".[61] Autrement, il faudrait conclure à une détérioration du don de Dieu dans son octroi même et l'Incarnation ne serait plus l'inhumanisation *de Dieu*. L'on compromettrait encore la parfaite gratuité de ce don, si l'on admettait que l'Incarnation implique une quelconque passivité ou un quelconque "recipere" de la part de Dieu. Celui-ci ne serait plus l'Etre qui, en raison de son absolue perfection, est le seul qui puisse être dit parfaitement libéral,[62] "quia nihil sibi accrescit ex his quae vult vel operatur circa creaturam".[63]

Tenir que la nature divine demeure absolument et parfaitement immuable dans l'Incarnation ne compromet d'ailleurs en rien la réalité de l'être-homme du Verbe de Dieu. "Si tu te demandes comment le Verbe de Dieu est homme, écrit saint Thomas, il te faut répondre qu'il est homme de la même façon que n'importe quel autre homme: *il a la nature humaine*. Non pas que le Verbe de Dieu soit la nature humaine, mais il est le suppôt divin uni à la nature humaine".[64] Ce point est extrêmement important. Le Verbe de Dieu est homme comme tout autre homme l'est: *il a* la nature humaine; *il n'est pas* la nature humaine. Or, quand un homme agit, souffre ou meurt, ce n'est pas la nature humaine qui agit, souffre ou meurt: c'est la per-

---

[60] J. Galot, *op. cit.*, pp. 79-80.

[61] "Sciendum tamen quod in propositione in qua aliquid de aliquo praedicatur, non solum attenditur quid sit illud de quo praedicatur praedicatum, sed etiam secundum quid de illo praedicatur. Quamvis igitur non distinguantur ea quae praedicantur de Christo, distinguuntur tamen quantum ad id secundum quod utrumque praedicatur. Nam ea quae sunt divinae naturae, praedicantur de Christo secundum divinam naturam: ea autem quae sunt humanae naturae, praedicantur de eo secundum humanam naturam" (IIIa, q. 16, a. 4).

[62] Ia, q. 44, a. 4, ad 1.

[63] *De Ver.*, q. 23, a. 4.

[64] "Si vero quaeris quomodo Verbum est homo, dicendum quod eo modo est homo quo quicumque alius est homo, scilicet *habens humanam naturam*. Non quod Verbum sit ipsa natura humana, sed est divinum suppositum unitum humanae naturae" (*In Joan.*, c. 1, 1.7, n. 172).

sonne, le sujet.[65] Dans le cas du Christ, il en va de même. Il est homme comme tout autre homme et ainsi il agit, souffre ou meurt comme n'importe quel autre homme. Ce n'est donc pas la nature divine, ni même la nature humaine qui est ainsi chez lui sujet du changement et du devenir: c'est le suppôt, la personne du Verbe unie à la nature humaine. Point n'est donc besoin de nier l'immuabilité de la nature divine pour reconnaître que dans le drame vécu par Jésus de Nazareth, Dieu était vraiment et personnellement engagé.

4. *Immuabilité et liberté divine.*

La théorie traditionnelle concernant l'immuabilité divine soulève, nous l'avons vu, d'autres objections. La moindre d'entre elles n'est certes pas celle qui ne voit pas comment concilier cette thèse avec une des données les plus importantes de la révélation biblique, savoir: la souveraine liberté du Dieu de l'alliance. Nous ne nous attarderons pas sur cette objection. Non pas que nous la jugions sans importance: elle nous apparaît au contraire comme la principale des difficultés soulevées contre la thèse traditionnelle et peut-être aussi la plus difficile à résoudre. Mais précisément pour cette raison, la discussion en serait trop longue pour notre propos. C'est donc une tranche importante du débat que nous nous voyons contraint de négliger. Il nous suffira de suggérer une précision sur la nature du problème ici en cause et de formuler deux remarques.

Au fond de cette discussion, c'est le problème de la conciliation entre l'infaillibilité de la science de Dieu et l'immuabilité du vouloir divin, d'une part, et la contingence des effets créés, d'autre part, qui est en cause. L'infaillibilité de la providence divine impose-t-elle à toutes choses le mode de la nécessité? Exclut-elle le hasard? L'efficacité de la grâce et la certitude absolue de la connaissance de Dieu laissent-elles place à la liberté de l'homme? N'enlèvent-elles pas à l'histoire sa consistance? Il faut mettre à l'actif de la scolastique, à notre avis, d'avoir clairement perçu que la solution à ces questions apparemment diverses - les unes, d'ordre philosophique, les autres, d'ordre théologique - ne pouvait reposer que sur les mêmes principes. C'est là, nous semble-t-il, un acquis dont on ne devrait pas se départir et qui devrait orienter toute recherche éventuelle en ce domaine.

En outre, dans la ligne de la solution au problème lui-même, la théologie a connu au cours des siècles d'importants développements qu'on ne saurait ignorer. La "foi en quête d'intelligence" ne pouvait manquer ici de se laisser interpeller par la vie chrétienne et demeurer muette devant des questions aussi vitales que celles-ci: à quoi sert de lutter et de faire effort s'il faut admettre la prédestination? la prière de demande n'est-elle pas vaine dans la perspective de l'immuabilité divine? le

---

[65]"Essentia non agit, sed est principium actus in supposito: non enim humanitas generat, sed Socrates virtute suae naturae" (*In I Sent.*, d. 5, q. 1, a. 1).

sort des "réprouvés" ne doit-il pas être imputé de quelque façon au vouloir divin lui-même? De fait, ces problèmes ont été étudiés de façon très approfondie par les plus grands maîtres de la pensée chrétienne.[66] Or, à lire certains exposés sur ces questions, on a l'impression, ou bien que rien n'a jamais été dit à leur sujet, ou alors qu'on peut faire bon marché des solutions proposées antérieurement. Or, à notre avis, celles-ci méritent un plus grand respect et un traitement beaucoup plus attentif. Elles constituent, en effet, un effort pour dépasser les oppositions factices et pour concilier et tenir ensemble des termes *apparemment* contradictoires: grâce et liberté; utilité de la prière et immuabilité divine; liberté humaine et préscience de Dieu. Elles n'ont rien de ce "mouvement de paresse" qui, au dire de Roger Mehl, caractérise l'hérésie et "par lequel nous pensons l'un des termes à l'exclusion de l'autre ou pour lequel nous accordons à l'un des termes d'une proposition dialectique un privilège sur l'autre, alors que les deux termes doivent être maintenus simultanément et deviennent faux s'ils sont posés dans l'absolu indépendamment l'un de l'autre".[67] Plutôt que de consentir à mettre en cause un dogme comme celui de l'immuabilité divine, la recherche théologique ne devrait-elle pas s'aligner sur ces efforts d'intégration et de conciliation?

Autre remarque: l'objection formulée contre le concept d'immuabilité divine sur la base de l'affirmation de la liberté de Dieu part du présupposé suivant: pas de liberté authentique sans possibilité réelle de changement. Aussi bien, Dieu ne demeurerait pas libre s'il ne pouvait modifier *dans le temps* ses desseins ou du moins le mode de leur réalisation. N'est-ce pas là du pur anthropomorphisme? L'on s'enferme, en effet, dans un concept de liberté qui ne peut valoir que pour des êtres conditionnés par le temps comme nous sommes et on l'applique ensuite à Dieu sans épuration préalable et sans s'élever au-dessus de cette réalisation bien imparfaite de la liberté qui nous caractérise. Mais le fait de vouloir ceci et puis ensuite autre chose n'est pas plus essentiel à la liberté que le fait de pouvoir choisir le mal: là n'est pas l'essentiel du concept.[68] Aussi Dieu peut-il être dit souverainement libre sans être soumis aux contingences de l'histoire et précisément parce qu'il n'y est pas soumis.[69]

---

[66] A titre d'exemple: Saint Thomas d'Aquin, *C. Gtes*, L. III, c. 72-77; 93-96.

[67] R. Mehl, *La condition du philosophe chrétien*, Neuchâtel, Delachaux et Niestlé, 1947, p. 139.

[68] Cf. saint Thomas d'Aquin, *De Ver.*, q. 23, a. 4, ad 3.

[69] On rencontre pareil anthropomorphisme chez Karl Barth et l'analogie peut être éclairante: pour sauvegarder la souveraine liberté de la Parole de Dieu, le célèbre théologien de Bâle se croit tenu de refuser toute permanence du don de la révélation: la Parole ne peut être qu'intermittente. "La seule chose possible, c'est que Dieu nous parle sans cesse à nouveau", écrit-il. "La fidélité de Dieu envers son Eglise consiste en ce que Dieu fait usage de sa liberté, qui est la liberté de venir à nous par sa Parole, et qu'il se réserve la liberté de réitérer toujours sa venue" (*Dogmatique*, I/1*, Genève, Labor et Fides, 1953, pp. 127, 135).

Que la Bible utilise un tel langage anthropomorphique n'a rien pour nous étonner. L'éternité de Dieu est strictement inimaginable. L'Ecriture ne pouvait donc exprimer autrement qu'en termes temporels la réalité de l'engagement de Dieu dans l'histoire. Elle n'en a pas moins fait entrevoir à plusieurs reprises que cet engagement ne compromettait en rien la transcendance du Tout-Autre par rapport au temps. De ceci, la théologie doit également tenir compte. Il ne s'agit pas, remarquons-le bien, de contester la valeur de tels anthropomorphismes: à un certain point de vue, le langage métaphorique et symbolique est plus apte à exprimer le mystère de Dieu que le langage propre.[70] La remarque vaut également pour l'objection qui s'appuie sur l'idée que le Dieu de la Bible est un Dieu "compatissant", sensible aux attitudes humaines et qui se laisse émouvoir. Tout cela exprime quelque chose de profondément réel. On ne pourra cependant dégager correctement ce contenu qu'en passant par un indispensable effort de "démythologisation", antérieur à toute autre entreprise du même genre.[71]

5. Les relations de Dieu à la créature.

Venons-en maintenant à la thèse selon laquelle Dieu ne pourrait avoir de relations réelles à la créature. Nous avons vu le lien très étroit qui la relie à l'enseignement traditionnel sur l'immuabilité divine. Nous avons vu également pourquoi certains estiment qu'elle doit être révisée.

Que Dieu ne puisse avoir de relations réelles avec la créature et spécialement avec l'homme, voilà bien une idée qui heurte de prime abord et qui paraît clairement contredite par la révélation. Ne constitue-t-elle pas la négation même de l'alliance et de la Bonne Nouvelle du Salut? Rappelons ici les propos de Schoonenberg: "Tout cela est réduit à néant si la relation qui s'y trouve impliquée est réelle de notre côté seulement et non du côté de Dieu... *Dieu est amour* (I Jn 4,8.16). Pourrait-on soutenir que cet amour est, de Dieu à nous, *rationis tantum*?"[72]

C'est là une inférence inacceptable. Elle nous fournit cependant l'occasion d'apporter une précision qui nous paraît fort importante. Nous verrons plus loin pourquoi la théologie traditionnelle a cru devoir refuser d'admettre l'existence de relations réelles allant de Dieu à la créature. Ce faisant, elle s'est bien gardée cependant de nier la réalité du fondement de cette attribution relationnelle et c'est le point que nous voulons faire ressortir. Par exemple, si la relation de Créateur à créature ne pose aucune réalité nouvelle en Dieu, cela n'empêche pas que Dieu soit réellement Créateur et l'on ne peut conclure que Dieu est créateur "rationaliter tantum" en s'appuyant sur le fait que la relation est, de son côté, simplement rationnelle. De même, et ceci nous intéresse tout particulièrement, l'on ne se trouve pas à nier la réalité de l'Incarnation lorsqu'on

---

[70]Cf. R. Laflamme, "Deux approches onomastiques de la théologie du mystère", *Laval théol. et phil.*, 27 (1971), pp. 119-127.

[71]*Ibid.*, pp. 111-112.

[72]P. Schoonenberg, *op. cit.*, pp. 227-228.

affirme que la relation de Dieu à la nature humaine assumée n'est pas une relation réelle. Parlant du terme "Seigneur" et de la relation qu'il implique, saint Thomas nous propose là-dessus un exemple extrêmement éclairant:

> Sicut aliquis est idem sibi realiter, et non solum secundum rationem, licet relatio sit secundum rationem tantum, propter hoc quod relationis causa est realis, scilicet unitas substantiae quam intellectus sub relatione intelligit: ita potestas coërcendi subditos est in Deo realiter, quam intellectus intelligit in ordine ad subditos propter ordinem subditorum ad ipsum; et propter hoc dicitur Dominus realiter, licet relatio sit rationis tantum.[73]

Le caractère simplement rationnel des relations de Dieu à la créature n'empêche pas que la cause, le fondement de ces relations soient réels: "potestas coërcendi subditos est in Deo realiter"; le Verbe de Dieu est *réellement* uni à la nature humaine: l'amour de Dieu pour nous est éminemment réel.

Par ailleurs, si la scolastique a refusé d'admettre la réalité des relations de Dieu à l'homme, c'est, prétend Schoonenberg, parce qu'elle partait du "présupposé erroné selon lequel toute relation inclut une dépendance".[74] Or "la scolastique elle-même enfreint cette loi dans sa doctrine trinitaire et justement à propos des relations des personnes divines *entre elles*".[75]

Nous contesterons ces vues. Car la condition fondamentale pour qu'il y ait relation réelle réciproque n'est nullement la dépendance mutuelle des termes de la relation: ce qui est requis, c'est que les deux réalités en cause soient *du même ordre*, ce qui implique *parfois seulement* la dépendance.[76] Celle-ci ne se retrouve pas dans les relations fondées sur la quantité (v.g. grand-petit; double-demi, etc.): ces dernières n'en sont pas moins réelles des deux côtés. Il en va de même des relations trinitaires qui n'impliquent aucune dépendance et qui sont pourtant réelles et réciproques: c'est que les termes de ces relations se rencontrent dans une même nature: "in eodem ordine conveniunt".[77] Or tel n'est pas le cas des relations entre Dieu et la créature, car Dieu transcende tout l'ordre du créé. C'est là la raison précise pour laquelle l'on ne peut admettre aucune relation réelle en Dieu par rapport à l'homme ou à toute autre créature: on porterait alors atteinte à la transcendance de Dieu en l'abais-

---

[73] *De Pot.*, q. 7, a. 11, ad 3. Cf. aussi: Ia, q. 13, a. 7, ad 5.

[74] P. Schoonenberg, *op. cit.*, pp. 226-227.

[75] *Ibid.*, p. 227.

[76] Cf. Ia, q. 13, a. 7; *De Pot.*, q. 7, a. 10.

[77] Ia, q. 28, a. 1.

sant au niveau du créé. Il est permis de conclure ici que la critique de Schoonenberg est basée sur une lecture superficielle des textes.

Sa position présente cependant un immense intérêt en ce que le théologien hollandais n'a pas hésité à en expliciter les ultimes conséquences. Si les relations de Dieu à nous sont réelles, dit-il, elles "sont subsistantes, coïncidant avec le fait que Dieu existe en lui-même". Aussi bien, "la trinité de Dieu *peut* aussi être conçue comme orientée vers la création. Dans cette vision, le Père, le Fils et le Saint-Esprit, tous trois vraiment Dieu et consubstantiels l'un à l'autre, seraient présents dans l'essence divine en vertu même de la relation de Dieu à nous. La trinité de Dieu serait alors son orientation vers nous... Dieu est alors changement subsistant par là même qu'il nous change pour notre salut. Si l'on creuse cette idée, on voit qu'il est *possible que* Dieu *devienne*, non seulement Père, mais aussi Fils et Esprit, par son élan vers nous. En d'autres termes, il est possible que la trinité existe en Dieu... par une association divine à notre histoire humaine de salut".[78] L'auteur insiste pour présenter cette vision comme "simplement possible". Elle nous fait voir, en tout cas, à quelles conséquences peut mener l'acceptation du principe des relations réelles en Dieu par rapport à la création. Nous laisserons le lecteur juger de la recevabilité de telles conclusions.

CONCLUSION

Nous tenons à redire que cet exposé n'avait pas la prétention d'être une étude complète et très approfondie du problème que pose le dogme de l'immuabilité divine, spécialement en regard du mystère de l'Incarnation. Une telle étude supposerait aujourd'hui une confrontation sérieuse de ce dogme avec la philosophie de Hegel et avec ce fort courant de la philosophie américaine qu'on a coutume d'appeler "the process philosophy" et qui est une réédition moderne de la philosophie du devenir d'Héraclite. Cela engagerait une discussion qui se tiendrait avant tout sur le terrain philosophique. Notre seul but était ici de faire quelques réflexions critiques et d'amorcer une discussion à propos des arguments sur lesquels s'appuient un certain nombre de théologiens pour rejeter la thèse traditionnelle de l'immuabilité divine. A notre avis - et c'est la conclusion que nous nous croyons en droit de tirer -, cette contestation n'a pas dépassé jusqu'ici un certain niveau de superficialité et nous ne saurions dès lors la considérer comme une acquisition et un nouveau point de départ pour la théologie.

Michel Gervais
Université Laval

---

[78] P. Schoonenberg, *op. cit.*, pp. 230-231.

INCARNATION ET ΧΡΗΣΤΟΤΗΣ DE DIEU

Raymond Laflamme

"Je crois en Jésus-Christ, son Fils unique notre Seigneur". Cette vérité fondamentale de la foi chrétienne pose de tout temps à l'esprit humain un véritable problème. Qu'un Dieu *immuable* soit *devenu* "chair" et que pour le salut de l'humanité il soit mort en croix, cela à coup sûr apparaît à la lumière de la raison, comme telle, une naïveté et une ineptie. Que la *totalité de l'histoire du monde* soit résumée, concentrée dans un *ponctuel historique*: Jésus de Nazareth; que le destin de la *collectivité* humaine, voire même celui de l'ensemble du cosmos, soit conditionné par un singulier très déterminé, voilà qui semble répugner au bon sens et tout particulièrement aux moeurs intellectuelles de l'homme contemporain, très conditionné par le souci de la vérification du discours. Ainsi l'analyse vérificationnelle parlera-t-elle du langage théologique en terme de vide factuel dans la mesure où un tel discours n'offre pas la possibilité d'une vérification ou d'une certification de son contenu dans le sensible, l'expérimental ou l'empirique.[1]

Avec W. Pannenberg[2] nous nous accordons sur la nécessité d'élaborer "une théologie de la raison" et d'apporter une *justification*[3] de la divinité

---

[1] Cf. J. Ayer, *Langage, Vérité et Logique*, trad. franc., Flammarion, Paris, 1956; aussi, A. MacIntyre, *Visions*. New Essays in Philosophical Theology, Flew et MacIntyre ed., Londres-New York, 1955; F. Ferré, *Le langage religieux a-t-il un sens?*, (Cogitatio Fidei, 47), Cerf, Paris, 1970.

[2] W. Pannenberg, *Esquisse d'une christologie*, (Cogitatio Fidei, 62) Cerf, Paris, 1971, p. 8.

[3] Le mot "justifier" ou "justification" revient sans cesse sous la plume de Pannenberg, v.g. aux pages 35, 51, 226, 346.

et de la signification salutaire de l'activité et du destin de Jésus, à partir de l'existence concrète du personnage. Telle est du reste l'épure de la démarche de Pannenberg. Il reste que le donné révélé concernant le Christ, qu'il soit relatif à l'être de celui-ci ou à son oeuvre, demeure essentiellement un *constat de foi*, c'est-à-dire tenu dans et par la foi. Une entreprise se donnant comme objectif de conduire à l'évidence en ce domaine est vouée d'avance à l'échec. Avec Thomas d'Aquin il faudrait la taxer de présomptueuse. L'incarnation de Dieu en Jésus-Christ, si poussée que soit la recherche théologique, ne cessera jamais de constituer un problème c'est-à-dire, pour reprendre ici la définition que nous en donne Albert le Grand: "une recherche en tension vers le savoir" ("speculatio contendens... ad scientiam", dont la caractéristique est de n'être pas définitive, ni achevée, "speculatio non finita").

Mais tout en étant radicalement un constat de foi, le mystère de Dieu fait homme postule néanmoins un constat d'évidence, celle de la crédibilité. Celle-ci est requise au nom même de la cohérence interne de la foi. Car en se révélant à nous, la Parole de Dieu s'incarne dans une intelligence d'homme, elle devra donc épouser les conditions de cette dernière jusqu'au point de se faire interrogation sur elle-même. Le rôle spécifique de la théologie en général va consister précisément à amenuiser la tension créée chez le croyant par suite de la convivence du certain et de l'inévident et celle qui provient de l'immanence de la raison dans la foi et de la transcendance de la foi en regard de la raison.

Le mystère de l'Incarnation, tel que véhiculé par la Révélation et reçu dans la foi, peut être certifié ou vérifié à partir de deux pôles fondamentaux de résolution: il y a en effet deux référents en cause dans l'énoncé du mystère: le Logos et la sarx, Dieu et l'homme.[4] L'on peut en effet s'interroger et se demander si l'Incarnation de Dieu en Jésus-Christ répond aux attentes et aux aspirations les plus profondes de l'être humain. C'est là une approche qui fait appel au phénomène messianique; elle consistera à manifester l'originalité et la plénitude du messianisme de Jésus en regard de la multiplicité des messianismes de toutes sortes.

En se situant d'autre part à partir de Dieu et de ses divers attributs, l'on peut poser la question classique en théologie: est-ce que l'Incarnation convient à Dieu? C'est ainsi que Thomas d'Aquin aborde sa christologie.[5] Et il résout alors cette suprême communication de Dieu à la créature que constitue l'Incarnation dans l'attribut de bonté dont le propre est de se diffuser et de se communiquer aux autres. Cajetan ajoutera, à ce propos, qu'il s'agit là de la plus haute raison (*potissima ratio*) que l'on puisse mettre de l'avant pour montrer la convenance du mystère et partant sa crédibilité.

---

[4]Note: il ne s'agit pas dans notre propos du problème de méthode qui ultérieurement se pose à l'élaboration christologique et qui consisterait par exemple à adopter une christologie "par en haut" ou une christologie "par en bas", mais il s'agit de la question fondamentale qui concerne le "*an sit*" même de l'énoncé de foi.

[5]*Somme théologique*, IIIa, q. 1, a. 1.

Dans notre propos nous aimerions montrer que plus précisément encore l'Incarnation rédemptrice doit être résolue dans la χρηστότης de Dieu.
Au préalable, nous ferons une analyse attentive de cet attribut divin en
nous inspirant surtout de Thomas d'Aquin, après quoi nous serons amenés à
une perception très nette du fait que le christianisme dans sa dimension
profonde est essentiellement une économie de bénignité divine.

I - LA BENIGNITE, ATTRIBUT DIVIN[6]

"Célébrez Yahvé, car il est bénignité; car sa miséricorde est éternelle" est un thème des plus fréquents sous la plume de l'écrivain sacré.
Ainsi le terme grec χρηστός se rencontre-t-il trente-trois fois dans la
Septante et sept fois dans le Nouveau Testament; celui de χρηστότης revient
à dix-huit reprises dans l'Ancien Testament et à huit occasions dans le
Nouveau.[7] La plupart du temps il s'agit de Dieu, qu'on réfère à sa personne ou à son nom, à ses commandements ou à ses bienfaits.

La bénignité se dévoile même comme étant un attribut caractéristique de Dieu. "Yahvé est bénignité" (*Ps* 25,8; *Na* 1,7), "son nom n'est que
bénignité" (*Ps* 52,2). Si bien qu'il se répand en bienfaits de toutes sortes. Il "couronne l'année des dons de sa bienveillance et l'abondance
ruisselle sous ses pas" (*Ps* 65,12). Dès qu'il ouvre la main, tous se rassasient de ses biens (*Ps* 104,28). Père des orphelins, défenseur des veuves,
il donne une maison aux délaissés, rend aux captifs la liberté et la joie.
Quand son peuple traversait le désert, il marchait devant lui, pour le
conduire dans un pays que sa bénignité lui avait préparé (*Ps* 68,11). C'est
encore poussé par cette miséricordieuse bonté que Yahvé se penche vers les
petits, qu'il se porte au secours de ceux qui l'invoquent (*Ps* 86,5) et
accueille avec douceur l'homme qui se réfugie auprès de lui (*Ps* 34,9).
"Qu'elle est grande la bénignité qu'il réserve à ceux qui le craignent,
qu'il témoigne aux enfants des hommes, à ceux qui se confient en lui" (*Ps*
31,20).

Ainsi donc la bénignité divine est tout à la fois faite de bienveillance, de miséricorde, de douceur et de paternelle sollicitude. Au surplus,
elle s'avère pleine de condescendance. En effet, quand Dieu nourrit son
peuple, c'est avec l'aliment des anges, et du ciel c'est un pain tout préparé qu'il leur envoie sans se lasser, un pain procurant toute jouissance

---

[6] Nous reprenons pour une part ici des propos déjà exposés dans notre
article "Nature de la bénignité divine", *Laval théol. et phil.*, 19 (1963),
pp. 22-48.

[7] Cf. *Revue Biblique*, 54 (1947), p. 321. L'éminent exégète, le P. C.
Spicq, y fait une remarquable étude sur le sens et les emplois de ce mot
dans la Bible. Du même auteur, cf. *Agapè dans le Nouveau Testament*, t. III,
Paris, Gabalda, 1959, p. 22; *Spiritualité sacerdotale d'après saint Paul*,
(lectio divina 4), Paris, Cerf, 1954, pp. 174 et sq. Cf. aussi L.R. Sta-
chowiak, *Chrestotès*. Ihre biblish-theologische Enturicklung und Eigenart,
Fribourg, 1957.

et s'accommodant à tous les goûts. Aussi est-il dit au livre de la Sagesse (*Sg* 16,21) que cette manne céleste manifestait la bénignité divine par cela même qu'elle s'accommodait au désir de celui qui l'emportait et se transformait en ce que chacun voulait.

Mais il faut attendre jusqu'à l'Incarnation pour avoir de cet attribut une manifestation suprême. Ecoutons saint Paul là-dessus: "Mais lorsque la bénignité et l'amour pour les hommes de notre Sauveur Dieu furent manifestés, ce n'est pas par les oeuvres dans la justice que nous avions faites, mais selon sa miséricorde qu'il nous a sauvés" (*Tt* 3,4). Et c'est afin de montrer aux siècles à venir les trésors surabondants de sa grâce et de sa bénignité envers nous dans le Christ Jésus, que Dieu riche en miséricorde, poussé par la grande charité dont il nous a aimés, nous a rendu la vie avec le Christ, nous a ressuscités avec lui et nous a fait asseoir dans les cieux (*Ep* 2,4-7). Oeuvre de bénignité en effet que l'Incarnation du Verbe divin, car "lui qui possédait la condition divine, n'a pas considéré son égalité avec Dieu comme un bien jalousement gardé, mais il s'est anéanti lui-même en prenant la nature d'esclave et en devenant semblable aux hommes; et reconnu comme homme par tout ce qui paraissait de lui, il s'humilia encore en se faisant obéissant jusqu'à la mort et la mort de la croix" (*Ph* 2,5-9).

Pour saint Paul, l'Incarnation est oeuvre d'amour et de miséricorde, mais elle est appropriée par-dessus tout à la bénignité divine. "C'est même en fonction de cet attribut, écrit le Père Spicq, que saint Paul conçoit tout le plan du salut".[8] Le Christ nous est dévoilé comme le fruit et l'incarnation de la bénignité divine: "toute sa vie sur terre sera une épiphanie de quelque trente-cinq années de douce bonté miséricordieuse, bienfaisante, notamment dans le tendre accueil qu'il réservait aux foules indiscrètes (*Lc* 9,11), aux pécheurs repentants (*Lc* 7,37-50), l'invitation qu'il adressait aux coeurs las et trop chargés (*Mt* 11,28), la prédilection qu'il montrait pour les pauvres, les miracles qu'il opérait en faveur des malades et des infirmes, la commisération qu'il témoignait pour toutes les détresses. La bénignité est certainement le trait dominant de la physionomie du Christ, le caractère le plus visible de son ministère".[9] Au reste, il le dira lui-même, son joug en est un de bénignité (*Mt* 11,30). Il n'a rien d'un tyran, dur à ses disciples, qu'il voudrait orgueilleusement dominer. Ce Dieu est homme et le plus humain des hommes, condescendant et bienfaisant. Son école sera vraiment le repos des âmes fatiguées et accablées. "Car mon joug est doux et mon fardeau léger..." Il y a des jougs de fer qui écrasent, et des jougs agréables (χρηστοί) qui n'accablent ni ne meuttrissent. Celui du Christ est de cette catégorie.

La liturgie de l'Eglise pas plus que l'Ecriture n'a manqué de souligner cet attribut en Dieu. Il en est fait constamment mention soit pour le louer, le bénir, le célébrer, soit pour le remercier, soit pour l'implorer.

---

[8] *Revue Biblique, loc. cit.*; cf. aussi C. Spicq, *Spiritualité Sacerdotale d'après saint Paul*, Paris, Cerf, 1954, p. 179.

[9] C. Spicq, *ibid.*, p. 180.

Si bien qu'il ne fait aucun doute qu'"il y a en Dieu bénignité souveraine, sainte et juste".[10] On conçoit du reste que Dieu étant souverainement 'Αγάπη, possède éminemment cette perfection inhérente à la charité, la bénignité (*1 Co* 13,4).

II - LA BENIGNITE, ATTRIBUT DISTINCT

La bénignité peut sembler à première vue synonyme de bonté, de miséricorde, de libéralité ou de douceur. L'investigation de son *quid*, de sa définition, pourra apparaître à certains comme étant une subtilité vaine, une affaire de mots sans importance. Après tout Dieu ne possède-t-il pas toutes les perfections dans la plus absolue simplicité de nature? Et par surcroît nombre de ces attributs ne sont-ils pas à la fois et indistinctement mis en oeuvre dans le même agir divin? Pourquoi, dès lors, avoir cure de les distinguer?... A ce compte-là, il y a lieu de se demander pourquoi l'Ecriture elle-même multiplie les noms divins et pourquoi elle ne rattache pas la punition de l'indigne à la miséricorde divine et le pardon du pécheur à la colère? En effet à moins de méconnaître les conditions et les limites de notre intelligence d'une part, et la transcendance des réalités divines de l'autre, il faut maintenir la distinction des noms divins. Car malgré la simplicité de Dieu, force nous est de multiplier les noms et les concepts si tant est que nous voulions prendre de lui une connaissance moins confuse.

En face de la réalité divine, toutes les représentations d'une intelligence créée et par surcroît tributaire du sens s'avèrent déficientes, chacune ne pouvant exprimer adéquatement cette réalité ineffable. Pour suppléer dans une certaine mesure à cette lacune, on est réduit dès lors à multiplier les similitudes et les noms. Pareille diversité constitue, on le voit, une tentative ordonnée à combler une inadéquation radicale entre la réalité divine et les représentations intentionnelles que nous nous en faisons. Au reste, le procédé est commun. En dialectique, par suite d'une certaine disproportion entre le probable et l'intelligence, ne doit-on pas multiplier les arguments, alors qu'en matière nécessaire une seule démonstration dûment efficace, suffit à vaincre totalement la raison?[11]

N'est-ce pas également une raison analogue qui, sur le plan entitatif, rend compte de la multiplicité des créatures et de leur distinction? Cette distinction des êtres entre eux ne relève pas du hasard. Loin d'être accidentelle elle entre dans le dessein du Créateur même. Si Dieu projette les choses dans l'existence, ce n'est pas par utilité, mais c'est afin de répandre au dehors sa bonté et de la signifier à travers elles. Mais il arrive qu'une seule créature ne suffit pas à représenter adéquatement les trésors de cette infinie bonté. Pareille inadéquation sera comblée

---

[10]Saint Augustin, *De Genesi ad Litteram*, L. I., c. 5, PL 34, 250.

[11]Saint Thomas, *De Virt. in comm.*, q. unic., a. 9, ad 11; *In IV Metaph.*, lect. 4, n. 574.

jusqu'à un certain point par la diversité des êtres, chacun exprimant, par
cela même qui le distingue d'un autre, quelque chose de la perfection divine.[12]

Bref, la multiplicité et la diversité des êtres créés sont voulues
par le Créateur comme expression moins inadéquate de sa bonté. Et quoique
tout à fait simple en soi, cette divine bonté se diversifie pourtant quand
elle procède dans les créatures. Il en va de même de la nature divine,
dès lors qu'elle devient objet de notre connaissance.[13] Si bien que les
intentiones multiples que nous nous faisons d'elle, encore que subjectées
dans l'intelligence, se fondent toutes dans la réalité divine: elles y
sont mesurées et vérifiées. Dans la mesure, par conséquent, où les noms
divins réfèrent à l'intelligence et entendent signifier des aspects divers
de la divinité ils ne sont pas synonymes:[14] ils ont un sens précis qu'il
nous importe de connaître en vue de la perfection de notre connaissance de
Dieu. C'est le cas de l'attribut de bénignité.

III - LE "COMMUN" DE LA NOTION DE BENIGNITE

Dans l'investigation du *quid* d'une réalité, il importe d'abord de
dégager les divers éléments qui intègrent la notion. Il y a là, en effet,
tout un passage de la puissance à l'acte, du confus au distinct, qu'il
s'agit d'opérer. Ce passage s'effectue par l'analyse, la division de la
ratio signifiée par le nom. Car, le mot contient les *intentiones animae*
et il a raison de tout indistinct. Si bien que sa vertu se dévoile dans
la proportion même où on l'analyse et le divise en acte.[15] Sous une *ratio*
il s'en cache plusieurs autres, et la connaissance de ces autres *rationes*
est requise pour saisir toute la vertu spirituelle du mot qui les contient.

Notre mode de procéder consistera donc à distribuer d'abord les divers éléments inclus dans la notion et l'attribut de bénignité, puis à en
déterminer le "propre". Dans la recherche du "commun", l'étymologie du mot
s'avère souvent très révélatrice: elle représente un ressourcement du mot

---

[12]Saint Thomas, Ia, q. 47, a. 1. "Dicendum est quod distinctio rerum et multitudo est ex intentione primi agentis, quod est Deus. Produxit
enim res in esse propter suam bonitatem communicandam creaturis, et per eas
repraesentandam. Et quia per unam creaturam sufficienter repraesentari non
potest, produxit multas creaturas, et diversas, ut quod deest uni ad repraesentandam divinam bonitatem suppleatur ex alia: nam bonitas quae in
Deo est simpliciter et uniformiter, in creaturis est multipliciter et di-
visim."

[13]Saint Thomas, *In I Sent.*, d. 2, q. 1, a. 3.

[14]Saint Thomas, Ia, q. 13, a. 5; *In I Sent.*, d. 2, q. 1, a. 3.

[15]Saint Thomas, Ia, q. 106, a. 1; q. 111, a. 1.

à son origine et constitue pour autant un excellent principe de manifestation.[16]

Le nom bénignité vient du latin *benignitas* et traduit le terme grec χρηστότης. χρηστότης signifie en premier lieu "ce dont on peut se servir" (*useful, suitable*), et se dit d'objets et de personnes. Il désigne des objets de bonne qualité, plaisants, agréables, faciles à porter,[17] accommodés, adaptables.[18] Ainsi le joug du Christ est-il dénommé χρηστός, parce que bien conditionné et ne comportant rien qui soit susceptible de blesser ou d'écorcher le cou.[19] Appliqué aux personnes, il dénote tour à tour des qualités de bonté, de dévouement, de serviabilité, d'obligeance, d'empressement, et de bienfaisance.[20] Plus spécialement, il exprime cette qualité qui rend *bene tractabilis*,[21] c'est-à-dire d'un abord facile, accessible, accueillant.

Le terme latin le plus adéquat pour rendre le sens du χρηστός grec est *benignus*. Certains le font dériver de *bonus gignendus* qui, étymologiquement, signifie "d'un bon naturel";[22] d'autres le rattachent à *bonus ignis*, voyant là une indication du caractère intense et spontané de l'amour dont procède la bénignité. Quoi qu'il en soit de son étymologie latine, l'équivalence du mot est heureuse; on y retrouve les nuances de bonté, de bienveillance, d'empressement, de condescendance, de douceur, du χρηστός grec.

Cicéron, pour sa part, l'identifie à la bienfaisance et à la libéralité.[23] Ainsi dira-t-il dans le *De Officiis*: "Justitia... et huic conjuncta beneficientia, quam eamdem vel benignitatem vel liberalitatem appellari licet"; ailleurs: "Deinceps ut erat propositum de beneficientia ac de liberalitate dicatur, qua quidem nihil est natura hominis accommodatius, sed

---

[16] Saint Thomas, *In I Polit.*, lect. 1, n. 16: "In omnibus enim, ita videmus quod si quis inspiciat res secundum quod oriuntur ex suo principio, optime poterit in eis contemplare veritatem."

[17] W.F. Arndt & F.W. Gingrich, *A Greek-English Lexicon of the New Testament*, 4e édition, Cambridge, 1957, au mot χρηστός; Henry George Liddell et Robert Scott, *A Greek-English Lexicon*, Oxford, Clarendon Press, 1958, aux mots χρηστός et χρηστότης.

[18] M. Pechenino, *Vocabolario Greco-Italiano*, Torino, 1887.

[19] Trench, *Synonyms of the New Testament*, London, 1901, pp. 217 ss.: "Christ's yoke is Chrèstos as having nothing harsh or galling about it."

[20] Bailly, *Dictionnaire grec-français*, 6e édition, Paris, 1910.

[21] F. Zorell, *Lexicon Graecum Novi Testamenti*, Paris, Lethielleux, 1931.

[22] C. Spicq, *loc. cit.* Ernout et Meillet, *Dictionnaire étymologique de la langue latine*, 4e édition, Paris, 1959, au mot *bonus*.

[23] Cf. A. Pittet, *Essai d'un vocabulaire philosophique de Sénèque*, (Les Belles-Lettres), Paris, 1937, p. 136.

habet multas cautiones. Videndum est enim primum, ne obsit benignitas et iis ipsis, quibus benigne videtur fieri, et ceteris ne major benignitas sit quam facultates: tum ut pro dignitate cuique tribuatur."[24] Dans le *De Natura Deorum*,[25] il loue la bénignité de la nature: "Sed illa quanta benignitas naturae, quod tam multa ad vescendum, tam varia tamque jucunda gignit, neque ea uno tempore anni, ut semper et novitate delectemur et copia." La libéralité de la nature comporte ici, outre un aspect de largesse, une nuance de condescendance à notre endroit. Du reste, il le dira par ailleurs: "Largitio quae fit ex re familiari, fontem ipsum benignitatis exhaurit."

Sénèque a sur la bénignité des pages vraiment merveilleuses. Il s'attache particulièrement à en souligner les traits de douceur et d'affabilité. Certaines valent d'être citées au long tant elles touchent avec justesse les caractéristiques de la bénignité, dont tout bienfait doit être enveloppé. "D'immenses bienfaits ont parfois été gâtés par le silence qui les accompagnait ou par les mots trop lents à sortir et qui donnaient l'impression d'une humeur ennuyée et maussade parce que l'on promettait de l'air dont on refuse. Comme il vaut mieux joindre la bonté du langage à la bonté des actes et par quelques paroles de politesse et de bienveillance donner du prix à un service effectif (praedicatione humana *benignaque* commendare quae praestes)!"[26] Mais la plupart des hommes, déplore l'auteur, font haïr leurs bienfaits par suite de la dureté des paroles et de l'arrogance qui les accompagnent.[27] Il s'emporte même contre cette espèce de bienfaiteurs et trace un admirable portrait de l'homme empreint de bénignité: "Voilà pourquoi j'aime à demander à ces gens pourquoi ils cambrent si fort leur taille, pourquoi cet air, cette physionomie contraires à leur nature, au point qu'ils aiment mieux porter un masque qu'un visage humain. Les dons qui plaisent sont ceux qu'on fait avec une expression de bonté ou tout au moins de douceur et de paix, *qui tout en venant de plus haut que moi, n'ont pas été pour l'auteur l'occasion de me mettre triomphalement sous ses pieds, mais de montrer toute la générosité (bénignité)*[28] dont il était capable et de *descendre à mon niveau*, de dépouiller son présent de tout appareil fastueux, de guetter le moment favorable, il est vrai, mais pour me venir en aide à point nommé et non de préférence à un moment de détresse."[29]

Le portrait de la bénignité que nous trace ici Sénèque ne s'ajuste-t-il pas adéquatement à la physionomie du Verbe fait chair? L'idée nous

---

[24]Cicéron, *De Officiis*, I, 7, 20; 14, 42.

[25]Cicéron, *De Natura Deorum*, II, 53, 131, p. 81.

[26]Sénèque, *De Beneficiis*, II, 3, 1, traduit par F. Préchac (Belles-Lettres), Paris, 1926.

[27]*Ibid.*, I, 7, 20.

[28]Texte latin: "quae cum daret mihi superior, non exultavit supra me, sed quam potuit benignissimus descenditque in aecum et detraxit muneri suo pompam".

[29]*Ibid.*, II, 13, 2.

vient immédiatement de le mettre en parallèle avec le "Quae cum forma Dei esset non rapinam..." de saint Paul (Ph 2,5) et cet autre texte de l'Apôtre: "Apparuit benignitas salvatoris nostri" (Tt 3,4).

Pour Sénèque, on a le fait d'une vertu achevée et d'une bénignité authentique chez le donateur quand celui qui s'en retourne peut se dire: "J'ai fait aujourd'hui un gain sérieux, j'aime mieux avoir eu la chance de trouver un homme comme lui que si le gain en question me fût, même centuplé, arrivé par une autre voie; des sentiments comme les siens seront toujours au-dessus de la reconnaissance que je pourrai lui témoigner."[30] On le voit, la bénignité revêt une excellence particulière; chez le donateur, elle est à proportion de la perfection de la bienfaisance, qu'elle revêt de douceur et de condescendance.

Isidore définit la bénignité en soulignant à la fois son double caractère de spontanéité et de douceur. L'homme qui possède cette qualité est "un homme disposé à faire du bien spontanément et de commerce affable". Ainsi la bénignité se rapproche-t-elle de la bonté, qui elle aussi est disposée à la bienfaisance. Elle en diffère toutefois. La bonté peut faire du bien, mais en apparaissant sévère; elle peut se répandre en bienfaits, mais sans y joindre cette suavité dans les rapports, ni attirer tout le monde par sa douceur. Il arrive en effet qu'on soit généreux, serviable même; mais la manière d'agir est gauche, rude, on donne de l'air dont on refuse. Le benignus vir se singularise précisément par la douceur et l'affabilité qu'il déploie au sein du bienfait.

> Non autem multum distat benignus a bono, quia et ipse ad benefaciendum videtur expositus. Sed in eo differt, quia potest bonus esse tristior et bene quidem facere et praestare quod poscitur non tamen suavis esse novit consortio. Benignus autem sua cunctos novit invitare dulcedine.[31]

Saint Jérôme dans son commentaire sur l'épître aux Galates avait déjà adopté la même définition y ajoutant toutefois une nuance:

> Benignitas sive suavitas, quia apud Graecos χρηστότης utrumque sonat, virtus est lenis, blanda, tranquilla, et omnium bonorum apta consortio, invitans ad familiaritatem sui, dulcis alloquio, moribus temperata.[32]

Outre l'aspect douceur, le saint Docteur souligne le caractère de familiarité, d'humanité, fruit d'une certaine retenue dans son comportement.

---

[30] Ibid., II, 3, 3.

[31] Isidore, Originum sive Etymologiarum Libri, L. X., ad litt. B.

[32] Saint Jérôme, In Epist. ad Gal., L. III, c. 5, P.L. 7, 447.

Venons-en maintenant à saint Thomas d'Aquin. Disons-le, il ne se trouve dans ses oeuvres, ni une question, ni même un article, qui seraient consacrés expressément à l'étude de la bénignité. A plusieurs reprises cependant, il en est fait mention dans des passages que nous reproduirons et analyserons.

Le mot entend dénoter tout d'abord un amour intérieur intense, un amour qui se répand en dons autour de soi. "Benignitas est amor interior profundens bona ad exteriora."[33] C'est une *agapè* tournée vers le prochain. On aurait tort toutefois de l'identifier à la bonté. Tandis que celle-ci se tient dans l'ordre d'intention, celle-là se situe en plein au plan de l'exécution:

> Ad id autem quod est extra hominem, scilicet proximum, bene disponitur mens hominis, primo quidem, quantum ad voluntatem benefaciendi. Secundo, quantum ad benefi- cientiae executionem. Et ad hoc pertinet benignitas: dicuntur enim benigni quod bonus ignis amoris facit fervere ad benefaciendum proximum.[34]

La bénignité suppose nécessairement la bonté; elle en procède. Elle connote en outre un rapport à l'efficience, à l'exercice du bienfait. Saint Thomas revient sans cesse sur cette distinction; à preuve ces quelques tex- tes:

> Bonum autem conveniens secundum activam vitam, quod delectationem facit, est etiam in affectu, secundum quod homini omne bonum complacet sui et alterius: hoc enim est hominem dulcem habere animum, et sic est "bo- nitas", Glossa "dulcedo animi", et in ordine ad effec- tum, secundum quod homo est *bene communicativus* suorum ad alios; et sic est *benignitas*.[35]

Dans son commentaire sur l'épître aux Galates, la même distinction revient:

> Sic ergo quantum ad proximum perficit primo quidem a corde per rectam et bonam voluntatem. Et quantum ad hoc dicit *bonitas*, idest rectitudo et dulcedo animi...
>
> Secundo vere in opere, ut scilicet sua communicet proxi- mo, et quantum ad hoc dicit *benignitas*, id est, lar- gitas rerum. *II Co* 9,7: *Hilarem datorem*, etc. Beni- gnitas enim dicitur quasi bona igneitas, quae *facit hominem fluere* ad subveniendum necessitatibus aliorum.[36]

---

[33]*In Epist. ad Tit.*, (3,3), 1. 1, n. 88.

[34]Ia IIae, q. 70, a. 3.

[35]*In III Sent.*, d. 34, q. 1, a. 5, n. 143.

[36]*In Epist. ad Gal.*, (5,22), 1. 6, n. 332.

Elle revient également lors du commentaire du *caritas benigna est* de la première épître aux Corinthiens:

> Quantum ad operationem bonorum, subdit *benigna est*; be-
> nignitas autem dicitur quasi bona igneitas, ut scilicet
> sicut ignis liquefaciendo effluere facit, ita charitas
> hoc efficit, ut bona quae homo habet, non sibi soli re-
> tineat, sed ad alios derivet.[37]

Il ressort nettement de ces textes du Docteur Commun que la bénigni-té est autre qu'une complaisance purement affective dans le bien du pro-chain; toute tournée vers l'oeuvre, elle préside à l'application du bien-fait qu'elle revêt d'un mode spécial. Déjà, nous sommes en mesure d'en percevoir certains traits. Car l'homme qui la possède est *bene communica-tivus suorum ad alios*; il est coulant quand il s'agit de subvenir aux né-cessités d'autrui; spontanément il se porte au secours des autres et se répand en bienfaits. Spontanéité et libéralité intègrent donc à titre d'éléments communs la raison de bénignité.

D'autres passages de l'Aquinate vont nous permettre de préciser da-vantage. Nous empruntons le premier d'entre eux au *Commentaire sur l'épî-tre à Tite*. Il y veut ouvrir le sens de la lettre de l'Apôtre, évoquant l'épiphanie de la bénignité divine dans l'Incarnation: "Apparuit benigni-tas et humanitas salvatoris nostri."

L'oeuvre de notre salut, dit l'auteur, s'enracine dans l'*agapè* divi-ne comme dans sa cause. Cette charité, saint Paul nous la décrit d'abord "quantum ad affectum" et, en second lieu "quantum ad effectum". *Benignitas* désigne donc ici l'intensité de l'amour intérieur de charité d'où procède, à titre d'effet et de manifestation extérieure, l'*humanitas* du Sauveur.

> Benignitas est amor interior, profundens bona ad ex-
> teriora. Haec ab aeterno fuit in Deo, quia amor ejus
> est causa omnium... Sed hoc quandoque non apparebat...
> Sed per effectum apparuit, quod designatur cum dicit
> *humanitas*.[38]

Du terme *humanitas*, l'auteur apporte une double interprétation. Car on peut l'entendre pour signifier la condition proprement humaine épousée par le Verbe de Dieu "quando Deus ex benignitate est homo factus"; il peut aussi désigner la philanthropie d'un Dieu qui, par condescendance, subvient extérieurement à notre misère: "Unde humanum esse est condescendere... Sic Deus condescendit nostris defectibus."[39]

---

[37] *In I Epist. ad Corinth.*, (13,3), 1. 2, n. 773.

[38] *In Epist. ad Tit.*, (3,4), 1. 1, n. 88.

[39] Saint Thomas rejoint ici cette nuance de condescendance, de "con-duite bienveillante à l'égard des captifs" que donne Démosthène à la philan-thropie parlant des "rachats de prisonniers et d'autres actes d'humanité" (*Chéronèse*, VIII, 70). Cf. Fr. Field, *Otium Norvicense*, Oxford, 1881,.../

La notion de bénignité, qui, pour saint Thomas, contracte celle de bonté par le rapport immédiat qu'elle connote à l'exécution du bienfait, nous apparaît dans ce commentaire avec une précision nouvelle. Car, s'il rattache l'*humanitas* du Sauveur à la bénignité, comme à sa racine, c'est que le mot *humanitas* oriente la pensée vers le don du Verbe s'assimilant à la condition de l'homme par condescendance pour sa misère.

Mais cette idée ressort plus nettement dans les trois textes suivants tirés du *Commentaire sur le traité des Noms Divins de Denys*; leur lumière est telle qu'ils valent d'être reproduits ici dans leur intégrité.

Dans le premier, il est question de la communication de l'ineffable vérité divine aux créatures:

> Nec tamen ita communicatur ejus cognitio aliis sicut ipse seipsum cognoscit, sed ipse *collocans*, idest firmiter conservans *singulariter in seipso supersubstantialem radium*, idest supersubstantialem veritatis suae cognitionem sibi soli reservans, *superapparet*, quasi dicat sursum apparet, *benigne*, quasi non ex necessitate sed ex gratia, *proportionalibus illuminationibus*, idest secundum proportionales, uniuscujusque existentium, quasi dicat: suae bonitatis ratio hoc habet ut, reservato sibi quodam cognitionis modo qui sibi est singularis, communicet inferioribus ex sua gratia, aliquem modum cognitionis, secundum suas illuminationes, quae sunt secundum proportionem uniuscujusque.[40]

La bénignité divine fait que Dieu, tout en se réservant un mode de connaissance tout à fait singulier, se communique libéralement aux inférieurs conformément à la condition de chacun.

Le second texte a trait à l'Incarnation du Verbe, manifestation suprême de cet attribut divin:

> Divina Scriptura laudat Deitatem sicut *benignam*, differenter tamen a praedictis nominibus (Unitas, Trinitas, Causa, Sapiens, Pulcher). Nam secundum praedicta nomina, laudatur Deus, in quantum non communicabat sua; benignus autem laudatur in quantum in opere Incarnationis *in una personarum* ipsius Deitatis, scilicet in persona Filii, *communicavit nostris*, idest his quae ad naturam nostram pertinet, non afferens corpus coeleste, ut Valentinus dixit; *ad veritatem*, idest secundum veritatem, non

---

/...III, p. 90, et W. Lock, *The Pastoral Epistles*, Edimbourg, 1924. Sur l'unité formée par le couple traditionnel "bénignité - philanthropie" cf. C. Spicq, *La Philanthropie hellénistique, vertu divine et royale*, dans *Studia Theologica*, 1959, pp. 169 ss.

[40] *In De Div. Nomin.*, c. 1, 1. 1, n. 37.

phantastice, ut dixit Manichaeus; *totaliter*, idest
quantum ad omnes partes nostrae naturae, non assumens
corpus absque anima, aut animam absque corpore, aut
animam et corpus absque intellectu, ut Arius et Apol-
linaris dixerunt.[41]

Si, dans l'Incarnation, la bénignité de Dieu éclate davantage, il
semble bien que ce soit en raison du fait que l'*agapè* divine y a poussé la
bienfaisance et la condescendance jusqu'à communiquer avec nous dans tout
ce qui appartient à la nature humaine, hormis le péché. Aussi bien, Lui,
qui est Dieu, éternel, simple, au-dessus de toute nature "factus est intra
nostram naturam, vere homo sub specie humana contentus sicut et coeteri
homines".[42]

La communication de la vérité divine sous les voiles même obscurs
de l'Ecriture est tout autant oeuvre de bénignité. C'est donc à raison,
écrit le saint Docteur, que Denys l'attribue à la bénignité de Dieu:

Signanter autem dixit *benignitate*; quod enim in Scrip-
turis exprimuntur nobis intelligibilia per sensibilia
et supersubstantiala per existentia et incorporalia per
corporalia, et simplicia per composita et diversa, non
est propter invidiam, ut subtrahatur nobis cognitio
divinorum, sed propter nostram utilitatem, *quia Scrip-*
tura nobis condescendens tradidit nobis quae supra nos
sunt, secundum modum nostrum.[43]

Dans les Ecritures, Dieu voile son auguste vérité, non pas par envie,
mais par bénignité, c'est-à-dire par discrétion et condescendance: "les
mots du docteur doivent être modérés à l'effet de profiter à l'auditeur et
non de lui nuire".[44] S'il diffère l'Incarnation pendant des siècles, ce
n'est pas davantage par aigreur, mais par bénignité; car un amour doublé
de discrétion ne précipite pas le don avant qu'il ne soit en mesure de bénéficier à celui qui en est l'objet: "Amor discretioni conjunctus non fa-
cit accelerari donum antequam expediat ei cui datur."[45]

Il découle nettement de ces passages que la bénignité divine est une
bonté pleine de condescendance, qui s'ajuste, se proportionne aux conditions
de celui qui reçoit, suivant ce qui s'avère le plus avantageux pour lui.
Un don peut facilement nuire, faute de conditionnement et d'accommodation,

---

[41]*Ibid.*, c. 1, 1. 1, n. 60.

[42]*Ibid.*, n. 61.

[43]*Ibid.*, c. 1, 1. 2, n. 65.

[44]*In Boethii De Trinitate*, prooemium, q. 2, a. 4.

[45]*In III Sent.*, d. 1, q. 1, a. 4, ad 2.

faute de tact; il peut facilement écraser ou tout au moins blesser par suite d'un manque de condescendance et de commensuration.

Sénèque ne le disait-il pas: "Les dons qui plaisent sont ceux... qui tout en venant de plus haut que moi n'ont pas été pour l'auteur l'occasion de me mettre triomphalement sous ses pieds, mais... de descendre à mon niveau, de dépouiller son présent de tout appareil fastueux, de guetter le moment favorable...".[46] Avec énormément d'à-propos, Cornelius a Lapide dira dans le même sens:

> Potest enim quis esse bonus et beneficus qui tamen non
> sit benignus, cujus scilicet natura et modus agendi est
> rudior, rusticior, asperior: contra quae militat be-
> nignitas, ut naturam et conversationem flectat ad co-
> mitatem, civilitatem et dulcedinem verborum et morum.[47]

Assouplir l'exercice du don, autrement dit, fléchir le mode d'agir au point de le rendre agréable et doux pour les autres: voilà qui est dévolu en plein à la bénignité. Ne rejoignons-nous pas ici le sens du χρηστός grec, dont le Christ fait la note dominante de son joug? Car il est bien conditionné, il n'écorche pas le cou, mais il est doux au toucher.[48]

Enfin, nous aurons remarqué dans les textes de Thomas d'Aquin que la bénignité impose au bienfait une certaine réserve. Elle est libéralité et condescendance certes, mais sans être prodigalité.[49] Si Dieu, spontanément, fait participer la créature à son ineffable vérité, il se réserve toutefois un mode de connaissance qui lui est tout à fait singulier. Si dans l'Incarnation, il assume intégralement la nature humaine par souci de nous rejoindre le plus possible, sa condition divine l'empêche cependant d'en épouser la déficience du péché. La bénignité, avons-nous dit, implique un certain mode dans l'exécution du bienfait. Or, tout mode implique une certaine mesure. Quand il octroie ses dons, Dieu se commensure pour ainsi dire, d'une part, à la chose octroyée et, d'autre part, à celui qui en est le destinataire. D'où une certaine retenue commandée par la transcendance de la réalité divine octroyée, et une condescendance eu égard à la condition du bénéficiaire. Mais ici, comme dans le cas des vertus, un mode domine. Prenons l'exemple de la vertu de force: il lui est dévolu certes de modérer l'audace; néanmoins, son mode propre et caractéristique en est un de fermeté.

Résumons donc pour clore ce point les divers éléments qui intègrent la notion de bénignité. Dans la mesure où elle procède d'une bienveillance intense à l'endroit d'autrui, elle se répand en bienfaits de façon *spontanée* et *libérale*. A cette idée, elle ajoute cependant celle de *condescen-*

---

[46]Sénèque, texte déjà cité.

[47]Cornelius a Lapide, *Commentaria in Sacram Scripturam, in Gal.*, (5, 22), t. XVII (Mediolani), 1871, p. 622.

[48]Cf. M.J. Lagrange, *L'évangile selon saint Matthieu*, Paris, 1923.

[49]Ia IIae, q. 32, a. 6, ad 2; IIa IIae, q. 119.

dance, de *commensuration* du don à celui qui reçoit, ou encore, de *modération* dans la façon d'agir du donateur. Et c'est de là que lui vient son caractère de *suavité*

IV - LE "SPECIFIQUE" DE LA BENIGNITE

1. *Comparaison avec certaines vertus.*

Dans certaines vertus naturelles, on retrouve assez bien les traits caractéristiques de la bénignité: il s'agit, en l'occurence, de l'*épikie*, de la clémence et de la vérité. Nous verrons à la fois ce qui les rapproche et les distingue.

L'*épikie*, qu'on traduit généralement *aequitas*[50] en latin, équité en français, s'intègre dans les parties subjectives de la justice.[51] Dans la mesure où elle se réfère directement au droit naturel, elle a même une prérogative de perfection sur la justice, prise au sens strict. Il lui ressortit en propre de diriger l'exercice de la justice légale, entendons celle qui s'établit par rapport à la lettre de la loi.[52]

> Id quod est epiiches est quidem aliquod justum sed non
> est legale, sed est quaedam directio justi legalis.[53]

La justice légale, en effet, nécessite une direction. Dans une législation, il y a à considérer la substance même de la loi et l'intention du législateur.[54] Aussi bien les actes des subalternes sont-ils réglés immédiatement par la loi promulguée et ultérieurement par la volonté du chef. Or il arrive qu'en se conformant à la lettre de la loi, on puisse déroger au droit naturel et à l'intention du législateur. A quoi cela tient-il? Au caractère universel de la règle. Du fait qu'elle s'adresse à une communauté dans le but d'en garantir le bien commun, elle revêt forcément une portée générale. Autant dire qu'elle s'avère déficiente à couvrir tous et chacun des cas singuliers.

> Quia humani actus, de quibus leges dantur, in singula
> ribus contingentibus consistunt, quae infinitis modis

---

[50] On distingue aujourd'hui *epikeia* et *aequitas*: cf. L.J. Riley, *The History, Nature and Use of Epikeia in Moral Theology*, Washington, 1958.

[51] IIa IIae, q. 120, a. 1.

[52] IIa IIae, q. 120, a. 2, ad 1; q. 80, a. 1.

[53] *In V Ethic.*, 1. 16, n. 1082.

[54] *In III Sent.*, d. 37, a. 4.

> variari possunt, non fuit possibile aliquam regulam
> legis institui quae in nullo casu deficeret...[55]

L'insuffisance de la loi à s'ajuster adéquatement à tous et chacun des cas particuliers, voilà qui fonde la nécessité de l'*épikie*.[56] Sans quoi, toute loi pour une certaine part serait cause d'injustices flagrantes.

L'*épikie* concerne l'exercice de la justice légale; elle préside à l'observance de la loi positive. En cela elle imite la bénignité qui, on s'en souvient, se réfère à l'exercice de la bonté et préside à la communication des bienfaits. Dans les deux cas, c'est le mode d'agir qui est concerné. Au suplus, à l'instar de la bénignité, l'*épikie* a pour effet d'*assouplir* une soumission qui sans elle risquerait d'être trop rigide et inconsidérée.[57] Les hommes vertueux de la sorte seront ceux qui possèdent assez de souplesse pour ne pas appliquer la loi telle quelle. Ce que saint Thomas manifeste à la suite d'Aristote:

> Et ponit quamdam proprietatem talis virtuosi: et dicit
> quod talis non est acribodikaios, idest diligenter exe-
> quens justitiam ad deterius, idest ad puniendum, sicut
> illi qui sunt rigidi in puniendo, sed diminuunt poenas
> quamvis habeant lequem adjuvantem ad puniendum.[58]

L'*épikie* assouplit l'observance de la loi écrite. Comment le fait-elle? En la revêtant d'une certaine modération. "Ad epieikeiam pertinet aliquid moderari, scilicet observantiam verborum legis."[59] C'est comme si elle contempérait la loi par une certaine clémence,[60] et cela, en vue de l'ajuster à des cas particuliers qui lui échappent par suite de leur éloignement.

---

[55]IIa IIae, q. 120, a. 1.

[56]*In V Ethic.*, 1. 16, n. 1084: "Manifestum est autem quod de quibusdam intellectus noster potest aliquid verum dicere in universali, sicut in necessariis in quibus non potest defectus accidere. Sed de quibusdam non est possibile quod dicatur aliquid verum in universali, sicut de contingentibus; de quibus etsi aliquid sit verum ut in pluribus, ut in paucioribus tamen deficit. Et talia sunt facta humana de quibus dantur leges." Cf. Ia IIae, q. 94, a. 4.

[57]Saint Thomas cite (Ia IIae, q. 96, a. 6) le témoignage suivant d'un juriste: "nulla juris ratio aut *aequitatis benignitas* patitur ut quae salubriter pro utilitate hominum introducuntur, ea nos duriori interpretatione, contra ipsorum commodum, perducamus ad severitatem."

[58]*In V Ethic.*, 1. 16, n. 1089. Cf. Aristote, *Ethique*, L. V, c. 16, 1138.

[59]IIa IIae, q. 120, a. 2, ad 3.

[60]*In VI Ethic.*, 1. 9, n. 1244.

Il y a donc au sein de l'équité les traits de condescendance, de commensuration, de modération qui intègrent la raison de bénignité. Et de même que celle-ci est le fruit d'une bonté intense et spontanée, de même l'*épikie* est-elle le fait d'une justice et d'une obéissance excellentes.[61]

Au reste, on remarque fort à propos que le terme *épikie*, entendu de façon commune, s'identifie parfois quant à sa signification à celui de bénignité. Ainsi le note Sylvius:

> Variae sunt significationes istius vocabuli graeci, nam interdum significat modestiam, interdum humanitatem, aequitatem, probitatem, benignitatem; in proposito sumitur pro ea aequitate quae est *legis in benigniorem partem moderatio* casu et circumstantiis particularibus exigentibus.[62]

La clémence présente également une remarquable affinité de physionomie avec la bénignité.

"Clementia, dit Cicéron, est virtus per quam animus concitatus in odium alicujus, benignitate retinetur."[63] Sénèque la définit pour sa part: "inclinatio animi ad lenitatem in poena exigenda",[64] et encore: "lenitas superioris adversum inferiorem in constituendis poenis". Elle a en propre de modérer la punition extérieure.[65] Si bien que son rapport à la mansuétude est analogue à celui de la bénignité vis-à-vis la bonté. La première porte directement sur les impulsions intérieures de colère, la seconde affecte la peine extérieure, toutes deux concourant ainsi à la production d'un seul et même effet. D'où la clémence apparaît bien une disposition concernant la façon dont un supérieur sévit contre une infraction à la loi. Il lui ressortit, en effet, de tempérer, d'assouplir l'exercice de la justice vindicative en la commensurant par condescendance à tel ou tel cas singulier échéant.[66]

---

[61]*In V Ethic.*, l. 16, n. 1078: "Per epiichiam aliquis excellentiori modo obedit, dum observat intentionem legislatoris ubi dissonant verba legis."

[62]F. Sylvius, In IIam IIae, q. 120, a. 1, Duaci (Patte), 1628.

[63]Cicéron, *Rhetorica*, L. II, c. 54, cité par saint Thomas, IIa IIae, q. 157, a. 1, 2a obj.

[64]Sénèque, *De Clementia*, II, 3, cité par saint Thomas, *ibid.*, 1a obj.

[65]Saint Thomas, IIa IIae, q. 157, a. 1.

[66]Saint Thomas, IIa IIae, q. 157, a. 2, ad 2: "Clementia autem est diminutiva poenarum, non quidem in respectu ad id quod est secundum rationem rectam, sed in respectu ad id quod est secundum legem communem, quam respicit justitia legalis: sed propter aliqua particularia considerata clementia diminuit poenas, quasi decernens hominem non esse magis puniendum... Ex quo patet quod clementia comparatur ad severitatem sicut epieikeia ad justitiam legalem."

Au reste, son contraire n'est pas la colère, mais la cruauté. "On appelle cruels, de dire Sénèque, ceux qui ayant motif à sévir le font sans mesure."[67] Toute loi comporte, il est vrai, une sanction. Mais là encore, il s'agit d'une règle commune, qu'il importe en conséquence d'adapter à tel délit déterminé, sans quoi, elle s'avérerait trop dure et trop rigide. La clémence doit dès lors intervenir à l'effet de tempérer l'exercice de la justice vindicative. Essentiellement, elle est donc une "tempérance", une "modération de l'âme",[68] fruit d'une affection douce et bienveillante qui donne d'abhorrer tout ce qui est susceptible de contrister les autres. "Un désir d'eunuque de déflorer une vierge, tel est celui qui rend la justice avec violence" (*Si* 20,4).

Il n'y a pas lieu d'insister davantage sur l'analogie de mode qui existe entre la bénignité, l'*épikie* et la clémence: elle est d'emblée manifeste. On l'aura remarqué au passage: des auteurs parlent de la clémence en terme de bénignité et de l'*épikie* en terme de clémence.

Enfin, la vertu de vérité, de son côté, tient en commun avec les susdites un trait intéressant à souligner. Elle a pour fin, on le sait, de sauvegarder cet ordre de nature selon lequel nos paroles et gestes extérieurs doivent être en adéquation avec ce qu'ils sont ordonnés à signifier.[69] Cela est exigé au nom d'un *debitum morale*, d'une honnêteté nécessaire à toute vie en société.[70] Est-ce à dire, cependant, que cette vertu impose à chacun de manifester toujours exactement ce qu'il en est de lui-même: de ses qualités, de sa science, de sa vertu, etc? Peut-il dire moins tout en demeurant dans la vérité? Ce à quoi le Docteur Commun répond:

> Declinare in minus a veritate contingit dupliciter:
> uno modo, affirmando: puta cum aliquis non manifestat
> totum bonum quod in ipso est, puta scientiam, vel
> sanctitatem vel aliquid hujusmodi. Quod fit sine
> praejudicio veritatis: quia in majori est etiam minus.
> Et secundum hoc virtus declinat in minus...[71]

Les lignes qui suivent doivent retenir toute notre attention tant elles décrivent avec netteté la note dominante de la bénignité:

> Homines enim qui majora de seipsis dicunt quam sint,
> sunt aliis onerosi, quasi excellere alios volentes:
> homines autem qui minora de seipsis dicunt, *gratiosi*
> *sunt, quasi aliis condescendentes per quamdam modera-*
> *tionem.*[72]

---

[67] Sénèque, *De Clementia*, II, 4.

[68] IIa IIae, q. 157, a. 3, ad 1.

[69] IIa IIae, q. 109, a. 2.

[70] *Ibid.*, a. 3.

[71] *Ibid.*, a. 4.

[72] *Ibid.*

Etre gracieux, se faire condescendant aux autres par une certaine modération, n'est-ce pas là en effet le trait caractéristique de la physionomie de l'homme à la bénignité, décrit par Sénèque, et du Dieu à la bénignité dont parle saint Paul?

En dépit de toutes leur similitudes, il demeure néanmoins que la bénignité n'est ni l'*épikie*, ni la clémence, ni la vérité. Certes, il y a entre elles une similitude de mode: mais à chacune correspond une matière donnée et distincte. La vérité, même quand elle commande de dire moins par condescendance, s'exerce toujours sur les paroles et attitudes extérieures de l'homme, signes de sa pensée intime. L'*épikie* s'approprie comme matière éloignée les mots du législateur consignés dans la loi et comme matière prochaine l'observance qui en est exigée au nom de la justice légale. La clémence a trait à la peine due au délit. Quant à la bénignité, elle possède une matière spéciale qui la sépare des trois premières: l'octroi des bienfaits ou des dons. Vis-à-vis le bienfait, elle est principe d'un comportement analogue à celui de la clémence vis-à-vis le châtiment et à celui de l'*épikie* touchant l'observance de la justice légale.

2. *Le constitutif de l'attribut de bénignité.*

La bénignité est un attribut divin et un attribut distinct des autres. Nous avons jusqu'ici dégagé les éléments communs inclus dans cette notion. Une mise en regard avec certaines vertus nous a permis d'en retracer des traits de similitude, mais aussi d'en percevoir le dissemblable. Reste maintenant à déterminer ce qui constitue le propre de cet attribut divin.

La bénignité étant un attribut relatif, il s'ensuit qu'elle sera vérifiée de Dieu à proportion qu'elle le sera de l'action divine en référence à la créature. Dans son *Commentaire des Sentences*, le Docteur Commun parle d'une double fermeté inhérente aux concepts que nous avons des choses: "une fermeté d'existence" et une "fermeté de vérité".

Voyons plutôt le texte même:

> Rationes intellectae habent duplicem firmitatem: scilicet firmitatem sui esse, et hanc habent ab intellectu, sicut alia accidentia a suis subjectis; et firmitatem suae veritatis, et hanc habent ex re cui conformantur. Ex eo enim quod res est vel non est, locutio et intellectus veritatem vel falsitatem habet. Rationes autem attributorum fundantur vel radicantur in intellectu quantum ad firmitatem sui esse, quia, ut dictum est, intellectus est earum subjectum; in essentia autem divina quantum ad firmitatem suae veritatis; et hoc in nullo repugnat divinae simplicitati.[73]

---

[73] *In I Sent.*, d. 2, q. 1, a. 3, ad 5.

Certes, tous les attributs divins nécessitent une référence commune
à la créature. Analogues, les noms divins ont été imposés pour désigner
les réalités créés avant d'être transposées pour exprimer les réalités divines.[74] Mais dans le cas présent il y a beaucoup plus: quant à la "fermeté de sa vérité", la raison de bénignité ne saurait s'attribuer à Dieu
que si elle rend compte de l'action divine, celle-ci étant conçue comme
terme d'une référence particulière vis-à-vis la créature.

La question à élucider dans la recherche de l'élément constitutif
propre de l'attribut de bénignité pourrait dès lors se formuler ainsi:
*sous quel aspect particulier un être créé connote-t-il une relation à cet
attribut*: ou encore: *en regard de quelle "ratio" au juste, l'action divine, dans ses rapports "ad extra", revêt-elle ce caractère spécial qui
justifie l'attribut de bénignité plutôt que tout autre?* Quand l'action divine est considérée par l'intelligence humaine en référence à l'absolue
novitas essendi de la créature, on ne parle pas de bénignité, mais bien de
création et l'on dira de Dieu qu'il est le créateur. Quand, d'autre part,
cette action de Dieu est envisagée en regard du rachat de l'homme pris
absolument, elle justifie l'attribut divin de sauveur et non pas celui de
bénignité. Il y a donc du côté du créé un élément particulier qui constitue, à titre de corrélatif, la *ratio agendi* de l'attribut de bénignité en
Dieu. En effet, tout ce qui se dit par référence à quelque chose est distingué d'après la distinction de ce par rapport à quoi il est dit. Voilà
donc ce qu'il importe ultimement de déterminer; autrement on en demeure au
niveau d'une connaissance encore commune.

Ainsi, Thomas d'Aquin rappelle que le fait de départir aux créatures les perfections qui sont en elles appartient tout à la fois à la bonté
de Dieu, à sa justice, à sa libéralité et à sa miséricorde, mais qu'il n'appartient pas à ces quatre attributs au même titre, mais à des titres divers.[75] La bonté, en effet, regarde la communication des perfections pour
elles-mêmes et d'une façon absolue; la justice la regarde en tant qu'elle
se fait par Dieu proportionnellement à la nature et aux exigences de chaque être; la libéralité, en tant que Dieu le fait non pour motif d'utilité,
mais uniquement par bienveillance. Enfin, la miséricorde, en tant que les
perfections octroyées aux créatures en excluent les déficiences. Ces attributs expriment donc des aspects divers selon lesquels un être se réfère
à Dieu dans la réception des perfections. Envisagées absolument, comme
reçues de Dieu, les perfections créées réfèrent à la bonté divine; en tant
que départies proportionnellement, elles renvoient à l'attribut de justice.
Par ailleurs, l'élément gratuité du don échéant dit rapport à la libéralité
divine; celui de misère comblée par le bienfait nous rapporte à la miséricorde: "semper defectus est ratio miserendi";[76] "misericordia respicit ibi
rationem relevantis miseriam vel defectum."[77]

---

[74] Ia, q. 13, a. 1, ad 2.

[75] *Ibid.*

[76] IIa IIae, q. 30, a. 1.

[77] *Ibid.*, q. 31, a. 1, ad 3.

Dans le cas qui nous intéresse présentement, l'élément qui, du côté de la créature, constitue la *ratio* de l'attribut de bénignité, c'est l'aspect *distance, éloignement de Dieu*. Ce que la raison de misère est à l'attribut de miséricorde, la raison d'*elongatio* l'est à celui de bénignité. Ainsi voit-on que l'Incarnation est particulièrement rattachée à la bénignité divine parce qu'elle comble la distance qui sépare la divinité de l'humanité en situation de péché. Car, en se faisant homme lui-même, Dieu franchit cette distance. En prenant une chair d'homme, ajoute saint Thomas, il nous prouve l'étendue de sa bénignité beaucoup plus que s'il n'en avait assumé que l'âme. La raison en est que la chair est davantage éloignée de la simplicité propre à la nature divine. Allons plutôt au texte du commentaire de saint Jean:

> Si Verbum humanam naturam assumpsit, quare Evangelista de anima rationali mentionem non fecit sed de carne solum: *Verbum caro factum est?*
>
> Respondeo dicendum quod propter quatuor rationes Evangelista hoc fecit. Primo... Secundo, ad demonstrandam Dei erga nos *magnitudinem benignitatis*. Constat enim quod anima rationalis magis conformis est Deo quam caro, et quidem magnum sacramentum pietatis fuisset si Verbum assumpsisset animam humanam, utpote sibi conformem, sed assumere etiam carnem *elongatam a simplicitate suae naturae*, fuit multo amplioris, immo inaestimabilis pietatis indicium.[78]

Saint Albert le Grand a bien vu dans la parabole de l'enfant prodigue une manifestation de la bénignité divine:

> Hic tertia inducitur parabola, in qua ostenditur quam benigne peccator ad poenitentiam rediens est suscipiendus.[79]

L'intéressant est de remarquer que le premier signe de bénignité paternelle signalé par le saint Docteur nous est indiqué dans ces mots de l'Evangéliste: "*Comme il se trouvait encore loin*, son père le vit, fut touché de compassion et courut se jeter à son cou et le couvrit de baisers" (*Lc* 15,2).

> Signa benignitatis in suscipiendo sunt quinque, scilicet *quod longe adhuc positum vidit*, quod ad venientem miserum misericordia motus fuit...[80]

---

[78] *Super evangelium S. Joannis*, (1,14), c. 1, 1. 7, n. 169.

[79] Saint Albert, *Comment. in Luc*, (14,11).

[80] Saint Albert, *loc. cit.*

D'ailleurs, le mode de condescendance si caractéristique à la bénignité va de pair avec une certaine distance entre l'auteur du don et celui
à qui il s'adresse. Bien plus, c'est là pour ainsi dire ce qui commande
au sein de l'action divine ce mode spécial. Saint Thomas rappelle que
tout mode implique une mesure:[81] que l'acte est mesuré par ce qui en constitue la *ratio agendi*. Ainsi la miséricorde prend-elle sa mesure d'après
la misère à subvenir. Si bien que l'abîme de misère chez la créature appelle l'abîme de miséricorde en Dieu. Semblablement on dira que l'infinie
distance de l'être créé appelle l'infinie bénignité divine dans l'octroi
de ses dons.

Un signe de cela apparaît dans le fait que la bénignité est réservée
particulièrement aux souverains, aux grands, à ceux qu'une excellence particulière éloigne du commun des hommes. Sophocle,[82] Xénophon,[83] Plutarque,[84] en usent comme d'épithète pour qualifier le chef.

Somme toute, nous pourrions caractériser la vertu de bénignité comme étant la façon pour le puissant d'exercer la charité et la bonté. Il
existe une *difficulté spéciale à vaincre* dans l'octroi du don dès lors
qu'un être est placé dans une situation de pouvoir et dans une condition
de dominant. De là la nécessité d'une vertu spéciale. Des générosités
peuvent en effet contribuer à susciter chez celui qui les reçoit le sentiment d'être dominé. C'est précisément pour parer à cet écueil que doit
entrer en jeu la bénignité afin d'éliminer le plus possible la distance que
pourrait démontrer une largesse non doublée de χρηστότης. La bonté du riche, du seigneur, du puissant ne saurait s'exercer d'une façon authentique
si elle ne comporte comme complément ce mode de proportionnement spécifique à la vertu de bénignité. Appropriée au grand, au souverain, au puissant, il n'y a pas lieu de s'étonner que la bénignité constitue un attribut divin par excellence, puisque la distance et l'éloignement qui spéci-
fient cette perfection revêtent ici un coefficient d'infini.

On objectera peut-être qu'en regard de la petitesse propre à la
créature, c'est la majesté divine qui tient lieu d'attribut corrélatif.
Certes, à considérer le plan purement entitatif, et de la créature, et du
Créateur, cela est vrai. Sur le plan dynamique, cependant, dans la mesure
où l'action de Dieu s'adresse à un infiniment petit pour lui octroyer des
bienfaits, c'est la bénignité avec tout ce qu'elle comporte de bienveillance, de condescendance, de commensuration, qui est engagée. Sénèque
avait donc touché juste en disant:

> Quae cum mihi daret superior, non exultavit supra me,
> sed quam potuit benignissimus fuit descendit que in
> *aecum*...[85]

---

[81] *In III Sent.*, d. 27, q. 1, a. 5.

[82] Sophocle, *Oedipe à Colone*, 1430.

[83] Xénophon, *Athèn.*, 1, 4.

[84] Plutarque, *Reg. et imp.*; themist. 9 (185 d).

[85] Sénèque, *De Beneficiis*, texte déjà cité.

Ainsi saint Thomas exalte-t-il la bénignité divine pour nous avoir transmis conformément à notre mode des réalités qui nous dépassent infiniment.[86] Il y a lieu de noter en outre que si dans l'*épikie* et la clémence il y a un mode de bénignité, c'est précisément parce qu'il faut dans un cas comme dans l'autre franchir la distance qui sépare l'universel du particulier. De même est-ce par souci de s'ajuster aux autres et de leur éviter toute supériorité onéreuse que la vérité s'accommode de l'en-deçà dans les paroles et attitudes extérieures.

D'où l'on voit que bénignité n'est synonyme, ni de bonté, ni de libéralité, ni de douceur, ni de justice, encore qu'on retrouve dans cet attribut certains éléments de tous ceux-ci. On ne saurait non plus à parler strictement l'identifier à l'attribut de miséricorde. Car si ce dernier a pour élément formel et raison constitutive de soulager la misère ou quelque déficience, celui de bénignité est corrélatif à cette misère spéciale que constitue pour la créature l'éloignement infini de Dieu. Et si la miséricorde est en Dieu principe du don qui relève la créature de sa misère, la bénignité est principe d'un *mode* particulier dans l'octroi même du bienfait. La notion de bénignité contracte donc celle de miséricorde, tout comme du reste elle contracte celle de bonté:[87] au surplus, elle y ajoute cette idée de condescendance et de commensuration au sein du don octroyé.

Au terme de la présente investigation, il semble que nous possédions de l'attribut de bénignité une connaissance plus distincte. En guise de résumé nous tenterions donc de cet attribut divin la définition suivante: c'est la bonté divine qui, dans l'octroi spontané de ses dons à la créature, condescend à celle-ci en les tempérant par une certaine modération à l'effet de les accommoder à cet être infiniment distant. Si Dieu ne laisse pas d'être gracieux et suave tout en nous prodiguant ses divers bienfaits, c'est qu'il les tempère par une certaine modération; sans quoi ceux-ci auraient tôt fait de nous écorcher et de nous écraser. En s'ajustant ainsi à notre infinie distance les dons de Dieu mettent en cause cet attribut spécial de bénignité. Paradoxe étrange sans doute, il nous est donné de constater qu'en exaltant la bénignité de Dieu dans son proportionnement à l'humain, nous sommes par là même conduits à exalter sa transcendance.

V - INCARNATION ET ΧΡΗΣΤΟΤΗΣ

L'analyse de la χρηστότης nous conduit inéluctablement à percevoir dans l'Incarnation du Verbe une démonstration *ad sensum* de cet attribut divin en même temps que sa plus grande expression.

La bonté, avons-nous dit, est au principe du *don*, comme tel; elle a en propre de se diffuser et de se communiquer aux autres. La bénignité,

---

[86]*In De Div. Nomin.*, texte déjà cité.
[87]Ia, q. 21, a. 3; a. 4.

elle, est afférente au *mode* suivant lequel s'octroie le bienfait en cause;
elle revêt l'exercice du don de douceur et de suavité par là même qu'elle
le proportionne, l'accommode et l'ajuste à la condition de celui qui reçoit, de crainte de blesser ou d'écraser. Tel est bien le cas de l'Incarnation. L'objectif visé par Dieu dans son projet éternel réside essentiellement dans l'octroi du don de la grâce et de la gloire; mais dans le contexte d'une situation existentielle de péché collectif et universel, cet
objectif va revêtir la dimension d'une restauration, d'un salut ou rédemption. Le salut des hommes: voilà donc en quoi réside le don de Dieu. Or
l'Incarnation en constitue le mode de réalisation effective. On comprend
dès lors que c'est l'attribut divin de bénignité qui dans l'événement Jésus-Christ, se retrouve le plus directement et proprement impliqué. A
vrai dire, il n'existe pas de limites à l'exploitation d'un thème aussi
riche et prégnant que celui de l'économie du salut par voie d'incarnation
du Fils. Limitons-nous par mode de conclusion à en souligner quelques
points qui ont trait plus spécialement à la bénignité.

L'Incarnation de Dieu signifie l'insertion de Dieu dans l'humain,
une insertion on ne peut plus authentique et intégrale. "Dans l'Incarnation, écrit Thomas d'Aquin en commentant Denys, Dieu est loué comme *benignus*
dans la mesure où dans l'oeuvre de l'Incarnation en *une des personnes*[88] de
la Déité elle-même, c'est-à-dire, en la personne du Fils, Il *a communié
avec ce qui est nôtre*, c'est-à-dire avec ce qui ressortit à notre condition,
ne présentant pas un corps céleste, ainsi que l'a dit Valentin; *en toute
vérité*, c'est-à-dire conformément à la vérité et non de façon imaginaire,
comme l'a soutenu Manès; *totalement*, c'est-à-dire quant à toutes les parties de notre nature, n'assumant ni le corps sans l'âme, ni l'âme sans le
corps, comme l'ont tenu Arius et Apollinaire."[89] L'Incarnation de Dieu
est la grande aventure divine, celle d'une existence humaine assumée intégralement, délibérément affrontée et authentiquement vécue. Elle représente la "kénose" d'un Dieu qui s'insère dans l'histoire et la race des hommes.
Pour sauver l'homme, Dieu assume une manière humaine d'être, il épouse à
fond la condition humaine avec tout ce que celle-ci comporte d'épaisseur,
de sensible, de faiblesse. Seule l'expérience du péché lui demeure étrangère.[90] En Jésus-Christ nous sommes donc mis en présence de l'acceptation
par le Verbe de la dimension humaine dans tout son réalisme et son authenticité.

On pourrait penser, dans la ligne de Hulsboch et de Schoonenberg,
que l'absence d'une personnalité humaine chez le Christ constitue en lui
une sorte d'amputation qui compromet le réalisme de sa condition d'homme.
Aussi bien, selon Schoonenberg, doit-on sauvegarder en Jésus une personnalité humaine. A son avis, Jésus-Christ est une personne unique et cette

---

[88]Les mots en tialique sont de Denys lui-même.

[89]*In De Div. Nomin.*, c. 1, 1. 1, n. 60.

[90]Sur ce point on lira avec intérêt les considérations de J. Galot
dans *Vers une nouvelle christologie*, c. IV, coll. "Théologie et vie", Duculot-Lethielleux, Paris, 1971.

personne est humaine au sens strict du terme.[91] Si bien que la filiation
divine dont il se réclame se situe au plan de la sainteté humaine, accidentelle et créée: il est l'homme qui est le plus ressemblant à Dieu, celui
où la présence de Dieu s'exprime au plus haut point; mais cette filiation
n'est pas de l'ordre ontologique, de la sainteté substantielle incréée et
innée ainsi que l'enseigne la théologie d'Ephèse et de Chalcédoine.

Il serait hors de notre propos de discuter ici la position de ces
théologiens; quelques observations nous suffiront. Si l'on entend *personne*
au sens psychologique du terme il devient évident que le Christ possède une
personnalité humaine comme tout individu humain. Mais justement, là n'est
pas le sens de *personne* dans la proclamation christologique de Chalcédoine.
Personne est pris alors en son sens métaphysique pour désigner ce qui subsiste comme distinct dans une nature intellectuelle, en d'autres mots, la
substance individuée qui subsiste dans une nature raisonnable. Cette définition de la personne est antérieure à toute autre définition qu'on en
saurait donner puisqu'elle résout jusque dans la *subsistance* pour rendre
compte du fait qu'une même nature puisse, sans varier d'essence, se retrouver en une multitude d'individus. De son côté, la définition psychologique demeure au niveau des propriétés de la nature, et en l'occurence, la
nature intellectuelle. Elle n'explique pas l'individuation comme telle au
sein de cette nature. Loin d'invalider la notion métaphysique des termes,
elle la présuppose au départ.

Or, la subsistance n'est pas intrinsèque, mais extrinsèque à la nature ou à l'essence, un peu comme le point l'est à la ligne qu'il termine:
il s'agit d'un mode substantiel qui termine et achève une nature donnée
pour lui donner d'exister *par soi* comme un tout, c'est-à-dire non pas *dans
un autre sujet*, tel l'accident par rapport à la substance, ni *avec un autre* sujet, telle la partie substantielle en regard du tout. Que si l'on
prend le terme personnalité en ce sens métaphysique, il nous faut admettre,
à moins de nier l'essentiel même du mystère de l'Incarnation, que l'humа-
nité de Jésus ne possède pas de personnalité propre autre que celle du Verbe de Dieu.[92] Au lieu de sa propre subsistance, elle reçoit la propre subsistance du Fils de Dieu et Lui, qui jusque là n'existait et ne subsistait
que dans et par sa nature divine, existe et subsiste désormais comme homme,
comme cet homme, dans et par la nature humaine assumée. Commentant le
"devenir-homme" du Verbe, Thomas d'Aquin dira ceci: "Si tu demandes comment le Verbe est homme, il faut répondre qu'il est homme comme n'importe
quel autre homme est homme, c'est-à-dire par le fait qu'il *a* la nature humaine. Non pas que le Verbe *soit* la nature humaine même, mais il est le
sujet divin uni à la nature humaine".[93] Ce n'est pas le fait *d'être* cet
homme qui fait que Socrate est homme, mais c'est le fait *d'avoir* la nature
humaine et de subsister comme sujet en elle et à partir d'elle.

---

[91] P. Schoonenberg, *Il est le Dieu des hommes*, trad. franc. M. Claes,
Cerf, Paris, 1973.

[92] Cf. J. Galot, *op. cit.*; aussi B. Sesboüé, *Bulletin de théologie
dogmatique; christologie* dans *Rev. Sc. Rel.*, 61 (1973), pp. 447 et ss.

[93] *Super Evang. s. Joannis*, c. 1, 1. 7, n. 172.

Tout ceci manifeste le réalisme du devenir-homme de Dieu dans l'incarnation. A ceux qui refusent de concéder que le réalisme du "devenir-homme" du Fils puisse aller jusque-là, il faudrait demander si en dernière analyse ce n'est pas la perception qu'ils se font eux-mêmes de Dieu qui est déficiente et qui devient l'obstacle majeur à penser le Christ comme étant substantiellement et indivisiblement à la fois humain et divin. Une interprétation adoptianisante du lien qui unit Dieu et l'homme en la personne de Jésus-Christ, de même que le refus tout court de l'événement Jésus-Christ, comme Incarnation de Dieu, procèdent à coup sûr d'une méconnaissance de l'infinie χρηστότης divine. Celle-ci fait que dans l'octroi du salut est amenuisée la distance qui sépare l'incréé du créé, l'invisible du visible, l'intelligible du sensible, le divin de l'humain. Toute la théologie de la médiation du sensible s'inscrit dans le prolongement et la logique de celle de l'Incarnation. L'une et l'autre trouvent la raison ultime de leur convenance dans le souci qu'a Dieu de se proportionner à notre condition.

De même en va-t-il de la doctrine de la satisfaction à l'intérieur de la sotériologie. Parce qu'apparemment teintée de juridisme, cette dimension de la rédemption apparaît à certains théologiens comme incongrue. La miséricorde divine aurait pu en effet pardonner le péché de l'homme sans exiger de lui aucune satisfaction et à première vue un pareil geste eût été plus libéral et magnanime de la part de Dieu. Pourquoi donc effectivement a-t-il voulu le sacrifice du Calvaire? Pareil décret n'est certes pas arbitraire et nous devons le lire à la lumière de la χρηστότης. La satisfaction fait référence à la justice: elle vise le rétablissement de la rectitude ou de l'équilibre qui doit exister entre des êtres au plan de leurs comportements, équilibre que l'offense avait rompu. "Celui-là, écrit Thomas d'Aquin, satisfait vraiment pour une offense qui offre à l'offensé une manifestation d'amour égale ou supérieure à ce qui avait été matière à colère chez l'offensé."[94] Et, au dire du même Docteur, le fait pour Dieu d'avoir choisi cette modalité rédemptrice révèle "une miséricorde encore plus abondante que s'il avait tout simplement remis le péché sans exiger de satisfaction, dans la mesure où il a exalté davantage notre nature et est mort pour nous".[95] En Jésus-Christ, en effet, c'est l'humanité elle-même qui paye sa propre dette, qui se rachète et qui rétablit l'équilibre brisé. Dieu n'a pas voulu nous sauver comme on sauve une épave, mais dans un souci de promotion humaine et par respect de la dignité de l'être humain que nous sommes, il a fait en sorte qu'en Jésus-Christ nous soyons en mesure de nous relever de notre propre misère. Je peux en effet dans un geste d'aumône me contenter de tirer quelqu'un de sa misère purement et simplement: le geste est louable; si par contre je fais en sorte qu'il puisse lui-même se relever de sa misère par sa coopération propre, j'aurai en outre sauvegardé dans ma façon de donner la dignité de l'autre; mon don n'écorchera pas et il ne sera pour moi l'occasion de mettre l'autre triomphalement sous mes pieds. Là réside le trait caractéristique de la bénignité déployée par Dieu dans son oeuvre de rédemption.

---

[94]IIIa, q. 48, a. 2.

[95]*In III Sent.*, d. 1, q. 1, a. 2, ad 4.

CONCLUSION

L'événement Jésus-Christ fait problème et jamais nous ne parviendrons à évacuer ce caractère problématique inhérent à l'Incarnation, quelle que soit la validité de nos tentatives rationnelles dans le sens de l'intelligence du Mystère. Toujours ici-bas fera-t-il l'objet d'un *constat de foi* et dans cette mesure un objet d'ignorance. Nous ne sommes pas pour autant condamnés au silence de la stupeur car nous sommes en mesure d'en percevoir rationnellement la crédibilité en le résolvant dans les attributs divins qui eux sont naturellement accessibles à notre connaissance. La bénignité de Dieu est de cet ordre et nous avons essayé de montrer au cours de notre exposé qu'elle constitue même la "potissima ratio" de croire dans le *Verbe fait chair*. Parlant du Mystère trinitaire et de la possibilité que nous avons de le connaître naturellement, saint Thomas, soulève une distinction très importante et un point de méthode fondamental en théologie.

"Il existe, dit-il, une double façon d'argumenter à l'appui d'une chose: l'une consiste à prouver de façon préremptoire son fondement: ...; l'autre consiste à apporter une raison qui ne prouve pas de façon adéquate, mais qui, dès lors que le fondement est posé, montre la cohérence de tous les effets qui en découlent... Il faut tenir qu'en regard de la réalité divine, nous ne pouvons apporter la première sorte d'arguments. Mais c'est la seconde manière d'argumenter qui a cours dans la manifestation de la Trinité: c'est-à-dire que, la Trinité étant posée, toutes nos raisons conviennent et se révèlent cohérentes: non pas toutefois au point de prouver de façon suffisante la Trinité des Personnes".[96] Le théologien doit avoir une nette conscience à la fois de la validité de sa démarche et des limites qui lui sont inhérentes. Il en va de même en ce qui a trait à notre perception du Christ, le Verbe incarné. Le théologien quel qu'il soit, fera toujours face à l'ignorance, à l'interrogation et son attitude se traduira par un constant étonnement devant les "mirabilia Dei".

L'élévation de l'homme à la vie de Dieu pouvait se faire immédiatement et sans aucune condition intermédiaire que l'acceptation de la gloire promise. Mais cette élévation peut s'accomplir aussi d'une manière beaucoup plus éclatante, à savoir par la mission visible du Fils du Père grâce à l'union hypostatique à un être créé. Descendant ainsi dans sa création pour l'élever du dedans à l'ordre proprement divin, Dieu allait démontrer par là la χρηστότης de sa toute-puissance dans une mesure infiniment plus profonde que dans la seule création d'êtres intellectuels, si parfaits soient-ils, ou dans leur élévation immédiate à la vie divine.

Cette même union pouvait à son tour s'accomplir de diverses manières, l'une étant plus bénigne, plus miséricordieuse, et partant plus profonde selon qu'elle élève davantage l'inférieur. On peut imaginer l'assomption d'une nature spirituelle, plus parfaite et plus assumable en dignité; mais cette union peut se réaliser d'une manière plus admirable dans l'assomption de la *sarx* qu'est l'être humain. La sagesse et la puissance divines confondent les esprits les plus puissants.

---

[96] Ia, q. 32, a. 1, ad 2.

L'assomption de la nature humaine pouvait, elle aussi, s'accomplir de deux manières: soit immédiatement et sans condition préalable si Dieu avait créé immédiatement l'être humain assumé; soit médiatement par voie de naissance commune, Dieu se mettant ainsi dans la dépendance de l'homme et procédant dans l'univers même, par voie d'origination à ce point que l'être même d'où il naît devient par là proprement origine de Dieu. Le Fils de Dieu choisit par condescendance de procéder du dedans même de sa création, imitant ainsi d'une manière très profonde sa génération du Père éternel. Ce même Fils surgit donc aux deux extrémités de l'univers réunissant notre bassesse avec sa suprême transcendance (*ima summis*).

Voilà le degré de communication de la bonté de Dieu et le mode dont sa bénignité l'a revêtu. Dieu se fait engendrer aux confins les plus éloignés de sa création: "Que la terre s'ouvre et qu'elle germe son sauveur"; "Le Verbe s'est fait chair et il a dressé sa tente au milieu de nous".

Raymond Laflamme
Université Laval

L'APPORT DU P. KARL RAHNER A LA CHRISTOLOGIE

Présentation et traduction d'un texte-synthèse

Gilles Langevin, S.J.

On sait l'ampleur et la valeur de la contribution du P. Karl Rahner
à la christologie contemporaine. Depuis le grand texte-programme: "Chalkedon - Ende oder Anfang?", de 1954, jusqu'au séminaire interdisciplinaire:
Christologie - systematisch und exegetisch, de 1972, pas moins de cinquante
études de Rahner ont porté directement sur des questions de christologie.
On trouvera en annexe le signalement des travaux que, dans cette vaste
moisson, nous estimons les plus importants.[1]

Plus que le nombre pourtant, c'est l'originalité et la profondeur
de ces textes qu'il convient de signaler. Ces qualités, qui ont permis à
Rahner d'approfondir et de renouveler bien des chapitres de la christologie,
ont joué au plan des méthodes, tributaires de la métaphysique et de l'épistémologie de *Geist in Welt*, comme au plan des thèmes qui ont été analysés.

Ainsi, l'application systématique de la méthode transcendantale, où
se prolongeaient les considérations de la théologie classique sur la "potentia oboedientialis" de la nature humaine à l'égard de l'Incarnation, a-
t-elle fait rendre compte avec pénétration des dimensions d'historicité,
de socialité et d'unicité que présente l'Incarnation. Une métaphysique de
type onto-logique, c'est-à-dire qui voit dans la conscience le paradigme
premier de l'être, a fait découvrir dans les propos et les attitudes de Jésus l'équivalent et le complément, mais cette fois tout illuminés de conscience, des considérations ontiques de la théologie classique. Enfin, toujours au plan de la méthode, les travaux de Rahner nous font assister à la
jonction, dans la rencontre d'une christologie "d'en haut" et d'une chris-

---

[1]Voir annexe 1.

tologie "d'en bas", de l'exégèse et du dogme, d'une part, de la théologie systématique et de la théologie fondamentale, d'autre part.

Pour ce qui est des thèmes auxquels le nom de Rahner est désormais attaché, nous citerons ceux-ci: la priorité en Dieu du dessein de se poser par amour hors de soi sur le dessein de créer; le rôle exclusif du Logos dans l'expression de Dieu à l'extérieur; la place de l'homme-Dieu au sommet d'une évolution régie par "l'auto-transcendance active de l'être créé"; le rapport directement proportionnel - trouvant en Jésus son degré indépassable - de la proximité par rapport à Dieu et de l'autonomie de la créature; le caractère déjà salvifique d'une auto-communication finale et irréversible de Dieu au monde; le rôle de la résurrection dans la manifestation de Jésus comme "porteur absolu de salut"; la présence de l'homme-Dieu en toute démarche où l'homme s'engage de manière inconditionnelle.

Or, en 1968, dans l'encyclopédie *Sacramentum Mundi*, dont il assurait à titre principal la direction, Rahner publiait un long article "Jesus Christus" où il réunissait pour la première fois les résultats, liés mais épars jusque-là, de sa longue réflexion. Si la présentation est condensée et si elle renvoie constamment aux travaux antérieurs, elle offre le grand avantage de présenter en son unité organique la christologie de Rahner. Même si le théologien a publié depuis 1968 des textes de première importance pour notre sujet, l'article de *Sacramentum Mundi* reste la somme toujours valable de la pensée de Rahner sur le mystère de Jésus. Le texte, que précède une étude exégétique, due à Ingrid Maisch et Anton Vögtle, se divise en deux sections, la première consacrée à la théologie fondamentale, la seconde à la réflexion dogmatique (Dogmatische Vermittlung). On trouvera, encore en annexe, le plan détaillé de ces deux parties de l'article.[2]

Nous avons traduit et annoté les considérations de principe qui ouvrent l'exposé dogmatique de Rahner. Si nous nous sommes arrêté à cette portion de l'article, c'est d'abord parce qu'il y a là des considérations nettement "principielles", à l'égard desquelles bien d'autres éléments de la pensée de Rahner apparaissent vraiment comme des conclusions ou des applications. Puis, à la différence de ce qui se passe pour les autres parties de cette synthèse, on ne trouve nulle part ailleurs une traduction française de cet essai de caractère épistémologique et méthodologique. Aussi avons-nous pensé être utile en présentant ces prolégomènes.

Notre traduction s'est efforcée de suivre en son mouvement même l'exposé de notre auteur et de respecter en sa technicité philosophique ou théologique le vocabulaire qu'il utilise. Ce dessein a entraîné parfois plus de lourdeur que n'en tolère généralement le français et que n'en présente l'excellente traduction de l'édition anglaise de *Sacramentum Mundi*. Nous croyons cependant que des professionnels de la théologie nous sauront gré d'avoir été particulièrement attentif au mode d'enchaînement des idées et à la précision du langage technique de leur métier.

---

[2]Voir annexe 2.

Au texte de Rahner nous joignons, en plus des deux annexes que nous venons de signaler, une analyse de l'article auquel renvoie l'auteur en page 264, ainsi que l'identification, détaillée, pour le lecteur de langue française, des références, très sommaires, que Rahner donne au texte allemand de ses *Schriften zur Theologie* ou aux articles de *Sacramentum Mundi*.

G. LANGEVIN

Karl Rahner, art. *Jesus Christus*, dans *Sacramentum Mundi*, II, 1968,
    section III: "Réflexion dogmatique."

A - *REMARQUES PRELIMINAIRES SUR QUELQUES PRINCIPES*

1. *La requête majeure de l'"apologétique".*

        Voici la tâche la plus urgente pour une christologie d'aujourd'hui:
exprimer le dogme de l'Eglise: "Dieu *est* (devenu) homme et ce Dieu fait
homme, c'est l'être concret Jésus-Christ" de telle manière qu'on puisse
saisir la signification authentique de ces affirmations et que soit écartée
toute apparence d'une mythologie qui ne saurait plus être acceptée maintenant.

        On peut chercher à éviter de manière radicale toute interprétation
mythologique par la première opération que voici: pour la christologie
ancienne et orthodoxe de l'Eglise, le sens de "est" dans les affirmations
fondamentales relatives au Christ ne correspond pas de manière expresse à
cette synthèse logique de deux formalités qui d'habitude va de soi dans de
telles propositions, synthèse fondée sur l'*identité* de ces formalités *dans
la réalité*. - Ici, le sens de la copule "est" repose plutôt sur une unité
tout à fait singulière, qui est sans autre exemple et qui demeure un très
profond mystère; il s'agit de l'*unité* de données réellement distinctes:
Jésus, en son humanité et selon son humanité, n'est pas Dieu, et Dieu, en
sa divinité et selon sa divinité, n'est pas homme. (En revanche, dans la
proposition: *Pierre est un homme*, on affirme comme identiques dans la réalité les contenus de pensée signifiés par le sujet et par le prédicat).
Aussi ne faut-il comprendre le "sans séparation" (ἀδιαιρέτως) de l'unité
qu'en liaison avec le "sans confusion" (ἀσυγχύτως) de la distinction
(D 148), même si le "est" de la formule fondamentale de la christologie ne dit
rien d'explicite à ce sujet.

        Cette *première* considération, que la christologie classique faisait
déjà quant à l'essentiel, exclut certes formellement une identification
erronée et donc forcément mythologique; il reste pourtant deux fonctions
essentielles qu'elle n'accomplit pas.

        a) Le *centre même de l'unité* (entendu au sens de ce qui confère
l'unité et de qui est en même temps l'unité ainsi constituée), c'est-à-dire
la "personne" du Logos demeure exprimé de façon très formelle et indéfinie.
Ce centre d'unité, on peut l'appeler l'"hypostase" du Logos, ou la "personne". Si l'on prend le mot "hypostase" pour désigner le "porteur" de la
réalité divine et de la réalité humaine ("nature") de l'Un concret (qui
"est" Dieu et homme), alors la qualité de porteur ou de possesseur que présente l'hypostase reste assez formelle et abstraite. Ou bien, l'on cherche à s'expliquer, et l'on revient facilement aux affirmations fondamentales plus simples, si bien qu'on est tout juste parvenu à dresser une bar-
ricade de mots contre la tendance à interpréter ces assertions de manière
rationaliste.

Si l'on fait emploi du mot *personne* pour parler de ce centre d'unité, on doit souligner expressément qu'il faut entendre ce mot au sens de l'"hypostase" de la christologie, ce qu'on s'empresse volontiers d'oublier. Autrement, *l'usage moderne du mot* "personne" entraîne de façon permanente le danger d'interpréter les définitions de la christologie en un sens monophysite ou monothélite. On oublierait alors que l'homme Jésus, *en sa réalité* humaine, fait face à Dieu par un centre d'opération (Aktzentrum) créé, "actif et existentiel", qui le met en distinction absolue d'avec Dieu (adorant, obéissant, ayant histoire et développement, décidant en toute liberté, etc.). On aurait là une conception de l'Incarnation fondamentalement mythologique, qu'on la repousse d'ailleurs, cette conception, comme mythologique, ou qu'on en fasse l'objet de sa "foi".

D'un autre point de vue, enfin, on pourrait dire ceci: si les mots "hypostase" et "personne", employés au sens de centre d'unité, nous font comprendre et nous montrent la signification salvifique de cette unité "pour nous", ils n'y parviennent qu'avec beaucoup de difficulté et, au plus, indirectement.

b) Les formules christologiques en "est" - "le même est Dieu et homme" - sont exposées de façon permanente, en raison de leur ressemblance aux affirmations en "est" de la vie courante, *au risque d'une fausse interprétation*. On ne conjure pas d'une manière suffisamment *claire et radicale* par le moyen d'une explication, qui, de toute façon, vient *en second lieu*, l'identité qui est insinuée, même si elle n'est signifiée d'aucune façon, sans compter qu'une telle précaution oratoire passe vite comme telle à l'oubli. En disant cela, on n'enlève rien de leur bien-fondé ni de leur permanente validité à ces propositions christologiques en "est". On doit pourtant admettre que le danger d'une interprétation monophysite, et pour autant mythologique, leur est lié. Si, par exemple, quelqu'un disait aujourd'hui: "Je ne puis quand même pas croire qu'un homme soit Dieu ou que Dieu soit (devenu) homme", la réaction immédiate et juste d'un chrétien ne serait pas d'affirmer que l'on vient de rejeter un dogme fondamental; ce serait plutôt de répondre que la proposition rejetée et l'explication que vraisemblablement on en donne ne correspond pas à la signification vraiment chrétienne de ces expressions.

La vraie "Incarnation" du Logos est certes un mystère, ce qui appelle la démarche de la *foi*, mais ce qu'il n'y a pas lieu d'alourdir d'équivoques mythologiques. Même si le dogme chrétien n'a rien à voir avec les mythes antiques des hommes-dieux, on peut cependant admettre sans ambages que, pour s'aider à comprendre, on a utilisé et accepté avec plus d'ingénuité qu'on ne pourrait le faire aujourd'hui des formules dogmatiques particulières qui appartiennent à cet univers de pensée concret et bien daté (par exemple, "Dieu descend", il "apparaît", etc.).

La christologie a une tâche pressante à accomplir *même aujourd'hui*. On ne saurait s'en acquitter, d'une part, en répétant mot pour mot les formules anciennes et les explications qu'on en a données (ce qui, au reste, ne se réalise que dans le royaume de la théologie savante). D'autre part, pour un très grand nombre de raisons qu'on ne peut développer ici, il n'est pas question non plus d'abolir les anciennes formules. Ce qu'il faut pourtant effectuer de toute urgence, c'est d'élargir les horizons, les manières

de parler, les points de vue, dans le dessein d'exprimer le vieux dogme
chrétien. Nous ne pourrons offrir ici que quelques indications et des
ébauches qu'il ne saurait être question d'enfermer en des formules fixées
pour toujours.

2. *Pour les problèmes d'épistémologie et de méthode, voir l'article
   "Christologie".* [3]

3. *Dualité et unité de la structure, transcendantale et catégoriale, de
   la christologie.*

Si un événement *historique* doit signifier le salut de l'homme tout
entier, il doit être structuré de manière à rejoindre l'homme *en son intégrité*, et cela sans préjudice du caractère historique de l'événement, du
fait qu'il relève de la liberté de Dieu et qu'il échappe à la déduction.
Cet événement doit dès lors s'adresser à l'*essence* de l'homme, y compris
les existentiaux, qui, par rapport à la "nature" de l'homme, peuvent comporter de libres dispositions de la part de Dieu; d'où la possibilité de
comprendre un tel événement par le moyen d'une méthode "transcendantale"
(voir l'article sur la Théologie transcendantale; également Rahner VIII,
43-65). [4] Cela n'exclut pas, mais cela implique, au contraire, que l'on ne
puisse réfléchir de manière *thématique* sur l'orientation "*transcendantale*"
de l'homme vers un tel événement historique de salut qu'à partir de la rencontre de cet événement *dans l'histoire* (voir Rahner VI, 216 s). [5]

Ces considérations valent aussi et en premier lieu pour l'événement
du Christ. Il faut, pour le comprendre pleinement, une christologie "transcendantale". A ce sujet, il faut éclairer le fait et la structure intrinsèque de la situation que voici: en vertu de son être, affecté de l'existential surnaturel, l'homme est cet étant qui est orienté vers un événement de salut qu'il faut attendre comme une possibilité; *comme événement
absolu et définitif* de salut, ce fait a pour contenu exactement ce que la
foi chrétienne professe comme expression définitive de Dieu en Jésus et
comme Incarnation ou "union hypostatique" (voir I 206 ss.). [6]

Une christologie transcendantale doit cependant chercher à montrer
aussi, dans la mesure du possible, *comment* il y a dans la réalité *humaine*
du Christ (sa "nature") une "potentia oboedientialis" à l'égard de l'union

---

[3] Voir annexe 3.

[4] "Transcendental Theology", dans *Sacramentum Mundi* (dorénavant *SM*),
English Translation (dorénavant ET), VI, 1970, pp. 287-289; pour la seconde
référence, "Théologie et anthropologie", dans *Ecrits théologiques*, XI, 1970,
pp. 189-218.

[5] "Theologie der Freiheit" (1- Freiheit im theologischen Verstand ist
Freiheit von Gott her und auf Gott hin), dans *Schriften zur Theologie*, VI,
1965, pp. 216 s.

[6] "Problèmes actuels de christologie", dans *Ecrits théologiques*, I,
1959, pp. 162 ss.

hypostatique. Il est clair, en effet, que ce n'est pas n'importe quelle réalité "substantielle" qui peut "subsister" dans l'hypostase du Logos; on ne peut pas non plus considérer cette "potentia oboedientialis" comme une pure absence, toute négative, de contradiction. C'est dans l'*être* de l'homme lui-même que doit être située cette puissance - au moins comme prolongement plausible et hypothétique d'un être spirituel essentiellement ordonné à l'"ex-stase" vers Dieu - pour que ce *soit* cette "potentia oboedientialis" elle-même (voir l'article Anthropologie III).[7] Ces deux aspects et conditions d'une christologie transcendantale sont, bien sûr, liés l'un à l'autre et se conditionnent mutuellement. On pourrait, à partir d'une telle conception, comprendre et assimiler existentiellement le contenu du dogme christologique.

En retour, on peut conclure encore qu'une telle christologie transcendantale ne devient *historiquement* possible et effective qu'au moment où l'homme rencontre *de fait* l'événement du Christ dans une expérience "catégoriale". Cette expérience catégoriale, de son côté, a d'abord besoin d'une christologie d'"en bas", puisque l'homme rencontre naturellement en premier lieu l'*homme* Jésus. S'il croit en lui comme au Christ, il ne le fait pas seulement parce qu'il entend le témoignage rendu par Jésus sur lui-même en ses paroles et qu'il reconnaît ce témoignage comme accrédité par des miracles, mais aussi parce qu'il reconnaît Jésus en sa résurrection comme le porteur absolu de salut, comme celui qui est conjointement l'objet et le fondement de la foi; voilà l'expérience qu'il traduit, avec raison, par les formules classiques de la christologie.

A partir de là, la christologie classique de la préexistence, de l'unique personne divine et des deux natures de l'Incarnation et de l'union hypostatique apparaît comme *une sorte de milieu* entre une christologie transcendantale (c'est-à-dire une ordination transcendantale de l'homme en son histoire vers un porteur absolu de salut) *et* une christologie catégoriale d'"en bas". En tant que christologie de la descente d'"en haut" (ce qu'on trouve déjà dans la pensée de Paul et de Jean), cette christologie classique implique plus clairement et directement qu'une christologie d'en bas plusieurs données, notions et présupposés qu'on ne saurait guère vérifier que de manière transcendantale, et pourtant elle a aussi rapport au Jésus concret de Nazareth, rejoint a posteriori. En ce sens, il s'agit là d'une christologie *catégoriale*.

4. *L'unité de la christologie ontique et de la sotériologique, de l'ontologique et de la fonctionnelle.*

On a déjà signalé le fait que la christologie classique, en ses formules expresses (c'est-à-dire dans la doctrine de l'unique personne divine et des deux natures), ne met pas clairement en lumière la signification *sotériologique* de l'événement du Christ (voir Rahner I, 213-218).[8] La re-

---

[7]"Man (Anthropology)", III- Theological, *SM* (ET), III, 1969, pp. 365-370.

[8]"Problèmes actuels de christologie", dans *Ecrits théologiques*, I, 1959, pp. 170-176 (Christologie et sotériologie).

marque vaut particulièrement pour la conception occidentale, qui, sûrement à cause de l'individualisme de l'Occident, est assez loin de l'idée de l'"assomption" de l'humanité entière dans la réalité humaine individuelle de Jésus. Aussi, dans cet horizon de pensée, l'union hypostatique réside-t-elle en la constitution d'une personne qui, si elle pose des actions morales et si Dieu les accepte comme accomplies à titre vicariant pour l'humanité entière, exerce une *activité* de salut, mais qui ne signifie pas déjà *en son être* même le salut comme tel (voir les articles Rédemption, Satisfaction).[9]

A partir du langage de l'Ecriture ainsi que de nos habitudes présentes de pensée, il serait pourtant nécessaire que - déjà avant toute affirmation explicite et spécifique en matière de sotériologie - l'on ait une formulation du dogme christologique qui indique et exprime immédiatement l'événement de *salut* que Jésus *est* lui-même (voir Rahner I, 176 ss.).[10] Cette manière de faire pourrait aider à éviter, en retour, par le choix qui serait fait des formules, une interprétation monophysite et dès lors mythologique.

5. *Le point de départ de la christologie systématique.*

Même si la christologie de Paul et celle de Jean (qui s'imposent assurément à notre foi) sont de la "théologie" (voir Rahner V, 33-53),[11] c'est-à-dire une réflexion croyante, menée à la lumière de l'expérience de Pâques, sur les implications de l'intelligence qu'avait de lui-même le Jésus de l'histoire, une christologie *systématique* ne peut pourtant pas prendre *aujourd'hui* en cette vue théologique sur Jésus un point de départ qui aille de soi; cela vaut naturellement, en principe, aussi pour les affirmations les plus anciennes de l'Ecriture sur Jésus, les pré-pauliniennes. Une théologie systématique adaptée à la mentalité actuelle doit retourner au point même d'où sont parties ces christologies, pourtant si primitives historiquement.

On ne peut davantage prendre pour point de départ *simplement* les déclarations du Jésus de l'histoire au sujet du Fils: dans la tradition ultérieure et dans la théologie scolastique on a lu, en général, trop *rapidement* ces textes (ce qui ne veut pas dire nécessairement de manière erronée) comme portant sur un Fils préexistant, "consubstantiel" au Père. Quand elles sont dans la bouche de Jésus, le sens de ces paroles est bien plus difficile à saisir: nous ne pouvons certes pas exclure d'entrée de jeu le

---

[9]"Salvation", dans *SM* (ET), V, 1970, pp. 425-433; "Satisfaction", *ibid.*, pp. 433-435.

[10]"Problèmes actuels de christologie", dans *Ecrits théologiques*, I, 1959, pp. 124 ss. (La christologie classique exprime-t-elle vraiment le rôle médiateur du Christ?).

[11]"Théologie dans le Nouveau Testament", dans *Ecrits théologiques*, VII, 1967, pp. 187-211.

sens d'une relation créaturelle de l'homme Jésus à Dieu, bien qu'il ne faille pas réduire sa relation à Dieu au rapport qui est commun à tous les hommes.

On ne doit pas entendre et lire ce qui a trait à l'intelligence historiquement saisissable que Jésus avait de lui-même avec le présupposé tacite que, pour une raison ou pour une autre (par exemple, dans un dessein d'"adaptation" au milieu, etc.), cela était moins clair et exprès que le dogme christologique de l'Eglise. Le croyant devrait pourtant s'attendre justement à ce que les déclarations de Jésus sur lui-même nous paraissent exprimer son "homoousie" avec Dieu le Père d'une façon moins claire et radicale, pour cette bonne raison seulement qu'elles sont plus compréhensives et plus complexes, ce pour quoi précisément elles ne présentent pas le danger d'une lecture monophysite, donc mythologique, du dogme classique sur le Christ. Etant donné que nous sommes habitués à penser presque uniquement à partir de ces formules dogmatiques, nous trouvons moins claires les propres paroles de Jésus. Pourtant, nous ne pouvons pas présupposer - indépendamment même de l'impossibilité que Jésus ait parlé en des termes empruntés à la métaphysique hellénistique - que les formules de l'Eglise ancienne soient les seules possibles ni qu'elles soient d'une clarté insurpassable.

Le point de départ d'une christologie systématique, considérée en sa tâche propre, qui, d'une part, consiste à établir le *bien-fondé* de la christologie classique et à fournir une intelligence profonde et *ouverte* de cette christologie et dans laquelle, d'autre part, on ne peut présenter le *tout* de la christologie biblique, ce point de départ, dis-je, ne saurait être un prédicat isolé appliqué par la Bible à Jésus (par exemple, Messie, Fils de Dieu, Seigneur, Fils de l'homme, Logos, etc.), d'autant que, un tel prédicat particulier, ou bien il n'a pu être dans la bouche du Jésus de l'histoire, ou bien on ne saurait montrer sans peine et (pour cela seul) *sans hésitation* en quel sens Jésus l'a utilisé.

Le mieux sera plutôt de partir de la signification de la fonction eschatologique de Jésus dans l'histoire du salut à la lumière de l'Ancien Testament et de la certitude où était le Jésus de l'histoire d'exercer cette fonction. Il s'agit alors de partir de l'événement qui a été accompli par le moyen de la Résurrection (non pas seulement confirmé de l'extérieur par elle): *en lui, Dieu s'est promis lui-même au monde comme celui qui juge et qui pardonne, de manière définitive, indépassable et irrévocable.* On peut dire encore: Jésus, par sa croix et sa résurrection, est l'événement eschatologique du salut et, *en ce sens,* - parce que la croix n'est pas un pur incident supporté passivement, mais qu'elle est au contraire l'acte propre de Jésus - il est *le porteur absolu de salut.* De plus, on ne doit jamais oublier que le Jésus de l'histoire s'est compris lui-même de cette façon et que la pleine profondeur de cette intelligence de lui-même s'est manifestée et qu'elle a été rendue croyable aux Apôtres dans l'expérience de Pâques. Il est sûrement plus approprié aujourd'hui de partir ainsi que de commencer en disant: Dieu s'est fait homme.

Cependant, quand nous disons: "En Jésus, la communication absolue et pardonnante que Dieu fait de lui-même au monde en un événement historique n'est pas seulement enseignée, mais elle est *accomplie et donnée* en vérité comme la réalité *eschatologiquement finale*", il faut apercevoir, pour comprendre une telle affirmation, que l'homme, en raison de son histoire et

de son historicité, *cherche* précisément l'accomplissement ultime et définitif de son être *dans l'histoire* (où le même n'arrive pas incessamment et
où du définitif peut survenir) et que cet accomplissement dernier ne peut
se produire en dehors du mystère permanent de son être.

On ne peut soupçonner ce point de départ d'être mythologique - à
moins que l'on considère comme étant de la mythologie toute parole qui présente Dieu comme salut - et il n'y a donc là rien d'incroyable en soi. Car
ce point de départ dit seulement que Dieu existe, qu'il veut être librement
en lui-même (et non seulement en ses dons finis) le salut de l'homme et que,
d'autre part, cette proposition *de soi* de la part de Dieu, définitive et irrévocable, est arrivée dans l'histoire et qu'elle a été du même coup acceptée par l'homme. La question décisive, pour une christologie catholique
qui adopte ce point de départ, est naturellement de savoir si l'on peut, à
partir de là, aboutir réellement à la christologie classique, ou orthodoxe
(cf. D 2).[12]

6. *La relation entre l'expression et la réalité.*

Ce qu'on a dit jusqu'ici, notamment à propos de la distinction entre
un point de départ "objectif", qui contient déjà *implicitement* le tout de
la christologie, et, d'autre part, *les formules classiques* de la foi, montre aussi déjà la différence légitime qui sépare les déclarations du Magistère de l'Eglise et *la réalité qu'elles désignent*; il ne s'agit pas alors
seulement de la réalité prise *en elle-même*, mais aussi de la "réalité" telle qu'elle peut être *diversement* proposée à la foi.

a) Cette distinction paraît déjà à l'évidence dans le fait qu'il y
a des formules christologiques *primitives*: "Jésus est le Christ", "Jésus
est le Seigneur", qui ne disent pas simplement "en d'autres mots" la même
chose que les formules classiques, et qui cependant permettent vraiment au
croyant d'*atteindre* la réalité que désignent les définitions classiques.

b) On peut voir une autre variante de la distinction entre la formule et la réalité dans la différence dont on a déjà parlé du "point de départ objectif d'une christologie systématique" d'avec les formules christologiques classiques de l'Eglise ancienne.

c) On trouve encore un autre domaine pour cette différence légitime
dans la possibilité fondamentale d'une *"christologie de la conscience"* à côté de la christologie classique (voir Rahner I, 189-194).[13] Il y a eu,

---

[12]"Jesus Christ", dans *SM* (ET), III, 1969, pp. 204-205: Christology
"from below".

[13]"Problèmes actuels de christologie", dans *Ecrits théologiques*, I,
1959, pp. 140-147. (Qu'a retenu la christologie classique de tous les textes scripturaires sur la conscience humaine de Jésus? Rapports de la conscience humaine au Logos dans l'union hypostatique. Possibilité d'une christologie existentielle venant compléter la christologie ontique).

bien sûr, dans la théologie protestante du début de ce siècle (en une espèce de réédition de la christologie nestorienne de "confirmation"), une
christologie de la conscience qui était, *de fait*, hérétique. Partout précisément où, sur le fondement d'une réalité seulement humaine, on laisse
surgir et se combiner des contenus de conscience secondaires et dès lors
dérivés (par exemple, une confiance particulièrement intense en Dieu) et
que l'on présente ces attitudes et ces contenus de conscience comme les
seules choses à avoir un sens en christologie, on est en face d'une christologie rationaliste, donc hérétique.

De même qu'il y a une christologie "ontique", c'est-à-dire une christologie qui s'aide, dans ses affirmations, de concepts ("nature", "hypostase") qui peuvent s'appliquer tout autant à des choses, de même il pourrait tout à fait y avoir, en principe, une *christologie ontologique*; il
s'agirait d'une science dont les concepts, les modèles, etc, sont orientés
vers des réalités strictement onto-logiques et qui s'appuie sur l'identité
originelle de l'être et de la conscience. Il serait, à plusieurs égards,
bien plus facile que dans une christologie ontique d'éviter dès le départ
le danger d'une confusion monophysite et mythologique.

Le présupposé d'une *telle* christologie ontologique réside dans la
perception de l'identité foncière de l'être et de la conscience, de la coïncidence du degré d'être avec le degré où un étant est "intelligens et intellectum" ("ens et verum convertuntur"; "in tantum aliquid est ens actu,
in quantum est intelligens et intellectum in actu"; le degré de "reditio
in se ipsum" correspond au degré de l'"esse actu", et réciproquement). On
ne peut naturellement justifier ici plus longuement ce postulat (voir les
articles Esprit, Ontologie, Etre).[14] Cependant, si le postulat est valable, on peut dire: *en principe, on peut traduire une affirmation de christologie ontique en une autre de type ontologique*. Le principe a une importance pratique, par exemple pour l'intelligence et la justification de la
doctrine scolastique sur la vision immédiate de Dieu chez Jésus; on pourrait vraisemblablement saisir avec plus de justesse, quant au sens des textes et de la réalité, bien des éléments de la christologie johannique (par
exemple, les déclarations en "Je"), à partir d'une christologie de la conscience; on pourrait encore montrer avec plus de clarté la connexion de la
christologie "transcendantale" et de la "catégoriale".

Pour établir avec plus de précision ces interconnexions, il faudrait
tenter l'analyse suivante:

- L'homme Jésus se tient en une unité de volonté avec le
  Père qui régit *totalement* et *dès le début* sa réalité
  entière; il y a là une obéissance dont Jésus tire toute
  sa réalité humaine;

- il est tout simplement celui qui se reçoit de façon permanente de son Père et qui, selon toutes les dimensions
  de son existence, s'est abandonné au Père sans réserve;

---

[14]"Spirit", dans *SM* (ET), VI, 1970, pp. 142-145; "Ontology", *ibid.*,
IV, 1969, pp. 292-294; "Being", *ibid.*, I, 1968, pp. 153-157.

- en cet abandon, il est capable d'accomplir vraiment aux yeux de Dieu ce que nous ne pouvons pas du tout réaliser;

- il est celui dont la "condition fondamentale" (en tant qu'unité originelle d'être et de conscience) est de sortir de Dieu d'une manière radicale et de se remettre à Dieu, etc.

Si l'on explicitait ces propositions, elles seraient parfaitement traduisibles en une christologie ontique classique (ce qu'il faudrait naturellement montrer avec plus de précision). Grâce aux présupposés qu'on vient de mentionner et qui seraient alors réellement compris, de telles propositions ne seraient plus l'expression d'une christologie hérétique de la conscience; elles permettraient à une christologie ontologique possible de se dire. Elles seraient toujours tenues, de par la christologie ontique, à obéir à leur propre radicalité ultime; d'autre part, elles permettraient, quant à elles, une traduction légitime de la réalité dont traite la christologie ontique et pourraient conduire à une meilleure intelligence des formules ontiques.

Si l'on a insisté quelque peu, c'était pour montrer, au nom d'un pluralisme légitime dans les possibilités d'exprimer la christologie, qu'il y a une distinction valable entre les formules de la christologie *et* la réalité qu'elles désignent, et que l'insatisfaction provoquée par la théologie classique, l'immutabilité des formules donnant facilement l'impression que la vie s'en est retirée, n'est pas une fatalité pour la christologie de l'Eglise.

ANNEXE 1

OEUVRES MAJEURES DE KARL RAHNER SUR DES SUJETS DE CHRISTOLOGIE

"Die ewige Bedeutung det Menscheit Jesu für unser Gottesverhältnis",
dans *Geist und Leben*, 26 (1953), pp. 279-288; reproduit dans
Schriften zur Theologie, III, 1956, pp. 47-60; traduit en
français dans *Eléments de théologie spirituelle*, 1964, pp. 35-
49: "La signification éternelle de l'humanité de Jésus pour
notre rapport avec Dieu".

"Chalkedon - Ende oder Anfang?", dans l'ouvrage collectif publié par A.
Grillmeier et H. Bacht, *Das Konzil von Chalkedon*, III, 1954,
pp. 3-49; reproduit dans *Schriften zur Theologie*, I, 1954, pp.
169-222: "Probleme der Christologie von heute"; traduit en
français dans *Ecrits théologiques*, I, 1959, pp. 113-181: "Problèmes actuels de christologie".

"Zur Theologie von Menschwerdung", dans *Catholica*, 12 (1958), pp. 1-16;
reproduit dans *Schriften zur Theologie*, IV, 1960, pp. 137-155;
traduit en français dans *Sciences ecclésiastiques*, 12 (1960),
pp. 5-19: "Réflexions théologiques sur l'Incarnation"; dans
Ecrits théologiques, III, 1963, pp. 79-101; puis dans l'ouvrage
collectif publié par H. Bouëssé et d'autres, *Problèmes actuels
de christologie*, 1965, pp. 15-33: "Considérations générales
sur la christologie", suivi d'une discussion avec l'auteur, pp.
401-409.

"Dogmatische Fragen zur Osterfrömmigkeit", dans l'ouvrage d'hommage offert à J.A. Jungmann, publié par B. Fischer et J. Wagner, *Pas-
chatis Sollemnia*, 1959, pp. 1-12; reproduit dans *Schriften zur
Theologie*, IV, 1960, pp. 157-172; traduit en français dans
Ecrits théologiques, VIII, 1967, pp. 157-172: "Questions dogmatiques se rapportant à la dévotion pascale".

"Dogmatische Erwägungen über das Wissen und Selbstbewusstsein Christi",
dans *Trierer Theologische Zeitschrift*, 71 (1962), pp. 62-83;
reproduit dans *Schriften zur Theologie*, V, 1962, pp. 222-245;
traduit en français dans l'ouvrage collectif publié par K.H.
Schelkle et d'autres, *Exégèse et dogmatique*, 1966, pp. 185-210:
"Considérations dogmatiques sur la psychologie du Christ".

"Christologie in einer evolutiven Welt", dans *Veröffentlichungen der
Paulus-Gesellschaft*, 1962, pp. 22-59; puis dans *Schriften zur
Theologie*, V, 1962, sous le titre: "Die Christologie innerhalb
einer evolutiven Weltanschauung", pp. 183-221; traduit en français dans *Science, évolution et pensée chrétienne*, 1967, pp.
121-168: "La christologie à l'intérieur d'une vision évolutive
du monde".

"Geheimnisse des Lebens Jesu", dans *Schriften zur Theologie*, VII, 1966,
pp. 123-196.

"Theologie und Anthropologie", dans l'ouvrage d'hommage offert à M. Schmaus, publié par L. Scheffczyk, W. Detloff et R. Heinzmann, *Wahrheit und Verkündigung*, II, 1967, pp. 1389-1407; puis dans *Schriften zur Theologie*, VIII, 1967, pp. 43-65; traduit en français dans *Ecrits théologiques*, XI, 1970, pp. 189-218: "Théologie et anthropologie".

Der eine Mittler und die Vielfalt der Vermittlungen, 1967; reproduit dans *Schriften zur Theologie*, VIII, 1967, pp. 218-235.

"Erlösung", dans l'encyclopédie de théologie dirigée surtout par K. Rahner, *Sacramentum Mundi*, I, 1967, c. 1159-1176; dans l'édition anglaise, V, 1970, pp. 425-433: "Salvation".

"Inkarnation", dans *Sacramentum Mundi*, II, 1968, c. 824-840; dans l'édition anglaise, III, 1969, pp. 110-118: "Incarnation".

"Jesus Christus" (sections II et III), dans *Sacramentum Mundi*, II, 1968, c. 920-957; dans l'édition anglaise, III, 1969, pp. 192-209: "Jesus Christ".

Ich glaube an Jesus Christus, 1968; traduit en français sous le titre *Je crois à Jésus-Christ*, 1971. (On trouvera aux pages 113 à 116 des indications bibliographiques de Rahner même sur ses travaux de christologie).

"Selbstmitteilung Gottes", dans *Sacramentum Mundi*, IV, 1969, c. 521-526; dans l'édition anglaise, V, 1970, pp. 353-355: "God's Self-Communication".

"Soteriologie", dans *Sacramentum Mundi*, IV, 1969, c. 590-596; dans l'édition anglaise, V, 1970, pp. 435-438: "Soteriology".

"Kirchliche Christologie zwischen Exegese und Dogmatik", dans *Schriften zur Theologie*, IX, 1970, pp. 197-226.

"Bemerkungen zur Bedeutung der Geschichte Jesu für die katholische Dogmatik", dans l'ouvrage d'hommage offert à H. Schlier, publié par G. Bornkamm et K. Rahner, *Die Zeit Jesu*, 1970, pp. 273-283; reproduit dans *Schriften zur Theologie*, X, 1972, pp. 215-226.

"Christologie im Rahmen des modernen Selbst - und Weltverständnisses", dans *Schriften zur Theologie*, IX, 1970, pp. 227-241.

"Die zwei Grundtypen der Christologie", dans *Schriften zur Theologie*, X, 1972, pp. 227-238.

En collaboration avec W. Thüsing, *Christologie - systematisch und exegetisch*. Arbeitsgrundlagen für eine interdisziplinäre Vorlesung, 1972. La section due à Rahner s'intitule: "Grundlinien einer systematischen Christologie" (pp. 15-78).

"Zur Selbstkritik der systematischen Christologie im Dienst der Exegese", dans l'ouvrage d'hommage offert à K.H. Schelkle, publié par H. Feld et J. Nolte, *Wort Gottes in der Zeit*, 1973, pp. 333-346.

ANNEXE 2

Plan de l'article *Jesus Christus* (sections II et III) de l'encyclopédie théologique *Sacramentum Mundi*, t. II, Fribourg, 1968.

II - CONSIDERATIONS DE THEOLOGIE FONDAMENTALE

A - *JESUS-CHRIST DANS LA THEOLOGIE FONDAMENTALE CLASSIQUE*

1. *La présentation traditionnelle.*
2. *Difficultés critiques à ce sujet.*

B - *NOUVELLES VOIES*

1. *La fonction et les destinataires de cette théologie fondamentale renouvelée.*
2. *Christologie abstraite et christologie vécue.*
3. *Arguments en accord avec les vues actuelles sur l'homme.*
   a) Exigence d'un amour absolu à l'égard du prochain.
   b) Acceptation libre de la mort.
   c) L'espoir en l'avenir.

III - REFLEXION DOGMATIQUE

A - *REMARQUES PRELIMINAIRES SUR QUELQUES PRINCIPES*

1. *La requête majeure de l'"apologétique".*
2. *(La problématique scientifique - art. Christologie).*
3. *Dualité et unité de la structure, transcendantale et catégoriale, de la christologie.*
4. *L'unité de la christologie ontique et de la sotériologique, de l'ontologique et de la fonctionnelle.*
5. *Le point de départ de la christologie systématique.*
6. *La relation entre l'expression et la réalité.*

B - *PERSPECTIVES OFFERTES PAR LE DOGME ET PAR L'HISTOIRE DE LA THEOLOGIE*

1. *Le problème central de la christologie commençante.*

G. LANGEVIN

2. *Les premières élaborations.*
3. *Chalcédoine, ou la formule classique.*
4. *Explicitations.*

C - *LA DOCTRINE OFFICIELLE DE L'EGLISE*

D - *PROBLEMES ET QUESTIONS D'AUJOURD'HUI*

1. *La christologie dans une perspective d'évolution et d'histoire du salut.*
2. *Une christologie d'"en bas".*
3. *La question de la préexistence du Christ.*
4. *L'emploi du mot "personne" en christologie.*
5. *Connaissance et liberté de Jésus-Christ en sa réalité humaine.*
6. *La mort de Jésus comme mort de Dieu.*
7. *Thèses supplémentaires (aspect sotériologique de l'union hyposta- tique; rapports de l'essence et de l'histoire chez Jésus; la chris- tologie comme anthropologie radicale).*
8. *Christologie et foi effective en Jésus-Christ.*

ANNEXE   3

Plan et, pour la seconde partie, résumé de l'article *Christologie* de
  Sacramentum Mundi (l'article est de Alois Grillmeier), dans
  l'édition anglaise, III, 1969, pp. 186-192).

I - HISTOIRE DE LA CHRISTOLOGIE

1. *Chrétienté primitive.*

2. *Age patristique.*

3. *Basse et haute scolastique.*

II - LA CHRISTOLOGIE DANS LA THEOLOGIE ACTUELLE

1. *La place de la christologie.*

   a) la façon présente d'aborder la question.

       - recomposition d'un traité a) éclaté en christologie et
         sotériologie; b) coupé de la théologie fondamentale, de
         la morale et de la réflexion sur la vie de Jésus.

       - influence directrice sur l'ensemble de l'économie, de la
         création à l'eschatologie.

   b) les principes déterminant la place de la christologie.

       - dépendance de l'économie par rapport à la théologie
         (distinction d'avec la gnose et le panthéisme).

       - antériorité du traité de la création pour que soit pré-
         servé le "sans confusion" de la doctrine christologique.

       - orientation christologique de toute l'économie.

2. *La structure de la christologie.*

   a) relation entre christologie et sotériologie.

       - Nécessité de mettre davantage en valeur l'aspect fonc-
         tionnel de la christologie (étude en christologie de la
         connaissance et du pouvoir du Christ, de ses fonctions et
         de sa filiation à la lumière de l'histoire du salut).

b) aspects du renouvellement souhaitable de la christologie et de
   la sotériologie: lien dans la notion de révélation.

   - approfondissement des formules dogmatiques par la con-
     sidération des faits et des propos originels.

     . importance des formules du Nouveau Testament pour
       la christologie.
     . importance pour la sotériologie de la situation
       totale créée dans le monde et chez l'homme par le
       péché ainsi que de l'ensemble de l'activité du
       Christ (liaison de la mort avec la rédemption).

   - tension entre christologie d'en haut et christologie
     d'en bas.

     . pour la christologie (a) importance d'une doctrine
       du Logos et du Fils du Père pour bien comprendre
       l'Incarnation; (b) expérience en Jésus et en liai-
       son avec lui - sur la croix et à la résurrection -
       de la présence de l'homme-Dieu.
     . pour la sotériologie (a) action de Dieu se récon-
       ciliant le monde, nous justifiant avant notre déc_-
       sion, assumant comme sienne l'activité de Jésus;
       (b) oeuvre de l'homme Jésus: véritable satisfaction
       de la part de l'humanité aux exigences de Dieu.

Gilles Langevin, S.J.
Université Laval

UNE CONFESSION PREPAULINIENNE DE LA "SEIGNEURIE" DU CHRIST

Exégèse de Romains 1,3-4

Paul-Emile Langevin, S.J.

I - INTRODUCTION

L'adresse d'une épître nous fournit une confession de foi prépaulinienne concernant le Seigneur Jésus. La lettre que Paul adresse à l'Eglise de Rome contient en effet ce passage:

(1) "Paul,
serviteur (*doulos*) du Christ Jésus,
apôtre par vocation (*klêtos apostolos*)
mis à part pour annoncer l'Evangile de Dieu
(*eis euaggelion Theou*)

(2) que d'avance il avait promis (*proepêggeilato*) par
ses prophètes dans les saintes Ecritures

(3) concernant son Fils (*peri tou uiou autou*),
- issu (*genomenou*) de la lignée de David selon
la chair,
- établi (*oristhentos*) Fils de Dieu avec puissance
selon l'Esprit de sainteté, par sa résurrection
des morts,
Jésus-Christ notre Seigneur" (*Rm* 1,1-4).

Le texte de *Rm* 1,1-7 présente la structure habituelle des adresses:

(a) l'auteur se présente (v. 1),

(b) il nomme les destinataires de la lettre (v. 6-7a),

(c) puis leur souhaite "grâce et paix" (v. 7b).

Certains versets de l'adresse aux Romains rompent toutefois avec la pratique habituelle de Paul. Nous pensons à ce développement rattaché à l'"Evangile de Dieu" (v. 1b), ainsi qu'à cette longue proposition (v. 5) reliée à "Jésus-Christ notre Seigneur": lui "par qui nous avons reçu grâce et apostolat pour prêcher, à l'honneur de son nom, l'obéissance de la foi (*eis upakoên pisteôs*) parmi les païens" (*Rm* 1,5). Ces deux particularités de l'adresse nous semblent significatives. Elles répondent à certaines préoccupations de Paul: au moment d'écrire à l'Eglise romaine qu'il n'avait pas fondée (*Rm* 1,13; 15,23), il sent le besoin de *définir son évangile* (*euaggelion*) (vv. 2-4) et de *justifier l'annonce* qu'il en fera aux *Romains* (v. 5). Les versets 2-6 constituent une parenthèse de circonstance, dirions-nous, à laquelle nous devons de précieuses lumières sur le Kérygme apostolique. Elles constitueront l'objet de la présente étude.

Notre analyse de *Rm* 1,1-4 suivra la marche suivante. (1) Nous dirons un mot sur la présentation que Paul fait de lui-même et de son évangile. (2) Nous établirons ensuite deux caractères des vv. 3-4: a) ils constituent une confession de foi; b) ils sont d'origine prépaulinienne (mis à part quelques éléments que nous distinguerons). (3) L'exégèse des vv. 3-4 nous retiendra longuement. (4) Enfin, la conclusion de notre étude s'appuiera sur l'exégèse précédente pour rattacher au "Seigneur Jésus" la confession de foi prépaulinienne et, surtout, pour dégager les traits de la seigneurie que reconnaît à Jésus *Rm* 1,3-4.

II - PAUL SE PRESENTE (*Rm* 1,1)

Paul attache à son nom trois déterminations: "*doulos Christou Iêsou, klêtos apostolos, aphôrismenos...*" La première revient dans les lettres à Tite (*doulos Theou*) et aux Philippiens (Paul et Timothée "*douloi Christou Iêsou*"). "*Apostolos*" est de beaucoup le titre préféré de Paul: nous le lisons dans l'adresse de *Ga, Ep, 2 Co, Col, 1 Tm, 2 Tm, Tt*. Seul *1 Co* 1,1 porte le titre "*klêtos apostolos*", mais diverses expressions tiennent lieu de "*klêtos*" en d'autres épîtres: nous pensons à "*dia thelêmatos Theou*" (*2 Co, Col, Ep, 2 Tm*), "*kat'epitagên Theou*" (*1 Tm*), ou un simple "*dia*", bien accentué, cependant, par le contexte (*Ga*).

Quant à la troisième détermination que Paul joint à son nom: "*aphôrismenos eis euaggelion Theou*", elle ne se présente dans aucune autre adresse des épîtres (pauliniennes ou autres). Une expression très semblable était déjà contenue toutefois en *Ga* 1,16: "celui qui dès le sein maternel m'a mis à part (*o aphorisas me*) et appelé par grâce (*kalesas*: cf. *klêtos apostolos*) daigna révéler en moi son Fils pour que je l'annonce (*euaggelizômai*) parmi les païens (*en tois ethnesin*; cf. *Rm* 1,5)..." (*Ga* 1,15-16). Cette troisième précision qu'ajoute au nom de Paul l'expression "*aphôrismenos eis euaggelion Theou*" explicite *légèrement* la précédente; sa première fonction, qui justifie son insertion dans l'adresse de la lettre, est sans aucun doute d'amener le mot "*euaggelion*" et la définition de cet évangile prêché par Paul. Les deux premiers titres suffisaient à définir la fonction de Paul; nul besoin du troisième, sinon pour introduire l'"évangile" dans l'adresse.

Le titre *"doulos Theou (kyriou)"* ne comportait aucune valeur religieuse chez les Grecs, mais le monde juif lui en avait donné une: la Septante attribuait le titre à Abraham (*Ps* 104 (103) 42), Isaac (*Dn* 3,35), Josué (*Jos* 24,30), Moïse (*2 R* 18,12; *Ps* 104 (105) 26), David (*2 S* 7,5; *Ps* 88 (87) 4,21).[1] "Mes serviteurs (*douloi*) les prophètes", dira Yahvé (*Jr* 7,25; 26,5; cf. *Jr* 25,4). Après les Israélites (*Ps* 27 (26) 9; 31 (30) 17), les chrétiens eux-mêmes (*1 Co* 7,22) porteront le titre *"douloi kyriou (Christou)"*. Le titre *"klêtos apostolos"* rappelait également ces grandes figures de l'Ancien Testament qui avaient été elles aussi appelées par Dieu: Abraham (*Gn* 12,1-3), Moïse (*appelé* près du buisson ardent, puis *envoyé* par Dieu, *Ex* 3,4.10; cf. 3,13-14). Yahvé avait demandé devant Isaïe: "Qui enverrais-je (*aposteilô*)?" Isaïe répondit: "Envoie-moi (*aposteilon me*)" (*Is* 6.8). Ce sera pour les hommes de Dieu leur suprême garantie d'autorité que de pouvoir dire devant leurs frères: "Le Dieu de vos pères m'a envoyé (*apestalken*) vers vous" (*Ex* 3,13; cf. *Jr* 1,7). Paul *"apostolos Christou Iēsou"* entre donc dans cette lignée des grands "envoyés" de Dieu.

Alors que le titre *"doulos"* situait Paul par rapport au Christ, celui d'*"apostolos"* indiquait la fonction qu'il remplirait auprès des hommes. *"Aphôrismenos"* ne possédait pas une valeur théologique comparable à celle des deux premiers titres que Paul s'attribue; la fonction de ce troisième qualificatif n'est pas de ce côté: il introduit l'*"euaggelion Theou"*.

III - PAUL PRESENTE SON EVANGILE (*Rm* 1,2)

Paul est bien conscient que Dieu (*Theos*) conduit encore l'histoire du salut. La "bonne nouvelle" du salut vient de Dieu; c'est "par la volonté de Dieu"[2] que sont envoyés les "apôtres" du Nouveau Testament comme de l'Ancien, et que les *prophètes* de l'Ancienne Alliance ont annoncé par avance (*proepaggelein*) la Nouvelle.[3] Plus encore que la maîtrise de Dieu sur

---

[1] O. Kuss, *An die Römer* (Regensburg, 1957), 3; H. Rengstorf, dans *Theologisches Wörterbuch zum Neuen Testament* (dorénavant *TWNT*) (herausgegeben von G. Kittel) (Stuttgart, 1933ss), II, pp. 268-272.

[2] Voir l'expression *"dia thelêmatos Theou"*, dans l'adresse de *2 Co, Col, Ep, 2 Tm*.

[3] Les "prophètes" dont parle Paul sont probablement tous les écrivains de l'Ancien Testament: eux tous "préannonçaient" l'évangile du Christ. Ils sont la bouche de Dieu ("{sic} sind der Mund Gottes, durch den er zu den Menschen redet", cf. *Ac* 3,21; *Lc* 1,70; *Ac* 3,18; *TWNT* VI, 832). Le verbe *proepaggellesthai* a un sens temporel (vorherverkündigen, voraussagen) *TWNT* VI, 834).

le déroulement de toute l'histoire salvifique, Paul souligne en *Rm* 1,2 l'unité, la continuité de cette histoire. L'Evangile du Christ épanouit le message des prophètes; tous deux s'unissent en parfaite harmonie. La lignée des "prophètes" aboutit au Christ (cf. *Rm* 3,21; 11,3.4; *1 Th* 2,13) qui accomplit toute prophétie (*Mt* 5,17; cf. *Jn* 5,39).

C'est un premier caractère de l'évangile de Paul, qu'il ait été annoncé par les prophètes de l'Ancien Testament. Paul en souligne un second: le Fils de Dieu est le contenu essentiel de son évangile: *"euaggelion Theou... peri tou uiou autou"* (*Rm* 1,1.3a). Sur ce point s'attardera l'apôtre (vv. 3-4). Nous aimerons établir que les vv. 3-4, définissant l'évangile de Paul, constituent une confession de foi prépaulinienne. Nous ferons ensuite leur analyse exégétique.

IV - UNE CONFESSION DE FOI (*Rm* 1,3-4)

1. *Il s'agit d'une confession de foi*

Nous trouvons en *Rm* 1,3-4 l'une de ces "formules qui proclament le *nom* auquel le *croyant* déclare son allégeance".[4] Tel est le rôle premier d'une "confession de foi", dirions-nous.[5] Il serait aisé de montrer que

---

[4] P. Benoît, "Les origines du symbole des apôtres dans le Nouveau Testament", *Lumière et Vie* No 2 (1952) 55.

[5] Lorsque l'on parle aujourd'hui de "confession de foi", on songe aussitôt à des credo, tel notre "symbole des Apôtres", peut-être. L'on n'a pas tout à fait tort d'imaginer ce rapprochement, car les "confessions de foi", scripturaires ou autres, s'épanouissent en ces credo qui jalonnent l'histoire de la théologie ou de la liturgie chrétienne. Mais on aurait tort d'*identifier* "confessions de foi" et "credo".
La *confession de foi* répond à des préoccupations semblables à celles qui donnent naissance à un credo. Elle formule également l'objet de la croyance, mais sans résumer nécessairement les articles essentiels d'une religion. Le caractère de formule officielle, sanctionnée par l'autorité, peut lui faire défaut. Une confession de foi exprimera la foi d'un individu ou d'une communauté. Les formules de confession de foi que l'Ecriture a conservées se reconnaissent à leur caractère plus ou moins cristallisé, stéréotypé: ce sont des confessions qui, peut-être jaillies spontanément de la prière individuelle, ont été par la suite souvent utilisées par la communauté.
De façon générale, nous dirions que, par la confession de foi, l'individu justifie d'abord son *attachement religieux à quelqu'un*. La "confession" pourra porter sur une qualité ou sur un acte de celui en qui l'on "croit". Pierre Benoît désigne comme "confessions de foi" ces "formules qui proclament le *Nom* auquel le croyant déclare son allégeance" (P. Benoît, *art. cit.*, 55).

cette confession résume d'une façon succincte les "thèmes majeurs" de la *foi* que Paul entreprend de prêcher aux Romains,[6] une foi identique à celle qu'il proclame depuis sa conversion, au témoignage des Actes. On lit en effet dans les Actes, que Paul, après son baptême (*Ac* 9,18), "passa quelques jours avec les disciples à Damas et aussitôt se mit à prêcher Jésus (*ekērussen*) dans les synagogues, proclamant qu'il est le *Fils de Dieu* (*o uios tou Theou*)... Saul gagnait toujours en force et confondait les Juifs de Damas en démontrant que *Jésus est bien le Christ*" (*Ac* 9,19-20.22; cf. *Rm* 1,3). Au géolier qui leur demande: "Que me faut-il faire pour être sauvé?", Paul et Silas répondent: "Crois au *Seigneur Jésus*" (*Ac* 16,21; cf. *Rm* 1,4). A Thessalonique, Paul explique les Ecritures dans la synagogue, proclamant: "Le *Christ* (c'est-à-dire le Messie), c'est ce Jésus que je vous annonce (*kataggellō*)" (*Ac* 17,3). Aux Thessaloniciens qui crurent à la parole de Paul, idolâtres et non-Juifs pour la plupart (*Ac* 17,4; *1 Th* 1,9), Paul rappelle qu'ils se sont convertis pour "attendre le *Fils (de Dieu)* qui viendra des cieux, qu'il a ressuscité des morts, Jésus, qui nous délivre de la colère qui vient" (*1 Th* 1,10).

On le voit, *Rm* 1,3-4 résume les thèmes capitaux de la foi que, selon les Actes, Paul confesse devant les Juifs et les Gentils: Jésus est le Messie (*Rm* 1,3) et le Seigneur ressuscité par le Père (*Rm* 1,4).

Sans recourir aux échos de la prédication de Paul que nous rapportent les Actes, nous pouvons établir le caractère de "confession de foi" du passage *Rm* 1,3-4 en utilisant le mot "*euaggelion*" qui figure dans le premier verset de l'épître. *Rm* 1,3-4 *définit l'évangile* de Paul en exprimant son contenu principal: "*euaggelion Theou... peri tou uiou autou*". Or, l'évangile est l'objet de la *prédication* apostolique et de la *foi* qu'elle engendre. Avec le mot "*euaggelion*" entrent en relation ces verbes qui traduisent l'action du prédicateur: "*kērussein* (*Ga* 2,2; *1 Th* 2, 9; *1 Co* 15,11; *Mt* 4,23; 26,13; *Mc* 1,14; 16,15), *paradidonai* (*1 Co* 15,3), *euaggelizein* (-*esthai*) (*Ga* 1,11; *1 Co* 9,18; 15,1; *2 Co* 11,7); *katagellein* (*1 Co* 9,14)". Les termes suivants qui indiquent la réaction du *croyant* ont également "*euaggelion*" pour objet: "*paralambanein* (*1 Co* 15,1), *pisteuein* (*Ga* 2,7; *1 Th* 2,4; *1 Tm* 1,11; *1 Co* 15,2; *Mc* 1,15); *pistis* (*Ph* 1, 27; *Rm* 16,26)". Définissant l'évangile (*Rm* 1,1), le texte de *Rm* 1,3-4 définit la *foi*: il constitue une "confession de foi".[7]

---

[6] O. Kuss, *An die Römer*, 1-2; J. Cambier, *L'Evangile de Dieu selon l'épître aux Romains* (Bruges, 1967), I, 177-184.

[7] Lorsqu'une formule exprimant un *objet* de la foi primitive dépend de verbes tels que "*pisteuein, omologein, exomologein, kērussen, euaggel-esthai*", ou lorsqu'elle entre en relation avec les mots "*pistis, euagge-ion, euaggelia*", il faudra se demander si l'on ne serait pas en face d'une authentique "confession de foi". C'est là un vocabulaire technique de la prédication primitive que certains contextes, - nettement reconnus par ailleurs comme reliés à la foi primitive, - nous ont permis de découvrir. Il est intéressant d'étudier sous cet angle le texte de *1 Co* 15,1-3 et de *1 Co* 11,23.

2. *Dimensions de la confession de foi en Rm 1,3-4*

Dodd a qualifié de "préthéologie" cette confession de foi fournie par *Rm* 1,3-4: elle se limite à *déclarer* les faits que la théologie aura pour tâche d'élaborer. "Le texte (*Rm* 1,3-4) affirme des faits: Jésus fut un véritable homme; on reconnut en lui le Messie; après sa résurrection, non pas avant, on lui rendit un culte comme à un fils de Dieu".[8] Les participes *aoristes* qui structurent la formule de foi présentent ses affirmations comme des événements historiques, ponctuels. Par ce caractère, la confession de *Rm* 1,3-4 s'apparente de près aux formules vétérotestamentaires qui se bornaient à rappeler les hauts faits opérés par Yahvé au cours de l'histoire.

Un tel aspect historique ou "préthéologique" de *Rm* 1,3-4 témoigne en faveur de sa primitivité, mais on ne pourrait la reporter pour autant à la première étape franchie par les formules de foi néotestamentaires. Son aspect stylisé, sa structure même exigent une certaine maturation de la foi. Des cris ou "slogans" tels que "*Kyrios Iēsous*" (1 *Co* 12,3; *Rm* 10, 9) révèlent un stade plus primitif de la foi. Selon deux types de confession se seraient développées, d'après Cullmann, les premières formules christologiques: le schème "chair-esprit (*kata sarka, kata pneuma*)" aurait orienté le développement des unes (cf. 1 *P* 3,18; 1 *Tm* 3,16), et le couple "abaissement-élévation" aurait présidé à l'élaboration des autres (cf. *Ph* 2,6-11).[9] Il demeure difficile d'établir comment et dans quelle mesure ces schèmes bipartites ont commandé l'évolution des formules de foi. C'est un fait, toutefois, que de tels schèmes se retrouvent dans les confessions que nous avons signalées (1 *P* 3,18; 1 *Tm* 3,16; *Ph* 2,6-11); on lit celui de "chair-esprit" en *Rm* 1,3-4.

Un second aspect génétique, plus important, nous paraît à signaler: si l'un des versets de notre confession (*Rm* 1,3-4) a influencé la naissance de l'autre verset, auquel des deux faut-il accorder la priorité? L'ordre où ils apparaissent chez Paul pourrait nous induire en erreur, croyons-nous. Plusieurs croiraient que l'Apôtre, partant de la foi en la nature divine du fils pré-existant auprès du Père (*peri tou uiou autou*), en est venu à se le représenter en deux conditions d'existence très diverses: celles d'un homme "fils de David", puis d'un Kyrios puissant, exerçant les fonctions de roi et de sauveur.

Nous ne croyons pas que telle fut la genèse de la confession fournie par *Rm* 1,3-4. A l'origine de la foi paulinienne se situe le Seigneur glorieux et puissant qui renversa Paul. Au persécuteur était réservée cette participation à l'expérience pascale des apôtres qu'il pourchassait. C'est de la connaissance du Kyrios glorieux, exerçant sa seigneurie sur un puissant adversaire (*Ac* 9,13), que Paul en vint probablement à la foi au Kyrios divin, fils éternel de Dieu (*peri tou uiou autou*, *Rm* 1,3a). Ensuite il identifia au fils de David (*genomenou ek spermatos Dauid*, *Rm* 1,3a)

---

[8]C.H. Dodd, *The Epistle of Paul to the Romans* (London, 1932), p. 5.

[9]O. Cullmann, *La foi et le culte de l'Eglise primitive* (Neuchâtel, 1963), p. 71.

ce Seigneur puissant. Selon une telle genèse de *Rm* 1,3-4, le v. 4 rappor-
terait une vue toute primitive de la foi, et le "fils préexistant" du v.
3a appartiendrait à une étape postérieure de la foi chrétienne, chez Paul
comme dans la communauté primitive et le cercle des Douze. Différentes
expériences servirent cependant de point de départ à ce développement de
la foi: le foudroiement sur la route de Damas, pour Paul, et les événements pascaux eux-mêmes, pour les Douze et la première génération chrétienne. A ce point de vue, Cullmann a raison d'écrire: "La question de
la "divinité" du Christ dans le Nouveau Testament devrait être posée en
partant du titre de Kyrios et de la seigneurie universelle et absolue
qu'il implique. C'est la seule manière de la poser en termes bibliques,
car utiliser le schéma des "deux natures", c'est penser en catégories
grecques".[10]

Il faut noter un dernier aspect touchant la structure de *Rm* 1,3-4:
les deux modes d'être qu'attribue à Jésus cette confession se réfèrent à
des étapes bien différentes de la révélation. Au v. 3, Paul entre en relation avec le judaïsme, dont il accepte les espoirs *messianiques* réali-
sés en Jésus: Paul accepte la période historique où le judaïsme conduisait l'humanité vers un descendant de David comme vers le fils de Dieu
incarné (*kata sarka*). La seconde partie de la confession de foi (v. 4)
rappelle la glorification du ressuscité: à l'expérience messianique du
judaïsme (v. 3) est jointe celle de la Pâques chrétienne.[11]

3. *Raison d'être d'une confession de foi en Rm 1,3-4*

La confession de foi qu'ouvre le participe *"tou genomenou"* (*Rm* 1,
3b-4) est prépaulinienne, - nous le démontrerons, - et ne comporte aucun
caractère apologétique ou polémique. Mais Paul avait sans doute une intention apologétique en l'introduisant dans sa lettre aux Romains, en lui
donnant surtout un tel relief au coeur de l'adresse. Une circonstance explique son intention: il se présente aux Romains pour la première fois.

---

[10] O. Cullmann, *Christologie du Nouveau Testament* (Neuchâtel, Paris,
1958), p. 203.

[11] O. Michel, *Der Brief an die Römer* (Göttingen, 1954-55), p. 31.
B. Schneider accusait la dimension historique de *Rm* 1,3-4, au point que
l'objet du texte n'était plus la personne du Christ, mais l'histoire du
salut: "While some consider the description to be primarily ontological,
concerning Christ's two natures, human and divine, others see rather a
functional description of two corresponding phases of his existence; still
others, looking also to the preceding v. 2 that speaks of the promise be-
forehand, see three successive phases of salvation history that concern
all mankind, as Paul goes on to say in the following v. 5" (*Biblica* 38
(1967), p. 360). Qu'il y ait dans le texte une dimension historique, la
chose est indéniable. Mais Paul a présenté à l'esprit une *personne*, celle
du Christ en qui se réalise l'attente messianique dont témoignaient les
prophètes, *le Christ ressuscité et sanctifiant*.

On pourrait lui demander à Rome ses lettres de créance: il ne fait pas partie du collège des Douze auquel le Christ a confié son message authentique (*Mt* 28,19); il persécuta durement les chrétiens (*Ga* 1,13); il parle contre la Loi (*Ga* 3). Aux Romains qui s'interrogeraient sur l'orthodoxie de sa foi, Paul répond par avance en professant sa foi envers *Jésus Messie et Seigneur*. La confession n'était pas inutile.[12]

Dans la confession de *Rm* 1,3-4 perce chez Paul le désir de se concilier l'Eglise de Rome. Il tente de "rencontrer ses lecteurs encore inconnus, dans une même proclamation de la foi qu'il avait en commun avec eux".[13] Aussi peut-on déduire de cette circonstance que dans les passages où il fait appel aux données de la foi chrétienne, "il se réfère aux éléments qu'il partageait avec ces prédicateurs de l'"Evangile" que l'Eglise de Rome regardait comme ses fondateurs et ses chefs".[14] Le caractère prépaulinien de la confession rapportée en *Rm* 1,3b-4, son ampleur et sa situation exceptionnelle dans l'adresse de l'épître nous permettent de lui prêter cette *signification* que Paul formulait si nettement en *1 Co* 15, 11: "Bref, eux (les Douze, cf. vv. 5.7.9) ou moi, voilà ce que *nous* prêchons (*kêrussomen*). Et voilà ce que vous avez cru (*episteusate*)". Tel est le contexte paulinien du texte prépaulinien *Rm* 1,3b-4.

V - UNE CONFESSION DE FOI PREPAULINIENNE (*Rm* 1,3b-4)

Maints exégètes ont déjà reconnu le caractère prépaulinien de *Rm* 1, 3b-4. L'observation n'a rien de nouveau. Paul "*cite* là très probablement une confession de foi de la communauté primitive", écrivait Cullmann il y a plus de vingt ans.[15] Otto Kuss y voyait également des formules "empruntées à la tradition prépaulinienne".[16] Béda Rigaux parlait de "schèmes préexistants et déjà coulés dans des formes" que Paul utilisait dans ses

---

[12] Paul n'avait pas accompagné Jésus au cours de sa vie terrestre (*Ac* 1,21-22). De plus, ses attaques vigoureuses contre une certaine théologie de la "Loi" étaient de nature à faire naître bien des soupçons (*Ga* 2,4; *Ac* 15,1-2).

[13] F.-J. Leenhardt, *L'Epître de saint Paul aux Romains* (Neuchâtel, Paris, 1957), p. 23.

[14] C.H. Dodd, *The Apostolic Preaching and his Developments* (London, 1963), p. 14.

[15] O. Cullmann, *Les premières confessions de foi chrétienne* (Paris, 1943), p. 45; *Christologie du Nouveau Testament*, pp. 203, 253.

[16] Paul s'exprime en *Rm* 1,3-4 "mit Formulierungen, die wahrscheinlich weitgehend der vorpaulinischen Tradition entnommen sind", O. Kuss, *An die Römer*, p. 4.

lettres, en des passages tels que *1 Co* 15,3b-7a et *Rm* 1,2-5.[17] Ces vues
sont partagées par Bultmann,[18] Otto Michel,[19] Dodd,[20] J.A.T. Robinson.[21]
Nous verrons, à l'analyse du texte même, si un tel point de vue est fondé.

1. *Une circonstance historique*

Une circonstance historique (Paul n'a pas fondé l'Eglise de Rome)
nous conduisait tantôt à cette conclusion: "lorsque l'épître aux Romains
fait appel aux données de la foi, elle se réfère à l'évangile que Paul *partageait* avec les fondateurs de l'Eglise de Rome, car Paul veut donner des
garanties de sa foi chrétienne et se concilier cette Eglise."[22] Qu'alors
Paul recourût jusqu'aux *formules* que lui avait transmises la tradition, nous
pouvions le soupçonner: elles étaient toutes prêtes et, surtout, connues
de l'Eglise fondée à Rome par les Douze. Nous établirons la réalité d'un

---

[17]B. Rigaux, *Les Epîtres aux Thessaloniciens* (Paris, 1956), pp.
389-397; *Paul et ses lettres* (Paris, Bruges, 1962), p. 173.

[18]R. Bultmann, *Theologie des Neuen Testaments* (Tübingen, 1948-53),
p. 50.

[19]O. Michel, *Der Brief an die Römer* (Göttingen, 1954), p. 32.

[20]C.H. Dodd, *The Epistle of Paul to the Romans* (Londres, 1952),
pp. 4-5.

[21]J.A.T. Robinson, *Twelve New Testament Studies* (London, 1962),
p. 143, n. 10; W. Kramer, *Christos Kyrios Gottessohn* (Zürich, Stuttgart,
1963), pp. 105-108. Voir encore F. Hahn, *Christologische Hoheitstitel*,
Göttingen, 1963), pp. 251-252; C. Ruggieri, *Il figlio di Dio davidico.
studio sulla storia delle traditioni contenute in Rom* 1,3-4 (Analecta
Gregoriana, 166), (Roma, 1968), pp. 86, 102 (n. 38); B.M.F. van Iersel,
Der Sohn' in den synoptischen Jesusworten. Christusbezeichnung der Ge-
meinde oder Selbsbezeichnung Jesu? (Supp. to Novum Testamentum, 3), (Leiden,
1961), p. 71, n. 3; H. Schlier, "Zu Röm 1,3f", dans *Neues Testament und
Geschichte*. Festschrift Oscal Cullmann zum 70. Geburtstag (Zürich, Tübingen, 1972), p. 207: "Was Paulus dazu sagt, klingt wie ein Zitat, und
war wie ein Zitat von archaischem Charakter. Und so ist man denn auch,
seit man überhaupt auf Traditionsgeschichtliches auch in den paulinischen
Briefen aufmerksam geworden ist, ziemlich einheitlich der Meinung, dass
Paulus in Röm 1,3f, wo er den Inhalt des von ihm verkündeten Evangeliums
Gottes berührt, eine ihm vorgegebene und von ihm akzeptierte und interpre-
tierte christologische Credo-Formel vorlegt" (207). Schlier s'attache,
dans cette récente étude, à découvrir les divers stades que la confession
de *Rm* 1,3-4 dut connaître avant d'être reçue et modifiée par Paul. Cf.
F. Hahn, *Christologische Hoheitstitel*, p. 251, n. 3.

[22]"We may therefore take it that wherever in that epistle he appeals
to the data of the christian faith, he is referring to that which was common to him and to those preachers of the Gospel to whom the Church at Rome
looked as founders and leaders" (C.H. Dodd, *The Apostolic Preaching and
its Developments*, p. 14).

tel recours aux formules traditionnelles, en analysant les idées et le vocabulaire de *Rm* 1,3-4.

2. *Un point de vue christologique*

Certaines vues christologiques de *Rm* 1,3-4 rappellent, plutôt que
la christologie paulinienne, des exposés tels que celui de Pierre à la
Pentecôte (*Ac* 2,22-36).[23] L'on pensera surtout au v. 3, qui proclame la
descendance davidique de Jésus comme garantie de sa messianité: Paul ne
manifeste pas d'intérêt particulier pour cette christologie, dans l'ensemble de ses lettres. Deux fois seulement il cite le nom de David, les deux
fois dans la formule "*ek spermatos Dauid*" rapprochée du mot "*euaggelion*"
(*Rm* 1,3; *2 Tm* 2,18). Jamais il ne présente, comme le font les évangélistes, le "fils de David" (*Mt* 1,1; 9,27; 15,22; *Mc* 10,47.48; *Lc* 18,38.39,
etc.), ou la "maison de David" (*Lc* 1,17; 1,69; cf. *Did* 10,6). Nous com-
prenons fort bien, cependant, que l'Apôtre des Gentils, qui rompait si net
avec la Loi et l'ancienne Alliance (*Ga* 3), ait cru bon de professer sa foi
messianique au fils de David devant la communauté romaine. Probablement
dissipait-il ainsi bien des soupçons.[24] Une même intention aura pu inspirer le rappel d'une prophétie messianique très nette sur la fin de
l'épître (*Rm* 15,12; cf. *Is* 11,10).

3. *Un vocabulaire prépaulinien*

C'est surtout le vocabulaire de *Rm* 1,3-4 qui révèle le caractère
prépaulinien de ce texte. Nous laissons de côté le mot "*euaggelion*", -
qui remonte de toute évidence à la tradition chrétienne la plus primitive,[25]
- ainsi que le verbe "*proepaggellein*", qui n'est pas bien attesté (il ne
revient qu'en *2 Co* 9,5 dans le Nouveau Testament). Trois expressions de
la confession de foi elle-même (*Rm* 1,3b-4) nous intéressent davantage:
"*oristhentos, en dunamei, pneuma agiôsunês*". Le verbe "*orizein*" ne revient pas hors de *Rm* 1,4 chez Paul, alors que les Actes l'emploient assez
souvent (*Ac* 2,23; 10,42; 11,29; 17,26.31; cf. *Lc* 22,22; *He* 4,7). Les mots
"*dunamis, pneuma*" sont d'usage très fréquent dans le Nouveau Testament,
tandis que l'expression "*pneuma agiôsunês*" ne se lit pas dans l'Ecriture
hors de *Rm* 1,4.

Paul emploie souvent l'expression "*en dunamei*" (*Rm* 15,13.19; *1 Co*
2,4.20; *2 Co* 6,7; 12,12; *Col* 1,11.29; *1 Th* 1,5; *2 Th* 1,11), sans jamais

---

[23]F.-J. Leenhardt, *L'Epître de saint Paul aux Romains*, 23, n. 6.

[24]R. Bultmann, *Theologie des Neuen Testaments*, 51; C.H. Dodd, *The
Apostolic Preaching and its Developments*, 14.

[25]B. Rigaux, "Le vocabulaire paulinien antérieur à la Première Epître aux Thessaloniciens", dans *Sacra Pagina* (éd. J. Coppens, A. Descamps,
E. Massaux), (Paris, Gembloux, 1959), II, pp. 380-389; TWNT II, pp. 724-
728.

l'accoler cependant au "fils de Dieu", comme en *Rm* 1,4. La présence de *"en dunamei"*, ainsi employé, s'expliquerait ici de deux façons: a) Paul reçut peut-être de la tradition cette formule qu'il n'assimila pas dans sa langue personnelle: *"o uios Theou en dunamei"*; b) ou bien, - ce qui nous semble fort possible, - Paul précisa le sens *que comportait déjà* le titre "fils de Dieu" dans la formule traditionnelle qu'il citait: il aurait ajouté *"en dunamei"* pour indiquer plus clairement qu'il s'agissait du "fils de Dieu exerçant alors sa puissance salvifique".[26] Le sens inhabituel de l'expression "fils de Dieu" (cf. *1 Co* 15,28) aurait été ainsi précisé. Les deux explications proposées montrent le caractère spécial, non-paulinien, de l'expression *"uiou Theou en dunamei"*.

Nous ne lisons pas dans le Nouveau Testament, hors de *Rm* 1,4, la formule *"pneuma agiôsunês"*.[27] Paul parle plutôt du *"pneuma agion"* (*Rm* 5, 5; 14,17; 15,13; *1 Co* 12,3; *2 Co* 6,6; *1 Th* 1,5.6; *2 Tm* 1,14)[28] ou du *"pneuma Christou"* (*Rm* 8,9) (cf. *2 Tm* 1,7; *Ep* 1,13; *2 Co* 3,17).

Aux deux *expressions* peu pauliniennes *"uios Theou en dunamei"* et *"pneuma agiôsunês"* l'on pourrait joindre le *sens* non-paulinien des formules *"uios Theou"* et *"kata sarka"* en *Rm* 1,3-4.

---

[26] S. Lyonnet, *Exegesis Epistulae ad Romanos* [2], cap. I et IV (Romae, 1960), p. 54. H. Schlier découvre en *Rm* 1,3b-4 cette première formulation prépaulinienne: "Jesus Christus geworden aus dem Samen Davids, bestellt zum Sohn Gottes aus der Auferstehung der Toten". L'église judéo-chrétienne "in dem irdischen Jesus den messianischen Nachkommen Davids sah und seine Auferstehung von den Toten als Adoption und Intronisation zum Sohn Gottes das 'im Sinn einer messianischen Königstitulatur gebraucht' ist, verstand" ("Zu Röm 1,3f", dans *Neues Testament und Geschichte*, p. 213). Quant à nous, nous unirons tantôt *"uiou Theou"* et *"en dunamei"*: Jésus-Christ est établi "fils de Dieu en puissance". Selon Schlier, la formule prépaulinienne de *Rm* 1,4 ne comportait pas les mots *"en dunamei"*, ni ne parlait de Jésus comme "Seigneur". Paul introduirait dans la formule traditionnelle sa propre christologie en ajoutant les mots *"en dunamei"*: 'Fils de Dieu' en sa nature profonde, le Christ l'était depuis toujours dans la pensée de Paul; c'est ce fils de Dieu préexistant que Dieu envoya parmi les hommes, quand fut venue la plénitude des temps (*Ga* 4,4). La résurrection du Christ ne se caractérise donc pas, à l'esprit de Paul du moins, par la *constitution* ou la *manifestation* de Jésus comme "fils de Dieu", mais par le don fait au Christ et la manifestation de la puissance sanctifiante (*dunamis*) propre au Dieu qui le ressuscite (H. Schlier, "Zu Röm 1,3f", *op. cit.*, pp. 209-210).

[27] Le mot *"agiôsunê"* vient trois fois dans le Nouveau Testament: *Rm* 1,4; *2 Co* 7,1; *1 Th* 3,13. Le mot ne se lit pas dans la littérature grecque profane contemporaine des écrits canoniques du Nouveau Testament.

[28] La Septante parlait du *"to pneuma to agion"*, cf. *Is* 63,10.11; *Ps* 52(51), 13. L'on serait porté, surtout dans le *Ps* 52, à relier l'expression au thème du coeur nouveau de *Jr* 4,4; 24,7; 31,33; 32,39; *Ez* 36,25-27.

Notre étude exégétique établira que "*uios Theou*" porte des sens différents dans les versets 3 et 4. Désignant dans le premier cas le fils de Dieu le Père, il nomme ensuite le roi messianique qui, avec puissance, vient exercer sa fonction salvatrice. Comme nous le signalions tantôt, ce deuxième sens de l'expression ne revient chez Paul qu'en *1 Co* 15,28.[29] Quant à la formule, "*kata sarka*", elle désigne en *Rm* 1,3 l'appartenance de Jésus, comme Messie, à la descendance davidique; elle s'oppose au "*pneuma agiôsunês*" du v. 4, qui a trait à la condition du Seigneur Jésus ressuscité et sauveur. Or, ce sens de "*kata sarka*", ainsi opposé à "*kata pneuma*", n'est pas coutumier chez Paul.[30] Nous préciserons ce point sur la fin de notre étude exégétique du v. 4. Qu'il suffise pour l'instant de remarquer ceci: 1) le couple "*sarx-pneuma*" indique parfois chez Paul les *aspects* corporel et spirituel de l'homme, sans qu'aucune note péjorative ne s'attache à "*sarx*" (*2 Co* 7,1; *Col* 2,5); 2) d'ordinaire, Paul oppose la chair à l'esprit comme la sphère du *péché* à celle de la *grâce*; il donne ainsi à "*sarx*" une note péjorative accentuée (*Ga* 3,3; 5,17; 5,19-22; 6,8; *Rm* 7,25; 8,2-4. 5-9.12-13; *Ph* 3,3). Ce n'était pas de Paul que datait ce caractère péjoratif lié à "*sarx*". On voit en effet qu'après le récit de la faute originelle, la Genèse s'attache à décrire, en alignant certains méfaits significatifs, la montée du péché sur la terre (*Gn* 4,1-6,4). Or, au paroxysme de cette "crise du péché" se situe l'épisode où les "fils de Dieu" séduits par les "filles des hommes" (*Gn* 6,2) donnent naissance aux "héros du temps jadis" (*Gn* 6,4). En rapportant ainsi la "légende populaire sur les Nephilim", - les "tombés" (cf. *hébr. nâpal*), - l'auteur sacré "rappelle seulement ce souvenir d'une race insolente de surhommes, comme un *exemple de la perversité croissante* qui va motiver le déluge" (*Gn* 6,5-8,22).[31] Il nous importe de relever dans ce récit une phrase que prononce Yahvé au sujet de l'union des Nephilim aux "filles des hommes": "Que mon esprit (*to pneuma mou*) ne soit pas indéfiniment dominant (humilié?) dans l'homme, puisqu'il est chair (*dia to einai autous sarkas*)" (*Gn* 6,3). La Septante consacrait ainsi l'opposition "*sarx-pneuma*" comme celle du *péché* au *divin*, à tout élément spirituel où, selon les vues anciennes, se reflète le divin.

Il est encore un texte des Pastorales qui donne au couple "*sarx-pneuma*" une *signification semblable* à celle qu'il reçoit en *Rm* 1,3-4:[32]

---

[29] S. Lyonnet, *Exegesis Epistulae ad Romanos* [2], cap. I ad IV, 54.

[30] TWNT VII, pp. 125-126.

[31] R. de Vaux, *La Genèse* [2] (BJ) (Paris, 1962), note b) sur *Gn* 6,1. L'apocalyptique juive exploitera largement l'épisode de *Gn* 6,1-4 pour fonder la théologie des anges déchus, pour dramatiser des descriptions apocalyptiques (*Hénoch*, ch. 19 et 21). Cf. C. Westermann, *Genesis I-XI* (Darmstadt, 1972), p. 68.

[32] L. Cerfaux, *Le Christ dans la théologie de saint Paul*, p. 211. Werner Stenger traduit ainsi l'opposition *sarx-pneuma* en *Rm* 1,3 et *1 Tm* 3, 16; "Bereîch des Fleisches - Bereich des Gottesgeistes": "An dieser Stelle sind die beiden Begriffe wertmässig neutral zu verstehen. Sie besagen.../

le grand "mystère de la piété (le Christ)[33] a été manifesté dans la chair (*en sarki*), justifié dans l'Esprit (*en pneumati*)" (*1 Tm* 3,16). Il s'agit de deux conditions d'existence que connut le Christ. Le texte ne fait pas allusion à la chair comme à un élément faible ou pécheur. Or, la critique voit généralement en cette hymne de *1 Tm* 3,16 un emprunt à la tradition *prépaulinienne*.[34] La signification non-paulinienne que prend "*sarx*" en *Rm* 1,3 existait donc déjà dans la tradition prépaulinienne qui a créé l'hymne *1 Tm* 3,16.

4. *Conclusion*

A ces indices prépauliniens fournis par 1) une circonstance historique (Paul n'a pas fondé l'Eglise de Rome à laquelle il écrit), 2) la christologie de *Rm* 1,3b, 3) des mots peu familiers à l'Apôtre et 4) le sens de certaines expressions, nous pourrions ajouter plusieurs caractères *stylistiques* de la formule qui nous inclineront eux aussi à voir en *Rm* 1, 3b-4 un legs de la tradition prépaulinienne:[35] son style participial

---

/...einfach die Welt des Menschen und die Welt Gottes, 'unten' und 'oben' ohne sie näher, zum Beispiel als die sündhafte oder ähnlich, zu charakterisieren" (*Trierer Theologische Zeitschrift* 78 (1969), p. 38).

[33]Le pronom relatif masculin (*os*) est bien attesté tout au début de l'hymne; il ne peut que désigner le Christ. Les plus anciens et les meilleurs onciaux portent la leçon *os* (Ϩ *, A*, C*, G^{gr}). L'introduction du pronom neutre "*o*" s'explique aisément par le voisinage du neutre "*musterion*" avec lequel les scribes auraient accordé le pronom relatif qui suit immédiatement. Cf. B.M. Metzger, *A Textual Commentar on the Greek New Testament* (London, New York, 1971), p. 641.

[34]Voir, entre autres exégètes, L. Cerfaux, *Le Christ dans la théologie de saint Paul*, pp. 279, 281 (*1 Tm* 3,16 représente un "hymne (du "début du christianisme") conservé textuellement"); J. Schmitt, *Jésus ressuscité dans la prédication apostolique*, pp. 98-104; A. Descamps, *Les justes et la justice dans le christianisme primitif* (Louvain, 1950), pp. 84-89; G. Ruggieri, *Il figlio di Dio davidico*, p. 103 (n. 42), p. 106; H. Schlier, "Zu Röm 1,3f", dans *Neues Testament und Geschichte*, p. 109. W. Stenger, "Der Christus-hymnus in 1 Tim 3,16", *Trierer Theologische Zeitschrift* 78 (1969), pp. 33-48, se termine sur ces mots: "Wenn diese Vermutungen stimmen, sind schon sehr früh christologische Erhöhungsvorstellungen festzustellen, die im Gefolge der alttestamentlichen Theologie stehen und nicht von hellenistischen Vorstellungen her erklärt zu werden brauchen" (48).

[35]Nous nous sommes déjà expliqué sur le choix de ces critères prépauliniens dans notre ouvrage *Jésus Seigneur et l'eschatologie*. *Exégèse de textes prépauliniens* (Bruges, Paris, Desclée de Brouwer, 1967), pp. 31-36.

(cf. *1 Tm* 3,16; *1 P* 3,18), son extrême densité,[36] son parfait parallélisme (le participe et les compléments du v. 3 introduits par *"ek, kata"* forment un chiasme parfait avec leurs correspondants exacts du v. 4).[37] La liturgie, les professions de foi publiques moulent de telles formules.

Nous ne croyons pas cependant que le tout des vv. 3-4 soit d'origine prépaulinienne. (1) L'introduction *"peri tou uiou autou"* (v. 3a) présente Jésus comme le fils préexistant que le Père envoie d'auprès de lui parmi les hommes (*genomenou*). Vu la situation de cette formule *hors du parallélisme* formé par les vv. 3b-4, vu surtout que le "fils de Dieu" du v. 3a n'a pas la même signification que le "fils de Dieu" du v. 4, - nous l'établirons bientôt, - nous laisserons le début du v. 3 en dehors de la confession *prépaulinienne*. (2) Un second élément est peut-être paulinien: le complément *"en dunamei"* que Paul aurait ajouté à la formule prépaulinienne "fils de Dieu", pour *expliquer* le sens que possédait de fait la formule traditionnelle citée par Paul. (3) La fin du v. 4 nous paraît également enrichie par Paul: du simple "Jésus" que portait probablement le texte primitif,[38] Paul aurait fait le titre long "Jésus Christ notre Seigneur" qui lui est bien familier, et que l'on retrouve si souvent dans les introductions ou fins de lettre et, d'une manière générale, dans les passages dont Paul a particulièrement poli le style.[39] L'adresse de l'épître aux Romains entre de toute évidence dans cette catégorie de textes; nous sommes donc peu surpris d'y lire la titulature longue de *Rm* 1,4.

Nous ne pouvons comme Bultmann[40] voir un ajout paulinien en *"kata sarka - kata pneuma"*. Les réflexions que nous avons faites sur le sens de *"kata sarka"* en *Rm* 1,3 justifient, croyons-nous, notre point de vue: si l'on donnait à *"kata sarka"* un sens *paulinien*, nous nous demanderions s'il ne s'agirait pas d'un ajout de Paul dans un texte reçu de la tradition; mais rien ne nous autorise, dans le contexte de *Rm* 1,3-4, à donner à *"kata sarka"* le sens paulinien de "sphère du péché" ou de "faiblesse". Il nous paraîtrait donc bien arbitraire d'y voir un ajout de Paul.[41]

---

[36] Voir *1 Tm* 3,16; *1 P* 3,18 qui présentent ces caractères stylistiques.

[37] O. Kuss, *An die Römer*, pp. 4-5.

[38] W. Kramer, *Christos Kyrios Gottessohn*, p. 105.

[39] *Ibid.*, p. 216.

[40] R. Bultmann, *Theologie des Neuen Testaments*, p. 50 (cf. *Evangelische Theologie*, 31 (1971), p. 264; *Biblica*, 48 (1967), p. 369). Il est à remarquer que plusieurs formules christologiques regardées le plus souvent comme prépauliniennes comportent l'opposition *sarx-pneuma* (cf. *1 Tm* 3,16; *1 P* 3,18). Nous ne lirons pas chez Paul, hors de *Rm* 1,3-4, de formule christologique utilisant cette opposition.

[41] L. Legrand jugeait comme Bultmann que l'expression *sarka* représentait un ajout paulinien en *Rm* 1,3: ces mots "détonnent dans le contexte, car normalement, selon la christologie primitive, le thème de la descendance davidique ne se rapportait pas à la *faiblesse humaine* de.../

Les réflexions que nous venons de faire sur le caractère prépaulinien de *Rm* 1,3-4 nous permettent de lire ainsi la formule traditionnelle dont Paul hérita:

"*Iêsous*

o genomenos

   ek spermatos Dauid

     kata sarka,

o oristhentos uios Theou

   kata pneuma agiôsunês

  ex anastaseôs nekrôn"   (*Rm* 1,3-4).

VI - EXEGESE DE *Rm* 1,3

Maintenant établi le caractère de "confession de foi" et l'origine prépaulinienne de *Rm* 1,3-4, nous ferons l'exégèse de ce texte. Nous y découvrirons, à défaut du *titre Kyrios*, des aspects capitaux de la seigneurie de Jésus.

La *structure* du morceau est simple. Le mot "*euaggelion*" commande la confession des vv. 3-4: la préposition "*peri*" rattache étroitement ces versets à l'"évangile de Dieu" qu'annonçait le v. 1: "*euaggelion Theou... peri tou uiou autou*". L'évangile prêché par Paul a pour contenu essentiel le "fils de Dieu". De fait, ce titre caractérisera la christologie des épîtres pauliniennes (*Ga* 1,16; 2,20; 4,4; *Rm* 1,9; *1 Th* 1,10).[42] On le lit

---

/...Jésus. Le titre de Fils de David est au contraire messianique et rappelle la prophétie de Nathan et tout le courant prophétique du messianisme davidique" (L. Legrand, "L'arrière-plan néo-testamentaire de *Lc* 1,35", *Revue Biblique*, 70 (1973), p. 181). L'auteur aurait raison de voir en "*kata sarka*" un ajout paulinien, si vraiment l'expression se rapportait "à la faiblesse humaine de Jésus" en *Rm* 1,3. Or, Legrand n'établit pas que "*kata sarka*" comporte ce sens en *Rm* 1,3, et nous ne croyons pas qu'il pourrait le faire à l'aide de l'adresse de l'épître aux Romains. Une fois rejeté cet *a priori* injustifiable, "*kata sarka*" ne "détonne" pas du tout en *Rm* 1,3, la descendance davidique demeurant une grande dignité dont hériterait le vrai Messie, "Jésus Christ notre Seigneur" (*Rm* 1,4).

[42]L. Sabourin, *Les noms et les titres de Jésus* (Bruges, Paris, 1963), pp. 233-244; P.-E. Langevin, *Jésus Seigneur et l'eschatologie* (Bruges, Paris, 1967), pp. 73-80; G. Minette de Tillesse, *Le secret messianique dans l'évangile de Marc*, pp. 342-363; G. Ruggieri, *Il Figlio di Dio Davidico* (Roma, 1968), 148 pp.

quinze fois dans les grandes épîtres, une fois dans Colossiens et dans Ephésiens. Avant de nommer ce fils (v. 4b), la confession de foi le décrit en deux propositions participiales qui distinguent en lui deux modes d'être.

1. "Concernant son fils" (Rm 1,3a)

La fin de la confession éclaire en fait son début. Le v. 3a présente comme objet de l'évangile le "fils de Dieu" qui *devient* fils de David parmi les hommes (v. 3b): il s'agit donc du fils *préexistant* que le Père *envoie* avec une chair semblable à celle du péché (*pempsas*, Rm 8,3). Tel sera le sens habituel du titre "fils de Dieu" attribué à Jésus chez Paul (*Rm* 8,32; *Ga* 1,16; 2,20; 4,4; *Col* 1,13; *1 Th* 1,10).[43] Mais ce serait fausser la perspective du passage que de voir en cette indication du v. 3a le point de départ ou le centre de la réflexion paulinienne où s'insère la confession de foi primitive. C'est au fils de Dieu "JESUS CHRIST NOTRE SEIGNEUR" (v. 4b) que Paul pense durant toute cette confession des vv. 3-4. Il s'agira du "Christ historique, Dieu et homme, dans l'unité de sa personnalité *concrète* que Paul ne dissocie jamais, bien qu'il distingue ses divers états d'existence".[44] L'évangile de Paul annonce la personne du "Christ", comme nous le révèlent les expressions "*euaggelizesthai ton Christon*" (*1 Co* 9,12; *2 Co* 2,12; 9,13; 10,14; *Ga* 1,7; *Ph* 1, 27)" ou "*ton kyrion êmôn Iêsoun*" (*2 Th* 1,8). Il est capital de bien situer la confession des vv. 3b-4 entre les deux membres de phrase qui désignent la même personne "*tou uiou autou... Iêsou Christou tou Kyriou êmôn*". L'interprétation de la catégorie fondamentale "*kata sarka - kata pneuma*" dépendra largement de cette vision concrète.

2. "Issu de la lignée de David" (Rm 1,3)

a) "Genomenou"

Le propre fils de Dieu est entré dans l'histoire (*genomenou*) au plan des hommes, en s'insérant dans la lignée des descendants de David. Telle était la condition *humaine* de Jésus. "Genèse de Jésus-Christ, fils de David, fils d'Abraham", inscrira Matthieu en tête de son évangile (*Mt* 1,1), et Luc rappellera nettement que Joseph "était de la maison et de la lignée de David" (*Lc* 2,4).

La même confession de foi reviendra en *2 Tm* 2,8, associée comme en *Rm* 1,3-4 à l'évangile et à la résurrection:

> "**Souviens-toi** de Jésus-Christ,
> ressuscité (*egêgermenon*) d'entre les morts,

---

[43] O. Cullmann, *Christologie du Nouveau Testament*, p. 253.

[44] P. Benoît, *Les épîtres de saint Paul aux Philippiens, à Philémon, aux Colossiens, aux Ephésiens*[3] (Paris, 1959), p. 26.

> issu de la race de David (*ek spermatos Dauid*),
> selon mon évangile (*kata to euaggelion mou*)"
> (*2 Tm* 2,8).

Paul tient à donner à son message évangélique la double dimension messianique et pascale. Elles ne sont pas tellement éloignées l'une de l'autre, puisque la première trouve dans la deuxième sa pleine réalisation et manifestation (cf. *Ac* 2,36). Par cette double perspective, Paul se relie d'une part aux prophéties messianiques qui annonçaient à l'avance (*proepaggellesthai*) l'évangile (*Rm* 1,2) et, d'autre part, à l'événement de la résurrection, qui justifie l'enseignement du Christ et sa mission actuelle parmi les hommes: associer les hommes à sa propre résurrection (*Ep* 2,6; *1 Co* 15,20-21).

C'est l'épître aux Galates qui fournissait à l'avance le commentaire le plus éclairant de la confession de foi messianique citée en *Rm* 1,3:

> (4) "Quand vint la plénitude (*plēroma*) des temps,
> Dieu envoya (*exapesteilen*) son Fils
> né d'une femme (*genomenon ek gunaikos*)
> né sujet de la Loi (*genomenon upo nomou*)
>
> (5) afin de racheter les sujets de la Loi,
> afin de nous conférer l'adoption filiale (*uiothesian*)"
> (*Ga* 4,4-5).

(a) La venue (*genomenon*) du Fils de Dieu en ce monde répond à une volonté du Père, qui *envoie* le Fils: à lui revient l'initiative de l'incarnation (*Rm* 8,3) comme de la résurrection (*Rm* 10,9; 8,11; *Ga* 1,1; *Col* 2,12; *Ep* 1,20).[45] (b) La venue du Fils coïncide avec les "derniers temps" (cf. *Rm* 13,11; *He* 1,2); elle ouvre l'ère eschatologique. Mais elle garde toutes les apparences d'une simple naissance humaine,[46] comme le montrent les deux circonstances retenues par Paul: Jésus entre en ce monde comme fils d'une femme et soumis au joug de la Loi (*upo*). La condition humaine du Christ est identique à celle de ses contemporains, mais il vient accomplir une mission de salut exceptionnelle (*exagorasē*, *Ga* 4, 5) dont *Rm* 1,4 décrira tantôt une étape décisive, le fait pascal.

b) "Ek spermatos Dauid"

La confession de *Rm* 1,3 précise que le fils de Dieu naîtra de la lignée de David:[47] "*ek spermatos Dauid*". Paul proclame ainsi que

---

[45] Voir encore ces textes des *Actes* où Dieu est l'auteur de la résurrection: *Ac* 3,15; 4,10; 5,30; 10,40; 13,30.37.

[46] L'expression "*ginesthai ek*" désigne une naissance ou provenance humaine en *1 Esd* 4,16; *Tb* 8,6.

[47] Voir au sujet de ce titre christologique notre ouvrage *Jésus Seigneur et l'eschatologie*. Exégèse de textes prépauliniens (Bruges, Paris, 1967), pp. 290-296.

Jésus a comblé les espérances messianiques de l'Ancien Testament, qui avait exprimé sous différentes images sa profonde conviction que le Messie naîtrait de la descendance davidique. De la prophétie de Natân (*2 S* 7; *1 Ch* 17) était né ce messianisme royal: "Quand tes jours seront accomplis et que tu seras couché avec tes pères, je maintiendrai après toi le lignage issu de tes entrailles (*anastêsô to sperma sou meta se*) et j'affermirai sa royauté" (*1 R* 7,12). Cette promesse avait été retenue par Israël, qui fondait sur elle ses espérances messianiques: "Jamais David ne manquera d'un descendant qui prenne place sur le trône de la maison d'Israël", lit-on dans le livre de Jérémie (*Jr* 33,17).

Relevons trois images sous lesquelles l'Ancien Testament avait exprimé la descendance davidique du Messie attendu: celles du rejeton, du germe et de la corne.

L'image du "rejeton" se rencontre chez Isaïe:

(1) "Un rejeton sort de la souche de Jessé,
   un surgeon pousse de ses racines,

(2) sur lui repose l'esprit de Yahvé..." (*Is* 11,1-2).

Au-delà de David, Isaïe remontait ainsi à son père Jessé, comme le fera Paul en *Rm* 15,12.

La figure du "germe" messianique apparaît en plusieurs textes. Yahvé promet en Jérémie qu'il "fera germer pour David un germe de justice (*anatolên dikaian*)[48] qui exercera dans le pays droit et justice. En ces jours-là, Juda sera sauvé" (*Jr* 33,15-16). Le "rejeton de la souche de Jessé" devait lui aussi exercer une mission semblable, en "faisant droit aux miséreux en toute justice" (*Is* 11,1.3-5) et "rachetant le reste du peuple (de Yahvé)" (*Is* 11,11). Yahvé annonce encore à Zacharie la venue de son "serviteur Germe":

(8) "Voici que je vais introduire mon serviteur
   'Germe' (*ton doulon mou Anatolê*)...

(9b) et j'écarterai l'iniquité de ce pays,
   en un seul jour.

(10) Ce jour-là - oracle de Yahvé Sabaot - vous vous
   inviterez l'un l'autre sous la vigne et sous le
   figuier" (*Za* 3,8-10).

L'arrivée de "Germe" ouvrira les temps *messianiques*, comme on le voit à la purification morale du pays (cf. *Ez* 37,23; *Is* 11,9), à la bonne entente des hommes,[49] à l'abondance que suggère la rencontre "sous la vigne et le

---

[48] Le texte massorétique emploie le même mot "*sèmah*" en *Jr* 33,15; *Za* 3,8; le *Ps* 132(131) 17 emploiera la forme verbale "'*asmiah*".

[49] Voir *Is* 11,6-8; le prophète décrit la paix rétablie même entre les hommes et les animaux. Cf. *Os* 2,20; *Ez* 35,25.

figuier". Vigne et figuier se dessèchent (*Jl* 1,7.12), ou "donnent leurs richesses" (*Jl* 2,22; cf. *Ez* 35,27) pour que "les montagnes dégouttent de vin nouveau" (*Jl* 4,18), selon que Yahvé s'irrite contre son peuple ou comble ses espérances messianiques.

Le psalmiste unit l'image du "germe" à cet autre symbole messianique que nous avons mentionné: la *corne*.

> "Je ferai germer une corne pour David
> (*exanatelô keras tô Dauid*),
> j'apprêterai une lampe pour mon messie
> (*tô christô mou*)" (*Ps* 132(131) 17).

Le symbole de la corne désigne la "puissante descendance"[50] que Yahvé suscitera au roi David. Déjà le cantique d'Anne[51] exprimait en termes semblables son espérance messianique:

> "Yahvé juge les confins de la terre,
> il donne sa *force* à son *Roi* (cf. "*en dumanei*", *Rm* 1,4),
> il exalte la corne de son oint (*keras christou autou*)"
> (*1 S* 2,10).

Le rejeton, le germe et la corne de David désignent sous trois images différentes le même personnage qui comblerait l'attente messianique d'Israël. C'était un *caractère essentiel* de ce Messie qu'il descendît de David.[52] Aussi doit-on interpréter en un sens *messianique* cet attribut

---

[50]R. Tournay, R. Schwab, *Les Psaumes*[2] (Paris, 1955, note 1) sur *Ps* 132(131) 17; W. Foerster, art. "Keras", dans TWNT III, p. 668: "Dagegen wird im Alten Testament das Horn nicht nur als Ausdruck physischer Macht in prophetischer Symbolhandlung gebraucht (3 *Bas* 22,11) und in visionären Gesicht als Bild für die Macht, die Israel zerstreut hat, Sach 2, 1-4, sondern das Horn (kèren) ist im Alten Testament direkter Ausdruck für Macht"; cf. B. Couroyer, "Corne et arc", *Revue Biblique*, 73 (1966), pp. 510-521.

[51]*1 S* 2,9-10 a pour thème "(die) universale Herrschaft des Messias" (H.J. Stoebe, *Das erste Buch Samuelis* (Kommentar zum Alten Testament) (Gütersloh, 1973), p. 103). L'influence de ce cantique sur le *Magnificat* n'est pas douteuse; cf. *Lc* 1,69. Dans le texte de 1,69, "*kai êgeiren keras sôtêrias êmin en oikô Dauid paidos autou*", on retrouve l'expression "*kéras sôtêrias*" qui reçoit nettement dans le contexte du *Ps* 17(18), 3 le sens de *puissance salvatrice* (cf. *Ps* 89(88), 18; 92(91),11); "Er selbst ist der 'ewige Fels' (*Ps* 31,4; 42,10). Zu ihm als 'Burg', 'Schild' und 'hort' flüchten alle, die in Not und Gefahr schweben" (H.-J. Kraus, *Psalmen* (Biblische Kommentar Altes Testament) (Neukirchen, 1960), I, p. 142).

[52]On remarquera que Pierre conclut: "Dieu a fait Jésus *Seigneur et Christ*" (*Ac* 2,36), après avoir montré que Jésus accomplit la prophétie de Natân (*2 S* 7,12.16): "Dieu lui avait juré par serment de faire asseoir sur son trône un fruit de son rein" (*Ac* 2,30b).

du Fils de Dieu en *Rm* 1,3: "issu de la lignée de David selon la chair". Il ne s'agit pas d'un abaissement du fils de Dieu, mais de la *dignité messianique* qu'il reçut en naissant de la descendance de David.[53]

Du vivant de Jésus, depuis longtemps était établie la conviction que seul un descendant de David pourrait recevoir le "sceptre messianique".[54] C'est le sens théologique d'une telle filiation selon la chair, réalisée en Jésus, que dégage *Rm* 1,3 et que formulera l'Eglise primitive en nommant Jésus "fils de David", probablement pour répondre à la polémique juive (*Mt* 1,1; 9,27; 15,22; *Mc* 10,47.48; *Lc* 18,38.39).[55]

Réservant pour la fin de notre étude exégétique l'analyse du complément "*kata sarka*", nous passons maintenant à l'exégèse de *Rm* 1,4: "le Fils de Dieu établi Fils de Dieu avec puissance selon l'Esprit de sainteté, par sa résurrection des morts".

VII - EXEGESE DE *Rm* 1,4

Vu que le sens du participe "*oristhentos*" dépend de l'interprétation donnée au titre "*uiou Theou en dunamei*", nous analyserons en premier lieu cette expression.

1. "*Uios Theou*"

Deux remarques méthodologiques s'imposent au sujet du titre "*uios Theou*" qu'emploie *Rm* 1,4: a) nous ne pourrons en préciser pleinement le sens qu'après avoir étudié les trois compléments qui lui sont annexés et b) le sens du titre "*uios Theou*" dans la confession de foi *prépaulinienne*

---

[53] W. Kramer, *Christos Kyrios Gottessohn*, 106, n. 368: Kramer réfute à ce sujet J.M. Robin, *Kerygma und historische Jesu* (Zürich/Stuttgart, 1960), 69, n. 1. Voir aussi R. Bultmann, *Theologie des Neuen Testament*, 50 (l'expression est "mit (Messias) gleichbedeutend"). F. Hahn, *Christologische Hoheitstitel*, pp. 242-279.

[54] H.L. Strack, P. Billerbeck, *Kommentar zum Neuen Testament aus Talmud und Midrasch* (München, 1922), I, 12, 525; cf. *Ps Sal.*: "Behold, O Lord, and raise up unto them their king, *the son of David*, at the time in which Thou seest, O God, that he may reign over Israel Thy Servant" (*Ps Sal.*, 17,23(21)) (R.H. Charles, ed., *The Apocrypha and Pseudepigrapha of the Old Testament in English* (Oxford, 1913, 1963), II, p. 649).

[55] O. Cullmann, *Christologie du Nouveau Testament*, p. 110; F. Hahn, *Christologische Hoheitstitel*, "Die Davidssohnschaft Jesu in ältester Tradition", pp. 242-251 (p. 246).

ne coïncidait pas nécessairement avec la signification que le même titre reçoit dans l'introduction *paulinienne* de *Rm* 1,3a (*peri tou uiou autou*) ou dans quelque autre texte paulinien.[56]

Notre premier souci sera de passer rapidement en revue les sens possibles du titre "fils de Dieu" dans l'Ancien Testament, le judaïsme et l'Eglise primitive.

L'Ancien Testament considérait comme "fils de Yahvé" des personnages bien divers, dont les anges (*Gn* 6,2-4; *Jb* 1,6; 2,1; 38,7; *Ps* 29(28) 1; 89(88) 7), le peuple juif (*Ex* 4,22; *Jr* 3,19; *Is* 1,1-2; 63,15-16; *Ml* 1, 6; *Ps* 80(79) 16),[57] ses juges (*Ps* 82(81) 6) et les *descendants de David* (*2 S* 7,14; *Ps* 2,7; 89(88) 27). Cette dernière application du titre "fils de Dieu" nous intéressera particulièrement, vu que la prophétie de Natân donnera naissance au messianisme royal dont Jésus réalisera les espérances.[58]

Si l'on se fie au témoignage de l'Hénoch éthiopien (105,2) et du quatrième livre d'Esdras (7,28.29; 13,32.37.52; 14,9),[59] le *judaïsme* du premier siècle chrétien aimait nommer le Messie "fils de Dieu",[60] sans y voir cependant une filiation naturelle ou l'idée de préexistence.[61]

Le sens *messianique* de "fils de Dieu" n'est pas très favorisé par les écrits pauliniens. Le "fils de Dieu" y vient plutôt comme le rédempteur que le Père envoie (*Ga* 4,4.6; *Rm* 8,3; cf. *1 Th* 1,10): il se livre pour nous (*Rm* 8,32), opère la rédemption (*Ga* 2,20; *Rm* 5,10; *Col* 1,13); par la connaissance (*Ep* 4,13) et l'imitation (*Rm* 8,29) du Fils nous devenons nous aussi fils de Dieu. Un seul texte paulinien appelle "fils de Dieu" le roi messianique qui, avant de se soumettre lui-même à Dieu (*1 Co* 15, 28), soumet tous les êtres et réalise ainsi le *Ps* 110(109) 1: "Il faut qu'il *règne* jusqu'à ce qu'il ait placé tous ses ennemis sous ses pieds" (*1 Co* 15,25). Un texte des Actes nous suggérerait que Paul donnait au

---

[56]O. Kuss, *An die Römer*, p. 9.

[57]Voir encore *Os* 11,1; *Jr* 31,9; 31,20; *Est* 16,15; *Sg* 18,13; *Dt* 32,6.

[58]Voir notre ouvrage *Jésus Seigneur et l'eschatologie. Exégèse de textes prépauliniens*, pp. 290-296.

[59]G. Dalman, *Die Worte Jesu* [2] (Leipzig, 1930), p. 221, croit que ce texte de l'Hénoch éthiopien est une interpolation tardive. H. Gressmann, *Der Messias* (Göttingen, 1929), pp. 383-384, regarde ces passages du quatrième livre d'Esdras comme des ajouts "chrétiens".

[60]H.K. Strack, P. Billerbeck, *Kommentar zum Neuen Testament aus Talmud und Midrash*, III, 17. "Ergibt sich, dass das Motiv der Gottessohnschaft in seiner ausgeprägten Form, also im Sinne der Amtseinsetzung und Herrschaftsübertragung, im Bereich das palästinischen Spätjudentums sachlich zum königlichen Messianologie gehört" (F. Hahn, *Christologische Hoheitstitel*, p. 287).

[61]H.L. Strack, P. Billerbeck, *op. cit.*, III, p. 20.

titre "fils de Dieu" un sens messianique marqué: deux formules en apparence synonymiques y sont présentées côte à côte: "(Saul) se mit à prêcher Jésus dans les synagogues, *proclamant qu'il est Fils de Dieu*" (*Ac* 9,
20) et "Saul... confondait les Juifs de Damas en *démontrant que Jésus est
bien le Christ*" (*Ac* 9,22). Mais les épîtres de Paul ne font pas écho,
- sinon en *1 Co* 15,28, - à cette identification *messianique* du Fils de
Dieu. Mais cette constatation ne nous justifierait pas de refuser à *Rm*
1,4 ce sens messianique: le contexte immédiat constitue un argument sérieux en faveur du sens messianique, en *Rm* 1,4, et le caractère prépaulinien du texte, largement assuré par ailleurs, nous laisse une liberté
exceptionnelle à l'égard des emplois *pauliniens* du titre "fils de Dieu".
L'important, dans l'occurrence, est d'avoir constaté que le sens messianique existait dans l'Ancien Testament, que le judaïsme du premier siècle
de l'ère chrétienne, l'Eglise primitive (*Ac* 9,20.22) et Paul lui-même
(*1 Co* 15,28) le connaissaient. Le titre "fils de Dieu" en *Rm* 1,4 fait-il
allusion à la filiation divine naturelle de Jésus ou bien à sa royauté
messianique? Seul le reste du verset peut apporter une solution. Le complément "*en dunamei*" est à cet égard d'une importance capitale.

2. "*En dunamei*"

Le sens fondamental de "*dunamis*" est *puissance*, qu'il s'agisse de
la vigueur personnelle (physique, spirituelle), ou bien de l'autorité possédée. Mais la signification du mot variera beaucoup, en *Rm* 1,4, selon
que "*en dunamei*" complète le participe "*oristhentos*" ou le titre "*uiou
Theou*". Dans le premier cas, il s'agit de la puissance que manifeste le
Père en ressuscitant (*ex anastaseôs*) Jésus, tandis que la seconde hypothèse ferait de la "*dunamis*" un attribut personnel de Jésus qui, par sa résurrection, acquiert une puissance exceptionnelle qui lui permettra d'opérer le salut des hommes en les sanctifiant (*kata pneuma agiôsunês*).

a) "Oristhentos en dunamei"

1° *Puissance et résurrection*

Certains relient "*en dunamei*" au participe "*oristhentos*". Une
première raison les oriente vers cette solution: le voisinage de la résurrection (*ex anastaseôs*). L'Eglise primitive, écrit Sanday, "regarde
la résurrection comme un miracle ou une manifestation éclatante de la
puissance de Dieu".[62] "Dans la résurrestion du Christ éclate, victorieu-
se, la puissance de Dieu", écrit Grundmann.[63] Cette raison est sérieuse,

---

[62] W. Sanday, A.C. Headlam, *A Critical and Exegetical Commentary on
the Epistle to the Romans* [4] (Edinburgh, 1900), p. 9.

[63] "In der Auferweckung Jesu bricht die Kraft Gottes sieghaft durch"
(TWNT II, 305). "Ci pare allora di poter senz'altro affermare che quando
si parla di risurrezione nel NT il sostantivo *dunamis* è sempre applicato
a Dio o alla sua azione ed esercita una funzione attiva nei riguardi del
Cristo. Non esiste mai, nell'azione stessa del suscitare, un legame.../

moins décisive toutefois qu'il ne semblerait au premier regard.

(a) Nous ne pouvons contester que souvent l'Eglise primitive attribue à la puissance *de Dieu* la résurrection de Jésus; les témoignages en sont nombreux et clairs. Une formule de foi toute primitive disait: "Dieu a ressuscité des morts Jésus (ou le "Christ") (*o Theos auton êgeiren ek nekrôn*)" (*Rm* 10,9; *1 Th* 1,10; *Rm* 8,11; *Ga* 1,1; *Col* 2,12; *Ep* 1,20; *Ac* 3,15; 4,10; 5,30; 13,37.30; 10,40; *1 P* 1,21). Deux textes attirent notre attention en mentionnant la *"dunamis"* du Père: "Dieu (*o de Theos*), qui a ressuscité le Seigneur, nous ressuscitera, nous aussi, par sa puissance (*exegeirei dia tês dunameôs autou*)" (*1 Co* 6,14); "(le Christ) a été crucifié en raison de sa faiblesse, mais il est vivant par la puissance de Dieu (*zê ek dunameôs Theou*)" (*2 Co* 13,4).

Sur ce dernier texte s'appuyaient tantôt les affirmations de Sanday: "Le parallèle (entre *Rm* 1,4 et *2 Co* 13,4) établit la relation de *"en dunamei"* avec *"oristhentos"* plutôt qu'avec *"uiou Theou"*: le Père a manifesté avec puissance le Fils de Dieu en le ressuscitant des morts".[64] L'argument ne nous paraît pas décisif, disions-nous, parce qu'un texte *paulinien*, tel *2 Co* 13,4, ne suffit pas à "déterminer" de façon péremptoire le sens d'une formule prépaulinienne (bien que les formules pauliniennes demeurent précieuses pour interpréter la tradition qui leur a donné naissance si tôt dans la vie de l'Eglise primitive). Surtout, la *structure* du passage *2 Co* 13,2-4 nous oriente, croyons-nous, vers une solution contraire à celle de Sanday. Paul écrit aux Corinthiens que s'il

---

/...Cristo - potenza, ma sempre, anche in Paolo, potenza - risurrezione di Cristo. E' soltanto nel rapporto Cristo elevato - noi che la mediazione avviene mediante la sua *dunamis* e Cristo è il soggetto attivo della *dunamis* (cf. *2 Pt* 1,16)" (G. Ruggieri, *Il figlio di Dio davidico* (Roma, 1968), p. 93). Ruggieri regarde donc comme décisive en l'occurrence la liaison si souvent établie entre la résurrection du Christ et la puissance de Dieu. Que la puissance du Père s'exerce dans la résurrection du Christ, nous ne songerions à le contester. Mais rien n'empêche toutefois de voir le *ressuscité lui-même* comme investi dorénavant de puissance, capable dès lors de poursuivre l'oeuvre de salut amorcée en lui par le Père. "'Der Sohn Gottes in Macht' ist für ihn der durch die Macht Gottes von den Toten Erweckt, 1 Kor 6,14. Er ist der welcher gekreuzigt wurde in Schwachheit, aber lebt aus der Macht Gottes', 2 Kor 13,4. Er selbt ist nun *Theou dunamis* 1 Kor 1,24 und gibt sich als der Auferstandene in seiner *dunamis* und als *dunamis* zu erfahren, 1 Kor 5,4; 2 Kor 12,9; Phil 3,10, und zwar im Geist und seinem Wirken, Röm 15,13; 1 Kor 2,4.5, und kraft des Evangeliums, dass das Wort solcher Macht und daher selbst solche *dunamis* ist, Röm 1,16; 1 Kor 1,18; 1 Thess 1,5 u.a. In Jesus Christi Parusie wird sich solche Macht offenbaren, 2 Thess 1,7. Der 'Sohn Gottes in Macht' ist Jesus Christus als der Kyrios" (H. Schlier, "Zu Rm 1,3f", dans *Neues Testament und Geschichte*, p. 210).

[64] W. Sanday, A.C. Headlam, *A Critical and Exegetical Commentary on the Epistle to the Romans* [4], p. 9.

les visite une troisième fois, il sera "sans pitié (*ou pheisomai*)" (*1 Co* 13,2), puis il continue:

> (3a) "Vous voulez, n'est-ce pas, une preuve que *le Christ* parle en moi,
>
> (3b) lui qui n'est pas *faible* à votre égard (*ouk asthenei*), mais qui est *puissant* parmi vous (*dunatei*),
>
> (4a) Certes, il a été crucifié en raison de sa *faiblesse* (*astheneias*), mais il est vivant par la *puissance* de Dieu (*ek dunameôs Theou*)
>
> (4b) Et nous aussi: nous sommes faibles en lui bien sûr, mais nous serons *vivants avec lui* (*sun autô*) par la *puissance de Dieu* (*ek dunameôs Theou*)"
>
> (*2 Co* 13,3-4).

Pour justifier l'attitude forte et rigoureuse qu'il tiendra à Corinthe, Paul en appelle à la conduite du *Christ* envers les Corinthiens: la puissance *possédée par le Christ* est l'objet de ces versets: "lui qui est puissant parmi vous", dit l'Apôtre (v. 3b). Le Christ ne s'est pas montré faible, mais puissant envers vous; ainsi le serai-je, pense Paul (vv. 2-3a). Il n'en demeure pas là: il réaffirme, en découvrant leur origine, le puissance du Christ (v. 4a) et la sienne propre (v. 4b). La faiblesse du Christ s'est manifestée lors de sa crucifixion (v. 3b), mais sa puissance (*os dunatei*, v. 3b) apparaît maintenant dans sa vie de ressuscité, qu'il tient, il est vrai, de la puissance du Père (*ek dunameôs Theou*, v. 4a): le second membre du v. 4a justifie le second membre du v. 3b, qui attribuait *au Christ* la puissance. Le v. 4a n'oppose pas la faiblesse du Christ et la puissance de Dieu, mais deux états ou moments de la carrière du Christ: *autrefois* le Christ fut crucifié (*estaurôthê*), *maintenant* il vit (*zê*). Le passage du premier état au second exigeait une extrême puissance, car il fallait vaincre la mort. Le Christ a reçu de Dieu cette puissance (v. 4a): non seulement *s'est exercée* en lui la puissance de Dieu, mais il la *possède*, il en vit. C'est pourquoi il agit avec puissance maintenant (*dunatei*, v. 3a) et, si nous vivons avec lui (*sun autô*, v. 4b), nous participerons à la puissance divine maintenant possédée par le Christ.

Une ressemblance réelle rapproche *Rm* 1,4 et *2 Co* 13,4, nous le concédons volontiers: les deux textes parlent de puissance (*dunamis*) et de résurrection (le crucifié qui maintenant *vit*, en *2 Co* 13,4, jouit évidemment d'une vie de *ressuscité*). Leur rapprochement joue en un sens que ne semble pas soupçonner Sanday: la "puissance de Dieu" est passée au Christ ressuscité, *lui appartient*, tel est le témoignage rendu par *2 Co* 13,2-4. Pour attribuer vraiment au Christ la puissance qu'il possède, nous serons donc inclinés à relier "*en dunamei*" au titre "*uiou Theou*", plutôt qu'à "*oristhentos*".

Notre interprétation de *2 Co* 13,4, trouve une confirmation en *1 Co* 1,24: au "Christ crucifié" (*1 Co* 1,23), Paul oppose le Christ "puis-

sance de Dieu (*Theou dunamin*) et sagesse de Dieu" (v. 24); "ce qui est faiblesse de Dieu (*asthenes*)" est présenté comme "plus fort (*ischuteron*) que
les hommes" (v. 25). Les thèmes et le mouvement de la pensée ressemblent
à ceux de *2 Co* 13,4. Or, le Christ possède, selon Paul, la puissance et
la sagesse de Dieu, en *1 Co* 1,24, comme il *était* folie et scandale aux
yeux des Juifs et des païens. Ainsi, le Christ *possède* si bien la puissance venue de Dieu, que la prédication *kérygmatique* de Paul (*kêrussomen*,
1 Co 1,23) identifie le Christ en lui donnant le NOM de "*Theou dunamis*".
Comment hésiterions-nous à reconnaître ensuite à Jésus le titre "*uios Theou
en dunamei*" en *Rm* 1,4, si le contexte immédiat le permet, ou même l'exige,
en cet endroit?

2° *Valeur secondaire de "en dunamei" en Rm 1,4*

Si nous lisons en *Rm* 1,4 l'expression "fils de Dieu avec puissance", nous mettons en valeur "*en dunamei*": il transforme le titre christologique "*uios Theou*"; puis le titre même où figure "*en dunamei*" prend
dès lors une importance capitale dans le verset. Aussi le P. Boismard,
- qui accepte pourtant notre point de vue précédemment exposé, à savoir
que "le Christ *participera* à cette puissance (du Père) qui l'a ressuscité",[65] - refuse-t-il de lier "*en dunamei*" au titre "*uios Theou*" en *Rm* 1,
4, par crainte de donner au complément "*en dunamei*" une importance qui ne
lui reviendrait pas. Le Père avance trois raisons principales pour justifier le rôle *secondaire* de "*en dunamei*": (1) les vv. 3a-4 forment un
parallèle antithétique (*kata sarka - kata pneuma*); or, le premier membre
(v. 3a) contient l'idée de faiblesse comme secondaire; le second membre
doit donc laisser la même valeur secondaire à l'aspect "puissance".
(2) De plus, "la puissance appartient *en droit* au Père"; son exercice par
le Fils ne peut demeurer qu'une idée secondaire. (3) Enfin, la résurrection révèle un simple kyrios ou Fils de Dieu, non pas un kyrios ou un Fils
de Dieu *en puissance* (cf. *Ph* 2,6-11; *Ep* 1,18-21; *Ac* 2,32-35; 13,23.34).

(1) La première raison du P. Boismard remarque à bon droit que
le v. 3a ne *souligne* pas l'aspect faiblesse. Paul prononce plutôt une
double confession de foi, messianique et pascale, en décrivant deux *digni-
tés* de Jésus. Mais si la "puissance" caractérise la seconde dignité, il
faut bien lui laisser son relief, que nous le voulions ou non. Or, il en
est bien ainsi, comme nous le soulignerons en étudiant la troisième raison du P. Boismard: nous établirons que Jésus *Kyrios* est essentiellement
un être de puissance.

(2) Que la puissance appartienne *en droit* au Père, bien des textes l'affirment: l'expression "*dunamis Theou*" en témoigne (*1 Co* 1,24; 6,
14; *2 Co* 13,4); le déploiement de puissance (*Ph* 1,20) qu'exigea la résurrection de Jésus est attribué régulièrement au Père, nous l'avons déjà

---

[65] M.E. Boismard, "Constitué Fils de Dieu (*Rom* 1,4)", *Revue Biblique*, 60 (1953), p. 11. H. Schlier partage le point de vue de Boismard
(H. Schlier, "Zu Rm 1,3f", dans *Neues Testament und Geschichte*, p. 210).

signalé.[66] Mais la "puissance de Dieu" peut être communiquée au Christ; elle l'est en réalité (*1 Co* 1,24; 6,14; *2 Co* 13,4); la possession d'une telle puissance chez le Christ ne peut prendre pour lui qu'une importance de première valeur.

(3) La troisième raison qu'invoque le P. Boismard nous paraît la plus faible de toutes; elle joue contre sa propre thèse, en fait. A sa résurrection, croit-il, Jésus devient kyrios ou Fils de Dieu "simpliciter", non pas "en puissance (*en dunamei*)".[67] Mais le titre Kyrios contient la puissance comme un élément essentiel.[68] L'hymne de *Ph* 2,6-11 présente un kyrios devant qui "*tout*, au nom de Jésus, *s'agenouille*, au plus haut des cieux, sur la terre et dans les enfers" (*Ph* 2,10-11). La résurrection confère encore au Christ une seigneurie universelle, une "puissance" extrême, en *Ep* 1,19-22: Dieu "ressuscite d'entre les morts (le Christ), le fait siéger à sa droite, dans les cieux, bien au-dessus de toute Principauté, Puissance, Vertu, Seigneurie, et de tout autre nom..." Enfin, le discours de la Pentecôte voit réaliser par le Christ ressuscité (*Ac* 2,31) le *Ps* 110(109) 1:

> "Le Seigneur a dit à mon Seigneur (*tô kyriô mou*):
> SIEGE A MA DROITE, jusqu'à ce que j'aie fait de tes
> ENNEMIS un escabeau pour tes pieds" (*Ac* 2,34-35).

La *puissance* définit la position même du ressuscité, "à la droite de Dieu", dominant tous ses ennemis. Comment parler de "simple Kyrios", par opposition au "Kyrios avec puissance"?

L'on pourrait argumenter du discours d'*Ac* 13 pour établir qu'en ressuscitant Jésus, Dieu le révèle *fils "simpliciter"*. Paul cite à cet endroit le *Ps* 2,7 comme une prophétie qui réalise la résurrection: "tu es mon *fils*, moi-même aujourd'hui je t'ai engendré" (*Ac* 13,33). Mais rappelons qu'il est souvent délicat d'argumenter à partir d'une *citation* en s'en tenant à sa *lettre* même ("mon *fils*"). La chose devient d'autant plus contre-indiquée, en l'occurrence, que le *Ps* 2 continuait ainsi:

> "Demande, et je te donne *les nations* pour héritage,
> pour domaine les extrémités de la terre; tu les bri-
> seras avec un *sceptre de fer*, comme vases de potier
> les fracasseras" (*Ps* 2,8-9).

---

[66] Voir ci-haut, pp. 298-301.

[67] M.E. Boismard, "Constitué Fils de Dieu (*Rom* 1,4)", *Revue Biblique*, 60 (1953), p. 12.

[68] Dès son origine indogermanique, le mot *kurios* signifie d'abord la puissance, la force ("stark sein"). Au moins depuis Eschyle, le mot signifie dans la langue grecque "Gewalt, Machtfülle" (TWNT III, 1040). Cet aspect de *kurios* ne se perdra jamais. Jésus devient "Seigneur" par sa résurrection (*Rm* 10,9; *Ac* 2,36) parce qu'il reçoit alors gloire et honneur (*doxa, timê*), mais surtout parce qu'il reçoit alors la puissance ou le pouvoir (*exousia, Mt* 28,18): "*Kyrios* ist wer *exousia* hat" (TWNT III, p. 1088).

Paul voyait sans doute la *puissante royauté messianique* décrite en ces vv. 8-9 du psaume, lorsqu'il en citait le v. 7: le titre messianique "mon fils"[69] suffisait à évoquer l'ensemble du texte qui décrivait la "puissante royauté messianique". Ce cas illustre très bien le principe qu'a dégagé C.H. Dodd dans son étude des "autorités" vétérotestamentaires que citait le Nouveau Testament à l'appui de son enseignement: l'Eglise choisit très tôt un certain nombre de larges sections, surtout chez les Prophètes (Isaïe, Jérémie...) et dans les psaumes; elle renvoyait à l'une de ces *sections* qui servaient de témoignages capitaux, en citant un *extrait* de la section.[70] Or, le *Ps* 2 était l'un de ces témoignages capitaux utilisés par l'Eglise primitive.[71] Nous sommes donc autorisés, par la pratique coutumière de l'Eglise primitive, à lier à la citation du *Ps* 2,7 en *Ac* 13,33 les vv. 8-9 du même psaume. Nous ne pourrons plus, dès lors, voir en *Ac* 13,33 un "fils *simpliciter*", mais bien un "fils *avec puissance*.

L'hymne de *Ph* 2,6-11 et le discours de la Pentecôte (*Ac* 2,32-36) nommaient Jésus *Seigneur* en lui attribuant l'exercice d'une puissance divine. Sans mentionner le titre "Kyrios", *Ep* 1,18-21 décrivait cette autorité ou puissance universelle en la liant à la résurrection.

3° *Conclusion*

Les raisons que certains exégètes ont apportées pour relier *"en dunamei"* au participe *"oristhentos"*, faisant ainsi de la puissance un attribut personnel de Dieu le Père, nous semblent donc peu fondées. Ni les liens qu'établissent certains textes néotestamentaires entre la "puissance divine (*dunamis Theou*)" et la résurrection de Jésus; ni le rôle secondaire que devrait jouer selon eux le complément *"en dunamei"* en *Rm* 1,4, n'appuient suffisamment leur thèse.

b) "Uiou Theou en dunamei"

La *"dunamis"* dont parle *Rm* 1,4 désigne la puissance que le Christ, fils de Dieu, possède depuis sa résurrection.

(1) Une première raison *positive* nous oriente vers cette solution: la proximité grammaticale de *"uiou Theou"* et *"en dunamei"* en *Rm* 1, 4. Nous lions spontanément les deux expressions ainsi rapprochées. L'argument n'est pas décisif à lui seul, mais nous aurions tort de le négliger.

(2) Une seconde raison nous conduit vers la même solution: la structure participiale de la confession de foi en *Rm* 1,3-4. L'on pourrait concevoir que Paul ait voulu parler du "fils de Dieu (v. 3a) manifesté avec puissance fils de Dieu (v. 4a)": la filiation divine que possédait

---

[69] Voir ci-haut, pp. 296-298.

[70] C.H. Dodd, *According to the Scriptures* (London, 1952, 1961), p. 126.

[71] C.H. Dodd, *op. cit.*, pp. 31-32; J. Dupont, "L'interprétation des psaumes dans les Actes des Apôtres", dans *Le Psautier*, études éditées par R. De Langhe (Louvain, 1962), pp. 371-377.

déjà le Christ aurait été manifestée de façon éclatante à la résurrection. Mais la structure *parallèle* de la confession nous invite à rapprocher les deux participes (*tou genomenou, tou oristhentos*) plutôt qu'à unir le second participe au *"peri tou uiou"* du v. 3a, comme le ferait nécessairement la solution qui lirait "concernant son Fils... *manifesté avec puissance (oristhentos en dunamei) Fils de Dieu"*. Nous préférons la lecture qui progresse d'un participe à l'autre, c'est-à-dire de la *descendance messianique (genomenou)* à l'accomplissement pascal (*oristhentos*) de la *royauté messianique (uiou Theou en dunamei)*. Les deux mentions du titre "fils de Dieu" ne constituent plus alors une répétition banale, ni ne marquent différents degrés dans la manifestation de la même réalité: le "fils de Dieu" du v. 3a désigne plutôt la filiation divine naturelle du Christ, fondement de cette royauté messianique que reconnaît au Christ le titre "fils de Dieu" dans le v. 4.

(3) En répondant aux arguments qui, tantôt, tentaient de relier *"en dunamei"* à *"oristhentos"*, nous avons déjà exprimé une troisième raison favorable à notre interprétation: plusieurs passages des épîtres pauliniennes (*Ph* 2,6-11; *Ep* 1,18-21; *2 Co* 13,4) et des Actes (*Ac* 2,22-36; 13, 23-24) montrent Dieu ressuscitant Jésus et, par là, lui communiquant la puissance d'un kyrios souverain. Le ressuscité est *constitué* "fils de Dieu en puissance".

c) Conclusion

Vu ces arguments positifs que nous croyons fondés, ainsi que la faiblesse des raisons avancées par la thèse opposée, nous pouvons conclure que le complément *"en dunamei"* se rapporte à *"uiou Theou"*: il désigne la puissance (de Dieu) *possédée* par le Christ; il attribue au descendant de David (v. 3b) la royauté messianique qu'annonçaient les *Ps* 2,7 (cf. *Ac* 13,33) et 110(109) 1 (cf. *Ac* 2,34; *1 Co* 15,25). L'accent du verset porte sur *"en dunamei"*, sans pour autant accuser l'idée de "faiblesse" dans le v. 3a: une puissance nouvelle caractérise une *nouvelle dignité* du Christ au v. 4a, sans diminuer la dignité messianique exprimée par le v. 3a.[72] Pour accomplir une nouvelle mission, - que décrira tantôt *"pneuma agiôsunês"*, - le Fils de Dieu reçoit une "puissance" spéciale.

---

[72]Nous n'accepterons pas le point de vue qu'exprime A. Nygren, *Der Römerbrief* (traduit du suédois) (Göttingen, 1951), p. 42: avant la résurrection, le Christ était, selon Nygren, fils de Dieu "dans la faiblesse et l'abaissement" (in Schwachheit und Erniedrigung"); il l'est maintenant "dans la gloire et la puissance" (in Herrlichkeit und Machtvollkommen). C'est une exégèse assez douteuse de *Rm* 1,3-4, croyons-nous. Nous préférons l'interprétation de O. Michel, *Der Brief an die Römer* (Göttingen, 1954), p. 32, qui donne un sens eschatologique à *"en dunamei"* ("Der attributive Zusatz *"en dunamei"* bezeichnet die eschatologische Erscheinungsform"). La résurrection établit Jésus dans la "seigneurie eschatologique" (cf. *Ac* 2,17.31-33) qui lui permet d'opérer le *salut*, réalité essentiellement eschatologique chez Paul (*Rm* 10,9-13).

Ainsi, la résurrection met en valeur moins la filiation divine de Jésus, que la puissance liée à sa filiation messianique.[73] C'est le "sceptre puissant (*rabdon dunameôs*, *Ps* 110(109) 2) du roi messianique que reçoit le ressuscité. Isaïe prophétisait qu'Israël verrait la naissance d'un enfant nommé "Dieu fort" (*Is* 9,5), qui affermirait "dans le droit et la justice (cf. *Is* 11,4-5) le trône et la royauté de David" (*Is* 9,6). Jésus ressuscité prend possession de cette royauté messianique; alors vient sur lui en plénitude "l'esprit de sagesse (*sophias*) et d'intelligence, esprit de conseil et de force (*ischuos*)" (*Is* 11,2). Ainsi la résurrection constitue le Christ "puissance de Dieu et sagesse de Dieu (*Theou dunamin kai Theou sophian*)" (*1 Co* 1,24).

3. *"Ex anastaseôs nekrôn"*

Au "fils de Dieu en puissance" est étroitement lié le complément qui termine la confession de foi: *"ex anastaseôs nekrôn"*. En effet, le titre "fils de Dieu en puissance" peut désigner à la fois la *royauté messianique*, - comme les développements antérieurs l'ont montré, - et la *seigneurie* de Jésus *ressuscité*, comme l'établira le présent développement.[74] Il ne nous sera donc pas indifférent de voir *Rm* 1,4 relier la *résurrection* au titre "fils de Dieu en puissance".

Plus que la *présence* du complément *"ex anastaseôs nekrôn"* en *Rm* 1, 4, le sens de *"nekrôn"* et de la préposition *"ek"* nous poseront des problèmes.

a) Sens de la préposition "ek" en Rm 1,4

La préposition *"ek"* est ambiguë en *Rm* 1,4: introduit-elle la résurrection comme un point de départ *temporel* ou comme une *cause*? La résurrection marque-t-elle le moment où l'on commence d'attribuer à Jésus

---

[73]"Nicht die Gottessohnschaft überhaupt, sondern *die Gottessohnschaft in der Fülle der Kraft* hat er durch die Auferstehung, der gegenüber die Kenose der Inkarnation als 'astheneia' erscheint" (TWNT II, 305). Aussi peut-on dire que dans *1 Cor* 1,24 "ist der Christus schlechthin die 'Kraft Gottes' genannt. In seiner alle Macht der Finsternis und des Todes überwindenden Kraft ist er die Kraft Gottes" (W. Grundmann, TWNT II, 305).

[74]Qu'il suffise de rappeler ici le cas de *2 Co* 4: Paul y emploie quatre fois de suite le titre "Jésus"; puis, soudain, il parle de Dieu qui a "ressuscité le *Seigneur* Jésus"; enfin, le titre "Jésus" revient aussitôt (4,14). Un certain nombre de manuscrits, il est vrai, dont P[46] et B omettent *kurion*; mais le nombre et surtout la diversité des témoins qui portent *kurion* est fort impressionnant. Nous pouvons voir dans les leçons omettant le mot *kurion* une harmonisation de *2 Co* 4,14 avec *Rm* 8,11a (B.M. Metzger, *A Textual Commentary on the Greek New Testament* (London, New York, 1971), p. 579).

le titre "fils de Dieu avec puissance", ou ne serait-elle pas plutôt l'événement qui transforme Jésus et, du coup, constitue Jésus "fils de Dieu
avec puissance"?

Certains exégètes optent résolument pour la valeur purement temporelle.[75] Le P. Lagrange se tient à mi-chemin entre les deux solutions
possibles. Il refuse de voir un lien causal entre résurrection et "fils
en Dieu en puissance", parce que, écrit-il, "c'est la nature propre du
Christ qui le définit Fils de Dieu, qui l'établit dans sa puissance".
"Par contre, continue le P. Lagrange, la "manifestation" de la gloire du
Christ ne *suit* par la résurrection, comme un événement succède à un autre
dans le temps: la préposition "*ek*" marque donc moins que la causalité et
plus que la postériorité: une concomitance bien adaptée".[76] Nous recon-

---

[75]Le sens de *ex* est assez difficile à préciser en *Rm* 1,4. F.-J.
Leenhardt pose ainsi le problème: "La résurrection du Christ est-elle la
cause de l'exaltation du Christ, ou la manifeste-t-elle? *Ex* peut soutenir
les deux significations: *en vertu de*... ou *depuis*. L'ambiguïté est, dans
le texte, encore accentuée par l'absence d'article" (*L'épître de saint
Paul aux Romains* (Neuchâtel, Paris, 1957), p. 23). Des traducteurs conservent avec soin l'ambiguïté. Ainsi du chanoine Osty: "(son Fils) établi Fils de Dieu avec puissance selon l'esprit de sainteté, *en suite de*
(sa) résurrection des morts" (*La Bible*, Paris, 1973). La *Traduction oe-
cuménique de la Bible* semble opter pour l'interprétation 'causale':
"...Fils de Dieu avec puissance par sa Résurrection d'entre les morts"
(*Nouveau Testament*, Paris, 1972); mais la note infrapaginale rétablit aussitôt l'ambiguïté, dirions-nous: "On peut encore traduire: *après sa résurrection*. Quoi qu'il en soit, l'accent porte sur les mots *avec puissance*.
Ce n'est pas la Résurrection qui a fait de Jésus le Fils de Dieu, mais à
la Résurrection, Dieu l'a souverainement élevé (*Ph* 2,9) et lui a donné la
gloire (*1 P* 1,21) et la puissance suprême (*Ep* 1,20-23)" (note i sur *Rm*
1,4, p. 450). Des commentateurs, - du moins à lire leur traduction, sinon leur commentaire philologique, - optent pour le *sens temporel* de *ex*
(M. Luther, "seit", cf. O. Michel, *Der Brief an die Römer* [10], p. 32; A.
Viard, *Épître aux Romains* (Pirot-Clamer) (Paris, 1948), p. 25; O. Kuss,
An die Römer [6]; F.-J. Leenhardt, *L'épître de saint Paul aux Romains*, p.
22); nombreux sont les commentateurs qui optent nettement pour le *sens
causal* de *ex*: O. Michel, *Der Brief an die Römer* [10], pp. 25, 32 ("auf
Grund von"); P. Althaus, *Der Brief an die Römer* [8] (Das Neue Testament
Deutsch, 6) (Göttingen, 1954), p. 7; S. Lyonnet, *Exegesis Epistulae ad
Romanos* [2] (Romae, 1960), p. 48; J. Cambier, *L'Evangile de Dieu selon
l'épître aux Romains*. Exégèse et Théologie biblique (Bruges, 1967), I,
p. 182, n. 1.

[76]M.J. Lagrange, *L'épître aux Romains* [3] (Paris, 1920), p. 8. Le
commentaire du P. Lagrange sur les Romains, qui eut sans doute une large
influence sur l'interprétation du texte - du moins chez les catholiques-,
demeure assez flou, à propos du sens de *ex* dans *Rm* 1,4. La "concomitance
bien adaptée" dont il parle ne manque pas d'intérêt! Il "a cherché à éviter les difficultés des principaux systèmes proposés" (*ibid.*, p. 9), plutôt qu'à les résoudre, semble-t-il.

naîtrons volontiers, comme le P. Lagrange, la causalité *première*, fondamentale, de la "nature propre du Christ", mais nous ne croyons pas que cette causalité élimine celle de la résurrection, surtout si l'on voit dans le titre "fils de Dieu avec puissance" une *fonction*, plutôt qu'un aspect de la *nature* du Christ. Pour notre part, nous reconnaîtrons une causalité réelle à la résurrection: elle constitue Jésus, elle l'établit dans la fonction de "fils de Dieu avec puissance".

(1) Nous trouvons dans le parallèle "*ek spermatos Dauid - ex anastaseôs nekrôn*" un premier argument en faveur de notre interprétation. La "lignée de David" *produit* vraiment le Christ. Un authentique lien causal rapproche les deux réalités. Nous serions inclinés à donner une valeur semblable au membre parallèle, le v. 4b, introduit par la même préposition "*ek*": la résurrection constitue le Christ en fonction et dignité de "fils de Dieu avec puissance".

(2) Plusieurs textes de Paul et des Actes suggèrent la même solution, sans qu'aucun d'eux ne fournisse toutefois de preuve décisive. (a) L'épître aux Ephésiens souhaite que nous connaissions:

- "quelle extraordinaire grandeur la puissance (du Père) revêt pour nous, les croyants,

- selon la vigueur de sa force, qu'il a déployée en la personne du Christ,

- *le ressuscitant* d'entre les morts et

- *le faisant siéger à sa droite*, dans les cieux..."
  (*Ep* 1,19-20).

Le texte de Paul continue en développant l'idée de "puissance royale", semblable à la puissance que nous avons reconnue au Christ en *Rm* 1,4 (*uiou Theou en dunamei*). Un simple "*kai*" réunit résurrection et puissance royale; mais nous mettrions plus qu'une pure coïncidence temporelle entre deux thèmes aussi bien accentués et rapprochés en plusieurs textes pauliniens. (b) La confession de *Rm* 10,9, par exemple, présente comme quasi synonymes les expressions "Jésus est Seigneur" et "Dieu a ressuscité Jésus".[77] Nous comprendrions bien une telle façon de faire, si un membre exprime la cause, et l'autre, l'effet produit: l'un est pour ainsi dire dans l'autre, l'un peut désigner l'autre. (c) Un troisième texte paulinien, - ou mieux, prépaulinien,[78] - va dans le même sens:

---

[77] J. Cambier, *L'Evangile de Dieu selon l'épître aux Romains*, I, pp. 184-193. A. Nygren voit une "même et unique pensée" ("im Grunde ein und dasselbe") dans les deux formules de *Rm* 10,9 (*Der Römerbrief*, p. 274).

[78] Le caractère prépaulinien de *Ph* 2,6-11 ne fait pas de doute à nos yeux. Des éléments tels que *Christos* (v. 11) et *thanatou de staurou* (v. 8b), furent sans doute introduits par Paul dans l'hymne originelle reçue de la tradition. Ce n'est pas le lieu d'établir avec toutes les nuances qui s'imposeraient, le caractère prépaulinien de ce texte et de chacune de ses parties (cf. P. Lamarche, "L'hymne de l'épître aux Philippiens et la kénose du Christ", dans *L'homme devant Dieu*. Mélanges offerts au.../

(8) "(Le Christ) s'humilia plus encore...

(9) Aussi Dieu l'a-t-il exalté (*uperupsôsen*) ET lui
a-t-il donné le Nom qui est au-dessus de tout
nom..." (*Ph* 2,8-9).

Le verbe "exalter" désigne en *Ph* 2,9 au moins la résurrection, comme une étape de la glorification de Jésus. Deux emplois de "*upsôsen*" nous suggèrent cette interprétation (*Ac* 2,33; 5,31). Remarquons surtout que le Nom du v. 9b est celui de "Kyrios" proclamé au v. 11: il atteste la puissance royale universelle de Jésus Christ. Les deux thèmes *résurrection* et *puissance royale* sont de nouveau si étroitement unis, qu'une pure coïncidence temporelle suffit difficilement à expliquer pareil rapprochement.

Nous ajouterions à ces trois textes pauliniens deux témoignages tirés des Actes. (d) Pierre ne se contente pas d'établir sur la preuve scripturaire du *Ps* 16(15) 8-11 la résurrection du Christ (*Ac* 2,25-28): il relie celle-ci à la promesse de Natân (*2 S* 7,12): "Comme il savait que Dieu lui avait juré par serment de faire *asseoir sur son trône* (cf. puissance royale) un descendant de son sang, il a vu d'avance et annoncé la *résurrection* du Christ" (*Ac* 2,30). La promesse de Natân, - fondement du *messianisme royal* dans la tradition juive, - est accomplie par la *résurrection* du Christ. Le texte suggère donc que la résurrection *conféra* vraiment au Christ la puissance messianique royale (*uiou Theou en dunamei*, *Rm* 1,4).

(e) Un autre discours des Actes voit réaliser par la résurrection de Jésus le messianisme royal (*uiou Theou en dunamei*):

"La promesse faite à nos pères (*Ac* 2,23), Dieu l'a
accomplie en notre faveur à nous, leurs enfants:
IL A RESSUSCITE JESUS.
Ainsi (*ôs*) est-il écrit au psaume premier:
TU ES MON FILS, moi-même aujourd'hui je t'ai engendré
(*Ps* 2,7)" (*Ac* 13,32-33).

On se rappellera que le *Ps* 2 continuait ainsi: "Demande et je te donne les nations pour héritage... Tu les briseras avec un sceptre de fer" (*Ps* 2,8-9). Le lien étroit que les Actes établissent entre la *résurrection*, d'une part, et l'octroi de la *puissance royale messianique*, d'autre part, est de nouveau si étroit, qu'on y verrait volontiers un rapport de cause à effet.

Conclusion

Nous avions le choix entre deux solutions sur le sens de "*ek*" dans l'expression "*ex anastaseôs*" (*Rm* 1,4): la préposition établissait un lien temporel (point de départ) ou un rapport *causal* entre la résurrection

---

/...P. Henri de Lubac (Paris, 1964), p. 148, notes 4 et 5). Voir ci-haut notre exposé des pp. 284-291 sur le caractère prépaulinien de *Rm* 1, 3-4.

du Christ et son titre "fils de Dieu avec puissance". La seconde solution nous a paru plus sûre que l'autre, vu les arguments que nous avons présentés: 1) le parallèle "*ek spermatos - ex anastaseōs*"; 2) les indications fournies par trois textes pauliniens (*Ep* 1,18-21; *Rm* 10,9; *Ph* 2,9-11) ainsi que par deux discours des Actes (*Ac* 2,30; 13,32-33).[79]

b) "Anastaseōs nekrōn"

La formule touchant la résurrection soulève un second problème en *Rm* 1,4: pourquoi Paul écrit-il "*anastaseōs nekrōn*" plutôt que "*autou* (i.e. *Iēsou*) *anastaseōs*"? Diverses réponses ont été apportées: a) Paul choisit la formule de *Rm* 1,4 à cause de sa sonorité et de sa brièveté (raison stylistique): b) Paul voudrait souligner la *qualité* de l'événement par lequel le Christ est entré dans sa fonction et dignité de "fils de Dieu en puissance" (raison théologique); 3) la formule de *Rm* 1,4 est attribuable à la *négligence* de Paul qui, en réalité, voulait écrire "*autou anastaseōs*"; 4) Paul indique plutôt la *participation* du Christ à ce grand phénomène de la "résurrection" qui devrait atteindre tous les hommes (raison théologique).[80]

L'expression de *Rm* 1,4 désigne *au moins* la résurrection du Christ, tous les exégètes s'entendent sur ce point: la confession de *Rm* 1,3-4 concerne Jésus; il serait étrange que la résurrection dont elle parle soit étrangère à son objet central. Ce point essentiel suffirait pour fonder notre précédent exposé sur la "causalité" de la résurrection du Christ en *Rm* 1,4. Nous pouvons nous demander encore comment expliquer le choix de la formule ici employée par Paul.

(a) Remarquons d'abord que l'Apôtre transmet peut-être littéralement une formule reçue de la tradition. (b) De plus, la présence de "*nekrōn*" n'étonnera nullement, vu que le Nouveau Testament unit régulièrement la mention de la *résurrection* à celle des *morts*: la formule "*egeirein ek nekrōn* y revient sans cesse.[81] (c) La densité qui est de rigueur dans le genre littéraire "confession de foi" à influencé d'autant plus sûrement le choix de la formule "*ex anastaseōs nekrōn*" en *Rm* 1,4,

---

[79] On pourra préciser le sens *causal* de l'expression "*ex anastaseōs*" en lisant les auteurs suivants: J. Schmitt, *Jésus ressuscité dans la prédication apostolique*, p. 69; L. Cerfaux, *Le Christ dans la théologie de saint Paul* [2] (Paris, 1954), pp. 12, 65, 236, 333. Cerfaux s'exprime ainsi: "Le Christ est 'esprit de sanctification' (*Rm* 1,4). Ce texte est ce que Paul a écrit de plus expressif: 'le Christ est né de la semence de David selon la chair; il a été établi Fils de Dieu en puissance, dans l'ordre de l'esprit de sanctification, *depuis et par* la résurrection des morts'" p. 236). Cf. S. Lyonnet, *Exegesis Epistulae ad Romanos* [2], Cap. I ad V, p. 48; W. Kramer, *Christos Kyrios Gottessohn*, p. 38, n. 85.

[80] A. Nygren, *Der Römerbrief*, pp. 42-43.

[81] Voir *Rm* 4,24; 6,4.9; 7,4; 8,11; 10,9; *1 Co* 15,12.20; *Ga* 1,1; *Col* ,12; *Ep* 1,20; *1 Th* 1,10; *2 Tm* 2,8; *1 P* 1,21; *He* 11,19; *Ac* 3,15; 4,10.

que le membre parallèle "*ek spermatos Dauid*" était déjà très bref. Une fois employé "*nekrôn*", par ailleurs, le pronom "*autou*" aurait alourdi la formule. (d) Enfin, la raison théologique qui voudrait souligner la *qualité* de l'événement *résurrection* nous paraît solide: le *fait* de ressusciter implique en soi une victoire sur la *mort*, suprême ennemi de Dieu (*1 Co* 15,26). Pareille domination sur la mort exigeait l'exercice d'une grande puissance (*en dunamei*).

Ces observations nous inclinent à croire que Paul ou la tradition prépaulinienne livrait, plutôt que le fruit d'une négligence stylistique, une formule très significative, choisie à dessein, en employant l'expression "*ex anastaseôs nekrôn*".

4. "*Pneuma agiôsunês*"

Il nous reste à déterminer le sens d'un dernier élément de *Rm* 1,4: "*kata pneuma agiôsunês*". L'expression ne vient pas ailleurs dans la Sainte Ecriture. Nous en connaissons un seul emploi hors de l'Ecriture, dans le *Testament de Lévi* (18,7). Le mot "*agiôsunê*" lui-même ne se présente que cinq fois dans la Septante (*Ps* 30(29) 5; 96(95) 6; 97(96) 12; 145(144) 5; *2 M* 3,12): quatre cas l'appliquent à Dieu, et le cinquième, au Temple de Jérusalem (*2 M* 3,12). Seuls trois textes de Paul portent le mot "*agiôsunê*" dans le Nouveau Testament (*Rm* 1,4; *2 Co* 7,1; *1 Th* 3,13). Il ne sera pas aisé, dans ces circonstances, de déterminer avec certitude le sens de la formule "*pneuma agiôsunês*".

(1) Certains ont vu en *Rm* 1,4 un pur synonyme de "*pneuma agion*",[82] plus solennel cependant,[83] qui désigne la *troisième personne* de la Trinité, soit comme l'agent de la manifestation glorieuse (*oristhentos en dunamei*) du Christ, soit comme un don que répand le Christ pour manifester sa puissance.[84]

L'on pourrait fonder une telle opinion sur l'aspect sémitique de la formule "*pneuma agiôsunês*", qui rappelle l'hébreu "*rûah haqqôdèch*", traduit d'ailleurs par "*to pneuma to agion*" dans la Septante (*Is* 63,10.11; *Ps* 51(50) 13).

---

[82] F.-J. Leenhardt, *L'épître de saint Paul aux Romains*, p. 23, n. 4: *pneuma agiôsunês* est la réplique exacte d'Esprit Saint (*Es* 62,10; *Ps* 51, 13). En s'exprimant ainsi, Leenhardt reprend Procksch ("genaue Wiedergabe des hebräischen rûah (haggôdèch)"). Procksch précisait ainsi sa pensée: "Die *agiôsunê* ist hier also *identisch mit der Göttlichkeit*" (TWNT I, 116). Cf. G. Ruggieri, *Il figlio di Dio davidico*, pp. 109-112.

[83] "Das *feierliche* Ausdruck (*statt kata pneuma agion*) klingt semitisierend (Gen. qual. *Bl. Debr.* 165)" (O. Michel, *Der Brief an die Römer*, 32).

[84] J. Huby, S. Lyonnet, *Saint Paul, Epître aux Romains* (Paris, 1957), p. 45, rapporte cette opinion.

(2) D'autres exégètes relèvent ce sémitisme de *Rm* 1,4, mais reconnaissent au mot un sens différent de celui de *"pneuma to agion"*. Car, disent-ils, Paul connaît l'expression *"to pneuma (to) agion"* (*Rm* 5,5; 9,1; 14,17; 15,13.16; *1 Co* 6,19; *2 Co* 6,4.6; *Ep* 4,30; *1 Th* 1,5...); qu'il ait reçu de la tradition ou forgé la formule *"pneuma agiôsunês"*, il ne l'écrit pas en *Rm* 1,4 sans avoir en vue un sens particulier. Il a pu "vouloir éviter la confusion avec l'Esprit personnel... et en même temps insister sur la sainteté de l'esprit dont il parlait".[85] Ou bien Paul pensait à "l'Esprit qui représente et *donne* la sainteté divine".[86]

(3) Beaucoup d'interprètes de *Rm* 1,4 s'entendent pour refuser l'exégèse qui verrait en *"pneuma agiôsunês"* une personne *distincte* de celle du Christ. L'antithèse *"sarka - pneuma"* fonde d'ordinaire ce refus: *"sarka"* désignant un aspect du *Christ*, il convient que *"pneuma"* concerne également la personne du Christ.[87] Mais ces auteurs divergent beaucoup entre eux lorsqu'ils s'attachent à préciser le sens positif de la formule. Selon Sanday, *Rm* 1,4 ne désigne pas la nature divine du Christ, mais le *pneuma humain*... dans lequel réside la divinité ou la personnalité divine".[88] Joseph Schmitt lisait en *Rm* 1,4 la condition spirituelle, divine, du Christ, une "nature divine" semblable à celle que *Jn* 4,24 exprimera.[89] Quant au P. Lagrange, il préférait à "sanctification" la traduction "sainteté": "après la résurrection, écrivait-il, il ne peut être question d'un changement dans le Christ".[90] Nous objecterions à cette opinion du P. Lagrange qu'il ne faut pas regarder comme un "a priori" indiscutable que *"agiôsunê"* désigne un changement *postérieur* à la résurrection, ou même

---

[85]A. Viard, *Epître aux Romains* (Pirot-Clamer), p. 25.

[86]L. Legrand, "L'arrière-plan néo-testamentaire de *Lc* 1,35", *Revue Biblique*, 70 (1963), p. 180.

[87]"Es geht Paulus hier um beides, um das Verständnis Jesu 'vom Menschen' her und 'von Gott her'" (O. Michel, *Der Brief an die Römer* [10], p. 32). - "Jesus ist in seinem Erdenleben beides, Fleisch und Geist, daher auch Davids Sohn und Gottes Sohn... Aber Paulus beschreibt nicht nur zwei Seinsweisen, sondern auch zwei *Stadien* der Geschichte Jesu Christi" (P. Althaus, *Der Brief an die Römer* [8], p. 7).

[88]Deux opinions assez différentes s'opposent sur ce point: le *pneuma agiôsunês* serait soit la nature divine du Christ (cf. O. Procksch, TWNT I, 116), soit "the spiritual part of Christ's human nature, endowed with extraordinary, supernatural holiness, which, further, from the time of the resurrection now informs a body to which it communicates a supernatural glorified spiritual existence" (B. Schneider, "*Kata pneuma agiôsunês* (Romans 1,4)", *Biblica*, 48 (1967), p. 369). - W. Sanday, A.C. Headlam, *A Critical and Exegetical Commentary on the Epistle to the Romans* [4], p. 9.

[89]J. Schmitt, *Jésus ressuscité dans la prédication apostolique* (Paris, 1949), p. 103; O. Kuss, *An die Römer*, pp. 6-7.

[90]M.J. Lagrange, *L'épître aux Romains* [3], p. 7.

un changement opéré dans la personne du Christ. Ne s'agirait-il pas, précisément, d'une qualité *inhérente* à la résurrection du Christ et concernant avant tout les *chrétiens*?

(4) Nous croyons, pour notre part, que *"pneuma agiôsunês"* porte en *Rm* 1,4 un sens *dynamique*: il s'agit de l'esprit du Christ, très saint, vu cependant comme une puissance *sanctifiant* les hommes. Voici nos raisons d'opter pour cette interprétation.

(a) Même si *Rm* 1,4 vient de la tradition prépaulinienne, les conceptions de Paul peuvent nous aider à comprendre ce verset, dans la mesure où les *vues pauliniennes* témoignent de la tradition qui les avait engendrées. Or, plusieurs fois Paul présente la résurrection du Christ comme orientée vers la *sanctification* des hommes (*agiôsunê*). "Nous croyons, dit saint Paul, en celui qui a ressuscité d'entre les morts Jésus notre Seigneur, livré pour nos fautes et ressuscité pour notre justification (*dikaiôsin*)" (*Rm* 4,25). Certains textes des Romains nous associent à la mort du Christ afin que, "comme le Christ est ressuscité des morts par la gloire du Père, nous *vivions* nous aussi dans une vie nouvelle" (*Rm* 6,4); nous sommes morts avec le Christ "pour appartenir à un autre, à Celui qui est ressuscité d'entre les morts, afin que nous *fructifiions* pour Dieu (*karpophorêsômen*)" (*Rm* 7,4). Ainsi le "dernier Adam" montre-t-il qu'il est "un esprit vivifiant (*pneuma zôopoioun*)" (*1 Co* 15,45). *"Pneuma agiôsunês"* dit plus, en fait, que *"pneuma zôopoioun"*: "Puisque l'Esprit appartient à la sphère du divin qui est non seulement vie, mais aussi sainteté, saint Paul précise maintenant (en *Rm* 1,4): la résurrection l'a fait Esprit sanctificateur, en même temps qu'esprit vivifiant; la vie qu'il donne est une participation à la vie du ciel, divine, essentiellement sainte".[91]

Jésus a vraiment "reçu la puissance de Fils de Dieu et l'activité spirituelle sanctifiante, par la résurrection des morts"... Le "Fils de Dieu ressuscité est, - ce qu'il n'était pas avant, - force divine *agissant* dans l'humanité", la *sanctifiant* (*agiôsunê*).[92]

(b) La *structure* du texte *Rm* 1,1-4 nous suggère deux rapprochements qui confirment le sens dynamique de "sanctifiant" que nous attribuons à *"agiôsunê"* en *Rm* 1,4. La confession des vv. 3-4 définit, on le sait, le mot *"euaggelion"* du v. 1. Or, nous voyons comment Paul caractérise en deux autres textes l'*évangile*:

---

[91] L. Cerfaux, *Le Christ dans la théologie de saint Paul*, p. 236. Le texte de *Rm* 8,3 associe également l'*esprit* à notre *justification*.

[92] L. Cerfaux, *Le Christ dans la théologie de saint Paul*, pp. 333-334. F.-J. Leenhardt, *L'épître de saint Paul aux Romains*, p. 23, parle du "ministère post-résurrectionnel du Christ... Désormais l'Esprit Saint, qui est aussi son Esprit, agit avec puissance". S. Lyonnet, *Exegesis Epistulae ad Romanos*[2], Cap. I ad IV, p. 49, juge fort justement que *"agiôsunê"* signifie en *Rm* 1,4 "virtus Christi, quatenus sanctificat, justificat, salvat".

1) "Je ne rougis pas de l'évangile (*to euaggelion*):

2) il est une force de Dieu (*dunamis*)

3) pour le salut (*sôtêrian*) de tout croyant" (*Rm* 1,16).

1) "Le Christ ne m'a pas envoyé baptiser,

2) mais annoncer l'Evangile (*euaggelizesthai*) et sans recourir à la sagesse du langage, pour que ne soit pas réduite à néant la croix du Christ.[93]

2) Le langage (*logos*) de la croix est... puissance de Dieu (*dunamis Theou*)

3) pour ceux qui se sauvent (*tois de sôzomenois*)" (*1 Co* 1,17-18).

Notre exégèse a décelé le même mouvement de la pensée en *Rm* 1,1-4:

1) "Paul... mis à part pour annoncer l'Evangile de Dieu (*euaggelion*)...

2) concernant son Fils... établi fils de Dieu avec puissance (*en dunamei*)

3) selon l'esprit de sainteté (*pneuma agiôsunês*)".

Au *salut* (*sôtêrian, sôzomenois*) des deux textes précédents répond en *Rm* 1, à l'esprit "sanctifiant, sauveur (*agiôsunês*)" du "fils de Dieu avec puissance".

(c) Cette orientation *dynamique* du mot "*agiôsunê*" est confirmée par certains emplois que font du mot saint Paul et l'Ancien Testament.

Paul adresse aux Thessaloniciens ce souhait:

"Que le Seigneur vous fasse croître et abonder (*pleonasai kai perisseusai*) dans l'amour..., qu'il affermisse ainsi vos coeurs (*eis to stêrizai*) dans une sainteté (*en agiôsunê*) sans reproche..." (*1 Th* 3,12-13).

Le mot "*agiôsunê*" désigne ici *l'état* dans lequel devraient se trouver les Thessaloniciens "lors de l'Avènement de notre Seigneur Jésus" (*1 Th* 3,13), mais aussi la croissance (cf. *plennasai*, v. 12), l'affermissement progressif (*eis to stêrizai*) dans la sainteté, c'est-à-dire la *sanctification* personnelle.

Le sens actif de "*agiôsunê*" est plus net en *2 Co* 7,1: "Bien-aimés, purifions-nous (*katharisômen*) de toute souillure de la chair et de l'esprit, achevant de nous sanctifier (*epiteloutes agiôsunên*) dans la

---

[93] Le Christ crucifié, force de Dieu (*Theou dunamin*), définit le kérygme (*kêrussomen*) en *1 Co* 1,23-25.

crainte de Dieu". Le mot "*agiôsunê*" désigne ici la purification ou sanctification progressive à opérer dans la chair et l'esprit.

Quant aux emplois de l'Ancien Testament, il n'est pas facile de
les analyser. Deux psaumes parlent de la "mémoire de sainteté (*mnêmê tês
agiôsunês*)" de Dieu (*Ps* 30(29) 5; 97(96) 12). Le contexte de ces passages ne nous permet pas de choisir entre "sainteté" et "sanctification".
Par contre, le *Ps* 96(95) 6 traduit par "*agiôsunê*" l'hébreu" "'*ôz*", qui
possède le plus souvent le sens actif de "puissance, force"; et le *Ps* 145
(144) 5 donne comme parallèle à "*agiôsunê*" les expressions "tes oeuvres,
tes prouesses (v. 4), tes merveilles" (v. 5), qui nous inclinent toutes à
donner un sens actif au mot "*agiôsunê*".[94]

Le Testament de Lévi (18,11) employait dans le texte suivant
"*agiôsunê*": "Lui-même (le grand-prêtre des temps messianiques) ouvrira
les portes du Paradis, et il éloignera l'épée qui menace Adam; aux saints
il donnera à manger de l'arbre de Vie, et l'esprit de sainteté (*pneuma
agiôsunês*) reposera sur eux".[95] Il semble bien que "*pneuma agiôsunês*"
désigne ici la sainteté personnelle des élus aux temps messianiques, plutôt que l'action de sanctifier. Mais ce texte rejoint le point de vue que
nous attribuons à *Rm* 1,4, en ce qu'il "distribue" à *tous les élus* l'esprit
de sainteté.

Conclusion

Plus que les emplois de la Septante ou du Testament de Lévi, ce
sont les arguments suivants qui nous inclineront à donner le sens actif

---

[94] H. Schlier le remarquait à bon droit, "Paulus kennt zwar den Be-
griff *agiôsunê* im Sinn von Heiligung und Heiligkeit im parakletischen
Zusammenhang, *1 Thess* 3,13; *2 Kor* 7,1" ("Zu Röm 1,3f.", dans *Neues Testament und Geschichte* (herausgegeben von H. Baltensweiler und Bo Reicke)
(Zürich, Tübingen, 1972), p. 211). - De manière générale, c'est la sainteté de Jahvé liée à sa seigneurie, qui se trouve désignée dans la Septante par le mot *agiôsunê*. Gloire et sainteté se trouvent si étroitement
unies en Dieu, qu'une amulette d'Acre, par exemple, remplacera *doxa* par
agiôsunê" (H. Schlier, *ibid.*, pp. 211-212).

[95] R.H. Charles, *The Greek Versions of the Testaments of the twelve
Patriarchs* (Oxford, Hildesheim, 1908, 1960), p. 64; cf. H.L. Strack, P.
Billerbeck, *Kommentar zur Neuen Testament aus Talmud und Midrasch*, II, p.
126. Dans quelle mesure la langue du Nouveau Testament fut-elle influencée par l'emploi d'*agiôsunê* dans le Testament de Lévi? Il demeure assez
difficile d'avoir des idées assez précises sur l'auteur, la date et le
lieu de rédaction du *Testament des douze patriarches*, qui nous permettraient
de résoudre un tel problème (cf. A.M. Denis, *Introduction aux pseudépigra-
phes grecs d'Ancien Testament* (Leiden, 1970), pp. 55-59; J. Becker, *Untersuchungen zur Entstehungsgeschichte der Testamente der zwölf Patriar-
chen* (Leiden, 1970), 419 pp.; L. Rost, *Einleitung in die alttestamentlichen Apokryphen und Pseudepigraphen einschliesslich der grossen Qumran-
Handschriften* (Heidelberg, 1971), pp. 108-109 surtout).

de "sanctification" au mot "*agiôsunê*", en *Rm* 1,4: 1) la préférence que Paul donne à "*pneuma agiôsunês*", plutôt qu'à "*pneuma agion*", formule connue de la Septante (*Is* 63,10.11; *Ps* 51(50) 13) comme du Nouveau Testament;[96] 2) le sens actif du mot en *1 Th* 3,13 et surtout *2 Co* 7,1 (bien que nous ne fassions pas fond, en premier lieu, sur les emplois de la Septante, les emplois de "*agiôsunê*" dans les *Ps* 97(96) 12 et 96(95) 6 seraient à mentionner comme précurseur de ces emplois *actifs* de Paul); 3) le voisinage du titre "*uios Theou en dunamei*" (*Rm* 1,4) nous incline à voir en "*pneuma agiôsunês*" l'exercice de la "puissance active" que ce titre reconnaît au Christ; 4) l'orientation très nette de la résurrection, chez Paul, vers la *sanctification* des chrétiens (*Rm* 4,25; 6,4; 7,4) confirme notre interprétation; 5) enfin, le mouvement de pensée commandé par "*euaggelion (euaggelizesthai)*" conduit vers "*dunamis*" en *Rm* 1,4, comme il aboutit à "*sôtēria (sôzesthai)*" en *Rm* 1,16 et *1 Co* 1,17-18. L'"*agiôsunê*" de *Rm* 1,4 répond, croyons-nous, à l'accomplissement du salut ("sanctification") dont parlent ces deux textes.

Ces divers arguments nous justifient, à notre avis, de traduire par *sanctification*, plutôt que par *sainteté*, l'"*agiôsunê*" de *Rm* 1,4. Un esprit sanctifiant, opérant le salut des chrétiens, agit donc dans le fils de Dieu que la résurrection établit en puissance.

5. *"Oristhentos"*

Nous ne pouvions préciser le sens du participe "*oristhentos*" en commençant notre étude exégétique de *Rm* 1,4. Pour choisir entre ces deux significations les plus probables: "manifesté" et "constitué" Fils de Dieu, il fallait d'abord analyser le reste du verset 4.

(1) Le sens de "fils de Dieu" en *Rm* 1,4 commandait le sens de "*oristhentos*". Si ce titre désignait le filiation éternelle du Christ, il fallait traduire "manifesté fils de Dieu", car Jésus n'*acquiert* pas cette filiation lors de sa résurrection (*ex anastaseôs*). Par contre, si l'on voyait en l'expression "*uios Theou en dunamei*" la "puissance royale messianique", la traduction "*constitué* fils de Dieu avec puissance" ne posait plus de difficulté:[97] la personne de Jésus-Christ, Verbe incarné, peut recevoir en suite de sa résurrection une fonction et dignité nouvelle comme celle de la royauté messianique qu'il exercera dorénavant avec puissance, en sanctifiant (*agiôsunês*) les hommes. Jésus ressuscité réalise les espérances du messianisme royal en étant "constitué fils de Dieu avec puissance". Or, notre exégèse de "*uios Theou en dunamei*" a établi que tel était bien le sens de ce titre qu'attribuait à Jésus *Rm* 1,4.[98]

---

[96] Voir ci-haut, p. 311.

[97] Un sens tel que celui de "manifesté, proclamé" s'imposerait s'il 'agissait de la filiation divine de Jésus.

[98] O. Michel, *Der Brief an die Römer*, p. 32; W. Kramer, *Christos Kyrios Gottessohn*, p. 106, n. 370.

(2) Un autre élément de *Rm* 1,4 oriente notre interprétation de "*oristhentos*": le sens de "*ex anastaseôs*". Comme notre analyse exégétique a reconnu une véritable *causalité* à la préposition "*ek*" de cette formule, il nous est loisible, dès lors, de traduire ainsi *Rm* 1,4: "*constitué* (établi) fils de Dieu avec puissance PAR sa résurrection des morts".

(3) Deux textes des Actes qui emploient le verbe "*orizein*" appuient notre interprétation de "*oristhentos*" en *Rm* 1,4.

Pierre prononce en effet ces mots chez Corneille:

(a) "Dieu a *ressuscité* (Jé**s**us) le troisième jour...,

(b) et il nous a enjoint de proclamer au peuple et d'attester qu'il est, lui, le *juge* (*kritês*) établi par Dieu (*o ôrismenos upo tou Theou*) pour les vivants et pour les morts" (*Ac* 10,40-42).

Ce texte ressemble étonnamment à *Rm* 1,4: a) les deux textes parlent de la résurrection, b) emploient le passif "*orizesthai*", c) associent à la résurrection des fonctions complémentaires étroitement unies: "le rôle de *Sauveur* (cf. *agiôsunês*, *Rm* 1,4) est inséparable de celui de *Juge* (*kritês*, *Ac* 2,42)".[99] L'union de ces deux fonctions se manifeste clairement en *Ac* 10,43, qui explique par l'action de *sauver* (rémission des péchés) celle de *juger* (*kritês*), décrite au verset précédent (*Ac* 10,42).

Or, le passage d'Actes 10,40-43 rappelle une mission des "témoins de la résurrection" (*Ac* 10,41): proclamer la signification des faits pascaux. Comment traduirons-nous cette mission en *Ac* 10,42: "proclamer que Jésus est le juge *manifesté* par Dieu", ou bien "*établi* par Dieu"? Nous opterons pour la seconde façon, car (a) l'action de *Dieu* (*upo tou Theou*) alla en réalité jusqu'à *établir* le ressuscité en fonction de juge et sauveur (cf. *Ac* 5,31) et (b) la *résurrection* exerce de fait une véritable *causalité* sur l'attribution à Jésus de cette royauté messianique qui comporte la fonction de *juge* (*Ps* 72(71) 1-4; *Is* 11,34; *Jr* 23,5).[100] Or, nous ne voyons pas pourquoi nous devrions *restreindre* le rôle de Dieu et de la résurrection à la pure *manifestation* de ce qu'était déjà le Fils de Dieu. Le témoignage porté en *Ac* 10,40-43 gagne en profondeur comme en puissance, dans l'argumentation de Pierre, s'il atteste au nom de Dieu (cf. v. 41) que Dieu lui-même (*upo tou Theou*, v. 42) a constitué Jésus juge universel en le ressuscitant.

Le sens de "constitué, établi", que nous donnons à "*ôrismenos*" en *Ac* 10,42 se trouve appuyé par un autre passage des Actes, *Ac* 17,31 (auquel nous joindrons le témoignage d'*Ac* 5,30-31, pour renforcer la preuve):

---

[99] J. Dupont, *Les Actes des Apôtres* [2] (BJ), note d) sur *Ac* 10,42. L'étude du thème du Jour de Yahvé montrerait combien sont étroitement unies les fonctions de juge et de sauveur (cf. notre ouvrage *Jésus Seigneur et l'eschatologie*, pp. 135-142).

[100] Sur l'interprétation "causale" de *ex anastaseôs*, voir ci-haut, pp. 305-309.

"Le Dieu de nos pères a *ressuscité* Jésus..., c'est lui
que Dieu a exalté par sa droite, le faisant Chef et
Sauveur (*touton o Theos upsôsen archêgon kai sôtêra*)"
(*Ac* 5,30-31).

"(Dieu) a fixé un jour pour juger (*krinein*) l'univers
avec justice, par un homme qu'il y a destiné (*ôrisen*),
offrant à tous une garantie en le ressuscitant des
morts (*anastêsas*)" (*Ac* 17,31).

Par la résurrection, Dieu *constitue* (*upsôsen*) vraiment Jésus dans la haute
fonction de Sauveur, et la résurrection nous garantit de façon si sûre
que Jésus exercera cette fonction de juge et sauveur, parce qu'elle-même
a constitué Jésus en cette fonction.[101]

5. *"Kata sarka... kata pneuma"*

Nous sommes maintenant en mesure d'analyser le schème "*kata sarka
... kata pneuma*" qui structure la confession en *Rm* 1,3b-4. Ces catégories
sont susceptibles de prendre diverses significations: il nous fallait
étudier l'ensemble de notre confession de foi pour choisir celle qui lui
convient.

(1) Selon H. Lietzmann, il faudrait comprendre ici que "le fils de
Dieu est issu de la descendance davidique selon son *corps* (*seinem Leibe
nach*), mais qu'après la résurrection son *esprit* saint fut constitué fils
de Dieu jouit dès lors d'une plénitude de puissance".[102] De même Sanday
opposait "*sarx*" et "*pneuma*" comme corps et esprit, en *Rm* 1,3-4;[103] sur le
plan *humain* demeureraient selon lui les deux catégories.

Paul connaît une telle antithèse: "Bien-aimés, purifions-nous de
toute souillure de la chair et de l'esprit (*molusmou sarkos kai pneumatos*)",
écrit-il aux Corinthiens (*2 Co* 7,1). Il se dit "absent de corps (*tê sarki
apeimi*)" mais "présent en esprit (*tô pneumati sun umin eimi*)" parmi les
Colossiens, heureux de connaître l'ordre et la constance dans la foi qui
règnent chez eux (*Col* 2,5). Ces deux textes opposent bien "*sarx*" et "*pneuma*" comme les deux parties constitutives de l'homme, le corps et l'âme.

Mais *Rm* 1,3-4 ne peut entrer dans une telle perspective: c'est la
personne de Jésus, de toute évidence, qui appartient à la lignée davidique,
comme le faisaient tous les autres descendants de David; la même *personne*

---

[101] Toute réflexion qui tend à établir la seigneurie de Jésus garantit de quelque façon que Jésus exercera la fonction de juge et de sauveur.

[102] "Dann aber nach der Auferstehung ist sein heiliger Geist zum
Gottessohn bestellt und dabei mit Machtfülle ausgestattet worden" (H.
Lietzmann, *Kommentar zum Römerbrief*[3] (Tübingen, 1928), p. 25).

[103] W. Sanday, A.C. Headlam, *A Critical and Exegetical Commentary
on the Epistle to the Romans*[4], p. 7.

de Jésus reçoit par sa résurrection la fonction de "fils de Dieu avec puissance"; c'est elle qui sanctifiera les chrétiens (*pneuma agiôsunês*).

(2) L'opposition corps-âme nous semble insoutenable en *Rm* 1,3-4. Vers une autre solution nous orienterait le sens paulinien le plus habituel de l'antithèse *"sarx-pneuma"*. *"Sarx"* prend alors un sens *péjoratif*. On le soupçonne à cette question de Paul, par exemple: "Etes-vous à ce point dépourvus d'intelligence, que de commencer par l'esprit pour finir maintenant dans la chair (*enarxamenoi pneumati nun sarki epiteleisthe*)?" (*Ga* 3,3). C'est une déchéance que de passer de l'esprit à la chair, car la chair donne des fruits de *péché*, contraires à ceux de l'esprit (*Ga* 5,19-23): "la chair convoite contre l'esprit et l'esprit contre la chair; il y a entre eux un antagonisme (*allêlois antikeitai*)" (*Ga* 5,17). La convoitise habite la chair (*tês sarkos pronoian*)" (*Rm* 13,14); de la chair naît l'existence pécheresse (*Rm* 8,5.12-13).[104] Les hommes se classent en deux catégories sur le plan spirituel: les uns "offrent le culte selon l'esprit de Dieu (*oi pneumati Theou latreuontes*)", les autres "placent leur confiance dans la chair (*en sarki pepoithotes*)" (*Ph* 3,3); l'esprit conduit les premiers à la vie éternelle (*zôên aiônion*), tandis que la chair mène les seconds à la corruption (*phtoran*) (*Ga* 6,8), à la mort (*Rm* 8,13).

Ce concept péjoratif de *"sarx"* représente l'usage paulinien le plus caractéristique.[105] Mais on ne pourrait pas l'attribuer à la personne de Jésus en *Rm* 1,3. Ni l'aspect pécheur, ni l'aspect *faiblesse*, - tel que l'exprime l'hymne de *Ph* 2,6-11, - ne sont soulignés par notre confession de foi:[106] "naître de la descendance de David", c'est recevoir une haute *dignité*, puisqu'une telle naissance était requise, dans la pensée juive, du Messie attendu;[107] d'autant plus grande était la dignité, dans le cas de Jésus, qu'elle signifiait en réalité *l'accomplissement* du messianisme

---

[104] R.E. Murphy, "BSR in the Qumrân Literature and SARKS in the epistle to the Romans", dans *Sacra Pagina* (Paris, Gembloux, 1959), II, pp. 60-72.

[105] F.J. Leenhardt, *L'épître de saint Paul aux Romains*, p. 22, note 2. "Nach R 7,5; 8,8f; Gl 5,24 lebt der Glaubende nicht mehr in des *sarx*; er hat sie gekreuzigt. Diese Verkündigung ist neu und Typisch für Paulus" (E. Schweizer, TWNT VII, p. 134).

[106] L'hymne aux Philippiens (2,6-11), écrivait J. Schmitt, "reprend le thème commun aux énoncés de foi primitifs: l'abaissement du Christ et son exaltation (cf. *Rm* 1,3-4; *1 Co* 15,3-5; *1 T* 3,16; *1 P* 3,18-22)" (*Jésus ressuscité dans la prédication apostolique*, p. 95). O. Michel regarde une telle interprétation comme "pas impossible (nicht unmöglich)", bien qu'il incline, - de façon bien indécise, cependant, - à voir en *Rm* 1,3 la *provenance* et, au v. 4, l'*investiture* du "fils de Dieu avec puissance" (*Der Brief an die Römer*, p. 31). F.-J. Leenhardt voit en notre confession une antithèse opposant l'"infirmité" de la chair de Jésus à la "puissance" de son Esprit (*L'épître de saint Paul aux Romains*, p. 23).

[107] W. Kramer, *Christos Kyrios Gottessohn*, p. 106.

royal dont avaient vécu des siècles de judaïsme. Le "devenir" qu'exprime le participe *"genomenou"* en *Rm* 1,3 ne désigne pas du tout une *"kénose"* (*Ph* 2,7; *2 Co* 8,9), mais une première dignité que revêtit le Christ en s'incarnant. Telle est l'orientation de la "profession de foi messiani-que" que notre analyse exégétique lisait en *Rm* 1,3.

(3) Nous opterons donc, en ce qui concerne *Rm* 1,3, pour un sens peu paulinien de *"sarx"*, qui ne porte aucune nuance péjorative et aucune orien-tation polémique, sinon celle que Paul lui donne en l'introduisant dans sa lettre comme une "profession d'orthodoxie" auprès de gens qui le sus-pecteraient de prêcher un "évangile" différent de celui des Douze.[108] *"Sarx"* désigne en *Rm* 1,4 la *condition humaine* de Jésus, condition qui de-meure d'ailleurs après Pâques, mais enrichie par la *condition de ressuscité* qui fera de lui une "puissance (*en dunamei*) spirituelle sanctifiante (*pneu-ma agiôsunês*)".[109]

Le sens que nous prêtons ici à *"sarx"* apparaît plusieurs fois chez Paul hors de l'antithèse *"sarx-pneuma"*. Il parle des Juifs, ses frères se-lon la chair (*kata sarka*, *Rm* 9,3), du Christ né d'Israël selon la chair (*Rm* 9,5), d'Abraham "notre ancêtre selon la chair" (*Rm* 4,1). La "chair" n'est pas glorifiée en ces textes par l'octroi de la dignité messianique; mais elle désigne cependant la *condition humaine* sans l'affecter d'aucune nuance péjorative.

Comparée, dans l'économie du salut, au mode d'existence selon la "promesse" (*epaggelia*), la vie naturelle de l'homme prendra facilement une nuance péjorative: elle conduit à la servitude (*Ga* 4,23-24; *Rm* 9,8). Les "sages selon la chair" réalisent peut-être un bel idéal humain (*1 Co* 1, 26); leur mode de vivre gardera ses valeurs réelles lorsque le Christ "ap-pellera" à une vie supérieure (*1 Co* 1,26); mais, du fait même, leur sages-se paraîtra diminuée en face de ces valeurs *supérieures*. La comparaison mettra en lumière l'aspect *faiblesse* de la chair. Ainsi s'explique-t-on que *"sarx"* soit devenu symbole d'impuissance, de péché, de mort. *Rm* 1,3 n'a pas encore atteint ce stade d'évolution; il rappelle ces textes où *"sarx"* désigne la descendance humaine (*Rm* 4,1; 9,3.5; *1 Co* 10,18; *Ga* 4,23); il rappelle surtout cette hymne prépaulinienne[110] où l'aspect humain du Christ (*sarx*) est comparé à son aspect spirituel (*pneuma*) ou divin: le mystère de la piété "a été manifesté dans la chair, justifié dans l'Esprit" (*1 Tm* 3,16). Les catégories *"kata sarka - kata pneuma"* désignent en *Rm* 1,3-4 deux états ou conditions très dignes de Jésus, Messie (v. 3) et Fils de Dieu avec puissance (v. 4).

---

[108] W. Kramer, *Christos Kyrios Gottessohn*, p. 107.

[109] J. Huby, S. Lyonnet, *Saint Paul. Epître aux Romains* [2] (Paris, 1957), p. 43; J. Dupont, *Essais sur la christologie de saint Jean*, pp. 284-285; W. Kramer, *Christos Kyrios Gottessohn*, p. 106.

[110] Cf. J. Schmitt, *Jésus ressuscité dans la prédication apostolique*, pp. 100-101; V.H. Neufeld, *The Earliest Christian Confessions* (Grand Rapids, 1963), pp. 9, 128-129, 139; W. Stenger, "Der Christushymnus in 1 Tm 3,16. Aufbau, Christologie, Sitz im Leben", *Trierer Theologische Zeitschrift*, 78 (1969), pp. 33-48.

VIII - "FILS DE DIEU AVEC PUISSANCE" ET SEIGNEURIE DE JÉSUS

L'analyse exégétique de *Rm* 1,3-4 maintenant terminée, nous préciserons quels liens unissent à la seigneurie de Jésus cette confession de foi prépaulinienne. Deux questions retiendront à ce sujet notre attention: 1) le titre "fils de Dieu avec puissance" équivaut-il en *Rm* 1,4 à celui de "kyrios"? 2) Si oui, quels sont les traits qu'y prend la seigneurie de Jésus?

1. *Un but de la résurrection*

La résurrection établit Jésus "fils de Dieu avec puissance", avons-nous lu en *Rm* 1,4. Or, nous savons encore par plusieurs textes de Paul que Jésus obtient par sa résurrection la gloire de Kyrios. Certains de ces textes mentionnent explicitement le *titre* Kyrios, les autres décrivent l'*exercice* de la seigneurie de Jésus.

Jésus s'humilia "jusqu'à la mort sur une croix", dit l'hymne des Philippiens, puis Dieu l'exalta (*uperupsôsen*), lui donna "le Nom au-dessus de tout nom", pour que toute langue "proclame qu'il est Seigneur" (*Ph* 2, 8-11). L'exaltation consécutive à la mort de la croix inclut de toute nécessité la résurrection (cf. *Ac* 2,33; 5,31). Elle est étroitement associée à l'octroi de la seigneurie universelle (*Ph* 2,9). Celui que Dieu ressuscite, c'est le "Seigneur Jésus" (*2 Co* 4,14;[111] *1 Co* 6,14; *Rm* 4,24). La puissance (*tên energeian tous kratous*) que le Père déploie "en la personne du Christ" atteint un double objectif: Dieu "le ressuscite d'entre les morts et le fait asseoir à sa droite, bien au-dessus de toute Principauté, Puissance, Vertu, Seigneurie" (*Ep* 1,19-21). On dirait un même geste divin vu sous deux aspects, saisi à deux moments de son déploiement: résurrection et don de la seigneurie sont tout un, dans la réalité des choses.

L'énergie (*tês energeias*) du Dieu qui a cloué à la croix le Christ et la dette imposée par la loi (*Col* 2,14) *ressuscita* Jésus (*Col* 2,12) et, du coup, "dépouilla les Principautés et les Puissances, les donna en spectacle à la face du monde, en les traînant dans le *cortège triomphal* (du Christ)" (*Col* 2,15). Ce passage des Colossiens (2,6-15) exhorte les chrétiens à *vivre dans le Christ*: "Jésus le Seigneur, c'est *en lui* qu'il vous faut marcher, enracinés et édifiés en lui" (*Col* 2,6-7). Au moment de présenter le mystère mort-résurrection qui est aussi essentiel à la nouvelle Alliance que la circoncision l'était à l'ancienne (*Col* 2,11-12), Paul garde sans cesse en vue le développement de ce mystère chez le Christ et les chrétiens: le *baptisé* connaît dans le *Christ* la mort et la résurrection à une vie nouvelle (*Col* 2,12-13); si le *baptisé* est libéré de

---

[111] Sur le problème textuel que pose le *kyrios* de *2 Cor* 4,14, voir W. Kramer, *Christos Kyrios Gottessohn*, 21, note 31; B.M. Metzger, *A Textual Commentary on the Greek New Testament*, p. 579.

ses fautes (v. 13), c'est que le *Christ* crucifié est d'abord ressuscité[112] comme un Seigneur dominant les "Principautés et Puissances" (v. 15). La résurrection du Christ (v. 12) produit donc un double effet: elle efface chez le *baptisé* la dette du péché (vv. 12-14), parce qu'elle a d'abord donné au *Christ* la seigneurie sur toute Puissance. Du côté du Christ, résurrection et seigneurie sont ainsi liées comme le serait un *fait* à sa *signification* théologique. La résurrection du Christ tend vers ce *but*, qui donne au fait sa signification: l'octroi de la seigneurie universelle au Christ.

Les Actes des Apôtres rendent le même son. David prophétisait l'accomplissement du messianisme *royal* (*Ac* 2,30) en "annonçant la *résurrection* du Christ (Messie)" (*Ac* 2,31). Pierre présente dans la même perspective du *passé*, comme décrivant les phases d'un *même* processus, les faits suivants:

> "Dieu l'a *ressuscité* (*anestêsen*), ce Jésus... Exalté
> (*upsôtheis*) par la droite (ou "à la droite") du Père,
> il a reçu du Père l'Esprit saint",

réalisant ainsi la prophétie du *Ps* 110(109) 1:

> "Le Seigneur a dit à *mon Seigneur* (*tô kyriô mou*):
> Siège à ma droite, jusqu'à ce que j'aie fait de tes
> ennemis un escabeau pour tes pieds" (*Ac* 2,32-35).

La résurrection atteint ce but que lui avait fixé le "prophète" David (*Ac* 2,30): faire siéger le Seigneur Jésus à la droite de Dieu.

Ce même thème antithétique qu'avait exprimé Pierre au coeur de son discours:

> (a) "Cet homme que VOUS avez fait *mourir* en le clouant
>   sur la croix,
>
> (b) DIEU l'a *ressuscité*" (*Ac* 2,23-24),

il vient clore l'explication de la Pentecôte:

> (b) "Dieu l'a fait *Seigneur* et Christ,
>
> (a) ce Jésus que VOUS (*umeis*), vous avez *crucifié*" (*Ac*
>   2,36).

La reprise du thème accuse en finale la culpabilité des Juifs (*umeis*),

---

[112] Paul ne mentionne pas la résurrection dans les vv. 14-15, mais elle occupait tout le v. 12 et, dans le v. 14, la *croix* évoque tout le mystère mort-résurrection: autrement, le v. 15 n'aurait pas de sens; seule la crucifixion *conduisant à la résurrection* "dépouille" les Puissances qui semblaient triompher en crucifiant le Christ (*Lc* 22,53).

découvrant ainsi une orientation maîtresse de l'exposé. Nous remarquerons surtout que les titres "SEIGNEUR ET CHRIST" s'y substituent à la "RESUR-RECTION" du v. 24. La *signification* du fait "résurrection" est ainsi dégagée par le verset final (v. 36).

Une argumentation semblable reviendra au chapitre 13 des Actes: en "ressuscitant Jésus", Dieu accomplit le *Ps* 2,7: "Tu es mon *fils*, moi-même aujourd'hui je t'ai engendré" (*Ac* 13,33). Le titre messianique "fils de Dieu" (*Ps* 2,7), joint aussitôt par le psalmiste à la description de la royauté universelle (*Ps* 2,8-9), reprend de la sorte les titres "Christ (Messie) et Seigneur" d'*Ac* 2,36. Dans les deux cas le développement est rattaché au fait de la *résurrection*.

Que le Nouveau Testament exprime la signification et le but de la résurrection en attribuant à Jésus les titres "fils de Dieu" (*Ac* 13,33; *Ps* 2,7), "fils de Dieu en puissance" (*Rm* 1,4), "Christ et Seigneur" (*Ac* 2,36) ou "Seigneur" tout simplement (*Ph* 2,9-11), toujours se cache une même réalité sous ces divers titres: la *seigneurie* de Jésus ressuscité.[113] Les titres exprimant ce même but atteint par la résurrection de Jésus seront donc probablement synonymes. D'autres indices tirés de *Rm* 1,3-4 confirmeront le fait.

2. *"Dunamis" (Rm 1,4)*

Non seulement la résurrection (*ex anastaseôs*), mais encore la "puissance" (*en dunamei*) que *Rm* 1,4 lie au titre "fils de Dieu" évoque la seigneurie de Jésus. Nous trouvons en effet la puissance associée au *titre* Kyrios (*1 Co* 1,24; 5,4) comme à l'*exercice* de la seigneurie de Jésus, que l'on voie en la "puissance (*dunamis*)" la force de dominer les êtres (*Ep* 1,20; *Ph* 2,9-11; *Col* 2,15) ou d'opérer le *salut* (*Rm* 10,9; 10,13; *Ac* 2,21; *1 Co* 5,5). Cette dernière activité du Seigneur Jésus rejoint la "sanctification" que le mot "*agiôsunê*" attribue au Fils de Dieu en *Rm* 1,4.

3. *"Euaggelion"*

Signalons un dernier point de contact entre les titres "*uiou Theou en dunamei*" et "*Kyrios*". Comme "*uiou Theou en dunamei*" définit le contenu de l'*évangile* (*euaggelion*) en *Rm* 1,4, ainsi le titre "*Kyrios*" est souvent lié au vocabulaire qui décrit la diffusion du *kérygme* évangélique: "*omologein* (*Rm* 10,9), *exomologein* (*Ph* 2,11), *pisteuein* (*Rm* 4,24), *pistis* (*Ep* 1,15; *Phm* 5), *paralambanein* (*Col* 2,6), *kêrussein* (*2 Co* 4,5)".

Vu ces nombreux points de contact entre, d'une part, le titre "fils de Dieu avec puissance" en *Rm* 1,4 et, d'autre part, le titre *Kyrios* ou les traits de la seigneurie de Jésus connus par ailleurs, nous pouvons conclure que ce titre christologique de *Rm* 1,4 est identique à celui de *Kyrios*. Tous deux recouvrent la même fonction et dignité de Jésus ressuscité.

---

[113] W. Kramer, *Christos Kyrios Gottessohn*, p. 37, note 85.

IX - CONCLUSION: traits du Seigneur Jésus en Rm 1,3-4

Ayant relevé suffisamment de points communs entre les titres "Kyrios" et "fils de Dieu avec puissance" (Rm 1,4) pour établir leur équivalence, nous pouvons maintenant soulever cette ultime question de notre étude: quelle figure prend le Seigneur Jésus dans la confession de Rm 1,3-4?[114] C'est à l'ensemble de la confession prépaulinienne citée en Rm 1,3-4, que nous demanderons ces traits, car elle décrit le même personnage, "Jésus Christ notre Seigneur" (v. 4b), en deux conditions distinctes (genomenou, v. 3b; oristhentos, v. 4a).

1. *Personnage historique*

Le "fils de Dieu" porte le nom de "Jésus Christ notre Seigneur" en Rm 1,4. De ce long titre christologique, au moins "Jésus" appartenait à la citation paulinienne, avons-nous dit.[115] Or, c'est le nom du personnage *historique* qui vécut en Palestine et fonda l'Eglise chrétienne à tel moment précis de l'histoire (Lc 2,21; Mt 21,10-11).[116]

Un autre élément situé au coeur de notre confession de foi accuse ce caractère historique de Jésus: il est de la *descendance davidique* (ek spermatos Dauid). Au roi David qui régna sur Israël entre les années 1010-970 environ, et dont l'histoire emplit de sa gloire le second livre de Samuel, se rattache le Seigneur Jésus. Il s'inséra (genomenou) à un moment précis du temps, dans la lignée davidique dont Luc (2,23-38) et Matthieu (1,1-17) se plairont à rappeler les principaux représentants.

Non seulement le caractère *historique* du Seigneur éclate en cette indication de Rm 1,3, mais aussi la condition bien humaine de ce Seigneur, la *fidélité* et la *continuité* des desseins de Dieu. La promesse de Yahvé que le prophète Natân avait transmise à David s'accomplira par le Seigneur Jésus: en lui "subsisteront à jamais la maison et la royauté (de David)" (2 S 7,16), car "le Christ une fois ressuscité des morts (cf. Rm 1,4) ne meurt plus" (Rm 6,9). Dans la personne du "descendant de David" se rencontrent également les deux Alliances qui couvrent toute la durée, de la création (Ps 136(135) 5-9) à la consommation des temps dans l'éternité (Ez 16,60; 37,26-28; Is 55,3; 59,21; 61,8). Tout le passé d'Israël converge vers ce descendant de David, alors que, ressuscité et ne devant

---

[114] Cette question ne fait pas double emploi avec celle que traitait la section précédente (VII), ni ne constitue de cercle vicieux. La section VII a découvert le *Seigneur* Jésus dans le titre christologique de Rm 1,4 en recourant aux traits du Seigneur Jésus que nous connaissions par d'autres textes que celui de Rm 1,4. La présente conclusion (section VIII) suppose établi le fait qu'il s'agit du Seigneur Jésus en Rm 1,4 et demande à l'ensemble de la confession Rm 1,3-4 quels sont les traits du Seigneur Jésus.

[115] Voir ci-haut p. 290.

[116] P.-E. Langevin, *Jésus Seigneur et l'eschatologie*, pp. 89-90, 272.

plus mourir (*Rm* 6,9), il *inaugure* une ère qui ne finira jamais. On ne peut concevoir plus merveilleuse fidélité et continuité que celles qui se réalisent ainsi dans le descendant de David.

2. *Messie royal*

Naître de David, c'était porter en soi les espérances du messianisme royal, si vivaces en Israël (*2 S* 7,16; *Jr* 23,5-6; *Ac* 2,29-36). Etre établi "fils de Dieu avec puissance", en suite d'une résurrection personnelle, c'était les accomplir dans leur plénitude (*Rm* 1,4).[117] *Rm* 1,3 consacre la première section de la confession de foi à décrire la *condition messianique* du Seigneur Jésus, alors que le reste de la confession présente l'accomplissement de l'*attente messianique*. Les expressions "*ek spermatos Dauid*" (v. 3) et "*uiou Theou*" (v. 4) portent un caractère messianique trop marqué pour que nous insistions davantage sur ce trait messianique du Seigneur Jésus en *Rm* 1,3-4. Notons toutefois qu'il s'agit d'un messie *royal*, vu sa descendance *davidique*.

3. *Sauveur puissant*

Le Seigneur qui accomplit en *Rm* 1,4 les espérances du messianisme royal porte le titre de "fils de Dieu *avec puissance*". D'où lui vient cette puissance? comment l'exerce-t-il? Répondre à ces questions sera du coup *définir* la puissance dont il s'agit.

(1) Le texte même de *Rm* 1,4 nous révèle que Jésus a été constitué *par sa résurrection* (*ex anastaseôs*) fils de Dieu en puissance. Cette donnée prépaulinienne aura dans la théologie de Paul de nombreux échos qui nous renseigneront sur leur source originelle. "Par la faute d'un seul, *la mort a régné* (*ebasileusen*) du fait de ce seul homme" (*Rm* 5,17). Pour réparer cette catastrophe, Dieu ressuscitera *un* homme, Jésus, projetant de renouveler en nous tous ce même prodige de puissance (*dia tês dunameôs autou, 1 Co* 6,14; cf. *2 Co* 13,4). Plus encore qu'une *manifestation* de la puissance divine, la résurrection de Jésus fut une *communication*: Jésus *possède* désormais la puissance, comme nous l'avons établi à l'aide de maints textes des épîtres pauliniennes.[118] Ainsi, le complément "*ex anastaseôs*" indique la provenance et la cause de la puissance octroyée au "fils de Dieu" (*Rm* 1,4).[119]

(2) La puissance revêtue par le Seigneur Jésus lors de sa résurrection *s'exerce* de plusieurs façons. Les épîtres pauliniennes, spécialement certains textes de la tradition prépaulinienne qu'elles nous ont conservés,

---

[117] Voir ci-haut, pp. 296-298; 303-304.

[118] Voir ci-haut, pp. 298-305.

[119] Voir ci-haut, pp. 305-309.

révèlent un double exercice de cette puissance: le Seigneur Jésus *domine les êtres* (*Ep* 1,20; *Ph* 2,9-11; *Col* 2,15; cf. *Ac* 13,3) et *opère le salut* (*Rm* 10,9; 10,13; *Ac* 2,21; *1 Co* 5,5).[120]

Rm 1,4 signale surtout le second exercice de puissance, en employant l'expression *"kata pneuma agiôsunês"*. Comme au v. 3 la formule *"kata sarka"* indiquait la *condition humaine* du descendant de David, ainsi, dans le v. 4, le membre parallèle *"kata pneuma agiôsunês"* définit la *condition* du "fils de Dieu avec puissance": celle d'un *esprit sanctifiant*.[121] Ainsi, comme l'écrivait Mgr Cerfaux, à la résurrection des morts "commence la vraie vie efficace du Christ, sauveur et sanctificateur, du Fils de Dieu en puissance".[122] La première épître aux Corinthiens décrivait également comme *salvatrice* la "puissance (*dunamis*)" possédée par le Christ:

(a) "C'est par la folie du message (*dia tês môrias tou kêrugmatos*) qu'il a plu à Dieu de sauver les croyants (*sôsai tous pisteuontas*),

(b) Oui..., nous prêchons (*kêrussomen*) un Christ crucifié, scandale pour les Juifs et folie pour les païens (*ethnesin de môrian*)... c'est le Christ, puissance de Dieu (*Theou dunamin*)" (*1 Co* 1,21-23).

L'enchaînement de ces phrases est clair: la seconde (b) explique la première (a); la seconde reprend, très clairement, les trois éléments de la première: au kérygme (*kêrugmatos*) / de la folie (*môrias*) / *salvatrice* (*sôsai*) / correspond la prédication (*kêrussomen*) / de la folie d'un crucifié (*môrian*) / *devenu force de Dieu* (*Theou dunamin*). Le dessein salvifique qu'exprime la première phrase (*sôsai*) se traduit concrètement en la personne de ce crucifié devenu "puissance de Dieu (*Theou dunamin*)". Ainsi la confession de *Rm* 1,4 voit-elle le ressuscité (qui est le crucifié devenu "puissance de Dieu") exercer sa puissance (*en dunamei*) en sanctifiant (*agiôsunês*) ou sauvant les hommes.

4. *Seigneur constitué par sa résurrection dans une fonction bienfaisante*

Le Seigneur Jésus porte en *Rm* 1,4 le titre de "fils de Dieu avec puissance".[123] Par ce titre on peut définir la seigneurie de Jésus. Or, la "filiation" dont parle *Rm* 1,4 ne désigne pas tant la *nature* de Jésus que la *dignité* et la *fonction* que lui confère sa résurrection. Nous avons en effet établi en *Rm* 1,4 le sens messianique de "fils de Dieu",[124] qui

---

[120] Voir ci-haut, p. 322.

[121] C'est l'interprétation de *pneuma agiôsunês* que nous avons présentée aux pages 310-315.

[122] L. Cerfaux, *Le Christ dans la théologie de saint Paul*, p. 211.

[123] Nous avons établi tantôt ce point, (pp. 320-322).

[124] Voir ci-haut, pp. 296-298.

désigne une *fonction*, puis nous avons interprété *"pneuma agiôsunês"* comme une description de ce rôle dévolu au ressuscité. La chose est entendue, seul celui qui jouissait de la filiation divine naturelle (*Rm* 1,3a) pouvait accomplir "avec puissance" une telle mission de sanctificateur; mais *Rm* 1,4 ne s'attache pas tant à cette *condition* fondamentale, qu'à la *fonction* reçue par le Seigneur Jésus ressuscité.[125]

Cette fonction est bienfaisante pour les hommes. Vers eux elle s'oriente. Elle consiste à les sanctifier (*agiôsunê*): Jésus est vraiment ressuscité "pour notre justification (*dia dikaiôsin êmôn*)" (*Rm* 4,25; 10,4). Depuis son entrée en ce monde, Jésus voulait nous justifier; toute sa carrière terrestre tendait à nous sauver. Mais il doit à sa résurrection de pouvoir accomplir maintenant cette oeuvre avec une puissance supérieure. Ressuscité, il a vaincu la mort le premier, laissant la voie libre à qui s'acheminerait derrière lui: "le Christ est ressuscité des morts, prémices de ceux qui se sont endormis" (*1 Co* 15,20). Ressuscité, il fait naître plus efficacement la *foi* qui sauve: "Si ton coeur croit (*pisteusês*) que Dieu a ressuscité des morts (le Seigneur Jésus), tu seras sauvé (*sôthêsê*)" (*Rm* 10,9).

Liée à la résurrection, la seigneurie du "fils de Dieu avec puissance" désigne donc une fonction *qui a commencé* à tel moment de l'histoire. Elle présuppose la nature divine éternelle en celui qui l'exerce, mais elle ne la *désigne* pas. La formule *"kata pneuma agiôsunês"* exprime plus clairement la nature divine: indiquant un progrès dans la description de Jésus, par rapport au *"kata sarka"* du v. 3 qui englobait toute la nature humaine de Jésus, l'expression *"kata pneuma"* ne peut que nous référer à une condition "plus qu'humaine" de Jésus, à sa divinité. *"Agiôsunês"* confirme cette orientation de *"kata pneuma"*: Dieu est le Saint (*Lv* 19,2; 20, 26; *Os* 11,9; *Am* 2,7; *Ps* 33(32) 21) et c'est lui qui sanctifie: "Que je sois sanctifié au milieu des enfants d'Israël, moi Yahvé qui vous sanctifie" (*Lv* 22,32). "Jésus Christ notre Seigneur" hérite de cette fonction divine en *Rm* 1,4.

5. *Seigneur dépendant du Père*

Le participe *passif "oristhentos"* nous laisse voir un autre caractère du Seigneur Jésus: il dépend du Père. La primitive Eglise semble avoir respecté soigneusement la hiérarchie inscrite dans la relation Père-Fils. Le Père prit l'initiative d'*envoyer* son Fils sur terre[126] et

---

[125] Boismard écrit très justement: il faut interpréter l'expression "constitué fils de Dieu avec puissance", non pas en se situant au plan des essences ou natures, mais "en prenant cette expression dans un sens surtout fonctionnel, messianique" (*Revue Biblique*, 60 (1953), p. 17).

[126] Les verbes du Nouveau Testament qui traduisent l'*envoi* de Jésus en ce monde lui donnent habituellement le titre de "fils": *"Apostellein, exapostellein, pempein, paradidonai"*. Cf. P.-E. Langevin, *Jésus Seigneur et l'eschatologie*, p. 75, notes 2-5.

de le ressusciter (*o Theos auton êgeiren ek nekrôn*),[127] lui communiquant alors sa propre "puissance" (*dunamis Theou, 1 Co* 1,24; *2 Co* 13,4).

Tels sont donc les traits que reçoit la seigneurie de Jésus dans la confession citée en *Rm* 1,3-4. Délibérément nous avons fait abstraction des caractères que lui attribuaient les *ajoutés pauliniens*: il préexistait auprès du Père avant de venir en ce monde (*peri tou uiou autou*);[128] les "prophètes" de l'Ancien Testament l'avaient annoncé (*proepêggeilato, Rm* 1,2);[129] il constitue l'objet principal de l'"évangile" (*euaggelion, Rm* 1,1). Notre analyse de *Rm* 1,3-4 ne s'est attachée qu'à dégager les traits prépauliniens du Seigneur Jésus, nommé "fils de Dieu avec puissance" en *Rm* 1,4: il est un personnage historique, le messie royal qu'attendait Israël depuis les promesses faites à David par l'intermédiaire de Natân (*2 S* 7; *1 Ch* 17); constitué par sa résurrection sauveur puissant, il exerce au bénéfice des hommes une fonction bienfaisante, comme peut le faire un Fils soumis à Dieu le Père et jouissant de sa puissance.

Paul-Emile Langevin, S.J.
Université Laval

---

[127] Voir ci-haut, pp. 298-301.

[128] L'introduction d'origine paulinienne *"peri tou uiou autou"* (*Rm* 1,3a) prêtait à *"tou genoumenou"* l'idée d'un devenir, d'un *passage de l'éternité au temps*, que nous croyons étrangère à la confession prépaulinienne, où *"tou genomenou ek spermatos Dauid"* ne traduisait, selon toute vraisemblance, que l'origine davidique de Jésus.

[129] Les personnages de l'Ancienne Alliance qui portaient le titre messianique "fils de Dieu" annonçaient déjà, toutefois, celui qui serait le "fils de Dieu" par excellence, le Messie.

LA POSTEXISTENCE DU FILS

Roger Lapointe

On écrit pour les livres des préfaces et des postfaces. Les préfaces
précèdent le discours principal, tandis que les postfaces le suivent. Semblablement, la langue française actuelle nous invite à déterminer l'âge de
quelqu'un en fonction de l'école, cet âge étant alors préscolaire ou postscolaire.

Dans tous ces cas et autres comparables, il y a opposition binaire
entre deux mots composés ayant même radical, mais incluant, l'un, le préfixe "pré", l'autre, le préfixe "post". Aux termes de cette opposition,
il faut distinguer un temps antérieur à une durée qui s'avère donc limitée
et finie dans son commencement, un temps postérieur à cette même durée qui,
pour autant, s'avère également limitée et finie en ce qui a trait à son
prolongement.

Noter que l'élégante symétrie du "pré" et du "post" masque une déni-
vellation profonde. Ce n'est pas parce que ces deux préfixes s'opposent
diamétralement qu'ils en deviendraient interchangeables. Il ne suffit pas
de transporter une préface à la fin de l'ouvrage pour la transformer en
postface. Quant à l'âge scolaire, il va de soi que la situation diffère
considérablement selon qu'on envisage le préscolaire et le postscolaire.
Les enfants d'âge préscolaire ne sont pas encore allés à l'école, mais il
ne s'ensuit pas, *a contrario*, que les jeunes d'âge postscolaire y soient
tous allés.

En donnant comme titre au présent essai: La *postexistence* du Fils,
je construis simplement l'antonyme de *préexistence*, terme technique habituel en théologie chrétienne. J'indique par là que je prendrai la contre-
partie de la thèse courante. Mais cette décision comporte évidemment un
certain nombre de contraintes. Elle comporte le danger que je viens de signaler d'une opposition purement formelle entre les deux termes, une opposition qui admettrait la réversibilité et l'équivalence des valeurs opposées. Il faut se prémunir contre ce danger dès le départ, il faut l'exor-

329

ciser le plus possible. Je tâcherai pour ma part de ne pas y succomber et le lecteur ne devrait pas s'étonner d'entendre parler d'une postexistence qui diverge radicalement de la préexistence, même alors qu'elle prétend jouer un rôle analogue à cette dernière, c'est-à-dire rendre compte de la Filiation divine chez Jésus.

La contrainte majeure a rapport à la finitude de l'existence humaine. Mettre en cause une préexistence et une postexistence, c'est évidemment supposer une existence (humaine) limitée et finie, tant vers son origine que vers son aboutissement. C'est impliquer que la personne humaine commence à exister dans le temps et cesse semblablement d'exister dans le temps. Par rapport à cette existence finie et temporelle, il est alors question de préexistence et de postexistence. Tout se passe assez normalement aussi longtemps qu'on songe à ce qui, en dehors d'une personne donnée, préexiste à cette personne, ses parents notamment, la société à laquelle elle appartient, etc. Item, dans la direction du futur, aussi longtemps qu'on a en vue d'autres êtres que la personne concernée, sa descendance par exemple ou sa mémoire, etc. Mais le problème se corse lorsque la préexistence et la postexistence se réfèrent à la personne elle-même, dont on dit par conséquent qu'elle a préexisté à soi-même ou qu'elle postexistera à soi-même. Il semble qu'avec de pareilles extensions, la structure oppositionnelle se brise et qu'il n'est plus même possible de faire état de préexistence et de postexistence, puisque l'existence dont il s'agit perd ses limites et sa finitude.

Peut-être d'ailleurs faut-il accomplir cette déconstruction de la structure pour poser adéquatement l'existence humaine. Telle a été en tout cas l'opinion de Platon. Suivant ce philosophe si typiquement grec, l'âme humaine a vécu depuis toujours dans le monde des idées; elle a en ce sens préexisté à son insertion dans le flux du temps. Elle postexistera tout autant à cette expérience, puisqu'elle est immortelle. D'après cela, la personne humaine ne se limite pas à son existence sublunaire. *Son existence en ce monde s'accompagne d'une préexistence et d'une postexistence au sein d'un autre monde.*

Je ne me propose pas d'agiter pour elles-mêmes ces questions sous-jacentes à notre problème. Elles ne concernent pas spécifiquement Jésus-Christ. Si on considère que la personne humaine se préexiste à soi-même, il faut en dire autant de Jésus, la chose est claire. Mais le problème resterait entier de savoir si Jésus a préexisté, non seulement comme une âme humaine ordinaire, contemplatrice des idées éternelles, mais s'il l'a fait au titre d'idée en quelque sorte, en tant que Sagesse, en tant que Bien, en tant que Dieu. Pour les fins de ce questionnement, *il suffira d'entendre par "existence" la vie temporelle d'un être humain*, depuis la naissance (conception) jusqu'à la mort, sans trancher en général si la naissance constitue un commencement de la personne, ou la mort, une disparition de cette dernière. C'est par rapport à cette existence finie qu'on parlera de *pré*existence et de *post*existence.

Ceci dit, la thèse soutenue dans le présent essai peut être énoncée: il s'agirait d'*interpréter la Filiation divine de Jésus en rapport avec sa postexistence* plutôt qu'en fonction de sa préexistence.

Rappelons tout d'abord que la tradition dominante, et massivement dominante, de l'Eglise catholique a fait exactement l'inverse. Elle a justifié le titre de Fils attribué à Jésus, en concevant une génération éternelle au sein de Dieu. De toute éternité, Dieu engendrerait un Fils et c'est ce Fils qui se serait incarné en Jésus. De la sorte, Jésus comme Fils éternel aurait préexisté à sa propre naissance dans ce monde.

Cette croyance est constante et il est facile de la documenter. Qu'on songe par exemple à la synthèse thomiste, pratiquement normative dans les écoles et la prédication depuis la fin du XIXème siècle. Dans son traité sur la Trinité, Thomas d'Aquin entend fouiller les profondeurs de Dieu tel qu'en lui-même, préalablement à l'existence du monde, donc à plus forte raison à l'existence humaine de Jésus. Il discerne au sein de l'essence divine, indistinctes de cette essence mais néanmoins distinctes entre elles, la présence de trois personnes éternelles: le Père, le Fils et l'Esprit. Le Fils procède du Père par voie de génération, l'Esprit procède conjointement du Père et du Fils par voie de spiration. Cette multiplicité personnelle ne porte pas atteinte à la simplicité divine, car les personnes ne font pas nombre avec l'essence unique, éternelle et immuable. Elles ne s'en distinguent que suivant une distinction de raison. Il y a, bien sûr, distinction réelle entre les personnes, mais la réalité en question est la plus fine et la plus impondérable qu'il se puisse concevoir, soit une pure opposition relationnelle dénuée de tout fondement autre que soi-même. Cette distinction du reste ne donne pas aux personnes individuelles la capacité d'agir au dehors, même au plan de la grâce. Toutes les actions divines dans le monde émanent de l'essence et, de la sorte, elles appartiennent communautairement aux trois personnes.[1]

Peu importe ce qu'on pourra penser de la synthèse thomiste sur la Trinité, chose certaine, elle s'appuie sur la préexistence comme sur l'un de ses piliers. Et c'est à ce titre qu'elle nous intéresse pour le moment. Or, il n'est pas douteux que la doctrine de la préexistence a toutes ses lettres de noblesse en fait d'orthodoxie. Il serait fastidieux d'en administrer la preuve dans le détail. En revanche, il ne sera pas inutile de passer rapidement en revue les principales définitions dogmatiques.

Soit, premièrement, une masse de textes se référant directement au mystère de la Trinité. Je les cueille tout simplement dans la collection de Denzinger. En Occident, les credo de structure tripartite disent au sujet de la seconde personne: "Credo et in Iesum Christum, Filium eius unigenitum sempiternum" (Denz 27). En Orient, l'affirmation de la préexistence est encore plus appuyée et plus explicite: "...et en un seul Seigneur Jésus-Christ, le Verbe de Dieu, Dieu de Dieu, lumière de lumière, vie de vie, fils unique, premier-né de toute créature, engendré par le Père avant tous les siècles, par qui tout a été fait..." (Denz 40). Les credo de structure bipartite ne sont pas moins nets. Citons en particulier le symbole du Pseudo-Athanase: "Qualis Pater, talis Filius, talis Spiritus Sanctus: increatus Pater, increatus Filius, increatus Spiritus

---

[1] Cf. Saint Thomas d'Aquin, *Summa theologiae*, Ia, qq. 27-43.

Sanctus...; aeternus Pater, aeternus Filius, aeternus Spiritus Sanctus..."
(*Denz* 75). Les grandes définitions conciliaires de Nicée (325) et de Constantinople I (381) ou bien font écho à ces credo , ou bien leur servent de
modèle, moyennant cette précision qu'ils se rattachent à la tradition orientale. Nicée par exemple déclare au sujet de Jésus: "natum ex Patre unigenitum, hoc est de substantia Patris, Deum ex Deo, lumen ex lumine, Deum
verum de Deo vero, natum, non factum, unius substantiae cum Patre, per
quem omnia facta sunt, quae in caelo et in terra" (*Denz* 125).

Si on passe maintenant à des textes se référant directement au mystère de Jésus, on obtient des résultats convergents. Ici encore, la forme
occidentale du credo tripartite tend à dire les choses à demi-mot: "qui
natus est de Spiritu Sancto ex Maria virgine" (*Denz* 10). Le credo oriental
de même structure souligne bien davantage le thème de l'incarnation: "qui
pour nous, les hommes, et pour notre salut, est descendu du ciel, s'est incarné du Saint-Esprit et de la Vierge Marie, est devenu homme..." (*Denz* 42).
En ce qui a trait aux credo de structure bipartite, citons encore le Pseudo-Athanase: "ut incarnationem quoque Domini Nostri Iesu Christi fideli-
ter credat... Deus est ex substantia Patris ante saecula genitus, et homo
est ex substantia matris in saeculo natus; perfectus Deus, perfectus homo..."
(*Denz* 76). On ne saurait être plus clair concernant la réalité d'une naissance éternelle pour Jésus, autrement dit d'une préexistence. La distinction inconfusible des deux natures, divine et humaine, malgré leur union
personnelle (*kath' upostasin*) et physique (*phusikèn*), ferait l'objet des
grands conciles d'Ephèse (431) et de Chalcédoine (451).

Ainsi, l'explication de la Filiation à partir de la préexistence
peut revendiquer le sceau de l'orthodoxie la plus rigoureuse, la plus so-
lennelle et la plus vénérable. Mais cette théorie est-elle biblique? La
trouve-t-on telle quelle dans les écrits du Nouveau Testament? On ne saurait répondre à cette question par un oui ou par un non.

Sous toutes réserves et en essayant de refléter la meilleure exégèse actuelle, j'opinerai que les textes du Nouveau Testament déposent en faveur de la préexistence. Non pas tous, ainsi que nous le verrons plus
loin, mais quelques-uns tout de même, et d'une grande portée. Le plus explicite est sans doute le prologue de *Jn*: "Au commencement le Verbe était
et le Verbe était avec Dieu et le Verbe était Dieu. Il était au commencement avec Dieu. Tout fut par lui et sans lui rien ne fut" (*Jn* 1,13; trad.
BJ). Or, c'est au sujet de ce Verbe, existant auprès de Dieu depuis le
commencement, c'est-à-dire avant la création du monde, c'est au sujet de
ce Verbe créateur qu'il sera dit au v. 14: "Et le Verbe s'est fait chair
et il a demeuré parmi nous, et nous avons vu sa gloire, gloire qu'il tient
de son Père comme Fils unique..." Cet être préexistant, ce Fils glorieux,
voici qu'il s'incarne, voici qu'il acquiert une existence humaine en sus
de son existence antérieure auprès de son Père.

Le début de l'épître aux Hébreux rivalise avec le prologue johannique en suggestivité et en ampleur concernant la préexistence du Fils.
"Resplendissement de sa (Dieu) gloire, effigie de sa substance, ce Fils
qui soutient l'univers par sa parole puissante..." (*Héb* 1,3), eh bien, ce
Fils a pris la relève des prophètes précédents et il a inauguré les derniers jours. Assimilé au créateur et, en ce sens, préexistant au monde

comme lui, le Fils apparaît néanmoins dans le temps, il assume à ce niveau un nouveau mode d'existence.

Les épîtres pauliniennes contiennent également des hymnes incorporées à son texte par l'auteur, non sans quelques remaniements, et qui semblent bien mettre en cause elles aussi la préexistence du Fils. Je songe évidemment à *Phil* 2,6-11 et *Col* 1,15-20. Ces passages sont bien connus et leur interprétation semée d'embûches. Si on adopte la traduction de BJ, la signification de *Phil* 2 ne fait aucun doute, en ce qui a trait à la préexistence. Le texte dit alors sans ambages: "Lui (Jésus), de condition divine, ne retint pas jalousement le rang qui l'égalait à Dieu. Mais il s'anéantit lui-même, prenant condition d'esclave, et devenant semblable aux hommes." On a deux conditions qui se succèdent, l'une divine possédée d'abord, l'autre humaine à laquelle on parvient en un second temps. Celui qui subit de tels avatars est Jésus. Jouissant de la condition divine, il s'est préexisté à soi-même en tant que devenu semblable aux hommes.

Col 1 fait état d'une double activité et d'une double excellence pour le Fils bien-aimé. Vis-à-vis de la création, il possède une antériorité lui ayant donné la possibilité d'assister Dieu dans la production de l'univers. "Il est l'Image du Dieu invisible, Premier-né de toute créature, car c'est en lui qu'ont été créées toutes choses..." (1,15-16). Vis-à-vis de l'Eglise, il occupe aussi la première place: "Il est le Principe, Premier-né d'entre les morts..." (1,18). Mais c'est le même être qui jouit de cette double prééminence, c'est le même Jésus qui a précédé dans l'existence toutes les créatures et qui précède dans la résurrection tous les membres de l'Eglise. En négligeant le problème posé par le fait que, dans son premier rôle, il est néanmoins considéré comme une créature, on peut conclure à tout le moins que Jésus préexiste, en tant que co-créateur, à sa propre existence comme homme et comme sauveur des hommes.

A ces quelques textes, d'autres pourraient être ajoutés, *I Tim* 3, 16 par exemple. Ils ont en commun de véhiculer une certaine christologie, je dis bien une christologie, une élaboration théologique, et non une pure et simple révélation. On a affaire à une réflexion fortement étoffée sur le mystère de Jésus, une réflexion faisant appel pour une part à la tradition biblique sur la *Sagesse* (v.g. *Prov* 8; *Si* 24; *Sag* 7; *Ba* 4) et, d'autre part, à certaines données de la culture ambiante, notamment à la conception gnostique de l'homme primordial, ainsi qu'au schème grec de la causalité.

Voilà, en un bref mais saisissant raccourci, la carrière d'une théorie religieuse, celle de la christologie préexistentielle. Cette christologie semble offrir toutes les garanties et toutes les sécurités. Est-elle pourtant si inattaquable, est-ce la seule possible? Elle comporte que Jésus a possédé une nature divine préalablement à son incarnation dans une nature humaine. Elle comporte également que Jésus est fondamentalement une personne divine et non une personne humaine. Tout cela à cause de sa préexistence éternelle auprès de Dieu. Derechef, est-ce la seule façon pour les chrétiens de se formuler leur foi en Jésus, Fils de Dieu?

Il va sans dire que je prends pareille question à mon compte. Avant de la formuler plus explicitement et plus largement, je voudrais citer les noms de quelques théologiens récents ayant contribué à faire avancer le débat dans la direction que nous suivons présentement. K. Rahner a mis de l'avant une christologie ontologique, par opposition à la perspective ontique dans laquelle se meut, selon lui, la christologie traditionnelle. Le point de vue ontologique, au sens rahnérien, signifie quelque chose comme l'ouverture congénitale de l'homme vers l'infini, ouverture qui est un appel à la révélation, ouverture qui est tout aussi bien la possibilité radicale (obédientielle) de l'incarnation. En s'incarnant, le Fils de Dieu ne fait donc que pousser localement, c'est-à-dire en Jésus, à un maximum d'actuation une puissance qui est le lot de tous les êtres humains.[2] Il n'est pas douteux que semblable christologie relativise la préexistence du Fils. En tant qu'il s'inscrit en creux dans l'existence humaine, le Fils ne préexiste pas purement et simplement à cette existence, il coïncide avec elle de quelque manière.

Prenant les choses, pour ainsi dire, par l'autre bout, L. Bouyer installe l'homme au sein même du Verbe éternel. Il s'agit, bien sûr, de l'homme idéal. Cet homme se trouve éternellement dans le Verbe avec lequel il s'identifie.[3] Je vois dans cette thèse une autre tentative pour relativiser la préexistence de la nature divine par rapport à la nature humaine en Jésus. Si, en effet, le Verbe est déjà comme tel, et sans que Dieu soit pour autant considéré comme muable, si le Verbe éternel est identiquement l'Homme idéal, il s'ensuit que le Fils ne préexiste pas purement et simplement à sa manifestation humaine en Jésus.

Une façon plus indirecte, mais aussi plus générale et plus enveloppante, de relativiser l'approche préexistentielle consiste à souligner à double et à triple trait la dimension anthropologique du problème. Il y a une sorte d'accord qui s'est créé là-dessus parmi les théoriciens actuels, accord qu'on peut observer dans l'aire dessinée par la théologie fondamentale contemporaine. On se donne comme position de base le monde humain avec ses évidences. Ce n'est pas Dieu qui est indubitable, mais l'humain. L'homme, d'ailleurs, n'apparaît pas nécessairement comme l'adversaire et le rival de Dieu, en ce sens que l'on aurait à choisir entre l'un et l'autre. Laissons un moment la parole à C. Duquoc: "Dieu le Fils, écrit-il, se révèle dans l'humain et non pas malgré l'humain."[4] Suivant la logique de cette approche, le recours à une nature divine, et à une nature préexistante, n'apparaît pas comme absolument nécessaire pour comprendre la filiation divine de Jésus. Du moins ne dit-elle pas tout à elle seule. Il faut aussi tenir compte du fait qu'on a accès à cette filiation divine et éternelle en passant par l'existence humaine de Jésus-Christ, une nature humaine qui, loin de s'opposer à la nature divine, en est en quelque sorte la forme concrète et historique.

---

[2] Cf. Karl Rahner, "Problèmes actuels de Christologie", dans *Ecrits théologiques* I, trad. M. Rondet, Bruges, 1958, pp. 140-147.

[3] Cf. L. Bouyer, *Le Fils éternel*, Paris, 1974.

[4] C. Duquoc, *Christologie I: L'homme Jésus*, Paris, 1968, p. 41.

Suivant la logique propre à la théologie fondamentale, on serait même conduit, semble-t-il, à tenir Jésus pour une personne humaine plutôt que pour une personne divine. L'être à qui on a affaire se présente d'emblée comme un être humain historique, et c'est en un second temps seulement qu'on lui reconnaît une essence divine. Pourtant cette conséquence n'a été tirée ni par C. Duquoc, ni par E. Schillebeeckx.[5] Si F. Bourassa se permet cette audace de langage dans un article récent, il ajoute que, promue et assumée par le Logos, la personne humaine n'est pas "une autre personne en face du Verbe."[6] Ce qui implique que la notion de personne est entendue en un sens chosiste. Il est compréhensible, en effet, qu'une entité plus forte et plus complexe absorbe en soi-même une entité plus faible, mais il en va tout autrement d'une personne. Ni une autre personne, ni la société, ni l'univers entier ne sauraient jamais absorber une personne humaine. Au sens de l'existentialisme, la personne humaine fonde et centre le monde, au lieu d'apparaître comme l'une de ses parties. Elle n'est pas un simple étant parmi d'autres, elle est un existant. Je ne vois guère que P. Schoonenberg, parmi les théologiens catholiques, à avoir poussé l'orientation anthropologique jusqu'à ses dernières conséquences. Ou presque. Schoonenberg voit clairement que Jésus doit être considéré comme une personne humaine. Il écrit: "What is said of the preexistant divine person can never nullify this one and human person."[7] Il se donne donc comme point de départ un être humain qui, en tant que tel, ne peut pas ne pas être une personne humaine. Et il soutient que tout développement de la pensée sur Jésus, tout approfondissement de son être en direction de la divinité devra être mesuré à l'aune de cette fondamentale certitude. Mais Schoonenberg finit par dire que Jésus est une personne divino-humaine.[8]

L'enseignement qu'il convient de tirer des tentatives précitées, c'est que la théologie traditionnelle, telle qu'évoquée plus haut sur l'exemple du thomisme, ne semble plus répondre aux exigences actuelles de la pensée. Elle paraît surtout faible en ce qui a trait à la dimension anthropologique de la théologie. Or, il arrive qu'une lecture critique du Nouveau Testament a conduit certains exégètes, et parmi eux des catholiques, à une revision encore plus radicale de la christologie préexistentielle. En bref, ces exégètes sont d'avis que *le Nouveau Testament véhicule une christologie concurrente de la christologie préexistentielle*, une christologie d'en bas par opposition à l'autre, qualifiée d'en haut, christologie montante et émergente, plutôt que descendante et causale.

---

[5] Cf. E. Schillebeeckx, *Approches théologiques I: Révélation et théologie*, Bruxelles, 1965, pp. 360-361.

[6] F. Bourassa, "Sur la Trinité. Dogme et théologie", *Science et Esprit*, 24 (1972), p. 284.

[7] P. Schoonenberg, *The Christ*, New York, 1971, p. 82.

[8] Cf. *Ibid.*, p. 87.

Loin d'être périphérique, cette christologie sans préexistence se trouve dans les synoptiques et dans les épîtres de Paul. Si l'on veut un texte lapidaire permettant de l'illustrer, *Rom* 1,3-4 fera très bien l'affaire. Paul parle à cet endroit de l'Evangile, l'Evangile de Dieu "que, dit-il, d'avance il avait promis par ses prophètes dans les saintes Ecritures, concernant son Fils, issu de la lignée de David selon la chair, établi Fils de Dieu avec puissance selon l'Esprit de sainteté, par sa résurrection des morts, Jésus Christ notre Seigneur..." La pensée ne part pas du Verbe éternel pour aboutir à l'homme Jésus, elle suit exactement le trajet inverse. Elle ne recourt pas d'autre part au schème de l'incarnation, mais à celui de la résurrection. Elle est génétique, historique, sans doute très proche de l'expérience vécue par les disciples.

Les synoptiques montrent en effet, même s'ils ont été composés à la lumière de la résurrection, que la foi des premiers croyants a suivi un cheminement difficile et complexe. Ces dévots de Yahvé n'adhéraient pas à une conception trinitaire de Dieu, conception suivant laquelle le Fils de Dieu aurait existé de toute éternité et qui leur aurait procuré une connaissance préalable de Jésus. Si donc ils parvenaient jamais à reconnaître à Dieu un Fils, ils auraient à l'apprendre de ce Fils lui-même, ils auraient à l'apprendre de Jésus.

En termes clairs, les disciples ont d'abord perçu Jésus comme un homme. Leur monothéisme ne les prédisposait aucunement à voir en lui autre chose qu'un être humain. A partir de cette première perception, les évangiles racontent comment Jésus n'a cessé d'étonner ceux qui le contactaient. L'étonnement provenait justement de ce qu'on croyait avoir affaire à un homme ordinaire et que cet homme accomplissait des gestes dépassant le pouvoir d'un homme ordinaire. Il opérait des guérisons miraculeuses, il pardonnait les péchés, il allait jusqu'à prendre sur lui de compléter et de modifier la loi mosaïque, pourtant issue de Dieu. Il fallait donc reconnaître que la main de Dieu était sur lui, qu'il avait été envoyé par Yahvé, que c'était un prophète aussi grand et même beaucoup plus grand que Jean-Baptiste. Bien des espoirs reposèrent sur ses épaules, y compris celui de la libération nationale. Mais la carrière du prophète devait être de courte durée. Il s'était fait trop d'ennemis parmi les dirigeants. Un jour de fête, on le mit à mort.

Puis, il y eut l'expérience proprement inénarrable de la résurrection, ou du moins est-ce ainsi que les apôtres choisirent d'appeler ce qu'ils avaient vu et touché du prophète mort, maintenant revenu mystérieusement à la vie. Rétrospectivement, ils virent dans la mort en croix une signification propitiatoire et rédemptrice. Ils tinrent Jésus pour le Messie, le Christ, malgré les réserves expresses que ce dernier avait exprimées de son vivant à l'endroit de ce titre. D'autres titres suivirent - ou précédèrent - tels que "Seigneur", "Fils d'homme", "Fils de Dieu". Ils visaient tous à cerner la valeur transcendante que la résurrection avait permis de déceler dans la personne du prophète Jésus.

Je néglige évidemment les aspects du problème qui ne sont pas directement pertinents. L'autoconscience de Jésus, par exemple. Jésus a-t-il su dès avant la résurrection qu'il était le Messie et Fils de Dieu? Son usage de "abba" et de "amen", suivant l'interprétation de J. Jeremias, pourrait le laisser croire, mais on n'a pas vraiment moyen de le décider avec certitude. Cela d'ailleurs ici n'importe pas. Le point à retenir, c'est que *la christologie des synoptiques et de Paul fait l'économie de la préexistence*. Et elle n'est pas tronquée pour autant. Elle n'est pas partielle par rapport à une christologie censément plus complète, elle est autre. Comme elle voit les choses, Jésus n'est pas le Messie et le Fils de Dieu de toute éternité, il le *devient*. Il l'est devenu, certes, lors de sa naissance (cf. *Mt* et *Lc*); il l'est devenu encore davantage à l'occasion du baptême administré par Jean (cf. *Mc*); il l'est devenu très spécialement à la résurrection (cf. Paul); et il le deviendra plus pleinement encore au moment de la Parousie (cf. *Act* 2,14-36). On peut parler à ce propos de filiation fonctionnelle, ou même de filiation adoptive. D'aucuns l'ont fait. Le problème que soulèvent ces formules - en fait, elles ne le soulèvent pas, mais attirent l'attention sur lui - c'est que, en toute rigueur de termes, on ne devient pas Fils de Dieu. Ou bien on l'est depuis toujours, ou bien on ne le sera jamais. Car Dieu ne change pas. Dans ces conditions, les concepts de filiation fonctionnelle et de filiation adoptive ne feront guère que jeter un écran de fumée devant la difficulté persistante. Comment Jésus pourrait-il au bout du compte *fonctionner* comme Fils de Dieu s'il ne l'est pas? Il n'usurpe certainement pas une qualité qui lui fait défaut. Si par ailleurs, il est vraiment Fils de Dieu, le devient-il ou jouit-il éternellement de cette prérogative? La christologie que nous discutons en ce moment comporte que Jésus devient Fils de Dieu. Mais alors, en suivant cette voie, peut-on aboutir à autre chose qu'à une *filiation adoptive*? Autrement dit, à une filiation juridique, non naturelle. Mais une telle filiation ne met pas le Christ à part. Elle ne correspond pas à la conviction chrétienne fondamentale, pour laquelle Jésus est Fils naturel de Dieu, engendré non pas créé, de même nature que le Père.

Il semble que la christologie émergente aboutisse à une impasse. Elle déclare que *Jésus est devenu Fils de Dieu*. Or, une filiation obtenue après coup, c'est-à-dire dans ce cas au plan des créatures et de l'histoire, *une telle filiation ne peut être plus qu'adoptive*. Telle est, me semble-t-il, la difficulté qui a coupé court au progrès de la christologie résurrectionnelle et orienté les esprits du côté de la christologie incarnationnelle.

Ainsi, ni l'une ni l'autre des christologies que comporte le Nouveau Testament ne répond entièrement aux attentes chrétiennes. La christologie traditionnelle, préexistentielle et incarnationnelle, la christologie d'en haut, parce qu'elle manque de base anthropologique. La christologie résurrectionnelle, parce qu'elle ne réussit pas à poser la divinité de Jésus. En l'absence d'une tierce possibilité, notre choix se réduit à opter pour la théorie qui présente le moins d'inconvénients. Et, à mon sens, c'est la deuxième.

Car la christologie préexistentielle, toute traditionnelle et orthodoxe qu'elle soit, souffre de déficiences majeures. Ces déficiences sont globalement indiquées par le manque anthropologique dont il était question à l'instant, mais il ne sera pas inutile de les expliciter quelque peu.

Premièrement, on peut reprocher à la christologie incarnationnelle d'être relativement *anhistorique*. Tout simplement parce qu'elle pose la divinité de Jésus au départ. Dans ces conditions, en effet, la Filiation divine de Jésus, qui est le sens suprême de son existence, cette Filiation ne s'obtient pas au terme d'un processus; elle préexiste au contraire de toute éternité. Je veux bien que, grâce à l'incarnation, le Fils de Dieu survienne dans le temps. Reste cependant qu'au total, ou plutôt en substance, la personne du Fils précède le déroulement de l'histoire au lieu d'en constituer l'aboutissement final et eschatologique.

Secondement, la christologie de la préexistence *suppose Dieu connu préalablement à sa manifestation en Jésus-Christ.* Elle explique Jésus par le Verbe, alors que l'expérience des disciples a sans doute suivi le cheminement inverse. Elle traite la résurrection comme la preuve que Jésus est Dieu, alors que cet événement *sui generis* représentait une nouvelle et sensationnelle ouverture sur Dieu. Avant Jésus, avant la résurrection de Jésus, Yahvé certes était connu des israélites, mais non pas proprement le Père de Jésus-Christ. Je citerai ici un passage de B. Vawter: "'Christ showed himself to be God' is the question-begging and really meaningless assertion... 'Christ showed us who God is' is, on the contrary, the summation of New Testament revelation. How he showed us this was in the only way possible for him, through his humanity."[9]

Troisièmement, la christologie traditionnelle, telle notamment que formulée à Ephèse et à Chalcédoine, implique des rapports entre *nature et personne* d'une part, et d'autre part entre *nature divine et nature humaine*, qui ne cadrent qu'imparfaitement avec l'évolution des idées philosophiques. On a souvent fait remarquer par exemple que le concept de personne inclut nécessairement, dans l'usage actuel, la conscience réflexive et la liberté, alors que ces valeurs appartenaient à la nature dans l'usage linguistique de Chalcédoine. En distinguant en lui deux natures, la tradition normative attribuait au Christ une double intelligence et une double volonté. Pour parvenir aujourd'hui au même résultat, il faudrait accorder à Jésus une double personnalité, ce qui revient évidemment à détruire l'unité de son être. Si par contre on sauvegarde l'unité personnelle de Jésus, personnalité d'ordre divin, on professe alors sans le vouloir, un monophysisme et un monothélisme larvés, ainsi que K. Rahner n'a pas manqué de l'observer.

En ce qui concerne le concept de nature humaine, la philosophie moderne l'a fait éclater en trois directions. Face à la personnalité humaine tout d'abord, on considère que la nature humaine a ceci de spécifique justement d'accéder au niveau personnel et existentiel, si bien qu'il est impossible d'être un homme et de ne pas être en même temps une personne humaine. On voit ce qui en résulte immédiatement pour Jésus en tant qu'homme et vrai homme. A un autre point de vue, la nature humaine s'étend du côté de Dieu jusqu'à intersecter, pour ainsi dire, la nature divine. Je songe ici aux théories qui font état d'un horizon infini en rapport avec la constitution même de l'homme, celles notamment de K. Rahner ou de M.

---

[9] B. Vawter, *This Man Jesus*, New York, 1973, p. 150.

Blondel. Mais si les natures divine et humaine ne s'opposent plus comme des quantités adéquatement distinctes, la théorie de la préexistence se trouve sapée à sa base même. Enfin, la nature humaine connaît une autre extension en direction du futur. On la conçoit comme inachevée tant que l'histoire n'aura pas suivi intégralement son cours. Le futur appartient à son être total autant que le passé, même si - ou parce que - il n'existe encore qu'à l'état de projet. Il n'échappera à personne que pareille temporalisation de la nature humaine s'allie tout naturellement avec la christologie résurrectionnelle, alors qu'en revanche elle cadre on ne peut plus mal avec la christologie de la préexistence.

Tels sont les défauts principaux de la christologie traditionnelle. Ils sont graves et, me semble-t-il, prohibitifs. Qu'en est-il de l'autre christologie? Je lui vois deux grandes difficultés. Premièrement, *elle n'est pas orthodoxe et traditionnelle*. Même si elle recoupe d'importantes données néo-testamentaires, elle se démarque par rapport à un enseignement multiséculaire et même pratiquement bimillénaire. Deuxièmement, elle exige, pour devenir entièrement signifiante, qu'*on revise le dogme de l'immutabilité divine*. Ce sont là deux énormes obstacles.

Mon option dans le présent essai est tout simplement de les sauter. Ils représentent tout compte fait un moindre coût en comparaison avec l'immense déficit accumulé par la christologie préexistentielle.

Si, en effet, dès le stade du Nouveau Testament, la christologie incarnationnelle était concurrencée par la christologie résurrectionnelle; et si au surplus on a affaire dans les deux cas à des élaborations théologiques, et non à des expressions brutes de la révélation; il semble possible et sans doute même désirable de renouveler le langage chrétien sur Jésus pour rendre ce langage plus vrai, plus significatif et plus croyable.

Quant à l'immutabilité divine, c'est bien là que le bât blesse. Mais pourquoi en faire un absolu inconditionnel? Est-il évident que Dieu n'entretient aucune relation avec le monde, comme le dit saint Thomas, lui pourtant qui a créé le monde et qui, semble-t-il, devrait encaisser le choc en retour de ce qui arrive progressivement dans l'univers? La tradition chrétienne n'a-t-elle pas subi sur ce point la domination de la pensée grecque? N'est-ce pas Celse jadis qui faisait reproche aux chrétiens de soumettre Dieu aux vicissitudes du changement?[10] Car la Bible n'a pas autant de scrupules à cet égard. Voici comment s'exprime B. Vawter sur le sujet: "The biblical documents clearly connect both the trinity and the incarnation... with the process of Heilsgeschichte."[11] Et il ajoute: "If the unchangeableness of God is supposed to conflict with such a view of revelation, we must reconsider what we mean by the unchangeableness of God."[12] Remarque de bon sens, me semble-t-il, qui lève l'obstacle principal ayant entravé dans le passé, et entravant encore, la course d'une

---

[10]Cf. Celse, *Discours vrai contre les Chrétiens*, trad. L. Rougier, (*Libertés* 26), Hollande, 1965, pp. 78-79.

[11]B. Vawter, *This Man Jesus*, p. 168.

[12]*Ibid.*

théorie christologique centrée sur l'humanité de Jésus, d'une christologie postexistentielle.

Il serait hors de propos de traiter, ou même seulement d'effleurer, le vaste thème de l'immutabilité divine. Il est mis en cause entre autres par les H. Bergson, les P. Teilhard de Chardin, les A.N. Whitehead. Je me donnerai à ce point un Dieu de quelque manière changeant et muable, au titre d'hypothèse formelle, et c'est en fonction de cette hypothèse que j'alignerai les propositions majeures devant faire partie d'une christologie émergente et résurrectionnelle. Ce bloc de propositions servira aussi de conclusion.

1. *Jésus est une personne humaine.* Ainsi le veut la christologie des synoptiques et de Paul. Ainsi l'exige l'idée qu'être homme, c'est être personne.

2. *Jésus devient Fils de Dieu* à travers le déroulement de son histoire personnelle, mais spécialement par la résurrection. On fait alors l'économie de la préexistence, mais sans verser dans l'adoptianisme parce que Dieu n'est pas immuable de tout point. En Jésus, il acquiert véritablement un Fils, un Fils naturel et que jusque là il n'avait pas engendré. En régime d'immutabilité absolue, Dieu ne pourrait engendrer un Fils sans l'engendrer toujours. Dans l'hypothèse contraire, il est concevable que Dieu obtienne un Fils qui ne soit pas un co-créateur éternel et qui, d'autre part, ne soit pas purement créé et putatif.

3. *Les natures divine et humaine,* ouvertes toutes deux vers l'avenir, *atteignent à un développement eschatologique dans la personne de Jésus.* Ce point a été clairement perçu par D. Sölle.[13]

4. Si une certaine préexistence peut surnager dans cette christologie postexistentielle, c'est uniquement au niveau des prévisions divines et conformément à l'adage suivant lequel *ultimus in executione est primus in intentione.* En ce sens qui n'est pas vain, Jésus est et demeure le Premier-né de toute créature.

Roger Lapointe
Université Saint-Paul

---

[13]Voir D. Sölle, *La représentation. Un essai de théologie après la "mort de Dieu",* trad. A. Liefooghe, Paris, 1969.

DEVELOPPEMENT D'UN INSTANTANE CHRISTOLOGIQUE
LE PROPHETE ESCHATOLOGIQUE

André Myre

Point n'est besoin d'une longue fréquentation du monde universitaire nord-américain pour percevoir combien s'élargit rapidement le fossé qui sépare cet univers conceptuel de celui qui a formé la grande tradition christologique de l'Eglise occidentale. Point n'est besoin, non plus, d'une longue fréquentation d'une faculté de théologie nord-américaine pour saisir la profondeur du désarroi d'une bonne partie du monde étudiant; désireux de croire, on ne retrouve plus sa foi dans le langage du passé; avide de certitude, on répugne à l'obscurité de l'engagement de foi et au pluralisme du langage chrétien contemporain; riche d'intuitions à peine formulées, on cherche désespérément le point d'appui absolu. Il n'est pas surprenant, dans les circonstances, qu'on cherche souvent à faire de la Bible le lieu privilégié de sa réflexion. Mais même ce retour à la Bible n'est pas sans causer de problèmes, car, de prime abord, le chrétien s'attend fréquemment à y trouver un langage universel, valable immédiatement pour tous les temps. Or la réalité est tout autre, la Bible n'offrant souvent qu'un langage-test, auquel chaque génération de chrétiens doit retourner pour vérifier, à son contact, la justesse de ses traductions théologiques et praxéologiques. En tant que parole authentique d'un Dieu caché, la Bible est davantage appel vers l'Inconnu que lumineux dévoilement de l'Etre.

S'il est un point de focalisation des interrogations chrétiennes d'aujourd'hui, il s'agit bien de la question christologique. Et là, deux mille ans de réflexion se condensent dans la plus extraordinaire des macédoines conceptuelles. Tout est dans tout et réciproquement. Le sens historique ne joue plus. Jésus raisonne comme un occidental de gauche. Le Nouveau Testament parle le langage de Chalcédoine. L'Eglise est porteuse d'une christologie passe-partout. La divinité de Jésus-Christ est le sésame ouvre-toi qu'il suffit de prononcer pour être jugé fidèle. Tout ayant déjà été dit, il ne s'agit maintenant que de trouver d'autres mots pour le redire. Et malheur à qui cherche à élargir le corridor idéologique.

Par contre, il ne s'agit là que d'un côté de la médaille. L'autre côté se manifeste par le présent colloque; par l'attrait que suscite la présentation de la profondeur humaine de Jésus de Nazareth; par l'intuition, obscure mais quand même solidement ancrée, qui pousse fermement et d'instinct à rejeter d'un côté ce qui est senti comme relents d'un passé mort à jamais et à accueillir de l'autre ce qui apparaît germe de vie. La présente communication se voudrait une contribution au réexamen que subit actuellement l'expression christologique classique, et une tentative de retraduction d'une vieille christologie néotestamentaire dont l'importance n'a d'égale que la profondeur de l'oubli dans lequel elle a sombré.

Il convient ici de souligner tout autant les limites que l'étendue de la présente étude. Il s'agit d'abord d'une réflexion d'exégète sur de vieilles expressions christologiques néotestamentaires. L'exégèse, faut-il encore le dire, vise à expliciter une zone privilégiée de thématisation du passé, la zone biblique - zone de référence, zone-test, il est vrai, mais zone du passé quand même. Par cet effort de redécouverte du passé, l'exégèse cherche à recréer un monde à jamais disparu et à dégager vitalement les significations qu'avaient justement ces thématisations passées pour ces hommes du passé. Les circonstances étant radicalement modifiées par le passage du temps et des civilisations, les réalisations des croyants du passé (dans tous les domaines) ne sont plus transplantables aujourd'hui telles quelles, mais elles ont quand même un rôle à jouer vis-à-vis de l'effort théologique actuel, et ce, de double façon. D'abord c'est par rapport à elles que se mesure la fidélité de fond d'une nouvelle expression théologique; ensuite, elles peuvent servir de modèle dynamisant pour le croyant d'aujourd'hui. C'est dans cette seconde lignée traditionnelle que veut se situer la présente contribution. Il s'agira pour nous d'isoler une vieille christologie néotestamentaire (peut-être la plus vieille de toutes) après en avoir montré les soubassements conceptuels dans le monde palestinien; une fois qu'elle aura été établie et distinguée des autres christologies, il restera à tirer quelques conséquences et à faire un essai de retraduction qui soit pertinent pour le chrétien d'aujourd'hui. Mais il importe ici de souligner la principale limite d'un tel travail: il est loin d'être sûr, a priori du moins, qu'il existe une possibilité sérieuse de succès pour tout effort ayant pour but de redonner vie à une vieille expression christologique. Cet essai soulève également l'immense problème de la justification à donner à une tentative qui pourrait être vue comme visant à court-circuiter deux mille ans de christologie, surtout par qui considère le développement christologique (même la question du "développement" serait à étudier) comme linéaire. Mais comme la réponse à ces questions ne peut se donner seulement en théorie, la présente esquisse est justifiable, quand ce ne serait que parce qu'elle peut obliger à répondre à la question suivante: est-elle fidèle à la large tradition de l'Eglise la communauté qui engage sa vie à la suite de Jésus-Christ en le confessant comme prophète eschatologique? En tout cas, c'est la question que ces pages veulent poser aux participants à ce présent colloque.

Il est évidemment impossible dans le cadre de cette contribution de faire minutieusement le tour de la question du prophète eschatologique dans

le Nouveau Testament.[1] Il devrait suffire qu'elle soit honnêtement décrite
et que soient présentés les principaux textes où elle se retrouve. On présuppose acquis qu'il y a dans le Nouveau Testament plusieurs christologies,
plus ou moins harmonisables, plus ou moins discontinues, plus ou moins en
dépendance les unes des autres.[2] Enfin, la présente étude n'a en vue que
la christologie du prophète eschatologique; il n'y sera aucunement question
de la possibilité de fonder l'emploi de ce titre de quelque façon que ce
soit en Jésus de Nazareth, encore moins de son attribution à Jean-Baptiste.
De tels développements, tout intéressants qu'ils auraient pu être, auraient
demandé un espace trop considérable.

I - L'ATTENTE DU PROPHETE ESCHATOLOGIQUE

        La Bible et le judaïsme n'offrent ni définition simple et unique du
prophète eschatologique, ni description cohérente de sa fonction. Dans le
domaine de l'eschatologie, les mots servent davantage à porter une tension
qu'à présenter de façon précise ce que sera le futur de Dieu. Il ne faut
donc pas se surprendre de la fluidité des expressions, laquelle trouve également son explication dans la diversité des milieux juifs de l'époque, dans
l'étalement de ces conceptions dans le temps et dans leur contamination réciproque. Quoi qu'il en soit, les limites ont beau être floues, il est
quand même possible de cerner la réalité. Il est donc une attente eschatologique importante dans le judaïsme du temps de Jésus, suivant laquelle il
viendra un prophète qui aura un rôle à jouer à la fin des temps. Pour certains, ce prophète établira lui-même le nouvel éon; pour d'autres, il sera
le précurseur du Messie; pour d'autres encore, il accompagnera ce dernier
lors de sa venue. La même hésitation se retrouve dès lors qu'il s'agit
d'identifier ledit prophète. Les plus sages lui gardent l'anonymat; les
audacieux voient en lui une sorte de nouveau Moïse quand ils ne vont pas
jusqu'à reconnaître en lui Moïse lui-même revenu sur terre; la façon la
plus courante de le présenter est celle de nouvel Elie, mais même Jérémie
et Josué peuvent revendiquer l'honneur.[3]

1. *Le prophète anonyme.*

        C'est dans le premier livre des Maccabées qu'on retrouve surtout
l'attente d'un prophète des derniers temps dont l'identité n'est pas divul-

---

[1] Il ne semble pas y avoir de monographie exhaustive sur le sujet.
Quelques articles ont paru ces dernières années, dont quelques-uns d'accès
difficile. On ne mentionnera donc, en bibliographie, que les ouvrages les
plus connus et les plus faciles à consulter.

[2] Cf. A. Myre, "Les titres christologiques: évolution", dans *Jésus?
De l'histoire à la foi*, Montréal, Fides, 1974, pp. 159-174.

[3] Voir là-dessus, H.M. Teeple, pp. 1-13.

guée. Ainsi en 4,44-46: on ne sait que faire des pierres de l'autel des holocaustes qui a été profané et qu'on a démoli; on décide donc de les mettre dans un endroit convenable "en attendant la venue d'un prophète qui se prononcerait à leur sujet". En 14,38-42, on accepte que Simon devienne chef du peuple et grand-prêtre "pour toujours jusqu'à ce que paraisse un prophète accrédité". Comme cette espérance se profile sur le fond de scène de la cessation prolongée de la prophétie (9,27), c'est à bon droit qu'on peut voir ici l'attente d'un prophète eschatologique dont la parole brisera définitivement le silence de Dieu.

2. Le prophète eschatologique de type mosaïque.

Il est possible de retracer quelques textes faisant état d'une assomption corporelle de Moïse (semblable à celle d'Elie) et d'un retour éventuel de ce dernier, soit seul, soit, plus fréquemment, accompagné d'Elie. Mais cette espérance d'un retour de Moïse a peu marqué la tradition et semble en dépendance, au moins dans l'état actuel des textes, de l'attente beaucoup plus populaire d'un retour d'Elie.[4] C'est pourquoi il ne serait pas utile de nous y attarder davantage.

En *Dt* 18,15, Moïse déclare au peuple: "Yahvé ton Dieu suscitera pour toi, du milieu de toi, parmi tes frères, un prophète comme moi, que vous écouterez"; en 18,18, Moïse cite ces paroles que Yahvé lui a adressées: "Je leur susciterai, du milieu de leurs frères, un prophète semblable à toi, je mettrai mes paroles dans sa bouche et il dira tout ce que je lui ordonnerai". S'il n'a peut-être pas directement donné naissance à la tradition du prophète eschatologique de type mosaïque (celle-ci pouvant dépendre de façon plus immédiate d'une attente globale d'un retour des conditions prévalant au temps de Moïse),[5] il n'en reste pas moins que ce texte a servi à appuyer l'espérance d'un nouveau Moïse. La réalité de cette espérance est largement attestée. La littérature rabbinique en fait mention, mais dans des textes qui sont relativement tardifs. Jeremias croit en retrouver la plus ancienne indication dans une parole de R. Aqiba (c. 90-135): "De même que les Israélites ont passé 40 ans dans le désert, ainsi les fera-t-il sortir (il s'agit de l'envoyé eschatologique) et les mènera-t-il au désert et leur fera-t-il manger des herbes amères et des racines."[6] Le nouveau Moïse ramènera donc son peuple au désert en vue d'une nouvelle période d'épreuves. La date à laquelle une conception fait surface dans un texte n'est évidemment pas identique de soi à la période qui lui a donné naissance. La littérature qumranienne peut le confirmer. Ainsi, en *I QS* 9,10, il est dit des membres de la communauté qu'ils "seront régis par les premières réglementations dans lesquelles les hommes de la communauté ont commencé à se convertir jusqu'à la venue d'un prophète et des consacrés d'Aaron et d'Israël." Les 4 Q Testimonia, qui présentent une série de

---

[4] Cf. J. Jeremias, IV, pp. 853-857; H.M. Teeple, pp. 41-48.

[5] Cf. H.M. Teeple, pp. 29-41.

[6] J. Jeremias, IV, pp. 860-861; cf. H.M. Teeple, pp. 67-68.

citations scripturaires appropriées pour chacun de ces trois envoyés eschatologiques, offrent dans le cas du prophète, un texte qui donne l'essentiel
de *Dt* 18,18, ce qui montre bien qu'on le conçoit comme un prophète eschatologique de type mosaïque. En 19,34-20,1, le document de Damas déclare
que ceux qui ont trahi la nouvelle alliance seront exclus du peuple "depuis
le jour de la réunion (à ses pères) du Docteur de la communauté jusqu'à
l'avènement des consacrés d'Aaron et d'Israël." Ce texte soulève le problème de l'identification du fondateur de la communauté au prophète eschatologique; il est des textes où, comme Moïse, il enseigne et promulgue des
lois; il a dirigé sa communauté dans un nouvel exode, etc. Quoi qu'il en
soit, l'essentiel, pour notre propos, est que soit bien établie à Qumran
la conception du prophète eschatologique de type mosaïque.[7] Flavius Josèphe, dont le témoignage est parfois appuyé par les Actes des apôtres, fait
mention à quelques reprises de faux prophètes qui ont entraîné des gens au
désert sous prétexte de leur faire voir différents signes.[8] Le fait qu'ils
aient été suivis montre bien qu'on espérait un nouveau prophète semblable
à Moïse. Il en était d'ailleurs de même chez les Samaritains qui atten-
daient une sorte de rénovateur eschatologique de type mosaïque.[9] Enfin,
on pourrait mentionner ici que le Nouveau Testament lui-même, indépendamment de sa christologie du prophète eschatologique, témoigne de la réalité
de l'attente d'un nouveau Moïse dans l'un ou l'autre texte; par exemple,
en *Jn* 1,21, où, après avoir demandé à Jean s'il était Elie, on pose la
question suivante: "Es-tu le prophète?" Ce prophète ne peut être que le
nouveau Moïse.[10]

Il est beaucoup plus facile d'établir l'existence de l'espérance de
la venue d'un nouveau Moïse que d'en décrire les contours. Hahn et Fuller
s'entendent pour dire qu'on attendait essentiellement du prophète eschatologique de ce type qu'il fasse des miracles et donne un enseignement autorisé.[11] C'est possible. Mais peut-être convient-il de souligner dès maintenant que c'est l'existence même de l'attente d'un prophète eschatologique de type mosaïque qui a joué un rôle dans le développement christologique, beaucoup plus que le contenu exact de l'attente; car il n'y a pas eu
de transfert trait pour trait de l'espérance à la christologie, au contraire, on pourrait même dire que l'identification christologique a servi à
donner un contenu précis à l'espérance. En ce sens, ce qui importe avant
tout, c'est l'existence même de cette espérance dans le milieu juif pré-
chrétien, et celle-ci ne devrait faire aucun doute.

---

[7]Voir là-dessus, J. Jeremias, IV, p. 861; F. Hahn, pp. 362-363;
H.M. Teeple, pp. 55-56; R.H. Fuller, pp. 50-53.

[8]*Bell* VII, 438; *Ant* XX, 97-99; 167-172; 188. *Ac* 5,36; 21,38; cf.
J. Jeremias, IV, p. 862; H.M. Teeple, pp. 65-66.

[9]Voir les références en J. Jeremias, IV, p. 862; H.M. Teeple, pp.
63-64; A. Oepke, *Art.* "apokathistèmi", *TDNT* I, pp. 387-389.

[10]Cf. *Jn* 1,25; 6,14.30-34; *Mt* 24,26.

[11]F. Hahn, p. 365; R.H. Fuller, p. 49.

3. *Le retour d'Elie.*

A l'intérieur des cycles d'Elie-Elisée (*I R* 17,1 -*2 R* 13,25), il est un verset qui a particulièrement frappé l'imagination juive: "Or, comme ils (Elie et Elisée) marchaient en conversant, voici qu'un char de feu et des chevaux de feu se mirent entre eux deux, et Elie monta au ciel dans le tourbillon" (*2 R* 2,11). Une tradition post-exilique comprit qu'Elie avait été préservé de la mort parce que Dieu avait un rôle eschatologique à lui confier.[12] Cette tradition fait surface en *Mal* 3,23-24, explication postérieure de 3,1, où il est dit que Yahvé enverra un messager frayer un chemin devant lui.

> Voici que je vais vous envoyer Elie le prophète, avant
> que n'arrive le Jour de Yahvé, grand et redoutable.
> Il ramènera le coeur des pères vers leurs fils et le
> coeur des fils vers leurs pères, de peur que je ne vien-
> ne frapper le pays d'anathème.

On notera qu'Elie a pour tâche d'unir le peuple et de le faire échapper au jugement. Un retour d'Elie est également attendu en *Sir* 48,1-12a.

> Comme tu étais glorieux, Elie, dans tes prodiges!
> qui peut dans son orgueil se faire ton égal?
> (Toi) qui fus emporté dans un tourbillon de feu,
> par un char aux chevaux de feu,
> toi qui fus désigné dans des menaces futures
> pour apaiser la colère avant qu'elle n'éclate,
> pour ramener le coeur des pères vers les fils
> et rétablir les tribus de Jacob (vv. 4,9-10).

Un trait s'ajoute ici à la description de tâche offerte par Malachie, celui de la restauration des tribus de Jacob; il est peut-être permis d'y voir une allusion à la tradition prophétique du Serviteur de Yahvé et à une des fonctions de ce dernier (*Is* 49,5-12).[13]

L'espérance d'un retour d'Elie se retrouve également dans quelques apocryphes de l'Ancien Testament, d'abord dans *Hén. éth* 89,52; 90,31 et 93, 8, sous une forme assez énigmatique; puis en *4 Esd* 6,26, où il est dit que ceux qui ont été enlevés de ce monde sans être passés par la mort apparaîtront, et qu'alors le coeur des hommes sera changé et qu'ils se convertiront à un esprit différent. Le texte parle sans doute ici d'Hénoch et Elie; cette tradition d'un retour de deux prophètes eschatologiques pourrait se retrouver, sous une autre forme, en *Mc* 9,4-5 et par., ainsi qu'en *Ap* 11,1-13,

---

[12]Sur cette question, voir F. Hahn, pp. 354-356; G. Rochais, pp. 51-57; H.M. Teeple, pp. 3-9; J. Jeremias, II, pp. 928-934. *1 Mc* 2,58 explique l'enlèvement d'Elie par le zèle pour la loi qu'il avait manifesté.

[13]Cf. W. Zimmerli, pp. 664-665 et surtout pp. 666-673 où la figure du Serviteur apparaît comme profondément ancrée dans la tradition prophétique; voir également J. Jeremias, V, pp. 686-687.

où il s'agit de Moïse et Elie.[14] On a cru pouvoir déceler aussi une attente du retour d'Elie à Qumran; il serait alors question d'un retour du
Maître de justice en tant qu'Elie.[15] Les sources rabbiniques, quant à elles, voient en Elie un précurseur du Messie, un interprète autorisé de la
loi et même le grand-prêtre des temps messianiques; mais ces sources sont
trop tardives pour permettre des conclusions tant soit peu certaines quant
à leur origine pré-chrétienne.[16] Finalement, il faut souligner que le
Nouveau Testament, indépendamment encore une fois de sa christologie du
prophète eschatologique, est le témoin d'une attente du retour d'Elie. En
Jn 1,21.25, on se demande si Jean n'est pas Elie; en *Mc* 6,15; 8,28 et par.,
on se pose la même question au sujet de Jésus; en 9,11-12 et par., on admet qu'Elie doit revenir et tout remettre en ordre; en 15,35-36 et par.,
on voit en Elie quelqu'un qui peut venir au secours de ceux qui sont dans
le besoin.

Il en est de l'attente d'Elie comme de celle du prophète eschatologique de type mosaïque: il est beaucoup plus facile d'en établir la réalité que d'en préciser le contenu. Il faut sans doute s'y résigner, car, on
l'a déjà dit, dans le domaine de l'eschatologie et de l'apocalyptique,
c'est la profondeur de l'espérance qui compte, et, d'ordinaire, la force de
celle-ci fait éclater le sens quotidien des mots, lesquels ne servent plus,
alors, que de supports à une tension. Mais à y bien regarder, il y a là
un fait extrêmement significatif, car c'est justement cet état d'indifféren-
ciation de l'attente qui a permis à l'Eglise primitive de s'en servir pour
exprimer le sens de Jésus-Christ. Les premières christologies ne pouvaient
se fixer qu'à l'aide de matériaux conceptuels à la fois assez souples pour
s'adapter aux réalités historique de Jésus de Nazareth et eschatologique
du Christ ressuscité.

II - LA CHRISTOLOGIE DE PROPHETE ESCHATOLOGIQUE

Il ne peut être question de faire ici l'exégèse des textes porteurs
- à un moment ou l'autre de leur transmission - de la christologie de prophète eschatologique. On se contentera donc de fonder l'existence (et par
contrecoup l'importance et l'étendue) de cette christologie en présentant,
par couches traditionnelles, les textes qui l'expriment et les principales
caractéristiques qui s'en dégagent.

---

[14]Cf. J. Jeremias, II, pp. 938-941.

[15]*Ibid.*, pp. 931-932.

[16]Cf. H.M. Teeple, pp. 4-8 avec les notes.

1. *La christologie de prophète eschatologique de type mosaïque.*[17]

Hahn en introduit l'étude en faisant remarquer d'abord que Jésus n'avait pas l'allure d'un prédicateur de conversion comme Jean-Baptiste auquel, par ailleurs, on avait déjà attribué le titre de nouvel Elie. Il ajoute que la christologie de prophète eschatologique de type mosaïque permettait de serrer de près la réalité de Jésus, plus que celles de Fils de l'homme liée aux événements apocalyptiques, de Messie avec sa coloration d'exercice de l'autorité royale et de Grand-Prêtre messianique par trop éloignée des caractéristiques de Jésus. Il ne restait donc que l'attente du nouveau Moïse, laquelle convenait d'autant plus que Jésus était apparu aussi bien comme thaumaturge que comme interprète autorisé de la Loi et que sa mort l'insérait dans la lignée des prophètes au destin tragique.[18] Cette remarque préliminaire de Hahn vaut indépendamment de sa référence au Jésus historique, car elle situe bien l'attente du prophète eschatologique par rapport aux autres. Toutefois, il conviendrait de noter que cette attente s'est manifestée sous plusieurs formes dont celles, fondamentales, des types mosaïque ou éliaque, et que les lignes de démarcation entre les deux types ne sont pas toujours aussi précises qu'on le voudrait, de sorte que l'attribution à l'un ou l'autre type est parfois sujette à caution.

Dans la tradition prémarcienne, les textes qui ont été le plus marqués par la christologie de prophète eschatologique de type mosaïque sont les récits de la tentation, de la multiplication des pains, de la demande d'un signe, de la transfiguration et de la cène. Dans le récit de la tentation, le prophète des derniers temps, sous la mouvance de l'Esprit, s'en va au désert pour y subir un test de fidélité administré par le Satan, ce fils de Dieu (suivant le prologue de Job) chargé de sonder le coeur de l'homme et de vérifier quels sont ceux à qui Dieu peut se fier. Le texte signifie que Jésus a passé le test avec succès. Les quarante jours au désert font penser à la préparation de Moïse décrite en *Ex* 34,28 et *Dt* 9, 18; cependant le reste du récit semble davantage reposer sur la tradition éliaque, comme on le verra plus loin. Les textes de la multiplication des pains présentent évidemment, dans un cadre désertique, le nouveau Moïse qui nourrit son peuple (voir *Nb* 11,10-23), bien qu'ici aussi il ne faille pas sousestimer l'importance de la tradition éliaque. La demande d'un signe (*Mc* 8,11-12) repose également sur la tradition du prophète eschatologique.[19] Le problème de l'authentification du prophète a été ressenti avec acuité en Israël, mais il se posait de façon particulière dans le cas du prophète des derniers temps, vu l'importance de son rôle. Le texte de Marc donne une réponse négative à la demande, mais, on le verra, il n'en va pas de même ailleurs; il convient également de souligner qu'il n'est pas sûr que la tradition sous-jacente à ce texte soit proprement de type mosaïque.

---

[17] Cf. F. Hahn, pp. 372-388.

[18] *Ibid.*, pp. 372-373.

[19] *Ibid.*, pp. 378-379.

Le récit de la transfiguration reste un de ceux où la christologie de prophète eschatologique s'exprime le plus clairement.[20] Le texte de Marc a de profondes affinités avec celui d'*Ex* 24, en particulier avec les versets 1,9,12-13,15-16,18; il s'agit du texte où Moïse monte sur la montagne pour y recevoir les tables de la loi. Remarquable, également, est le fameux "écoutez-le" de *Mc* 9,7, qui ne peut que rappeler la parole de Yahvé en *Dt* 18,15, où il demande d'écouter le prophète semblable à Moïse qu'il suscitera un jour. Ce n'est pas le lieu ici de faire l'exégèse de ce passage, mais on ne peut passer sous silence la richesse christologique de ce récit. Il est évident que sous la citation de *Mc* 9,7a, laquelle fait mention du Fils, il y a une référence au serviteur d'*Is* 42,1. Or cette référence au serviteur de Yahvé se retrouve dans le contexte prophétique de l'attente soulevée par le Deutéro-Isaïe; et on sait l'importance de ces textes dans le Nouveau Testament. Mais ce qu'il convient de noter, c'est qu'il ne s'agit pas d'un hasard si la christologie du serviteur se retrouve dans un contexte de prophète eschatologique. Dans l'Ancien Testament, et Moïse et Elie sont appelés serviteurs de Yahvé et le titre de serviteur est fermement ancré dans la tradition prophétique.[21] On est donc en face d'un récit fermement unifié par une christologie précise, bien que, dans le cours de la tradition, la christologie de Fils de Dieu ait fait son entrée dans le texte en mettant à profit l'ambiguïté du mot *pais*. Enfin, le récit de la cène a été marqué par la christologie du prophète eschatologique à cause du contexte pascal dans lequel il est situé (bien que ce contexte ne soit pas prémarcien) et dans la référence au serviteur dans l'explicitation du sens de la parole sur la coupe.

La même christologie se retrouve également au niveau de la tradition prélucanienne. Le premier texte significatif à cet égard est celui de *Ac* 3,13-15, 22-26.[22] Il y est dit que Dieu a glorifié son serviteur Jésus, le saint (en 4,27.30, on parlera de "ton saint serviteur Jésus", de ses "signes et prodiges"); aux vv. 22-23, on identifie ce serviteur au prophète prédit en *Dt* 18,15,19; et le passage se termine sur la déclaration que c'est "pour vous" que Dieu a ressuscité son serviteur (v. 26). Cette tradition voit donc en Jésus-Christ le nouveau Moïse identifié au saint serviteur de Yahvé; on y retrouve le même noeud conceptuel que dans le récit de la transfiguration. Dans le discours d'Etienne (*Ac* 7), beaucoup d'espace est consacré à Moïse, "puissant en oeuvres et en paroles" (22b), lequel a promis la venue d'un prophète semblable à lui (35). Mais Israël n'a pas plus écouté Moïse que les prophètes ou encore le Juste qu'ils viennent d'assassiner (52). Il est évident, dans le contexte, que Jésus est ce juste, ce prophète semblable à Moïse, puissant en oeuvres et en paroles.[23]

---

[20] Cf. H.M. Teeple, pp. 84-86; J. Jeremias, IV, pp. 868-869; F. Hahn, pp. 334-337, 382.

[21] Voir là-dessus l'article entier "pais theou" dans *TDNT*, IV, pp. 654-717.

[22] Cf. H.M. Teeple, p. 86; F. Hahn, pp. 374-376.

[23] Cf. H.M. Teeple, pp. 86-87; F. Hahn, pp. 373-374.

D'ailleurs, qui ne se souvient de *Lc* 24,19b, où il est fait mention de "Jésus le Nazaréen, qui s'était montré un prophète puissant en oeuvres et en paroles"? Ce prophète ne peut être que le nouveau Moïse, semblable au premier (tel que décrit en *Ac* 7,22b), qui a opéré prodiges et signes (*Ac* 7,36) et a reçu les paroles de vie pour les communiquer (*Ac* 7,38). Dans ce contexte, il est significatif que *Ac* 2,22 parle de Jésus comme de "cet homme que Dieu a accrédité (noter le verbe approprié au prophète eschatologique) auprès de vous par les miracles, prodiges et signes qu'il a accompli par lui au milieu de vous". Significatif également cet autre texte qui indique "comment Dieu l'a oint de l'Esprit Saint (noter l'action appropriée au prophète eschatologique) et de puissance, lui qui a passé en faisant le bien et en guérissant (*Ac* 10,38)".[24] La christologie de prophète eschatologique de type mosaïque est très claire dans ces textes et l'insistance repose sur l'aspect thaumaturgique de l'activité de l'envoyé des derniers temps. Par ailleurs, la référence aux "paroles" du prophète eschatologique n'est pas absente de la tradition prélucanienne; ainsi, il faut faire référence à *Lc* 4,16-22a, où la mention de l'onction déjà rencontrée en *Ac* 10,38 est reprise à l'intérieur d'une citation d'*Is* 61,1-2, laquelle insiste ensuite sur la prédication de l'oint du Seigneur. Le passage se termine sur l'"aujourd'hui" de la proclamation christologique (21).[25]

La tradition prélucanienne du prophète eschatologique de type mosaïque, caractérisé par sa puissance en oeuvres et en paroles, est importante pour la compréhension du passage bien connu de la source Q, lequel porte sur la question des envoyés de Jean-Baptiste. La reconstruction du texte primitif peut se lire comme suit:

> Et Jean lui envoya dire par ses disciples:
> "Es-tu celui qui vient ou en attendons-nous un autre?"
>
> Et Jésus, répondant, leur dit:
> "Partez annoncer à Jean ce que vous entendez et voyez:
> Les aveugles voient à nouveau
> et les boiteux marchent droit,
> les lépreux sont purifiés
> et les sourds entendent,
> et les morts ressuscitent
> et les pauvres sont évangélisés" (*Mt* 11,2-5; *Lc* 7,18-22).

La question qui porte sur celui qui vient a évidemment une forte teneur eschatologique. La réponse insiste sur les gestes de puissance mais n'exclut pas la parole de salut; on se souviendra ici que l'évangélisation est un thème qui se retrouve dans le texte d'*Is* 61,1, mentionné plus haut. La majeure partie du texte est d'ailleurs faite d'un assemblage de citations tirées d'Isaïe (29,18-19; 35,5-6; 42,18). Il n'est pas facile de trouver en Isaïe de références précises à la guérison des lépreux et à la résurrection des morts (sauf, peut-être, 26,19 et 35,8); par contre, on se rappellera

---

[24] Cf. F. Hahn, pp. 376-378.

[25] *Ibid.*, pp. 381-382.

qu'en *1 R* 17,17-24 le prophète Elie ressuscite un mort; qu'en *2 R* 4,18-37 Elisée fait de même et qu'enfin en *2 R* 5, il guérit un lépreux. On trouve donc dans ce texte comme une somme de la christologie de prophète eschatologique; il rassemble l'espérance prophétique d'Isaïe, il présente le nouveau Moïse puissant en oeuvres et en paroles et il complète le paysage à l'aide d'allusions aux cycles d'Elie et d'Elisée. Il s'agit d'un texte qui a une longue préhistoire et il n'est pas accidentel que le cadre fasse mention de Jean et ses disciples. On sait combien a été forte la tradition qui a vu en Jean lui-même le nouvel Elie; on devine alors l'intensité des luttes théologiques que vécurent les disciples de Jean d'un côté et les disciples de Jésus de l'autre. Il s'agissait de démontrer qui était le véritable prophète eschatologique. Les disciples de Jean s'étaient sans doute appropriés le titre pour leur maître avant les disciples de Jésus; mais ils avaient quand même un désavantage, car, si on en croit *Jn* 10,41, Jean n'avait fait aucun miracle, tandis que Jésus, lui, avait une réputation de thaumaturge solidement ancrée. Il faut peut-être voir dans ces controverses la raison principale pourquoi nos textes insistent tellement sur les gestes de Jésus et font tellement d'efforts pour les fonder dans la tradition prophétique de l'Ancien Testament.

En Matthieu, la christologie de prophète eschatologique de type mosaïque se retrouve au niveau même de la rédaction, ce qui ne signifie pas, bien sûr, que le rédacteur ne soit pas redevable à la tradition pour une bonne partie de ses matériaux.[26] On sait, par exemple, que Josèphe et la tradition rabbinique rapportent des données légendaires concernant Moïse: prophétie, par un scribe égyptien, de la naissance d'un sauveur en Israël; craintes du Pharaon qui ordonne de tuer les enfants israélites; prémonition donnée au père de Moïse, en songe, que son enfant serait sauvé; prophétie de la mort du persécuteur, etc. Ces données légendaires sur Moïse ont évidemment servi de modèle au récit matthéen de l'enfance de Jésus et indiquent par là combien le second chapitre de *Mt* vise à montrer que Jésus est un nouveau Moïse. Qu'il suffise ensuite de rappeler les éléments suivants: oracle de 4,15: "D'Egypte j'ai appelé mon fils"; insertion dans le récit de la tentation (4,2) du détail du jeûne de Jésus pendant quarante jours et quarante nuits (cf. *Ex* 34,28); Jésus monte sur la montagne, comme Moïse, pour prononcer sa révélation; série de dix prodiges accomplis par Jésus aux chapitres 8-9; division possible de l'évangile en cinq discours; désignation explicite de Jésus comme "le prophète" lors de l'entrée à Jérusalem (21,11); parallèle entre 26,1a et *Dt* 32,45, dans un contexte similaire, etc. Il est clair que l'évangile de Matthieu est marqué par la christologie de prophète eschatologique de type mosaïque, bien que celle-ci ne soit pas la seule qui ait influencé le rédacteur.

Enfin, il faut mentionner la tradition de *Jn* 6,14, à la fin du récit de la multiplication des pains, où la foule proclame: "C'est vraiment lui le prophète qui doit venir dans le monde". Jean est le seul à avoir clairement conservé la pointe christologique précise et primitive du récit.

---

[26]Cf. H.M. Teeple, pp. 74-83; J. Jeremias, IV, pp. 870-871; G. Friedrich, IV, pp. 846-847; F. Hahn, pp. 385-386.

Par contre, il reste peu de traces explicites dans son évangile de la tradition du prophète eschatologique de type mosaïque (cf. 3,2; 4,19,25; 9,17).

2. *La christologie de prophète eschatologique de type éliaque.*

En traitant de la tradition prémarcienne du récit de la tentation, on a dit plus haut que la christologie de prophète eschatologique de type éliaque avait marqué le texte. Qu'il suffise, pour appuyer cette remarque, de renvoyer à *1 R* 19,1-8 où Elie est nourri par un ange et marche quarante jours et quarante nuits dans le désert, vers l'Horeb; on pourrait mentionner aussi *1 R* 17,2-6, où des corbeaux nourrissent Elie. Somme toute, la tradition du nouvel Elie est plus importante pour expliquer le récit prémarcien de la tentation que celle du nouveau Moïse. Le récit suivant en Marc, l'appel des quatre premiers disciples, a été "formé" d'après le texte de *1 R* 19,16,19-21.[27] On y retrouve la même structure de fond (sauf l'élément du retard, qui fait surface dans la source Q). Jésus est le nouvel Elie qui appelle à sa suite de sa propre autorité, et non plus seulement sur commission de Dieu comme c'était le cas pour Elie. Suit immédiatement le récit de la guérison du démoniaque à la synagogue de Capharnaüm, récit centré sur le verset 24: "Quoi à nous et à toi, Jésus le Nazarénien? Tu es venu pour nous perdre!? Je sais qui tu es: le Saint de Dieu." Ce verset repose en partie sur la question de la veuve de Sarepta à Elie: "Quoi à moi et à toi, homme de Dieu (*1 R* 17,18)?" Le titre de la fin (Saint de Dieu) est fondé sur la traduction que la Septante donne de l'expression *nezir elohim* en *Jg* 13,7; 16,7. Enfin il faut se souvenir que les rabbins présentaient le nouvel Elie comme celui qui viendrait enseigner les mystères du monde à venir dans les synagogues. Le texte prémarcien de l'exorcisme nous montre donc en Jésus un consacré à Dieu (l'expression *nezir elohim* sert également à expliciter le sens de "nazarénien"), le nouvel Elie qui enseigne avec puissance dans la synagogue.[28]

A la fin de son premier chapitre, l'évangéliste Marc rapporte le récit de guérison d'un lépreux.[29] Pour effectuer la merveille, Jésus étend les mains, comme jadis Moïse (*Ex* 4,4; 7,19). De plus, tant au niveau du vocabulaire que de la thématique, le récit a de fortes affinités avec *Nb* 12,9-15 (Miryam, lépreuse, purifiée à l'intercession de Moïse) et *2 R* 5 (Naaman guéri en obéissant à la parole d'Elisée). Dans ce récit de *2 R*, Elisée dit au roi à propos de Naaman: "Qu'il vienne donc vers moi, et il saura qu'il y a un prophète en Israël" (8). Ce verset donne le sens du récit de Marc: on sait maintenant que le nouveau Moïse et nouvel Elie est à l'oeuvre en Israël. A propos de la multiplication des pains, on a laissé entendre plus haut que la tradition de prophète eschatologique de type éliaque avait été à l'oeuvre dans la formation du récit. Il n'est que de

---

[27] Cf. R. Pesch, "Berufung und Sendung..."

[28] *Id.*, "Eine neue Lehre..."

[29] *Id.*, *Jesu ureigenen Taten* ?

se référer au récit de la multiplication des pains en *2 R* 4,42-44 pour que l'affirmation devienne évidente.[30] La tradition mosaïque a fourni le cadre, la tradition éliaque le geste. La signification christologique est claire. En *Mc* 8,28 (cf. 6,15), à la question qui porte sur ce que les gens disent de Jésus, on répond que pour certains il s'agit d'Elie et le récit se termine sur la confession messianique de Pierre. Il ne faudrait pas conclure trop vite, à partir de ce texte, que la parole sur Elie représente seulement une façon populaire de voir Jésus de Nazareth. Le récit pourrait avoir une préhistoire complexe et représenter la confession christologique (prémarcienne) d'une communauté pour qui il n'est plus suffisant de considérer Jésus-Christ comme le prophète eschatologique (ou encore comme un simple prophète), puisqu'elle voit maintenant en lui le Messie au sens fort du terme. S'il en est ainsi, la mention d'Elie au verset 28 est à entendre au sens christologique chrétien et non comme simple représentation populaire propre aux contemporains de Jésus. Enfin, il faut souligner que la christologie de nouvel Elie se retrouve, conjointement avec celle de nouveau Moïse, dans le récit de la transfiguration.

Dans la source Q, les principaux textes portant sur la christologie de prophète eschatologique de type éliaque sont *Mt* 11,2-6 et par. (question des disciples de Jean à Jésus) et *Mt* 12,38-42 et par. (demande d'un signe). Le premier texte vise d'abord et avant tout le nouveau Moïse puissant en oeuvres et en paroles, mais on a quand même indiqué, dans la section précédente, ce qui relevait de la christologie de type éliaque. A la demande d'un signe, la version de la source Q offre une réponse négative (comme en Marc) mais renvoie à un autre genre de signe que celui demandé: la vie de Jésus-Christ a la même signification que celle de Jonas, sans qu'il faille oublier "qu'il y a plus que Jonas ici". Ce "plus" ne se comprend, dans ce contexte, que dans la ligne du prophète eschatologique, et il relève du nouvel Elie d'être celui qui appelle à la conversion; ce texte est donc imprégné de la christologie de prophète eschatologique de type éliaque.

Dans l'évangile de Luc, la christologie du nouvel Elie n'est pas seulement inscrite dans les matériaux traditionnels, car elle est représentée même dans l'activité littéraire du rédacteur.[31] Dans Luc, c'est Jésus qui est le nouvel Elie et non Jean, aussi ne retrouve-t-on pas dans cet évangile de textes comme *Mc* 1,6 (où Jean est vêtu comme Elie); 9,9-13 et *Mt* 11, 14 (où Jean est identifié à Elie). Luc prend soin de rapporter la tradition de 4,25-27 qui fait remonter l'ouverture aux païens aux jours d'Elie-Elisée. Luc est le seul à contenir le récit de la résurrection du fils de

---

[30]On inclut des gestes d'Elisée dans la tradition d'Elie. Il n'est pas possible de creuser ici cette question, car il faudrait parler des personnages historiques que furent Jean-Baptiste et Jésus, de la façon dont ils furent interprétés de leur vivant (en particulier par leurs disciples) et traiter de la possibilité que la relation de Jean à Jésus ait été comprise comme celle d'Elie à Elisée. Le problème est donc fort complexe, et on se contente ici de considérer que la tradition de prophète eschatologique de type éliaque englobe celle d'Elisée.

[31]Cf. G. Rochais, pp. 26-61, en particulier, pp. 51-57.

la veuve de Naïm (7,11-17) qui est près à plusieurs égards de *1 R* 17,17-24, où Elie ressuscite le fils de la veuve de Sarepta. Dans le récit de la transfiguration, en 9,31, Moïse et Elie s'entretiennent du départ de Jésus; or quelques versets plus loin, Luc parle du moment où Jésus devait "être enlevé" de ce monde (51), ce qui fait immédiatement penser à *2 R* 2,1,11. En 9,54, Jacques et Jean veulent faire descendre le feu du ciel sur les Samaritains, ce qui rappelle *1 R* 18,37-38; *2 R* 1,10-12; Jésus refuse leur demande, bien qu'en 12,49, il dit être venu apporter le feu sur la terre et désirer qu'il soit déjà allumé. En 9,62, il déclare indigne du Règne de Dieu celui qui, ayant mis la main à la charrue, regarde en arrière; or, on se rappelle qu'en *1 R* 19,19-21, Elisée est appelé par Elie alors qu'il est en train de labourer; il demande la permission d'aller embrasser ses parents, puis il immole les boeufs et se sert de la charrue pour les faire cuire. Le nouvel Elie, lui, n'admet pas de retard quand il appelle. A l'agonie, Jésus est réconforté par un ange (*Lc* 22,43), tout comme Elie jadis (*1 R* 19,4-7). Enfin, les deux récits de l'Ascension ne sont pas sans ressemblances avec l'enlèvement d'Elie en *2 R* 2,1-11. La christologie du nouvel Elie est donc largement représentée dans l'évangile de Luc.

3. *Quelques remarques générales.*

Qu'il ait existé dans l'Eglise primitive une christologie qui voyait en Jésus le prophète eschatologique ne devrait faire aucun doute. L'évaluation de l'étendue et de l'importance de cette christologie est cependant moins facile à faire. La présence claire d'une telle christologie à toutes fins pratiques, ne s'atteste que pour la tradition évangélique au sens large (incluant les Actes). Mais on la retrouve dans ses principales traditions, comme l'inventaire de cette seconde partie l'a montré. Les textes dans lesquels elle s'exprime ne sont pas d'importance marginale et leur nombre reste impressionnant. Mais on ne peut en rester là. D'abord il est évident que les textes ici présentés le furent davantage en vue de montrer l'existence et de faire saisir l'importance de cette christologie qu'avec l'espoir de faire complet. Ensuite, il ne faudrait pas sousestimer l'effet d'entraînement d'une telle christologie; quelques exemples devraient suffire à appuyer cette mise en garde. Tout assuré qu'il soit que Jésus de Nazareth a effectivement accompli des miracles, il n'en est pas moins certain que, dans le but d'exprimer la christologie de prophète eschatologique, on a composé des récits de miracles; ces récits de miracles eux-mêmes ont provoqué la naissance d'autres récits (par exemple, la guérison des dix lépreux en Luc dépend, pour une bonne part, de la guérison du lépreux de Marc). Cette tradition christologique (fondée, bien sûr, sur l'activité du Jésus historique) a elle-même servi de fondement à la tradition christologique hellénistique fortement centrée sur l'aspect thaumaturgique de l'activité de Jésus-Christ. Autre exemple: on sait l'importance qu'a dans le Nouveau Testament la théologie du Serviteur de Yahvé; dans la mesure où, comme on a essayé de le laisser entendre, cette théologie est en dépendance ou a subi l'influence de la christologie de prophète eschatologique, on voit l'importance de cette dernière. Enfin, on sait combien les logia de la source Q sont fortement imprégnés d'esprit prophétique; comme tels, ils ne sont pas directement des témoins de la christologie de prophète eschatologique, mais il serait possible de montrer qu'ils ne sont pas sans

liens étroits avec elle. On ne se trouve donc pas en présence d'une tradition marginale, mais d'une tradition dynamique dont on commence à peine à
soupçonner combien profonde fut son influence et combien déterminant son
effet sur le mouvement christologique postérieur.

Sans entrer ici dans le problème de l'historicité comme telle, on
voudrait affirmer que cette christologie est peut-être celle qui serre de
plus près l'activité de Jésus de Nazareth. Comme on l'a d'ailleurs souligné plus haut, Jésus ressemblait beaucoup plus à un prophète qu'à un messie
royal, un grand prêtre ou un juge eschatologique (Fils de l'homme). Mais
il y a plus important que l'authenticité dans cette expression christologique. Car en plus d'être près de Jésus, elle se distingue clairement des
autres christologies. Ce n'est pas le lieu ici d'établir les traits distinctifs de chaque christologie, mais il y a quand même place pour l'affirmation du caractère distinctif de la christologie de prophète eschatologique. Ce qui signifie qu'en toute hypothèse, elle exprime la foi d'une ou
plusieurs communautés ecclésiales en Jésus-Christ, sans qu'elle ait eu besoin d'être complétée par d'autres christologies dans le moment historique qui l'a vu naître et vivre (de fait, elle n'aurait peut-être pas pu
naître si d'autres avaient vu le jour avant elle dans la ou les communautés
où elle s'est exprimée, à l'exception de la christologie du Fils de l'homme, laquelle envisage beaucoup plus - du moins à l'origine - la Parousie
que le passé de Jésus ou le présent du Christ). Dire qu'une christologie
néotestammentaire est distincte et suffit à exprimer la foi en Jésus-Christ
indépendamment d'autres expressions n'est pas nier l'apport précieux de ces
dernières. Mais c'est affirmer un fait théologique important: à savoir
que le Nouveau Testament est le témoin de milieux ecclésiaux qui ont réussi à exprimer leur foi de façon originale et en fidélité à l'Esprit de Jésus-Christ avant même la confrontation des diverses christologies ou de
l'établissement des liens d'interdépendance. En ce sens, il est important
pour la compréhension de la foi d'essayer de saisir un instantané de ces
expressions et, en particulier, de celle qui nous intéresse ici.

La christologie du prophète eschatologique, qu'elle soit précise (de
type mosaïque ou éliaque) ou quelque peu indéterminée (de type théologie du
Serviteur souffrant), sert à rendre théologiquement compte tant de la vie
de Jésus de Nazareth que de la réalité du Christ ressuscité. Cette christologie sert à expliquer par le fond et les gestes et les paroles de Jésus-
Christ, même sa mort qui se situe dans la lignée des prophètes-martyrs.
Jésus-Christ a été ce qu'il fut justement parce qu'il réalisait en plénitude ce qui était écrit de lui à propos de Moïse et d'Elie et du Serviteur.
Il fut la dernière parole de Dieu, le dernier envoyé de Dieu, la dernière
révélation de Dieu, avant la venue du Jour ou du Règne de ce dernier.
Maintenant qu'il a été ressuscité, il ne fait plus seulement que révéler,
comme il le faisait jadis, l'esprit, la mentalité, le coeur de Dieu dans
ses gestes et paroles, en vertu de l'Esprit prophétique dont il avait été
investi, mais il fait don de l'Esprit eschatologique de Dieu pour que la
communauté, maintenant faite prophète de Dieu, reprenne à son compte la tâche de révéler Dieu aussi bien en gestes qu'en paroles. Et c'est bien ce
à quoi s'emploie cette communauté qui ne fait plus seulement que décrire
le passé de l'événement Jésus-Christ mais qui le proclame en y voyant la
description de ses propres priorités missionnaires: c'est elle maintenant

qui doit guérir les malades et évangéliser les pauvres, être puissante en
gestes et en paroles, déclarer heureux ceux qui pleurent et malheureux les
riches, réclamer à grands cris la venue du Règne de Dieu et témoigner de
la miséricorde et de l'amour de Dieu. Cette christologie est assez puissante, assez large, assez dynamisante pour exprimer aussi bien le sens de
Jésus-Christ que la nécessité de reprendre à son compte la tâche de fond
du prophète eschatologique. Cette christologie reprend le coeur de la Loi
et des prophètes. Et, parce qu'il s'agit d'une christologie profondément
judéo-chrétienne, elle est purement fonctionnelle: elle justifie et authentifie la tâche de Jésus-Christ, elle appelle à poursuivre la révélation
achevée mais toujours à retraduire. "Aimez vos ennemis et priez pour ceux
qui vous calomnient, afin que vous deveniez fils de votre Père" (reconstruction de *Mt* 5,44-45 et par.). Autrement dit, fais comme celui qui a
vraiment été Fils parce qu'il s'est conduit comme son Père, et tu devien-
dras son frère et fils du même Père.

La christologie du prophète eschatologique, fidèle en cela à la
fonction de toute christologie, sert à proclamer la foi en l'événement Jésus-Christ, à provoquer l'adhésion de foi (Reconnaissez en celui qui a fait
tels gestes et prononcé telles paroles le dernier envoyé de Dieu) et à exprimer la tâche de révéler le Dieu proclamé par la vie de ce prophète des
derniers temps, prophète dont l'authenticité a été reconnue par Dieu lui-
même qui l'a ressuscité d'entre les morts et a révélé son geste eschatologique aux croyants. C'est finalement le coeur de la vie chrétienne qui
est véhiculé par cette expression. Reste à voir maintenant si une telle
christologie n'est que le vestige d'un passé révéré, une conception transitoire dont le seul mérite fut de préparer la voie à d'autres christologies plus glorieuses et complètes, ou si elle peut prétendre à quelque pertinence pour l'homme chrétien d'aujourd'hui.

III - L'AUJOURD'HUI DE LA CHRISTOLOGIE DE PROPHETE ESCHATOLOGIQUE

1. *Remarques préliminaires.*

Les travaux de l'exégèse moderne ont donné des résultats dont on ne
peut encore mesurer l'importance ni l'impact. Une des données les plus so-
lides et les plus universellement admises concerne les soubassements de
nos textes néo-testamentaires, des Synoptiques en particulier. L'utilisa-
tion des méthodes de la Form- et de la Redaktionsgeschichte a provoqué la
prise de conscience des différents niveaux de profondeur traditionnels de
nos textes. A chaque couche traditionnelle, il faut reconnaître les particularités de la théologie, la christologie, la problématique. Celui qui
veut sérieusement aborder un texte synoptique ne peut plus se contenter
d'une lecture de surface sans se condamner par le fait même à en avoir une
compréhension tronquée. Cette structure en strates de beaucoup de textes
bibliques conditionne évidemment l'approche exégétique, mais on oublie facilement les répercussions qu'elle doit avoir sur la vision théologique.
En effet, un texte biblique ne peut plus être considéré comme un lieu théologique simplement au niveau du stade final de son évolution, car il est

parlant et révélant (au sens strict) à toutes et chacune des étapes qu'il a traversées. Un évangile révèle (toujours au sens strict), au minimum, quarante ans de vie ecclésiale et ce, dans tous les domaines où cette vie s'est manifestée (théologique, christologique, catéchétique, moral, disciplinaire, liturgique, social, politique, etc.). Chaque étape de cette vie, dans son contexte géographique et socio-culturel, est témoin d'une modalité particulière de traduction de la réalité chrétienne et, en ce sens, fait partie de la révélation néo-testamentaire dans son ensemble. La révélation ne commence pas avec la mise par écrit du Nouveau Testament, elle n'est ni résumée ni limitée par elle. Le présent essai christologique se situe dans ce cadre herméneutique et cherche à en saisir les implications à partir d'une expression christologique précise et limitée.

A l'origine, dans le milieu qui lui donne naissance, une christologie vise fondamentalement à épuiser le sens de Jésus-Christ et à motiver la foi en lui. Elle ne se voit pas comme une expression destinée à être corrigée ou complétée par une ou d'autres christologies; cela vaut pour chaque christologie et à plus forte raison pour les plus primitives. Or, on a souvent tendance à mettre un ordre dans les christologies, à les juger les unes par rapport aux autres et à se servir, comme critère de leur valeur respective, de leur degré de rapprochement avec les formulations de Chalcédoine. Mais est-ce tellement sûr qu'on puisse si facilement juger les christologies les unes par rapport aux autres? Est-il tellement sûr qu'il y a progrès de l'une à l'autre, que l'une dépasse l'autre à mesure qu'on avance dans le temps et que le fait que l'une ou l'autre parmi les plus primitives ait sombré dans l'oubli soit le signe qu'elle soit devenue caduque? N'est-ce pas là supposer quelque peu gratuitement que la révélation s'accomplit de façon rectiligne et que les concepts se donnent naissance les uns aux autres de façon harmonieuse par delà les disparités culturelles, linguistiques et nationales? N'est-ce pas là également présumer que le passage de la pensée sémitique à la pensée hellénistique fut un progrès, que ce passage fut, pour toujours, destiné à être à sens unique et que l'histoire ne verrait jamais un mouvement à rebours? Et si aujourd'hui faisait la preuve du contraire? Si aujourd'hui témoignait d'un retour à une pensée plus sensible à l'aspect fonctionnel de la réalité, à la vérité dynamique des choses et au mode conflictuel et tensionnel de l'agir? Si, en somme, aujourd'hui se montrait prêt à accueillir le sens véhiculé par une vieille expression christologique et entrait en résonance avec de vieilles harmoniques depuis longtemps oubliées? Si tel était le cas, de quel droit voudrait-on mettre un frein à cette modalité précise d'un retour aux origines?

Ces questions méritent réponse et il ne devrait point être besoin de souligner ici qu'il ne s'agit pas de pure spéculation et qu'il est devenu monnaie courante de faire référence aux manifestations contemporaines d'une sensibilité nouvelle de la pensée au fonctionnel plutôt qu'à l'essentiel. D'aucuns pourraient souhaiter que s'établisse un judicieux équilibre entre ces deux façons traditionnelles de considérer la réalité; mais il est loin d'être sûr qu'il soit possible ou, s'il l'est, il risque d'être fort instable, surtout à l'époque des premiers balbutiements de la pensée nouvelle. Aussi vaut-il sans doute mieux entrer résolument dans la voie à la fois ancienne et neuve et ne pas tenter (consciemment ou non) d'intégrer l'un à l'autre des touts qui ne peuvent que coexister puisque chacun a l'intention de dire tout de la réalité, réalité christologique en l'occurrence.

2. *Décantation*.

Au non-initié et à première vue, l'expression "prophète eschatologique" apparaît certainement rébarbative. De fait, c'est le mot "eschatologique" qui fait problème. On peut certes le traduire par "des derniers temps", mais si l'expression est maintenant plus compréhensible, ce n'est pas le cas du concept sous-jacent ni du monde conceptuel qui lui donne son sens. Parler tout de go du nouveau Moïse ou du nouvel Elie ne règle pas davantage le problème. On peut songer à rendre le tout par "dernier envoyé de Dieu", mais alors tout l'aspect prophétique est perdu. Il est donc nécessaire de garder l'expression "eschatologique" (ou son équivalent) et de recréer l'atmosphère d'attente plus ou moins fébrile dans laquelle elle plonge ses racines. Toutefois, il est bien entendu que si cette fébrilité peut s'expliquer et se comprendre, elle n'est pas répétable pour autant, si ce n'est artificiellement et donc sans profit. Ces explications nécessaires sont cependant loin d'être un obstacle insurmontable à la réutilisation du concept d'eschatologie, car elles peuvent se donner sans grande technicité et, d'ailleurs, elles doivent l'être, de toute façon, à quiconque veut avoir quelque compréhension du Nouveau Testament.

Il reste donc à parler du mot "prophète". Il faut dire, sur ce point, qu'il est étonnant de voir combien ce mot est facilement réutilisable. Il a bien été terni par la définition populaire du prophète comme celui qui peut prédire l'avenir, par ailleurs, il a aussi gardé le sens fort de l'homme qui conteste le présent au nom de l'avenir. Il n'est que de spécifier qu'il s'agit d'une contestation du présent au nom de l'avenir de Dieu pour se rapprocher de beaucoup d'un sens très acceptable; on a alors à sa disposition un mot qui comporte comme sens une fonction fort compréhensible et dont l'impact affectif est positif. En somme, il est plus facile d'utiliser l'expression "prophète eschatologique" que la plupart des autres expressions christologiques. Qu'on pense aux problèmes posés par les expressions suivantes: Fils de l'homme (entreprise d'explication presque inévitablement vouée à l'échec), Grand-prêtre (le monde cultuel et rituel est, pour le moment du moins, déconsidéré), Serviteur souffrant (sens limité, base vétéro-testamentaire d'interprétation fort difficile), Messie (sens primitif très restreint et inapplicable à la vie de Jésus, sens postérieur trop englobant), sans parler de Fils de Dieu, expression que deux mille ans de théologie ont rendue inutilisable au sens original néo-testamentaire et qui, au sens traditionnel, pose actuellement d'énormes difficultés d'interprétation et de compréhension. La christologie de prophète eschatologique en est donc une des rares qui puissent actuellement se prêcher et s'enseigner sans requérir d'explications trop ardues. Toutefois, il ne suffit pas, pour qu'il soit expédient d'utiliser une christologie, qu'elle soit d'accès facile; il faut également qu'elle serve à expliquer à la fois l'événement Jésus-Christ, à motiver l'adhésion au Christ ainsi qu'à informer adéquatement les diverses facettes de la vie chrétienne. Ce n'est que si elle remplit ces fonctions que la christologie de prophète eschatologique pourra être sérieusement considérée comme expression valable de la foi en Jésus-Christ aujourd'hui.

3. *Prophète eschatologique et Jésus-Christ.*

La vie de Jésus de Nazareth, semblable en cela à toute vie humaine, n'échappa pas à l'ambiguïté comme en témoignent les efforts de ce dernier pour expliquer le sens de son activité, et la question cruciale qui lui était sans cesse posée, à savoir la source de son autorité. Il proclamait agir en vertu de la puissance du doigt de Dieu, on expliquait son action comme conséquence d'un pacte fait avec Béelzéboul. Il en référait aux signes du Règne de Dieu qu'il effectuait avec puissance, on attendait un signe extraordinairement clair d'authentification prophétique. Il proclamait parler au nom de Dieu, on lui opposait la Loi écrite et la tradition orale qui, toutes deux, jouissaient de l'autorité même de Dieu. Il exigeait au nom de Dieu qu'on ait foi en lui, on lui résistait au nom de Dieu. Dans la mesure, donc, où Dieu avait quelque intérêt au débat, il relevait de lui, et de lui seul, de trancher la question. C'est ce qu'il fit, et à sa mesure, en ressuscitant Jésus et en révélant qu'il avait posé ce geste eschatologique. La résurrection de Jésus authentifie donc la vie de ce dernier comme révélation eschatologique de Dieu. En d'autres termes, la résurrection de Jésus est la proclamation faite par Dieu, à l'effet que Jésus fut vraiment le prophète eschatologique. Avant la résurrection on a pu penser qu'il l'était, après la résurrection on peut le croire.

Comprise sur ce fond de scène, la christologie de prophète eschatologique a le grand avantage à la fois de serrer de près la vie de Jésus historique et d'en fonder l'autorité et le caractère de révélation. Car si on peut dire que Dieu a manifesté que Jésus était le prophète eschatologique en le ressuscitant des morts, on peut également affirmer qu'il l'a ressuscité au moins parce qu'il était le prophète en question. En ce sens, cette christologie s'applique aussi bien à Jésus qu'au Christ et rend facilement compréhensible le sens de la résurrection, ce qui est loin d'être le cas pour les autres expression christologiques. De plus, elle permet de voir combien la foi chrétienne est absolument fondée sur la résurrection, ce que d'autres expressions christologiques ont souvent pour conséquence de laisser dans l'ombre. En elle, c'est l'ensemble de l'événement Jésus-Christ qui devient un tout unifié et est vu dans sa relation vitale au milieu vétéro-testamentaire. En effet, la christologie de prophète eschatologique sous ses deux formes principales permet de faire comprendre que Jésus a donné un enseignement révélé (c'est le sens de la Torah), de fonder son activité thaumaturgique dans l'Ancien Testament et même d'expliquer le sens de sa mort (tradition prophétique du Serviteur souffrant). A l'aide de cette christologie, on comprend que la majeure partie de l'Ancien Testament se trouve réalisée en Jésus. C'est presque l'ensemble de l'histoire de la révélation humaine de Dieu qui est résumée dans l'expression, et de façon on ne peut plus biblique. Enfin, il convient de noter que cette christologie permet facilement de voir l'importance de la fonction de révélation de Dieu, laquelle est au coeur de la tâche prophétique. Et, en ce sens, elle introduit d'emblée à la mission de l'Eglise.

4. *Prophète eschatologique et Eglise.*

  Jésus de Nazareth s'est employé à prêcher le Règne de Dieu à venir et à poser les gestes propres à appuyer sa parole. Sa prédication annonçait le Règne; ses gestes offraient des motifs concrets d'espérer. Dans sa fidélité à Dieu, il était lui-même révélation tant des vues et jugements de Dieu sur le monde présent que de ses projets pour le monde futur. Rendu vivant pour toujours par la réception de l'Esprit eschatologique de Dieu répandu sur lui en plénitude, il poursuit la même fonction révélatrice par la puissance qu'il a de communiquer maintenant cet Esprit de Dieu. La fonction est la même, les modalités d'exercice diffèrent. L'Esprit de Dieu, donné par Jésus-Christ, crée au coeur de l'homme la foi en l'authenticité de la révélation de Jésus-Christ et fait de lui un serviteur du même Dieu. Le croyant reconnaît comme son Dieu celui qu'il rencontre dans l'histoire d'Israël et l'événement Jésus-Christ, mais, conformément au dynamisme même de la révélation, sa foi lui fait prendre conscience que ce Dieu est un Dieu qui se révèle pour être ensuite révélé, un Père qui ne reconnaît pour fils que ceux qui agissent de manière à lui ressembler, un Silence qui ne demande qu'à être brisé, une Souffrance face au mal qui exige la lutte de l'homme dans l'attente du Jour qui ne peut venir qu'à son heure. L'Eglise est la communauté de ces croyants qui se reconnaissent la tâche de révéler le Dieu de Jésus-Christ, communauté que l'Esprit envoyé par le prophète eschatologique a faite prophète de Dieu à la suite du même Jésus-Christ.

  Il est évident que l'Eglise n'a de sens et de raison d'être qu'en fonction de la mission prophétique reçue à la suite de Jésus-Christ. C'est l'existence permanente de la tâche de révélation de Dieu qui a motivé sa naissance, ce ne peut être qu'elle encore qui motive son agir ainsi que la structure qui rend l'agir possible. En ce qui concerne l'Eglise, en effet, l'évangélisation est première et, en ce sens, l'évangile n'appartient pas à l'Eglise, n'est pas d'abord pour l'Eglise, pas plus que le Règne de Dieu n'appartenait au prophète eschatologique. L'évangile est la bonne nouvelle destinée aux autres, à ceux-là à qui l'Eglise est chargée de parler au nom de Dieu. La bonne nouvelle est justement à l'intention de ceux qui n'ont pas de bonne nouvelle qui les réconforte, pas d'abord (dans son intention première) à l'intention de ceux qui n'ont été appelés dans la foi que pour propager la bonne nouvelle. La mission de l'Eglise ne se comprend qu'à partir du genre de révélateur de Dieu que fut Jésus-Christ et celui-ci n'a eu d'autres normes pour son agir que le Règne de Dieu à proclamer. Le prophète eschatologique ne saurait inspirer une Eglise que dans la ligne de force du dynamisme qui est le sien. Tout ceci peut paraître à première vue fort abstrait. Mais si la christologie de prophète eschatologique est jugée encore valable aujourd'hui, si, conformément à la fonction de toute christologie, celle-ci dynamise l'Eglise dans la fidélité aux traits fondamentaux du modèle christologique, les conséquences et les effets concrets sur l'Eglise sont incalculables. En effet, ce qui devient alors premier, c'est la tâche à remplir, la fonction à accomplir. Il s'agit d'abord et avant tout de fidélité à traduire, pour chaque génération d'hommes, les caractéristiques de fond du Dieu de Jésus-Christ. Dans cette perspective, la structure de l'Eglise est fonction de la tâche; cette dernière étant première, les nécessités de l'évangélisation, de l'adaptation nécessaire à un monde en changement, peuvent imposer des changements radicaux de structure et d'organisation ecclésiale. Une christologie fonctionnelle a pour effet une ecclésiologie fonctionnelle; une foi en un Esprit prophétique mettra toujours en question une stabilité institutionnelle. Ici, il faut peut-être prendre parti de l'occasion pour faire remarquer que la conjoncture actuelle n'est pas à comprendre comme un choix qui s'offre entre christologie fonctionnelle et christologie essentielle, ecclésiologie fonctionnelle et ecclésiologie structurale. Si une époque ou une culture a une pensée fonctionnelle, il y va de la mission de l'Eglise de se repenser dans ces catégories, sous peine d'infidélité.

La christologie fonctionnelle de prophète eschatologique a donc pour effet de rendre l'Eglise responsable d'elle-même devant son Dieu, elle ne lui permet pas d'en référer à un ordre immuable et sacré, éternellement voulu par Dieu, qui lui épargnerait d'avoir à se redéfinir continuellement et se refaire à chaque étape importante de son histoire. Il y a là une libération fondamentale du dynamisme proprement chrétien, lequel cherche d'ailleurs à s'exprimer dans beaucoup de domaines. C'est souvent par instinct que l'effort de libération atteint actuellement un grand nombre de secteurs de la vie ecclésiale mais cet effort instinctif n'en est pas moins profondément chrétien et en accord avec la façon dont Jésus de Nazareth vécut sa vie et dont l'Eglise primitive le comprit. En ce sens, la christologie de prophète eschatologique pourrait offrir un fondement et une justification théologiques à des essais de libération qui sont souvent vécus dans un mélange de mauvaise conscience et de certitude de fidélité. Point n'est besoin d'insister ici sur la liberté de Jésus, laquelle avait sa source dans la profondeur de son expérience de Dieu et l'impérieuse nécessité qu'il vivait de traduire son Dieu en gestes et paroles d'homme. S'il fut sans péché, c'est qu'il ne laissa jamais rien faire obstacle à sa fonction révélatrice. La foi implantée dans le chrétien par l'Esprit de Jésus-Christ est une recréation (à échelle réduite, il est vrai) de l'expérience de Dieu vécue par Jésus et une réception de l'impérieux devoir de révéler son Dieu. A l'image de Jésus-Christ, le chrétien ne peut sans péché laisser quoi que ce soit faire obstacle à sa fonction révélatrice. Il faut toutefois reconnaître qu'au sens strict c'est l'Eglise dans son ensemble qui a la tâche de définir son périmètre de liberté. Mais le chrétien individuel a lui aussi sa part de foi et sa fonction d'évangélisation, et lui non plus, à sa mesure, n'a pas le droit d'abdiquer sa responsabilité. En ce sens, la liberté chrétienne aura toujours un aspect contestataire, tant à l'intérieur qu'à l'extérieur de l'Eglise. Le chrétien ne peut qu'être modelé sur le prophète eschatologique. Ce n'est donc pas un hasard si, aujourd'hui, en vertu même de leur responsabilité de révélation, un nombre grandissant de chrétiens contestent leur Eglise. Ils contestent qu'on leur impose des normes liturgiques qui entravent leurs efforts à expliciter le sens de Jésus-Christ. Ils contestent qu'on lie l'exercice de la fonction sacerdotale à un état de vie. Ils contestent que dans l'Eglise on maintienne la femme dans un état d'inégalité et qu'on exclue celle-ci de l'exercice du leadership ecclésial. Ils contestent qu'on cherche à leur imposer des comportements moraux au nom d'une vision de l'homme qu'ils ne partagent plus. Ils contestent qu'on veuille les enfermer dans une structure ecclésiale qui ne correspond plus à leurs besoins. La raison profonde de ces contestations n'est pas toujours explicitée et on ne la connaît peut-être même pas. Mais il y a sous cette révolte sourde, sous ces expressions nouvelles d'un désir de liberté, une redécouverte du dynamisme chrétien fondamental, une expérience renouvelée de ce qu'ont jadis vécu, dans des circonstances différentes, Jésus de Nazareth et Paul de Tarse, à savoir que la vie à laquelle Dieu appelle n'est pas vécue sous forme de loi ni de morale, mais bien sous forme de dynamisme de révélation, lequel ne connaît pas de limites. La lutte chrétienne pour la liberté est toujours à reprendre, mais elle ne pourra être sérieuse et profonde si elle n'est théologiquement et christologiquement fondée. Or, à une époque où l'Eglise est à redécouvrir sa tâche, la christologie de prophète eschatologique offre à la fois une approche fonctionnelle, une parole prophétique percutante, une activité souverainement libre et un profond dynamisme de révélation. A des chrétiens à la recherche instinctive de Jésus-Christ, cette christologie a l'avantage d'offrir un cadre conceptuel qui leur présente un Jésus-Christ dans lequel ils se voient interpellés en des termes avec lesquels ils se sentent en connaturalité et dans lequel, également, ils comprennent théologiquement ce qu'ils cherchent à vivre spontanément, sans pouvoir souvent le justifier.

Si la christologie de prophète eschatologique permet de retrouver le dynamisme fondamental de la vie chrétienne par delà la morale et la loi, elle a aussi pour effet une redécouverte de la fonction des sacrements. Une fois perçue la dimension fonctionnelle et eschatologique des sacrements, celle-ci amène une prise de conscience de leur importance qui leur permet de jouer à nouveau le rôle qui est le leur et d'avoir l'impact qui justifie leur existence. On ne peut ici être complet ni élaborer longuement; quelques exemples suffiront. La fonction du baptême est de signifier d'une part la décision libre de Jésus-Christ de faire don de l'Esprit eschatologique à un être humain, et, d'autre part, l'engagement de cet être humain, à révéler le Dieu de Jésus-Christ par toute sa vie, dans la communauté qui a la joie de l'accueillir et de reconnaître en lui sa propre foi et son propre engagement. Le péché étant pour le chrétien le refus (sous quelque forme que ce soit) de révéler le Dieu de Jésus-Christ, la fonction du pardon des péchés est de manifester l'amour fidèle de Dieu ainsi que sa décision irrévocable de compter sur ce pécheur pour que ce dernier recommence ou continue à le révéler dans sa vie. Le mariage est l'engagement que prennent deux êtres humains de se révéler l'amour de Dieu l'un à l'autre et de se manifester sa fidélité dans leur propre fidélité. L'eucharistie est vécue dans le rassemblement d'une communauté qui, à la suite de Jésus-Christ, souffre de sa fidélité à manifester son Dieu, a besoin de se redire son engagement et de se retrouver, en reprenant les gestes et les paroles de Jésus-Christ, en continuité d'Esprit avec lui. En ce sens, la mission de révélation de Dieu acceptée par le prophète eschatologique et offerte ensuite à la communauté permet d'informer tous les gestes de la vie ecclésiale, des plus infimes aux plus spectaculaires, et la christologie de prophète eschatologique porte encore maintenant en elle un dynamisme de signification capable d'exprimer et de motiver toute la foi d'une Eglise du vingtième siècle.

5. *Remarques finales.*

La christologie de prophète eschatologique est plus qu'un titre donné à Jésus-Christ ou une définition de son être, elle offre un cadre de pensée, un monde conceptuel, un dynamisme de signification propre à justifier une vie chrétienne. Toute la foi est en germe dans cette christologie à la fois large et souple, de contenu intellectuel simple mais débordante d'énergie. Elle peut motiver tant l'effort d'évangélisation que celui de la catéchèse. Elle est facilement accessible et en connaturalité avec des tendances profondes de l'esprit contemporain, lesquelles se manifestent de façon généralisée. En somme, elle est apte à prendre la relève, si l'Eglise le juge à propos; car, en dernière analyse, seule cette dernière peut répondre à la question qu'on posait au début de cet essai: Est-elle fidèle à la large tradition de l'Eglise la communauté qui engage sa vie à la suite de Jésus-Christ en le confessant comme prophète eschatologique?

IV - BIBLIOGRAPHIE SOMMAIRE

Brown, R.E.,   "Jesus and Elisha", *Perspective* 12/1-2 (1971), pp. 85-104.

Friedrich, G.,   *Art.* "prophètès", *TDNT* VI, pp. 828-861.

Fuller, R.H.,   *The Foundations of New Testament Christology*, The Fontana Library, 1969, pp. 46-53; 125-131.

Hahn, F.,   *The Titles of Jesus in Christology*, London, Lutterworth Press, 1969, pp. 352-406.

Hammer, R.H.,   "Elijah and Jesus: A Quest for Identity", *Judaism* 19/2 (1970), pp. 207-218.

Hughes, J.H.,   "John the Baptist: The Forerunner of God Himself", *NovTest* 14/3 (1972), pp. 191-218.

Jeremias, J.,   *Art.* "El(e)ias", *TDNT* II, pp. 928-941.

_____   *Art.* "Môusès", *TDNT* IV, pp. 848-873.

_____   *Art.* "pais theou", *TDNT* V, pp. 677-717.

Pesh, R.,   "Berufung und Sendung, Nachfolge und Mission: Eine Studie zu Mk 1,16-20", *ZKTh* 91 (1969), pp. 1-31.

_____   "'Eine neue Lehre aus Macht': Eine Studie zu Mk 1,21-28", dans Bauer, J.B., *Evangelienforschung*, Graz, Verlag Styria, 1968, pp. 241-276.

_____   *Jesu ureigenen Taten?*, Freiburg, Herder, 1970.

Robinson, J.A.T.,   "The Most Primitive Christology of All?", dans *Twelve New Testament Studies*, London, SCM Press, pp. 139-153.

A. MYRE

Robinson, J.A.T.,   "Elijah, John and Jesus", *ibid.*, pp. 28-52.

Rochais, G.,   *Les récits de résurrection des morts dans le Nouveau Testament*, thèse de Ph.D. présentée à l'Université de Montréal, 1973, pp. 26-61.

Teeple, H.M.,   *The Mosaic Eschatological Prophet*, Philadelphia, Society of Biblical Literature, 1957.

Wilkinson, T.L.,   "The Role of Elijah in the New Testament", *Vox Reformata* 10 (1968), pp. 1-10.

Zimmerli, W.,   *Art.* "pais theou", *TDNT* V, pp. 654-677.

On n'a pu recevoir les ouvrages suivants à temps pour les utiliser:

Boismard, E.,   "Jésus, le Prophète par excellence, d'après *Jn* 10, 24-39", dans *Neues Testament und Kirche* (für Rudolph Schnackenburg), Herausg. von J. Gnilka, Freiburg, Herder, 1974, pp. 160-171.

Coppens, J.,   *Le messianisme et sa relève prophétique. Les anticipations vétérotestamentaires. Leur accomplissement en Jésus,* Gembloux, Duculot, 1974, surtout pp. 31-40, 114-143, 163-180.

André Myre
Université de Montréal

DIMENSION POLITIQUE DE LA VIE DE JESUS*

Louis O'Neill

> "La lutte pour la justice est aussi
> la lutte pour le Royaume de Dieu"
> (Dom Antonio Fragoso).

> "Lutter pour établir la justice entre
> les hommes, c'est commencer à être
> juste devant le Seigneur" (Lettre
> des évêques péruviens, août 1971).

La notion de *signes des temps* apparaît de plus en plus comme un *lieu théologique* de première importance.[1] Or un signe qui mérite de retenir notre attention, c'est l'émergence d'un nouveau type de comportement des chrétiens face aux réalités politiques. Sans invoquer le cas insolite d'un Mgr Capucci, on peut inventorier des exemples nombreux de chrétiens, évêques, prêtres, religieux et religieuses, qui, mettant en pratique une ligne d'action suggérée par Paul VI,[2] considèrent le domaine politique comme

---

* Ce texte a été publié dans la revue *Dossiers "Vie ouvrière"*, 25 (1975), pp. 325-360.

[1] "A peine esquissée dans *Pacem in terris*, cette théologie des "signes des temps", issue de l'Evangile, que Jean XXIII cite lui-même à ce propos (*Mat* 16,4), a été reprise et synthétisée avec force par *Gaudium et Spes* (4; 10-11; 42,44, etc.) qui lui donne une importance spirituelle et méthodologique déterminante" (Lettre du Cardinal Maurice Roy à l'occasion du Xème anniversaite de *Pacem in terris*).

[2] *Octogesima adveniens*, n. 42 ss.

un lieu privilégié d'engagement pour ceux qui se réclament de l'Evangile de Jésus-Christ.

Ce nouveau type d'engagement revêt des modalités variées, étonnantes quelquefois. En maints cas, les options se situent carrément à gauche, impliquant occasionnellement une alliance avec des marxistes et des communistes et ne craignant point d'emprunter au socialisme des modèles d'analyse et des concepts opératoires.[3] On dénote un éventail diversifié de stratégies, allant de l'engagement politique de type traditionnel aux contestations radicales du système établi, incluant l'ensemble des techniques qui vont du pacifisme intégral à la violence. Camilo Torrès incarne la limite extrême de ces formes contestataires de l'engagement politique.[4]

Ces comportements se situent aux antipodes de multiples courants spirituels qui ont contribué à dépolitiser les chrétiens,[5] à faire d'eux, pour reprendre une expression de Merleau-Ponty, à la fois des conservateurs incertains et des révolutionnaires peu fiables. La privatisation de la foi, la prépondérance de la dimension spécifiquement religieuse de la vie ecclésiale, la morale intimiste, la tendance stoïcienne à privilégier une liberté intérieure indifférente aux contraintes et aux conditionnements sociaux, les mouvements charismatiques et autres de même nature ont ensemble contribué à fixer des frontières à l'intérieur desquelles la vie spirituelle est censée trouver son champ propre d'action. Les chrétiens influencés par ces traditions sont inévitablement enclins à observer avec suspicion des attitudes qui contredisent carrément l'orthopraxie à laquelle on est habitué dans les milieux d'Eglise.

---

[3]"On voit maintenant que la plus ancienne monarchie bâtie sur la pierre du premier évêque de Rome, se trouve face à une subversion de ses valeurs sacrées. Et ce n'est pas le laïcat silencieux et scandalisé, mais le clergé qui franchit les limites rigides de son service de l'Evangile, pour lever, en de nombreuses occasions, l'étendard d'une ouverture au marxisme, avec toute la férocité et tout le manque de retenue dont font traditionnellement preuve les nouveaux convertis" (*The Rockfeller Report on the America*, 1969, p. 31; cité par Gustavo Gutiérrez, *Théologie de la libération*, p. 115).

[4]"Ce sont les paradoxes de l'histoire; alors que nous voyons des secteurs du clergé se transformer en forces révolutionnaires, comment nous résignerions-nous à voir d'autres secteurs du marxisme se transformer en forces ecclésiastiques?" (Fidel Castro, Discours de clôture du Congrès des intellectuels, le 12 janvier 1968. Cf. G. Gutiérrez, *loc. cit.*).

[5]Ce qui ne signifie pas que les chrétiens soient dépourvus d'instincts ou de réflexes politiques. Au contraire, ils adoptent des comportements auxquels s'intéressent de près les hommes politiques, surtout ceux de droite. Si, par exemple, la gauche a failli l'emporter aux récentes élections présidentielles, en France, cela est dû en partie à un déplacement important du vote catholique, traditionnellement porté à appuyer la droite plutôt que la gauche. Sur les comportements politiques des catholiques français, voir Jacques Duquesne, *La gauche du Christ*; aussi François Biot, *Théologie du politique*, pp. 25 ss.

Les nouvelles attitudes étonnent d'autant plus qu'on croyait, depuis Jacques Maritain, avoir résolu le difficile problème des relations entre la foi et le domaine politique. Face à une idéologie de chrétienté, Maritain revendique l'autonomie du temporel, la valeur propre des réalités terrestres et la différenciation du plan religieux et du plan social: affirmations qui trouveront leur confirmation dans la théologie sociale de Vatican II. De plus, grâce à la distinction qu'il propose entre *l'agir en tant que chrétien et l'agir en chrétien*,[6] il trace la voie à un engagement social et politique pluriforme et différent de l'engagement religieux. Il évite aussi la confusion entre l'appartenance à l'Institution ecclésiale et l'adhésion à telle option politique déterminée.

Or la nouvelle praxis semble rejeter la différenciation des plans. Elle privilégie, au nom de l'Evangile, certaines options spécifiques. Elle admet le pluralisme politique, mais se méfie des motifs qui prétendent légitimer toutes les options comme étant d'égale valeur.

Le neutralisme politique (*neutrologie*) réagit vivement aux prétentions des politisés chrétiens et des théologies de la libération. On reproche aux nouveaux courants de vouloir engager les chrétiens dans une sorte de néo-cléricalisme, de revenir à un projet de cité chrétienne, de ressusciter, sous des allures nouvelles, la vieille thèse de l'union de l'Eglise et de l'Etat. La neutrologie s'appuie sur trois postulats; 1) *l'impossible objectivité*: la politique est le carrefour des passions, des intérêts, des appétits, où la droite raison ne peut réussir à déterminer une évaluation rationnelle des impératifs qui s'imposent; 2) *la contingence*: le domaine du politique est peuplé de choses passagères, relatives, qui ne concernent pas les grandes finalités de la vie; 3) *l'incompétence technique des chrétiens*: il est prétentieux de la part de ceux-ci de vouloir apporter des solutions aux problèmes économiques et socio-politiques. Face à une conjoncture déterminée, plusieurs solutions se présentent comme également valables. Tout ce que la foi fournit comme apport, c'est un ensemble de considérations générales, dont on peut s'inspirer pour inventer des solutions concrètes aussi valables et aussi déficientes les unes que les autres.

De ces trois postulats on déduit le *droit au pluralisme*: libre à chacun des chrétiens de s'engager dans les formations, les groupes politiques de son choix, quitte à respecter chez les autres le droit d'en faire autant. Libre à chacun aussi de se désintéresser, s'il le veut, de la chose publique et de s'en remettre, pour sa propre gouverne, au jugement de gens d'élite qui décideront à sa place. A tous cependant sera demandé le respect de deux conditions: maintenir l'unité entre les chrétiens, nonobstant les divergences politiques, et préserver les droits acquis de l'appareil ecclésiastique.

La neutrologie trouve son expression spirituelle dans l'antique invocation: "Domine, salvum fac regem", dont l'herméneutique donne à peu près ceci: "Seigneur, accorde des faveurs à tout pouvoir qui nous accorde

---

[6] Voir dans *Humanisme intégral*, Paris, 1947, pp. 299 ss.

les siennes, garde en santé celui qui nous garde en sécurité, protège celui qui nous permet de vivre en toute quiétude dans nos écoles, nos couvents et nos monastères".

Les nouveaux courants reprochent à la neutrologie deux lacunes graves:

1) d'être fallacieuse et mensongère;

2) de servir de caution à des options politiques qui sont une pierre d'achoppement pour la conscience chrétienne et, pour plusieurs, une occasion de scandale.

C'est une fausseté historique d'affirmer que l'Eglise ne s'intéresse pas à la politique ou ne le fait que pour des motifs spirituels, alors que l'histoire est remplie d'exemples qui prouvent le contraire. De Constantin à François-Joseph d'Autriche, en passant par les Rois très chrétiens, l'anglicanisme et le tsarisme, on recense des phalanges de papes, d'évêques, de prélats et de moines politiciens. Ce comportement était d'ailleurs inscrit dans les moeurs et les institutions. On ne pensait même pas à s'interroger sur sa légitimité. Que les princes se mêlassent de choses cléricales ou les prélats de choses temporelles soulevaient peu de difficultés, sauf des querelles relatives à des limites de juridiction. Ce sur quoi ces messieurs étaient tous d'accord, c'était que le monde ordinaire ne devait se mêler des affaires ni des uns ni des autres.

Quand, avec la montée de la démocratie et le processus de sécularisation, les relations s'avérèrent plus difficiles entre les pouvoirs civil et religieux, la politique ne cessa pas d'être une préoccupation majeure des hommes d'Eglise. Les concordats et les nonciatures en sont une preuve manifeste. L'histoire religieuse de la France, de Napoléon à la rupture du concordat, est marquée par le poids de la présence sociale et politique de l'Eglise, tout comme l'est celle du Québec, de Mgr Plessis à la Révolution tranquille, en passant par ce sommet de cléricalisme que fut le règne de Mgr Bourget.

Il est arrivé que cette politique ecclésiastique ne fut pas toujours édifiante. Jésus conseillait à ses disciples d'être simples comme des colombes et prudents comme des serpents. On dirait que certains hommes d'Eglise ont interprété le conseil à l'envers. Les historiens apologètes ont beaucoup à faire pour légitimer la politique romaine face au fascisme mussolinien, les demi-complicités de l'Eglise allemande, aussi bien protestante que catholique, à l'endroit du nazisme, le comportement hésitant et brumeux de l'épiscopat français au temps de l'occupation allemande, la longue solidarité entre le clergé espagnol et le franquisme, les quarante années de silence des évêques portugais au temps de Salazar, le comportement des évêques américains au moment de la guerre du Vietnam, l'attitude équivoque de l'épiscopat chilien au temps du régime Allende et au lendemain du coup d'Etat perpétré par la junte fasciste du général Pinochet, etc.

Parfois les hommes d'Eglise interviennent, parfois ils se taisent, dans un cas comme dans l'autre pour des raisons souvent valables. Mais il est d'autres cas où on se perd en conjectures sur les motifs soit de l'intervention, soit du non-engagement. Ces motifs sont-ils toujours d'ordre spirituel ou relèvent-ils parfois d'une dialectique pour le moins pragmatique et mondaine? A ce sujet, Gustavo Gutiérrez formule des remarques bien pertinentes, eu égard à la situation qui prévaut en Amérique latine:

> Quand, par son silence ou ses bonnes relations avec lui, l'Eglise légitime un gouvernement oppresseur ou dictatorial, accomplit-elle seulement une fonction religieuse? On découvre alors que la non-intervention en matière politique est valable pour certains actes qui engagent l'autorité ecclésiastique, mais qu'elle ne l'est pas pour d'autres. Cela veut dire que ce principe ne s'applique pas quand il s'agit de maintenir le *statu quo*; mais qu'on le brandit quand par exemple, un mouvement d'apostolat laïc ou un groupe de prêtres prend une attitude considérée comme subversive de l'ordre établi. Concrètement, en Amérique latine, la distinction des plans sert à dissimuler l'option politique réelle de l'Eglise en faveur de l'ordre établi. Il est intéressant en effet d'observer que, lorsqu'on n'avait pas encore une conscience claire du rôle politique de l'Eglise, la distinction des plans était mal vue aussi bien de l'autorité civile que de l'autorité ecclésiastique. Mais depuis que le système, dont l'institution ecclésiastique est une pièce centrale, a commencé à être refusé, ce schéma a été adopté pour se dispenser de prendre parti effectivement pour les opprimés et les spoliés, et pour pouvoir prêcher avec lyrisme l'unité spirituelle de tous les chrétiens. Les groupes dominants qui se sont toujours servis de l'Eglise pour défendre leurs intérêts et maintenir leur situation privilégiée en appellent aujourd'hui, devant les tendances "subversives" qui se manifestent au sein de la communauté chrétienne, à la fonction purement religieuse et spirituelle de l'Eglise. Le drapeau de la distinction des plans a changé de mains. Défendu il y a seulement quelques années par les éléments d'avant-garde, il l'est aujourd'hui par les groupes au pouvoir dont beaucoup sont parfaitement étrangers à la foi chrétienne. Mais ne nous y trompons pas; les propos sont bien différents. Gardons-nous de faire le jeu des plus féroces.[7]

Il ne faut pas rêver en couleurs. L'Eglise constitue une entité sociale et économique trop importante pour que les politiciens ne s'y

---

[7] *Op. cit.*, pp. 75-76.

intéressent pas. Même Hitler, tout imbu qu'il était d'esprit anti-chrétien, ne dédaigna pas de signer une entente avec l'Eglise, quitte à la violer peu de temps après. Quand des fascistes réclament des Te Deum, ce n'est pas par dévotion aux sacramentaux, mais le plus souvent pour camoufler quelque méfait ou quelque mesure d'oppression. L'Eglise-institution n'échappe pas au nécessité. Face à cette nécessité, on peut se contenter de stratégie à court terme et de diplomatie vaseuse, dans l'espoir d'esquiver les astuces et les assauts du "démon politique". Mais on peut aussi se demander si le politique ne constitue pas un lieu privilégié d'incarnation, un "territoire de mission" où le message évangélique trouve un terrain favorable d'implantation.

La deuxième hypothèse semble gagner de plus en plus de terrain sur la première, du moins à en juger par les comportements de beaucoup d'hommes d'Eglise et par l'évolution de l'enseignement social officiel. Celui-ci, surtout depuis Vatican II, formule des prises de position et utilise un langage dont les implications politiques sont manifestes. Par exemple, on ne peut parler de la primauté de l'argent sur le capital, de la collaboration avec les socialistes (ou, comme jadis, du rejet de cette collaboration), de l'insuffisance des normes du libéralisme économique pour régler les problèmes du tiers-monde, et prétendre qu'il s'agit là de purs énoncés éthiques sans résonance politique. Les maîtres à penser du capitalisme ne se sont pas laissés tromper par cette prétention, lorsqu'ils s'en sont pris à *Populorum progressio*, lui reprochant de prôner un "marxisme réchauffé". Ils avaient tort d'y soupçonner du marxisme, mais ils avaient bien raison d'en craindre les effets politiques.

On peut se réjouir de ce que l'on reconnaisse plus volontiers aujourd'hui que jadis que la foi et la politique entretiennent des liens étroits. Mais il ne suffit pas de s'en réjouir; il faut montrer que ce rapprochement est conforme au message évangélique lui-même. De là une interrogation préliminaire: l'Evangile nous dit-il quelque chose de précis au sujet de la politique? Peut-on, sans forcer les textes, déceler un contour et une signification politiques dans les comportements et les paroles de Jésus?

I - REGARD SUR L'EVANGILE

Chacun lit l'Evangile avec ses lunettes, c'est-à-dire avec le regard qui lui vient d'une culture, d'une mentalité, de préjugés. Les influences contemporaines affectent aussi ce regard et certains individus sont plus que d'autres sensibles aux courants de leur époque. Jacques Ellul reproche aux amateurs de théologie de la libération de céder trop facilement à la pression de tels courants. Ils les accusent de confondre les impulsions de la mode avec l'influence de l'Esprit-Saint.[8]

---

[8] Dans son ouvrage intitulé *Contre les violents*. "Les chrétiens sont des spécialistes des luttes virtuellement finies, et de la défense.../

On ne peut affirmer qu'un tel reproche soit entièrement dépourvu de fondement. Mais il pourrait aussi s'adresser aux gens de droite qui confondent la défense d'intérêts immédiats et matériels avec la sauvegarde des valeurs éternelles. Ce dont il faut être bien conscient, d'autre part, c'est que les différentes influences qui ont contribué depuis longtemps à dépolitiser l'image de Jésus[9] font qu'on reçoit avec une suspicion excessive les projets tendant à inclure dans cette image une dimension socio-politique qui, selon certains, a été obscurcie, parfois entièrement évacuée. Il arrive qu'on attribue trop vite à l'influence de la mode ce qui provient d'une re-lecture attentive et sérieuse de la Parole de Dieu.

L'Evangile nous trace de Jésus l'image d'un homme bien vivant et actif, sensible aux personnes et aux groupes qui l'entourent, attentif à la conjoncture sociale et politique. Mais chez beaucoup de chrétiens, cette dimension existentielle est escamotée au profit de la réalité divine, immuable, de la Majesté qui éclipse les traits humains. Dans cette optique, le personnage de Jésus devient une icône, un être figé, placé à l'écart et au-delà de contingences quotidiennes. Celles-ci, qu'elles soient économiques, sociales ou politiques, deviennent secondaires, accidentelles, sans importance.[10]

Jésus, l'Ecriture nous l'affirme, a vécu comme un homme parmi les hommes. "Il a planté sa tente parmi nous" (*Jn* 1,14), il a entretenu des relations avec sa famille, son voisinage, les milieux populaires, les chefs religieux, les pouvoirs publics. Il s'est inscrit dans l'histoire, comme centre et lieu de convergence. Il a vécu au coeur de luttes sociales entre forces irréductiblement adverses. Tout cela a-t-il pu se réaliser dans une entière neutralité politique?

/...des pauvres déjà défendus par des millions d'autres, c'est-à-dire qu'ils sont avant tout sensibles à la propagande" (p. 194). "Il est vrai que le Saint-Esprit doit nous avoir bien abandonnés pour que nous suivions, sans plus, toutes les propagandes" (p. 196).

[9] Tendance qui serait déjà tangible à l'ère de l'Eglise apostolique. Certains croient en discerner des traces chez l'évangéliste Marc (voir Gutierrez, *op. cit.*, p. 232). On connaît, dans le même sens, l'influence des traditions dites de spiritualité intégrale, dont *l'Imitation de Jésus-Christ* demeure sans doute l'illustration la meilleure.

[10] ..."Il s'agit d'un Jésus aux gestes figés, stéréotypés, tous représentatifs de thèmes théologiques. Expliquer un geste de Jésus, c'est lui accoler un certain nombre de thèmes théologiques. De cette manière, la vie de Jésus n'est plus une vie humaine, immergée dans l'histoire, c'est une vie théologique: une icône. Comme dans les icônes, les gestes sont soustraits à leur contexte humain et stylisés pour se transformer en signes du monde transcendant et invisible. Une telle vie de Jésus est plutôt un objet de vénération - elle est d'ailleurs le grand thème liturgique - qu'un objet de réflexion. Sans contester la valeur iconique de la vie de Jésus, nous devons reconnaître que nous ne pouvons nous en contenter" (Joseph Comblin, *Théologie de la révolution*, p. 236).

L. O'NEILL

A - *EN MARGE DE LA POLITIQUE*

Une première représentation qui, dans le déroulement de notre vie de chrétiens, a capté notre attention, c'est sans doute celle de Jésus prophète qui échappe à l'histoire quotidienne, l'homme religieux que n'atteignent pas les éclaboussures et les insipidités de l'existence. Jésus, d'une certaine façon, a incarné cette image: le prophète ambulant, à la fois contemplatif et prédicateur et que précède Jean le Baptiste, homme religieux et ascète, en apparence encore plus retiré du monde que Jésus lui-même. Dans le contexte politique survolté de la Palestine, voici la Parole qui retentit, annonçant la venue prochaine du Royaume, l'arrivée du Libérateur; mais un Royaume qui n'est pas de ce monde, une libération qui advient par le moyen de la prière, de la pénitence et de la purification intérieure. Un code nouveau est proclamé, une loi nouvelle, toute simple, qui se résume dans le commandement de l'amour et les Béatitudes. Tout le reste, lois, rites, querelles autour de prescriptions légales, rêves politiques, ambitions humaines, s'estompe dans la brume.

Le prophète Jésus toise les chefs religieux, recommande d'écouter ce qu'ils disent, mais non pas d'imiter ce qu'ils font. Il se moque d'Hérode et témoigne d'un respect distant, un peu cavalier, envers le pouvoir romain représenté par Pilate. On a l'impression qu'il considère le monde politique avec désinvolture plutôt qu'avec respect. "Rendre à César ce qui est à César, et à Dieu ce qui est à Dieu", c'est-à-dire, n'accorder pas plus d'importance qu'il ne faut aux conflits de pouvoir et aux antagonismes politiques, afin d'être plus disponible à l'égard des choses de Dieu.

Jésus apolitique: en un certain sens, oui. C'est d'abord ainsi que l'ont perçu, à travers les âges, de nombreuses générations chrétiennes fascinées par la dimension premièrement religieuse de son message. Ces innombrables chrétiens qui, par la voie de l'ascèse, de la vie religieuse, par la contemplation et la pénitence, par des formes multiples d'activités à base de renoncement et de service, ont cherché à imiter le Christ et ainsi parvenir au Royaume de Dieu. On ne peut rejeter du revers de la main comme étant non fondée cette expérience séculaire de milliers de croyants qui ont ausculté et interprété la Parole de Dieu. Cette manifestation de "sensus ecclesiae", de l'Eglise peuple de Dieu, constitue une preuve indiscutable que la vie de Jésus incarne l'image de l'homme religieux, qui, d'une certaine façon, dépasse le contingent politique et social.

En fait, on peut dire que Jésus fut non seulement apolitique, mais aussi anarchiste. Il sera d'ailleurs condamné en tant qu'anarchiste. Il le fut au sens radical du terme (ἀν-ἀρχή): celui qui ne reconnaît au pouvoir, quel qu'il soit, qu'une valeur relative. Il n'obéit de façon intégrale qu'à son Père et à l'Esprit qui l'habite. Il ne respecte que les autorités-service. Les autres, il les affronte, les démystifie ou les subit. Quand on utilise la phrase: "Jésus fut obéissant jusqu'à la mort", pour inciter les chrétiens à se conduire comme des moutons d'abattoir et des citoyens serviles, on déforme l'Ecriture et le message du

Christ. Homme intégral et homme libre, tel fut Jésus-Christ.[11]

> Jésus, écrit Martin Hengel, prit ses distances et une
> attitude critique vis-à-vis des puissances politiques
> et des autorités de son temps (*Mt* 11,8; *Lc* 13,32; 22,
> 25). Pour lui, du fait de la proximité de Dieu, elles
> ont "perdu tout pouvoir" et sont devenues, en quelque
> sorte, indifférentes (*Mc* 12,13-17; cf. *Mt* 17,25 ss).
> Pour qui veut le suivre, leurs lois sont sans valeur,
> seul compte l'ordre de la charité et du service (*Mc*
> 10,42; *Lc* 22,24). C'est pourquoi tout homme, quelle
> que soit la situation dans laquelle il se trouve, est
> plus "fort" dans sa liberté, que toutes les forces
> d'oppression.[12]

B - *LA POLITIQUE REJOINT JESUS*

Détail symbolique: le lieu de naissance de Jésus résulte d'une décision politique, les événements politiques perturbent son enfance. Afin
d'échapper à Hérode, la Sainte Famille fuit en Egypte. En guise de repré-
sailles, une loi de mesures de guerre s'abat sur Bethléem. Bête et inquiet,
le pouvoir brutal frappe au hasard et se venge sur des enfants.

A l'aube de la vie publique surgit le précurseur Jean le Baptiste.
Aussitôt une commission d'enquête se met en branle pour aller interroger
le prophète barbu et épier les rassemblements insolites qui se tiennent
près du Jourdain. On passe au crible les propos du prédicateur non autorisé, probablement un ex-moine de la confrérie de Qumrân.

Avant que ne débute sa vie publique, Jésus se retire au désert.
Le "démon du pouvoir" rôde autour de lui et essaie de supputer à qui il a
affaire. Il soumet Jésus à trois tentations dont le contenu est politique.
Question de savoir si le nouveau prophète est intéressé à acquérir la puissance matérielle ou à subjuguer les foules par un coup d'éclat et de la
propagande. Savoir surtout s'il a le goût du pouvoir[13] et s'il incarne un

---

[11] Voir là-dessus l'excellent opuscule de Christian Duquoc, *Jésus,
homme libre*, Paris, Cerf, 1974.

[12] Dans *Jésus et la violence révolutionnaire*, Paris, Cerf, 1973, p.
02.

[13] Sur la signification politique des trois tentations, voir Pierre
igo, *L'Eglise et la révolution du tiers-monde*, pp. 67-69. "Peut-être Sa-
an a-t-il laissé entrevoir à Jésus qu'il viendrait à conquérir les royau-
es en devenant le chef politique de son peuple, le leader de la *guerilla*.
l faut plutôt retenir de l'épisode de la tentation l'engagement de Jésus
u coeur même du 'politique', dans une lutte à mort avec les 'principau-
és et les puissances' (*Col* 2,15) et avec une mythologie du pouvoir."

pouvoir nouveau avec lequel il faudra compter. En fait, Satan perçoit, qu'au-delà des apparences, il y a chez Jésus une puissance qui peut perturber le monde sur lequel il exerce sa domination. "On n'est tenté que par les choses qui nous touchent de près", écrit Cullmann.[14] C'est parce que la mission de Jésus a des résonances politiques que le démon tente dès le départ de réduire à l'impuissance cet adversaire insolite.

"Jésus refuse le messianisme politique, mais il rencontre le problème politique; il prend position devant lui et son message comporte inévitablement une incidence politique".[15] Dès le départ il est confronté avec les puissances du monde, parce que son projet, tout spirituel et religieux qu'on l'imagine, dérange les jeux politiques.

1. *Un entourage politique.*

Dans le voisinage de Jésus, il est question de politique. On y parle de libération de la patrie, de l'action à entreprendre pour secouer le joug des Romains, on dénonce aussi les Sadducéens, collaborationnistes et exploiteurs. Au moins un des premiers apôtres faisait partie du groupe des zélotes et il est possible que plusieurs disciples aient été membres de cette secte de guérilleros.[16]

Jésus accepte de frayer avec les zélotes, mais il se distingue d'eux tant par le projet qui l'anime que par les moyens qu'il emploie. Les propos qu'il tenait sur la libération, le royaume à venir, étaient susceptibles à la fois de les fasciner et de les décevoir. Au fond, l'erreur des zélotes n'était pas d'avoir voulu donner à l'attente d'Israël une texture concrète, mais d'avoir figé celle-ci dans un cadre étroit, dans un lieu géographique restreint. Jésus vient accomplir la loi et les promesses, mais cet accomplissement, tout en incluant des attentes bien concrètes et humaines, englobe le monde entier et les siècles à venir. Et il inclut aussi l'homme dans son destin intérieur, personnel et spirituel. Il s'appuie, comme pierre d'assise, sur la transformation qualitative et intérieure de chacun des hommes. Ce que les zélotes, obsédés par des objectifs à court terme, ne pouvaient comprendre.[17]

Ce n'est donc pas une vaine hypothèse que de supposer que beaucoup de discussions entre Jésus et les disciples ont porté sur des questions

---

[14]Dans *Dieu et César*, p. 27. Cité par Gutiérrez, *op. cit.*, p. 234.

[15]A. George, *Jésus devant le problème politique*; voir Gutiérrez, *op. cit.*, p. 234.

[16]"Peut-être Barrabas et les deux associaux crucifiés avec Jésus étaient-ils des terroristes. Mais ce sont là des hypothèses" (Pierre Bigo, *op. cit.*, p. 66). Possiblement que certains zélotes assistaient Jésus dans ce coup de force que fut la purification du temple. Telle est du moins l'opinion d'E. Trocmé. Voir là-dessus Claude Wagnon, *L'Eglise, essai de critique radicale*, p. 129. Aussi Gutiérrez, *op. cit.*, p. 233.

[17]Sur les rapports entre Jésus et les zélotes et sur son refus de la violence, voir Martin Hengel, *op. cit.*, pp. 96 ss.

politiques, surtout que certains de ceux-ci étaient eux-mêmes politisés. Si le Christ n'a pas voulu s'identifier aux zélotes et aux nationalistes de son temps, rien ne permet de déduire en revanche qu'il se soit totalement désintéressé de ces questions. Il a dépassé la problématique de la victoire collective à court terme, ce qui ne signifie pas qu'il l'ait méprisée ou rejetée.

Sa mission unique et historique de libérateur de tous les hommes le situait au-delà des approches politiques à court terme.

2. *Des adversaires vigilants.*

Nonobstant ses allures de prédicateur inoffensif, Jésus aura tôt fait d'attirer l'attention et de susciter l'hostilité des pouvoirs en place, tant les pharisiens que les sadducéens et les hérodiens. Dans cette société où le religieux et le politique s'entremêlent inextricablement, on tient à l'oeil un enseignement qui met en cause l'ordre établi. En lisant l'Evangile, on voit se préciser peu à peu un regroupement, un front commun des *establishements*. Scribes et pharisiens surveillent les paroles et comportements de Jésus et de ses disciples. Les sadducéens s'occupent aussi du cas. Hérode, libidineux et superstitieux, est loin de se désintéresser de l'affaire. Le fils de l'assassin des enfants de Bethléem commence par liquider Jean le Baptiste. Plus tard, entendant parler de la prédication et des miracles de Jésus, il prend peur. "C'est Jean, dit-il, que j'ai fait décapiter, qui est ressuscité" (*Mc* 6,16). Les Romains aussi surveillent cette histoire de près. Depuis longtemps qu'ils cherchent comment manoeuvrer avec ce peuple turbulent, aux croyances insolites et toujours empêtré dans des querelles religieuses.

3. *Un procès politique.*

Cette convergence d'intérêts aboutit au procès politique de Jésus. Les accusateurs réussissent mal à mettre au point une inculpation défendable, mais tous s'entendent sur une chose: il faut se débarrasser de Jésus. Le "démon du pouvoir" perçoit dans l'homme de Nazareth un ennemi à abattre. Le cheminement de Jésus, que certains prétendent entièrement apolitique, connaît ainsi un dénouement éminemment politique.

On peut tenter de réduire la dimension politique du procès de Jésus à un phénomène accidentel et considérer les instigateurs de sa mort comme des instruments inconscients de la volonté de Dieu. A ses auditeurs l'apôtre Pierre déclare: "Vous avez chargé le Saint et le Juste; vous avez réclamé la grâce d'un assassin, tandis que vous faisiez mourir le prince de la vie" (*Ac* 3,14). Et il ajoute: "Cependant, frères, je sais que c'est par ignorance que vous avez agi, ainsi d'ailleurs que vos chefs" (*Ac* 3,17). Par ignorance du caractère divin et messianique de Jésus, oui. Mais ce qui n'exclut pas que les chefs (car le peuple fut berné, comme cela arrive si souvent dans le cours de l'histoire) aient néanmoins obéi à une logique propre, celle du "démon du pouvoir", tout comme il est conforme à une certaine logique qu'ils aient perpétré leur méfait sous le couvert de procédures judiciaires apparemment impartiales (ce qui est aussi une fréquence historique, car c'est ainsi que "le démon du pouvoir" se complaît à agir).

Dieu a choisi des instruments pour que se réalise le mystère de la Rédemption. Mais il n'est pas sans importance de savoir quels instruments il a choisis. Il est permis de voir une indication divine dans le fait que ce sont les pouvoirs établis, les appareils ecclésiastique et civil réunis qui ont conjugué leurs efforts pour faire périr le Nazaréen, en qui ils ont décelé une menace et un danger. Nonobstant "l'autorité qui vient de Dieu", il existe aussi "le démon du pouvoir", qui incarne des valeurs antagonistes de celles que Jésus incarne et propose, valeurs qui, aux yeux du "démon du pouvoir", ont une profonde connotation politique. Vue sous cet angle, la vie de Jésus revêt une signification plus profondément politique que cela eût été si le Christ avait assumé le rôle de leader d'un groupe social engagé dans une contestation directement politique.[18]

C - *JESUS ASSUME ET TRANSCENDE LA POLITIQUE*

Il apparaît indéniable que plusieurs thèmes dominants du message évangélique sont lourds d'implications politiques. Et cela, les adversaires de Jésus l'ont bien perçu.

1. *La libération.*

Jésus n'a pas réprouvé le rêve d'Israël d'une libération humaine. Il l'a interprété différemment, en profondeur et en extension. Il a centré son message sur la libération du péché, mais n'a pas fait de ce dernier une entité isolée du réel, du concret.

Il semble bien qu'un des motifs du ressentissement des pharisiens à l'endroit de Jésus, c'est que ce dernier, d'une part, a distingué le péché de la souffrance, du mal physique, de la pauvreté (ainsi dans l'épisode de la guérison de l'aveugle-né) et, d'autre part, a dénoncé le péché dans un langage peu agréable pour les gens d'élite, les gens de bien, les gens installés. La théologie du péché, chez les clercs de l'époque, servait d'instrument de domination, en ce qu'elle ajoutait à l'oppression sociale celle qui venait du sentiment de culpabilité inoculé dans l'âme des petites gens. En contrepartie, Jésus sème des paroles libératrices et apai-

---

[18]Martin Hengel (*op. cit.*, p. 98) voit dans le procès et la mort de Jésus l'aboutissement de malentendus politiques. On peut parler de malentendus si on se réfère aux motifs immédiats et apparents qui ont inspiré la conspiration des pouvoirs en place. Mais le malentendu s'estompe si on se rapporte à une perception instinctive, en profondeur, faite par le "démon du pouvoir". Celui-ci avait bien raison de craindre la venue du "Royaume de Dieu". Car entre le règne de Jésus et un certain "ordre établi" (ce que Péguy appelait *le désordre établi*) l'opposition est irréductible.

santes, susceptibles de redonner à chacun des croyants, au plus petit parmi eux, confiance en lui-même, confiance aussi dans son destin, sa libération.

Il peut être tentant de rapprocher trop étroitement la libération du péché, la libération politique et la libération de l'homme au cours de son histoire.[19] Mais il est loin d'être certain qu'en voulant trop les distinguer on reflète bien le contenu du message évangélique. A ce point de vue, il y aurait lieu de méditer attentivement le *Magnificat*. Une longue tradition intimiste en a fait le chant de reconnaissance des pénitents réconciliés au terme d'une retraite, des chrétiens timorés perturbés par des scrupules ou des angoisses intérieures, des "spirituels purs" émerveillés par les effets intimes et consolateurs de la grâce. Mais si le *Magnificat* exprime toutes ces choses, il veut dire aussi beaucoup plus. Voyons par exemple les versets suivants:

> "Il a déployé la force de son bras,
> Il a dispersé les hommes au coeur superbe.
> Il a renversé les potentats de leur trône et élevé
> les humbles.
> Il a rassasié de biens les affamés et renvoyé les
> riches les mains vides" (*Lc* 1,51-53).

Dans un document qui a fait beaucoup de bruit, quinze évêques du tiers-monde n'ont pas craint de déclarer: "Les chrétiens et leurs pasteurs doivent savoir reconnaître la main du Tout-Puissant dans les événements qui périodiquement déposent les puissants de leurs trônes et élèvent les humbles, renvoient les riches les mains vides et rassasient les pauvres". Commentant ce texte, Joseph Comblin souligne que les paroles de la Vierge s'appliquent à une situation révolutionnaire (on pourrait préciser: libératrice). Et il ajoute: "Il y a longtemps d'ailleurs que l'on a remarqué que le *Magnificat* était le texte le plus révolutionnaire des Evangiles, ce qui n'a pas manqué de paraître paradoxal, puisque les paroles sont attribuées à une femme, la mère de Jésus".[20]

2. *Jésus, un homme ordinaire.*

On a souvent, dans la spiritualité chrétienne, souligné l'effacement de Jésus et tiré de là une leçon en vue d'encourager les fidèles à vivre dans l'humilité et la résignation. Mais cet effacement véhicule aussi un autre message: la solidarité de Jésus, homme ordinaire, avec les "am-ha-retz", les socialement déclassés, ce qui entraînait une situation d'oppo-

---

[19] Sur ces trois aspects de la libération, voir les remarques pertinentes de Gutiérrez, *op. cit.*, pp. 156 ss.

[20] Voir *Théologie de la révolution*, p. 231. "Jésus-Christ appelle à la libération totale - pas seulement intérieure, spirituelle - de l'Homme. Cette notion est maintenant largement admise. Un organisme officiel comme le C.I.C.O.P. (Comité de coopération catholique inter-américaine), dépendant de l'épiscopat des Etats-Unis, paraît même admettre, à partir de là, que les catholiques doivent se ranger aux côtés des rebelles d'Amérique du Sud" (Jacques Duquesne, *La gauche du Christ*, p. 207).

sition avec les classes dominantes. Ce déclassement constituait en soi une provocation, un état de vie qui ne pouvait que choquer les nantis, les élites de l'époque, ceux qui vivaient en possession tranquille de la vérité, de l'argent et du pouvoir.[21]

Lu dans cette perspective, l'Evangile peut nous aider à mieux comprendre "les signes des temps", indiquer de quel côté doivent s'orienter les choix et s'exprimer les solidarités des chrétiens. Pensons par exemple aux signes des temps mentionnés par Jean XXIII: la libération des pays pauvres du tiers-monde, la montée de la classe ouvrière, la promotion de la femme.[22] A ces groupes le pape ne dit pas de se résigner par esprit d'imitation de Jésus-Christ. Il semble bien plutôt nous signaler que ces mouvements de libération illustrent un processus vital dont on trouve la source dans le levain évangélique.

3. *Jésus contestataire.*

Ce n'est qu'au moment de sa passion que le Christ s'est vraiment résigné à subir le poids de la souffrance et de l'oppression. Toute sa vie publique durant, il a contesté. Il a remis en question les idées reçues sur la loi, la justice, l'ordre social, le péché. Il s'en est pris particulièrement à l'esprit légaliste qui avait transformé la loi reçue de Moïse en une structure oppressive. On est frappé du nombre de pages que les évangélistes consacrent à décrire les affrontements et les altercations de Jésus avec les pouvoirs établis.

Il faudrait se demander comment il se fait que cet esprit de remise en question et de contestation se soit, à certaines époques, presque entièrement estompé, au point que des politiciens, tout agnostiques qu'il fussent, se réjouissaient de l'emprise qu'exerçait la religion sur le peuple. "La religion, opium du peuple", a écrit Marx. Constatation qui se dégage de l'observation de maintes situations historiques, mais qui ne peut se légitimer à partir de la lecture de l'Evangile. Comment est-on passé du témoignage dynamique de Jésus homme libre au profil du chrétien aux épaules courbées et à l'âme servile? Ce problème, on le sait, préoccupait beaucoup Emmanuel Mounier.[23]

4. *En conflit avec l'argent.*

Les mises en garde de Jésus contre l'argent s'inscrivent dans une longue tradition sans cesse maintenue vivante par les prophètes de l'Ancien

---

[21] Martin Hengel, *op. cit.*, p. 104, note cependant que cette solidarité avec les déclassés n'empêchait pas Jésus d'entretenir de bons rapports sociaux avec des groupes privilégiés, incluant des "collaborateurs" et des "exploiteurs".

[22] *Pacem in terris*, nn. 40-42.

[23] Voir l'excellent essai *L'affrontement chrétien.*

Testament.[24] Le Christ prévient ses disciples, des économiquement faibles qui vivent chichement, contre la tentation de la richesse. Mais il dénonce surtout la suffisance et l'instinct d'exploitation dont les riches se rendent coupables. Entre l'argent et le pouvoir, la connexion est intime. Si bien que la contestation exercée par Jésus constitue un geste politique. Cela est vrai aujourd'hui plus que jamais, alors que nous vivons dans la civilisation capitaliste, qui a ennobli le profit et attribue à la croissance économique la valeur de finalité spécifique de l'activité sociale.

5. *La résurrection.*

Au-delà de la mort, il y a la résurrection. Au-delà de l'échec, il y a l'espoir. Les puissances de ce monde n'ont pas le dernier mot. Le mystère de la résurrection nourrit l'espoir que le bien l'emporte sur le mal, que les projets de changement triompheront des forces de résistance, que l'homme peut vaincre les "démons politiques". Il n'est donc pas vrai que l'injustice, l'exploitation et l'oppression auront toujours gain de cause. "...Le règne de Satan, réalisé sous la forme du pouvoir politique, est déjà détruit à la racine, par le triomphe du Christ. Il est donc nécessairement précaire et limité. Il n'appartient pas aux réalités dernières."[25]

Méditant sur le mystère de la résurrection de Jésus, le marxiste Garaudy écrit:

> Avoir la foi, si je cherche à déchiffrer l'image chré-
> tienne, c'est percevoir dans leur identité la résurrec-
> tion et la crucifixion. Affirmer le paradoxe de la pré-
> sence de Dieu dans Jésus crucifié, au fond du malheur
> et de l'impuissance, abandonné de Dieu, c'est libérer
> l'homme des illusions du pouvoir et de l'avoir. Dieu
> n'est plus l'empereur des Romains ni cet homme dans sa
> beauté et sa force qu'il était pour les Grecs. Ce
> n'est pas une promesse de puissance. C'est cette cer-
> titude qu'il est possible de créer un avenir qualitati-
> vement nouveau seulement si l'on s'identifie à ceux qui,
> dans le monde, sont les plus dépouillés et les plus
> écrasés, si on lie son sort au leur jusqu'à ne conce-
> voir d'autre victoire que la leur.[26]

---

[24]Sur l'attitude des prophètes à l'égard de l'argent et de la richesse, voir la présentation schématique qu'en fait Pierre Bigo dans son
ouvrage *Doctrine sociale de l'Eglise*, Paris, PUF, 1965, pp. 7 ss.

[25]François Biot, *Théologie du politique*, p. 157.

[26]Roger Garaudy, *L'alternative*, Montréal, Editions du Jour, 1972,
pp. 125-126.

L. O'NEILL

D - *L'EVANGILE N'EST PAS NEUTRE*

        Le moins qu'on puisse affirmer, au terme de ce survol de l'itinérai-
re suivi par Jésus, c'est que l'Evangile contient des indications, des
orientations bien précises eu égard aux réalités politiques. Non point de
recettes ni de plan pré-fabriqué, il est vrai, comme Bossuet pensait y en
repérer, lorsqu'il s'est appliqué à légitimer l'absolutisme royal au nom
des Ecritures. Mais un esprit, une mentalité, une façon de lire l'événement social et politique. Et, dans ce sens, l'Evangile n'est pas neutre.

> Comme l'homme est un être politique, l'Evangile a une
> efficacité historique et il n'est pas politiquement
> neutre; au contraire, il comporte des lignes de force
> absolument claires, indiscutablement révolutionnaires
> pour quiconque le lit sans être aveuglé par la puis-
> sance des idéologies des classes privilégiées.[27]

II - HERMENEUTIQUE ET HISTOIRE

Albert Schweitzer écrit:

> Chaque époque de la théologie trouve ses propres idées
> en Jésus; elle ne peut pas le faire revivre autrement.
> Non seulement chaque époque se retrouve en lui, mais cha-
> que individu le crée selon sa propre personnalité. Il
> n'y a pas d'entreprise historique plus personnelle que
> d'écrire une vie de Jésus.[28]

Même si le Christ, à cause de sa mission unique et universelle, échappe à
une époque particulière, il est normal que chaque génération chrétienne
cherche dans les paroles et les gestes de Jésus ce qui peut le mieux la
guider et l'inspirer face aux problèmes qui la confrontent. Jésus s'est
fait semblable aux hommes en tout sauf le péché (*Ph* 2,7; *Hé* 2,17, etc.);
on peut donc présumer que l'humanité incarnée, chez lui, rejoint de quelque façon les hommes de chaque époque, dans la situation historique qui
leur est particulière. Vouloir par conséquent tenter une re-lecture de
l'Evangile en fonction de tel moment historique déterminé n'est pas une
entreprise incongrue.

        Il est vrai qu'une telle opération ne va pas sans risques.

---

[27]Georges Casalis, Intervention à l'Assemblée des prêtres contestataires d'Amsterdam, octobre 1970. Cité par Jacques Duquesne, *op. cit.*,
p. 206.

[28]Cité par Martin Hengel, dans *Jésus et la violence révolutionnaire*, p. 11.

> La lecture que nous faisons de la Bible ne peut pas être
> totalement innocente. Elle ne l'a jamais été... Nous
> lisons l'Ecriture avec nos propres lunettes. Elles ne
> nous sont pas fournies par les auteurs des livres de la
> Bible. C'est nous qui les apportons, les ayant éven-
> tuellement reçues du milieu culturel dans lequel nous
> vivons, mais aussi des options philosophiques, voire
> idéologiques, qui sont les nôtres, consciemment ou non...
> Le domaine politique est bien celui où l'idéologie pro-
> lifère le plus abondamment. Il faudra donc veiller
> avec particulièrement de soins à ce que notre lecture
> de l'Ecriture ne soit pas déterminée par des options
> politico-idéologiques préalables, qui resteraient tota-
> lement inconscientes.[29]

Pour qu'une telle opération témoigne d'une certaine qualité, il faudra faire preuve d'autocritique à l'égard de ses propres postulats idéolo-
giques (ce qui vaut non moins pour les esprits conservateurs que pour ceux
qu'on appelle les gens de gauche). D'autre part, l'entreprise se révélera
particulièrement éclairante si nous y introduisons des points de repère essentiels: par exemple, la confiance en l'Esprit-Saint qui aide chacun des
croyants de bonne volonté à déceler ces données inconnues que le Christ n'a
pas jugé bon d'expliquer à ses disciples (*Jn* 16,12-13). Il sera indispensable aussi de porter attention aux signes des temps, qui sont des paroles
que Dieu adresse à chaque génération chrétienne; enfin, il sera utile de
tirer des leçons de la praxis sociale des chrétiens engagés. Car "celui
qui fait la vérité vient à la lumière" (*Jn* 3,21). Il peut arriver en effet
que des militants chrétiens décèlent des facettes cachées du message plus
vite que des exégètes inattentifs aux signes des temps et qui vivent reti-
rés dans leur cellule de travail.

A - *DES SENTIERS QUI CONDUISENT AU POLITIQUE*

L'Evangile proclame des priorités (v.g. sens de Dieu, nécessité de
la prière, valeur spécifique du geste religieux, primauté de la foi simple
et désintéressée) qui ont une qualité, une consistance propre, au-delà de
tout projet politique. Sans ces valeurs, on ne peut promouvoir un humanisme authentique.[30] Mais, nous l'avons déjà entrevu, ce même Evangile

---

[29] François Biot, *op. cit.*, pp. 106-107.

[30] Voir là-dessus le vigoureux plaidoyer de Jean Daniélou, dans
L'oraison, problème politique, Paris, Fayard, 1965. Là où l'auteur apparaît moins convaincant, c'est quand il semble identifier cet humanisme
chrétien avec un type particulier de civilisation, celle qui est familière
à la société bourgeoise chrétienne d'Occident. Or rien ne dit qu'on ne
puisse incarner cet humanisme dans un aménagement politique de type socialiste.

propose aussi des valeurs qui rejoignent le politique. Or la connexion apparaît plus étroite aujourd'hui qu'elle ne l'était entre le projet chrétien et l'aménagement technique et social (abstraction faite du cadre de chrétienté qui conjuguait artificiellement et les valeurs et les structures politiques). On peut promouvoir et vivre certaines valeurs en dehors du politique. Mais en certaines conjonctures données, cela devient impossible.

Le monde contemporain se caractérise par la socialisation, qui est en partie le résultat de l'essor technique et qui tend à multiplier les interrelations entre les individus et les groupes. De plus en plus, l'organisation rationnelle, la prévision et l'aménagement planifié remplacent les initiatives individuelles. Les personnes sont engagées dans des réseaux complexes d'activités et de relations sociales qui constituent le lieu d'exercice de la responsabilité et des vertus.[31] La montée humaine se réalise de façon collective. La justice (ou l'injustice) s'institutionnalise. Il en est de même pour la charité. La pratique des vertus comporte souvent des résonances politiques. A titre d'exemple, on sait que l'attention envers les personnes âgées peut et doit se manifester par des gestes de présence et d'amitié, par des visites, de la prévenance, de l'aide en cas de maladie, etc. Tout cela est bien, mais tout aussi insuffisant, si en même temps, on ne peut compter sur une politique efficace d'aide aux vieillards, des allocations décentes, une bonne organisation de soins médicaux à domicile. Or une telle aide suppose des structures, des décisions politiques. "J'ai compris vers la fin de ma vie, disait le Père Lebret, que la miséricorde passe par les structures"; une façon de dire que la charité, la technique et le politique se complètent mutuellement.

Justice, partage, primauté du bien commun, réduction des inégalités, guerre à la pauvreté: le chrétien fait de ces objectifs la matière de ses options personnelles, mais il ne peut donner à son combat l'efficacité espérée qu'en recourant à des actions collectives, à des choix techniques et donc à des choix politiques, grâce auxquels il pourra mettre en application les techniques qui s'imposent. Le chrétien viderait l'Evangile d'une partie de son contenu si, tout en reconnaissant la noblesse et la grandeur des impératifs proclamés par Jésus, il en réduisait la portée à la sphère intimiste de la vie (ou à l'au-delà) et refusait de se donner des mains pour les incarner, c'est-à-dire les moyens de leur assurer une insertion dans la vie quotidienne, dans la société dont il fait partie. Car l'annonce du Royaume a d'abord un sens pour cette vie d'ici, en ce monde où Dieu nous appelle au salut.

> Paix, justice, amour, liberté ne sont pas que des réalités intimistes; elles ne sont pas que des attitudes intérieures; ce sont des réalités sociales, porteuses d'une libération historique. Une spiritualisation mal comprise nous a souvent fait oublier la charge d'humanité et le pouvoir de transformation des structures

---

[31]Voir là-dessus l'excellente vue de synthèse de *Mater et Magistra*.

sociales injustes que possèdent les promesses eschatologiques. La suppression de la misère et de l'exploitation est un signe de la venue du Royaume.[32]

Dans un monde technique et socialisé, une telle affirmation engage dans la
voie de l'action politique, tout au moins à une prise de conscience des
incidences morales et spirituelles des jeux politiques. Elle contredit la
thèse de la *neutrologie*, la prétention selon laquelle le chrétien serait
au-dessus de la politique, ou encore pourrait s'y comporter en dilettante
élaborant des théories ou faisant des options à la manière d'un client
blasé circulant dans un supermarché.

B - *PECHES STRUCTURELS ET COLLECTIFS*

Jésus est venu nous libérer du péché, mais pas seulement du péché
personnel. Car il y a aussi une situation de péché dans la vie sociale,
dans les institutions, dans les structures. Péchés collectifs dont nous
sommes responsables soit parce que nous donnons notre appui à des situations injustes, soit parce que nous demeurons indifférents eu égard à leur
fonctionnement.[33] Les collectivités peuvent donc vivre en situation de
péché, si elles encouragent ou tolèrent des aménagements sociaux qui gêne-
rent l'exploitation, l'injustice ou la violence. Celui qui se réclame de
l'Evangile ne peut, en conséquence, réduire le champ de son examen de
conscience aux relations humaines immédiates, les "relations courtes".
Il est obligé de se demander comment il se situe en matière de "relations
longues", à titre de citoyen, dans l'expression de ses solidarités, au
milieu des conflits d'intérêts, face aux luttes de libération, confronté
avec des problèmes tels que le racisme, les inégalités sociales, etc.

Il y a situation de péché quand, par exemple, on encourage ou tolère des lois favorisant la discrimination raciale, l'exploitation des éco-
nomiquements faibles, la domination des privilégiés et des forces économiques oppressives. Symptômes de péchés structurels et collectifs: des
Noirs américains, des Porto-ricains ou des Chicanos qu'on oblige à vivre
comme des citoyens de deuxième classe; l'inertie des gouvernements face
au chômage et à l'inflation; des lois boîteuses, promulguées par des politiciens imbéciles ou corrompus; le gaspillage d'aliments dans les pays
riches, alors que des millions de gens meurent de faim dans le tiers-
monde; la famine qu'on a laissée se développer au Sahel alors qu'on aurait
pu la prévenir; le commerce d'armes qu'on vend aux pays pauvres alors qu'ils

---

[32]Gustavo Gutiérrez, *op. cit.*, p. 175.

[33]Le Père Lebret a contribué beaucoup à ouvrir les yeux des chrétiens sur leurs responsabilités concernant un ordre social injuste et des
situations inadmissibles qui persistent, par suite de la connivence ou de
l'indifférence des "gens de bien". Voir par exemple *Pour rajeunir l'examen de conscience*, coll. "Spiritualité, Economie et humanisme", Editions
ouvrières.

manquent de pain; des enfants vietnamiens qu'on a brûlés au napalm sous
prétexte de défendre la civilisation;[34] une expérience sociale prometteuse
que des fascistes chiliens, sous l'oeil indulgent ou approbateur de chrétiens de droite, écrasent dans le sang, la torture, les emprisonnements;
des dépenses ostentatoires faramineuses qui siphonnent des budgets qu'on
aurait dû consacrer à construire des logements, améliorer le sort de
l'enfance défavorisée, développer l'éducation populaire, accroître les
services de santé, aider le tiers-monde; un système judiciaire qui favorise ceux qui ont de l'argent et se révèle plus ou moins inapte à rendre
justice aux citoyens ordinaires; l'insouciance avec laquelle les "gens de
bien" accordent leur appui à des politiciens ineptes; le manque d'espérance qui fait que, face à une innovation sociale devenue impérative, on
se retranche derrière un conservatisme obtus; des moyens de communication
sociale qu'on utilise pour abrutir les gens au lieu de s'en servir pour
les informer et les conscientiser, etc, etc.

C - *UNE SEULE HISTOIRE DU SALUT*

Sous l'ancienne Alliance, l'histoire religieuse et l'histoire profane sont inséparables. L'histoire est sainte. On retrouve un peu l'équivalent dans la conception sacrale du monde, au temps de la chrétienté médiévale. L'Eglise, âme dirigeante de cette société, apparaît comme une
incarnation du Royaume de Dieu sur la terre.

Le processus de sécularisation met fin à ce rêve de société religieuse et rend au profane son autonomie. Dans la réflexion qui a conduit
à légitimer théologiquement ce processus, on a développé l'idée d'un Royaume de Dieu invisible, d'une présence cachée, incognito, du christianisme.
On a, semble-t-il, pris trop facilement son parti de l'éclipse des forces
religieuses, se fiant à l'Esprit-Saint pour redonner aux valeurs chrétiennes leur place au soleil. Sans trop s'en apercevoir, on neutralisait ainsi en partie l'impact du mystère de l'Incarnation.

Mais, à partir d'une vision positive de la sécularisation, il est
possible de retrouver une conception de l'histoire où le profane et le
religieux ne sont plus séparés et où le profane est considéré, dans sa nature même, comme appelé à porter le divin. Dans cette optique, les valeurs spirituelles et la grâce font leur chemin à l'intérieur même des
réalités matérielles et humaines, dans la contexture de l'histoire du monde. Sous cet angle, on ne peut plus parler de monde profane. Tout devient virtuellement religieux.[35] Ce qui est mal, laid, irrationnel ou

---

[34] Selon un universitaire américain éminent, il est plus immoral
pour un général des USA de se balader dans la rue avec des décorations
obtenues au Vietnam que le fait, pour une jolie fille, de s'y promener toute nue. La comparaison étonne un peu, mais elle est loin d'être dépourvue
de validité morale.

[35] Voir là-dessus Gustavo Gutiérrez, *op. cit.*, pp. 76 ss.

injuste dans la création porte atteinte à la présence divine. En revanche, ce qui favorise la montée humaine, la croissance intégrale et solidaire de l'humanité entretient des liens intimes avec la croissance du Royaume de Dieu.

La lecture des documents du magistère, de Léon XIII à Paul VI, en passant par Vatican II (surtout *Gaudium et Spes*), nous fait assister à l'émergence d'une perception nouvelle de l'histoire du salut (nouvelle par rapport à la période antérieure, où domine encore la mentalité de chrétienté). D'un document à l'autre, on parle de foi, d'Eglise, de valeurs chrétiennes. Mais peu à peu le style, l'approche se modifient. L'Eglise-institution qui, dans les premiers documents, chez Léon XIII, occupe une place centrale, comme si elle était assise sur un trône, se retire discrètement, en tant que "lieu théologique". Le langage, substantiellement évangélique, revêt des allures profanes. La problématique, les solutions envisagées, deviennent séculières dans leur style, leur formulation. La distinction spirituel-temporel s'estompe. Pourtant, les récents documents, autant que les premiers, veulent proposer une pastorale évangélique en réponse aux problèmes de notre temps. C'est que la conception de l'unité de l'histoire du salut y est apparente, de plus en plus, dans la façon même d'aborder les questions, de proposer des solutions.

Dans cette perspective, il devient incongru de reprocher au magistère de faire de la politique. Dans une histoire unique du salut, la réflexion chrétienne inclut inévitablement l'ensemble de la problématique sociale. Aussi, quand on y parle de libération, de développement, on ne déserte pas le domaine évangélique. On le rejoint par une autre avenue: celle du devenir de l'homme lui-même. Devenir qui suit un cheminement propre et sert de tracé à l'avancement du Royaume de Dieu.

D - *L'AUJOURD'HUI DE L'EVANGILE*

Abordé dans la perspective d'une unique histoire du salut, l'Evangile nous réserve des surprises. La Parole ancienne révèle des facettes inédites, du moins pour ceux qui ne l'abordent habituellement que dans une optique intimiste. Et ces facettes ont souvent une coloration politique.

La *parabole des talents* se situe en contrepartie de la paresse et du sentiment d'impuissance de ceux qui considèrent l'ignorance et la passivité comme des vertus. Elle dénonce l'inefficacité et le sous-développement politiques et, en revanche, encourage ceux qui croient aux énergies, toutes limitées qu'elles soient, des citoyens ordinaires, de ceux qui oeuvrent à la base.

Le *vin neuf* qu'il est imprudent de mettre dans de vieilles outres, nous fait penser aux velléités et aux bons sentiments de ceux qui pensent qu'on peut procéder à des réformes sans déranger personne. La parabole suggère l'idée que la vocation politique du chrétien devra, en maintes occasions, dépasser le niveau du rapiéçage et du dépannage, ce que les latino-américains appellent le "desarrolismo". On ne fait pas du neuf avec du vieux. On ne fait pas une société juste avec du libéralisme économique recousu et repassé. Il faut cesser de donner l'impression que la pensée sociale chrétienne ne forme que des timorés et des experts en demi-mesures.

La *vérité libère*: la politique apparaît comme une jungle où tantôt s'affrontent et tantôt se solidarisent les "démons du pouvoir", derrière un écran de mensonge, de manipulation et de propagande. La vérité intervient comme un vent rafraîchissant, comme la lumière du matin qui chasse les ombres de la nuit. Vérité de l'information, de la libre discussion (à ce point de vue, il faut reconnaître la qualité sociale particulière des démocraties libérales), vérité des objectifs et de l'échelle de valeurs qui doivent inspirer les projets de rénovation sociale. Ne serait-ce que sous cet angle, il est bien vrai, pour reprendre une expression de Paul VI, que la politique constitue un lieu privilégié de l'engagement des chrétiens.

La *multiplication des pains*: un événement évangélique auquel nous devons donner aujourd'hui une dimension cosmique. Les nouvelles techniques de production permettent de renouveler le miracle. A condition de le vouloir; à condition de cesser de faire du malthusianisme agricole et d'accorder plus d'attention au développement de l'agriculture dans le tiers-monde qu'au commerce des armes. A condition de ne plus permettre aux forces de l'impérialisme économique d'entraver les efforts entrepris par certains pays pour se libérer du colonialisme extérieur. Il est dramatique de constater que beaucoup de gouvernements indigènes corrompus qui laissent croupir des populations entières dans la misère ne se maintiennent en selle que grâce à l'appui que leur apportent les pays riches.

La *parabole du bon Samaritain* magnifie la spontanéité et la générosité de l'aide personnelle, directe, du secours fraternel apporté au prochain dans la détresse. Mais on peut aussi supposer un prolongement. Imaginons que le bon Samaritain ait refait le même parcours la semaine suivante et qu'une fois encore il ait été obligé de secourir une victime des brigands. Et supposons que cela se soit répété à plusieurs reprises. On peut penser qu'à la longue il se sera lassé et aura demandé aux autorités d'assurer un meilleur service de sécurité le long de ce parcours. Autrement dit, une réforme institutionnelle aura été nécessaire pour continuer l'entraide résultant à l'origine d'une initiative personnelle. Dans une société moderne, les choses se passent ainsi. Il faut institutionnaliser, structurer les services d'aide si on veut répondre aux besoins. Il n'est pas sans importance que cette institutionnalisation soit bien faite. Là interviennent des décisions politiques.

"*La parabole du jugement final*, qui conclut le discours eschatologique de Matthieu, semble résumer pour beaucoup l'essentiel du message évangélique".[36] Le commandement de l'amour de Dieu est présenté dans sa connexion intime avec celui de l'amour du prochain, et, dans la pratique de ce dernier, les oeuvres de miséricorde apparaissent comme l'accomplissement de l'ensemble des exigences évangéliques, au point qu'on puisse dire: un chrétien, c'est celui qui fait ces choses, accomplit les gestes décrits: donner à manger à ceux qui ont faim, donner à boire à ceux qui ont soif, vêtir ceux qui sont nus, accueillir les étrangers, visiter les malades et les prisonniers.

---

[36] Gustavo Gutiérrez, *op. cit.*, p. 197. A noter l'analyse de la parabole, pp. 197-206.

Chacun peut poser de tels gestes individuellement et dans toute existence surgissent des situations où l'occasion est offerte de mettre en pratique le commandement évangélique. Mais à chacun aussi est donnée l'occasion de poser les gestes avec d'autres, au sein de conjonctures sociales et politiques données: dans l'appui apporté à des projets de réformes sociales, dans le partage fiscal, la définition des priorités économiques et sociales, l'organisation de services de santé, la réforme du système pénitentiaire, la revendication en faveur d'un revenu minimum garanti, la coopération au développement du tiers-monde, etc. Peut-être n'est-il pas de document scripturaire qui, mieux que ce texte de saint Matthieu, illustre clairement que l'histoire du salut et celle de la montée intégrale et solidaire de l'humanité suivent un même cheminement, forment une seule trame, inséparablement économique, sociale, politique et spirituelle.

III - VERS UNE PRAXIS POLITIQUE

> "La politique est une manière exigeante
> - mais non la seule - de vivre l'enga-
> gement chrétien au service des autres"
> (Paul VI, *Octogesima adveniens*, n. 46).

> Ce qu'on est convenu d'appeler le problème herméneuti-
> que fondamental de la théologie n'est pas à vrai dire
> celui du rapport entre la théologie systématique et la
> théologie historique, entre le dogme et l'histoire,
> mais bien celui du rapport entre la théorie et la pra-
> tique, entre l'intelligence de la foi et la pratique
> sociale. Voilà ce qui caractérise, en résumé, la tâche
> d'une réflexion politique en théologie, telle qu'elle
> se dégage à partir de la situation actuelle.[37]

Une série de faits le démontre: à partir d'une *éthique en situation* inspirée d'une re-lecture de l'Evangile, des chrétiens de plus en plus nombreux s'engagent dans l'action politique. La coloration de cet engagement, nous l'avons souligné, est d'un type particulier. Elle contraste avec les habitudes politiques traditionnelles des milieux chrétiens. On emprunte volontiers des thèmes et des méthodes d'analyse aux idéologies socialistes et on cherche ouvertement à réaliser des transformations en profondeur de l'ordre socio-économique et politique existant.[38]

---

[37] J.B. Metz, "Les rapports entre l'Eglise et le monde à la lumière d'une théologie politique", dans *La théologie du renouveau*, Montréal, Fides, 1968, t. II, p. 37. Du même auteur, voir *Pour une théologie du monde*, (coll. "Cogitatio fidei"), Paris, Cerf, 1971.

[38] Sur l'évaluation de cette tendance, voir *Octogesima adveniens*, nn. 31-34.

1. *Une activité capitale.*

Cette prise de conscience de l'importance du politique, nonobstant la forme qu'elle prend, renoue avec une authentique tradition chrétienne. Saint Thomas d'Aquin, s'inspirant d'Aristote, reconnaît à l'activité politique une dignité éminente. Si, à son point de vue, la politique est avant tout l'affaire des princes, il demeure que les observations qu'il formule à ce sujet peuvent être éclairantes pour tous ceux qui, de nos jours, veulent s'engager au service de la collectivité. Tout chrétien politisé peut faire son profit des considérations politiques du grand théologien.

Un signe de grande vertu, note saint Thomas, c'est non seulement de savoir se bien conduire soi-même, mais aussi d'aider les autres à progresser dans le bien. A ce point de vue, la politique est le lieu d'une activité vertueuse plus grande. Celui, dit-il, qui fait preuve de prudence gubernative et de haute vertu dans la conduite des affaires de la cité témoigne d'une qualité humaine supérieure.

> Le bien commun est plus élevé et plus divin que le bien particulier... Or c'est la tâche du prince d'assurer le bien commun. Y a-t-il quelque chose de plus louable et qui mérite plus la récompense divine que d'instaurer la paix dans un pays, réprimer la violence, faire respecter le droit et la justice, réglementer la vie commune par de bonnes lois?

Voilà pourquoi, conclut le Docteur angélique, les princes vertueux sont destinés à une béatitude plus grande. En revanche, ils doivent se prémunir contre la tentation de la tyrannie, car alors le châtiment qui les attend sera pire que celui qui est réservé aux individus ordinaires qui ont mal agi.[39]

2. *Fonction critique.*

La responsabilité que saint Thomas attribue au prince, elle est aujourd'hui le lot de tous les hommes libres et soucieux du bien commun. L'image qui est donnée du politique, dans ce texte de saint Thomas, tout comme dans les réflexions de Paul VI (*Octogesima adveniens*) ou de Pie XII (*Radio-message de Noël 1944* sur la démocratie) ne réflète pas l'idée pessimiste qui prévaut en certains milieux et que contribuent à confirmer, il faut bien le reconnaître, les tristes performances de politiciens devenus célèbres à coup de scandales et de mauvais leadership. En fait, la politique est une noble chose, mais le pouvoir est une réalité ambigüe: un lieu d'exercice des plus hautes vertus, mais aussi un outil au service des ambitions les moins nobles.

---

[39] Voir *De regimine principium*, lib. 1, c. 9-11, passim.

Il faut avoir le respect de l'autorité, mais non le culte. Il faut démystifier le pouvoir. On a utilisé plus souvent mal que bien l'affirmation de saint Paul sur l'origine divine de l'autorité.[40] Celle-ci, en tant que service et instrument d'aménagement de la cité terrestre, incarne une composante du plan divin. Mais elle n'est pas un absolu. L'idôlatrie du pouvoir est anti-évangélique. Antérieure à l'autorité et plus précieuse qu'elle, il y a la liberté. Jésus est venu non pas pour sauver les pouvoirs ébranlés, mais pour libérer l'homme. Un homme libre, c'est la gloire de Dieu.

Exercer la critique du pouvoir et de l'ordre politique, c'est donc une forme d'action qui convient bien aux chrétiens. Selon J.B. Metz, on peut même considérer cette forme d'intervention comme caractéristique de la spécificité de la théologie politique. "La tâche de l'Eglise, dit-il, ce n'est pas d'enseigner une doctrine sociale systématique, mais d'exercer une critique sociale.[41]

Démystifier, critiquer, et aussi *exorciser*. Les démons qui rôdent, cherchant qui dévorer (*1 P* 5,9), prolifèrent dans le monde politique. C'est le lieu de convergence de l'instinct de domination, de l'argent, de la mégalomanie, de la vanité maladive, du mensonge, de la propagande, de l'exploitation, de la violence institutionnalisée. Pour qui aime les combats spirituels, la politique est un terrain privilégié de luttes et d'affrontements.

3. *Préalablement, se convertir.*

Activité tournée vers l'extérieur, la politique, à cause des dangers qu'elle recèle, oblige à une *conversion* intérieure et personnelle. Car les démons de la politique auront tôt fait d'embrigader ou de neutraliser le néophyte vulnérable, mal cuirassé, qui s'aventure dans cette jungle, et dont les convictions s'enracinent dans un fond sablonneux. L'histoire là-dessus fournit des exemples qui font réfléchir.

4. *Rapatrier le pouvoir.*

"Tout ce qu'on gagne à se désintéresser de la politique, dit Platon, c'est d'être gouverné par des gens pires que soi". Rapatrier le pouvoir,

---

[40] Sur cette affirmation de saint Paul, voir François Biot, *op. cit.*, p. 163. Selon l'auteur, l'optimisme de Paul peut s'expliquer en partie par son statut prévilégié de citoyen romain. "Fier de son appartenance à la catégorie privilégiée des citoyens, il pouvait éprouver le besoin de réagir contre ses frères juifs, même convertis au christianisme, qui avaient quelque peine à accepter l'Empire romain, son autorité et son administration. Dans un tel contexte, les indications de Paul prennent une coloration assez différente de celle que nous leur prêtons dans une situation tout autre. Elles sont prises alors à l'absolu, alors qu'elles étaient évidemment relatives à un ensemble de circonstances historiques déterminées".

[41] Voir "Les rapports entre l'Eglise et le monde à la lumière d'une théologie politique", dans *Théologie du Renouveau*, t. II, p. 46.

c'est participer soi-même à la chose publique, refuser l'abandon de sa propre responsabilité, combattre l'aliénation politique qui conduit à laisser
la conduite des affaires de l'Etat à des profiteurs, des aventuriers ou
des représentants des classes dominantes qui gouvernent à leur avantage.
Le rapatriement vise à transformer le pouvoir comme force oppressive en un
service ou ministère du commandement, sous la surveillance et le contrôle
des citoyens ordinaires. Processus qui peut se réaliser pacifiquement en
démocratie libérale, quand les mécanismes n'en ont pas été faussés. Mais
on voit mal qu'on puisse y arriver autrement que par l'action révolutionnaire là où des régimes totalitaires rendent impossible ou vaine toute
contestation démocratique du pouvoir.

5. *Diversité des engagements.*

De tout ce qui précède on ne peut rien déduire quant à la forme
d'engagement politique qui convient à telle catégorie de chrétiens, à des
évêques, à des prêtres, à des militants qui travaillent en milieu défavo-
risé. L'essentiel, c'est qu'on ait conscience que, d'une certaine façon,
dans le monde actuel, tout a une résonance politique. On peut s'occuper
d'éducation, de conscientisation et faire oeuvre politique. L'appui aux
mouvements réformistes, aux forces revendicatrices, tout comme la critique
des pouvoirs en place sont aussi des formes valables d'engagement.

Pour certains, enfin, compte tenu d'aptitudes et de charismes particuliers, l'engagement peut prendre la forme d'une action politique directe. Quant à l'action proprement subversive, avec recours à la violence,
elle soulève des interrogations morales graves que théologiens et moralis-
tes essaient actuellement d'approfondir de plus près.[42]

6. *L'inévitable aggiornamento.*

La critique politique implique inévitablement, selon J.B. Metz,
l'exercice d'une critique à l'intérieur de l'Eglise.[43] En fait, les événements actuels et la part qu'y jouent de nombreux chrétiens posent beaucoup de questions à l'institution ecclésiale. Si bien que *l'aggiornamento*
qui a débuté avec Vatican II est en train, par suite de la pression exercée par diverses communautés chrétiennes, surtout en Amérique latine, de
franchir une étape nouvelle qui laisse croire que les changements iront
beaucoup plus loin qu'un rajeunissement superficiel de l'appareil ecclésiastique.

Il est inévitable, par exemple, que le voisinage, souvent amical,
entre l'Institution et les régimes capitalistes, ait développé des solidarités que beaucoup de chrétiens considèrent maintenant comme inadmissibles,
d'autant plus que la critique de l'enseignement social chrétien, à l'égard
du capitalisme, toute mitigée qu'elle soit, est d'une grande sévérité. En
revanche, les chrétiens traditionnels ont accepté ce voisinage comme allant de soi et sont scandalisés par l'adhésion ouverte de beaucoup de

---

[42]Voir, plus loin, quelques indications bibliographiques.

[43]*Op. cit.*, pp. 44 ss.

croyants en faveur du socialisme. Essayant de se situer au-dessus du conflit, *Octogesima adveniens* privilégie en pratique l'option socialiste, mais avec assez de réserves pour ne pas trop heurter l'autre camp. Des situations conflictuelles de ce genre vont sans doute se multiplier à l'avenir, surtout si grandit le nombre de ceux qui affirment s'engager dans une politique de gauche au nom même de leur adhésion à l'Evangile.

Ce processus ne peut que déboucher sur un aggiornamento social devenu inéluctable. Mais en attendant il y a état de crise, lequel explique la situation difficile de Paul VI, qui vit dans sa personne les contradictions qui secouent l'Eglise. Il est lui-même tiraillé entre l'audace dont il est capable de faire preuve en matière sociale et le conservatisme ecclésiastique dont il ne peut se défaire. Inquiet devant les conclusions que certains affirment tirer de son enseignement, il tente, comme il l'a fait à Medellin, des opérations-freinage qui ne compromettent pas le progrès qu'a connu, grâce à lui, l'enseignement social officiel. Il est obligé d'autre part de tenir compte du poids exercé par les chrétiens traditionnels qui suivent difficilement la marche et s'inquiètent du tournant que semble devoir prendre bientôt l'Institution dans ses prises de position officielles. Car ce que dit aujourd'hui un Dom Helder Camara ou un Dom Fragoso, c'est sans doute ce que nous enseignera demain une nouvelle encyclique. Voilà une perspective qui n'a rien de réjouissant pour ceux qui préfèrent l'image d'une Eglise aux allures bourgeoises et à la prudence calculée et vivant en bons rapports avec les pouvoirs politiques conservateurs.

Cette ère de fausse sérénité est révolue. Des chrétiens, de plus en plus nombreux, découvrent que l'Evangile est subversif et que le dynamisme révolutionnaire qu'il véhicule a des implications politiques. Cette découverte n'est pas faite pour rassurer ceux qui pensaient qu'on avait classé une fois pour toutes le vieux problème des rapports entre le spirituel et le temporel.

IV - QUELQUES INDICATIONS BIBLIOGRAPHIQUES

Documents de pastorale sociale. L'attention que l'Eglise porte aux questions socio-économiques et socio-politiques se manifeste de façon ininterrompue de Léon XIII à Paul VI. A noter particulièrement: Pie XII, Radio-message de Noël 1944, sur la démocratie; Jean XXIII, *Mater et magistra* et *Pacem in terris*; Constitution pastorale *Gaudium et Spes* (Vatican II); Paul VI, *Populorum progressio* et *Octogesima adveniens*; Lettre du cardinal Maurice Roy à l'occasion du Xème anniversaire de *Pacem in terris*. Certaines déclarations d'épiscopats locaux méritent aussi de retenir l'attention, par exemple celle des évêques canadiens sur *La libération* (septembre 1970), et la déclaration de Lourdes des évêques français (1973) sur *La libération des hommes et le salut en Jésus-Christ*.

Bigo, Pierre, *L'Eglise et la révolution du tiers-monde*, Paris, PUF, 1944. Jésus face au domaine du politique, les grandes contestations bibliques, le concept de libération, l'Eglise et l'engagement politique (pp. 65-134). L'auteur ne craint pas d'aborder des thèmes brûlants, mais se limite en les abordant, à des considérations assez générales. On a l'impression que chez lui le souci de l'orthodoxie l'emporte trop sur celui de la découverte de nouvelles pistes.

Biot, François, *Théologie du politique*, Paris, Editions universitaires, 1972. L'évocation historique du rôle de la politique dans la vie de l'Eglise (pp. 25 ss.) montre clairement que l'apolitisme ecclésiastique est un mythe. Thèmes à noter: conceptions politiques de la Bible (pp. 97 ss.); éléments pour une théologie du politique (pp. 171 ss.); les chrétiens face au socialisme et à la lutte des classes (pp. 197 ss.).

Camara, Dom Helder, *Le tiers-monde trahi*, Paris, Desclée, 1968. Considérations morales, lourdes d'implications politiques, sur le phénomène du sous-développement. A noter les réflexions sur la non-violence et sur les rapports entre christianisme et socialisme. "Je ne me cache pas, dit l'auteur, de tirer du marxisme les valeurs positives qu'il contient".

_____ *Spirale de violence*, Paris, Desclée, 1970. Pour Dom Camara, l'inefficacité de la violence vient de ce qu'elle engendre à son tour de nouveaux cycles de violence. Au lieu de la violence, il propose l'action morale libératrice. (ACTION-JUSTICE-PAIX).

Comblin, Joseph, *Théologie de la révolution*, Paris, Editions universitaires, 1970. A noter l'importante distinction, formulée par l'auteur, au début de son analyse, entre le concept de violence et celui de révolution. L'auteur rattache à des racines évangéliques et chrétiennes le concept de révolution. A noter: les thèmes révolutionnaires et politiques de la vie de Jésus (pp. 234 ss.).

Cordat, Jean, *Révolution des pauvres et Evangile*, Paris, Editions ouvrières, 1970. La pauvreté dans le monde revêt des dimensions politiques. Il existe des mécanismes générateurs de sous-développement et de pauvreté (pp. 136 ss.). Nécessité d'un combat collectif contre la pauvreté (pp. 217 ss.). "L'impérialisme néocolonialiste, dit l'auteur,... est le péché collectif de tout un système perpétué par le biais de mécanismes compliqués et appuyé sur des appareils publics ou camouflés dont nous avons déjà entrevu les méfaits" (pp. 224-225).

Coste, René, *Evangile et politique*, Paris, Aubier, 1966. Vue synthétique du problème. A noter les observations sur l'apolitisme de Jésus et le comportement politique de l'Eglise apostolique (pp. 23 ss.; 231 ss.). Dans l'ensemble, l'auteur s'en tient à des considérations générales qui ne sortent pas des sentiers battus.

Duquesne, Jacques, *La gauche du Christ*, Paris, Grasset, 1972. Réfle-
    xions sur les comportements politiques des catholiques. L'au-
    teur montre pourquoi un nombre croissant de ceux-ci virent à
    gauche. Répercussions de ce choix sur l'évolution de l'insti-
    tution ecclésiale.

Ellul, Jacques, *Contre les violents*, Paris, Centurion, 1972. Criti-
    que théologique de l'extrémisme politique à la mode chez beaucoup
    de chrétiens. L'auteur met en garde contre la prétention de
    vouloir légitimer la violence en faisant appel à l'Evangile.

Garaudy, Roger, *L'alternative*, Montréal, Editions du Jour, 1972.
    Dans la détermination des finalités de l'activité économique et
    politique, les perspectives de l'auteur rejoignent, dans plu-
    sieurs de leurs éléments, l'approche humaniste chrétienne.

Gheerbrant, Alain, *L'Eglise rebelle d'Amérique latine*, Paris, Seuil,
    1969. C'est en Amérique latine que se manifestent avec le plus
    d'ampleur et de vigueur les nouveaux courants qui préconisent
    un engagement politique intégral des chrétiens, incluant, en
    certains cas, l'action révolutionnaire et violente. Tout cela
    ne va pas sans créer des remous. L'auteur accorde une atten-
    tion particulière au voyage de Paul VI à Bogota et aux mises en
    garde formulées à cette occasion contre le recours à la violence.
    Il fournit aussi beaucoup de détails historiques d'un grand in-
    térêt concernant la conférence de Medellin. A noter aussi de
    brèves données sur les mouvements révolutionnaires chrétiens au
    Guatémala, à Panama, en Uruguay, en Argentine, en Colombie et
    au Mexique.

Gutiérrez, Gustavo, *Théologie de la libération*, Bruxelles, Editions
    Lumen vitae, 1974. Parmi les auteurs qui cherchent à fournir
    un éclairage théologique sur les tendances politiques révolu-
    tionnaires qui se manifestent chez les chrétiens, Gutiérrez oc-
    cupe une place spéciale. A noter les principaux thèmes de l'ou-
    vrage: la théologie en tant que réflexion critique sur la pra-
    xis, insuffisance des anciennes théories sur les rapports entre
    la foi et le monde, l'Eglise dans le processus de libération,
    aspects politiques de la vie de Jésus, le Christ et la libéra-
    tion plénière de l'homme, etc.

Hengel, Martin, *Jésus et la violence révolutionnaire*, Paris, Cerf,
    1973. Un ouvrage intéressant qui regroupe deux études: l'une
    sur l'entourage politique immédiat de Jésus (le cas des zélotes),
    l'autre sur le problème général de la violence et de la non-
    violence dans le Nouveau Testament. "L'injustice et la souffran-
    ce qui régnaient en Palestine, il y a 2000 ans, n'étaient cer-
    tainement pas moindres que celles que connaît notre époque.
    Les procédés qu'emploient les révolutionnaires d'aujourd'hui
    pour en venir à bout diffèrent peu de ceux d'autrefois. L'idée
    que la situation présente était devenue intolérable et que par

suite la violence révolutionnaire était justifiée, bien plus,
nécessaire, était largement répandue alors comme aujourd'hui
et ce n'était pas les plus mauvais qui tenaient cette opinion"
(p. 110). "Jésus a appris à sa communauté - qui se trouvait
dans une situation désespérée - à rompre ce cercle infernal et
l'Eglise primitive, jusqu'au temps de Constantin, a évité soigneusement tout usage de la violence. Il appartient à la force
critique de l'Evangile que cet appel à la liberté - j'entends
même la liberté de ne pas être prisonnier du concept de la légitimité de la violence - ne se soit jamais tu, voire qu'il
soit aujourd'hui plus clairement perçu" (p. 111).

Laurentin, René, *Développement et salut*, Paris, Seuil, 1969. Les
problèmes actuels de développement concernant de près l'Eglise
et rejoignent la notion de salut véhiculée par le christianisme.
Ils ont d'autre part des implications politiques évidentes.

Paupert, Jean-Marie, *Pour une politique évangélique*, Toulouse, Privat,
1965. L'auteur met en lumière les aspects politiques les plus
manifestes de la vie de Jésus, pour ensuite tracer un bref résumé historique des avatars de la politique évangélique. La
troisième partie de l'ouvrage contient des observations sur la
monocratie et la démocratie, la droite et la gauche, le choix
entre capitalisme et socialisme.

Poulain, Claude et Wagnon, Claude, *L'Eglise, essai de critique radicale*, Paris, l'Epi, 1969. Mise en question de l'enseignement
social chrétien et des choix politiques de l'appareil ecclésiastique. Des réflexions percutantes. On est cependant en droit
de se demander, au terme de cette lecture, si les auteurs expriment un point de vue qu'on puisse validement relier à l'Evangile.
Se réfèrent-ils à leur foi comme à un présent ou à un passé?

Torrès, Camilo, *Ecrits et paroles*, Paris, Seuil, 1968. Ensemble de
textes publiés à différentes étapes de la vie de l'auteur et
qui aident à comprendre l'itinéraire insolite de ce prêtre,
professeur et aumônier d'université, qui opta pour une action
politique de type révolutionnaire et mourut au maquis.

En collaboration, *Evangile, révolution, violence*, Documents IDOC,
Gembloux, 1969. Etude sur le concept de révolution et ses racines évangéliques.

Louis O'Neill
Université Laval

SALUT DU MONDE, CHRIST ET EGLISE

Jean-Guy Pagé

L'objet de cette communication n'est pas tellement d'approfondir un point ou l'autre de la sotériologie. Partant plutôt de l'affirmation maintes fois répétée par le Nouveau Testament et sous diverses formes que Jésus est le Sauveur des hommes; tablant également sur la conscience qu'a toujours eue l'Eglise de continuer sacramentellement, mystiquement, l'oeuvre de salut inaugurée par le Christ, nous tenterons de projeter quelque lumière sur cette énigme, plutôt ce mystère: comment tout homme peut-il être sauvé, alors que le Christ et son Eglise semblent n'atteindre qu'une partie minoritaire de l'humanité? Comment concilier ce fait et la nécessité du Christ et de l'Eglise pour le salut? Comment situer les religions non chrétiennes face à la primauté, à l'absolu même, du Christ et de son message?

Notre démarche sera d'emblée de type dogmatique. Nous indiquerons certes les principaux textes d'Ecriture sur lesquels se fondent nos assertions, mais nous n'en ferons pas une exégèse détaillée. Nous soulignerons également certains passages des Pères et certains textes du Magistère, mais nous ne nous attarderons pas sur ces lieux théologiques bien que nous en reconnaissions l'importance pour la question qui nous préoccupe ici.[1]

---

[1]Sur les conceptions des Pères au sujet du salut des non chrétiens, cf. G. Thils, *Propos et problèmes de la théologie des religions non chrétiennes*, Casterman, *passim*; A. Luneau, "Pour aider au dialogue: les Pères et les religions non chrétiennes", *NRT*, 89 (1967), pp. 821-841; 914-939; H. de Lubac, *Paradoxe et mystère de l'Eglise*, Aubier, 1967, ch. IV: "Les religions humaines d'après les Pères"; L. Capéran, *Le problème du salut des infidèles*, I: *Essai historique*, Beauchesne, 1912, chap. II-V; A. Santos Hernandez, *Salvacion y Paganismo*, Sal Terrae, Santander, *passim*; C. Journet, *L'Eglise du Verbe incarné*, DDB, T. II, pp. 1085-1092.

Mais l'étendue restreinte allouée aux communications de ce colloque nous oblige à entrer d'emblée dans les considérations dogmatiques qui sont davantage de notre compétence. Nous exposerons ces considérations en développant les cinq propositions suivantes:

- La question du salut du monde doit être avant tout replacée à l'intérieur du dessein mystérieux de Dieu sur l'humanité.

- Le Christ est le seul salut du monde.

- Ce salut est communiqué à l'humanité par l'Eglise et par la prédication de l'évangile.

- Il n'y a pas de salut sans la foi, ni sans le baptême.

- Les religions non chrétiennes sont à situer à l'intérieur du plan divin de salut.

I - LA QUESTION DU SALUT DU MONDE DOIT ETRE AVANT TOUT REPLACEE A L'INTERIEUR DU DESSEIN MYSTERIEUX DE DIEU SUR L'HUMANITE

Le mot latin *salus* (et les termes de nos langues modernes qui en dérivent) serait à rattacher à la forme primitive indo-européenne *solwos*.[2] "Etre sauvé signifie, à l'époque indo-européenne, être entier, être en possession de toutes les parties intégrantes de son être".[3] Le salut évoque donc pour l'homme la réalisation plénière de son être d'homme. Mais celui-ci pressent confusément - et la foi chrétienne le lui affirme catégoriquement - qu'il ne peut opérer son salut, atteindre à la plénitude de son être, sans une relation à Dieu et sans une aide de Dieu.[4]

On voit immédiatement la question tragique qui est posée à l'homme: acceptera-t-il de recevoir l'accomplissement de son être de la part de Dieu ou, considérant sa liberté comme le bien absolu, préférera-t-il tenter de s'accomplir selon son seul dynamisme, au risque d'aboutir à une réalisation

---

[2] Cf. E. Cornélis, *Valeurs chrétiennes des religions non chrétiennes*, ("Cogitatio Fidei" 12), Paris, Cerf, 1965, p. 137. Surtout J.H. Walgrave, *Un salut aux dimensions du monde*, ("Cogitatio fidei" 46), Paris, Cerf, 1970, ch. I-II (le "salut" dans les diverses religions; l'homme d'aujourd'hui devant le salut chrétien). Sur la *spécificité* du "salut chrétien", cf. H. Maurier, "Lecture de la Déclaration par un missionnaire d'Afrique", dans *Les relations de l'Eglise avec les religions non chrétiennes*, ("Unam Sanctam" 61), pp. 149 ss.

[3] E. Cornélis, *loc. cit.*

[4] Nous verrons, lorsque nous expliciterons notre cinquième proposition, comment toutes les religions sont caractérisées par cette quête du salut. Nous savons déjà qu'elle est au centre de la religion chrétienne.

partielle et même à l'échec? Nous savons que c'est là un des premiers (*Genèse*, c. 3) et des plus importants messages de l'Ecriture: Israël ne peut sauvé que par son Dieu, l'humanité par le Fils de Dieu venu habiter chez elle et mourir pour elle.

Le salut de l'homme ne se réalise que par une participation à l'Etre de Dieu. Déjà la création de l'homme le "fonde" dans une telle participation: "Dieu créa l'homme à son image" (*Gn* 1,27);[5] mais sa re-création, sa "récapitulation" dans le Christ,[6] le porte à un nouveau niveau de participation à l'Etre de Dieu: désormais, l'homme peut pénétrer, par grâce, dans le mystère même de Dieu, connaître le Père comme il se connaît dans son Fils et l'aimer comme il s'aime et est aimé par le Fils dans l'Esprit.

En vertu de son amour infini, le Père appelle *tous* les hommes à participer à son Etre, dans la mesure où cela est possible à une créature. Il les appelle à devenir ses fils dans son Fils fait homme, par son Esprit d'amour: "...l'homme est pour l'éternité le mystère de Dieu exprimé, participant pour l'éternité au mystère de celui qui le fonde."[7] Tel est le dessein de Dieu et tel est le salut de l'homme: sa réalisation dans un dépassement de lui-même qui le conduit par grâce jusqu'à la participation au mystère même de Dieu.

On est saisi par la hauteur ou la profondeur de ce salut. Il dépasse tellement l'homme - et pourtant il est sa seule issue - que celui-ci peut à peine le pressentir et que, s'il le pressent ou en est informé, son premier sentiment en est un d'effroi: effroi de "se perdre" ainsi en Dieu (cf. *Mt* 10,39; *Lc* 17,33; *Jn* 12,24-25). Si la rencontre avec le Sacré, avec Dieu, se présente sous les traits d'un "mystère fascinant", il ne faut pas oublier que ce mystère inspire aussi "l'effroi", qu'il fait

---

[5]Cf. le commentaire de saint Augustin: *De Genesi ad litteram* (*La Genèse au sens littéral*, "Oeuvres de saint Augustin", DDB, pp. 48-49), *passim*.

[6]Les thèmes de la "divinisation" de l'homme (Saint Athanase) et de sa "récapitulation" avec le cosmos dans le Christ (saint Irenée) sont chers à la théologie des Pères grecs: ils atteignent le sommet de leur expression chez saint Cyrille d'Alexandrie. Il ne s'agit cependant que de l'organisation en synthèse intellectuelle du message de Paul et de Jean sur la relation avec les Personnes divines que la foi permet à l'homme. En nous inspirant de textes pauliniens et johanniques, en particulier de *Ep* 1,3-14; *Col* 1,15-20 et *Jn* 1,1-18, ainsi que de la synthèse des Pères grecs, nous avons développé ces thèmes, précisément sous l'angle du dessein mystérieux de Dieu, dans *L'Eglise*, vol. I: *L'Eglise comme mystère ou sacrement*, cours destiné aux étudiants de la Faculté de théologie et reproduit par procédé "offset" aux ateliers de reprographie de l'Université Laval, 1974, chap. I et II.

[7]K. Rahner, "Réflexions théologiques sur l'Incarnation", dans *Ecrits théologiques*, DDB, tome III, p. 96.

"trembler".[8] L'homme peut alors être tenté de s'auto-réaliser; il peut rechercher un salut à sa propre mesure et dont il soit l'artisan. C'est ce qu'exprime le mythe de Prométhée; c'est surtout le sens de la description que *Gn* 3 nous fait du péché du premier homme[9] et *Gn* 11,1-9, de la construction de la tour de Babel.

Mais Dieu qui sait ce qu'il y a dans l'homme (cf. *Jn* 2,25) et qui est miséricordieux, patient et longanime, comme ne cesse de le proclamer l'Ecriture, a mis en exercice une lente pédagogie pour disposer l'homme à accueillir le salut. Clément d'Alexandrie donne comme un des aspects de cette "pédagogie divine" la préparation des hommes à la révélation par la philosophie. Le même Clément ainsi qu'Irenée, Cyrille de Jérusalem, Grégoire le Grand et d'autres évoquent les diverses "économies", "dispositions" et "alliances" voulues par Dieu.[10] Loin d'infirmer leurs intuitions, les données des sciences, qui font remonter à environ 500,000 années l'apparition de l'homme, obligent à les scruter et les développer. La découverte de l'existence de grandes religions, comme l'hindouïsme, bien avant la fondation du judaïsme et du christianisme, contraint aux mêmes recherches. Et il en est de même de la constatation qu'à aucune époque le christianisme n'a atteint la majorité des hommes et qu'à l'avenir l'écart entre le nombre de ses adhérents et les autres ira très probablement en augmentant.

On peut alors comprendre mieux que Dieu ait permis que l'homme fasse une longue expérience de sa faiblesse (et qu'il le permette encore de nos jours). On est amené à chercher les diverses façons dont Dieu a pu s'y prendre pour se faire connaître à l'homme et l'aider à vivre selon son Esprit. Se fondant en particulier sur *Sg* 13,1-9 et *Rm* 1,18-20, les Pères ont parlé d'une "révélation cosmique".[11] Ils ont encore parlé d'une

---

[8] On aura reconnu ici la célèbre formule par laquelle R. Otto définit le sacré: *mysterium fascinans et tremendum* (*Das Heilige*, 1917, trad. française, *Le sacré*, Payot, 1949).

[9] La Genèse ne dit pas que le péché a brisé totalement "l'image de Dieu" dans l'homme. Il résulte plutôt de ce péché une situation dialectique où l'homme "est à la fois relié à Dieu et séparé de lui; cherché par Dieu ('Adam, où es-tu?') et hanté par lui; révolté contre Dieu, tout en le cherchant à tâtons" (Kraemer, *La foi chrétienne et les religions non chrétiennes*).

[10] Cf. G. Thils, *Propos et problèmes de la théologie des religions non chrétiennes*, Casterman, pp. 49, 61-80.

[11] "Révélation cosmique" ne désigne pas la révélation "naturelle", c'est-à-dire cette première manifestation de Dieu dans la création qui permet à "la lumière naturelle de la raison humaine de connaître Dieu comme principe et fin de toutes choses", ainsi que l'affirme le 1er concile du Vatican (*DzS* 3004; *Foi cath.*, 86). Elle est une révélation "surnaturelle", une sorte de "double en mode mineur" de la révélation judéo-chrétienne (G. Thils): c'est "Dieu qui se manifeste" lui-même (*Rm* 1,19) comme "une force cachée présente au cours des choses et des événements de la vie humaine",.../

"révélation universelle" qui parvient aux hommes de diverses façons: illumination intérieure de Dieu et, surtout du Logos; paroles adressées par des prophètes et des saints, car "les gentils eux-mêmes ont leurs prophètes", écrit saint Augustin.[12] Rappelons aussi que le choix d'Israël s'inscrit dans cette pédagogie divine: Israël est l'ébauche d'une humanité accordée au plan de Dieu, d'un peuple "selon son coeur".

Nous reviendrons plus loin sur ces affirmations de l'Ecriture et des Pères pour les expliciter. Pour le moment, arrêtons-nous à considérer que le dessein divin du salut est un mystère. Il est un mystère qui se confond avec le mystère même de Dieu. Le mystère externe, économique, de l'agir divin fait un avec le mystère interne, ontologique, de l'être divin: il y trouve sa source et son terme. Dieu agit ainsi parce qu'il Est et qu'il veut *Se* communiquer.[13] Ce mystère peut nous étonner simplement, ou nous confondre ou nous scandaliser, suivant nos dispositions. Pourtant nous n'avons pas de comptes à demander à Dieu (cf. *Job* 38,2; 40,1-5; 42,1-3; *Sg* 12,12; *Rm* 9,20): ce qui peut paraître "folie de Dieu est plus sage que les hommes et ce qui est faiblesse de Dieu est plus fort que les hommes" (*1 Co* 1,25; cf. 2,7-15). Nous devons nous abîmer dans l'adoration et la confiance, bien que nous puissions, que nous devions même essayer de comprendre ce dessein mystérieux, mais à partir de la lumière de la révélation divine. Mais seul l'homme qui a saisi quelque chose du mystère

----

/...les peuples les plus primitifs parvenant "parfois à la reconnaissance" non seulement de sa divinité, mais "même de sa paternité" (Déclaration de Vatican II, *Nostra aetate*, sur les religions non chrétiennes, 2,1). N'est-ce pas ce que Paul insinuait dans son discours de Lystres en disant à ses habitants que Dieu leur "a témoigné sa bienveillance en envoyant du ciel pluies et saisons fertiles et en comblant (leurs) coeurs de nourriture et de joie" (*Ac* 14,17)? Sans doute est-on en droit de se demander "s'il suffit à la création de nous parler de Dieu pour en conclure légitimement que Dieu nous parle de lui à travers elle", remarque G. Thils. Il continue: "N'est-ce pas la façon restreinte et matérielle d'entendre *locutio* qui rend malaisé d'accepter qu'il y a parfois révélation par et dans la création? Et les hommes confrontés avec le message cosmique ne s'estiment-ils pas souvent - bien qu'avec hésitation et peu distinctement - interpellés par la Divinité? D'où leur réponse 'religieuse'. Vraiment, 'message cosmique' biblique et 'preuve de Dieu' de la théodicée sont deux réalités qui, malgré leur valeur propre, ne peuvent être confondues" (*Propos et problèmes de la théologie des religions non chrétiennes*, pp. 114-115). Sur la notion de "révélation" et ses rapports à la foi, cf. J.H. Walgrave, *Un salut aux dimensions du monde*, Paris, Cerf, 1970, ch. III.

[12] Cité par H. de Lubac, "Les religions humaines d'après les Pères", dans *Paradoxe et Mystère de l'Eglise*, Aubier, 1967, p. 133.

[13] Cf. K. Rahner, "Le concept de mystère dans la théologie catholique", dans *Ecrits théologiques*, T. VIII. Aussi J.G. Pagé, *op. cit.*, à la note 6, ci-haut.

insondable de Dieu - par exemple celui qui jouit dans le Royaume de la vision de Dieu - commence à comprendre le dessein de l'histoire générale du salut.

Il y a pourtant un principe, émis par saint Augustin, que nous devons évoquer dès le point de départ. "Autre chose", dit-il, "est l'action de la Providence dans la conduite de chaque homme en particulier. Autre chose, sa manière dans le gouvernement universel de l'humanité."[14] Cela peut très bien signifier que "dans le gouvernement universel de l'humanité" Dieu se sert du temps pour manifester la profondeur du don qu'il fait à l'homme, alors que "dans la conduire de chaque homme" il supplée, par des initiatives spéciales, à l'apparent retard qui résulte des exigences de développement du plan historique du salut. Les théologiens et le Magistère n'ont cessé de répéter: "A celui qui fait ce qui lui est possible, Dieu ne refuse pas sa grâce" ("*Facienti quod in se est, Deus non denegat gratiam*").[15]

De toute façon, nous pouvons conclure l'explicitation de notre première proposition en affirmant que, concrètement, Dieu veut le salut de toute l'humanité et de chaque homme (cf. *1 Tm* 2,4) et qu'il "ne tarde pas à tenir sa promesse, bien que certains prétendent qu'il a du retard, mais (qu') il fait preuve de patience" envers tous (*2 P* 3,9; cf. *Rm* 2,4). Mais si nous voulons saisir quelque chose des "voies insondables" de Dieu, il faut voir avec Paul qu'"il a enfermé tous les hommes dans l'infidélité afin de faire miséricorde à tous" (*Rm* 11,32-33). Dieu aime l'homme (cf. *Tt* 3,4 s.; *1 Jn* 3,1.4.7 s.): il l'appelle à une union avec Lui que le coeur étroit de l'homme ne peut même pas concevoir (cf. *1 Co* 2,9 s.). Aussi Dieu doit-il déployer une longue patience à l'égard des hommes, doit-il leur "parler à bien des reprises et de bien des manières" (*Hé* 1,1), doit-il aller jusqu'à "livrer son Fils" (*Rm* 8,32) pour parvenir à réaliser son dessein: que "par l'obéissance d'un seul la multitude soit rendue juste" (*Rm* 5,19), que "tous les hommes soient sauvés et parviennent à la connaissance de la vérité" (*1 Tm* 2,4). Car "il n'y a qu'un seul médiateur entre Dieu et les hommes, le Christ Jésus qui s'est donné en rançon pour tous" (*1 Tm* 2,5-6; cf. *1 Co* 8,4-6).

II - LE CHRIST EST LE SEUL SALUT DU MONDE

La longue "préparation",[16] qui remonte jusqu'aux origines de l'huma-

---

[14] *De diversis quaestionibus*, LXXXIII, quaest. 44 (P.L., 40, 28); *De vera religione*, XXV, 46 (P.L., 34, 142).

[15] Pour le Magistère, cf. *DzS* 340, 633, 780, 1537, 1546, 2305, 2429, 3014; *Foi catholique* (qui ne reprend que certains textes de *DzS*) 547, 684-685, 570, 580, 95-96.

[16] Le mot "préparation" est employé ici selon le sens théologique que lui a donné Eusèbe de Césarée (*praeparatio evangelica*) et que reprend.../

nité et dans laquelle Israël a joué un rôle spécial, avait pour but de
"faire germer le Juste" (cf. *Jr* 23,5; 33,15; *Za* 3,8; *Is* 4,2; 11,1 s.; 45,
8), le Libérateur promis (cf. *Gn* 3,15), le véritable salut: le Christ.
Nombre de textes de l'Ancien Testament l'annoncent et précisent peu à peu
les traits de son visage. Le message du Nouveau Testament consiste essentiellement à le désigner expressément dans la personne de Jésus de Nazareth,
Fils de Dieu fait homme, et à proclamer qu'il n'y a de salut en nul autre
que lui (cf. *1 Tm* 2,5-6; *Ac* 4,12; 5,31; 13,23; *Mt* 1,21; etc...).

Mais si le Christ est le seul salut du monde, nous sommes alors en
droit de nous demander avec tant de Pères et de théologiens du Moyen Age:
pourquoi est-il venu si tard?[17] C'est toujours le principe de saint Augustin formulé plus haut qui doit nous guider; il nous amène à avancer la réponse suivante, qu'il nous faudra ensuite expliciter: le Christ est venu
tardivement parce que l'humanité devait être "disposée" à ce don suprême
du Père, mais il n'a pas été sans agir avant même sa venue historique.
Nous expliquerons cette affirmation en commentant quelques versets de
l'évangile de saint Jean et en les éclairant par la comparaison avec d'autres passages de cet évangile et de la première épître du même auteur.
Ce commentaire s'inscrit dans la ligne des interprétations données par
saint Justin et d'autres Pères sur l'influence universelle du Logos.[18]
Nous nous limiterons cependant ici à un commentaire exégétique des textes
johanniques, nous inspirant en particulier de l'étude de A. Feuillet sur
Le prologue du quatrième évangile.[19]

/...*Lumen gentium* (par. 16, cf. note 20). Cf. G. Thils, *Propos et
problèmes*..., pp. 155 ss. Cette idée de "préparation" s'intègre à l'intérieur de la notion plus générale d'"histoire du salut" et doit être rattachée aux "voies", "dispositions", "dispensations" et "économies" du Seigneur que les Pères, en particulier saint Irénée, se sont plu à découvrir
au sein de cette histoire. Parmi ces "dispositions" ou "économies", on signale les diverses "alliances" de Dieu avec les hommes: alliances avec
Adam, Noé, Abraham, Moïse et finalement le Christ. Cf. G. Thils, *op. cit.*,
chap. III.

[17]Cf. à propos de cette question posée par les Pères et les théologiens du Moyen Age: H. de Lubac, *Catholicisme*, ("Unam Sanctam" 3), Paris,
Cerf, ch. VIII.

[18]Saint Justin (I *Apologie* 44,9; 46; II *Apol* 8,1; 10; 13; 14,2) et
Clément d'Alexandrie (*Stromates*, I, 28,3; 57,5-6; VI, 5,40-43; 8,67; 44,1)
parlent de l'universelle diffusion du Christ-Logos. Egalement Irénée, Origène, Hilaire, Eusèbe, Lactance et Augustin: cf. Feuillet, *Le prologue du
quatrième évangile*, pp. 67-68; G. Thils, *Propos et problèmes*..., pp. 96-100;
L. Capéran, *Le problème du salut des infidèles*, I: *Essai historique*, Beauchesne, 1912, chap. II, art. II, par. 1 et 2; chap. III, art. I; chap. IV,
art. II et III.

[19]A. Feuillet, *Le prologue du quatrième évangile*, DDB, 1968. Nous
nous référons en particulier aux pages 62-95 et 170-177. Cf. aussi H.
Kraemer, *La foi chrétienne et les religions non chrétiennes*, Delachaux et
Niestlé, pp. 112-125.

Cette étude établit d'abord le meilleur texte et la meilleure traduction des versets 9 et 10 du prologue johannique: "Il (le Logos) était
la lumière véritable qui illumine tout homme en venant dans le monde. Il
était dans le monde, et le monde a existé par lui, et le monde ne l'a pas
connu."[20] Feuillet commente ainsi ces versets:

> ...*depuis qu'il y a des hommes sur la terre*, et pas
> seulement depuis l'incarnation, *le Logos vient dans le*
> *monde pour les éclairer*... *La formule "le monde ne le*
> *connut pas"*, tout en évoquant invinciblement la mécon-
> naissance dont le Christ historique a été la victime
> de la part de ses compatriotes, a un sens beaucoup plus
> large et *embrasse*, à notre avis, l'ensemble de l'his-
> toire religieuse de l'humanité.[21]

C'est là l'interprétation donnée par la constitution *Lumen gentium* elle-
même:

> Tout ce qui se trouve de bon et de vrai chez eux (les
> non chrétiens), l'Eglise le regarde comme une prépa-
> ration évangélique et comme un don fait par celui qui
> illumine tout homme pour qu'il ait enfin la vie.[22]

Dans un autre paragraphe, Feuillet fait l'étude des versets 12-13
du prologue. Il établit d'abord, ici aussi, la version la mieux attestée:
"A tous ceux qui l'ont reçu, il (le Logos) a donné le pouvoir de devenir
enfants de Dieu, à ceux qui croient en son nom, eux qui ni du sang, ni
d'un vouloir charnel, ni d'un vouloir d'homme, mais de Dieu sont nés."
S'écartant d'une exégèse assez courante qui renvoie à *Jn* 3,5 pour expliquer le passage "sont nés de Dieu" (dans ce passage Jean ferait allusion
au baptême comme en 3,5), il incline pour une explication qui rapporte le
texte à la foi plutôt qu'au baptême: le verset 12 dit d'ailleurs que "le
Logos a donné le pouvoir de devenir enfants de Dieu *à ceux qui l'ont reçu*
et qui croient en son nom." "Comme le nom exprime ce que représente la
personne, croire au nom du Logos, c'est en même temps qu'adhérer à la vérité qu'il révèle, s'attacher à sa personne et se confier entièrement à

---

[20] A. Feuillet, *op. cit.*, pp. 62-66.

[21] *Ibid.*, pp. 66-69. Saint Jérôme affirme qu'"aucun homme ne naît
sans le Christ" (*In Gal.*, I, 15). Et saint Léon: "Dieu n'a pas (avec le
Nouveau Testament) témoigné d'une nouvelle providence envers les choses
humaines; il ne s'est pas engagé dans une miséricorde tardive, mais dès la
constitution du monde, il institua pour tous une seule et même source de
salut... Tous les saints d'avant la venue du Sauveur furent justifiés par
cette foi, et par ce sacrement ils devinrent membres du Christ" (*Sermons*
23,4; 30,7; P.L., 54, 202 et 234).

[22] *Loc. cit.*, par. 16.

elle. On aboutit ainsi à la pensée suivante: seuls sont capables d'une telle démarche et croient de cette façon au Logos ceux-là qui sont nés de Dieu."[23]

Il importe de bien comprendre la pensée de saint Jean. L'acte de foi n'est pas à ses yeux simple affaire de bonnes dispositions humaines. "L'enseignement de Jésus correspond à son origine divine et est, de ce fait, inintelligible aux hommes, à moins qu'ils n'aient été engendrés d'en haut".[24] A. Vanhoye écrit:

> Il n'y a jamais d'existence humaine d'où Dieu soit d'abord absent, et où l'homme ait à faire vers lui les premiers pas. Tout commence d'abord par une prévenance divine... Même enfoncé dans une ignorance religieuse épaisse, même perdu dans un monde d'erreurs et de vice, l'homme est encore atteint par Dieu et attiré par lui à l'occasion de ses options de conscience. Chaque progrès accompli dans le sens de la sincérité et du désintéressement, chaque renoncement à la suffisance orgueilleuse est consentement à l'action du Père et commencement d'un être filial.[25]

Ceci rejoint d'autres passages de l'évangile de Jean. Par exemple, celui de 11,52 où le Christ est dit mourir "non pas seulement pour sa nation (les Juifs), mais encore pour amener à l'unité les enfants de Dieu dispersés". Et cet autre de 10,16 où il faut comprendre, avec le P. Lagrange, qu'"en dehors du bercail d'Israël le Bon Pasteur a encore d'autres brebis, des disciples du Christ qui s'ignorent; ils doivent le reconnaître un jour pour leur Maître (leur Pasteur) et entendre sa voix."[26] C'est dire qu'une certaine appartenance au Christ précède et conditionne la foi explicite en sa parole; des dispositions morales sont requises pour accéder à la foi explicite et ceux qui les ont "font la vérité" (*Jn* 3,21), "sont de la vérité" (18,37) et sont déjà enfants de Dieu réellement, quoique de façon incomplète.[27]

Feuillet croit que c'est de semblable façon qu'il convient d'interpréter les affirmations de la première lettre de Jean: "Quiconque pratique la justice est né de Dieu" (2,29) et "Quiconque aime est né de Dieu" (4,7).

---

[23] A. Feuillet, *op. cit.*, p. 82. "Plusieurs passages du quatrième évangile, (...) enseignent que, pour adhérer à la Parole ou à Jésus, il faut déjà avoir avec eux une certaine 'affinité intérieure' (8,26 et 47; 10,14; 18,37)" (*Ibid.*).

[24] E.C. Hoskyns, *The Fourth Gospel*, p. 230.

[25] A. Vanhoye, "Notre foi, oeuvre divine d'après le quatrième évangile", *NRT*, 86 (1964), pp. 353-354.

[26] P. Lagrange, *Commentaire de l'évangile de Jean*, pp. 281-282.

[27] *Ibid.*, pp. 83-85.

Il cite à l'appui de cette interprétation J. Bonsirven:

> Sans doute l'Epître semble se maintenir dans l'horizon
> de la charité fraternelle à l'intérieur de la communau-
> té; toutefois l'expression est absolument générale et
> de portée universaliste: quiconque aime, qu'il soit
> chrétien ou non, que son affection se porte sur un
> frère de race ou de religion, ou sur un étranger, quel-
> que forme que prenne son amour, pourvu qu'il soit sin-
> cère et effectif. Cette participation à un attribut
> divin prouve que cet homme est uni à Dieu.[28]

Il y a là, au dire de L. Ramlot, une assertion extraordinaire "dont l'uni-
versalité n'a pas encore été suffisamment prise en considération dans une
théologie du salut des infidèles."[29] Et Feuillet de conclure que l'action
salvifique de Dieu ou du Christ déborde le cercle visible de la communauté
chrétienne, qu'il y a une appartenance invisible à l'Eglise.

Il montre ensuite que "le texte de *Jn* 3,5 n'est pas aussi précis
qu'on pourrait le croire". Le dialogue avec Nicodème n'est pas destiné
principalement à définir un moyen de salut, mais plutôt à faire saisir la
transformation radicale exigée par Jésus et, pour accéder à cette transformation, il faut la foi que donne l'Esprit. Il est cependant "indiqué de
supposer que la mention de l'eau, parfaitement authentique, a été ajoutée
par Jean pour faire comprendre à ses lecteurs chrétiens que la renaissance
envisagée par Jésus sera *en fait* la conséquence du baptême chrétien".[30]
Ecrit à la lumière de la pratique ecclésiale, le texte de Jean inculque la
nécessité du baptême, mais celle-ci doit être comprise en conformité avec
d'autres données de la révélation. Que, par le baptême, "Dieu puisse donner de devenir enfants de Dieu à des hommes qui sont déjà nés de Dieu, cela implique en premier lieu que *déjà ces hommes ont été atteints par la
grâce divine* antérieurement à la régénération baptismale, et en second
lieu que *les concepts corrélatifs de filiation divine et de génération surnaturelle sont analogiques et applicables à des situations multiples*".[31]
Mais ceci ne diminue pas l'importance et la nécessité même du baptême:
"La régénération spirituelle qui est à la base de la foi ne saurait être
qu'une ébauche de l'être filial des chrétiens; elle est donc très infé-
rieure au statut final des baptisés".[32]

Aux pages 175-177 de son volume, Feuillet conclut sa minutieuse
analyse exégétique: "le cercle des vrais disciples du Christ déborde très
largement le nombre de ceux qui croient explicitement en lui, et plus en-

---

[28] J. Bonsirven, *Epître de saint Jean*, p. 225.

[29] L. Ramlot, *Bible et Vie chrétienne*, 50 (1963), p. 78.

[30] H. van den Bussche, *L'Evangile de Jean*, p. 165.

[31] A. Feuillet, *op. cit.*, p. 94.

[32] *Ibid.*

core le groupe de ceux qui sont baptisés dans l'Eglise catholique". Mais cela ne doit pas apaiser à bon compte chez les chrétiens la hantise du salut des non évangélisés, ni non plus annexer trop facilement à l'Eglise des hommes qui lui sont hostiles. Dieu seul connaît, en définitive, ceux qui sont nés de lui et ceux qui ne le sont pas. Qu'il y ait des chrétiens qui s'ignorent, cela n'enlève rien à la nécessité de la foi *explicite* au Christ, du baptême, de l'appartenance visible à l'Eglise et du travail missionnaire. Les hommes qui ont le plus besoin du Christ sont ceux qui, à leur insu, vivent déjà de Lui: ils sont en état de "famine spirituelle". Ils ne connaissent que de faibles lueurs de vérités mêlées souvent d'erreurs pernicieuses: il leur manque de connaître ouvertement le Christ. N'oublions pas que le Christ est la seule voie (cf. *Jn* 14,6) d'accès au Père: les religions non chrétiennes ne sont pas des voies parallèles, mais moins praticables; elles sont des chemins qui conduisent, en dépit des obstacles qui les parsèment, à la seule et unique Voie.[33]

> Mais ce n'est pas seulement notre intelligence qui réclame la pleine lumière du Christ. La révélation évangélique nous propose un idéal si élevé de perfection que l'homme, à la volonté chancelante et affaiblie par le péché, ne peut se passer, pour répondre à ces exigences, des secours permanents mis par le Christ à notre disposition: l'Eglise et ses sacrements, qui inoculent en quelque sorte en nous des énergies divines. Certes la sainteté authentique n'est pas l'apanage de l'Eglise Catholique, ou plus généralement des confessions chrétiennes. Pourtant l'histoire objective est obligée de reconnaître que la foi explicite au Christ a été la grande paire d'ailes qui a soulevé l'humanité au-dessus d'elle-même et multiplié sur cette terre les exemples de vie héroïque. L'homme devient facilement un loup pour l'homme; plus que toute autre, la religion du Christ contribue à rendre plus fraternelles nos relations avec autrui.[34]

III - LE SALUT DU CHRIST EST COMMUNIQUE A L'HUMANITE PAR L'EGLISE ET PAR LA PREDICATION DE L'EVANGILE

Il n'y a pas de salut en dehors du Christ; cela implique-t-il qu'il ne puisse y en avoir hors de son Eglise? On sait la fortune qu'a connue la célèbre formule dont on peut faire remonter l'origine à saint Cyprien et

---

[33] Ce qu'aiment à souligner nos frères protestants. Cf. H. Kraemer, *op. cit.*, *passim*.

[34] A. Feuillet, *op. cit.*, p. 177.

à Origène: "Hors de l'Eglise, pas de salut."[35] Il est hors de notre propos ici de signaler les diverses interprétations de cette formule au cours des siècles.[36] Cependant nous indiquerons brièvement l'évolution qu'on perçoit dans les interprétations fournies par le Magistère jusqu'à Vatican II. Nous dirons ensuite comment les théologiens interprètent aujourd'hui cette doctrine.

1. *Le Magistère.*

   a) Avant Vatican II.

   Jusqu'au XIXe siècle, les quelques textes émanant du Magistère qui reprennent et commentent notre axiome l'interprètent de façon assez stricte et rigide. C'est le cas, par exemple, du texte du IVe Concile de Latran (1215), contre les Albigeois et les Cathares, et de la bulle *Unam Sanctam* de Boniface VIII (1302).[37] C'est avec Pie IX, dans *Singulari quadam* (1854) et *Quanto conficiamur* (1863), que l'on rencontre la première interprétation plus ouverte. Le Pape, comme cela va de soi, condamne le relativisme en matière de religion, qui tient pour peu de chose l'institution salutaire voulue par le Christ; mais il admet aussi une "ignorance invincible" par rapport à l'Eglise qui n'empêche pas l'entrée dans la vie éternelle, par la vertu de la lumière et de la grâce divine, de ceux qui s'efforcent de suivre la *loi naturelle* et *ses préceptes divinement gravés dans tous les coeurs*, qui sont prêts à obéir à Dieu et mènent une

---

[35]Telle quelle, la formule ne se trouve pour la première fois que dans la *Lettre* LXXIII (ch. XXI, no 2) de saint Cyprien: "...salus extra Ecclesiam non est" (dans son traité *De l'unité de l'Eglise catholique*, ch. VI, il dit: "Il ne peut avoir Dieu pour Père celui qui n'a pas l'Eglise pour mère"). Quant à Origène, c'est dans son commentaire du livre de Josué (*In librum Jesu Nave*, tome 3, no 5) qu'on trouve une formule équivalente à celle de saint Cyprien: "extra Ecclesiam nemo salvatur." Il faut remarquer qu'aucune de ces formules ne vise le salut de ceux qui n'ont pas entendu la prédication évangélique: elles affirment simplement que ceux qui se séparent sciemment de l'Eglise par le schisme ou l'hérésie se placent en dehors de la voie du salut.

[36]Pour une étude détaillée, cf. L. Capéran, *op. cit.*, chap. VI-X: l'étude de Capéran s'arrête à 1912, date de sa publication; elle est continuée, pour l'époque contemporaine, par celle de H. Nys, *Le salut sans l'évangile*, Cerf, surtout la 1ère et la 2e parties et l'annexe A. Cf. aussi les ouvrages de Thils et Santos Hernandez, déjà cités, *passim*.

[37]*DzS* 802 (cf. aussi la profession de foi soumise aux Vaudois par Innocent III, *DzS* 792) et 870-875 (dans *Foi catholique*, nn. 31 et 422-423). Pour un commentaire de ces textes du Magistère, surtout du second texte, cf. C. Journet, *L'Eglise du Verbe incarné*, II, pp. 1093-1096.

vie droite et honnête..."[38]

Il faut signaler trois textes, datant du pontificat de Pie XII, qui ont contribué à une interprétation ou à un approfondissement de plus en plus large de notre axiome. Dans l'encyclique *Summi pontificatus* (1939), Pie XII parle de "ceux qui n'appartiennent pas au tissu visible de l'Eglise catholique".[39] Dans *Mystici Corporis*, Pie XII reprenait cette expression, mais c'était pour inviter ces hommes à entrer dans l'Eglise, "car, ajoutait-il, même si par un certain désir et voeu inconscient, ils se trouvent ordonnés au Corps mystique du Rédempteur, ils sont pourtant privés de ces nombreux secours et de ces dons si précieux du Ciel qu'on ne trouve que dans l'Eglise catholique".[40]

Mais le texte le plus important de ce pontificat est sans doute la *Lettre adressée par le Saint-Office* à l'archevêque de Boston (1949), pour condamner l'interprétation trop stricte donnée par le P. Feeney à l'axiome "Hors de l'Eglise, pas de salut".[41] Ce document est l'aboutissement, au terme de 1900 ans, de la réflexion de l'Eglise sur sa nécessité pour le salut: il prépare Vatican II. Tout en affirmant qu'il est *de foi* qu'en dehors de l'Eglise il n'y a pas de salut, la Lettre rappelle qu'il faut comprendre comme l'Eglise l'interprète cette vérité de foi. Celui qui connaît la nécessité du baptême et de l'incorporation à l'Eglise dirigée par le Vicaire du Christ et qui refuse d'y adhérer ou s'en sépare ne peut être sauvé. Mais il s'agit là de moyens de salut nécessaires, non pas d'une nécessité intrinsèque, mais par institution divine: en conséquence, dans certaines circonstances, le *voeu* ou *désir* de ces moyens est suffisant pour l'obtention de leurs effets salutaires (la Lettre fait ici référence à la doctrine du Concile de Trente à propos du baptême et de la pénitence).[42] Ainsi "pour que quelqu'un obtienne le salut éternel, il

---

[38] *DzS* 2865-2867 (pour le texte de *Quanto conficiamur*, seul, celui de *Singulari quadam* ayant été supprimé dans cette édition de Denzinger, mais apparaissant dans l'édition précédente aux nos 1647-1648; ces textes ne sont pas présentés dans *Foi catholique*, mais on peut en trouver la traduction et un commentaire dans le volume de C. Journet cité à la note précédente, pp. 1096-1099). On remarquera que ce texte rejoint *Rm* 2,14-15 et l'idée d'une *révélation intérieure* et d'un don de la grâce faits aux non évangélisés.

[39] *A.A.S.*, 1939, p. 418. Ni *DzS*, ni *Foi cath.* ne fournissent ce texte, mais le premier donne un autre passage sur la loi naturelle (3780s.)

[40] *DzS* 3821-3822 (*Foi cath.* 499).

[41] On trouvera le texte intégral de cette lettre dans l'annexe I du vol. déjà cité de C. Journet, pp. 1299-1303; ses passages les plus importants dans *DzS* 3855-3873 et *Foi cath.* 505-508. Sur ces différents textes du Magistère dont il vient d'être question, cf. aussi G. Philips, *L'Eglise et son mystère au IIe Concile du Vatican*, I, pp. 191-194.

[42] *DzS* 1524 et 1543; *Foi cath.* 558 et 577.

n'est pas toujours requis qu'il soit *en fait* (*reapse*) incorporé à l'Eglise comme un membre, mais il est toujours au moins requis qu'il lui soit uni par le *voeu* et le *désir* (*voto et desiderio*)". La Lettre ajoute encore qu'il n'est pas toujours nécessaire que ce désir soit *explicite* (comme chez les catéchumènes), mais que, "dans le cas d'une ignorance invincible, Dieu accepte aussi un désir implicite, ainsi appelé parce qu'il est *inclus dans la bonne disposition d'âme par laquelle l'homme veut conformer sa volonté à celle de Dieu*". La Lettre fait ensuite référence aux textes de Pie IX et de Pie XII que nous avons cités plus haut et ajoute finalement que "le désir implicite doit être informé par la charité parfaite, qu'il ne peut produire son effet sans *la foi surnaturelle* (cf. *Hé* 11,6)."

b) Vatican II.

La pensée de Vatican II sur l'objet de notre étude se retrouve surtout aux paragraphes 14-17 de *Lumen gentium* et dans la *Déclaration sur les religions non chrétiennes* (*Nostra aetate*). Dans le présent paragraphe, nous exposerons la doctrine de *Lumen gentium*, réservant pour notre dernière proposition celle de *Nostra aetate*.

Le premier alinéa du paragraphe 14 de la Constitution sur l'Eglise rappelle en tout premier lieu que l'Eglise, à la fois lieu de rencontre avec l'Esprit et institution visible ("l'Eglise pérégrinante"), est nécessaire au salut. Et la Constitution de donner la raison fondamentale, la plus théologique, de cette nécessité: le Christ est l'unique médiateur et la voie du salut et il accomplit son action, "il se rend présent à nous" par son Corps qui est l'Eglise. Puis deux textes du Nouveau Testament sont invoqués, *Mc* 16,16 et *Jn* 3,5, sur la nécessité de la foi et du baptême dispensé par l'Eglise. Finalement, la Constitution reprend l'affirmation de la Tradition à savoir que celui qui connaît ce plan de Dieu et refuse de l'accepter ne peut être sauvé.

Dans l'alinéa suivant, la Constitution reprend les conditions énumérées par Pie XII dans *Mystici Corporis* pour une appartenance plénière à l'Eglise: la charité ou la grâce (la vie dans l'Esprit), la profession totale de la foi, l'acceptation de tous les sacrements et de la constitution hiérarchique de l'Eglise avec la direction ultime du Pape. Ce qui est nouveau dans la Constitution en comparaison avec les textes précédents du Magistère, c'est l'insistance mise sur la charité ou la vie dans l'Esprit comme condition de base du salut: de sorte que, en reprenant une parole de saint Augustin que notre texte cite, on peut appartenir à l'Eglise "de coeur, mais non pas de corps".[43] Il faut aussi noter que la Constitution ne parle pas de "membres" de l'Eglise et n'emploie pas les expressions "réellement" (reapse) et par "voeu" ou "désir", "implicite" ou "explicite", sauf pour les catéchumènes (par. 14, al. 3), comme les documents antérieurs. Elle parle "d'appartenance" à l'Eglise, qu'elle subdivise en "incorporation" pour les catholiques ("plénière", s'ils vivent dans la grâce du Christ); en "union", "relation" ou "communion",

---

[43]*Du baptême contre les donatistes*, V, ch. 28, no 39; cf. IV, ch. 22, no 29. Cf. saint Ambroise, *De obitu Valentiniani consolatio*, 29-51.

quand il s'agit des autres chrétiens: en "ordination", quand il s'agit des non chrétiens.

Nous n'avons pas à étudier ici le paragraphe 15, qui traite des liens entre l'Eglise catholique et les autres Eglises chrétiennes ainsi que leurs adhérents. Nous pouvons passer immédiatement au paragraphe 16 qui élabore sur *le salut des non évangélisés* (ce qui est peut-être plus juste que "non chrétiens" et correspond en tout cas mieux à la phrase d'introduction du texte). Parmi eux, le texte fait une place de choix au *peuple juif*, à cause de l'élection et de l'alliance dont il a été l'objet et qui lui ont valu d'engendrer le Christ (cf. *Rm* 9-11), ainsi qu'aux *musulmans*, qui "adorent avec nous le Dieu unique, miséricordieux" et rétributeur des hommes. Puis, le texte déclare que "Dieu n'est pas loin de ceux qui cherchent à travers les ombres et les images un Dieu inconnu" (référence à *Ac* 17,25-28) et qu'"il veut que tous les hommes soient sauvés" (*1 Tm* 2,4). Il a ensuite ce passage qui se rapproche singulièrement des déclarations de Pie IX et de la Lettre à l'archevêque de Boston:

> Ceux qui, sans faute de leur part, ignorent l'évangile du Christ et son Eglise, et cependant *cherchent Dieu d'un coeur sincère et s'efforcent, sous l'influence de la grâce, d'accomplir dans leurs oeuvres la volonté de Dieu qu'ils connaissent par la voix de leur conscience*, ceux-là peuvent obtenir le salut éternel. La divine Providence ne refuse pas les secours nécessaires pour leur salut à ceux qui, sans faute de leur part, ne sont pas encore parvenus à une connaissance explicite de Dieu et s'efforcent, non sans le secours de la grâce, de mener une vie droite.

La Constitution reconnaît que ce qui se trouve de vrai et de bon chez ces hommes est "une préparation à l'Evangile", "donnée par celui qui illumine tout homme pour qu'il ait la vie". On peut reconnaître là une synthèse de ce que les Pères, à la suite du Nouveau Testament, avaient dit sur les possibilités de salut pour les non évangélisés: volonté salvifique universelle de Dieu, action mystérieuse du Christ et de sa grâce qui révèlent des vérités essentielles et surtout donnent de vivre selon la volonté de Dieu telle qu'elle apparaît à la conscience droite, préparation à l'évangile. La Constitution n'exige pas une "connaissance explicite de Dieu": elle insiste davantage sur une vie conforme à ce que la conscience perçoit comme juste. Nous verrons bientôt quelle théologie est sous-jacente ici. Cependant, la Constitution ne verse pas dans un optimisme ridicule qui ne verrait pas les erreurs dont sont menacés ceux qui ne jouissent pas de la pleine révélation évangélique (cf. la fin du paragraphe). Aussi enjoint-elle aux chrétiens de ne pas oublier la fonction missionnaire de l'Eglise,

> pour que le propos de Dieu, qui a établi le Christ principe de salut pour le monde entier, soit effectivement accompli. En prêchant l'Evangile, l'Eglise attire les auditeurs à la foi et à la confession de la foi, elle les dispose au baptême, elle les arrache

à l'esclavage de l'erreur et elle les incorpore au
Christ, pour qu'ils grandissent en lui par la charité jusqu'à la plénitude. Son activité a ce résultat que tout le germe de bien qui se trouve dans le
coeur et dans l'esprit des hommes ou dans les rites
ou les cultures propres des peuples, non seulement ne
périsse pas, mais soit guéri, élevé et achevé...[44]

2. *Les théologiens.*

Depuis quelques années, on rencontre fréquemment dans des oeuvres
théologiques et pastorales les expressions "christianisme implicite",
"salut sans évangile", etc... Ces expressions ou, du moins, l'idée qu'elles recouvrent peuvent se réclamer de grands noms de la théologie contemporaine, comme K. Rahner et E. Schillebeeckx.[45] Si on peut contester la
justesse de ces expressions, comme nous le montrerons plus loin, on ne
peut nier l'enrichissement apporté à la théologie du salut par ces deux
théologiens en particulier, bien que leur pensée ait pu être mal interprétée ou mal appliquée par d'aucuns.[46] Aussi les pages qui vont suivre n'en-
tendent-elles pas faire fi de cet enrichissement, quoiqu'elles empruntent
également à d'autres théologiens.

Dans la proposition précédente, nous avons établi que le Christ est
l'unique voie du salut. Or, il est certain, dans l'optique du Nouveau
Testament, que l'Eglise, tout en étant distincte du Christ, n'en peut être
séparée. Plus le Christ avance sur la voie que le Père lui a tracée, plus
il est clair pour lui que ce ne sera pas l'Israël charnel, mais l'Israël
spirituel (cf. *Rm* 9,6-7; *Ga* 6,16; *1 Co* 10,18), "son Eglise" (cf. *Mt* 16,18),
qui sera désormais l'instrument du dessein de Dieu. En versant son sang

---

[44]*Lumen Gentium*, par. 17.

[45]K. Rahner, cf. surtout "L'appartenance à l'Eglise selon l'encyclique *Mystici Corporis*", dans *Ecrits théol*., II, pp. 9-112; "Saint Paul et
l'apostolat d'aujourd'hui", dans *Mission et grâce*, I: *XXe siècle, siècle
de grâce*?, Mame, 1962, pp. 207-228: cf. la critique de ce chapitre dans
Christ au monde, 1963, vol. VIII, no 5, pp. 457-465: "Une conception moderne du salut des infidèles qui fait obstacle à l'élan apostolique d'après
le Père Karl Rahner. Des missionnaires expriment leur inquiétude" (contient
de bonnes remarques, mais manifeste aussi une certaine incompréhension de
la pensée de Rahner); E. Schillebeeckx, cf. "L'Eglise et l'humanité", *Concilium* 1, pp. 57-78 ou *L'Eglise et le monde*, ("Approches théologiques" 3),
pp. 167-188; cf. *ibid*., pp. 156-158.

[46]La critique que U. von Balthasar fait de ces expressions dans
Cordula ou l'épreuve décisive, Beauchesne, pp. 79 s., nous paraît devoir
être adressée davantage à certains disciples de K. Rahner qu'à Rahner lui-
même. Du même auteur et sur le même thème, cf. aussi *Qui est chrétien?*,
Salvator, 1968.

"pour la multitude", Jésus refera "l'unité des enfants de Dieu dispersés"
(Jn 11,52; cf. 12,32) et fondera la nouvelle et définitive alliance de Dieu
avec les hommes (cf. Mt 26,28; Mc 14,24).[47] C'est pourquoi, après sa résurrection, il donnera aux Douze et, en eux, à toute l'Eglise une mission
universelle (cf. Mc 16,15; Mt 28,19s.). L'Eglise est unie au Christ comme l'épouse à l'époux: elle est son corps, sa chair.[48] En elle, à cause
de son union au Christ, le dessein du Père atteint à son point ultime de
réalisation, quoiqu'il faille attendre la fin des temps pour que cette
réalisation soit achevée, qu'elle parvienne à sa plénitude. Il n'y a
donc pas plus de salut en dehors de l'Eglise qu'il n'y en a en dehors du
Christ. C'est, comme nous l'avons vu, ce que proclame la Tradition.
"En la seule Eglise du Christ se refait et se recrée le genre humain",
s'écrie saint Augustin.[49]

> ...nous n'avons point à juger des diverses situations
> religieuses statiquement, ni à comparer entre eux les
> divers systèmes religieux que nous offre l'histoire,
> comme s'il s'agissait ou de les condamner ou d'admet-
> tre que certains puissent constituer en eux-mêmes de
> véritables "économies de salut" venant de Dieu - qu'on
> les appelle "extraordinaires" ou "ordinaires".[50] Ce
> serait, avant même d'avoir prononcé aucun jugement,
> disloquer le Plan de Dieu, qui porte la marque de
> l'unité. Ce serait relativiser a priori l'idée même
> de vérité religieuse. Mettre côte à côte des systèmes
> religieux divers, c'est supposer possible qu'ils vien-
> nent également de Dieu tels qu'ils sont, alors même
> qu'ils proposent des voies non seulement diverses
> mais divergentes, alors qu'ils présentent, sur les
> points fondamentaux, des affirmations contradictoires.
> Comment admettre, par exemple, que l'Islam, pris ob-
> jectivement comme totalité, soit une voie de salut
> instituée de Dieu, si l'on admet en même temps la mê-
> me chose du bouddhisme, l'un affirmant avec intransi-

---

[47] Cf. TOB, p. 115, note -j-.

[48] Cf. J.G. Pagé, L'Eglise, vol. II: L'Eglise comme corps du Christ
ou communion, déjà cité, 1ère Section.

[49] Lettre 118, ch. 5, no 33; P.L. 33, p. 448.

[50] Ce à quoi n'échappe pas, à notre avis, G. Thils dans l'ouvrage
déjà cité. Il y a diverses économies divines, des étapes pédagogiques
dans l'histoire du salut, mais il n'y a pas plusieurs "voies" dont l'une
serait "extraordinaire" (le christianisme) et les autres "ordinaires"
(les autres religions) ou vice versa, suivant le point de vue où l'on se
place. (Cf. du même auteur, Syncrétisme ou catholicité, Casterman, 1967,
pp. 51-57: "Les religions, voies du salut"; aussi, plus loin, pp. 58-60).

geance le monothéisme, l'autre se proclamant au contraire athée?[51]

La solution ne doit donc pas être recherchée dans la direction de
deux types de moyens de salut: le moyen idéal et parfait qui serait
l'Eglise et les moyens moins parfaits, mais quand même voulus de Dieu,
qui seraient les autres religions. Ces dernières ne peuvent être regardées comme des "totalités indépendantes": "Ce qu'il y a de bon en elles
(...), c'est ce qui est intégrable dans le Christ", dit encore de Lubac.
Et il continue:

> Finalement, tout ce qui est objectivement sauvable a
> donc un rapport à l'Eglise. En toute hypothèse, la
> recherche essentielle à l'homme dont témoigne le fait
> religieux, même en ses pires égarements, doit rencon-
> trer enfin son véritable objet dans la révélation
> que l'Eglise annonce au monde. Quant à la grâce qui
> opère la conversion nécessaire, elle vient (quels
> qu'en soient les cheminements secrets) également de
> la seule Eglise du Christ, puisque c'est en elle que
> le genre humain doit être sauvé. Dieu a voulu s'unir
> l'humanité: l'Epouse unique, c'est l'Eglise. *Sola
> Ecclesiae gratia, qua redimimur*, dit saint Ambroise.[52]

Comme il faut affirmer la nécessité de l'Eglise pour le salut, il
faut tout aussi affirmer *la nécessité de son enseignement, de l'évangile,*
et pour la même raison:

> On ne saurait professer que tout salut vient du Christ
> et supposer néanmoins, en thèse générale, que ce salut
> peut se passer de l'enseignement du Christ. Il n'y
> a pas pour le genre humain de "salut sans l'Evangile".
> Aussi bien jamais la tradition chrétienne n'a-t-elle
> séparé, dans sa foi au Médiateur unique, Celui d'où
> vient la grâce intérieure et Celui de qui est venue
> la lumière objective, - quoique ces deux éléments puis-
> sent se trouver dissociés, comme on va le dire, dans
> leur terme individuel. Comme il y a une Rédemption
> unique, il y a de même une Révélation unique, et
> c'est une Eglise unique qui a reçu la charge de trans-
> mettre à la fois l'une et l'autre.[53]

---

[51]H. de Lubac, *Paradoxe et mystère de l'Eglise*, pp. 133-134.

[52]*Ibid.*, pp. 134-135. Un peu plus loin (p. 138, note 2), de Lubac
ajoute: "Il n'y a donc pas d'univocité réelle entre la 'religion chrétienne
et les autres religions'. Ce qui ne signifie pas que le christianisme ne
soit également religion". Même idée chez Ratzinger, *Le nouveau peuple de
Dieu*, spécialement chap. VIII. Sur le concept de "religion", cf. E. Dhanis,
"Qu'est-ce que la religion?" dans *L'Eglise et les religions*, ("Studia mis-
sionalia" XV), Rome, Univ. Grég., 1966, pp. 21-50.

[53]*Ibid.*, pp. 151-152.

Il est par ailleurs évident, comme de Lubac le souligne lui-même, que la grâce du Christ peut agir dans le coeur d'un homme sans passer nécessairement par un des sept sacrements et sans que cet homme ait entendu une annonce explicite de l'évangile. En ce sens, on peut admettre qu'il y a des "chrétiens anonymes" qui, par une voie externe quelconque ou par une action secrète de l'Esprit, ont reçu, sans le savoir peut-être, des lumières venues de l'évangile.

> Mais ce serait paralogisme que d'en conclure à un "christianisme anonyme" partout répandu dans l'humanité, ou, comme on dit encore, à un "christianisme implicite" que le seul rôle de la prédication apostolique serait de faire passer, inchangé en lui-même, à l'état explicite, - comme si la révélation due à Jésus-Christ n'était autre chose que la mise à jour de ce qui se trouvait exister déjà depuis toujours.[54]

On ne peut confondre le problème de la vérité et de l'efficacité salutaire de l'Eglise et de son enseignement, d'une part, et celui de l'appropriation individuelle du salut, possible à tout homme avec le secours de la grâce, d'autre part. Autrement, on méconnaît la nouveauté bouleversante de l'Eglise et de l'évangile. Et c'est ici qu'intervient le thème de la "substitution" ou de la *pars pro toto* qui revient fréquemment dans l'Ecriture. Le Christ, résumant et assumant en lui toute l'humanité, s'est ainsi substitué à elle.

> Tout pourrait être dit par là, mais, chose surprenante, il s'ajoute maintenant que, d'après la volonté de Dieu, ce grand mystère de la substitution, dont vit toute l'histoire, se prolonge dans une multitude de substitutions, qui a son couronnement et son unité dans la corrélation de l'Eglise et de ce qui n'est pas elle, des croyants et des "païens".[55]

> ...Dans le corps de l'humanité il existe des services qu'on ne peut demander à tous, mais qui n'en sont pas moins nécessaires pour tous, parce que tous en vivent... Le service unique, le service central dont dépend le corps tout entier, est celui dont s'est acquitté Jésus-Christ; ce service se continue dans la communauté des fidèles et, sans lui, l'humanité ne saurait vivre.[56]

---

[54] H. de Lubac, *op. cit.*, p. 153. J. Dournes, missionnaire au Viet-Nam et auteur de *Dieu aime les païens*, abonde dans le même sens que de Lubac: cf. "Lecture de la déclaration par un missionnaire d'Asie", dans *Vatican II, Les relations de l'Eglise avec les religions non chrétiennes*, ("Unam Sanctam" 61), pp. 81-117.

[55] J. Ratzinger, *Le nouveau peuple de Dieu*, p. 142.

[56] J. Ratzinger, "Substitution", *Encyclopédie de la foi*, IV, p. 275.

C'est en cela que se fondent le caractère absolu de l'Eglise et sa rigoureuse nécessité pour le salut: par elle - et par elle *seule* - Jésus continue son service pour les hommes. Non seulement les membres de l'Eglise
se sauvent en elle, mais ils sauvent l'humanité avec elle. Il est certain
que, dans le plan de Dieu, c'est par la prédication de l'évangile et par
la vie authentiquement chrétienne de ses membres que l'Eglise peut atteindre les hommes pour leur offrir le salut en Jésus-Christ: les relâches
de la mission et les relâchements dans la vie chrétienne retardent et
bloquent le salut du monde.

Ceux qui appartiennent pleinement à l'Eglise (les catholiques) ou
qui sont du moins touchés de façon plus explicite par son élément invisible et par son élément visible (les autres chrétiens), ceux-là ont une
mission à l'égard de la multitude qu'il ne leur est pas permis de déser-
ter, comme dit l'auteur de la *Lettre à Diognète*.[57] C'est le Christ qui
sauve et ceux qui sont officiellement de l'Eglise et ceux qui ne le sont
pas, mais il sauve les seconds par l'action visible ou invisible des premiers. Qui que l'on soit, on est toujours sauvé dans l'Eglise parce
qu'elle est le corps et le sacrement du Christ, c'est-à-dire le milieu
dans lequel on reçoit la vie de l'Esprit et l'institution par laquelle
cette vie est entretenue et développée. C'est pourquoi, comme nous
l'avons vu avec *Lumen gentium* en particulier, il y a divers degrés d'appartenance ou d'ordination à l'Eglise, parce qu'on ne peut se sauver en
dehors d'elle, même si on ne lui est rattaché et si on ne subit son influence que d'une façon cachée et imperceptible.

Les chrétiens sont plus choyés par la Providence en ce sens qu'ils
bénéficient d'une connaissance de la doctrine du Christ, de la réception
de ses sacrements, de l'influence des ministères qu'Il a voulus au service
de son Eglise. Mais ils ont aussi des devoirs plus grands que les autres
hommes, il leur sera davantage demandé parce qu'ils ont reçu davantage
(*Mt* 25,14-30; *Lc* 19,11 s.). Se plaindre de cette situation, c'est pour
eux méconnaître la bonté de Dieu à leur égard et l'honneur qu'il leur
fait de collaborer au salut du monde. Les chrétiens ne peuvent arguer
d'un "christianisme anonyme" ou "implicite" ou "de désir", d'un "salut
sans l'évangile" et opéré par la seule "bonne foi", pour se croiser les
bras ou lorgner avec nostalgie vers la situation de ceux qui se sauvent
apparemment plus facilement qu'eux, avec moins d'efforts.[58] D'ailleurs,
non seulement il n'y a pas de salut sans influence du Christ et sans un
certain rattachement à son Eglise, mais il n'y a pas de salut sans la foi,
ni sans le baptême.

---

[57]*Lettre à Diognète*, VI, traduction de H. Marrou, ("Sources chrétiennes", 33), p. 67.

[58]Cf. J. Ratzinger, *op. cit.*, pp. 275-277; *idem*, *Le nouveau peuple
de Dieu*, surtout pp. 138-144; pp. 161 s.

IV - PAS DE SALUT SANS LA FOI, NI SANS LE BAPTEME

L'explicitation de la présente proposition - et il en sera ainsi de celle qui va suivre - constitue un développement des propositions II et III qui, elles, sont le coeur de notre exposé. Si le Christ et l'Eglise sont l'unique moyen d'atteindre le salut, il est nécessaire d'y adhérer par la foi et le baptême. C'est ce que proclame l'Ecriture: "Sans la foi, il est impossible de plaire à Dieu" (*Hé* 11,6);[59] "Le temps est accompli et le Règne de Dieu s'est approché: convertissez-vous et croyez à l'évangile" (*Mc* 1,15); "Allez par le monde entier, proclamez l'évangile à toutes les créatures. Celui qui croira et sera baptisé sera sauvé, celui qui ne croira pas sera condamné" (*Mc* 16,15-16); "Nul, s'il ne naît d'eau et d'esprit, ne peut entrer dans le Royaume de Dieu" (*Jn* 3,5). Mais de quelle foi et de quel baptême s'agit-il? Est-il requis de tous une foi explicite aux principales vérités révélées ou une certaine foi implicite suffit-elle? Est-ce le baptême d'eau qui est exigé ou son désir suffit-il?

1. *La foi requise*

La foi qui est requise pour opérer son salut est évidemment la foi surnaturelle. Mais ceci étant affirmé, on peut chercher dans deux directions l'explicitation de cette affirmation. Dans la première direction, on s'arrête surtout au contenu objectif de la foi: on se demande alors quel est le minimum de vérités révélées qu'il faut connaître et auquel il faut croire pour faire son salut. Ce fut longtemps dans cette direction qu'on s'orienta.[60] Mais il est certain que dans le passé des hommes ne sont pas parvenus à ce minimum, qu'encore aujourd'hui des hommes n'y parviennent pas et que leur nombre augmentera peut-être d'année en année. Finalement, aussi, il n'est pas facile de déceler quand un homme a atteint ce minimum de connaissance. Aussi, depuis O. Karrer[61] et J. Maritain,[62]

---

[59] Le texte continue: "car celui qui s'approche de Dieu doit croire qu'il existe et qu'il récompense ceux qui le cherchent." La tradition a vu, avec raison, dans cette suite du texte l'énoncé des deux vérités de foi (*explicite*) fondamentales, des deux premiers *credibilia*.

[60] Cf. L. Capéran, *Le problème du salut des infidèles*, II: *Essai théologique*, IIe partie, ch. I. Cf. aussi le tome I: *Essai historique* et le livre de A. Santos Hernandez déjà cité. Le minimum de vérités révélées qu'il faudrait connaître assez explicitement et auquel il faudrait croire se ramènerait à la reconnaissance de l'existence de Dieu, de sa providence rémunératrice et de la médiation salvifique du Christ.

[61] O. Karrer, *Das Religiöse in der Menschheit und das Christentum*, Freiburg, 1934; traduction française *Le sentiment religieux dans l'humanité et le christianisme*, Paris, 1936. Sur Karrer et son influence, cf. H. Nys, *Le salut sans l'évangile*, ("Parole et mission" 12), Paris, Cerf, 1966, pp. 109-118 et 123-125.

.../

recherche-t-on plutôt, dans une perspective plus personnaliste et plus intérieure, à établir quelles sont les conditions requises, du côté du sujet (et non plus de l'objet), pour qu'il y ait authentique démarche de foi, même si le contenu explicite minimal ne semble pas exister.[63] Nous suivrons plutôt cette seconde piste dans laquelle se sont déjà engagés d'ailleurs Y. Congar, P.A. Liégé, le cardinal Journet, J. Mouroux, E. Schillebeeckx et d'autres.[64] Nous chercherons d'abord les fondements scripturaires sur lesquels peut s'appuyer cette perspective, puis nous exposerons la théologie qui l'approfondit.

a) Ecriture.

Il faut tout d'abord nous souvenir de ce que nous avons dit à propos de certains textes de saint Jean en commentant notre deuxième proposition. Il y a des hommes en qui le Christ agit à leur insu et qui "*font* la vérité" (*Jn* 3,21), "pratiquent la justice" et sont "nés de Dieu" (cf. *1 Jn* 2,29; *Jn* 1,13), sans toujours parvenir explicitement à ce minimum de vérités de foi que semble exiger le texte de *Hé* 11,6. La foi qu'ils vivent sans le savoir se traduit pour eux dans ce qu'on a appelé "le sacrement du frère": chaque fois qu'on a secouru son prochain, c'est Jésus qu'on a secouru, même si on ne le savait pas (cf. *Mt* 25,31s; aussi *Lc* 10,29s.). Beaucoup d'hommes auront ainsi servi le Christ dans leurs frères et seront devenus sans le savoir "des adorateurs en esprit et en vérité" (*Jn* 4,23).

La même vérité est affirmée par Paul dans sa *Lettre aux Romains*: "Quand des païens, privés de la loi, accomplissent naturellement les prescriptions de la loi, ces hommes, sans posséder de loi, se tiennent à eux-mêmes lieu de loi; ils montrent la réalité de *cette loi inscrite en leur coeur*, à preuve le témoignage de leur conscience..." (*Rm* 2,14-15). Sans être tenu d'admettre que Paul fait ici référence au concept stoïcien de "loi naturelle" - ce qui est contesté -, nous pouvons voir dans cette "loi inscrite dans le coeur" une sorte de révélation intérieure.[65] De même,

---

[62] J. Maritain, "La dialectique immanente du premier acte de liberté", dans *Raison et raisons*, Paris, 1947, pp. 131-165. Cf. H. Nys, *op. cit.*, pp. 127-134.

[63] Cf. H. Nys, *op. cit.*, pp. 103 s.; L. Capéran, *A l'écoute du Concile: l'appel des non chrétiens au salut*, Centurion, 1962, pp. 62 s.

[64] Cette solution offre l'avantage de souligner les éléments fondamentaux communs à *tout* processus de salut, qu'il s'agisse de quelqu'un qui est dans une situation explicitement chrétienne ou de quelqu'un qui se trouve dans une situation implicitement ou anonymement chrétienne. Bon résumé des positions de la plupart de ces théologiens dans H. Nys, *op. cit.*, pp. 135-161 et 209-236.

[65] Dans son commentaire de l'épître aux Romains, C.H. Dodd écrit: "Pour Paul, la Loi mosaïque est la révélation la plus complète de la volonté de Dieu, existant sous forme de commandements et de défenses; mais la loi naturelle n'est pas une loi différente, mais simplement une révélation moins précise et moins complète de la même loi éternelle du bien et du.../

comme nous l'avons vu (note 11), qu'il ne faut pas confondre "révélation cosmique" et capacité pour la raison humaine de remonter à l'existence de Dieu à partir de la création, mais qu'il faut aussi admettre un certain lien existentiel entre les deux réalités, ainsi ne peut-on considérer cette "loi inscrite dans le coeur" uniquement comme le produit de la raison naturelle, mais, à cause du lien existentiel qui existe entre l'ordre naturel et l'ordre surnaturel et de l'appel de tout homme à la filiation adoptive, on peut supposer une influence du Verbe et de son Esprit au coeur même de cette loi dite "naturelle" (ce qui n'est que partiellement vrai).

Mais ce qui est encore plus intéressant pour nous, c'est de savoir comment saint Paul peut dire qu'un païen, qui ne connaît pas la loi mosaïque, en accomplit les préceptes.[66] La réponse va nous permettre de déterminer le contenu, selon Paul, de cette "loi inscrite dans le coeur". D'après S. Lyonnet, cette réponse se trouverait au chapitre 13 de l'épître. Paul y dit que tous les préceptes de la loi de Moïse sont en fait résumés dans l'unique précepte d'aimer le prochain comme soi-même; et il ajoute que "celui qui aime autrui a, de fait, accompli la loi" (*Rm* 13,8-10; cf. *Ga* 5,14). Ce qui rejoint la parole du Christ: "Tout ce que vous voulez que les autres fassent pour vous, faites-le vous-mêmes pour eux: voilà la loi et les prophètes" (*Mt* 7,12). Tel est donc, pour Paul, le contenu de cette loi inscrite par Dieu dans la nature existentielle de l'homme, loi qui peut être plus ou moins obscurcie, comme il l'a souligné en *Rm* 1,18-32.[67]

Au chapitre 2, v. 25-29, l'apôtre remarque que l'observation des "préceptes de la loi" par le païen - loi qui demeure forcément intérieure pour lui, à moins qu'on pense à la formulation de certaines des prescriptions de cette loi intérieure qu'on peut retrouver dans les codes moraux des diverses religions - fait de lui un authentique "circoncis" (v. 26). Il a le "coeur circoncis" (cf. *Dt* 10,16; *Jr* 4,4): Dieu l'a transformé intérieurement, "il lui a donné cette force intime sans laquelle l'homme peut, à la rigueur, vouloir le bien, au sens du verbe *thelein*, mais non pas l'accomplir" (cf. *Rm* 7,18). Paul parle donc de ce païen comme il parlera du chrétien en *Rm* 13,8-10, parce qu'un tel païen, s'il ne se contente pas de vouloir le bien, mais l'accomplit en fait, est pour Paul déjà un chrétien sans le savoir, auquel Dieu ne prescrit pas seulement d'aimer son prochain comme soi-même (cf. *Ga* 5,14; *Rm* 13,9) ou encore de faire aux

---

/...mal" (Cité par Kraemer, *op. cit.*, p. 143). Cette loi est reconnue sous différents noms: *Tao* dans le *taoïsme*; *Dharma* dans le *bouddhisme*, etc...

[66] Le développement qui suit s'inspire d'un texte inédit de Stanislas Lyonnet: conférence prononcée à la Faculté de théologie de l'Université Laval en septembre 1967 et dont le titre était "L'Eglise veut-elle dialoguer avec le monde?" (texte ronéotypé).

[67] Les théologiens protestants, en général, se plaisent à souligner cet obscurcissement.

autres tout ce qu'il voudrait qu'on lui fît (cf. *Mt* 7,12), mais *auquel Dieu donne également la force d'aimer de la sorte en lui communiquant son propre amour.*"[68]

Pourtant, aussi bien la révélation cosmique que la révélation intérieure à la conscience appellent la foi. La foi répond à la révélation; elle seule permet à cette dernière d'être efficace pour chaque homme. Dans la *Lettre aux Romains*, Paul affirme "qu'il n'y a qu'un seul Dieu qui justifie les circoncis *par la foi* et les incirconcis *par la foi*" (3,30). Les indications que les textes de Paul nous fournissent:

> nous permettent de dire que dans les religions, dans la vie morale et intellectuelle de l'homme hors de la révélation de Dieu on découvre la preuve d'une réponse plus ou moins positive au fait que Dieu s'est manifesté dans sa puissance éternelle et sa divinité. Le monde hors de la révélation n'est pas uniquement un monde d'apostasie et de révolte. C'est un monde où l'"humain" n'est pas annihilé et détruit, mais s'exprime en des aspirations profondes et des tâtonnements dans la direction de Dieu.[69]

> Dans la perspective biblique, et plus particulièrement dans celle du Nouveau Testament, cette reconnaissance ne minimise en rien le caractère indispensable de l'acte décisif de Dieu en Christ, acte par lequel il a révélé sa justice en supprimant le péché et en justifiant le coupable ou l'injuste. Ce que l'on reconnaît, en fait, c'est que malgré la perversion de sa ressemblance à Dieu, l'homme fait sur le plan humain de grands efforts vers une vie ordonnée et civilisée; il essaie de fonder les relations humaines sur la solidarité; il poursuit un idéal qui le transcende et peut concevoir des biens plus précieux que la vie (Mencius); il manifeste une certaine conscience d'avoir une mission et une vocation divines sur la terre. Dans son évidente recherche de la vérité pour elle-même - qui alimente toute la recherche philosophique ainsi que ce phénomène extraordinaire dans l'histoire, la science - dans sa recherche de la bonté pour elle-même et d'une communion avec le transcendant, dans sa recherche du salut et dans son besoin de se libérer de l'angoisse fondamentale de la vie, on peut reconnaître chez l'homme, malgré la perversion de sa condition, les signes de cette ressemblance à laquelle il a été créé, et la preuve aussi que Dieu, dans sa

---

[68] S. Lyonnet. Même interprétation par A. Feuillet, dans *Le prologue du quatrième évangile*, DDB, pp. 172-173 (s'inspire d'ailleurs d'une monographie de J. Riedl sur *Rm* 2,14-16).

[69] H. Kraemer, *op. cit.*, p. 148.

patience, le tient dans sa main, car il veut la vie
du pécheur et non sa mort.[70]

b) La théologie.

Il faut d'abord nous rappeler, avec A. Liégé, que "la foi est une
réalité analogique capable de réalisations embryonnaires et de réalisations
toujours plus parfaites".[71] En commentaire d'un texte de saint Thomas,[72]
J. Maritain a montré que la première option morale fondamentale d'un homme,
celle par laquelle il prend sa vie en mains et l'oriente, est riche d'une
foi embryonnaire. Cette action "baigne dans le mystère de la grâce et du
salut, étant donné la destination concrète de l'homme dans le plan de
Dieu" (Liégé). En vertu de ce plan "tout homme vit, consciemment ou inconsciemment, sous le régime de l'invitation divine de la grâce.[73] Mais
cette invitation, cet appel, laisse l'homme complètement libre d'accepter
ou de refuser cette grâce, et de s'engager ainsi dans la voie du salut ou
de la damnation. Le salut ne résulte pas d'un processus naturel, mais
d'un engagement libre et personnel à l'égard d'une invitation surnaturelle".[74]

Le texte de saint Thomas que commente J. Maritain suggère l'existence d'un stade préalable à la connaissance explicite du vrai Dieu et de sa
providence rémunératrice (cf. *Hé* 11,6). Ce stade ne réclamerait qu'une
révélation intérieure et ne ferait appel qu'aux exigences internes de déroulement d'un acte dont les données notionnelles sont fort réduites. Une
telle explication met à profit les données de la psychologie sur la vie
inconsciente ou préconsciente de l'homme. Par le fait qu'un homme arrive
à l'âge de raison (il est difficile de fixer inconditionnellement cet âge
qui peut varier suivant les individus, leurs potentialités et l'éducation
qu'ils ont reçue, et qui n'est pas à identifier nécessairement à un moment
très précis, mais peut correspondre à une certaine période de la vie),

---

[70] *Ibid.*

[71] "Le salut des autres", dans *Lumière et vie*, 18 (1954), p. 24.

[72] "Lorsqu'un homme arrive à l'âge de raison, la première chose à
laquelle sa pensée doit se porter, c'est de délibérer de lui-même. Et
s'il s'ordonne à la fin qui est la vraie fin, il est délivré du péché originel *par la grâce sanctifiante qu'il reçoit*" (*Somme Théologique*, Ia-IIae,
q. 89, a. 6).

[73] K. Adam écrit: "Comme sa pluie bienfaisante et son soleil, Dieu
envoie sa grâce triomphante dans tous les coeurs qui se tiennent prêts
à le recevoir, c'est-à-dire à tous ceux qui font ce qui dépend d'eux, ce
que leur conscience leur dicte. Depuis que le Christ est venu et a fondé
son royaume de Dieu, il n'y a plus de moralité purement naturelle, si tant
est qu'elle fût possible. Partout où la conscience est en éveil, où l'homme ouvre les yeux sur Dieu et sa sainte volonté, la grâce de Dieu est là
qui travaille dans l'âme et y dépose le germe de la vie nouvelle, de la
vie surnaturelle" (*Le vrai visage du catholicisme*, p. 217).

[74] H. Nys, *op. cit.*, p. 224.

par ce fait donc il est amené à orienter sa vie, de façon globale (ce qui ne signifie pas que cette orientation première ne puisse changer plus tard), vers ce que sa conscience lui présente comme étant le bien ou à refuser cette orientation. Par ce fait, cet homme se porte, "sans même en avoir conscience, jusqu'à la valeur sans laquelle le bien honnête ne subsisterait pas un seul instant, jusqu'à Dieu fin dernière de la vie humaine."[75]

Par cet acte, l'homme atteint donc Dieu, quoique inconsciemment.[76]

> Que je consente à la notion de bien salutaire, écrit le cardinal Journet, le Terme réel auquel mon désir, passant à travers cette notion, se porte, est lui aussi surnaturel et salutaire, c'est le Dieu sauveur. Je ne le connais pas encore d'une connaissance consciente et conceptuelle, la connaissance que j'en ai n'est pour l'heure que volitionnelle et inconsciente. C'est pourtant une connaissance actuelle et formelle, une connaissance en acte vécu; et si je savais alors en conceptualiser la substance et le contenu, j'énoncerais, tels qu'ils sont formulés dans l'Epître aux Hébreux (11,6), les deux premiers 'credibilia'.[77]

Mais comme la foi est nécessairement la foi du Christ et de son Eglise, non seulement ce premier acte moral est posé sous l'influence du Christ, mais il agrège, quoique imparfaitement, au Christ et à son Eglise. Si cet acte, produit sous l'influence de la grâce actuelle, donne la grâce sanctifiante, il unit nécessairement alors au "corps du Christ", qui groupe ceux qui vivent de cette grâce, de l'Esprit. Le premier acte moral de

---

[75] C. Journet, *L'Eglise du Verbe incarné*, II, p. 793.

[76] "Connaissance purement pratique de Dieu dans le mouvement de l'appétit vers le bien moral en tant même que bien. Sans doute elle est prégnante d'un contenu métaphysique, mais non saisi comme tel, non spéculativement libéré. Connaissance purement pratique, non-conceptuelle et non-consciente, *qui peut coexister avec l'ignorance théorique de Dieu*. Ainsi, un homme, en vertu d'un acte libre premier ayant pour objet le bien honnête, peut sans connaître Dieu tendre à Dieu comme à la fin de sa vie, et du même coup connaître (inconsciemment) Dieu sans le connaître (consciemment)" (J. Maritain, *op. cit.*, pp. 138-139).

[77] J. Maritain disait déjà que, dans ce premier acte moral, Dieu est atteint "par une connaissance spéculative non conceptuelle, vraie par conformité au droit mouvement du vouloir. C'est par *un acte de foi surnaturelle*, qui s'exprime non dans des concepts et dans une assertion notionnellement formulée, mais dans un *je crois vécu* (...) que l'esprit assentit, sur *le témoignage intérieur de Dieu*, à la révélation qui lui est faite de la réalité divine" (*loc. cit.*). Ceci prolonge les affirmations de *Jn* 1,9 et de *Rm* 2,13-16.

l'homme unit donc celui-ci à l'Eglise, il est sa première rencontre avec elle. "Pour les enfants baptisés", ajoute le cardinal Journet - et il montre ainsi l'immense avantage que procure le baptême d'eau -, "l'Eglise est venue les rencontrer dans leur berceau. Elle est entrée tout entière en eux avec le caractère et la grâce du baptême. Au moment où ils vont pour la première fois rencontrer personnellement l'Eglise, il ne leur reste qu'à franchir le pas qui sépare l'habitus de l'acte, le sommeil du réveil. Il peuvent réussir ce pas" - et j'ajouterais, plus que les non baptisés-. "Ils peuvent aussi le manquer et à leur tour déchirer l'Eglise."[78]

2. *Le désir du baptême*

Si bien des non évangélisés[79] peuvent poser des actes impliquant une foi-charité qui s'ignore, ils ne sont pas baptisés. Pourtant, les textes de *Mc* 16,16 et de *Jn* 3,5, que nous avons déjà mentionnés, exigent non seulement la foi, mais également le baptême.[80] Et la Constitution *Lumen gentium* (14,1), comme nous l'avons vu, les reprend à son compte. C'est que l'Eglise ne se réduit pas à son élément invisible, au Corps mystique, mais est constituée également d'un élément visible. Voyons comment les non évangélisés peuvent être touchés aussi par cet élément visible de l'Eglise.

---

[78]C. Journet, *op. cit.*, p. 797. Si le premier acte moral peut ainsi être imbibé de grâce et ouvrir au salut, il peut en être de même pour beaucoup d'autres actes posés par des non évangélisés, pourvu que ces actes impliquent "ouverture de soi" et négation de l'autosatisfaction et de la justification par soi. Et ainsi leur appartenance au corps du Christ peut-elle se solidifier ou diminuer. Ces actes auront une portée surnaturelle, eux aussi, pas tellement parce qu'ils impliqueront une foi explicite, mais plutôt une foi implicite liée à la charité, charité que d'ailleurs ils traduiront en actes. On sait comment l'Ecriture lie la foi véritable, active, et la charité. C'est pourquoi tout amour authentique de Dieu, même s'il est en dépendance de concepts plus ou moins adéquats, rejoint la foi-charité. On peut en dire autant de l'amour humain, *à condition que lui aussi soit authentique*, car "Dieu ne peut pas prendre l'incognito de la haine, ou de l'égoïsme jouisseur, ou de l'orgueil" (Y. Congar, "Le salut des non évangélisés", dans *Vaste monde, ma paroisse*, p. 148).

[79]L'expression "non évangélisés" est plus exacte que "infidèles" si on admet que ces hommes peuvent accéder à une certaine foi.

[80]Sur la nécessité et les effets propres du baptême d'après le Nouveau Testament, cf. H. Schlier, *Le temps de l'Eglise*, Casterman, pp. 59-69 et 116-139. Sur les rapports entre la foi et le baptême, cf. I. de la Potterie: "Le rapport de la foi et du baptême dans la mission d'après le Nouveau Testament", dans *Repenser la mission*. Rapports et compte rendu de la 35e semaine de missiologie, Louvain, 1965, DDB, pp. 147-166.

La Lettre, dont nous avons parlé plus haut, adressée par le Saint-Office à l'archevêque de Boston, nous sera ici d'une utilité particulière. Cette lettre parle d'un "voeu" ou "désir" de l'Eglise et admet même que, dans le cas d'une ignorance invincible, ce désir puisse n'être qu'"implicite", c'est-à-dire, précise-t-elle, "inclus dans la bonne disposition d'âme par laquelle l'homme veut conformer sa volonté à celle de Dieu". Cette affirmation doit être rapprochée de celle du Concile de Trente sur la nécessité du baptême *in re vel in voto*.[81] Et on peut alors conclure que les non évangélisés qui posent les actes de foi-charité surnaturelle dont nous venons de parler reçoivent par le fait même, spécialement à l'occasion du premier de ces actes analysé par J. Maritain, le baptême *en désir*.

Il est important de souligner ce rattachement des non évangélisés à l'*institution* de l'Eglise pour leur salut. Autrement, on risque de favoriser ce mépris de l'institution caractéristique de beaucoup de chrétiens d'aujourd'hui, qui retombent dans cette difficulté du protestantisme à concilier Eglise dite "invisible" et Eglise dite "visible". Il n'y a pas d'Eglise "seulement invisible", ni d'Eglise "seulement visible". Il n'y a qu'une Eglise, corps et sacrement du Christ, et donc faite d'un élément invisible et d'un élément visible se conditionnant mutuellement. Tous ceux qui appartiennent à cette Eglise sont donc touchés de quelque façon par ses deux éléments, même ceux qui ne lui appartiennent que d'une façon anonyme ou implicite. Ils ont reçu le baptême de désir et, par lui, ils sont ordonnés à l'eucharistie.[82]

De telles affirmations peuvent faire taxer l'Eglise d'intolérante et susciter l'accusation qu'elle s'annexe des hommes qui explicitement récusent lui appartenir. Congar[83] cite le cas d'un communiste notoire, R. Vaillant, qui protestait parce qu'un de ses camarades de déportation chrétien le disait "iconoclaste par amour caché d'un Dieu dont il redoute à la fois la rencontre et désire l'approche". Congar admet qu'au plan des idées ou des vouloirs conscients, R. Vaillant a raison de protester. Mais ajoute-t-il, "le plan psychologique est précisément celui auquel il ne faut pas se placer ici. Il s'agit d'une implication *réelle* contenue dans nos options et nos actes. Les communistes ne nous disent-ils pas qu'en refusant de nous engager dans tel sens, le leur, sous prétexte de ne pas prendre position dans un débat qui oppose les hommes, l'Eglise apporte *en réalité* son appui aux forces de réaction? Nous pensons à quelque chose d'analogue. Il n'y a pas de neutralité dans le grand conflit qui oppose Satan et Jésus-Christ. Mais seul Dieu peut juger des coeurs".[84] Quant

---

[81]Cf. *DzS* 1524-1543; *Foi cath.* 558 et 577.

[82]Cf. Saint Thomas d'Aquin, *Somme théologique*, IIIa, q. 79, a. 1, ad 1.

[83]*Vaste monde, ma paroisse*, p. 141, note 12.

[84]Au sujet des athées, Congar s'exprime ainsi: "Peut-on penser qu'il puisse exister un athéisme de bonne foi: soit un athéisme positif (négation de Dieu), soit tout au moins un athéisme négatif (ignorance)?.../

au reproche d'intolérance, nous dirons ce qu'il faut en penser en traitant un dernier point, celui du rapport de l'Eglise et des religions non chrétiennes.

Mais, auparavant, citons ce texte de Schillebeeckx, qui résume ce qui a été dit dans les pages précédentes:

> C'est seulement dans la chaleur de l'amour rédempteur de Dieu, consenti, fût-ce implicitement, que la vie humaine devient une grâce. Et ainsi nous devenons les uns pour les autres une offre de grâce ou la figure concrète de l''initium fidei', par qui la grâce de Dieu cherche aussi son chemin dans notre prochain. En vertu de la volonté salvatrice partout à l'oeuvre, nous ne pouvons plus nulle part échapper à la grâce (mais bien la refuser). Dans quelque direction que nous nous tournions, la grâce de Dieu nous y précède toujours déjà. Nous sommes confrontés partout avec la tendresse de son visage. Est-il alors téméraire de dire qu'il n'est pas si facile d'être incroyant (même si l'on affiche candidement son incroyance)? La faiblesse humaine, voire la méchanceté humaine, est toujours plus faible que la puissance triomphante de la grâce de Dieu.[85]

/...Si oui, on serait conduit à admettre une possibilité de salut sur la base d'une foi implicite: implicite dans "l'intention de la foi", elle-même contenue dans la rectitude morale à l'égard de la fin telle qu'on se la représente. Cette fin est, de fait, surnaturelle. Ignorée de bonne foi, elle peut être visée réellement dans des espèces d'alibis de Dieu" - qui sont parfois des idoles, "tels que la consécration à quelque grande cause qui prend valeur d'absolu: Justice, Vérité, Fraternité, Paix... Nous pensons, pour notre part, que la théologie et même la sainte Ecriture offrent des possibilités dans le sens de ce point de vue" (*Sainte Eglise*, pp. 430-431). J. Maritain écrit: "Il reste que Dieu sait infiniment mieux que lui (l'athée), Dieu seul sait en toute vérité si cet homme est vraiment athée, comme seul il sait en toute vérité si un homme a vraiment la foi et la charité" (*op. cit.*, p. 163).

[85] E. Schillebeeckx, "L'instinct de la foi selon saint Thomas d'Aquin", *RSPT*, 48, pp. 405-406. Il ne faut cependant pas que de telles conclusions nous fassent oublier que le péché agit également chez les non évangélisés. Quand on sait la difficulté des meilleurs chrétiens à en évacuer la force chez eux alors qu'ils bénéficient de secours qui les mettent en relation plus directe avec le Christ, il serait naïf de penser que les non évangélisés ne sont pas dans une situation plus difficile.

V - LES RELIGIONS NON CHRETIENNES SONT A SITUER
A L'INTERIEUR DU PLAN DIVIN DE SALUT

Nous avons établi que le Christ et son Eglise sont l'unique voie du salut offerte par le Père et qu'à tout homme est fournie la possibilité d'entrer dans cette voie, quoique souvent d'une façon inconsciente et incomplète ou imparfaite. Il nous reste à voir comment se situent les religions non chrétiennes par rapport au plan de salut du Père. Ceux qui leur appartiennent se sauvent-ils en dépit d'elles ou, au moins pour une part, en elles.[86] Ce sont là des questions vastes et complexes, qui demeurent enveloppées de mystère et ne peuvent se résoudre en définitive que dans le mystère de Dieu. Dire cela est suffisant pour que nous soupçonnions l'insatisfaction qui demeurera toujours ici-bas, même si nous pouvions scruter ces questions beaucoup plus profondément que les limites de cet essai ne nous le permettront. Tout au plus pourrons-nous ici entrevoir quelques pistes qui seraient à explorer plus à fond.

Deux écueils doivent absolument être évités dans la solution de ce problème. Le premier est celui de l'intolérance: la religion chrétienne étant la seule vraie, les autres doivent être considérées comme totalement fausses et on doit chercher à les détruire ou, si on ne le peut, refuser d'entrer en dialogue avec elles. Le protestantisme pourrait être enclin à une certaine intolérance, du moins au niveau des principes; le catholicisme n'a pas toujours échappé à ce danger: croisades, guerres de religion, conversions forcées par les conquistadores, etc... Le second écueil est celui d'une telle ouverture aux religions non chrétiennes qu'elle peut ébranler, en pratique du moins sinon en théorie, nos convictions au sujet de l'unicité du salut en Jésus-Christ et en son Eglise. Certains auteurs catholiques semblent donner quelque peu dans ce sens[87]

---

[86] Car il ne faut pas oublier que pour beaucoup de non chrétiens la relation à Dieu se vit à l'intérieur de "religions", "réalités *objectives* qui dépassent l'individu, ... systèmes organisés dont la vie *collective* est plus, et même partiellement autre chose, que la course religieuse de chacun de ceux qui la composent,... prises de position globales devant les mystères essentiels... Les groupes religieux, comme groupes, les 'religions' historiques, ont leurs pensées, leurs options, leurs responsabilités, leurs efficacités" (J. Masson, "La Déclaration sur les religions non chrétiennes", *NRT*, 87 (1965), pp. 1080-1081).

[87] Il s'agit entre autres de K. Rahner dans son article non encore traduit en français "Das Christentum und die nichtchristlichen Religionen" dans *Schriften zur Theologie*, V, pp. 136-158; H.R. Schlette dans divers ouvrages cités par Nys, *Le salut sans l'évangile* (analyse du point de vue de ces auteurs et d'autres auteurs en faveur desquels il prend parti, pp. 172-182). G. Thils, dans le dernier chapitre de ces *Propos et problèmes*... et surtout dans "La valeur salvifique des religions non chrétiennes" (*Repenser la mission*, pp. 197-211), est plutôt favorable à ce point de vue.

et leurs positions sont assez sévèrement prises à parti par d'autres théologiens.[88] Nous n'avons pas l'intention de prendre nous-mêmes parti ici,
n'ayant pu étudier à fond les points de vue de ces divers auteurs et ne
pouvant de toute façon traiter le sujet *in extenso*. Mais, à la lumière
des textes du Concile que sont venues compléter d'autres déclarations
émanant entre autres du Secrétariat pour le dialogue avec les non chrétiens et les non croyants, nous voudrions tenter de présenter quelques
principes pour une solution médiane.

Il est certain qu'il faut, d'une part, maintenir la transcendance
du christianisme - ce que Rahner et autres sont loin de nier d'ailleurs -
et l'unicité de la voie du salut en Jésus-Christ et en son Eglise - ce
qu'on ne nie pas non plus nécessairement, mais qu'on est enclin à interpréter ainsi: le christianisme est la voie extraordinaire, idéale, parfaite du salut; les autres religions sont des voies plus ordinaires,
réelles et imparfaites (v.g. Thils, Küng). Or il semble que ce langage
n'est pas en conformité avec celui de l'Ecriture, ni avec celui du Magistère, même dans ses déclarations les plus "ouvertes" (comme celles de la
Déclaration sur les religions non chrétiennes que nous rappellerons plus
bas). H. de Lubac et d'autres ne voient pas la nécessité, comme nous
l'avons déjà signalé, d'interpréter les "économies" et "dispositions"
dont parlent les Pères dans le sens d'une pluralité de "voies du salut";
ce qui ne signifie pas que les religions non chrétiennes n'aient pas une
place dans le plan du salut, comme nous allons l'expliquer bientôt, mais
l'efficacité de ce rôle vient de l'action du Christ et de son Eglise en
elles, en dépit de ce qu'elles ont de mauvais et même à l'intérieur de
cela. Ceci peut paraître prétention et orgueil de la part de l'Eglise -
et elle n'est pas à l'abri de ces travers -, mais si elle l'affirme dans
la conscience de sa pauvreté et de sa dépendance totale du Christ pour un
service du monde, c'est la simple vérité.

Ce qui nous amène à insister, d'autre part, sur l'attitude que
l'Eglise aurait dû toujours avoir, qu'elle doit en tout état de cause
avoir plus que jamais à l'égard des autres religions. A moins de nier
l'intervention de Dieu dans l'histoire humaine, nous ne pouvons éluder la
question du pourquoi des diverses religions. Pour la période précédant
la venue du Christ la question se pose peut-être avec moins d'acuité:
Dieu, à travers Israël, préparait l'humanité à recevoir le Christ, encore
qu'il n'a pas abandonné les non-Juifs, comme l'ont affirmé fortement les
Pères. Mais, depuis la venue du Christ, comment expliquer que Dieu tolère
encore des religions fausses? La réponse ne peut se trouver que dans la
patience et la puissance de Dieu qui ne force jamais l'homme et compte
toujours avec sa liberté. Le Père veut sauver le monde uniquement par son
Fils - autrement il ne l'aurait pas envoyé et n'aurait pas exigé de lui ce
qu'il a exigé! -, mais ce salut doit être librement et amoureusement accepté par l'homme. Or, l'on sait comment la liberté de l'homme est entra-

---

[88] Il s'agit de H.U. von Baltahsar dans les ouvrages déjà cités à
la note 46 (il nomme expressément Rahner et Schlette) et H. de Lubac dans
Paradoxe et mystère de l'Eglise, pp. 152 s. (sans nommer personne).

vée, comment elle émerge laborieusement de certains conditionnements psychologiques et sociologiques. Mais c'est avec *cette* liberté que Dieu veut traiter et il lui accommode sa grâce, comme nous l'avons vu.

C'est dans cette optique qu'il faut situer la tolérance de Dieu à l'égard des fausses religions. Il ne peut les vouloir directement en elles-mêmes et pour elles-mêmes, ce qui impliquerait contradiction puisqu'il veut le salut par son Fils et que ces religions le méconnaissent. Mais il laisse la liberté humaine Le chercher, sachant qu'avec la seule aide de sa grâce intérieure et sans les moyens externes de salut qu'il offre dans l'Eglise, l'homme va errer plus ou moins. Il attend aussi de son Eglise une vie de témoignage et une action missionnaire les plus percutantes possible. Mais même dans le cas de son Eglise, il doit compter avec la liberté faillible et peccamineuse de ses membres. D'ailleurs, par les meilleurs de ceux-ci, elle est déjà le levain qui fait monter la pâte de l'humanité: c'est le Christ, par son Eglise, qui travaille le coeur des hommes qui appartiennent aux religions non chrétiennes.

Dieu ne veut donc pas directement les religions non chrétiennes, mais il laisse la liberté des hommes, visitée et sollicitée par sa grâce, les créer. Et c'est pourquoi on trouve en elles des éléments "vrais et saints".[89] Elles "diffèrent" en beaucoup de points de ce que l'Eglise propose (la Déclaration, se situant dans une optique de dialogue, ne souligne pas les "oppositions"), mais elles n'en apportent pas moins "souvent un rayon de la vérité qui illumine tous les hommes".[90] C'est pourquoi "l'Eglise exhorte ses fils pour que, avec prudence et charité, par le dialogue et par la collaboration avec ceux qui suivent d'autres religions, et tout en témoignant de la foi et de la vie chrétienne, ils reconnaissent, préservent et fassent progresser les valeurs spirituelles, morales et socio-culturelles qui se trouvent en eux".[91]

Les religions non chrétiennes sont donc le fruit produit par la liberté humaine, visitée par la grâce, mais aussi tiraillée par le péché. C'est pourquoi elles retiennent des éléments de vérité et de sainteté et contiennent des erreurs comme elles peuvent encourager certaines déviations. Par ce qu'elles conservent de bien, des hommes, toujours avec l'aide de la grâce, peuvent être aidés à rencontrer Dieu dans une certaine mesure et à le servir suivant leurs lumières et leurs forces. Dans un monde où l'athéisme déclaré, systématisé ou latent, progresse de jour en jour, la démarche religieuse de ces groupes non chrétiens n'est pas à oublier et l'Eglise doit s'unir à eux pour promouvoir la reconnaissance de certaines valeurs religieuses. La pastorale missionnaire de l'Eglise ne doit pas non plus faire table rase des valeurs spirituelles et morales vé-

---

[89] Cf. *Nostra aetate*, 2,2.

[90] *Ibid.*

[91] *Ibid.*, 2,3.

hiculées par ces religions.[92]   Au contraire, elle doit partir d'elles -
elles sont des "préparations à l'évangile", des "dispositions" de Dieu -
pour leur découvrir celui qu'elles cherchent à tâtons (cf. *Ac* 17,27) et
après lequel elles aspirent sans pouvoir le nommer.[93]   Ainsi les hommes
qui professent ces religions, en entrant dans l'Eglise, contribueront par
leurs apports à faire fleurir sa catholicité.

La tâche de l'Eglise à l'égard de ces religions en est donc une de
service.   Ce n'est pas par l'intolérance que l'Eglise accomplira sa tâche
qui est de les faire passer de l'imparfait à la connaissance parfaite de
Dieu et de sa volonté en Jésus-Christ, mais par l'amour.   Amour de Dieu et
du Christ qui l'a choisie pour qu'elle soit instrument du salut des nations,
sacrement de Dieu pour le monde; amour de ces hommes, qui sont déjà frères
des chrétiens et qui l'ignorent, qui attendent de l'Eglise la pleine lumière dans la demi-obscurité parfois sublime où ils cheminent.   Mais l'amour
des hommes ne s'oppose pas à l'amour de Dieu, il prend au contraire sa source en Lui: par conséquent, une vision plus ouverte sur les religions non
chrétiennes ne peut s'accommoder d'une pastorale missionnaire qui consisterait uniquement à rendre meilleurs païens leurs adhérents,[94] ni d'un indif-
férentisme qui mettrait toutes les religions sur le même pied, ni d'un syncrétisme qui voudrait les fondre en une seule.   "Aspirer à rendre l'humanité meilleure et plus heureuse par l'unification de toutes les religions
est une chose; intercéder avec ferveur pour l'union de toutes les âmes
dans l'amour sanctifiant du Dieu révélé en est une autre.   La première est
peut-être aujourd'hui la tentative luciférienne la plus subtile visant à
faire échouer la seconde."[95]

Depuis toujours - et il en sera toujours ainsi -, Dieu donne à chaque homme suffisamment de grâces pour qu'il puisse opérer son salut.   Il
les donne de diverses façons et par différents canaux.   Il en est à qui il
donne davantage, même en dehors d'une appartenance reconnue à Israël sous
l'ancienne alliance et à l'Eglise sous la nouvelle alliance: il est normal que ceux-là fassent une expérience religieuse plus profonde, que celle-
ci rejaillisse sur une portion de l'humanité et qu'elle prenne la forme

---

[92]Si on avait accepté les vues de De Nobili et de Ricci, qui con-
sistaient à reconnaître ce que les religions indiennes et le confucianisme
avaient de bon et à partir de cela pour évangéliser les peuples indien et
chinois, peut-être cette évangélisation serait-elle plus avancée qu'elle
ne l'est aujourd'hui.

[93]Cf. J.A. Cuttat, *La rencontre des religions*, Aubier, pp. 75-79.

[94]Que la pastorale missionnaire de l'Eglise doive être plus intel-
ligente, plus attentive aux valeurs des autres religions, aux mentalités
et richesses des peuples, ne signifie pas qu'il ne doit plus y avoir de
mission.

[95]J.A. Cuttat, *op. cit.*, p. 97.   On pourra compléter ces données un
peu rapides par J. Daniélou, *Le mystère du salut des nations*, surtout pp.
48-69; *Essai sur le mystère de l'histoire*, pp. 105-119.

d'un système religieux (entendu au sens le plus large).[96] Il n'est pas exclu, loin de là, que Dieu veuille de tels rejaillissements, même s'ils sont entachés d'erreurs. Il les veut cependant comme des "préparations" à la connaissance du Christ ou des cheminements vers Celui qui est la seule voie du salut et qui oeuvre au coeur de l'humanité par l'action visible ou invisible de son Eglise.

CONCLUSION

Rien ne nous paraît résumer mieux tout ce que nous avons dit que ce texte de *Lumen gentium*, dont notre communication est pour ainsi dire le commentaire:

> Dieu lui-même n'est pas loin de ceux qui cherchent à travers les ombres et les images un Dieu inconnu, puisqu'il donne à tous vie, souffle et toutes choses (cf. *Ac* 17,25-28), et que, Sauveur, il veut que tous les hommes soient sauvés (cf. *1 Tm* 2,4). Car ceux qui, sans faute de leur part, ignorent l'Evangile du Christ et de son Eglise, et cependant cherchent Dieu d'un coeur sincère, et s'efforcent, sous l'influence de la grâce, d'accomplir dans leurs oeuvres la volonté de Dieu qu'ils connaissent par la voix de leur conscience, ceux-là peuvent obtenir le salut éternel. La divine Providence ne refuse pas les secours nécessaires pour leur salut à ceux qui sans faute de leur part ne sont pas encore parvenus à une connaissance explicite de Dieu, et s'efforcent, non sans le secours de la grâce, de mener une vie droite. Tout ce qui se trouve en eux de bon et de vrai, l'Eglise l'estime comme une préparation à l'Evangile, donnée par celui qui illumine tout homme pour qu'il ait enfin la vie. Mais trop souvent les hommes, trompés par le Malin, ont perdu le sens dans leurs raisonnements, ils ont transformé en mensonge la vérité de Dieu et ont servi la créature plutôt que le Créateur (cf. *Rm* 1,21 et 25); ou vivant et mourant sans Dieu dans ce monde, ils sont exposés au pire désespoir.

---

[96] Saint Augustin dit que "les gentils eux-mêmes ont leur prophètes", mais, ajoute-t-il, "ils étaient *à leur insu prophètes du Christ*" (*Lettre* 118, chap. 5, n. 33; P.L. 33, 448). On en peut dire autant, *servatis servandis*, des religions comme l'Islam, nées après le christianisme, mais sans oublier que ces religions ne retiennent que certains éléments du christianisme et en défigurent d'autres.

Aussi, pour procurer la gloire de Dieu et le salut de tous ces hommes, l'Eglise, se souvenant de l'ordre du Seigneur disant "Prêchez l'Evangile à toute créature" (cf. *Mc* 16,16), met son soin le plus actif à promouvoir les missions.[97]

Jean-Guy Pagé
Université Laval

---

[97]Cf. *Lumen Gentium*, paragraphe 16.

"FILS DE DIEU"

Reconsidération de l'interprétation adoptioniste

Jean Richard

I - L'ATTRIBUTION A JESUS DU TITRE DE "FILS DE DIEU"

1. *La lecture dogmatique du titre*

Le titre de "Fils de Dieu" occupe une place prépondérante, il remplit une fonction toute spéciale en christologie. On le comprend aisément d'ailleurs si l'on observe, avec A. Wainwright, que la plupart des autres titres expriment le rapport du Christ au monde, comme Sauveur, Juge, Seigneur des hommes. "Fils de Dieu" indique au contraire un rapport immédiat et intime du Christ à Dieu lui-même. Il suggère même la divinité de Jésus, et partant une relation Père-Fils en Dieu lui-même. D'où son importance en théologie trinitaire autant qu'en christologie.[1]

C'est donc à ce titre que se référeront le plus volontiers les théologiens pour exprimer la divinité du Christ. Un fascicule de *Lumière et Vie*, portant sur la divinité de Jésus dans les écrits du Nouveau Testament, avait précisément pour titre: *"Jésus, le Fils de Dieu"*.[2] Les premières lignes de l'éditorial montraient bien d'ailleurs en quel sens on l'entendait: "Qu'un homme vivant comme les autres hommes, mangeant, buvant, conversant avec eux, capable d'être fatigué, de s'émouvoir, de pleurer, de mourir enfin sur une croix, puisse être en même temps le Fils de Dieu,

---

[1]A.W. Wainwright, *The Trinity in the New Testament*, Londres, S.P.C.K., 1962, pp. 171-172.

[2]*Lumière et Vie*, no IX, avril 1953.

égal à Lui, éternel comme Lui, créateur du monde avec Lui, il y a là folie pour la raison humaine".[3]

C'est là, disons-nous, l'interprétation "dogmatique" du titre. On la trouve déjà bien explicitée dans le second article du Symbole de Nicée, qui souligne avec force la génération éternelle ainsi que la consubstantialité du Fils avec le Père: "Nous croyons... en un Seigneur Jésus-Christ, le Fils de Dieu engendré unique du Père, c'est-à-dire de la substance du Père, Dieu de Dieu, lumière de lumière, vrai Dieu de vrai Dieu, engendré, non pas fait, consubstantiel au Père, par qui tout a été fait..."[4]

Sans doute, le retour au texte même du Nouveau Testament imposera-t-il certaines nuances. On reconnaîtra que le titre ne comporte pas partout la même densité de signification. L'expression est prise parfois "au sens métaphorique", pas toujours "au sens strict".[5] On dira encore que l'expression comporte parfois "un sens restreint", qu'on ne peut lui donner toujours "tout son sens chrétien".[6] B. Rey distingue pour sa part Fils de Dieu "au sens messianique de l'expression" et "au sens fort de l'expression".[7] Il observe par ailleurs dans le Nouveau Testament le passage "d'une signification messianique du titre de fils de Dieu à une signification exprimant l'unité personnelle de Jésus à Dieu"; "l'on est passé d'une signification messianique, attribut du ressuscité, à une signification divine du titre de Fils de Dieu".[8] Ce passage est donc en fait celui d'une interprétation vétéro-testamentaire à une autre, plus profonde et proprement chrétienne, de ce titre: "Les premiers emplois du titre de fils de Dieu dans la prédication chrétienne ne concernent pas directement le caractère divin de la personne de Jésus, mais ses prérogatives de ressuscité. Cet usage s'explique par la signification de l'expression fils de Dieu dans l'Ancien Testament et le judaïsme".[9] Ainsi, l'interprétation dogmatique du titre se retrouve vraiment dans le Nouveau Testament, mais on fait voir qu'elle arrive au terme d'une révélation qui a son point de départ dans l'Ancien Testament.

---

[3]*Ibid.*, p. 3.

[4]Cf. E. Boularand, *L'hérésie d'Arius et la "foi" de Nicée*, Paris, Ed. Letouzey et Ané, 1972, t. II, p. 259.

[5]J. Dhelly, *Dictionnaire biblique*, Tournai, Desclée, 1964, p. 417.

[6]*Vocabulaire de théologie biblique*, 2e éd., Paris, Ed. du Cerf, 1970, col. 468-469.

[7]B. Rey, *Le cheminement des premières communautés chrétiennes à la découverte de Dieu*, Paris, Ed. du Cerf, 1972, p. 43.

[8]*Ibid.*, pp. 50, 54.

[9]*Ibid.*, p. 40.

2. *Le sens messianique et le sens mythologique du titre*

Si nous voulons pousser plus avant notre recherche, il nous faudra maintenant passer par le creuset de la critique impitoyable de R. Bultmann. La distinction que nous venons d'évoquer se retrouve effectivement chez lui, mais elle est interprétée d'une façon bien différente. Le premier sens du titre est propre au kérygme de la communauté primitive: c'est le sens biblique, messianique, judéo-chrétien. L'autre sens, qu'on appelait tantôt le sens fort, appartient lui-même au kérygme de l'église hellénistique: c'est le sens mythologique, pagano-chrétien de l'expression. En somme, Bultmann distingue une double signification du titre selon deux sources bien distinctes, l'une biblique, l'autre extra-biblique, hellénistique. Suivons de plus près sa démarche.

Rm 1,3-4 nous transmet une ancienne profession de foi qui témoigne du kérygme primitif judéo-chrétien. Jésus y est proclamé Fils de Dieu en raison de sa Résurrection. C'est donc en tant que roi messianique qu'il reçoit ce titre. Sans doute est-il peu probable que "Fils de Dieu" ait été utilisé couramment comme titre messianique dans le judaïsme contemporain de Jésus. Il est certain par ailleurs que le *Ps* 2 a reçu une interprétation messianique dans l'Eglise, et très probablement déjà dans le judaïsme. Or le roi s'y trouve appelé Fils de Dieu, selon l'ancienne formule orientale d'adoption: "Tu es mon fils, moi, aujourd'hui, je t'ai engendré" (v. 7). Voilà donc l'origine du sens messianique du titre dans le kérygme primitif. Bultmann insiste. Il n'est pas du tout question ici - comme ce sera le cas dans l'interprétation mythologique - d'un être divin engendré par Dieu. Ce n'est pas non plus le Jésus terrestre, mais bien le Christ ressuscité qui reçoit ce titre. Et si Bultmann reconnaît encore ce sens messianique dans la scène de la transfiguration (*Mc* 9,7), c'est qu'il s'agirait là originairement d'un récit pascal.[10]

En passant à l'église hellénistique, le titre assume un sens nouveau. "Fils de Dieu" signifie maintenant la divinité du Christ, sa nature divine, de même que son origine, sa génération divine. La source de cette nouvelle conception se trouve tout naturellement dans les idées religieuses du monde gréco-romain. On appelait alors "hommes divins" (*theioi andres*) certains personnages illustres par leurs actions héroïques et leurs prodiges. On leur appliquait même l'idée mythologique d'une naissance divine, de sorte qu'ils étaient aussi appelés "fils de Dieu". Les évangiles synoptiques reprendraient cette conception en présentant Jésus comme le Fils de Dieu, lequel manifeste sa divinité par ses miracles. Ce nouveau courant de pensée serait par ailleurs rendu assimilable par la tradition judéo-chrétienne grâce à l'analogie entre ces hommes divins du monde grec et les grands inspirés de l'Ancien Testament. Jésus, l'homme divin, sera donc présenté lui-même comme un charismatique. D'après Marc, c'est au baptême qu'il devient Fils de Dieu, grâce à l'Esprit Saint qui lui est conféré. Matthieu et Luc iront encore plus loin. Ils reprendront

---

[10] R. Bultmann, *Theology of the New Testament*, vol. I, New York, Ch. Scribner's Sons, 1951, p. 50.

l'idée d'une naissance divine de Jésus, grâce encore une fois à la puissance de l'Esprit Saint. Mais l'idée d'une filiation divine découlait aussi
d'une autre source. Car le monde grec avait reçu également d'anciens mythes orientaux l'idée de divinités-fils, qui subissaient le destin humain
de la mort, pour ressusciter ensuite et procurer ainsi le salut à leurs
adeptes. D'où encore un nouveau sens de "Fils de Dieu", qu'on rencontre
tout spécialement dans les écrits pauliniens et johanniques. C'est le
Fils de Dieu pré-existant, qui se fait homme pour le salut du monde.
Ces idées grecques pouvaient là encore s'assimiler à la tradition biblique, grâce aux thèmes de la Sagesse et du Logos dans les écrits sapien-
tiaux de l'Ancien Testament.[11]

La thèse de Bultmann a été reprise, développée et légèrement modifiée par F. Hahn, dans son ouvrage fameux *Christologische Hoheitstitel*.
Hahn distingue maintenant trois étapes dans l'évolution du titre. Dans
le kérygme de la communauté primitive, la signification est bien messianique. Mais Hahn insiste ici sur la dimension eschatologique. Le titre de
Fils de Dieu est d'abord conféré à Jésus en rapport avec son oeuvre eschatologique. Le Fils de Dieu est celui qui vient, celui qu'on attend des
cieux, dans le sens de *1 Thess* 1,9-10. Ce n'est qu'ensuite, à la suite
d'une première évolution, que le titre est attribué au Seigneur ressuscité
et glorifié, dans le sens de *Rm* 1,3-4. La seconde étape serait celle du
judéo-christianisme hellénistique. Elle est caractérisée par l'attribution au Jésus terrestre du titre de Fils de Dieu. La conception hellénistique de "l'homme divin" (*theios anèr*) se trouve alors harmonisée avec
l'idée biblique de "l'homme de Dieu", le charismatique inspiré. C'est
ainsi que sera présenté Jésus: Fils de Dieu en tant que rempli de l'Esprit Saint pour accomplir la mission que Dieu lui a confiée. Que cette
effusion de l'Esprit se réalise au baptême ou à la conception même de Jésus, sa signification fondamentale demeure la même. Le sens du titre
"Fils de Dieu" ne dépasse donc pas encore ici la perspective proprement
messianique. C'est à la troisième étape, celle du christianisme hellénistique, qu'on passerait d'une conception simplement messianique et fonctionnelle à une conception proprement ontologique du titre. L'Esprit
Saint ne signifie plus simplement alors le pouvoir charismatique du Messie;
il fait de Jésus un être ontologiquement divin. C'est cette nature divine
du Christ qui se manifeste lors de la transfiguration, comme en chacun de
ses miracles. Et cette filiation proprement divine doit être conçue finalement comme une filiation éternelle. D'où l'idée de la pré-existence du
Fils, caractéristique aussi de cette troisième étape. Notons enfin que
pour Hahn cette conception d'une filiation divine ontologique est déjà
présente dans les évangiles synoptiques. L'évolution qu'il vient de décrire se retrouve donc à l'intérieur des principaux écrits du Nouveau
Testament, et non pas seulement d'un écrit à l'autre.[12]

---

[11]*Ibid.*, pp. 128-132.

[12]F. Hahn, *Christologische Hoheitstitel, Ihre Geschichte im frühen
Christentum*, 3e éd., Göttingen, Vandenhoeck & Ruprecht, 1966, pp. 287-319.

Cette thèse cependant est loin de faire l'unanimité parmi les exégètes. O. Cullmann et A. Wainwright par exemple, après avoir examiné la
signification du titre dans l'hellénisme et dans le judaïsme, montreront
que la conception chrétienne remonte plutôt à l'Ancien Testament, qu'elle
s'oppose même sur plus d'un point aux idées orientales et grecques.[13]
V. Taylor insiste pour sa part sur l'originalité de la conception chrétienne tant par rapport à la pensée hébraïque qu'aux idées hellénistiques, et
il fait remonter cette originalité créatrice à la conscience filiale de
Jésus.[14] Nous aurons l'occasion d'y revenir.

Il suffira pour l'instant de soulever une question dans la ligne
de la théologie bultmanienne. Admettons dans le Nouveau Testament certains
emprunts mythologiques d'origine orientale et grecque. Comment alors ces
conceptions mythologiques ont-elles été assimilées? Par une simple référence à des thèmes plus ou moins similaires de l'Ancien Testament, comme
semble le suggérer Bultmann? N'y aurait-il pas eu une transformation plus
radicale de ces conceptions hellénistiques au contact du kérygme christologique? Précisons encore la question, en utilisant la terminologie de
Bultmann. Il distingue une conception messianique et une conception mythologique du titre, considérant cette dernière comme une évolution et
une détermination de la première. Mais n'y aurait-il pas aussi inversement une détermination, une modification des idées mythologiques au contact de la conception messianique? Et cette détermination ne serait-elle
pas déjà une amorce de démythologisation des idées hellénistiques?

3. *Le sens adoptioniste et le sens physique du titre*

Les distinctions analysées jusqu'ici en supposent une autre, sur
laquelle il faudra nous arrêter maintenant: la distinction entre filiation "adoptive" et filiation "naturelle", dans l'interprétation du titre
de Fils de Dieu. Commençons par l'étude de W. Kramer, portant sur les
formules pré-pauliniennes des épîtres de Paul. On y reconnaît clairement
deux types d'interprétation christologique du titre, qui illustrent bien
la distinction qui nous occupe.

---

[13]O. Cullmann, *Christologie du Nouveau Testament*, Neuchâtel, Delachaux & Niestlé, 1958, pp. 235 ss.; A. W. Wainright, *The Trinity in the
New Testament*, pp. 172 ss. Pour sa part, A. Descamps, à la suite de P.
Wülfing von Martitz, conteste au plan du vocabulaire un véritable lien
entre "homme divin" et "fils de Dieu" dans le syncrétisme hellénistique:
"Les complexes d'*idées* 'fils de Dieu' et *theios anèr* ont peut-être des con-
tacts: la *terminologie* n'appuie pas cette association" ("Pour une histoire du titre 'Fils de Dieu'", dans M. Sabbre éd., *L'évangile selon Marc,
Tradition et rédaction*, Bibl. Ephem. Theol. Lovan. XXXIV, Gembloux, Duculot,
1974, p. 542).

[14]V. Taylor, *The Person of Christ in New Testament Teaching*, Londres, Macmillan & Co., 1959, pp. 172 ss.

Une première formule nous est transmise en *Rm* 1,3-4: "...issu selon la chair de la lignée de David, établi, selon l'Esprit Saint, Fils de
Dieu avec puissance par sa Résurrection d'entre les morts..." Kramer reconnaît là le schème de l'adoption: "une personne qui possède déjà une grande dignité est adoptée et reçoit ainsi un statut suprême." L'arrière-
plan de la formule est l'idée de l'intronisation du roi. Car en Israël,
cette intronisation était considérée comme l'adoption du roi par Dieu,
ainsi qu'en témoigne *Ps* 2,7. On peut donc supposer à cette formule une
origine judéo-chrétienne. Quant au moment de l'adoption, il est présenté
ici comme celui de la Résurrection. Mais Kramer nous prévient qu'on dépasserait la portée du texte en se demandant si Jésus était déjà ou non
Fils de Dieu avant sa Résurrection. En d'autres termes, cette question
n'entre pas dans la visée du texte. Et sans doute, faudrait-il en dire
autant pour la question de la pré-existence et de la consubstantialité
avec Dieu, deux thèmes qui n'entrent pas non plus dans la perspective de
cette première conception du titre.[15]

D'autres formules pré-pauliniennes concernent l'envoi du Fils, comme *Gal* 4,4-5 et *Rm* 8,3. Puisqu'il s'agit de son envoi en ce monde terrestre, ces formules présupposent nécessairement la pré-existence céleste du
Fils. Comparant *Rm* 1,3-4 avec *Gal* 4,4-5, Kramer montre bien la différence
dans la conception du titre: "Là, c'est un être terrestre, l Messie,
qui est installé, adopté comme Fils de Dieu, tandis qu'ici c'est le préexistant qui est envoyé dans la vie terrestre. Ainsi la première formule
concerne un être terrestre qui est adopté, l'autre se rapporte à un être
pré-existant qui est envoyé".[16] Ces formules relatives à l'envoi du Fils
ne comportent par ailleurs aucune allusion à sa destinée future; elles
ignorent toute post-existence du Fils. Ce qui fait dire à Kramer qu'elles ne peuvent provenir du mythe gnostique du Rédempteur, car il y aurait
alors sûrement allusion à la glorification du Fils descendu du ciel. Lui-
même voit plutôt l'origine de ces formules dans la littérature juive sur
la Sagesse. On y parle souvent de la pré-existence et de l'envoi de la
Sagesse. Ces formules sur l'envoi du Fils doivent donc être l'oeuvre du
judéo-christianisme hellénistique.[17]

Rm 1,3-4 n'est d'ailleurs pas le seul témoin d'une christologie de
type adoptioniste. Elle se retrouve aussi dans d'autres textes du kérygme
primitif. Ainsi, *Ac* 2,36, qui présente la résurrection comme l'intronisation messianique du Christ, et surtout *Ac* 13,33, où la résurrection de
Jésus est conçue comme l'accomplissement de la promesse messianique contenue en *Ps* 2,7. A. Wainwright discute longuement la thèse de J. Weiss,
qui, à partir de ces textes, concluait que l'adoptionisme était la forme

---

[15] W. Kramer, *Christ, Lord, Son of God*, (Studies in Biblical Theology, 50), Naperville, A.R. Allenson; Londres, SCM Press, 1966, pp. 108-
111.

[16] *Ibid.*, p. 114.

[17] *Ibid.*, pp. 121-122.

la plus ancienne de la christologie néo-testamentaire.[18] La réponse de
Wainwright peut sembler de prime abord assez faible: dans tous les discours des Actes, il n'y a que deux brefs passages qui témoignent d'une conception adoptioniste, ce qui ne suffit pas pour établir que ce devait être
là une doctrine saillante, ni même une doctrine bien élaborée dans la communauté primitive. Cette remarque pourrait prendre cependant tout son
sens dans le contexte plus large de l'hypothèse suggérée par Kramer. La
conception adoptioniste ne serait qu'un élément doctrinal qui avec d'autres, la doctrine de la pré-existence tout spécialement, se serait très
tôt intégré dans une synthèse christologique plus vaste. Kramer lui-même
croit reconnaître dans l'hymne christologique de *Phil* 2,6-11 un exemple
marquant d'une telle synthèse doctrinale des éléments de la pré-existence
et de l'adoption du Fils.[19]

J. Weiss notait déjà cependant une évolution possible dans la christologie primitive adoptioniste. Au tout début, le moment de l'adoption
était celui de l'exaltation du Christ ressuscité, mais il semblait par la
suite reporté à un moment ou l'autre de la vie terrestre de Jésus. On
pouvait sans doute interpréter la scène de la transfiguration (*Mc* 9,7) et
même la profession de Pierre (*Mt* 16,16) comme des récits ou du moins des
annonces de Pâques. Mais le récit du baptême (*Mc* 1,11) ne se laisse pas
si facilement récupérer, et la distinction posée par Weiss entre le moment
de l'onction et celui de l'intronisation paraît ici bien peu convaincante.[20]
On doit donc reconnaître, avec Bultmann et Hahn, que le titre de Fils de
Dieu a été reporté du Christ glorieux au Jésus terrestre. Et l'interprétation de Hahn nous semble ici plus juste que celle de Bultmann. Ce ne
sont pas sans plus des conceptions mythologiques hellénistiques qui ont
alors été rapportées à Jésus. Dans la scène du baptême plus particulièrement, le titre de Fils de Dieu conféré à Jésus doit vraiment s'entendre
au sens biblique traditionnel, au sens messianique et adoptioniste.[21]
Wainwright voudrait limiter ce sens adoptioniste au texte occidental de
Lc 3,22, qui réfère explicitement à *Ps* 2,7.[22] Même si l'on concède à
Wainwright que cette lecture du texte n'est pas la plus probable, il est
difficile de contester l'exactitude de son interprétation du titre.

Le récit de la conception virginale en *Lc* 1,31-35 marque une dernière étape dans cette évolution. Bultmann y reconnaît tout naturellement
l'idée mythologique d'un enfant divin engendré par quelque divinité.[23]
H. Conzelmann le suit là-dessus: "Le récit de la naissance contient une
autre conception de la filialité divine: Jésus est Fils de Dieu par sa
naissance miraculeuse. Cette idée n'est pas juive, elle provient du

---

[18] A.W. Wainwright, *The Trinity in the New Testament*, pp. 181-185.

[19] W. Kramer, *Christ, Lord, Son of God*, pp. 122-123.

[20] Cf. A.W. Wainwright, *The Trinity in the New Testament*, pp. 182-183.

[21] F. Hahn, *Christologische Hoheitstitel*, pp. 301-302.

[22] A.W. Wainwright, *The Trinity in the New Testament*, pp. 183-184.

[23] R. Bultmann, *Theology of the New Testament*, vol. I, p. 131.

polythéisme. Elle est très répandue dans l'ancien Orient et dans l'hellénisme." Il admet pourtant que cette idée se trouve ici "sublimée, de sorte que la conception de l'enfant ne vient pas d'une copulation physique,
mais de la dynamis ou du pneuma divin".[24] Mais cette sublimation du mythe ne serait-elle pas déjà démythologisation? C'est dans ce sens en
tout cas que va l'interprétation de Hahn, qui montre bien, en rapport
surtout avec *Lc* 1,32, que le titre doit s'entendre encore ici au sens messianique et adoptioniste, non pas au sens physique.[25] B. Rey aboutit finalement à la même conclusion à propos de *Lc* 1,35, en montrant, à la suite de L. Legrand, que les principaux éléments de ce verset se retrouvent
dans la scène du baptême, dans celle de la transfiguration, de même qu'en
Rm 1,3-4.[26] L'arrière-plan conceptuel du récit de la conception de Jésus
est donc exactement le même que celui des autres passages où nous avons
reconnu une interprétation adoptioniste du titre.

Mais n'y a-t-il pas contre-sens dans l'affirmation d'une filiation
adoptive remontant au moment même de la conception? "Ce serait bien stu-
pide, écrit Wainwright, de soutenir que Luc et Matthieu ont poussé l'adoptionisme un degré plus loin quand ils ont introduit le récit de la naissance virginale de Jésus. Les récits de l'enfance enseignent que Jésus
était Fils de Dieu non par adoption mais par naissance".[27] De même B. Rey:
"Il est Dieu non parce que Dieu l'aurait adopté au commencement de sa vie
publique, lors de son baptême par Jean, mais de naissance".[28] C'est bien
là encore, selon W. Pannenberg, le sens théologique du récit: "il faut
de toute façon en retenir l'idée que dès l'origine Jésus a été Fils de
Dieu, qu'il est donc le Fils de Dieu en personne".[29] Ce récit aurait
même été introduit dans le Symbole des Apôtres précisément pour contrer
la thèse adoptioniste.[30]

La conception adoptioniste du titre est donc exclue par là, pour
autant qu'elle signifie que Jésus serait devenu Fils de Dieu à un moment
de son existence, alors qu'il ne l'était pas auparavant. Et pourtant,
croyons-nous, l'interprétation adoptioniste comporte jusque là un sens
acceptable et valable, pour autant que le terme "adoption" ne dénote pas
alors le temps (le moment), mais bien le mode (le comment) de la filiation
divine de Jésus. A la suite de Conzelmann qui mentionne une conception

---

[24] H. Conzelmann, *Théologie du Nouveau Testament*, Genève, Labor et
Fides, 1969, p. 92.

[25] F. Hahn, *Christologische Hoheitstitel*, pp. 306-308.

[26] B. Rey, *A la découverte de Dieu*, pp. 44-49.

[27] A.W. Wainwright, *The Trinity in the New Testament*, pp. 184-185.

[28] B. Rey, *A la découverte de Dieu*, p. 45.

[29] W. Pannenberg, *Esquisse d'une christologie*, Paris, Ed. du Cerf,
1971, p. 172.

[30] *Ibid.*, pp. 182-183.

juridique et une conception physique de la filiation divine,[31] on pourrait peut-être parler ici d'un mode juridique et d'un mode physique de cette filiation, la conception adoptioniste se référant alors au mode juridique. Mais il serait sans doute plus juste de dire: un mode spirituel et personnaliste, la filiation divine de Jésus se réalisant par la parole, par la déclaration, par l'appel du Père. On comprend dès lors que cette filiation s'exprime aux moments "décisifs" de la destinée de Jésus.

L'interprétation adoptioniste que nous préconisons ne s'oppose donc pas au fait de la filiation divine de Jésus depuis toujours. Elle ne s'oppose pas non plus au dogme de la consubstantialité. Cette opposition était sans doute caractéristique de la christologie adoptianiste du IIe siècle. Jésus était alors considéré comme "homme, purement et simplement", et il aurait été élevé à la dignité de Fils de Dieu par l'infusion de l'Esprit Saint.[32] C'est dans le même sens que l'adoptianisme fut condamné aux VIIIe et IXe siècles, parce qu'il déclarait Jésus simple homme, tout comme autrefois le nestorianisme.[33] Filiation adoptive s'oppose alors à filiation naturelle.[34] Ainsi, le Christ n'est plus Fils de Dieu par nature, et partant il n'est plus consubstantiel au Père. Mais nous entendons ici filiation adoptive au sens de filiation par mode d'adoption, par opposition à filiation par mode de nature. La réalité ontologique de la filiation divine n'est donc pas remise en question par là, mais seulement son mode de représentation.

Cette distinction peut nous aider à comprendre comment on a pu conserver dans le Nouveau Testament des expressions messianiques et adoptionistes de la filiation divine de Jésus, alors qu'on entendait déjà le titre au sens transcendant. B. Rey attire notre attention sur la juxtaposition des deux sens de l'expression en *Rm* 1,1-4. Quand Paul parle de l'Evangile de Dieu concernant son Fils, il entend sans doute cette filiation "au sens fort de l'expression". Et pourtant, il ne lui répugne pas d'introduire aussitôt une formule de type messianique et adoptioniste.[35] On pourrait faire la même remarque à propos du début de l'Evangile de Marc. L'exorde annonce l'Evangile de Jésus-Christ, Fils de Dieu, au sens transcendant sans aucun doute. Suit alors la scène du baptême, où Jésus est déclaré Fils en des termes rappelant *Ps* 2,7. Pour les rédacteurs du Nouveau Testament, les formules messianiques et adoptionistes ne s'opposent

[31] H. Conzelmann, *Théologie du Nouveau Testament*, p. 142. Dans le même sens, à propos de *Ps* 2,7, A. Descamps préfère parler de *légitimation juridique* plutôt que d'*adoption* (*art. cit.*, pp. 535-536).

[32] W. Pannenberg, *Esquisse d'une christologie*, p. 168; cf. A. Grillmeier, *Le Christ dans la tradition chrétienne, De l'âge apostolique à Chalcédoine (451)*, Paris, Ed. du Cerf, 1973, pp. 115-116.

[33] Denzinger-Rahner, *Enchiridion Symbolorum*, nn. 299, 310.

[34] *Ibid.*, nn. 311-314.

[35] B. Rey, *A la découverte de Dieu*, pp. 42-44.

donc d'aucune façon à la foi au Fils transcendant et pré-existant. Il ne leur répugne pas d'exprimer la filiation divine du Christ avec des formules d'adoption rappelant *Ps* 2,7.

La conception adoptioniste des écrits du Nouveau Testament ne s'oppose donc pas à la filiation éternelle, pas plus qu'à la filiation proprement divine impliquant la consubstantialité avec le Père. Elle s'oppose cependant à toute conception "physique" - i.e. "naturelle" - de cette même filiation divine. Ce qui signifie tout simplement que pour les auteurs du Nouveau Testament le modèle de l'adoption est une analogie plus adéquate que celui de la génération pour décrire le comment de la filiation divine du Christ. Et si l'on utilise encore le modèle de la génération, ce ne sera plus qu'au sens métaphorique, pour autant qu'il aura d'abord été "brisé" par celui de l'adoption, comme en *Ps* 2,7. C'est par là, croyons-nous, que le Nouveau Testament "brise" le mythe des générations divines. C'est par là qu'il amorce la démythologisation de tous les mythes orientaux et grecs concernant les fils de dieux. Mais à ce point de notre étude, cette intuition n'est encore qu'une hypothèse. Il faudra, pour la confirmer, reprendre encore une fois les chemins de l'exégèse.

II - L'INVOCATION DU PERE PAR JESUS

1. *La conscience filiale de Jésus*

Comme pour les autres éléments du kérygme apostolique, on se demande si ce titre remonte bien à Jésus lui-même, si Jésus lui-même s'est vraiment dit "Fils de Dieu". Et la question prend ici une importance toute spéciale, puisqu'elle concerne la conscience-de-soi de Jésus. A la question ainsi formulée, il semble bien qu'on doive répondre négativement, "car Jésus ne semble pas s'être attribué le titre de Fils de Dieu".[36] H. Conzelmann est encore plus catégorique: "D'après les textes en présence, Jésus n'a pas employé le titre de Fils de Dieu".[37] Dans les Synoptiques en effet, le titre n'apparaît jamais sur les lèvres de Jésus lui-même.[38] On pourrait sans doute discuter le cas de l'interrogatoire du Grand Prêtre en *Mc* 14,61-62. Cependant, même si on reconnaît à ce passage l'historicité que lui conteste Conzelmann, il reste qu'en *Mt* 26,64, comme en *Lc* 22,67,

---

[36] B. Rey, *A la découverte de Dieu*, p. 51. A. Descamps aboutit lui-même à la même conclusion: "A tout prendre, il est dès lors peu vraisemblable que Jésus se soit appliqué le titre de fils de Dieu" (*art. cit.*, p. 548).

[37] H. Conzelmann, *Théologie du Nouveau Testament*, p. 143.

[38] A.W. Wainwright, *The Trinity in the New Testament*, p. 178.

Jésus lui-même s'exprime avec grande réserve là-dessus, et sa réponse, en Marc et Matthieu, met plutôt l'accent sur le titre de Fils de l'homme.[39]

Mais le fond de la question n'est pas résolu pour autant: le contenu du titre remonte-t-il à la conscience-de-soi de Jésus? Car il faut encore prendre en considération ici les passages où il s'affirme comme "le Fils". C'est à ces passages que réfère O. Cullmann pour montrer que le titre "Fils de Dieu" remonte bien à Jésus lui-même, et non pas seulement à la communauté palestinienne ou hellénistique.[40] F. Hahn a bien montré cependant que le titre "Fils de Dieu" et l'expression "le Fils" doivent être distingués. "Le Fils" s'emploie toujours en corrélation expresse avec la désignation de Dieu comme Père, tandis que "Fils de Dieu" n'explicite pas la relation au Père comme tel.[41] H. Conzelmann résume bien la thèse de Hahn, et il montre plus clairement encore le sens de cette distinction: "Le terme absolu 'le Fils' et 'le Fils de Dieu' doivent être distingués. Il s'agit de traditions différentes. 'Le Fils' s'emploie en relation expresse avec le 'Père'. Ce qui constitue cette filialité, c'est la soumission, la révélation du Père au Fils, l'obéissance".[42] En somme, le titre "Fils de Dieu" met davantage l'accent sur la dignité divine du Christ, sur son identification à Dieu, tandis que "le Fils" souligne davantage la filialité de Jésus et sa soumission au Père. Il est alors significatif de constater que ce soit cette dernière expression plutôt que la première qu'on retrouve sur les lèvres de Jésus.

On mentionne ici surtout trois passages où il est question du Fils dans les paroles de Jésus: la parabole des vignerons homicides (*Mc* 12, 6), la parole sur l'heure du jugement inconnue même par le Fils (*Mc* 13, 32), et celle sur la connaissance mutuelle du Père et du Fils (*Lc* 10,22 = *Mt* 11,27). La plupart des exégètes reconnaissent aujourd'hui l'authenticité de ces *logia*. Tous les doutes ne sont pas dissipés cependant, et l'accord des exégètes là-dessus est loin d'être parfait, comme le montre la conclusion catégorique de H. Conzelmann: "Tous les passages contenant le titre 'le Fils' s'avèrent issus de la christologie de la communauté".[43] Indépendamment de cette question d'authenticité, il y a aussi le fait que ces passages où Jésus se déclare "le Fils" sont bien peu nombreux. Ce serait là une évidence bien mince pour montrer la conscience qu'avait Jésus d'être "le Fils". Il nous faut donc poursuivre encore plus avant notre enquête à la recherche d'un fondement plus sûr, qui pourra lui-même authentifier ces paroles sur "le Fils" et nous en découvrir toute la signification.

---

[39] *Ibid.*, pp. 176-177.

[40] O. Cullmann, *Christologie du Nouveau Testament*, pp. 241-244, 248-251.

[41] F. Hahn, *Christologische Hoheitstitel*, pp. 281, 320, 327, 328-329.

[42] H. Conzelmann, *Théologie du Nouveau Testament*, p. 141.

[43] *Ibid.*, p. 141.

O. Cullmann ici nous ouvre la voie: "Si cette conscience d'être le 'Fils' a une telle importance pour permettre de comprendre la personne et l'oeuvre de Jésus, nous ne devons pas, ici non plus, nous en tenir aux rares *logia* dans lesquels se trouve le mot 'fils'. Il faut aussi tenir compte de la façon dont Jésus parle de Dieu comme du 'Père'".[44] La conscience d'être fils présuppose en effet la conscience du père. La conscience filiale est d'abord déterminée et polarisée par le père. Elle est d'abord *conscience de l'autre* qu'est le père. Ce n'est qu'en un second temps, par un mouvement réflexe, qu'elle devient *conscience de soi* comme fils. Ainsi en est-il pour Jésus. V. Taylor note à ce propos que la fameuse question de la "conscience messianique de Jésus" était mal formulée. Il propose de parler plutôt de "la conscience divine de Jésus".[45] Lui-même cependant parle couramment par la suite de "la conscience filiale de Jésus", ce qui me semble beaucoup plus adéquat.[46] Et il conclut très justement aussi que cette conscience filiale de Jésus s'est développée à la mesure de sa connaissance de Dieu comme son Père.[47] Voilà donc ce qu'il nous faudra vérifier d'abord dans les paroles de Jésus: le fait d'une conscience toute spéciale de Dieu comme "son" Père, qui justifierait sa conscience d'être "le Fils" au sens absolu. Or là-dessus l'évidence ne fait pas défaut.

Considérons d'abord la désignation de Dieu comme Père dans les *logia* de Jésus, et plus particulièrement ces *logia* qui contiennent l'expression "mon Père". J. Jeremias en a retenu quatre, dont l'authenticité semble assurée: *Mt* 11,27; *Mt* 16,17; *Mc* 13,32; *Lc* 22,29. Et il conclut qu'"ils se rapportent strictement à la relation, unique en son genre, qui unit Jésus à Dieu". En effet, "la littérature rabbinique n'offre aucun équivalent de ce 'mon Père', si caractéristique de Jésus".[48]

A la suite des études de J. Jeremias et de W. Marchel, les mêmes conclusions s'imposent quant à l'invocation de Dieu comme Père dans les prières de Jésus. Toutes les couches de la tradition attestent que c'est avec le vocable araméen "Abba" que Jésus invoquait Dieu dans la prière.[49] Il s'agit là par ailleurs d'une invocation particulière à Jésus, jamais employée dans les prières de l'Ancien Testament ou du judaïsme contemporain en raison de son caractère par trop familier.[50] Avec ce vocable

---

[44] O. Cullmann, *Christologie du Nouveau Testament*, p. 251.

[45] V. Taylor, *The Person of Christ in New Testament Teaching*, p. 156.

[46] *Ibid.*, pp. 166-188, passim.

[47] *Ibid.*, p. 188.

[48] J. Jeremias, *Abba, Jésus et son Père*, (Parole de Dieu, 8), Paris, Ed. du Seuil, 1972, pp. 58-59.

[49] *Ibid.*, pp. 61-64; W. Marchel, *Abba, Père! La prière du Christ et des chrétiens*, (Analecta Biblica, 19a), nouv. éd., Rome, Biblical Institude Press, 1971, pp. 137-138.

[50] J. Jeremias, *Abba*, pp. 65-69; W. Marchel, *Abba, Père!*, pp. 110-111.

"Abba", nous sommes donc par-delà le kérygme. Nous avons là toutes les caractéristiques de l'*ipsissima vox Jesu*, une authentique et originale expression de Jésus.[51] Et cette expression est celle de l'intimité la plus inouïe, d'un rapport absolument unique avec Dieu.[52] "En invoquant Dieu sous ce titre, Jésus manifeste la conscience du rapport personnel et absolument unique qu'il entretient avec Dieu, du lien très étroit qui l'unit à Dieu comme à son Père".[53] Nous rejoignons donc par là le fondement même de la conscience filiale de Jésus: "Jésus en utilisant ce vocable montre bien qu'il a conscience de sa filiation propre; et les traditions évangéliques en rapportant ce mot sous sa forme araméenne, non seulement nous ont transmis une parole authentique jusque dans sa matérialité, mais surtout ils nous ont livré le secret le plus intime de Jésus".[54] Quant à l'origine de cette conscience filiale, V. Taylor montre bien qu'elle ne peut venir d'une influence des idées religieuses grecques. Elle transcende de beaucoup aussi les conceptions religieuses du judaïsme contemporain. Elle ne peut donc provenir ultimement que d'une communication divine: "le sens de la filiation dans la pensée de Jésus est en relation étroite avec sa connaissance de la paternité de Dieu; il provient d'une communion fréquente et profonde avec lui durant des heures de prière et de méditation".[55] Expression la plus originale de la prière de Jésus, le vocable "Abba" signifie donc aussi pour nous l'expression et la source la plus profonde de sa conscience filiale.

Nous pouvons revenir maintenant sur le principal *logion* concernant "le Fils", celui de *Mt* 11,27. A ce point de notre démarche, il prend vraiment tout son sens. Notons d'abord que c'est dans le contexte d'une prière au Père que Jésus exprime ici la conscience de sa filiation. Et cette conscience filiale s'exprime comme connaissance réciproque du Père et du Fils. Il y a ici un rapport évident entre cette connaissance réciproque unique d'une part, et la relation paternité-filiation d'autre part. On a interprété diversement cependant le sens de ce rapport. Au terme de son analyse, W. Marchel conclut qu'il y a connaissance parfaite parce qu'il y a génération et filiation: "Par cette prérogative, Jésus se place au-dessus de toute créature, dans un ordre à part. D'où lui vient cette connaissance parfaite? Il est évident qu'elle est la conséquence de sa filiation divine. C'est parce qu'il est le Fils qu'il connaît parfaitement celui qui est son Père, son Abba. C'est là le fondement de sa connaissance du Père et de leur connaissance réciproque".[56] Mais l'exégèse

---

[51] J. Jeremias, *Le message central du Nouveau Testament*, (Lire la Bible, 8), Paris, Ed. du Cerf, 1966, pp. 28-29.

[52] J. Jeremias, *Abba*, pp. 68-69.

[53] W. Marchel, *Abba, Père!*, p. 167; cf. pp. 146-147.

[54] P. Lamarche, *Christ Vivant, Essai sur la christologie du Nouveau Testament*, (Lectio Divina, 43), Paris, Ed. du Cerf, 1966, p. 167.

[55] V. Taylor, *The Person of Christ*, pp. 172-174, 179-180.

[56] W. Marchel, *Abba, Père!*, p. 162.

de J. Jeremias tend plutôt à renverser ce rapport: il y a paternité et filiation parce qu'il y a parfaite connaissance réciproque. La connaissance
unique et parfaite de Jésus n'est pas qu'une conséquence ou prérogative de
sa filiation; c'est en cela même que consiste sa filiation, c'est par cela
qu'elle se définit. Jeremias montre en effet que la comparaison père-fils
est couramment utilisée par l'apocalyptique palestinienne - et l'on pourrait sans doute ajouter: par la littérature sapientiale - pour indiquer
comment se transmet la connaissance. Ainsi, "lorsque Jésus, qui vient
d'énoncer le thème 'Tout m'a été transmis par mon Père', l'explicite par
la comparaison père-fils, voici ce qu'il veut dire, sous le voile d'une
image familière: comme un père parle avec son fils, comme il lui enseigne
les lettres de la Tora, comme il l'initie aux tours de main de son métier,
ainsi Dieu m'a donné la connaissance de lui-même".[57]

Objectera-t-on qu'on ne parle plus alors du Père et du Fils qu'au
sens symbolique? Il ne s'agit sûrement plus d'une génération "physique",
ni d'une filiation "naturelle". Mais la paternité de Dieu et la filiation
de Jésus sont-elles moins "réelles" et moins "vraies" pour autant? Notons
simplement ici un avantage de cette interprétation, dans le sens de la cohérence. Le dernier stique du verset - "et celui à qui le Fils veut bien
le révéler" - laisse entendre que c'est par cette révélation que nous par-
ticipons nous-mêmes à la filiation de Jésus, que nous entrons dans l'intimité de Dieu, que nous pouvons en toute vérité l'appeler "Père" avec Jésus. Ainsi, même si la filiation de Jésus est "unique", tout comme sa
connaissance du Père, il y a tout de même une certaine continuité entre
sa filiation et la nôtre, pour autant que les deux doivent être pensées
selon le même schème conceptuel: tout comme Jésus est Fils parce que
toute connaissance lui a été transmise par Dieu, ainsi devenons-nous fils
à notre tour parce que nous avons part à cette même connaissance. Il y
a sans doute une distance infinie entre sa filiation et la nôtre, comme
entre sa connaissance du Père et la nôtre. Mais cette distinction ne
peut plus s'exprimer ici dans les termes d'une "filiation naturelle" et
d'une "filiation adoptive", à moins qu'on ne donne à cette distinction
elle-même un sens symbolique!

En définissant ainsi la filiation de Jésus par *la connaissance du
Père*, Mt 11,27 se situe, nous l'avons vu, dans la ligne de la littérature
sapientielle et de l'apocalyptique juive. Nous aurons maintenant l'occasion de compléter ces vues, en suivant le courant de la littérature historique et prophétique d'Israël, qui conduit plutôt à définir cette même filiation divine par *la volonté du Père*.

2. *L'appellation de Dieu comme Père dans l'Ancien Testament*

Au cours de notre démarche, la question principale s'est comme dé-
placée. Nous étions partis de la question du Fils, du titre de "Fils de
Dieu" attribué à Jésus, et nous avons été conduits à la question du Père,

---

[57] J. Jeremias, *Abba, Jésus et son Père*, p. 56.

à nous posée par la conscience et la prière filiale de Jésus. Cette nouvelle question, ou plutôt ce nouvel aspect de la question nous amène maintenant à examiner les racines vétéro-testamentaires de cette appellation de Dieu comme Père. Et nous devrons pour cela remonter plus haut encore, jusqu'aux idées religieuses des peuples sémitiques de l'ancien Orient, pour pouvoir ainsi mieux reconnaître l'originalité spécifique de la religion d'Israël.

L'étude de W. Marchel montre suffisamment que la dénomination et l'invocation de Dieu comme Père étaient très courantes dans les religions sémitiques constituant l'environnement culturel d'Israël, celles des Assyro-Babyloniens et des Egyptiens tout particulièrement.[58] Quant à la signification de cette appellation, Marchel soutient qu'il faut l'entendre au sens métaphorique, et non pas au sens physique de la consanguinité: "Il ne s'agit pas d'une paternité naturelle conséquente à la génération, mais tout simplement d'une paternité métaphorique".[59] Sans doute, quand la paternité divine est mise en relation avec la création du ciel et de la terre, doit-on interpréter l'expression dans un sens très analogique. Mais quand, dans le contexte polythéiste des dieux nationaux, tel peuple fait remonter ses origines jusqu'à un ancêtre divin, on voit mal comment on pourrait alors conférer à cette idée de paternité divine un sens aussi transcendant. D'ailleurs, il ne semble pas que la distinction du sens physique et métaphorique soit vraiment fondamentale ici, qu'elle atteigne vraiment le fond du problème. Peu importe en effet si le processus d'origine du monde et des peuples est conçu de façon plus ou moins physique ou spirituelle, c'est bien toujours de l'origine de l'être physique du monde et des peuples qu'il s'agit. En somme, c'est en tant que créateur, en tant qu'origine première de l'être naturel des choses et des hommes, que le dieu est dit père. Cela apparaît bien manifestement dans l'hymne égyptien au dieu Amon-Re, où "génération" et "création" sont équivalents, où le dieu est dit père en tant que créateur de tout ce qui existe: "Les dieux se prosternent devant ta majesté; ils exaltent la puissance de celui qui les a créés, ils se réjouissent à l'approche de celui qui les a engendrés... O toi, père des pères de tous les dieux, tu as érigé le ciel, tu as déployé la terre, tu as fait tout ce qui est, créé tout ce qui existe".[60] On peut donc conclure que l'idée de la paternité divine dans les religions sémitiques de l'ancien Orient se développe tout d'abord dans le contexte d'une cosmogonie. Pour autant, J. Jeremias a parfaitement raison d'y voir une conception mythique: "L'ancien Orient considère la divinité comme le père des hommes, ou du moins de certains d'entre eux, et cette conception mythique y est largement répandue depuis les temps les plus reculés. Tribus, peuples et familles font remonter leurs origines jusqu'à un ancêtre divin".[61]

---

[58] W. Marchel, *Abba, Père!*, pp. 29-37.

[59] *Ibid.*, pp. 61-62; cf. pp. 44-55.

[60] J.B. Pritchard, *Ancient Near Eastern texts relating to the Old Testament*, 2e éd., Princeton University Press, 1955, p. 366.

[61] J. Jeremias, *Abba, Jésus et son Père*, p. 9.

Si l'on passe maintenant à la littérature biblique, un premier fait s'impose, c'est la réserve de l'Ancien Testament à cet égard. "Ce dernier n'utilise que rarement (quinze fois seulement) le terme 'père' pour désigner Dieu".[62] L'invocation "Père" ne se retrouve en effet dans aucun psaume. Quant à l'appellation de Dieu comme Père, elle n'apparaît explicitement qu'à partir de l'époque prophétique.[63] Il faudrait surtout insister ici, beaucoup plus qu'on ne fait généralement, sur l'absence de toute allusion à la paternité de Dieu ou à la filiation de l'homme dans les récits de la création, au début de la Genèse. Tout porte à croire que c'est bien délibérément qu'on a ainsi dissocié le concept de paternité divine de celui de la création du monde et de l'homme. Dans la même ligne, Jeremias note très justement que "pour la Bible, Dieu, le créateur et père, n'est jamais l'ancêtre ou celui qui engendre. Une expression telle que: 'le père qui engendre les dieux et les hommes' ne trouve aucun équivalent dans l'Ancien Testament".[64] Ce n'est sûrement pas en ce sens en effet que Dieu est Père d'Israël, comme s'il était l'ultime ancêtre d'où proviendraient de quelque façon les patriarches, les pères d'Israël selon la chair. Tout au contraire, c'est par contraste et par opposition avec cette descendance selon la chair qu'Israël se réclame de Dieu comme son vrai Père: "Car Abraham ne nous connaît pas et Israël ne se souvient plus de nous; c'est toi, Yahvé, qui es notre Père".[65] La réserve de l'Ancien Testament quant à l'appellation de Dieu comme Père prend dès lors tout son sens. Elle signifie clairement une distance, et même une opposition, par rapport à l'interprétation courante, mythique et cosmogonique, de la paternité divine, dans le sens d'une génération du monde et de l'homme.

Et pourtant, la paternité de Dieu par rapport à Israël est bien accentuée dans l'Ancien Testament, avec toutes ses dimensions d'autorité et d'exigence, comme aussi d'amour, de tendresse et de miséricorde. Mais c'est dans un tout autre sens que chez les autres peuples du monde antique. "Depuis le Sinaï, et même auparavant, Yahvé est un Dieu particulier à Israël. Il en est le Père, non pas en tant que créateur des Israélites, comme il l'est de tous les hommes, mais en tant que, dans un amour tout particulier, il est créateur de l'existence nationale d'Israël, par son élection, et par l'Alliance conclue d'abord avec les Patriarches, puis . tout spécialement au Sinaï... Les faits de l'élection et l'Alliance qui sont à la base de l'union d'Israël avec son Dieu, dominent la pensée religieuse de l'Ancien Testament. C'est sur ces faits et en particulier sur celui de l'adoption d'Israël par Dieu, que repose au fond l'idée de la paternité de Yahvé".[66] C'est dans son histoire en effet, plutôt que

---

[62] *Ibid.*, p. 10.

[63] Cf. W. Marchel, *Abba, Père!*, pp. 50-51.

[64] J. Jeremias, *Abba, Jésus et son Père*, p. 10.

[65] *Is* 63,16; cf. W. Marchel, *Dieu Père dans le Nouveau Testament*, (Lire la Bible, 7), Paris, Ed. du Cerf, 1966, pp. 19-20.

[66] W. Marchel, *Abba, Père!*, p. 51.

dans la nature cosmique, qu'Israël rencontre son Dieu. Voilà pourquoi le Dieu Père lui apparaît d'abord comme le Dieu de l'Alliance plutôt que comme le Dieu Créateur du ciel et de la terre. Voilà pourquoi aussi l'Ancien Testament parlera toujours de la filiation d'Israël en terme d'adoption plutôt que de génération. C'est en cela précisément que consiste l'originalité de l'idée de paternité divine dans l'Ancien Testament. Et c'est par là aussi que se trouve démythologisée la conception religieuse païenne de Dieu comme Père: "La nouveauté radicale, c'est que l'élection d'Israël comme premier-né s'est manifestée dans un acte historique: la sortie d'Egypte. Que la paternité de Dieu soit ainsi mise en relation avec une action historique, voilà qui modifie profondément la notion de Père. La certitude de la paternité de Dieu et de la filiation d'Israël n'est plus fondée sur un mythe, mais sur l'expérience concrète d'un geste sauveur unique en son genre, accompli par Dieu dans l'histoire".[67]

Un dernier point reste encore à préciser ici. Avec l'avènement de la royauté, c'est par rapport à un individu particulier, le roi davidique, que Dieu est dit Père, de façon toute spéciale. Ce passage de la filiation d'Israël à la filiation du roi s'explique d'ailleurs aisément, puisque le roi est alors conçu comme représentant et personnalisation du peuple. Il faut noter aussi le contexte messianique, et par conséquent l'aspect de promesse de ces déclarations prophétiques de la paternité de Dieu par rapport au roi messianique. Ainsi, dans la prophétie de Nathan à David, en *2 Sam* 7,14: "Je serai pour lui un père et il sera pour moi un fils." Mais il faut surtout noter que la paternité divine et la filiation messianique sont toujours entendues ici au sens d'une élection et d'une Alliance toute spéciale de Dieu avec la maison de David, et partant avec Israël tout entier. Ainsi, le *Ps* 89 rappelle la promesse faite à David: "Il m'appellera: Toi, mon père, mon Dieu, et le rocher de mon salut!" (v. 27). Or la suite du psaume explicite bien clairement l'idée d'alliance sous-jacente à cette relation de paternité et de filiation: "A jamais je lui garde mon amour, mon alliance lui reste fidèle" (v. 29). C'est donc aussi dans le même sens qu'il nous faudra interpréter la déclaration du *Ps* 2,7: "Il m'a dit: Tu es mon fils, moi, aujourd'hui, je t'ai engendré." Au terme de son analyse des différentes interprétations de ce verset, le P. Lagrange concluait justement: "Toutes les acceptions que nous avons rencontrées jusqu'à présent expriment donc un rapport religieux, plutôt qu'une filiation naturelle. Il s'agit constamment d'élection, de vocation, d'assistance d'une part, de fidélité de l'autre".[68]

---

[67] J. Jeremias, *Abba, Jésus et son Père*, p. 11.

[68] M.J. Lagrange, "La paternité de Dieu dans l'Ancien Testament", dans *Revue Biblique*, 5 (1908), p. 491. A. Descamps souligne ici l'influence du rituel égyptien sur le rituel de couronnement des rois de Juda. "Mais, poursuit-il, la conception égyptienne de l'engendrement s'est transformée pour faire place à l'idée d'une filiation fondée en droit" (*art. cit.*, p. 536). Lui-même souscrit en conclusion à la thèse de Ratzinger, qui parle de cette transformation comme d'une démythologisation: "La théologie royale de l'Ancien Testament repose sur une démythologisa-.../

3. *L'accomplissement de la Nouvelle Alliance*

C'est précisément l'accomplissement de cette promesse messianique de la Nouvelle Alliance que signifie le Nouveau Testament quand il nous fait entendre la voix du Père au baptême de Jésus: "Tu es mon Fils bien-aimé, en toi j'ai mis mon bon plaisir" (*Mc* 1,11). La TOB traduit ici: "Tu es mon Fils bien-aimé, il m'a plu de te choisir", en expliquant qu'il ne s'agit pas d'un bon plaisir arbitraire, mais d'une élection en vue d'une mission. La même voix se fait encore entendre au moment de la transfiguration: "Celui-ci est mon Fils bien-aimé, écoutez-le" (*Mc* 9,7). Or le texte parallèle de *Lc* 9,35 explicite ici bien clairement le thème de l'élection: "Celui-ci est mon Fils, celui que j'ai élu, écoutez-le." Il est donc bien évident que la désignation du Fils doit se comprendre ici dans le contexte vétéro-testamentaire de l'élection et de l'Alliance. Il s'agit justement de la réalisation parfaite de l'Alliance promise, et par là même de l'avènement du Royaume.

A cette parole que le Père adresse à son Fils, en le reconnaissant comme tel, répond justement l'invocation de Jésus, qui reconnaît Dieu comme son Père. On doit signaler ici tout spécialement la prière de Jésus à Gethsémani, telle qu'elle apparaît dans l'évangile de Marc, 14,36: "Abba, Père, à toi tout est possible, écarte de moi cette coupe! Pourtant, non pas ce que je veux, mais ce que tu veux!" Notons que c'est la première fois ici, dans l'évangile de Marc, qu'apparaît l'invocation "Père" sur les lèvres de Jésus, et elle nous est conservée avec l'original araméen "Abba". Il s'agit donc là de l'expression par excellence de la conscience filiale de Jésus. Or la pensée du Père n'évoque pas immédiatement pour Jésus l'idée d'une quelconque génération ou provenance de tout son être de Dieu. C'est bien plutôt par l'idée de la volonté de Dieu - et partant l'idée du plan du salut, de l'élection et de l'Alliance - que se définit pour lui la pensée du Père; c'est là son contenu fondamental et essentiel. On pourrait dire, en somme, que ce n'est pas parce qu'il s'agit là de son Père qu'il doit accomplir sa volonté; c'est plutôt parce qu'il s'agit de la volonté qu'il doit accomplir, qui détermine tout son être, qu'il s'agit là de la volonté du Père. De même, ce n'est pas parce qu'il est Fils qu'il obéit; c'est plutôt parce qu'il obéit qu'il est Fils. En d'autres termes, la volonté et l'obéissance ne sont pas simplement des qualités accidentelles survenant à la relation de paternité et de filiation; elles sont constitutives de cette paternité et de cette filiation.

Un autre thème biblique converge aussi dans le même sens. C'est l'opposition entre la descendance selon la chair et la véritable filiation divine, qui est elle-même affaire de fidélité à la volonté de Dieu. Ainsi, avoir Abraham pour père ne signifie rien; l'important est de se convertir à la voix du prophète qui fait entendre la volonté de Dieu (cf. *Mt* 3, 7-10). W. Marchel note pour sa part que le premier passage où Marc (1, 20) utilise le mot "père" est celui de la vocation des disciples: ils

---

/...tion de la théologie royale orientale et exprime la transposition de cette dernière dans la théologie de l'élection d'Israël" (*ibid.*, p. 570).

laissent leur père pour suivre l'appel de Dieu que leur fait entendre Jésus.[69] L'évangile de l'enfance laisse entendre que tel fut d'abord le choix radical de Jésus lui-même: il a dû quitter son père et sa mère pour être aux choses de son Père (cf. *Lc* 2,48-49). L'opposition entre sa famille naturelle et celle de son Père céleste apparaît le plus manifestement dans la scène où Jésus répond à sa mère et à ses frères qui le cherchent: "Voici ma mère et mes frères; quiconque fait la volonté de mon Père qui est aux cieux, c'est lui mon frère, ma soeur, ma mère" (*Mt* 12, 49-50). Notons bien qu'à la descendance selon la chair Jésus n'oppose pas ici une quelconque génération divine plus spirituelle. L'unique principe de parenté, dans la grande famille de Dieu, est l'obéissance à la volonté du Père, rien de plus. Ainsi, pour le Nouveau Testament et pour Jésus lui-même, l'important n'est pas la descendance d'Abraham ou de David. On pourrait même dire, en extrapolant à peine, que l'important pour Jésus n'est pas d'être engendré par Dieu, mais bien d'accomplir sa volonté. Car c'est par là seulement qu'il est vraiment Fils.

Quand il parle de la filiation divine de Jésus, le Nouveau Testament ne reprend donc pas les conceptions mythiques, cosmogoniques ou théogoniques, des religions anciennes. Il reste là-dessus fidèle à la tradition biblique de l'Ancien Testament, qui a déjà fait de toutes ces conceptions une critique décisive et définitive. Il en va de même pour la conception hellénistique des "fils de Dieu". Puisque de telles idées avaient déjà été, en principe du moins, critiquées et démythologisées dans l'Ancien Testament, il serait bien surprenant qu'elles aient été reprises telles quelles par la communauté chrétienne. En fait, il n'en fut rien, et personne, à notre avis, ne l'a montré avec plus de force et d'évidence que Cullmann.

La prétention des thaumaturges de l'hellénisme au titre de "fils de Dieu" repose uniquement sur la conviction qu'ils ont d'être dotés de forces divines. Il manque à ces thaumaturges la conscience de réaliser un plan divin, la conscience d'accomplir la volonté de Dieu.[70] Tout autre est la conscience de la filiation divine propre à Israël, telle qu'elle s'exprime dans la littérature prophétique: "Dans tous ces textes, le titre de 'fils de Dieu' exprime à la fois l'idée que Dieu a choisi ce peuple en vue d'une mission particulière, et que ce peuple lui doit une obéissance absolue".[71] C'est la même conception qui prévaut dans l'attribution au roi de ce titre de fils: "Le roi lui aussi est fils, comme l'élu et le mandataire de Dieu." Et Cullmann conclut ici très justement: "En résumé, nous pouvons donc dire que, pour l'Ancien Testament et le judaïsme, ce qui caractérise le fils de Dieu n'est pas d'abord la possession d'une force exceptionnelle, ni un rapport de substance avec Dieu en vertu

---

[69]W. Marchel, *Dieu Père dans le Nouveau Testament*, pp. 43-44.

[70]O. Cullmann, *Christologie du Nouveau Testament*, pp. 235-236.

[71]*Ibid.*, p. 237.

d'un engendrement divin; c'est bien plutôt le fait d'être élu pour accomplir une mission divine particulière, ainsi que le fait d'obéir strictement à l'appel de Dieu".[72]

Or telle est précisément la conception de la filiation divine de Jésus que nous propose la tradition évangélique: "Les principaux passages des Synoptiques dans lesquels Jésus apparaît comme Fils de Dieu ne le montrent précisément pas sous l'aspect d'un thaumaturge ou d'un sauveur semblable à beaucoup d'autres: bien au contraire, ils le distinguent radicalement de tous les autres hommes auprès desquels il se sait envoyé, en ce sens qu'ils lui attribuent la conviction d'avoir à accomplir son oeuvre terrestre en accord parfait et total avec la volonté du Père. Cette séparation, cet isolement ne signifie pas en premier lieu pour Jésus la possession d'une puissance surnaturelle, mais l'obéissance absolue dans l'accomplissement de sa mission divine".[73] La voix du Père qui se fait entendre au baptême précise déjà le sens de la filiation qu'elle proclame, par une allusion au début du premier chant du Serviteur, lui-même objet de la complaisance divine (cf. *Is* 42,1): "Ce rapport avec le thème du Serviteur souffrant montre qu'à côté de la souveraineté, l'obéissance est, pour les Synoptiques, un élément constitutif de l'idée du Fils unique de Dieu".[74] L'épisode de la tentation au désert n'est pas moins significatif ici: "Si tu es Fils de Dieu..." (*Mt* 4,3.6). Ce que le diable suggère ici à Jésus, c'est précisément la conception hellénistique du fils de Dieu, faiseur de miracles. Et c'est cette idée que refuse Jésus: "Le sens du récit de la tentation de Jésus est donc que pour lui être Fils de Dieu signifie être constamment soumis à la volonté de son Père".[75] Il ne faudrait pas penser par ailleurs que cette soumission du Fils dépend uniquement de sa condition terrestre, dans la faiblesse de la chair, et qu'elle sera levée au moment de sa glorification. Elle est au contraire constitutive de la filiation elle-même. Voilà pourquoi elle se retrouve jusque dans l'accomplissement eschatologique, comme le montre bien *1 Cor* 15,28: "Et quand toutes choses lui auront été soumises, alors le Fils lui-même sera soumis à celui qui lui a tout soumis, pour que Dieu soit tout en tous." Cullmann commente très bien encore ici: "Etre Fils de Dieu, cela signifie être engagé dans l'oeuvre du salut, obéir jusqu'à la fin. Or l'ultime accomplissement de cette oeuvre, c'est la soumission finale du Fils au Père".[76]

---

[72] *Ibid.*, p. 238.

[73] *Ibid.*, p. 239.

[74] *Ibid.*, p. 246; cf. p. 240.

[75] *Ibid.*, pp. 246-247; cf. p. 240; cf. H. Conzelmann, *Théologie du Nouveau Testament*, p. 142. Tout récemment encore, dans le même sens, J.D. Kingsbury, "The Title 'Son of God' in Matthew's Gospel", dans *Biblical Theology Bulletin*, 5 (1975), p. 12: "The story of the Temptation develops in particular one aspect of the divine sonship of Jesus: as we observed already at his baptism, Jesus is perfectly obedient to the will of God... Whereas Israel son of God broke faith with God, Jesus Son of God renders to him perfect obedience."

[76] O. Cullmann, *Christologie du Nouveau Testament*, p. 254.

Dira-t-on qu'il s'agit toujours là de l'interprétation "au sens faible" du titre de Fils de Dieu? Mais est-ce vraiment une interprétation
"faible", celle qui reconnaît dans ce titre le parfait accomplissement des
promesses messianiques, la réalisation parfaite de la Nouvelle Alliance?
Croirait-on retrouver un sens plus fort dans un retour aux conceptions mythologiques des religions de l'ancien Orient ou de l'hellénisme? Mais
l'interprétation du Nouveau Testament constitue précisément la démythologisation la plus radicale de toutes ces conceptions. La distinction radicale entre la filiation divine de Jésus et la nôtre demeure par ailleurs
toujours aussi évidente ici, même si on ne peut plus l'exprimer en termes
de filiation naturelle et de filiation adoptive. Elle consiste précisément dans la perfection absolue de l'obéissance de Jésus, dans le fait que
lui seul vit l'Alliance avec Dieu sans péché. D'où l'unité parfaite entre
Jésus et son Père, qui signifie d'abord l'unité intégrale entre sa volonté
et celle du Père: "S'il y a unité d'essence, c'est qu'il y a totale unité
de volonté dans l'accomplissement de l'oeuvre du salut".[77]

III - APPROCHES ANTHROPOLOGIQUES

Nous poursuivrons maintenant notre démarche en montrant comment
l'exégèse du titre "Fils de Dieu" exposée jusqu'ici rencontre plusieurs
lignes convergentes de l'anthropologie moderne. Et sans doute cette rencontre n'est-elle pas l'effet du hasard. Car non seulement cette nouvelle
anthropologie nous permettra-t-elle de penser plus profondément et de mieux
systématiser le donné biblique, mais c'est déjà grâce à elle qu'on a pu
redécouvrir et revaloriser certaines dimensions de ce donné. Il est opportun de nous rappeler ici l'enseignement de Bultmann. Toute interprétation
suppose une pré-compréhension de l'être de l'homme. D'où le problème de
la "juste philosophie", la mieux adaptée au projet théologique. Celle-ci
devra être en même temps la plus adéquate par rapport à la réalité humaine
et par rapport au donné biblique. C'est dire qu'elle devra proposer une
juste compréhension de l'être de l'homme, qui soit en même temps celle du
Nouveau Testament.[78] Ce que Bultmann disait de la philosophie existentialiste pourrait sans doute s'étendre aux différents secteurs de l'anthropologie. Et cela s'applique tout particulièrement à notre sujet, où sont
en cause des aspects fondamentaux de la réalité humaine, tels la paternité
et la filiation. La tendance de la théologie traditionnelle à interpréter
le titre de "Fils de Dieu" au sens d'une filiation "naturelle" s'explique
aisément en regard de la conception scolastique de la paternité et de la

---

[77]*Ibid.*, p. 260.

[78]Cette doctrine de Bultmann sur les rapports entre la philosophie
de l'existence et la théologie a été très bien exposée par J. Macquarrie,
An Existentialist Theology, A Comparison of Heidegger and Bultmann, Londres, SCM Press, 1960, pp. 6-21.

filiation: *"origo viventis a principio vivente coniuncto"*.[79] Mais c'est
là une conception terriblement limitée. Et c'est là justement où l'anthropologie moderne nous ouvre de nouveaux horizons, en nous découvrant d'autres dimensions de la paternité et de la filiation, plus spécifiquement
humaines que celle de la simple génération biologique.

1. *L'approche psychanalytique*

Nous suivrons d'abord la voie de la psychanalyse, qui a sûrement
son mot à dire - et qu'il nous faut entendre - sur la représentation du
père telle qu'élaborée dans le psychisme du fils. Il nous suffira de rappeler ici quelques jalons de la brillante étude où P. Ricoeur éclaire
l'économie de la révélation biblique de la paternité de Dieu par l'économie du désir dans la problématique de la psychanalyse freudienne.[80]

Le complexe d'Oedipe marque ici la constitution initiale du désir,
caractérisé lui-même par sa mégalomanie: la toute puissance du désir in-
fantile. La représentation du père correspondant à cette phase initiale
de l'Oedipe est celle d'un être tout puissant, qui détient la puissance
pour en priver son fils. C'est là, comme on sait, la base du complexe de
castration, sur lequel s'articule le désir du meurtre. "Il n'est pas
moins important de savoir que c'est de la même mégalomanie que procèdent
la glorification du père tué, la recherche de conciliation et de propitia-
tion avec l'image intériorisée, et finalement l'instauration de la culpabilité".[81]

Voilà pour la phase initiale du désir: c'est l'entrée dans l'Oedipe. La question est de savoir maintenant comment on en sort, quelle en
est l'issue. L'issue peut être elle-même heureuse ou malheureuse, non-
névrotique ou névrotique. L'issue heureuse s'accomplit par la destruction ou dissolution de l'Oedipe en tant que complexe, laquelle consiste
essentiellement dans le passage d'une identification au père à une reconnaissance mutuelle, où la différence est compatible avec la similitude.
Il y a par le fait même dans cette économie du désir, dans cette histoire
du psychisme, passage d'une représentation du père à une autre. C'est ce
que Ricoeur appelle ici le passage du fantasme au symbole. Car la représentation initiale du père tout puissant n'est que la projection fantastique de la toute puissance du désir. Et cette représentation se fonde elle-
même sur la fonction génératrice du père. Le passage de cette représentation fantastique au véritable symbole du père signifie donc en fait le
passage d'une paternité d'engendrement ou de nature à une paternité de dé-

---

[79] Saint Thomas, Ia, q. 27, a. 2.

[80] P. Ricoeur, *Le conflit des interprétations, Essais d'herméneutique*, Paris, Ed. du Seuil, 1969, pp. 458-486: "La paternité: du fantasme
au symbole".

[81] *Ibid.*, p. 460.

signation: "Alors le père est père, parce qu'il est désigné comme et appelé père".[82]

Or cette évolution du psychisme ne s'accomplit pas sans rupture. Elle suppose un renoncement à la mégalomanie et à l'illusion du désir par une saine confrontation avec la réalité. C'est le sens de la reconnaissance du père comme autre que soi. Au niveau de la représentation également, le passage du fantasme au symbole suppose une rupture, un renoncement à la figure initiale du père, qui fera retour ensuite, transformée dans le symbole. Ricoeur montre très bien ici comment s'accomplit ce processus, par la délittéralisation de l'image primitive du père, et par la reconstitution du symbole à partir d'autres relations de type non-parental:

> Pour comprendre cette mutation symbolique, il faut replacer l'image paternelle dans le milieu des autres paradigmes de la relation inter-humaine; selon mon hypothèse, l'évolution interne du symbole paternel résulte de l'attraction, en quelque sorte externe, exercée par les autres figures qui l'arrachent à son primitivisme; la figure du père doit à son insertion dans le jeu réglé de la parenté une limitation initiale, une inertie, voire une résistance à la symbolisation, qui ne sont surmontées que par l'action, en quelque sorte latérale, qu'exercent d'autres figures qui n'appartiennent pas aux relations de parenté; ce sont ces figures non parentales, qui, par leur action de rupture, brisent la coque de littéralité de l'image du père et libèrent le symbole de la paternité et de la filiation.
>
> Mais, si le symbolisme de la paternité doit passer par une certaine réduction de l'image initiale, qui pourra même apparaître comme un renoncement, voire un deuil, les expressions terminales du symbolisme restent en continuité avec les formes initiales, dont elles sont en quelque sorte la reprise à un niveau supérieur. Ce retour de la figure primitive au-delà de sa propre mort constitue à mon sens le problème central du procès de symbolisation qui est à l'oeuvre dans la figure du père.[83]

L'économie de la révélation biblique de la paternité divine, et plus largement encore l'histoire des représentations religieuses de Dieu comme Père, s'éclaire maintenant à la lumière des lois de l'évolution du psychisme que nous venons de retracer. "La figure initiale, au plan où nous nous plaçons maintenant est bien connue: tous les peuples du Moyen-Orient désignent leurs dieux comme père et même les invoquent du nom de père...

---

[82]*Ibid.*, pp. 460-461.

[83]*Ibid.*, p. 458.

Tous les hommes faisaient appeler père leur Dieu, c'est la donnée initiale; c'est même une grande banalité, qui, comme telle, est assez insignifiante. Il en est ainsi comme de la position de l'Oedipe au plan pulsionnel: l'entrée dans l'Oedipe est le donné commun; l'important c'est l'issue, névrotique ou non: c'est la dissolution de l'Oedipe et son retour".[84]

La seconde étape dans l'évolution religieuse de la représentation du Père céleste correspond à la première phase de la révélation biblique, celle de l'Ancien Testament, tout spécialement dans les premiers livres historiques. Elle est caractérisée, nous l'avons vu, par une grande réserve quant à l'appellation de Dieu comme Père. Et cette réserve signifie justement ici la phase critique du renoncement, du refus de la représentation religieuse primitive, en tant que projection idolâtrique du désir et du besoin humains. Car "la figure du père, avant de faire retour, doit d'une certaine façon être perdue et elle ne peut faire retour que réinterprétée par le moyen d'autres figures non-parentales, non paternelles. L'épuration qui conduit du fantasme au symbole exige..., au niveau des représentations religieuses, une sorte de réduction de la figure initiale par le moyen d'autres figures".[85]

La figure initiale du père géniteur, du père tout puissant, engendrant les dieux et les hommes, le ciel et la terre, s'éclipse effectivement dans les premiers documents de la révélation biblique, ce qui laisse le champ libre pour l'apparition d'autres représentations non-parentales. Yahvé sera présenté alors comme l'actant ultime, le libérateur de l'histoire du salut, le législateur du Sinaï, et finalement le créateur du ciel et de la terre. Toutes ces désignations seront d'ailleurs comprises dans le cadre de la théologie de l'Alliance, qui leur confère leur vrai sens.[86] C'est donc cette nouvelle charge de signification qu'assumeront les catégories de paternité et de filiation, quand la figure du Père fera retour à l'époque des prophètes. "On voit bien comment la désignation de Dieu comme Père procède des autres désignations de Yahvé dans l'Alliance; la clef est ici la relation d'élection. Israël a été choisi entre les peuples; Yahvé se l'est acquis; il est sa part; c'est cette élection qui vaut adoption; ainsi Israël est fils: mais il n'est fils que par une parole de désignation. Du même coup, la paternité elle-même est entièrement dissociée de l'engendrement".[87] Cette délittéralisation se manifeste clairement d'ailleurs au niveau du discours, quand on passe librement de la figure du père à celle de l'époux, pour exprimer la relation de Yahvé avec Israël (cf. *Jér* 3,19-20). "A la faveur de cette étrange contamination mutuelle de deux figures de la parenté, l'écorce de la littéralité de l'image se brise et le symbole se libère. Un père qui est un époux n'est plus un géniteur".[88]

---

[84]*Ibid.*, pp. 472-473.

[85]*Ibid.*, p. 472.

[86]Cf. *ibid.*, pp. 473-476.

[87]*Ibid.*, pp. 476-477.

[88]*Ibid.*, p. 478.

Le retour de la figure du Père dans la Bible s'accomplit lui-même progressivement. Il ne s'achève qu'avec le Nouveau Testament, par l'invocation de Jésus: "Abba". Mais encore ici, l'invocation au Père doit s'entendre dans le cadre d'une autre catégorie plus fondamentale dans la prédication de Jésus: la venue du Royaume. "Il en est ici comme dans l'Ancien Testament: parce que l'Alliance, alors la paternité... C'est à partir de la catégorie du royaume qu'il faut interpréter celle de la paternité. Royauté eschatologique et paternité restent inséparables jusque dans la prière du Seigneur: celle-ci commence par l'invocation du père et se continue par des demandes concernant le nom, le règne et la volonté qui ne se comprennent que dans la perspective d'un accomplissement eschatologique".[89] Paternité et filiation divine dans le Nouveau Testament réfèrent donc à l'événement eschatologique du Royaume, à la fin de l'histoire, plutôt qu'à un quelconque commencement mythique. Voilà pourquoi les catégories de nature et d'engendrement font place à d'autres, qui relèvent maintenant de l'histoire, de l'esprit et de la liberté, comme celles de désignation et d'invocation, de volonté et d'obéissance. Finalement, cet itinéraire religieux de l'humanité s'achève dans la parfaite reconnaissance mutuelle du Père et du Fils, comme en témoigne *Mt* 11,27. Ricoeur commente et conclut ici: "Une relation unique de connaissance mutuelle, de reconnaissance, constitue désormais la vraie paternité et la vraie filiation".[90]

2. *L'approche personnaliste*

Ce même passage d'une conception "physique" ou "naturelle" de la paternité, fondée sur le rapport biologique de la génération, à une autre plus spirituelle et humaine s'observe encore dans les différents courants de la philosophie personnaliste moderne. Le point de départ ici est la question suivante: comment concevoir l'origine de la personne? Comment une personne accède-t-elle à l'existence? On ne peut sûrement pas concevoir cette origine avec les catégories impersonnelles de la causalité. Une personne n'est pas produite comme un effet à partir d'une cause; elle est suscitée comme un "Je" à partir d'un "Tu". Il faudra donc penser l'origine de la personne avec les catégories personnalistes de l'appel et de la réponse:

---

[89]*Ibid.*, p. 479.

[90]*Ibid.*, p. 479. J.D. Kingsbury souligne lui-même ici (*Mt* 11,27) cet aspect de "reconnaissance" dans le verbe "connaître" (*epignôskô*): "a verb that connotes, among other things, that there exists total unity of will between the Father and the son: the Father elects the Son and authorizes him to represent him in the world, and the Son acknowledges this election by living in complete fellowship with the Father, rendering to him perfect obedience" (*art. cit.*, p. 21).

> Un enfant d'homme ne devient pas une personne... comme
> résultat d'un quelconque rapport purement physique...
> Je ne suis pas constitué personne par une super-personne
> qui me moulerait à son image. C'est là une métaphore
> terriblement limitée. Je suis constitué personne quand
> le "Je" de la relation "Je-Tu" est porté à la séité en
> réponse à la grâce et à l'appel du "Tu"... Laissé à
> lui-même, sans les relations personnelles qui l'entou-
> rent, l'enfant d'homme n'accéderait jamais à la per-
> sonne. Sans le "Tu" d'un autre, le tirant, si l'on
> peut dire, d'au-delà, il demeurerait au niveau biolo-
> gique, infra-personnel.[91]

Ce "Tu" de l'autre tirant l'enfant comme d'au-delà, n'est-ce pas
précisément le père dans sa fonction "é-ducative"? Le passage dont nous
avons parlé serait donc celui d'une conception biologique du père comme
géniteur à une autre, personnaliste, du père comme "é-ducateur". Ce passage n'est pas sans rapport, on le voit, avec celui du fantasme au symbole,
décrit par Ricoeur. Au terme du processus, nous avons toujours les relations proprement humaines et libres de désignation et d'invocation, d'appel et de réponse. En somme, nous aboutissons toujours au fait de la reconnaissance mutuelle.

Le texte de Robinson que nous venons de lire s'inscrit lui-même
dans un contexte théologique. Il veut montrer que l'action divine à la
source de l'évolution de tout le processus cosmique vers le niveau de la
réponse personnelle ne peut être conçue adéquatement selon les catégories
infra-personnelles de la fabrication ou de la génération. Cette thèse
avait déjà été énoncée bien clairement par R. Guardini, qui soutenait lui-
même que la création d'une personne ne pouvait être conçue que dans les
catégories personnelles de l'appel et de la réponse, dans le cadre de la
relation dialogale "Je-Tu". Et c'est là justement ce qui fonde la dignité
absolue de la personne, le fait d'être déterminée jusqu'en son essence
même par un "Tu" divin, absolu:

> La personne a une dignité absolue. Mais celle-ci ne
> peut lui venir de son être, qui est fini, elle doit
> venir d'un être qui soit absolu lui-même. Et non
> d'un absolu abstrait, d'une Idée, d'une Valeur, d'une
> Loi, ou de je ne sais quoi encore. De telles entités
> ne pourraient fonder que le contenu de sa vie concrète,
> non sa nature même de personne. Celle-ci provient plu-
> tôt de ce que Dieu lui-même l'a posée comme personne.
> La création d'une personne par Dieu est bien autre
> chose que la simple position dans l'être d'une réalité

---

[91] J.A.T. Robinson, *Exploration de Dieu*, Paris, Ed. B. Grasset, 1969,
p. 135.

impersonnelle. Celle-ci, qu'elle soit vivante ou non
vivante, est l'effet immédiat d'un simple vouloir divin. Mais Dieu ne peut pas et ne veut pas créer ainsi
la personne, car ce serait là un acte dépourvu de sens.
Il la crée par un acte qui anticipe et par là même
fonde sa dignité, c'est-à-dire par un appel. Les choses naissent de l'ordre de Dieu; la personne, de son
appel. Et celui-ci signifie que Dieu l'appelle à
être son propre "Tu", ou plus exactement qu'il se des-
tine lui-même à être le "Tu" de l'homme.[92]

La suite du texte de Guardini montre bien que ce rapport "Je-Tu" de
la personne humaine à son Dieu est vraiment un rapport ontologique, constitutif de l'essence même de la personne. L'existence même de la personne
est comme telle une réponse à l'appel de Dieu. Sans doute, l'homme peut-
il dans la liberté refuser de reconnaître ce lien. Il adopte alors une
attitude qui contredit radicalement son être le plus profond. Et voilà
justement la désobéissance, le péché, qui constitue l'aliénation la plus
radicale de l'homme par rapport à lui-même.[93]

L'existence chrétienne ne crée donc pas la relation personnelle
avec Dieu; elle la rétablit, en réconciliant l'homme avec son Dieu et avec
lui-même, en lui redonnant son existence authentique: "L'existence rache-
tée est fondée sur le fait que le 'Tu' divin apparu dans le Christ attire
en soi le 'Je' humain, c'est-à-dire entre en lui".[94] Mais par le fait
même, la relation de l'homme à Dieu est élevée à la dignité de la relation
subsistant entre le Christ et Dieu son Père. Par là, l'homme pénètre,
pour ainsi dire, dans le cercle des relations trinitaires, pour autant
qu'il participe au rapport du Fils avec son Père:

Le rapport "Je-Tu" entre l'homme et Dieu, d'où la personne humaine reçoit sa détermination suprême, n'est
pas orienté simplement vers "Dieu", mais vers Dieu
Trinité. Il s'incorpore aux relations que le Christ
entretient avec le Dieu Trinité. Le rapport "Je-Tu"
de l'homme est une participation au rapport du Christ
avec Dieu.

Le "Tu" proprement dit et définitif est le Père. Celui qui prononce vraiment le "Tu" en s'adressant au
Père est le Fils. Devenir chrétien signifie entrer
dans l'acte d'existence du Christ. Celui qui est né
à la vie nouvelle dit "Tu" au Père parce qu'il reçoit
une participation au "Tu" que le Christ lui-même dit
au Père. Au sens dernier et définitif du mot, le

---

[92] R. Guardini, *Le monde et la personne*, Paris, Ed. du Seuil, 1966,
p. 156.

[93] *Ibid.*, pp. 156-157.

[94] *Ibid.*, p. 170.

chrétien ne dit pas "Tu" au Christ. Il ne se place
pas en face de lui, mais il va avec lui et il "marche
à sa suite". Il entre en lui et accomplit avec lui
la rencontre avec Dieu. Ne faisant qu'un avec le
Christ, il dit "Tu" au Père et, en parlant de lui-même,
"Je".[95]

Nous sommes dès lors ramenés à la relation Fils-Père entre le Christ
et son Dieu. Nous y reconnaissons maintenant le paradigme absolu de la relation "Je-Tu" entre l'homme et son Dieu: "Le phénomène apparaît ici à
son origine la plus haute et avec le caractère exemplaire le plus absolu.
Le rapport 'Je-Tu' s'y constitue dans sa perfection la plus accomplie; perfection si accomplie que le 'Je' non seulement s'actue, mais n'existe même
que par le 'Tu'..."[96] Ainsi, non seulement la relation personnelle à Dieu
s'enracine-t-elle dans l'être même du Christ, comme pour toute autre personne, mais cette relation à son Père est à ce point constitutive de sa
personne "que lui-même n'est plus que Fils et rien que Fils", comme écrivait déjà M. Buber dans un magnifique passage de son célèbre *Je et Tu*:

> Et si nous voulons d'avance emprunter une image au
> règne de la relation absolue, de quelle puissance ter-
> rassante est le *Je* prononcé par Jésus, et de quelle
> légitimité, qui touche à l'évidence! Car c'est le *Je*
> de la relation absolue, dans laquelle l'homme donne à
> son *Tu* le nom de Père, à tel point que lui-même n'est
> plus que Fils et rien que Fils. S'il dit encore *Je*,
> il ne peut plus vouloir dire que le *Je* du mot-principe
> sacré, élevé pour lui jusqu'à l'absolu. Si jamais
> l'idée de son isolement l'effleure, la liaison est la
> plus forte, et c'est seulement du sein de cette liai-
> son qu'il s'adresse aux autres hommes.[97]

Ainsi, la personne du Fils se définit tout entière par sa relation
au Père. Et nous rejoignons par là une thèse classique en théologie trinitaire: "la personne divine signifie la relation en tant que subsistante".[98] En relisant cet arcicle de la *Somme*, on voit cependant la différence et la nouveauté de l'approche personnaliste que nous présentons ici.
Chez saint Thomas, en effet, la relation n'entre pas dans la définition de
la personne comme telle. Si elle intervient dans la définition de la
"personne divine", c'est parce que la relation d'origine constitue là
l'unique principe de distinction. Pour rendre compte de l'unité et de la
distinction des personnes divines, il faudra donc passer par le détour des

---

[95] *Ibid.*, pp. 172-173.

[96] *Ibid.*, p. 171.

[97] M. Buber, *La vie en dialogue*, Paris, Aubier, 1959, p. 52.

[98] Saint Thomas, Ia, q. 29, a. 4.

relations d'origine, et tout d'abord par cette première origine qu'est la génération du Fils. Mais la nouvelle notion personnaliste de la personne, définie comme "Je", inclut elle-même la relation au "Tu". "Pas de Je sans Tu" (*Ohne Du kein Ich*): la formule, dit-on, remonte à Fr. Jacobi, dans ses Lettres sur la doctrine de Spinoza (1785). Il serait donc possible désormais d'élaborer une théologie trinitaire en se fondant directement sur la notion de personne, et la relation "Je-Tu" qu'elle comporte, sans introduire le fantasme de la génération. Nous ne pouvons que référer ici à l'ouvrage magistral de H. Mühlen, qui présente le type achevé d'une telle théologie.[99] Signalons tout spécialement les sections où il traite du pronom personnel comme terme relationnel,[100] de la distinction et de l'unité du "Je" et du "Tu" dans la rencontre interpersonnelle,[101] des rapports de dépendance et de provenance entre le "Je" et le "Tu" qui rendent compte de la relation Père-Fils.[102]

3. *L'approche existentialiste*

Plus radicale encore est la révolution introduite dans l'anthropologie moderne par la philosophie existentialiste. D'Aristote à Kant, l'anthropologie philosophique occidentale a fonctionné dans le cadre du système conceptuel (*Begrifflichkeit*) des "catégories", dominé et déterminé par la catégorie de la substance. La révolution existentialiste consiste précisément à lui substituer une nouvelle *Begrifflichkeit*, celle des "existentiaux".[103] L'existentialisme reconnaît que le système des catégories est parfaitement adapté à l'analyse de la nature. Il s'avère par contre très inadéquat pour l'analyse de la réalité humaine. Car l'homme, l'existant (*Dasein*), se caractérise précisément par ceci qu'il se distingue de la nature par sa subjectivité. L'être "naturel" est, au point de départ, parfaitement actué et déterminé: il a une essence et des propriétés; c'est telle chose, tel objet déterminé. Mais l'homme n'est pas ainsi donné et déterminé. Au point de départ, il est pure possibilité, et c'est par sa libre décision qu'il se fera tel ou tel.[104]

On entrevoit déjà les conséquences de cette révolution anthropologique pour le sujet qui nous occupe. Une philosophie "substantialiste" concevra nécessairement la paternité et la filiation dans le cadre du processus "naturel" de la génération, définie elle-même comme l'origine d'un

---

[99]H. Mühlen, *Der Heilige Geist als Person, In der Trinität, bei der Inkarnation und im Gnadenbund: Ich-Du-Wir*, (Münsterische Beiträge zur Theologie, 26), 2e éd., Münster, Verlag Aschendorff, 1967.

[100]*Ibid.*, pp. 55-57.

[101]*Ibid.*, pp. 65-74.

[102]*Ibid.*, pp. 128-133.

[103]Cf. J. Macquarrie, *An Existentialist Theology*, p. 13.

[104]Cf. *ibid.*, pp. 32-33.

vivant de même nature spécifique, "comme l'homme procède d'un homme et le cheval d'un cheval", dira saint Thomas.[105] Cet exemple montre bien que l'homme est ici conçu comme un objet naturel parmi les autres, comme le cheval, le chien et le chat. Si la philosophie existentialiste constitue justement une protestation contre cette réduction de l'homme à la nature, on peut supposer qu'elle comporte une tout autre conception de ces réalités proprement humaines que sont la paternité et la filiation. On peut déjà prévoir que paternité et filiation seront alors définies comme processus de la liberté, par la décision, plutôt que comme simple processus de la nature, par la génération.

Quant à l'application théologique de cette nouvelle compréhension de l'homme proposée par l'existentialisme, nous l'étudierons maintenant dans le *Jésus* de Bultmann. On sait que Bultmann est l'un de ceux qui ont utilisé le plus systématiquement la méthode de l'analyse existentiale en théologie. Son présupposé initial est que la compréhension de l'homme élaborée par la nouvelle philosophie existentialiste est précisément celle qu'on retrouve dans la Bible, tout particulièrement dans le Nouveau Testament. Dans son ouvrage *Jésus*, il s'applique ainsi à dégager la signification existentiale de l'enseignement de Jésus. L'ouvrage parut en Allemagne en 1926, un an avant le célèbre *Sein und Zeit* de M. Heidegger. Depuis 1923 cependant, Bultmann rencontrait régulièrement Heidegger à Marbourg; les deux professeurs participaient même à des séminaires communs.[106] Ce qui explique qu'on retrouve déjà dans *Jésus* toute la pensée existentiale de Bultmann, bien que moins conceptualisée et systématisée que dans ses ouvrages postérieurs.

Bultmann rappelle d'abord ici la conception traditionnelle de l'homme, de type essentialiste: "Nous sommes habitués à considérer l'homme, en tant qu'individu de l'espèce 'homme', pourvu d'aptitudes particulières dont le développement réalise en lui l'humanité idéale, façonnée bien sûr d'une manière particulière dans chaque individu".[107] Mais telle n'est pas la compréhension de l'homme sous-jacente à l'enseignement de Jésus: "Pour Jésus, au contraire, la valeur de l'homme ne réside pas dans quelque qualité humaine bien définie ou bien dans l'intensité de la vie de son âme, mais seulement dans la manière dont l'homme se décide dans le *hic et nunc* de son existence. Jésus considère ainsi l'homme comme se tenant dans la décision dans son 'ici et maintenant' avec aussi la possibilité de se décider par son acte libre".[108] Ainsi, la véritable essence de l'homme est

---

[105] Saint Thomas, Ia, q. 27, a. 2.

[106] Cf. W. Schmithals, *Die Theologie Rudolf Bultmanns, Eine Einführung*, 2e éd., Tübingen, J.C.B. Mohr, 1967, p. 15.

[107] R. Bultmann, *Jésus, Mythologie et Démythologisation*, Paris, Ed. du Seuil, 1968, pp. 65-66.

[108] *Ibid.*, p. 67.

de se tenir dans la décision: "l'homme se tient dans la décision et c'est précisément cela qui le caractérise essentiellement comme homme".[109]

Or c'est devant Dieu finalement et radicalement que l'homme se tient ainsi dans la décision: "Jésus considère l'homme comme celui qui se tient dans la décision devant Dieu".[110] Et l'on retrouve par là le rapport "Je-Tu" entre l'homme et Dieu: "il en va entre Dieu et les hommes de même qu'entre le 'Je' et le 'Tu'... Dieu se tient au devant de l'homme, comme le 'Tu' avec ses exigences et sa grâce".[111] Encore ici, c'est l'appel de ce "Tu" divin qui suscite l'existence du "Je". Mais cela se trouve ici pensé de façon beaucoup plus radicale. L'appel du "Tu" est en fait une interpellation. C'est un appel adressé au coeur même de l'homme en tant qu'être de décision. Si devant cet appel l'homme s'éveille à son "Je", c'est qu'il prend alors conscience de sa responsabilité, de son devoir de répondre, de se décider pour ou contre Dieu, d'accepter ou de refuser ce "Tu" qui l'interpelle: "l'homme peut se savoir atteint et interpellé dans son être propre par un 'Tu'. Oui, en vérité, ce n'est que cette interpellation qui lui donne son existence comme 'Je'. Et, le fait qu'il se sache, au moment où il s'éveille à son 'Je', interpellé par un 'Tu' irrésistible, signifie qu'il parle de Dieu, mais de Dieu comme une personne qui parle en tant que 'Tu' au 'Je'".[112]

L'interpellation de Dieu, voilà justement ce que fait entendre aux hommes la prédication de Jésus: "il apprend aux hommes à se voir placés dans la décision, c'est-à-dire dans la décision entre le bien et le mal, qui est en même temps le choix de la volonté de Dieu ou de leur propre volonté".[113] Le seul objectif de son message est donc d'amener l'homme à l'obéissance: "Jésus ne connaît que l'attitude de l'obéissance vis-à-vis de Dieu".[114] Or cette obéissance qu'il réclame doit être totale, dans la ligne du premier commandement de l'amour total de Dieu: "car Dieu revendique l'homme tout entier".[115] D'où le caractère radical de cette obéissance: "l'obéissance est pensée de façon radicale et embrasse l'homme dans son être. Mais cela signifie que c'est l'homme tout entier qui se trouve dans la décision".[116] Ainsi, l'obéissance ne détermine pas seulement l'agir de l'homme, mais son être même: "Il n'y a une obéissance radicale que là où... l'homme est tout entier pour ce qu'il fait; mieux encore, là où l'homme est complètement dans ce qu'il fait, c'est-à-dire lorsqu'il ne fait pas quelque chose par obéissance, mais lorsqu'il est

---

[109]*Ibid.*, p. 65.

[110]*Ibid.*, p. 65.

[111]*Ibid.*, p. 170.

[112]*Ibid.*, p. 173.

[113]*Ibid.*, pp. 87-88.

[114]*Ibid.*, p. 62.

[115]*Ibid.*, p. 94.

[116]*Ibid.*, p. 84.

obéissant dans son être même".[117]

  Si l'homme tout entier est dans sa décision, c'est dire que l'essence de l'homme réside dans sa volonté libre: "C'est parce qu'il (Jésus) voit l'homme dans la décision que l'essence de l'homme se situe pour lui dans la volonté, dans l'acte libre".[118] Réciproquement, l'essence de Dieu sera vue aussi comme contenue tout entière dans sa volonté: "Pour lui (Jésus), Dieu n'est pas un objet de pensée, un objet de spéculation. Jésus ne prétend pas par sa conception de Dieu comprendre le monde et le saisir dans son unité. C'est pourquoi Dieu n'est pour lui ni un être métaphysique, ni une force cosmique, ni une loi universelle, mais volonté personnelle, sainte et bienveillante. Jésus ne parle de Dieu qu'autant qu'il émet une prétention sur la volonté de l'homme et qu'il le détermine dans son existence présente par son existence, son jugement et sa grâce".[119] En somme, "l'homme est toujours vu comme une volonté appelée à la décision, (et Dieu) comme la volonté qui exige de l'homme l'obéissance".[120]

  Telle est donc la relation de l'homme à Dieu. On peut dès lors supposer quel sera le sens de la paternité de Dieu et de la filiation de l'homme dans la prédication de Jésus. Ce n'est pas par le simple fait de la création que Dieu devient Père des hommes. C'est par sa volonté bienveillante, par son libre choix, qui comporte en même temps grâce et exigence, actes de salut et interpellation. De même, ce n'est pas simplement par nature, de par son essence universelle que l'homme est fils de Dieu. Il l'est dans son existence concrète, par son obéissance à Dieu. C'est donc encore là par l'acte libre de sa volonté, par sa décision, qu'il est déterminé jusqu'au plus profond de son être comme fils de Dieu. Il faut lire toute cette page magnifique de Bultmann, qui récapitule très bien plusieurs points de notre exposé:

> L'usage de cette expression ("fils de Dieu") montre
> clairement qu'il ne s'agit pas d'une nouvelle concep-
> tion de Dieu et de l'homme que Jésus aurait exposée,
> mais fait ressortir par contre distinctement la pensée
> caractéristique de Jésus sur Dieu. Ceci devient évi-
> dent lorsqu'on pense que le titre de père est attribué
> à Dieu dans de nombreuses religions et dans de nombreu-
> ses conceptions religieuses du monde. C'est ainsi que
> la Stoa parlait déjà de Dieu comme le père et que,
> chez les Stoïciens tardifs, cette appellation est l'ex-
> pression caractéristique de leur piété et de leur con-
> ception de l'homme. C'est par sa nature que l'homme
> est apparenté à Dieu en tant que membre de l'ensemble

---

[117]*Ibid.*, p. 83.

[118]*Ibid.*, pp. 62-63.

[119]*Ibid.*, p. 134.

[120]*Ibid.*, p. 137.

du cosmos divin et qu'il est son fils. Cela est posé
explicitement en "dogme" (par exemple chez Epictète)
et on en déduit les devoirs que cette dignité entraîne
pour l'homme et la sécurité que cela donne si l'homme
peut espérer en la bienveillance de son père. Le
fait que l'homme est enfant de Dieu est ici énoncé
comme une vérité générale qui est valable pour l'homme
et qui caractérise l'idée de l'homme. La filialité
divine est donnée à l'homme par sa nature et est valable pour lui d'une façon idéale, c'est-à-dire au-delà
de son existence concrète, dans le "ici et maintenant".
Bien différente est la compréhension de la filiation
divine dans le judaïsme et chez Jésus. Appliquée au
peuple, comme cela arrive, il est vrai, non chez Jésus,
mais fréquemment dans la littérature juive, elle signifie: ce n'est pas par leur nature, en tant qu'hommes, que les Juifs sont enfants de Dieu, mais à cause
du libre choix de Dieu et grâce aux actes de délivrance
dont Dieu témoigne à leur égard. Appliquée à l'individu, elle signifie: ce n'est pas par sa nature que
l'homme est enfant de Dieu, mais il peut le devenir
dans l'obéissance à Dieu et grâce à l'action salvatrice de Dieu. Ainsi, être enfant de Dieu, n'est pas
quelque chose qui va de soi, quelque chose de naturel
qui arrive à l'homme parce qu'il est homme et dont il
suffirait de devenir conscient pour pouvoir en tirer
les conséquences; bien au contraire, être enfant de
Dieu est quelque chose de prodigieux. L'homme est ici
vu de façon totalement différente, non pas comme ce
qu'il est idéalement, au-delà de son existence concrète,
mais justement tel qu'il est dans son existence concrète dans l'unicité de son *hic et nunc*.[121]

Bultmann malheureusement ne poursuit pas sa pensée jusqu'à ses ultimes conséquences quant à la filiation divine de Jésus. Il s'est d'ailleurs interdit de considérer ici la personne même de Jésus. Il n'a voulu
traiter que de sa prédication. Mais celui qui a ainsi invité les hommes
à une obéissance radicale et totale envers Dieu n'a-t-il pas été lui-même
d'abord radicalement et totalement obéissant? Et n'est-ce pas précisément
en raison de cette obéissance absolue qu'il est lui-même Fils au sens absolu? Nous retrouvons par là exactement la thèse de Cullmann exposée plus
haut. Si Bultmann n'explicite pas lui-même cette conclusion, du moins
exclut-il l'interprétation opposée du titre de "Fils de Dieu", au sens
d'une filiation "naturelle", comme prérogative d'une "essence" divine:
"La communauté grecque a très tôt fait de Jésus le 'Fils de Dieu', montrant
par là qu'elle lui prêtait une 'nature' divine et introduisant donc une

---

[121]*Ibid.*, pp. 163-164.

façon de concevoir la personne qui lui était, à lui, aussi étrangère que possible".[122]

Nous revenons par là à notre point de départ, la conception mythique, d'origine hellénistique, du titre de "Fils de Dieu". Nous avons montré cependant que l'usage du titre dans le Nouveau Testament remonte à d'autres sources: il s'enracine d'une part dans la tradition biblique concernant la filiation d'Israël et du Messie, d'autre part dans la conscience filiale même de Jésus. Sans doute, la fréquence de l'expression "Fils de Dieu" dans le Nouveau Testament peut-elle s'expliquer par le fait qu'elle était déjà familière aux auditeurs de culture grecque. Mais en adhérant au kérygme chrétien ces mêmes auditeurs étaient amenés à une conversion radicale du sens habituel de ce titre. Le rappel de l'existence historique d'Israël et de la conscience filiale de Jésus, elle-même concrète et historique, signifiait vraiment la démythologisation radicale - disons plus positivement: la christianisation radicale - de ce titre de "Fils de Dieu". Nous sommes nous-mêmes appelés encore aujourd'hui à la même conversion radicale. Et nous devons reconnaître que l'anthropologie contemporaine constitue pour nous une occasion favorable à cet égard. Car elle-même nous invite à briser l'écorce de la littéralité de l'image et à passer du fantasme au véritable symbole du père. Bultmann là-dessus avait vu juste en pensant que l'analyse existentiale fournissait un excellent instrument pour le projet théologique chrétien de la démythologisation.

L'interprétation mythologique se trouve donc bien exclue. Est-ce à dire que le Nouveau Testament ne témoigne d'aucune autre interprétation du titre de "Fils de Dieu" que celle défendue jusqu'ici? Non pas. Il faut en effet nous rappeler ici, en conclusion, une ligne d'interprétation laissée en suspens. Il s'agit des passages où il est question du Fils de Dieu comme envoyé en ce monde, et qui supposent par là même sa pré-existence. Nous avons vu, avec Kramer, que cet usage du titre nous réfère au thème biblique de la Sagesse de Dieu, elle-même pré-existante et envoyée dans le monde. C'est bien là aussi où le P. Lagrange nous invitait à retracer l'origine de l'idée du Fils unique de Dieu: "dans le concept de la Sagesse et de la fécondité intellectuelle de Dieu".[123] Lui-même insistait alors pour exclure l'interprétation mythologique: "L'origine de ce terme (Fils de Dieu) n'avait rien de mythologique... La doctrine est née au contraire de la conviction profonde que la connaissance de Dieu venait de Dieu et était en Dieu. La considérer comme distincte de Dieu, c'était lui attribuer une fécondité intellectuelle qui pouvait s'exprimer par le mot de Fils, quand le terme de Logos eut été définitivement préféré à celui de Sagesse".[124] Nous reconnaissons d'emblée ici l'inter-

---

[122]*Ibid.*, p. 179.

[123]M.J. Lagrange, "La paternité de Dieu dans l'Ancien Testament", dans *Revue Biblique*, 5 (1908), p. 493.

[124]*Ibid.*, p. 496.

prétation "dogmatique" d'où nous sommes partis. C'est bien à cette théologie du Verbe que réfère implicitement le second article du Symbole de Nicée en parlant du Fils engendré par le Père. Tout le débat sur l'arianis-
me se situait en effet dans ce contexte biblique de *Prov* 8 et de *Jn* 1.
Et ce sera là encore le contexte de la tradition théologique postérieure,
de saint Augustin à saint Thomas. Si l'on insiste alors sur la génération
du Fils, c'est toujours par le détour de la conception et de la génération du Verbe. L'écorce de la littéralité est donc brisée encore là,
pour exclure tout relent mythologique.

Il y a donc effectivement une double interprétation du titre de
"Fils de Dieu", en rapport avec deux courants distincts de la tradition
vétéro-testamentaire, comme le reconnaissait déjà le P. Lagrange: "nous
avons suivi deux voies, et au terme de chacune d'elle se trouve un Fils
de Dieu unique par le rang, le Messie, et le Logos".[125] La première voie
est celle de la tradition historique et prophétique, la seconde, celle de
la tradition sapientielle. Ce sont là comme deux registres dans lesquels
s'est exprimé le mystère du Fils de Dieu. L'un n'est pas plus faible que
l'autre. Le second a pu résonner plus fort jusqu'ici dans la tradition
théologique, mais le temps est peut-être venu d'amplifier les harmoniques
du premier. L'idéal serait sûrement d'en arriver à la synthèse des deux
traditions, des deux interprétations.

Jean Richard
Université Laval

---

[125]*Ibid.*, p. 497.

STRUCTURES LITTERAIRES ET CHRISTOLOGIE DANS LE IVe EVANGILE

Jean 1, 29-34

Michel Roberge

L'exposé qui va suivre analyse le texte de *Jean* 1,29-34 à partir de sa structure. Par structure nous entendons la disposition ou l'arrangement des différents éléments d'un texte selon des procédés de composition repérables à partir d'indices stylistiques.[1] La méthode de l'analyse structurelle[2] ou analyse des structures littéraires aborde en effet les textes en essayant d'abord de déterminer la technique de composition qui a présidé à leur élaboration, que ce soit à l'échelle de quelques versets, d'un récit, d'un discours ou d'une oeuvre entière.[3]

---

[1] Cf. J. Swetnam, "Form and Content in Hebrews 1-6", dans *Biblica*, 53 (1972), p. 368, note 1.

[2] Pour un court aperçu historique sur cette école qu'on a appelé la "Nouvelle Stylistique" on consultera surtout E. Galbiati, *La struttura letteraria dell'Esodo*, Rome, 1956; A. Vanhoye, *La structure littéraire de l'Epître aux Hébreux*, Paris-Bruges, 1963, pp. 60-63; A. Wright, "The Riddle of the Sphinx: the Structure of the Book of Qoheleth", dans *Cath. Bib. Quart.*, 30 (1968), pp. 313-334 (sur l'histoire et l'exposé de la méthode, voir surtout les pp. 317-319). Nous reprenons ici l'expression "analyse structurelle" utilisée par Vanhoye dans son article "La composition de *Jn* 5,19-30", dans *Mélanges Béda Rigaux*, 1969, pp. 259-274. Malgré certains traits communs, cette méthode se distingue nettement de l'analyse structurale.

[3] Cf. A. Lion, *Lire saint Jean*, (Lire la Bible, 32), Paris, 1972, p. 13.

Parmi les procédés de composition utilisés le plus fréquemment par les auteurs bibliques on note avant tout la disposition symétrique des parties du texte et, suivant les cas, on parlera soit de *symétrie paral- lèle*, lorsque les éléments correspondants sont repris dans le même ordre selon le schéma A B C - A' B' C'; soit de *symétrie concentrique*, lorsque les parties du texte se répartissent autour d'un centre selon le schéma A B C -D- C' B' A'; soit de *symétrie croisée* ou chiasme, lorsque les par- ties correspondantes se répondent en ordre inverse d'exposition selon le schéma A B C - C' B' A'.[4]

Le point de vue de l'analyse structurelle est donc avant tout celui de l'unité de composition. Cela ne préjuge en rien de l'unité littéraire d'un texte. Un auteur peut en effet intégrer dans un ensemble des pièces d'origines différentes et leur donner un sens à l'intérieur de cet ensem- ble. Par ailleurs, un morceau déjà structuré selon un schème donné peut avoir été soumis à des relectures.[5] Il reste que l'analyse structurelle peut amener l'exégète à ne pas se fier de façon trop absolue à certains critères de la critique littéraire, les doublets entre autres, puisque le parallélisme d'expression peut être voulu à l'intérieur d'une structure symétrique.[6]

En ce qui regarde l'interprétation des textes, cette méthode a por- te aussi une aide précieuse en mettant en évidence les points d'appui et le développement de la pensée d'un auteur. Dans le cadre d'une structure symétrique, par exemple, la confrontation des parties correspondantes permet un éclairage réciproque, la corrélation littéraire servant de sup- port à la corrélation doctrinale.[7]

1. *La structure littéraire de Jean 1, 29-34*

Si au lieu de considérer les versets 31a et 33 a comme des doublets,[8]

---

[4] Cf. A. Vanhoye, *La structure littéraire de l'Epître aux Hébreux*, p. 62; Ad. Lenglet, "La structure littéraire de Daniel 2-7", dans *Biblica*, 53 (1972), p. 170, note 2.

[5] Cf. infra, *Jn* 1,30.

[6] Cf. infra, *Jn* 1,31 et 33a.

[7] Cf. A. Vanhoye, "La composition de *Jn* 5,19-30", p. 274.

[8] Cf. M.E. Boismard, "Les traditions johanniques concernant le Bap- tiste", dans *Revue Biblique*, 70 (1963), pp. 5-42. A cause surtout des doublets, l'auteur voit dans notre péricope la fusion de deux textes paral- lèles. R.E. Brown, *The Gospel according to John*, vol. I, pp. 67-71, re- prend cette hypothèse. R. Bultmann, *Das Evangelium des Johannes*, pp. 57- 68 pense à un texte primitif comprenant les vv. 26b, 31, 33b, 34, 28-30, complété par un rédacteur. B.M.F. van Jersel, "Tradition und Redaktion in Joh. 1,19-36", *Nov. Test.*, 5 (1962), pp. 245-267, reprend, en la modi- fiant, l'hypothèse de Bultmann.

on les situe comme parties correspondantes d'une symétrie, on obtient une
structure concentrique avec le verset 32 comme centre:[9]

A 29a Le lendemain,   A' 34a Et moi j'ai vu,
       il aperçoit Jésus venant   et j'ai témoigné
       vers lui, et il dit:

  b   "Voici l'Agneau de Dieu   b   que c'est lui le Fils de Dieu.

B c   qui enlève le péché du monde. B' 33d c'est lui qui baptise dans
                                            l'Esprit Saint."

 30   *C'est de lui que moi j'ai dit:*
              Après moi vient un homme
              qui est passé devant moi,
              parce qu'avant moi il était.

C 31a Et moi je ne le connaissais C' 33a Et moi je ne le connaissais
       pas;   pas;

  b   mais c'est pour qu'il fût   b   mais celui qui m'a envoyé
       manifesté à Israël   baptiser dans l'eau,

  c   que je suis venu baptiser dans c Celui-là m'a dit: "Celui
       l'eau."   sur qui tu verras l'Esprit
                                    descendre et demeurer sur lui,

          D 32 Et Jean témoigna en disant: "J'ai vu
                 l'Esprit tel une colombe descendre du
                 ciel, et il est demeuré sur lui.

Les différents éléments de cette symétrie se répondent de la façon
suivante:

---

[9] Les lettres minuscules a, b, c, d, qui subdivisent les versets
n'ont pas valeur d'indication structurelle. Sur les structures déjà proposées, cf. J. Howton, "Son of God in the Fourth Gospel", dans *New Test
Stud*, 10 (1963-64), pp. 231 s.; Chs. H. Talbert, "Artistry and Theology:
An Analysis of the Architecture of *Jn* 1,19-5,47", dans *Cath Bib Quart*, 32
(1970), p. 364, note 102. De façon indépendante - nous proposons cette
structure à nos étudiants depuis 1971 - nous aboutissons, en partie, aux
conclusions de D. Mollat, "Cristo, fuente del Espiritu para los hombres",
dans *Est Trin*, 6 (1972), p. 315. Le verset 29 relève lui-même d'un schème
de révélation qu'on retrouve en d'autres passages de l'évangile. Cf. M.
De Goedt, "Un schème de révélation dans le Quatrième Evangile", dans *New
Test Stud*, 8 (1961-62), pp. 142-150.

A 29b	le *titre*: Agneau de Dieu		A' 34b	le *titre*: Fils de Dieu

B 29c   la *mission*: enlever le péché:

ὁ αἴρων τὴν ἁμαρτίαν τοῦ κόσμου

Le v. 30 apparaît comme une *addition* dont le but est d'insister sur la préexistence de celui qui est désigné comme Agneau.[10]

B' 33d   la *mission*: baptiser dans l'Esprit:

ὁ βαπτίζων ἐν πνεύματι ἁγίῳ

C 31a-c   le but du baptême dans l'eau de Jean: *manifester le Messie* caché (cf. 1,25-26).

C' 33a-c   la révélation faite à Jean concernant la *manifestation du Messie*.

D 32   *le témoignage de Jean*: il a vu l'Esprit reposer sur Jésus, ce qui le manifeste comme Messie.

Prenant appui sur cette structure, on peut établir, pour l'interprétation, les points de repère suivants: 1°) Le verset 32 constitue le centre de la péricope: la descente de l'Esprit sur Jésus le désigne comme Messie (cf. *Isaïe* 11,1-9) et c'est pour témoigner de ce fait que Jean-Baptiste est venu baptiser dans l'eau (v. 31). Ce témoignage remplace, dans le quatrième évangile, le récit du baptême dans les Synoptiques. 2°) Le récit établit un parallèle entre le baptême dans l'Esprit que doit conférer le Messie (v. 33d) et la réalisation de sa mission, l'enlèvement du péché (v. 29c). A notre avis, la structure du texte doit ici guider l'exégète; elle impose à l'interprétation du v. 29c le contexte du v. 33d.[11] 3°) Les titres Agneau de Dieu (v. 29b) et Fils de Dieu (v. 34b) se complètent.[12] 4°) Le v. 30 apparaît comme une interpolation précisant le titre messianique du v. 29b dans le sens du v. 34b. Dans ce dernier verset, en effet, il ne s'agit plus d'un titre messianique, mais de la filiation divine telle qu'énoncée en 1,1 et 18. Dans le Quatrième Evangile, Jésus est Messie parce que Fils de Dieu (cf. 20,31).

---

[10]Cf. *Jn* 1,15 où le verset se présente là aussi comme une addition.

[11]Par une autre voie nous rejoignons l'interprétation de M.E. Boismard, *Du Baptême à Cana*, (Lectio Divina, 18), Paris, 1956, pp. 49-55.

[12]Cf. H. Conzelmann, *Théologie du Nouveau Testament*, Paris-Genève, 1969, p. 344: "Jésus est l'Agneau de Dieu ... Le Baptiste explique lui-même ce titre: il équivaut à celui de Fils de Dieu." Nous reprendrons ce point plus loin.

2. *La mission du Messie: abolition du péché et baptême dans l'Esprit*

Pour définir la mission du Messie en *Jean* 1,29-34, nous allons d'abord partir de la corrélation établie entre les versets 29c (B), 32 (D) et 33d (B'), rendre manifeste le lien qu'il y a entre l'abolition du péché (v. 29c), la venue du Messie (v. 32) et le don de l'Esprit (v. 33d). Toutefois, le verset 29c: ὁ αἴρων τὴν ἁμαρτίαν τοῦ κόσμου semble faire difficulté. Ne devrait-on pas, s'appuyant sur le verbe αἴρειν utilisé dans ce verset, en chercher l'interprétation en premier lieu dans *Isaïe* où le Serviteur est comparé à un agneau (53,7) qui *porte* les fautes des multitudes (53,12)? Le verbe αἴρειν, dont le sens fondamental est *soulever*, peut, à partir de là, signifier soit *prendre sur soi, porter*, soit *enlever, ôter, faire disparaître*.[13] A la rigueur ces deux derniers sens sont possibles en *Jean* 1,29c, mais le sens de *porter* nous obligerait à opter pour une interprétation du verset dans la ligne d'*Isaïe* 53,12. Il faut cependant noter 1°) que le Quatrième évangile, qui emploie souvent le verbe αἴρειν, lui donne habituellement le sens de *enlever* (cf. 2,16; 10,18; 11, 41.48; 17,5); 2°) que pour traduire l'expression "porter les péchés" en *Isaïe* 53,12 la LXX a utilisé le verbe ἀναφέρω: ἁμαρτίας πολλῶν ἀνήνεγκεν; 3°) que si on doit tenir compte de la structure de la péricope, le verset 33d nous impose de choisir comme traduction *enlever*. Ce verset nous précise en effet l'intention de l'évangéliste: rattacher le rôle purificateur de l'Agneau-Messie au baptême dans l'Esprit que celui-ci doit conférer. Comme on le verra dans les paragraphes suivants, *l'enlèvement* du péché grâce à l'activité du Messie et le *don de l'Esprit* par Yahvé étaient deux événements attendus pour les temps eschatologiques et c'est la réalisation de ces prophéties que la péricope veut avant tout mettre en évidence.

a) L'apparition du Messie et l'abolition du péché.

L'énoncé du v. 29c se situe à l'intérieur d'un contexte bien précis, celui de l'impeccabilité du peuple élu à l'époque messianique.[14] Tant les textes prophétiques de l'Ancien Testament que ceux du judaïsme intertestamentaire relient l'activité du Messie et la sainteté d'Israël, sainteté qui s'exprimera avant tout par une fidélité générale à la Loi divine. *Isaïe* 11,1-9, annonçant l'avènement du roi juste, prophétise:

> On ne fait plus de mal ni de ravages
> sur toute ma sainte montagne,
> car le pays est rempli de la connaissance de Yahvé
> comme les eaux comblent la mer (v. 9).

---

[13] Cf. J. Jeremias, art. αἴρω, ἐπαίρω, dans *TWNT*, pp. 185 s.

[14] Cf. M.E. Boismard, *Du Baptême à Cana*, pp. 49 ss; I. de la Potterie, "L'impeccabilité du chrétien d'après *1 Jean* 3,6-9", dans I. de la Potterie et S. Lyonnet, *La vie selon l'Esprit*, (Unam Sanctam, 55), Paris, 1965, pp. 199-204.

De même, dans la dernière partie d'*Isaïe*:

Ton peuple ne sera composé que de justes (60,21).[15]

Parmi les textes de l'Inter Testament, retenons celui-ci des *Psaumes de Salomon*:

Alors il rassemblera le peuple saint
qu'il conduira avec justice,
il gouvernera les tribus du peuple sanctifié
par le Seigneur son Dieu;
il ne laissera pas l'iniquité séjourner encore parmi eux,
et aucun homme sachant le mal n'habitera avec eux...
(*Ps Sal* 17,28-29).[16]

b) Le don de l'Esprit et l'abolition du péché.

Autre caractéristique des temps messianiques: l'effusion de l'Esprit. Le peuple eschatologique sera saint parce qu'il aura reçu l'Esprit de Yahvé, source de renouvellement intérieur. Par là le peuple deviendra capable d'observer fidèlement la Loi. On lit dans *Ezéchiel*:

Je mettrai mon esprit en vous et je ferai que vous
marchiez selon mes lois et suiviez mes coutumes.
Vous habiterez le pays que j'ai donné à vos pères.
Vous serez mon peuple et moi je serai votre Dieu.
Je vous délivrerai de toutes vos souillures (36,27-29).[17]

Plusieurs passages de la littérature intertestamentaire reprennent et développent ce thème. Un texte de Qumrân surtout est explicite:

Dieu, dans les secrets de Sa prudence et dans la sagesse de Sa gloire, a mis un terme à l'existence de
la perversité: au temps de la "visite" il la *détruira*
définitivement et alors *paraîtra pour toujours* la fidélité du monde... Alors Dieu purifiera par Sa fidélité toutes les oeuvres de l'homme et Il rendra pur
pour Lui (-même) le corps de l'homme, en arrachant
tout esprit de perversité des entrailles de sa chair
et en le purifiant par l'esprit de sainteté de toutes

---

[15]Les textes de l'A.T. sont cités d'après la traduction de la Bible de Jérusalem, éd. 1956. Voir aussi *Isaïe* 32,15-19; 44,3-5; *Daniel* 7,18, 27; 8,24.

[16]Trad. J. Viteau, Paris, 1911, p. 355. Voir aussi: IV *Esdras* 9, 31; *Test Lev* 18,9; *Henoch* 6,8; *Apoc. Bar.* 73,1-4.

[17]Voir aussi *Joël* 3,1 ss.; *Isaïe* 32,15-19; 44,3-5.

> les activités impies. Il aspergera sur lui l'esprit
> de fidélité, comme des eaux lustrales, (pour ôter)
> toutes les abominations mensongères (où) il s'était
> vautré par l'esprit de souillure, pour faire compren-
> dre aux justes *la connaissance du Très-Haut*, et pour
> enseigner la sagesse des fils du ciel aux *parfaits
> de conduite*. Car (c'est) eux (que) Dieu *a choisis
> pour l'alliance éternelle* et toute la gloire d'Adam
> leur (est destinée). (Il) n ('y aura) plus de per-
> versité et toute oeuvre de relâchement deviendra une
> honte *(1 QS*, IV, 18-23).[18]

Toutefois dans ces textes rapportant les thèmes complémentaires de
l'impeccabilité et du don de l'Esprit un point capital fait défaut: où se
fait la jonction entre l'apparition du Messie qui coïncide avec l'abolition du mal et le don de l'Esprit, principe d'une vie morale renouvelée?
La réponse nous est donnée dans la péricope johannique: le Messie commu-
niquera aux hommes l'Esprit qu'il a personnellement reçu. L'évangéliste
voit dans le baptême de Jésus la réalisation de la prophétie d'*Isaïe* 11,
1-9 et la précise cependant en affirmant que le Messie lui-même conférera
le baptême dans l'Esprit Saint; par là il abolira le mal dans le monde.

M.E. Boismard résume excellemment le sens de ces versets:

> ...lors de son baptême, Jésus a reçu l'Esprit venu
> d'en-haut; c'est pourquoi il peut à son tour "bapti-
> ser" les hommes dans l'Esprit, c'est-à-dire communi-
> quer aux hommes l'Esprit qu'il a reçu; mais comme
> l'Esprit de Dieu est une puissance qui donne aux hom-
> mes la force de marcher selon la Loi divine, le Christ
> est en définitive celui qui "enlève le péché du mon-
> de", qui abolit le péché dans le monde.[19]

c) <u>Le Messie et le don de l'Esprit en Jean 20,22-23.</u>

Il revient à J. Schmitt d'avoir mis en relief l'importance de *Jean*
20,22-23 dans la structure générale du quatrième évangile.[20] S'appuyant
sur *1QS* IV, 18-23[21] il a démontré que le fragment johannique, dans sa teneur fondamentale, traduit le thème prophétique de la purification et de la

---

[18]Cf. J. Carmignac et P. Guilbert, *Les textes de Qumran*, Paris,
1961, pp. 36-38.

[19]*Op. cit.*, p. 53.

[20]J. Schmitt, "Simples remarques sur le fragment, Jo., XX, 22-23",
dans *Mélanges Mgr M. Andrieu*, Strasbourg, 1956, pp. 415-423; "Le groupe
johannique et la chrétienté apostolique", dans *Les groupes informels dans
l'Eglise*, Strasbourg, 1971, pp. 169-179; "Les écrits du Nouveau Testament
et les textes de Qumran", dans *Rev Sc Rel*, 30 (1956), p. 282.

[21]Voir le texte *supra*.

recréation eschatologique (cf. *Ez* 36,25-27). Le passage précise en effet
que Jésus communique l'Esprit en "soufflant" sur ses disciples: "Et ayant
dit cela, il souffla (ἐνεφύσησεν) sur eux et leur dit: 'Recevez l'Esprit
Saint'"(v. 22). Le verbe ἐμφυσάω, rare déjà dans l'Ancien Testament, ne
se rencontre qu'ici dans le Nouveau Testament. Aussi les passages vétéro-
testamentaires auxquels il renvoie sont-ils déterminants pour comprendre
la scène. En *Genèse* 2,7 Yahvé modèle l'homme avec la glaise du sol puis
insuffle (ἐνεφύσησεν) dans ses narines une haleine de vie. En *Ezéchiel*
37,9, Yahvé invite le prophète à proclamer la résurrection des ossements
desséchés: "Prophétise à l'esprit, prophétise, fils d'homme. Tu diras à
l'esprit: ainsi parle le Seigneur Yahvé. Viens des quatre vents, esprit,
souffle (ἐμφύσησον) sur ces morts, et qu'ils vivent." L'emploi du verbe
ἐμφυσάω en *Ezéchiel* rappelle clairement le texte de *Gn* 2,7.[22] Ces rapprochements nous permettent de penser que l'auteur du fragment johannique a
utilisé à dessein le verbe *insuffler* pour rappeler l'acte créateur de *Gn*
2,7 et sans doute aussi celui d'*Ez* 37,9. Par son geste, Jésus ressuscité
inaugure la création eschatologique et cette nouvelle création comporte
en premier lieu la purification du péché (v. 23).[23] Par l'insufflation
de l'Esprit Saint Jésus fait de ses disciples les prémices et les représentants de la condition humaine purifiée et réformée.[24]

Ainsi interprétée la scène se présente à la fois comme le sommet
du quatrième évangile et, en parallèle à l'épisode inaugural (1,29-34),
comme le second pôle d'une *vaste inclusion* embrassant tout l'évangile.
Les deux scènes s'éclairent mutuellement et nous permettent de retracer
un des thèmes majeurs du quatrième évangile, sinon du johannisme primitif:
celui de la création nouvelle moyennant le baptême et l'Esprit (cf. *Jn*
3,5ss.; 7,37-39; 19,31-37).[25]

Un trait proprement johannique doit cependant être relevé dans le
passage: le Christ n'y apparaît pas comme le nouvel Adam,[26] mais comme
l'auteur, à l'égal de Yahvé, de cette nouvelle création. Jean, en effet,
"ajuste l'idée traditionnelle de la création nouvelle à la christologie
qu'il présente en XX, 31 comme l'objet de la foi chrétienne. Jésus, en
effet, est plus que le principe et le type de l'humanité épurée par l'Esprit: il en est l'auteur, ainsi qu'il le fut de la création initiale".[27]

---

[22]Le verbe se rencontre encore en *Sag* 15,11, également dans une
allusion à la création du premier homme: "Car il méconnaît celui qui l'a
façonné, lui a insufflé une âme agissante, inspiré un souffle vital".

[23]Compte tenu de la relecture pastorale et pénitentielle du donné
primitif.

[24]Cf. J. Schmitt, "Le groupe johannique...", p. 176.

[25]Cf. J. Schmitt, "Les écrits du Nouveau Testament...", p. 282.

[26]Cf. *1 Cor* 15,45. Se référant à *Gn* 2,7, Paul affirme que le Christ,
dernier Adam, fut fait "esprit vivifiant" (pneuma zôopoioun).

[27]J. Schmitt, "Les groupes informels...", p. 176 s. *Jn* 20,31 affirme au sujet des signes de Jésus: "Ceux-là l'ont été pour que vous.../

Cette remarque sur la christologie johannique nous amène à traiter des titres en *Jean* 1,29 et 34.

3. *Agneau de Dieu et Fils de Dieu*

   a) Agneau de Dieu.

   Nous n'avons pas l'intention de reprendre ici toute la discussion concernant l'identification de l'agneau en *Jn* 1,29b. S'agit-il de l'agneau pascal, de l'agneau des sacrifices quotidiens, de l''*ebed* Yahvé comparé à un agneau (*Is* 53,7) ou de l'agneau apocalyptique?[28] Cette détermination ne nous apparaît pas essentielle à l'interprétation du texte johannique. Il est vraisemblable qu'au niveau de Jean Baptiste, il s'agissait de l'agneau, symbole du Messie roi et juge, tel qu'on le trouve dans les textes apocalyptiques.[29]

   Mais on se trouve ici en face d'une pièce de théologie johannique. A ce niveau, se sont amalgamés plusieurs thèmes dont les plus importants sont ceux de l'agneau pascal[30] et de l'agneau-Isaac.[31] Quoi qu'il en soit

---

   /...croyiez que Jésus est le Christ, le Fils de Dieu (*ho christos ho huios tou theou*)." La juxtaposition ou parataxe de *ho huios* et de *ho christos* (qui, avec l'article, est ici attribut, c'est-à-dire nom de fonction et non pas nom propre) manifestent que Christ et Fils de Dieu ne sont pas entendus comme deux titres de Jésus, mais comme deux expressions du même titre: la messianité et la divinité de Jésus ne font qu'un. En Jean, Jésus n'est le vrai Messie que parce qu'il est Fils de Dieu.

   [28]Pour un aperçu de la discussion, voir entre autres G. Stemberger, *La symbolique du bien et du mal selon saint Jean*, Paris, 1970, pp. 172-195. Concernant l'hypothèse de Burney reprise par Jeremias et Boismard (*talya* au double sens de "serviteur" et d'"agneau"), voir F.M. Braun, *Jean le Théologien*, t. II, *Les grandes traditions d'Israël*, Paris, 1964, pp. 69-86; t. III, *Le mystère de Jésus-Christ*, Paris, 1966, pp. 160-165.

   [29]Cf. C.H. Dodd, *The Interpretation of the Fourth Gospel*, Cambridge, 1960, pp. 228-240. Aux textes de l'apocalyptique juive fournis par Dodd, (*Enoch* 90,6-19; *Test Jos* 19,8; *Apoc* 22,1-3; 5,6.12; 7,14; 7,17; 14,1-5; 17,14; 6,16), R. Le Deaut, *Liturgie juive et Nouveau Testament*, Rome, 1965, pp. 71 s., ajoute la traduction d'*Isaïe* 16,1 de saint Jérôme: "Emitte *agnum* dominatorem terrae...", la variante de Theodotion qui parle de l'envoi d'un *chef* et l'interprétation nettement messianique du Targum: "Ils apporteront leurs tributs au *Messie* d'Israël..."

   [30]Cf. M. Weise, "Passionswoche und Epiphaniewoche im Johannes-Evangelium", dans *Kerygma und Dogma*, 12 (1966), pp. 48-62. Les notations chronologiques (11,55; 12,1; 18,28; 19,14), qui laissent entendre que la mort du Christ a lieu au moment où on va immoler la Pâque et la citation de 19,36: "On ne lui brisera pas un os", qui fusionne *Exode* 12,46, prescription rituelle concernant l'agneau pascal, et le *Psaume* 34,21, décrivant la protection divine sur le juste persécuté, prouvent que l'évangéliste a voulu présenter le Christ comme le véritable agneau pascal.

.../

de la polyvalence du symbole, il souligne le lien qui existe dans l'évangile entre la mort du Messie et le don de l'Esprit (cf. 7,37-39; 19,31-37).

Qu'en est-il de la deuxième partie du titre: "de Dieu"? Suivant une suggestion de R. Le Déaut,[32] l'expression peut s'entendre de la préexistence de l'agneau au sens où l'entendait la tradition juive: les hommes et même les choses qui devaient jouer un rôle important dans la vie religieuse d'Israël préexistaient dans la pensée de Dieu ou dans le ciel. Ainsi de l'agneau en *1 Pierre* 1,20: "Vous avez été rachetés... par le sang précieux du Christ; cet agneau sans défaut et sans tache, *connu de Dieu avant la création du monde*, et manifesté pour vous à la fin des temps". Il n'est pas impossible qu'à l'arrière-plan de ce texte "se trouve le souvenir de la tradition populaire d'une 'préparation' éternelle de cet 'agneau' qui devait remplacer la victime humaine du sacrifice du Moriyya".[33] De même, en *Jean* 1,29b l'expression "de Dieu" signifierait avant tout "l'agneau préparé par Dieu" et n'exprimerait que la préexistence de cet agneau au sens traditionnel. Pourtant, on va le voir, l'évangéliste fait éclater les cadres de la messianologie traditionnelle.

b) <u>Fils de Dieu.</u>

Au verset 34, la leçon ὁ ὑιος τοῦ θεοῦ est de beaucoup la mieux attestée: p^{66,75} א^c A B C θ *et alii.* La variante ὁ ἐκλεκτός τοῦ θεοῦ se lit dans p^5 vid א* it beff^2 syr^{c,s} Ambroise. Mais des raisons d'ordre interne nous font aussi pencher en faveur de la première leçon. Conformément à sa christologie, l'auteur passe du titre messianique traditionnel au titre qui fonde la mission du Messie; de l'agneau préexistant, il passe au Fils éternel. Seul Yahvé est dispensateur de l'Esprit. Si le Messie peut aussi dispenser l'Esprit, c'est qu'il est l'égal de Yahvé. La christologie de 1,34 rejoint celle de 20,22 et surtout celle de 1,1-2, 14-18, où l'évangéliste utilise une façon semblable d'argumenter. Comme l'a démontré P. Borgen le Prologue (1,1-18) est construit selon le schéma A B C - C' B' A':

---

[31]L'idée qu'Isaac est "l'agneau pour le sacrifice" s'expliquant par une assimilation d'Isaac à l'agneau pascal est bien attestée dans le Targum palestinien et supposée dans le *Livre des Jubilés.* Cf. R. Le Déaut, *La nuit pascale*, Rome, 1963, pp. 131-212; G. Vermes, *Scripture and Tradition in Judaism*, Leiden, 1961, pp. 193-227.

[32]Cf. R. Le Déaut, "Le Targum de *Gn* 22,8 et *1 Pt* 1,20", dans *Rech Sc Rel*, 49 (1961), pp. 103-106. "L'aggadah traditionnelle connaissait dix choses ainsi créées à l'avance (*Pesahim*, 54a): mais dès l'époque des *Pirqé Abot* (V, 6) on n'était pas d'accord pour les déterminer... l'une d'entre elles était le bélier de *Gn* 22 (cf. *Tj* I, XXII, 13 35 Nombr. R., par. XVII, ad XV, 2), mais... le Targum persiste à parler d'*agneau*, en référence à *Gn* XXII, 8" (p. 106). Pour un bref aperçu sur la notion de préexistence dans le judaïsme tardif voir R. Schnackenburg, *The Gospel According to St John*, Montréal, 1968, pp. 494-506.

[33]R. Le Déaut, *ibid.*

A)	vv. 1-2		A')	vv. 14-18
B)	v. 3		B')	vv. 10-13
C)	vv. 4-5		C')	vv. 6-9[34]

Les parties A et A' du Prologue se répondent donc de la façon suivante:

A) *La divinité du Logos*

1 Au commencement était le *Logos*
Et le *Logos* était avec *Dieu*
Et le *Logos* était *Dieu*

2 Il était au commencement avec
Dieu

A' *Seul Dieu peut révéler Dieu*

14 Et le *Logos* fut chair et
il a habité parmi nous
....

18 *Dieu* nul ne l'a jamais vu;
un *Dieu* fils unique, qui est
dans le sein du Père, nous
l'a fait connaître.

La divinité du *Logos*, clairement établie dans les versets 1-2, fonde sa mission de révélateur parfait: (Si) "Dieu, nul ne l'a jamais vu, (par contre) un *Dieu*, fils unique... lui nous l'a fait connaître" (v. 18). Dans les parties A et A' du Prologue, les mots *logos* et *theos* sont les mots-clés et les leçons qui, au verset 18, remplacent *theos* par *huios* enlèvent à l'argumentation tout son poids. La pointe théologique de la partie A' du Prologue réside, de ce fait, dans le verset 18: si le *Logos* s'incarne, c'est afin de nous apporter, en qualité de Dieu-Fils unique, la révélation parfaite de Dieu-Père.

Dans ce texte, comme en 1,29-34, la structure permet de mieux dégager le développement de la pensée de l'auteur et d'en préciser la christologie.[35]

Michel Roberge
Université Laval

---

[34]P. Borgen, "Observations on the Targumic Character of the Prologue of John", dans *New Test Stud*, 16 (1970), pp. 288-295. Voir aussi: "Logos was the True Light", dans *Nov Test*, 14 (1972), pp. 115-130.

[35]Cette étude était terminée lorsque nous avons pris connaissance de l'article de B.A. Mastin, "A Neglected Feature of the Christology of the Fourth Gospel", dans *New Test Stud*, 22 (1975), pp. 32-51. L'auteur y étudie les passages du quatrième évangile (*Jn* 1,1.18; 20,28) où Jésus est appelé Dieu.

CHRISTOLOGIE D'IGNAGE D'ANTIOCHE

Edmond Robillard

BAPTEME ET PASSION DE JESUS - SILENCE ET PREEXISTENCE DE JESUS

Je m'en tiendrai ici à l'examen de deux textes de la *Lettre aux Ephésiens* d'Ignace d'Antioche († 100?). Ces textes sont de portée restreinte, ils ne sont pas utilisés par Ignace dans le but de confirmer ou d'infirmer aucune thèse christologique; ils restent des témoignages sur un contenu de pensée particulier à certaines communautés chrétiennes très près des origines et venant d'un homme qui a probablement connu des Apôtres ou leurs disciples immédiats.

RAPPORT ENTRE LE BAPTEME DE JESUS ET SA PASSION

Ephésiens 18,2:

> "Notre Dieu, Jésus le Christ, a été par Marie porté
> dans le sein, selon l'économie divine... (il) est
> aussi né et a été baptisé, afin que par sa passion
> l'eau fût purifiée".

L'importance accordée au *Baptême de Jésus* par Jean, dans la catéchèse primitive, semble tirée de sa double implication apologétique: 1°) dans un milieu où l'autorité de Jean-Baptiste est restée grande et où persistent les rivalités entre disciples de Jean et disciples de Jésus, le récit des Synoptiques y trouve l'occasion de faire confesser par Jean la supériorité sur lui de Jésus (cf. *Mt* 21,25 et surtout *Jn* 1,30 - toute une couche de Jean, en effet, se rapporte à l'affrontement entre disciples de Jésus et disciples du Baptiste); 2°) dans un milieu où la possession de l'"Esprit" est tenue pour l'attribut messianique par excellence (cf. *Is* 61, 1-2 et *Lc* 4,21), le Baptême de Jésus, dans la présentation des Synoptiques,

apporte la preuve que Jésus est vraiment "le Christ" (comme Ignace le dit
expressément dans le texte que je viens de signaler, utilisant une formule
déjà délaissée au bénéfice de la formule plus courte: *Jésus Christ*); ainsi le Baptême se range-t-il aux côtés de la Résurrection (*Rm* 1,4 et *Ac* 2,33)
et de l'Annonciation (*Mt* 1,20; *Lc* 1,35) comme moment privilégié au secours
de la thèse de la messianité de Jésus.

Mais Ignace d'Antioche, dans le texte précité, signale une autre
ligne d'application du Baptême de Jésus; il le met en rapport avec la passion du Christ et avec la purification des eaux du baptême chrétien:
"(il) a été baptisé, afin que par sa passion l'eau fût purifiée".

L'idée du rapport entre le Baptême de Jésus par Jean et sa mort en
croix a été relevée depuis longtemps. Résumant un long passé théologique,
le *Vocabulaire Biblique* (1956, p. 34) écrit: "Jésus lui-même s'est soumis
au baptême de Jean... pour assumer son ministère de Fils ou de Serviteur
de Dieu, qui avait pour tâche de se solidariser avec le peuple et d'en
prendre les péchés à sa charge (cf. *Is* 53). En ce sens, le baptême de Jésus est une préparation à sa mort sur la croix, qu'il qualifie expressément de baptême (*Mc* 10,38; *Lc* 12,50); son baptême le désigne comme agneau
de Dieu (*Jn* 1,29-34)." Dans la même ligne, le *Vocabulaire de Théologie
biblique* (1962, p. 84) énonce: "Le baptême de Jésus dans le Jourdain annonce et prépare son baptême 'dans la mort' (*Lc* 12,50; *Mc* 10,38), enca-
drant ainsi sa vie publique par deux baptêmes. C'est aussi ce que veut
dire Jean l'évangéliste, quand il rapporte que l'*eau* et le sang s'écoulè-
rent du côté de Jésus transpercé (*Jn* 19,34 s.; cf. *1 Jn* 5,6-8)."

L'une et l'autre présentation de ces Vocabulaires, toutefois,
laisse dans l'ombre, comme on disait autrefois, des "mineures" importantes, et à ce titre le passage d'Ignace me paraît conserver son autorité,
encore qu'il ne soit pas d'une signification obvie.

Je me demande si l'iconographie chrétienne ne pourrait pas nous aider
à en saisir mieux le sens. On sait que dans le *Cubiculum duplex* de la
crypte de Lucine (région la plus ancienne du cimetière de Callixte et aussi de tous les cimetières de la voie Appienne) on peut voir un Baptême de
Jésus par Jean, qui est la plus ancienne représentation connue de ce sujet. Il s'agit d'une fresque qui a ceci de particulier, que Jean Baptiste,
au lieu de verser l'eau sur la tête de Jésus, - comme il fera pratiquement
toujours par la suite dans ces représentations, - tend plutôt la main vers
lui, pour l'*aider à sortir des eaux*.

Le *Dictionnaire d'archéologie chrétienne et de liturgie*, t. II,
sect. 1 (1910), commentait déjà ainsi à l'époque la fresque dont nous parlons (col. 350): "Ce qui est utile à noter pour s'expliquer l'ampleur du
geste du Baptiste qui semble tirer des eaux Jésus à qui il tend la main,
geste que nous *ne* retrouverons *plus* et auquel fera place l'imposition de
la main sur la tête du baptisé; ce qui est digne d'attention, c'est que
cette noble attitude pourrait être inspirée par un verset d'un de ces psaumes dont les premiers fidèles faisaient une récitation fréquente: *Misit
de summo et accepit me, et assumpsit me de aquis multis... et dextera tua
suscepit me* (*Ps* 18,17), ou bien encore: *Emitte manum de coelo; eripe me
et libera me de aquis multis* (*Ps* 144,7)." L'auteur de l'article ajoute

plus loin (col. 351): "L'image que nous venons de voir demeurera *unique*, mais on ne saurait dire si depuis le début du IIe siècle, auquel elle semble appartenir, jusque vers la deuxième moitié du IIe siècle, date la plus haute qu'on puisse attribuer à la fresque dont nous allons (maintenant) parler, la représentation du baptême de Jésus a été abandonnée dans l'art chrétien". Or l'intérêt de ce commentaire du *Dictionnaire d'archéologie* est qu'il porte sur une fresque contemporaine de la *Lettre* d'Ignace d'Antioche *aux Ephésiens*.

Certes, en jouant du symbolisme biblique à "l'état pur" et sans référence à des appuis historiques, il n'est pas difficile de supposer ou de créer de toutes pièces un rapprochement entre le Baptême de Jésus par Jean et sa passion. Ainsi, en reprenant un thème esquissé par saint Paul (*Rm* 6,4), Ignace pouvait toujours imaginer que Jésus est descendu dans l'eau du Jourdain pour s'y "ensevelir" et qu'il en est remonté pour symboliser sa "résurrection". Peut-être déjà au temps d'Ignace cette manière de voir avait-elle corrigé et complété celle des "grandes eaux", que vient de suggérer le commentateur de la fresque; mais l'inverse est aussi possible: dans les milieux judéo-chrétiens, moins enclins à aller chercher leur théologie chez saint Paul, le recours direct à l'Ancien Testament a pu sembler préférable. Dans ce contexte, on imagine le Jourdain comme un fleuve aux eaux impétueuses, un "torrent de Bélial" (*Ps* 18,5), dans lequel Jésus menaçait d'être emporté (comme durant sa Passion) et dont il est sauvé par l'intervention de Jean, médiation de la "droite" du Père.

Dans un milieu où bouillonnaient les courants gnostiques, on comprendra que cette image d'un *Sauveur sauvé* ait pu plaire, un moment. Par la suite, cependant, on a probablement craint que cette image du Christ, sauvé des eaux par Jean-le-Baptiste, ne serve à établir la supériorité de Jean sur Jésus, et on l'a retirée de l'iconographie, et peut-être aussi de la théologie, ou de la catéchèse.

Pour ce qui est de la fresque, il est important d'ajouter qu'elle servait ici dans un lieu funéraire. L'image de Jésus emporté par les eaux pouvait être vue comme symbolique de l'âme des défunts, emportée dans l'au-delà, et attendant du Christ une main secourable, semblable à celle que Jean lui avait offerte à lui-même.

Je ne veux pas m'arrêter présentement au rapport qu'Ignace entrevoit par ailleurs entre la "purification" de l'eau et la "passion" de Jésus. J'imagine volontiers que sa vision est proche de celle qui a inspiré *Jn* 19,34 et *1 Jn* 5,6. Si le monde a été purifié par la mort de Jésus, les eaux l'ont été également par sa descente symbolique en elles. Comme l'a fait remarquer le *Vocabulaire biblique*, c'est au baptême que Jésus est désigné par Jean comme l'"agneau de Dieu", qui "ôte le péché du monde". Mais la notice d'Ignace est trop brève pour fonder autre chose que des rapprochements hypothétiques, et autant s'en tenir à ce qui précède.

SILENCE ET PREEXISTENCE DE JESUS

Ephésiens 15,2:

> Celui qui a vraiment acquis le logos de Jésus peut
> aussi entendre son silence.

On sait qu'il est possible, à la condition de bien choisir ses textes, de prêter à Ignace une christologie ascendante - ou, comme on disait
autrefois, de faire de lui un partisan de la théologie de l'*Assumptus homo*.
On connaît, en particulier, ce passage de la même *Lettre aux Ephésiens*
7,3 (qui peut être une hymne au Christ déjà reçue dans l'Eglise):

> Il y a un médecin (Jésus) charnel et pneumatique;
> engendré et inengendré; dans la chair, Dieu: dans la
> mort, vie éternelle; à la fois de Marie et de Dieu;
> d'abord passible et ensuite impassible; Jésus
> Christ, notre Seigneur.

Du commencement à la fin, en effet, le texte souligne la progression de
l'humain au divin et reste très proche de *Rm* 1,4 ou de *Ac* 2,22 ss., donnant
à penser que Jésus le Nazaréen, homme accrédité par ses miracles, après
avoir été crucifié, a été exalté auprès du Père qui l'a reconnu pour son
Fils, l'ayant ressuscité dans la puissance de l'Esprit.

Mais on ne peut juger un auteur à partir d'un seul texte, - qui
n'est peut-être même pas de lui. On lit, en effet, dans la même *Lettre aux
Ephésiens* 15,1, cet autre texte qui rend un son différent: "Il y a un
Maître unique, qui 'dit, et cela fut' (*Ps* 32,9); et ces choses qu'il a faites se taisant, sont dignes du Père". Or de ce dernier texte il faut bien
tirer: 1°) Qu'ici ce *Maître unique* est Jésus - toutefois, la qualification n'est pas sans importance, car il peut bien s'agir d'un renvoi à *Mt*
23,8: "Vous n'avez qu'un seul Maître", qui déjà impliquerait une volonté
consciente d'identifier Jésus à Yahweh; 2°) que Jésus est présenté comme
celui qui "dit, et cela fut" - ce qui renvoie à *Jn* 1,3: "Tout fut par
lui, et sans lui rien ne fut" (cf. *Lettre de Barnabé*, 6,12: "C'est de
nous que parle l'Ecriture lorsque Dieu parle ainsi au Fils: 'Faisons
l'homme à notre image, etc.'") et peut très bien se rapporter à la préexistence de Jésus; 3°) enfin la mention des choses que Jésus a faites
"se taisant" nous renvoie au "silence" de Jésus, que nous voulons examiner
ici.

Mystères et silences de Jésus

Nous établirons deux points dans la présente recherche. En premier lieu nous reviendrons sur la notion de "mystère", déjà fort bien étudiée dans maints savants livres, mais d'importance capitale ici. En second
lieu, nous appliquerons à la préexistence de Jésus les données rassemblées
dans la première partie de cette recherche.

Pour point de départ je prendrai un autre texte de la *Lettre aux Ephésiens* 19,1: "La virginité de Marie a échappé à la connaissance du Prince
de ce monde, ainsi que son enfantement, de même également la mort du Sei-

gneur: trois *mystères* du cri qui se sont accomplis dans le silence de Dieu".

Je précise immédiatement que je n'ai aucune solution à proposer pour ce "cri" (trois mystères "du cri"), qui est une *crux interpretum* depuis toujours. Reste le mot "mystères" qui seul me préoccupe. Le *Vocabulaire biblique* (1956, p. 190) auquel j'en appellerai encore une fois, pour un recours facile et facilement vérifiable par tous, écrit à ce sujet: "Voici une série d'événements qui peuvent paraître comme noyés dans l'histoire des hommes, sans éclat particulier et sans conséquence, et pourtant c'est justement ici que Dieu a choisi d'intervenir lui-même, dans ce monde. Il est là, mêlé aux hommes et pourtant accessible à la foi seule. Il se donne et reste pourtant le Seigneur, tel est le coeur du mystère néotestamentaire". Or tel est, à mon gré, le sens précisément qu'il faut attribuer aux trois événements signalés par Ignace: la virginité de Marie, son enfantement et également la mort du Seigneur. Mais voyons-y de plus près.

"La virginité de Marie a échappé à la connaissance du Prince de ce monde". Je crois personnellement que la formule "virginité de Marie" est ici une synecdote, dont saint Jérôme, à quelques siècles de distance, a saisi l'ampleur réelle. Certes, qu'une "vierge" ait enfanté, suffirait déjà à constituer un "signe" et partant un "mystère"; mais il y a plus ici: il y a le fait que "le Prince de ce monde" n'a pu voir ce signe. Dès lors le vrai mystère visé par Ignace est mieux formulé dans la question soulevée par saint Jérôme: "Pourquoi Jésus est-il né d'une vierge *mariée*?" (*Super Matth* lib I, sur 1,18; *PL* 26,24). Ce qui fait ici vraiment mystère, en plus du cas de la virginité, c'est que cette vierge ait été "mariée"; c'est en effet cela qui a "mystifié" le prince de ce monde, et qui aujourd'hui encore "étonne". Le mystère, en effet, comme on le verra mieux par la suite, est un événement qui surprend et déroute par lui-même et qui, intelligible seulement aux croyants (comme les paraboles évangéliques, cf. *Mc* 4,12 etc.), devient pierre d'achoppement pour les incroyants (ici, en particulier, pour le diable, encore que son cas soit différent de celui des "auditeurs de la parole").

"Ainsi que son enfantement". A mon point de vue toujours, Ignace ne peut avoir ici en l'esprit autre chose que le miracle de la naissance *virginale*, dont témoigne déjà l'*Ascension d'Isaïe* 11,14: "On n'a pas entendu sa voix (i.e. ses cris, pendant qu'elle accouchait) et l'accoucheuse n'est pas venue" et les *Acta Petri*, c. 24: "Et de nouveau le prophète dit: 'Elle a engendré et n'a pas engendré'". Le simple "enfantement" normal, naturel, ne ferait pas "mystère", parce qu'il aurait été un événement sans signification transcendante. Certes, - parce qu'on peut faire cette difficulté, - Ignace d'Antioche, en tant qu'ennemi déclaré des Docètes, n'était pas prêt à accepter leur explication relative à ce "miracle", - qui pour eux n'en était même pas un, puisque pour eux Jésus n'avait pris qu'une apparence d'humanité; mais il n'en continue pas moins de proclamer le fait, parce que partie de sa profession de foi, et "mystère", c'est-à-dire événement intelligible au seul croyant.

"De même également la mort du Seigneur". Sans parler nécessairement toujours de "miracle" au sens métaphysique ou scientifique du terme, un événement n'est "mystérieux" qu'à la condition d'étonner, de surprendre, de manière à attirer l'attention. Or la mort de Jésus, comme simple phénomène naturel, ne peut être considérée comme un "mystère" que si elle fournit matière à étonnement. A quoi pense donc ici Ignace?

Deux hypothèses de travail s'offrent ici à moi. Dans le *Compendium Theologiae*, ch. 230, saint Thomas d'Aquin, fondé sur je ne sais quelle tradition, perçoit un miracle, donc un élément de mystère, dans le grand cri poussé par Jésus au moment de sa mort:

> Hujusmodi autem divinae virtutis *indicium* Centurio
> cruci Christi assistens sensit, dum eum vidit claman
> tem expirare: per quod *manifeste* ostendebatur, quod
> non sicut caeteri homines ex defectu naturae morieba
> tur. Non enim possunt homines cum clamore spiritum
> emittere, cum in illo mortis articulo vix etiam pos
> sint palpitando linguam movere; unde quod Christus
> clamans expiravit, in eo divinam manifestavit virtu
> tem, et propter hoc centurio dixit: *Vere Filius Dei
> erat iste.*

A quoi on peut ajouter que Pilate lui-même, dans *Mc* 15,44, s'"étonne" que Jésus soit "déjà" mort. Je ne veux rien dire de la valeur exégétique de ces interprétations, mais seulement indiquer qu'elles sont absolument dans la ligne de la théologie primitive et nous aident à comprendre mieux comment Ignace pouvait trouver dans la mort de Jésus matière à "mystère".

La seconde hypothèse remonte à plus haut dans le temps. On lit, en effet, dans les *Oracles Sybillins* VIII, 292, que le *silence* de Jésus, pendant sa passion et sa mort, fait mystère: "Et souffleté, il gardera le silence, de peur que personne ne découvre *qui* il est, et *de qui* il est et *d'où* il est venu pour parler aux mourants". Or on lit également dans *Mc* 15,5 que "Pilate était étonné" de ce que Jésus ne répondait rien aux accusations portées contre lui. Que donc Jésus ait accepté de mourir sans révéler explicitement qui il était, et cela pour cacher son identité au Prince de ce monde, fait de cette mort un "mystère".

Je ne puis assurer que la première ou la seconde hypothèse réponde aux préoccupations d'Ignace, je veux indiquer seulement qu'il faut selon moi se mettre à l'intérieur d'une perspective semblable à celle que j'adopte, - et que ces hypothèses suggèrent, - pour comprendre sa pensée.

Il suit de là, pour résumer, qu'il faut pour qu'il y ait "mystère": 1°) Un événement "étonnant" qui, en attirant l'attention, ouvre l'âme et la rende disponible à l'intelligence d'une vérité concernant le salut. A ce niveau, plutôt que de mystère, on pourrait parler simplement de "signe", dans le sens où saint Augustin a défini ce terme: "Ce qui suggère autre chose que soi à la faculté de connaissance", et ajoutons: ce qui ne s'explique pas exhaustivement par les "raisons" d'ici-bas. 2°) Un événement qui ne trouve sa vraie signification que dans le déroulement de l'histoire du salut; donc qui se rapporte d'une manière ou d'une autre à la mort-résurrection du Christ; ce qui présuppose que la prédication évangélique, comme divulgation du mystère du salut, est une condition ordinaire de l'intelligence de ces mystères; et qu'une seconde condition peut en être le don d'une lumière surnaturelle (gnose) qui, dans les réalités les plus simples et les événements les plus ordinaires de l'Ancien Testament en particulier, permet de saisir des "mystères" ou révélations cachées du projet divin de salut. Ainsi, quand saint Augustin voit Esaü dépouillé de son droit d'aînesse par la ruse de Jacob, il s'écrie: "Non mendacium, sed mysterium!" parce que cet événement étonnant devient pour lui, grâce à la gnose, symbolique d'une réalité concernant le salut, qui passe des Juifs aux Gentils. 3°) Enfin, il est entendu que ces mystères ne seront parfaitement éclaircis qu'au *Dernier Jour*, quand le plan divin concernant le salut de l'humanité apparaîtra sans obscurité dans toute son ampleur et toute son étendue.

En ce sens, la mort de Jésus n'est "mystère" que pour le croyant qui, d'une part, s'étonne que Jésus aie poussé en mourant "un grand cri", et d'autre part, ayant reçu la prédication évangélique, comprend que ce cri annonce le commencement des temps eschatologiques.[1]

Ceci posé et pour terminer cette section, reprenons une dernière fois la formule d'Ignace, concernant "les mystères du cri" qui "se sont accomplis dans le silence de Dieu". Si ce que l'on a dit est juste, Ignace veut simplement affirmer que ces trois événements: virginité, enfantement et mort du Sauveur, - événements en eux-mêmes étonnants, et "signes" d'une intervention divine, - sont restés cachés ("dans le silence de Dieu") jusqu'au moment où, par la prédication apostolique, le plan de salut envisagé par Dieu depuis le commencement a été enfin révélé et divulgué. Alors, pour le croyant, ces événements ont acquis une signification, que seule l'âme attentive, sous l'effet de la gnose (ou don d'intelligence, comme on disait au moyen-âge), peut saisir.

Silence de Jésus et préexistence

Revenons-en maintenant au texte mis en exergue au début de cette seconde partie. En son entier, il se formulait comme suit: *Ephésiens* 15,1: "Il n'y a donc qu'un maître unique, celui qui *a dit et tout a été fait*, et les choses qu'il a faites dans le silence sont dignes de son Père. Celui qui possède en vérité la parole de Jésus peut entendre même son silence".

On connaît la préoccupation d'Ignace pour les "silences" de Dieu, et la tentation a été fréquente de faire le rapprochement avec les préoccupations gnostiques, comme si, remarque R.M. Grant, l'imagination en matière théologique devait être le fait des seuls hérétiques.

---

[1] Pour ceci, je renverrai à Heinrich Schlier, *Religiongeschichtliche Untersuchungen zu den Ignatiusbriefen* (1929, p. 26): "die Offenbarung des Geheimnisses auf den lôgos der Verkündigung bezogen ist, das heisst: in ihm geschieht"; autrement dit, pour qu'il y ait "révélation", il ne suffit pas que des événements concernant le salut se produisent; il faut encore qu'ils puissent être interprétés dans ce sens, ce qui n'est devenu absolument possible qu'avec la prédication apostolique (en concédant que des révélations occasionnelles aient été possibles auparavant, cf. *Mt* 16, 17 etc.).

Il est certainement plus simple d'envisager qu'Ignace a pour le moins en tête deux textes de saint Paul, à savoir: *Rm* 16,25: "A Celui qui a le pouvoir de vous affermir conformément à l'Evangile que j'annonce en prêchant Jésus-Christ, révélation d'un mystère enveloppé de silence (sesigêmênou) aux siècles éternels, mais aujourd'hui manifesté..." et *Eph* 3,10: "la dispensation du Mystère... tenu caché depuis les siècles en Dieu" (qui est révélation) "par le moyen de l'Eglise, de la sagesse infinie en ressources déployées par Dieu, en ce dessein éternel qu'il a conçu dans le Christ Jésus notre Seigneur".

Or, bien qu'Ignace ne se réfère presque jamais à l'Ancien Testament, derrière ces deux textes de saint Paul, il est difficile de ne pas en appeler à *Sg* 18,14: "Alors qu'un silence (hêsuchou gar sigês) paisible enveloppait toutes choses, et que la nuit parvenait au milieu de sa course rapide, du haut des cieux, ta Parole toute-puissante s'élança du trône royal". En dehors de tout gnosticisme, on découvre ici l'idée du "silence" (sigê, comme chez Ignace), qui enveloppe les projets divins, jusqu'au moment de leur accomplissement. Je me demande même - bien que j'aie promis de n'en pas parler - s'il n'y aurait pas un certain rapport entre cette "Parole toute-puissante" qui soudainement dans le silence nocturne "s'élance du trône royal" à l'heure de la réalisation du projet divin, et ce "cri" dont parle Ignace à propos des trois "mystères" précités ("trois mystères du cri qui se sont accomplis dans le silence de Dieu"). Certes il serait inconvenant de dénommer "cri informe" la parole divine, qui est *logos* ou *phônê* (discours ou parole intelligible); mais avant son parfait éclaircissement, - c'est-à-dire jusqu'à la prédication de l'Evangile, - ne pourrait-on parler à son sujet d'un "cri" ou d'un "bruissement" qui se convertira en discours, en son temps?

Quoi qu'il en soit de ces spéculations, il semble bien que le fond de la pensée ignatienne soit le suivant, à savoir: que "celui qui possède en vérité la parole de Jésus" - maintenant qu'elle est parvenue jusqu'à nous sur les lèvres des missionnaires apostoliques - peut "entendre même son silence". Autrement dit, la fidélité au message évangélique et la réflexion sur ce message, apporte au croyant une "gnose": il commence de comprendre la signification cachée des moindres événements de la vie de Jésus (conception et enfantement virginal, mort silencieuse etc.). Mieux encore, il commence à entrevoir ce qui s'est passé dans les "secrets" de Dieu, longtemps avant la création du monde, et à saisir les mystères de Jésus jusque dans les "silences" de Dieu. C'est dire que, comme Jean, il commence à contempler celui qui "au commencement était auprès de Dieu, était Dieu" et "par qui toutes choses ont été faites".

J'ai renvoyé, précédemment, sur ce point, à un passage de la *Lettre de Barnabé* VI,9: "C'est de nous que parle l'Ecriture, lorsque Dieu parle ainsi au Fils: 'Faisons l'homme à notre image et ressemblance etc.'" Donc, pour Barnabé, ce qu'il faut lire, dans *Gn* 1,26, ce n'est pas tellement le récit de la création d'Adam et Eve, mais plutôt la prophétie annonçant l'Homme nouveau, Jésus Christ, et notre renouvellement et restauration en Lui. C'est ainsi que l'on conçoit la "gnose" (chrétienne) à l'époque, et c'est bien ainsi, selon moi, qu'Ignace entend et se représente l'intelligence des "silences" de Dieu. Il redit, au fond, autrement que saint

Paul, une même vérité: là où l'impie ou le sage selon le monde ne trouve dans les événements concernant le salut que folie et ineptie, le croyant ne cesse d'y découvrir les mystères d'une sagesse cachée, qui n'est "justifiée" que "dans ses enfants" (*Lc* 7,35). Ainsi le "Dieu dit", de *Gn* 1,3 devient une révélation du mystère de la préexistence du Verbe, dont Jean nous a livré le secret (1,1) et dont le gnostique chrétien nourrit sa contemplation.

Edmond Robillard
Université de Montréal